INSTITUIÇÕES DE DIREITO CIVIL

Volume III

CONTRATOS

EDIÇÕES ANTERIORES

1ª edição – 1963	10ª edição – 1997 – 9ª tiragem	12ª edição – 2006 – 4ª tiragem
2ª edição – 1970	10ª edição – 1997 – 10ª tiragem	12ª edição – 2007 – 5ª tiragem
3ª edição – 1975	10ª edição – 1997 – 11ª tiragem	12ª edição – 2008 – 6ª tiragem
4ª edição – 1978	10ª edição – 1997 – 12ª tiragem	13ª edição – 2009
5ª edição – 1981	10ª edição – 1997 – 13ª tiragem	14ª edição – 2010
6ª edição – 1983	10ª edição – 1997 – 14ª tiragem	15ª edição – 2011
7ª edição – 1986	10ª edição – 1997 – 15ª tiragem	16ª edição – 2012
8ª edição – 1990	10ª edição – 1997 – 16ª tiragem	17ª edição – 2013
9ª edição – 1993	10ª edição – 1997 – 17ª tiragem	18ª edição – 2014
10ª edição – 1995	10ª edição – 1997 – 18ª tiragem	19ª edição – 2015
10ª edição – 1996 – 2ª tiragem	11ª edição – 2003	20ª edição – 2016
10ª edição – 1997 – 3ª tiragem	11ª edição – 2003 – 2ª tiragem	21ª edição – 2017
10ª edição – 1997 – 4ª tiragem	11ª edição – 2004 – 3ª tiragem	22ª edição – 2018
10ª edição – 1997 – 5ª tiragem	11ª edição – 2005 – 4ª tiragem	23ª edição – 2019
10ª edição – 1997 – 6ª tiragem	12ª edição – 2005	24ª edição – 2020
10ª edição – 1997 – 7ª tiragem	12ª edição – 2005 – 2ª tiragem	25ª edição – 2022
10ª edição – 1997 – 8ª tiragem	12ª edição – 2006 – 3ª tiragem	26ª edição – 2024

O GEN | Grupo Editorial Nacional – maior plataforma editorial brasileira no segmento científico, técnico e profissional – publica conteúdos nas áreas de concursos, ciências jurídicas, humanas, exatas, da saúde e sociais aplicadas, além de prover serviços direcionados à educação continuada.

As editoras que integram o GEN, das mais respeitadas no mercado editorial, construíram catálogos inigualáveis, com obras decisivas para a formação acadêmica e o aperfeiçoamento de várias gerações de profissionais e estudantes, tendo se tornado sinônimo de qualidade e seriedade.

A missão do GEN e dos núcleos de conteúdo que o compõem é prover a melhor informação científica e distribuí-la de maneira flexível e conveniente, a preços justos, gerando benefícios e servindo a autores, docentes, livreiros, funcionários, colaboradores e acionistas.

Nosso comportamento ético incondicional e nossa responsabilidade social e ambiental são reforçados pela natureza educacional de nossa atividade e dão sustentabilidade ao crescimento contínuo e à rentabilidade do grupo.

CAIO MÁRIO DA SILVA PEREIRA

Professor Emérito na Universidade Federal do Rio de Janeiro
e na Universidade Federal de Minas Gerais.

INSTITUIÇÕES DE DIREITO CIVIL

Volume III

CONTRATOS

- Declaração unilateral de vontade
- Responsabilidade civil

Caitlin Mulholland
Atualizadora e colaboradora

26.ª edição revista, atualizada e reformulada

- O autor deste livro e a editora empenharam seus melhores esforços para assegurar que as informações e os procedimentos apresentados no texto estejam em acordo com os padrões aceitos à época da publicação, e todos os dados foram atualizados pelo autor até a data de fechamento do livro. Entretanto, tendo em conta a evolução das ciências, as atualizações legislativas, as mudanças regulamentares governamentais e o constante fluxo de novas informações sobre os temas que constam do livro, recomendamos enfaticamente que os leitores consultem sempre outras fontes fidedignas, de modo a se certificarem de que as informações contidas no texto estão corretas e de que não houve alterações nas recomendações ou na legislação regulamentadora.

- Fechamento desta edição: *21.11.2023*

- O Autor e a editora se empenharam para citar adequadamente e dar o devido crédito a todos os detentores de direitos autorais de qualquer material utilizado neste livro, dispondo-se a possíveis acertos posteriores caso, inadvertida e involuntariamente, a identificação de algum deles tenha sido omitida.

- **Atendimento ao cliente:** (11) 5080-0751 | faleconosco@grupogen.com.br

- Direitos exclusivos para a língua portuguesa
  Copyright © 2024 by
  Editora Forense Ltda.
  Uma editora integrante do GEN | Grupo Editorial Nacional
  Travessa do Ouvidor, 11 – Térreo e 6º andar
  Rio de Janeiro – RJ – 20040-040
  www.grupogen.com.br

- Reservados todos os direitos. É proibida a duplicação ou reprodução deste volume, no todo ou em parte, em quaisquer formas ou por quaisquer meios (eletrônico, mecânico, gravação, fotocópia, distribuição pela Internet ou outros), sem permissão, por escrito, da Editora Forense Ltda.

- Capa: Aurélio Corrêa

  1ª edição – 1963
  26ª edição – 2024

- **CIP – BRASIL. CATALOGAÇÃO NA FONTE.**
  SINDICATO NACIONAL DOS EDITORES DE LIVROS, RJ.

P49i
v. 3

Pereira, Caio Mário da Silva, 1913-2004

Instituições de direito civil: contratos / Caio Mário da Silva Pereira; atualização e colaboração Caitlin Mulholland. – 26. ed. – Rio de Janeiro: Forense, 2024.
(Instituições de direito civil; 3)

"Declaração unilateral de vontade. Responsabilidade civil"
Inclui bibliografia e índice
ISBN 978-65-5964-915-0

1. Direito civil – Brasil. 2. Contratos – Brasil. I. Mulholland, Caitlin. II. Título. III. Série.

23-86684   CDU: 347.4(81)

Gabriela Faray Ferreira Lopes – Bibliotecária – CRB-7/6643

ÍNDICE SISTEMÁTICO

Nota da Editora XI

Nota ao Volume XIII

Prefácio XV

Introdução 1

Capítulo XXXVII – Noção Geral de Contrato 3
184. Conceito de contrato: romano e moderno 5
185. Função social do contrato. Princípio de sua obrigatoriedade. Princípio do consensua-
lismo 7
185-A. Princípio da boa-fé objetiva 16
186. Autonomia da vontade e intervenção do Estado 17
187. Requisitos de validade dos contratos: subjetivos, objetivos e formais 22
187-A. Ineficácia *stricto sensu* 26
188. Formação do contrato: tempo e lugar. Contratos por correspondência, por meio tele-
fônico e por meio da Internet 27
189. Interpretação dos contratos 36
189-A. Interpretação favorável ao consumidor 41

Capítulo XXXVIII – Classificação dos Contratos 43
190. Contratos típicos, atípicos e mistos 45
191. Contratos consensuais, formais e reais 46
192. Contratos onerosos e gratuitos 49
193. Contratos bilaterais e unilaterais 49
194. Contratos comutativos e aleatórios 51
195. Contratos de execução imediata, diferida e sucessiva 52
196. Contratos individuais e coletivos 53
197. Contrato de adesão 54
197-A. Contratos coligados 57

Capítulo XXXIX – Contrato Preliminar 59
198. Conceito de contrato preliminar. Generalidades 61
199. Desenvolvimento da doutrina brasileira 64
200. Efeitos do contrato preliminar 67

INSTITUIÇÕES DE DIREITO CIVIL • VOL. III • CONTRATOS

Capítulo XL – Arras 71
  201. Noção e história das arras 73
  202. Função principal: confirmatória 74
  203. Função secundária: penitencial 76

Capítulo XLI – Relatividade dos Contratos 79
  204. Contratos em favor de terceiro. Generalidades 81
  205. Efeitos do contrato em favor de terceiro 84
  206. Prestação de fato de terceiro 86
  206-A. Contrato com pessoa a declarar 89

Capítulo XLII – Vícios Redibitórios 91
  207. Conceito de vício redibitório 93
  208. Efeitos dos vícios redibitórios 95
  208-A. Responsabilidade civil do fabricante 98

Capítulo XLIII – Evicção 101
  209. Noção geral de evicção 103
  210. Efetivação da garantia 106
  211. Evicção parcial 109

Capítulo XLIV – Extinção dos Contratos 111
  212. Cessação da relação contratual 113
  213. Resilição voluntária 114
  214. Cláusula resolutiva: tácita e expressa 117
  215. *Exceptio non adimpleti contractus* 121
  216. Resolução por onerosidade excessiva. Teoria da imprevisão . 122

Capítulo XLV – Compra e Venda e Troca 127
  217. Conceito e análise da compra e venda 129
  218. Coisa. Suas qualidades 131
  219. Preço. Seus caracteres 135
  220. Consentimento. Restrições 138
  221. Efeitos da compra e venda 141
  222. Risco 144
  223. Promessa de compra e venda 145
  224. Troca 148

Capítulo XLVI – Modalidades Especiais de Compra e Venda 151
  225. Retrovenda 153
  226. Venda a contento e venda sujeita à prova 156
  227. Preempção ou preferência 159
  228. Pacto de melhor comprador 162
  229. Pacto comissório 163

229-A. Venda sobre documentos 164

230. Reserva de domínio 165

230-A. Contrato estimatório 171

230-B. *Leasing*. 174

230-C. *Lease-back*. 179

230-D. *Leasing* imobiliário 179

230-E. Alienação fiduciária em garantia 180

230-F. Alienação fiduciária imobiliária. 183

Capítulo XLVII – Doação. 187

231. Conceito de doação. Seus requisitos 189

232. Classificação das doações 194

233. Efeitos da doação. 198

234. Ineficácia da doação. 200

235. Revogação da doação. 202

Capítulo XLVIII – Locação de Coisas 207

236. Generalidades acerca da locação de coisas 209

237. Elementos: coisa, preço, consentimento, prazo, forma 212

238. Obrigações gerais do locador. 218

239. Obrigações do locatário 224

240. Prédios rústicos 227

241. Prédios urbanos. Legislação de inquilinato. Renovação do arrendamento comercial. 229

241-A. Estabilização dos alugueres 231

241-B. Fixação do locatário no imóvel 233

241-C. Relações entre o locador e o locatário 235

241-D. Devolução do imóvel pelo locatário 238

241-E. Despejo 240

241-F. Garantias na locação urbana 241

Capítulo XLIX – Empreitada – Transporte. 245

242. Generalidades do contrato de empreitada 247

243. Efeitos do contrato de empreitada 249

244. Contrato de transporte 255

244-A. Transporte Rodoviário de Cargas 262

244-B. Subcontratação do serviço de transporte de carga. 265

244-C. Transporte Rodoviário de Cargas – excludentes da responsabilidade. 266

Capítulo L – Empréstimo 271

245. Comodato. Noção. Obrigações 273

246. Mútuo. Conceito. Obrigações. Onerosidade e gratuidade. Usura. Abertura de crédito. Conta-corrente 277

246-A. Contratos de financiamento 283

246-B. Limitações constitucionais dos "juros reais" 283

INSTITUIÇÕES DE DIREITO CIVIL • VOL. III • CONTRATOS

Capítulo LI – Depósito 285
247. Conceito de depósito. Espécies. Obrigações. Extinção 287
248. Depósito necessário. Depósito hoteleiro. Sequestro 294

Capítulo LII – Prestação de Serviços – Corretagem – Comissão – Agência, Distribuição e
Franchising 299
249. Prestação de serviços e contrato de trabalho 301
250. Disciplina jurídica da prestação de serviços 303
251. Corretagem 307
251-A. Comissão 311
251-B. Agência, distribuição e *franchising* 313

Capítulo LIII – Mandato – Gestão de Negócios 317
252. Generalidades acerca do mandato 319
253. Obrigações do mandatário. Substabelecimento 324
254. Obrigações do mandante 327
255. Extinção do mandato. Mandato irrevogável 329
256. Mandato judicial 332
257. Gestão de negócios 336

Capítulo LIV – Fidúcia 341
257-A. Conceito e história. Negócio fiduciário 343
257-B. Contrato de fidúcia: disciplina jurídica 345

Capítulo LV – Sociedade – Parceria 347
258. Mudança da regulamentação da sociedade no Código Civil 349

Capítulo LVI – Edição – Representação Dramática 351
262. Noção de edição. Obrigação do editor e do autor 353
263. Representação dramática 356

Capítulo LVII – Seguro 359
264. Conceito, elementos e generalidades 361
265. Direitos e obrigações do segurado e do segurador 365
266. Espécies de seguros 369

Capítulo LVIII – Constituição de Renda 379
267. Generalidades acerca da constituição de renda 381
268. Efeitos da constituição de renda. Extinção 382

Capítulo LIX – Jogo e Aposta 385
269. Conceito de jogo e aposta. Generalidades. Mútuo para jogo 387
270. Espécies de jogos 389

ÍNDICE SISTEMÁTICO

Capítulo LX – Fiança 393

271. Conceito, caracteres, requisitos da fiança 395
272. Efeitos da fiança. 399
273. Extinção da fiança 401

Capítulo LX-A – Transação – Compromisso 403

273-A. Transação. 405
273-B. Compromisso. 409

Capítulo LXI – Contratos Bancários. 413

274. Atividades bancárias. Depósito bancário. 415
274-A. Contratos bancários 417
275. Conta-corrente. Abertura de crédito. Crédito documentário 421
276. Desconto. Financiamento. Redesconto. Repasse. 425

Capítulo LXII – Declaração Unilateral de Vontade 429

277. Promessa unilateral. Promessa de recompensa 431
278. Títulos de crédito. Títulos ao portador. 432
279. Títulos cambiais, letra de câmbio, promissória, duplicata, cheques 437

Capítulo LXIII – Responsabilidade Civil 443

280. Noção de responsabilidade civil 445
281. Responsabilidade civil por fato de outrem 446
282. Responsabilidade sem culpa 449
283. Liquidação das obrigações. 453

ANEXO – A Nova Tipologia Contratual no Direito Civil Brasileiro. 455

283-A. Evolução histórica do contrato 455
283-B. Novas perspectivas do contrato 457
283-C. Incorporação imobiliária 461
283-D. *Joint venture*. 464
283-E. Outros contratos. 465
283-F. *Know-how* e *Engineering*. 466
283-G. *Hedging* 468
283-H. *Factoring* 469

Índice Alfabético-remissivo 471

Nota da Editora

A partir da 17ª edição, com a expressa concordância do atualizador, Prof. Regis Fichtner, e da família do Prof. Caio Mário da Silva Pereira, este Volume III da Coleção *Instituições de Direito Civil* passa a ser atualizado pela Prof. Caitlin Mulholland.

As atualizações realizadas pelo Prof. Regis Fichtner, desde 2003, permanecem. Foram incorporadas as alterações que a atualizadora considerou pertinentes para esta edição.

Agradecemos a colaboração e a dedicação que o Prof. Regis Fichtner concedeu à continuidade da Coleção durante todos esses anos.

Rio de Janeiro, fevereiro de 2013

Nota ao Volume

M uitas modificações têm sido introduzidas na vida contratual brasileira, em torno das Fontes das Obrigações (Contratos, Declaração Unilateral de Vontade, Responsabilidade Civil). Eu mesmo tenho trazido a minha modesta colaboração, em trabalhos esparsos, conferências e estudos. Escrevi um livro versando a Responsabilidade Civil, acolhido generosamente pela comunidade jurídica.

Ao dar a público esta nova edição, aproveitei o ensejo para incorporar-lhe novas achegas com referência à reforma constitucional, legislação especial sobre Contratos, Código de Proteção e Defesa do Consumidor. Achei de bom alvitre e oportuno aditar-lhe um "Anexo" em que trato sinteticamente de novos tipos de contratos, compreendidos sinopticamente sob a epígrafe *Nova Tipologia Contratual no Direito Civil Brasileiro,* que para aqui transponho de publicações anteriores. Para maior facilidade de localização, e para que se não altere a numeração sequencial dos volumes subsequentes, distribuí a matéria nos números 283-A a 283-H.

Caio Mário da Silva Pereira
Rio de Janeiro, 1994

PREFÁCIO

Às vésperas de completar 90 anos, tenho a alegria de entregar a uma equipe de destacados juristas os "manuscritos" que desenvolvi desde a versão original do Projeto do Código Civil de 1975, aprovado pela Câmara dos Deputados, em 1984, e pelo Senado Federal em 1998.

A exemplo dos mais modernos compêndios de direito, com o apoio daqueles que escolhi pela competência e dedicação ao Direito Civil, sinto-me realizado ao ver prosseguir no tempo as minhas ideias, mantidas as diretrizes que impus às *Instituições*.

Retomo, nesse momento, algumas reflexões, pretendendo que sejam incorporadas à obra, como testemunho de uma concepção abrangente e consciente das mudanças irreversíveis: a História, também no campo do Direito, jamais se repete.

Considerando que inexiste atividade que não seja "juridicamente qualificada", perpetua-se a palavra de Del Vecchio, grande jusfilósofo por mim tantas vezes invocado, ao assinalar que "todo Direito, é, em verdade, um complexo sistema de valores" e mais especificamente, ao assegurar que o sistema jurídico vigente representa uma conciliação entre "os valores da ordem e os valores da liberdade".[1]

Em meus recentes estudos sobre "alguns aspectos da evolução do Direito Civil",[2] alertei os estudiosos do perigo em se desprezar os motivos de ordem global que legitimam o direito positivo, e da importância de se ter atenção às "necessidades sociais" a que, já há muito, fez referência Jean Dabin.[3]

Eu fugiria da realidade social se permanecesse no plano puramente ideal dos conceitos abstratos, ou se abandonasse o solo concreto "do que é" e voltasse pelas áreas exclusivas do "dever ser". Labutando nesta área por mais de 60 anos, lutando no dia a dia das competições e dos conflitos humanos, reafirmo minhas convicções no sentido de que o Direito deve ser encarado no concretismo instrumental que realiza, ou tenta realizar, o objetivo contido na expressão multimilenar de Ulpiano, isto é, como o veículo apto a permitir que se dê a cada um aquilo que lhe deve caber – *suum cuique tribuere*. E se é verdade que viceja na sociedade a tal ponto que *ubi societas ibi ius*, também é certo que não se pode abstraí-lo da sociedade em que floresce: *ubi ius, ibi societas.*

Visualizando o Direito como norma de conduta, como regra de comportamento, e esquivando-me dos excessos do positivismo jurídico, sempre conclamei o estudioso a buscar conciliá-lo com as exigências da realidade, equilibrando-a com o necessário grau de moralidade e animando-a com o anseio natural de justiça – esse dom inato ao ser humano.

Não se pode, em verdade, ignorar o direito positivo, o direito legislado, a norma dotada de poder cogente. Ele é necessário. Reprime os abusos, corrige as falhas, pune as transgressões, traça os limites à liberdade de cada um, impedindo a penetração indevida na órbita das liberdades alheias. Não é aceitável, porém, que o Direito se esgote na manifestação do poder estatal. Para desempenhar a sua função básica de "adequar o homem à vida social", como eu o defini,[4] há de ser permanentemente revitalizado por um mínimo de idealismo, contribuindo para o equilíbrio de forças e a harmonia das competições.

Assiste-se, por outro lado, à evolução do direito legislado, na expressão morfológica de sua elaboração, como tendente a perder cada vez mais o exagerado tecnicismo de uma linguagem esotérica,

---

1 Giorgio Del Vecchio, *Evoluzione ed Involuzione del Diritto*, Roma, 1945, pág. 11, refere-se a *"un tentativo di conciliazione tra il valore dell'ordine e il valore della libertà"*, muito embora para assegurar um desses valores seja necessário sacrificar correspondentemente o outro.

2 Caio Mário da Silva Pereira, *Direito Civil:* Aspectos de sua Evolução, Rio de Janeiro, Forense, 2001.

3 Jean Dabin, *Philosophie de L'ordre Juridique Positif*, Paris, Sirey, 1929, pág. 22.

4 Caio Mário da Silva Pereira, *Instituições de Direito Civil*, Rio de Janeiro, Forense, 2003, vol. I, nº 1.

posta exclusivamente ao alcance dos iniciados. Sem se desvestir de uma linguagem vernácula, há de expressar-se de tal modo que seja compreendido sem o auxílio do misticismo hermenêutico dos especialistas.

Tomado como ponto de partida o Código Civil de 1916, sua preceituação e a sua filosofia, percebe-se que o Direito Civil seguiu por décadas rumo bem definido. Acompanhando o desenvolvimento de cada instituto, vê-se que, embora estanques, os segmentos constituíram uma unidade orgânica, obediente no seu conjunto a uma sequência evolutiva uniforme.

No entanto, as últimas décadas, marcadas pela redemocratização do País e pela entrada em vigor da nova Constituição, deflagraram mudanças profundas em nosso sistema jurídico, atingindo especialmente o Direito Privado.

Diante de tantas transformações, passei a rever a efetiva função dos Códigos, não mais lhes reconhecendo a missão tradicional de assegurar a manutenção dos poderes adquiridos, tampouco seu valor histórico de "Direito Comum". Se eles uma vez representaram a "consagração da previsibilidade",[5] hoje exercem, diante da nova realidade legislativa, um papel residual.

Como ressalvei no primeiro volume de minhas *Instituições,* buscando subsídios em Lúcio Bittencourt,[6] "a lei contém na verdade o que o intérprete nela enxerga, ou dela extrai, afina em essência com o conceito valorativo da disposição e conduz o direito no rumo evolutivo que permite conservar, vivificar e atualizar preceitos ditados há anos, há décadas, há séculos, e que hoje subsistem somente em função do entendimento moderno dos seus termos".

O legislador exprime-se por palavras, e é no sentido real destas que o intérprete investiga a verdade e busca o sentido vivo do preceito. Cabe a ele preencher lacunas e omissões e construir permanentemente o Direito, não deixando que as leis envelheçam, apesar do tempo decorrido.

Fiel a estas premissas hermenêuticas, sempre considerei a atuação de duas forças numa reforma do Código Civil: a imposição das novas contribuições trazidas pelo progresso incessante das ideias e o respeito às tradições do passado jurídico. Reformar o Direito não significa amontoar todo um conjunto normativo como criação de preceitos aptos a reformular a ordem jurídica constituída.

Em meus ensinamentos sobre a "interpretação sistemática", conclamei o investigador a extrair de um complexo legislativo as ideias gerais inspiradoras da legislação em conjunto, ou de uma província jurídica inteira, e à sua luz pesquisar o conteúdo daquela disposição. "Deve o intérprete investigar qual a tendência dominante nas várias leis existentes sobre matérias correlatas e adotá-la como premissa implícita daquela que é o objeto das perquirições".[7]

Estou convencido de que, no atual sistema jurídico, existe espaço significativo para uma interpretação teleológica, que encontra na Lei de Introdução às normas do Direito Brasileiro[8] sua regra básica, prevista no art. 5º: "*Na aplicação da lei, o juiz atenderá aos fins sociais a que ela se dirige e às exigências do bem comum*".

Na hermenêutica do novo Código Civil, destacam-se hoje os princípios constitucionais e os direitos fundamentais, os quais se impõem às relações interprivadas, aos interesses particulares, de modo a fazer prevalecer uma verdadeira "constitucionalização" do Direito Privado.

Com a entrada em vigor da Carta Magna de 1988, conclamei o intérprete a um trabalho de hermenêutica "informado por uma visão diferente da que preside a interpretação das leis ordinárias".[9]

Ao mesmo tempo, alertei-o acerca do que exprimi como o "princípio da continuidade da ordem jurídica", mantendo a supremacia da Constituição sobre a legislatura: "Aplica-se *incontinenti*, porém voltada para o futuro. Disciplina toda a vida institucional *ex nunc*, a partir de 'agora', de quando co-

---

5 Natalino Irti, "L'età della decodificazione", *in Revista de Direito Civil*, nº 10, pág. 16, out./dez. 1979.

6 C. A. Lúcio Bittencourt, "A Interpretação como Parte Integrante do Processo Legislativo", *in Revista Forense*, vol. 94, pág. 9.

7 Caio Mário da Silva Pereira, *Instituições de Direito Civil*, vol. I, nº 38.

8 O legislador alterou a denominação da Lei de Introdução ao Código Civil para *Lei de Introdução às normas do Direito Brasileiro* (Lei nº 12.376, de 30 de dezembro de 2010).

9 Caio Mário da Silva Pereira, "Direito Constitucional Intertemporal", *in Revista Forense*, vol. 304, pág. 29.

PREFÁCIO XVII

meçou a vigorar".[10] Não obstante o seu caráter imperativo e a instantaneidade de sua vigência, "não poderia ela destruir toda a sistemática legislativa do passado".[11]

Diante do "princípio da hierarquia das leis", não se dirá que a Constituição "revoga" as leis vigentes uma vez que, na conformidade do princípio da continuidade da ordem jurídica, a norma de direito objetivo perde a eficácia em razão de uma força contrária à sua vigência. "As leis anteriores apenas deixaram de existir no plano do ordenamento jurídico estatal por haverem perdido seu fundamento de validade".[12] Diante de uma nova ordem constitucional, a *"ratio"* que sustentava as leis vigentes cessa. Cessando a razão constitucional da lei em vigor, perde eficácia a própria lei.

Naquela mesma oportunidade, adverti no sentido de que a nova Constituição não tem o efeito de substituir, com um só gesto, toda a ordem jurídica existente. "O passado vive no presente e no futuro, seja no efeito das situações jurídicas já consolidadas, seja em razão de se elaborar preceituação nova que, pela sua natureza ou pela necessidade de complementação, reclama instrumentalização legislativa".[13]

Cabe, portanto, ao intérprete evidenciar a subordinação da norma de direito positivo a um conjunto de disposições com maior grau de generalização, isto é, a princípios e valores dos quais não pode ou não deve mais ser dissociada.

Destaco, a este propósito, o trabalho de Maria Celina Bodin de Moraes, que assume uma concepção moderna do Direito Civil.[14] Analisando a evolução do Direito Civil após a Carta Magna de 1988, a autora afirma: "Afastou-se do campo do Direito Civil a defesa da posição do indivíduo frente ao Estado, hoje matéria constitucional".

Ao traçar o novo perfil do Direito Privado e a tendência voltada à "publicização" – a conviver, simultaneamente, com uma certa "privatização do Direito Público" – a ilustre civilista defende a superação da clássica dicotomia "Direito Público-Direito Privado" e conclama a que se construa uma "unidade hierarquicamente sistematizada do ordenamento jurídico". Esta unidade parte do pressuposto de que "os valores propugnados pela Constituição estão presentes em todos os recantos do tecido normativo, resultando, em consequência, inaceitável a rígida contraposição".[15]

A autora ressalta a supremacia axiológica da Constituição "que passou a se constituir como centro de integração do sistema jurídico de direito privado",[16] abrindo-se, então, o caminho para a formulação de um "Direito Civil Constitucional", hoje definitivamente reconhecido na Doutrina e nos Tribunais.

Reporto-me, especialmente, aos estudos de Pietro Perlingieri, ao afirmar que o Código Civil perdeu a centralidade de outrora e que "o papel unificador do sistema, tanto em seus aspectos mais tradicionais civilísticos quanto naqueles de relevância publicista é desempenhado de maneira cada vez mais incisiva pelo Texto Constitucional".[17]

Diante da primazia da Constituição Federal, os "direitos fundamentais" passaram a ser dotados da mesma força cogente nas relações públicas e nas relações privadas e não se confundem com outros direitos assegurados ou protegidos.

Em minha obra, sempre salientei o papel exercido pelos "princípios gerais de direito", a que se refere expressamente o art. 4º da Lei de Introdução às normas do Direito Brasileiro como fonte subsidiária de direito. Embora de difícil utilização, os princípios impõem aos intérpretes o manuseio de instrumentos mais abstratos, e complexos e requerem um trato com ideias de maior teor cultural do que os preceitos singelos de aplicação quotidiana.[18]

---

10 Id., ob. cit., pág. 31.

11 Id., ob. cit., pág. 32.

12 Wilson de Souza Campos Batalha *apud* Caio Mário da Silva Pereira, "Direito Constitucional Intertemporal", cit., pág. 33.

13 Caio Mário da Silva Pereira, "Direito Constitucional Intertemporal", cit., pág. 34.

14 Bodin de Moraes, Maria Celina, "A Caminho de um Direito Civil Constitucional", *in Revista de Direito Civil*, nº 65, pág. 22, jul./set. 1993.

15 Id., ob. cit., pág. 24.

16 Id., ob. cit., pág. 31.

17 Pietro Perlingieri, *Perfis do Direito Civil: Introdução ao Direito Civil Constitucional.* Trad. de M. C. De Cicco. Rio de Janeiro, Renovar, 1997, pág. 6.

18 *Vide Instituições de Direito Civil,* cit., vol. 1, nº 13.

Devo reconhecer que, na atualidade, os princípios constitucionais se sobrepõem à posição anteriormente ocupada pelos princípios gerais de direito. Na Doutrina brasileira, cabe destacar, acerca dessa evolução, os estudos de Paulo Bonavides sobre os "princípios gerais de direito" e os "princípios constitucionais".[19]

Depois de longa análise doutrinária e evolutiva, o ilustre constitucionalista reafirma a normatividade dos princípios.[20] Reporta-se a Vezio Crisafulli[21] ao asseverar que "um princípio, seja ele expresso numa formulação legislativa ou, ao contrário, implícito ou latente num ordenamento, constitui norma, aplicável como regra de determinados comportamentos públicos ou privados".

Bonavides identifica duas fases na constitucionalização dos princípios: a fase programática e a fase não programática, de concepção objetiva.[22] "Nesta última, a normatividade constitucional dos princípios ocupa um espaço onde releva de imediato a sua dimensão objetiva e concretizadora, a positividade de sua aplicação direta e imediata."

Conclui o conceituado autor que "desde a constitucionalização dos princípios, fundamento de toda a revolução 'principial', os princípios constitucionais outra coisa não representam senão os princípios gerais de direito, ao darem estes o passo decisivo de sua peregrinação normativa, que, inaugurada nos Códigos, acaba nas Constituições".[23]

No âmbito do debate que envolve a constitucionalização do Direito Civil, mencione-se ainda o § 1º do art. 5º do Texto Constitucional, que declara que as normas definidoras dos direitos e das garantias fundamentais têm aplicação imediata. Considero, no entanto, que não obstante preceito tão enfaticamente estabelecido, ainda assim, algumas daquelas normas exigem a elaboração de instrumentos adequados à sua fiel efetivação.[24]

Rememorando meus ensinamentos sobre "direito subjetivo" e a centralidade da *"facultas agendi"*, ressalvadas, é claro, as tantas controvérsias e divergências que envolvem o tema, destaco na conceituação do instituto o poder de ação, posto à disposição de seu titular e que não dependerá do exercício por parte deste último. Por essa razão, o indivíduo capaz e conhecedor do seu direito poderá conservar-se inerte, sem realizar o poder da vontade e, ainda assim, ser portador de tal poder.

Ainda a respeito do direito subjetivo, sempre ressaltei a presença do fator teleológico, ou seja, "o direito subjetivo como faculdade de querer, porém dirigida a determinado fim. O poder de ação abstrato é incompleto, desfigurado. Corporifica-se no instante em que o elemento volitivo encontra uma finalidade prática de atuação. Esta finalidade é o interesse de agir".[25]

Mais uma vez refiro-me aos estudos de Maria Celina Bodin de Moraes, que, apoiando-se em Michele Giorgianni, esclarece: a força do direito subjetivo não é a do titular do direito e sim "a força do ordenamento jurídico que o sujeito pode usar em defesa de seus interesses", concluindo que "esta força existe somente quando o interesse é juridicamente reconhecido e protegido'(...)".

No âmbito dos direitos subjetivos, destaca-se o princípio constitucional da tutela da dignidade humana, como princípio ético-jurídico capaz de atribuir unidade valorativa e sistemática ao Direito Civil, ao contemplar espaços de liberdade no respeito à solidariedade social. É neste contexto que Maria Celina Bodin de Moraes insere a tarefa do intérprete, chamado a proceder à ponderação, em cada caso, entre liberdade e solidariedade. Esta ponderação é essencial, já que, do contrário, os valores da liberdade e da solidariedade se excluiriam reciprocamente, "todavia, quando ponderados, seus conteúdos se tornam complementares: regulamenta-se a liberdade em prol da solidariedade social, isto é, da relação de cada um, com o interesse geral, o que, reduzindo a desigualdade, possibilita o livre desenvolvimento da personalidade de cada um dos membros da comunidade".[26]

---

19   Paulo Bonavides, *Curso de Direito Constitucional,* 7ª ed., São Paulo, Malheiros, 1997.
20   Paulo Bonavides, *Curso de Direito Constitucional*, cit., pág. 246.
21   Vezio Crisafulli. *La Costituzione e sue Disposizioni di Principi,* Milano, 1952, pág. 16.
22   Id., ob. cit., pág. 246.
23   Id., ob. cit., págs. 261-262.
24   Caio Mário da Silva Pereira, "Direito Constitucional Intertemporal", cit., pág. 33.
25   Caio Mário da Silva Pereira, *Instituições de Direito Civil,* vol. I, nº 5.
26   Maria Celina Bodin de Moraes, "Constituição e Direito Civil: Tendências", *in Revista dos Tribunais*, vol. 779, págs. 55 e 59, set. 2000.

PREFÁCIO XIX

Nessas minhas reflexões, não poderia me omitir quanto às propostas de João de Matos Antunes Varela, as quais ajudaram a consolidar minhas convicções, já amplamente conhecidas, no sentido da descodificação do Direito.

Numa análise histórica, o insigne civilista português demonstra que o Código Civil se manteve na condição de "diploma básico de toda a ordem jurídica", atribuindo ao Direito Civil a definição dos direitos fundamentais do indivíduo. Desde os primórdios das codificações, nunca se conseguiu, no entanto, estancar a atividade das assembleias legislativas no que concerne à "legislação especial", a qual se formava por preceitos que "constituíam meros corolários da disciplina básica dos atos jurídicos e procuravam, deliberadamente, respeitar os princípios fundamentais definidos no Código Civil".

O mencionado autor apresenta efetivos indicadores para o movimento de descodificação: o Código Civil deixou de constituir-se o centro geométrico da ordem jurídica, já que tal papel foi transferido para a Constituição; o aumento em quantidade e qualidade da legislação especial; a nova legislação especial passou a caracterizar-se por uma significativa alteração no quadro dos seus destinatários: "As leis deixaram em grande parte de constituir verdadeiras normas gerais para constituírem 'estatutos privilegiados' de certas classes profissionais ou de determinados grupos políticos".[27]

Refere-se, ainda, aos "microssistemas" como "satélites autônomos que procuram regiões próprias na órbita incontrolada da ordem jurídica (...)" e "reivindicam áreas privativas e exclusivas de jurisdição e que tendem a reger-se por princípios diferentes dos que inspiram a restante legislação".[28]

Conclui Varela que a Constituição não pode hoje limitar-se a definir os direitos políticos e as liberdades fundamentais do cidadão e a traçar a organização do Estado capaz de garantir a livre-iniciativa dos indivíduos. "Acima da função de *árbitro* nos conflitos de interesses *individuais* ou de acidental *interventor supletivo* no desenvolvimento econômico do país, o *Estado social moderno* chamou, justificadamente, a si duas funções primordiais: a de promotor ativo *do bem comum* e de garante da *justiça social*".[29]

Como Antunes Varela, considero a necessidade de serem preservadas as leis especiais vigentes, salvo a total incompatibilidade com normas expressas do novo Código Civil, quando estaremos enfrentando a sua revogação ou ab-rogação. Alerte-se, no entanto, para a cessação da vigência da lei por força do desaparecimento das circunstâncias que ditaram a sua elaboração. Invoca-se, a propósito, a parêmia *cessante ratione legis, cessat et ipsa lex*.[30]

Entre as causas especiais de cessação da eficácia das leis, não se pode deslembrar a resultante da declaração judicial de sua inconstitucionalidade. Por decisão definitiva do Supremo Tribunal Federal, cabe ao Senado Federal suspender a sua execução, no todo ou em parte (CF, art. 52, X). Portanto, não compete ao Poder Judiciário revogar a lei, mas recusar a sua aplicação quando apura a afronta a princípios fixados no Texto Maior.

Destaque-se, ainda, a Lei Complementar nº 95, de 26 de fevereiro de 1998, que dispõe sobre a "elaboração, a redação, a alteração e a consolidação das leis", declarando no art. 9º que "*a cláusula de revogação deverá enumerar, expressamente, as leis ou disposições legais revogadas*".[31]

Outrossim, devemos ser cautelosos ao interpretar o art. art. 2º, § 2º, da Lei de Introdução às normas do Direito Brasileiro , segundo o qual "*a lei nova, que estabeleça disposições gerais ou especiais a par das já existentes, não revoga nem modifica a lei anterior*". Da mesma forma, advertiu Marco Aurélio S. Vianna ao considerar que "a generalidade de princípios numa lei geral não cria incompatibilidade com regra de caráter especial. A disposição especial disciplina o caso especial, sem afrontar a norma genérica da lei geral que, em harmonia, vigorarão simultaneamente".[32]

A adequação do Código Civil ao nosso "*status*" de desenvolvimento representa um efetivo desafio aos juristas nesse renovado contexto legislativo. A minha geração foi sacrificada no altar estadono-

---

27 João de Matos Antunes Varela, "O Movimento de Descodificação do Direito Civil", *in Estudos Jurídicos em Homenagem ao Prof. Caio Mário da Silva Pereira*, Rio de Janeiro, Forense, 1984, págs. 507-509.

28 Id., ob. cit., pág. 510.

29 Id., ob. cit., pág. 527.

30 "Quando a razão para a norma cessa, o próprio direito cessa."

31 Redação dada pela Lei Complementar nº 107, de 26.04.2001.

32 Marco Aurélio S. Vianna, *Direito Civil. Parte Geral,* Belo Horizonte, Del Rey, 1993, pág. 53.

vista. Quando atingiu a idade adulta e chegou o momento de aparelhar-se para competir nos prélios políticos, as liberdades públicas foram suprimidas e o restabelecimento custou inevitável garroteamento entre os antigos que forcejavam por ficar e os mais novos que chegaram depois e ambicionavam vencer. A geração atual, que conviveu com as diversas versões do novo Código, busca assimilar as lições realistas do mundo contemporâneo.

Nova diretriz deverá ser considerada para o jurista deste milênio que se inicia. San Tiago Dantas pregava, de forma visionária, a universalidade do comando jurídico, conduzindo à interdisciplinaridade entre os vários ramos jurídicos. Considero, no entanto, que o Direito deve buscar também nas outras ciências, sobretudo naquelas sociais e humanas, o apoio e a parceria para afirmar seus princípios, reorganizando metodologicamente seus estudos e pesquisas. As relações humanas não podem ser tratadas pelo sistema jurídico como se fossem apenas determinadas pelo mundo dos fatos e da objetividade. A filosofia, a psicologia, a sociologia, a medicina e outras ciências indicam novos rumos ao Direito.

Convivendo com um sistema normativo que sempre se contentou com a pacificação dos conflitos, cabe aos juristas, intérpretes e operadores do Direito, assumi-lo com a "função promocional" apregoada por Norberto Bobbio desde a década de setenta. O Código de Defesa do Consumidor, o Estatuto da Criança e do Adolescente e a Lei de Diretrizes e Bases da Educação representam estrutura legislativa que se projetará como modelo dos diplomas legislativos, nos quais há de prevalecer, acima de tudo, o respeito aos direitos fundamentais.

Devemos, portanto, assumir a realidade contemporânea: os Códigos exercem hoje um papel menor, residual, no mundo jurídico e no contexto sociopolítico. Os "microssistemas", que decorrem das leis especiais, constituem polos autônomos, dotados de princípios próprios, unificados somente pelos valores e princípios constitucionais, impondo-se, assim, o reconhecimento da inovadora técnica interpretativa.

No que tange ao volume terceiro das *Instituições*, contei com o apoio do jurista Regis Fichtner, Mestre em Direito Civil pela Universidade do Estado de São Paulo e pela Universidade de Freiburg (Albert-Ludwigs Universität) – Alemanha, Doutor em Direito Civil pela Universidade do Estado do Rio de Janeiro – UERJ, Professor Adjunto da Universidade do Estado do Rio de Janeiro – UERJ, Procurador do Estado do Rio de Janeiro e autor dos livros "A Fraude à Lei" e "Responsabilidade Civil Pré-Contratual", além de vários artigos em revistas especializadas.

Agradeço o empenho e o desvelo, que tanto engrandeceram a obra. Graças ao seu trabalho, este volume foi acrescido não apenas de meus próprios comentários, como também de referências a outras teses doutrinárias, nacionais e estrangeiras, cuja seleção revela a pesquisa realizada em prol da cuidadosa atualização.

Diante do Código Civil de 2002, espero que minha obra, já agora atualizada, possa prosseguir no tempo orientando os operadores do Direito, os juristas e os acadêmicos do novo milênio, cabendo-lhes, sob a perspectiva da globalização das instituições, o desafio de conciliar critérios de interpretação que resultem na prevalência do bom-senso, da criatividade e, por vezes, de muita imaginação.

Caio Mário da Silva Pereira

Introdução

Depois de formulada a noção de direito e deduzida a teoria geral das normas, passamos a cogitar dos elementos fundamentais da relação jurídica o sujeito, o objeto, as forças jurígenas. Desenvolvemos o conceito do negócio jurídico, nos seus vários aspectos. E encerramos o vol. I, destas *Instituições*, com o estudo da prescrição e da decadência. Formulamos, no vol. II, a dogmática da Obrigação, sua origem, sua classificação, suas modalidades, sua extinção. Tratamos de sua inexecução, absoluta e relativa. Encerramo-lo com a doutrina de sua mutação, no seu aspecto mais frequente e tradicional da cessão dos créditos, como no menos corriqueiro e menos desenvolvido da assunção de débito.

No presente volume, empreendemos o estudo das *Fontes das Obrigações.*

Já dissemos (nº 130, vol. II) da infindável controvérsia que tem dividido os civilistas, desde os romanos. Gaius, no Comentário III, nº 88, das *Institutiones,* ensina que a obrigação ora nasce do contrato, ora do delito (*"vel ex contractu nascitur vel ex delicto"*). O mesmo Gaius, em outra passagem a que se reporta o *Digesto,* liv. XLIX, tít. VII, fr. 1, pr., é mais minucioso e mais extenso, admitindo outras causas menos precisas: "*Obligationes aut ex contractu nascuntur, aut ex malefitio, aut proprio quodam iure ex variis causarum figuris.*"

Embora a teoria consagrada nas *Institutas* de Justiniano, como nas gaianas, tenha sobrevivido na doutrinação moderna, os escritores de nosso tempo travam-se de razões para afirmar a pluralidade das fontes (contrato, quase contrato, delito, quase delito, vontade unilateral, enriquecimento indevido e lei), ou para sustentar-lhes a unidade (lei).

Dentro desta discussão sem fim, e desse debate sem quartel, não nos arreceamos de trazer a nossa palavra, com a fixação de conceitos esclarecedores: obrigações há, com mais precisão denominadas *deveres* fundadas exclusivamente na lei (ser eleitor, pagar tributos, alimentar os filhos), as quais não se configuram como *obligationes* em sentido técnico, e não são por isto mesmo objeto de nossas presentes cogitações. A *obrigação propriamente dita* gera-se de um paralelogramo de forças, cujos componentes são o *fato humano* e a lei. É certo que eles estão presentes na gênese de qualquer relação jurídica, porque é a vontade do *Estado* que amolda os comportamentos individuais, permitindo que o *fato do homem* dê origem a uma "prestação economicamente apreciável".

Fato humano e lei acham-se, então, presentes em qualquer *obligatio*: nas de cunho convencional, como nas de natureza extracontratual. Mas não participam em dosagem idêntica.

Ao revés, ora o ordenamento jurídico atua, deixando mais larga margem de participação à vontade humana, e desenha o zoneamento das obrigações nascidas do contrato ou da declaração unilateral de vontade; ora procede na criação de obrigações em cuja formação avulta a vontade da lei.

Neste vol. III, deduziremos as Fontes de Obrigações, inaugurando-o com a *teoria geral dos contratos,* de onde passaremos às várias espécies destes. Examinaremos as figuras tradicionais, acrescentando-lhes as que ainda não encontraram guarida em nosso direito codificado (contrato preliminar, venda com reserva de domínio, contratos bancários, corretagem). No estudo da declaração unilateral de vontade, dedicamos especial atenção aos títulos de crédito (nominativos, ao portador, à ordem). E concluiremos este tomo com as obrigações oriundas do fato humano não volitivo, com fundamento na culpa ou fazendo abstração desta (responsabilidade sem culpa).

Mas não perderemos de vista o que se tem cogitado presentemente, da reforma dos Códigos brasileiros. E, como nos coube a honra de elaborar um *Anteprojeto de Código de Obrigações* (Parte Geral e Contratos), aqui consignamos algo do que no projetamento pretendíamos introduzir.

Neste vol. III, de que ora vem a público mais uma edição, não perdemos de vista o *Projeto de Código de Obrigações,* enviado ao Congresso Nacional em 1965 e lamentavelmente retirado em 1967. Na sua elaboração, que teve como ponto de partida o nosso Anteprojeto, apresentado ao Ministério da Justiça em 1962 (*v. Projeto de Código de Obrigações,* Exposição de Motivos, pág. VII, Edição Imprensa Nacional, Rio, 1965), como na sua revisão (pela comissão composta de Orosimbo Nonato, Presidente; Caio Mário da Silva Pereira, relator-geral, e membros Teófilo Azeredo Santos, Sylvio Marcondes, Orlando Gomes e Nehemias Gueiros) estavam presentes as mais modernas concepções, bem como as mais arrojadas soluções apontadas pela ciência civilista contemporânea.

Acrescido de novos capítulos e parágrafos, aludimos às inovações sugeridas pelo *Projeto*, na convicção de que a reforma do Código Civil há de vir, com a atualização de nosso direito positivo, que se apresentará divorciado da evolução jurídica, superado pelas contribuições científicas, fragmentado por uma incontrolável legislação extravagante. Cumpre recolocar as soluções técnicas em termos exatos e em obediência ao espírito de sistema.

Quantos tenham sensibilidade para a hora que vive este País e para os anseios de renovação que eclodem de todos os quadrantes, percebem que é adequado o momento de se empreender a imprescindível "reformulação de nossa ordem jurídica", por nós preconizada no discurso pronunciado no Instituto dos Advogados Brasileiros em 1962, quando nos foi outorgada Medalha Teixeira de Freitas e desde então objeto de vivas e intermináveis discussões (cf. nosso livro *Reformulação da Ordem Jurídica e Outros Temas,* Ed. Forense, 1980).

Não se pode perder tal ensejo, sob pena de condenação irrecorrível, pronunciada pelas gerações futuras.

Aqui deixamos, mais uma vez, o nosso apelo e a nossa profissão de fé. Alguém há de manter aceso o fogo sagrado das ideias reformistas. E se à geração dos juristas de hoje faltar a coragem necessária, os que vierem depois de nós, estudantes de agora, hão de receber esta bandeira e fazer dela um objetivo permanente.

Rio de Janeiro, junho de 1980

Capítulo XXXVII
Noção Geral de Contrato

Sumário

184. Conceito de contrato: romano e moderno. **185.** Função social do contrato. Princípio de sua obrigatoriedade. Princípio do consensualismo. **185-A.** Princípio da boa-fé objetiva. **186.** Autonomia da vontade e intervenção do Estado. **187.** Requisitos de validade dos contratos: subjetivos, objetivos e formais. **187-A.** Ineficácia *stricto sensu*. **188.** Formação do contrato: tempo e lugar. Contratos por correspondência por meio telefônico e por meio da internet. **189.** Interpretação dos contratos. **189-A.** Interpretação favorável ao consumidor.

Bibliografia

Giorgio Giorgi, *Teoria delle Obbligazioni,* vol. III, nᵒˢ 5 e segs.; Planiol, Ripert *et* Boulanger, *Traité Élémentaire de Droit Civil,* vol. II, nᵒˢ 36 e segs.; Clóvis Beviláqua, *Obrigações,* §§ 54 e segs.; M. I. Carvalho de Mendonça, *Contratos no Direito Civil brasileiro,* vol. I, Introdução; Serpa Lopes, *Curso de Direito Civil,* vol. III, cap. I; Gaudemet, *Théorie Génerale des Obligations,* págs. 20 e segs.; Orlando Gomes, *Contratos,* cap. I; Demogue, *Des Obligations en Général,* vol. I, nᵒˢ 22 e segs.; Enneccerus, Kipp *y* Wolff, *Tratado, Derecho de Obligaciones,* vol. I, §§ 27 e segs.; Joseph Zaksas, *Les Transformations du Contrat et Leurs Lois;* De Page, *Traité Élémentaire de Droit Civil,* vol. II, Parte 1ª, nᵒˢ 447 e segs.; Colin *et* Capitant, *Droit Civil Français,* vol. II, nᵒˢ 8 e segs.; Francesco Messineo, *Dottrina Generale del Contratto,* págs. 19 e segs.; Contardo Ferrini, *in Enciclopedia Giuridica Italiana,* vol. XII, t. I, verb. Obbligazione; Mario Allara, *La Teoria Generale del Contratto,* cap. I; Giovanni Carrara, *La Formazione del Contratto;* Ruggiero e Maroi, *Istituzioni di Diritto Privato,* vol. II, § 137; Mazeaud *et* Mazeaud, *Leçons de Droit Civil,* vol. II, nᵒˢ 52 e segs.; Giulio Venzi, *Manuale di Diritto Civile,* nᵒˢ 414 e segs.; Alberto Trabucchi, *Istituzioni di Diritto Civile,* nᵒˢ 277 e segs.; Ludovico Barassi, *Istituzioni di Diritto Civile,* nᵒˢ 191 e segs.; Ludovico Barassi, *La Teoria Generale delle Obbligazioni,* vol. II, nᵒˢ 116 e segs.; Cunha Gonçalves, *Dos Contratos em Especial,* capítulo I; Philippe Malaurie, *L'Ordre Public et le Contrat;* William R. Anson, *Principles of the English Law of Contracts,* caps. I e II; Karl Larenz, *Derecho de las Obligaciones,* II, págs. 3 e segs.; Fran Martins, *Contratos e Obrigações Comerciais,* nᵒˢ 63 e segs.

NOÇÃO GERAL DE CONTRATO

184. CONCEITO DE CONTRATO: ROMANO E MODERNO

A o tratarmos do negócio jurídico (n° 82, vol. I), vimos que sua noção primária assenta na ideia de um pressuposto de fato, querido ou posto em jogo pela vontade, e reconhecido como base do efeito jurídico perseguido.[1] Seu fundamento ético é a vontade humana, desde que atue na conformidade da ordem jurídica. Seu *habitat* é a ordem legal. Seu efeito, a criação de direitos e de obrigações. O direito atribui, pois, à vontade este efeito, seja quando o agente procede unilateralmente, seja quando a declaração volitiva marcha na conformidade de outra congênere, concorrendo a dupla emissão de vontade, em coincidência, para a constituição do negócio jurídico bilateral (n° 85, vol. I). Em tal caso, o ato somente se forma quando as vontades se *ajustam,* num dado momento.

Aqui é que se situa a noção estrita de *contrato.* É um negócio jurídico bilateral, e de conseguinte exige o *consentimento;* pressupõe, de outro lado, a conformidade com a ordem legal, sem o que não teria o condão de criar direitos para o agente; e, sendo ato negocial, tem por escopo aqueles objetivos específicos. Com a pacificidade da doutrina, dizemos então que o *contrato é um acordo de vontades, na conformidade da lei, e com a finalidade de adquirir, resguardar, transferir, conservar, modificar ou extinguir direitos.* Dizendo-o mais sucintamente, e reportando-nos à noção que demos de negócio jurídico (n° 82, *supra,* vol. I), podemos definir contrato como o "acordo de vontades com a finalidade de produzir efeitos jurídicos".

Como sempre sói, o vocábulo não está adstrito a esta rigidez semântica. Ao revés, vai estender a sua abrangência a toda espécie de negócio jurídico em que ocorrer a participação de vontade plúrima, ainda que não limitado seu objetivo a estes *desiderata.*[2] Ampliada assim a noção, abraça a palavra o casamento, embora seja necessário desde logo ressalvar que a aproximação não traduz identidade essencial, como veremos (n° 374, vol. V) no direito de família; abrange o contrato de direito público, que prolifera nas atividades da Administração Pública, onde há coincidência de alguns extremos e diversificação quanto a outros;[3] e vai ainda abranger toda espécie de convenção, embora para alguns esta expressão melhor se aplique aos atos plurilaterais criadores, modificativos ou extintivos de obrigações preexistentes.[4] Não será, no entanto, má linguagem nem mau direito referir-se alguém a contrato denominando-o convenção, ou *vice-versa,*[5] sinonímia que o nosso legislador do Código de 2002 consagrou, ao aludir a "obrigações convencionais" no art. 221, compreendendo particularmente os contratos.

---

1   Enneccerus, *Tratado*, vol. I, § 136.

2   "Desejos".

3   André de Laubadère, *Contrats Administratifs*, vol. I, n°s 11 e segs.; Gaston Jèze, *Principios Generales del Derecho Administrativo*, vol. IV, págs. 5 e segs.

4   Orlando Gomes, *Contratos*, n° 2.

5   Planiol, Ripert *et* Boulanger, *Traité Élémentaire*, vol. II, n° 34.

Se uma visão atual já indica a variação do conceito, uma análise em pesquisa acusa enorme diferenciação.

O Direito Romano estruturou o contrato, e todos os romanistas a ele se reportam sobre a base de um acordo de vontades a respeito de um mesmo ponto. O confronto com o direito moderno pode não acusar, ao primeiro súbito, maior disparidade. Uma aproximação mais chegada e uma perquirição mais aguda apontam, entretanto, sensível diferença, que vai articular-se na noção mesma do ato, naquele sistema jurídico. Ali, como nas sociedades antigas, a convenção por si só não tem o poder criador de obrigações.[6]

Entendia o romano não ser possível contrato sem a existência de elemento *material,* uma exteriorização de forma, fundamental na gênese da própria *obligatio.* Primitivamente, eram as categorias de contratos *verbis, re* ou *litteris,* conforme o elemento formal se ostentasse por palavras sacramentais, ou pela efetiva entrega do objeto, ou pela inscrição no *codex.* Somente mais tarde, com a atribuição de ação a quatro pactos de utilização frequente (venda, locação, mandato e sociedade), surgiu a categoria dos contratos que se celebravam *solo consensu,* isto é, pelo acordo das vontades. Já ao seu tempo, Gaius podia noticiar: *"Harum autem quattuor genera sunt: aut enim re contrahitur obligatio, aut verbis, aut litteris, aut consensu."*[7] Somente aqueles quatro contratos consensuais eram reconhecidos como tais. Nos demais, prevalecia sobre a vontade a materialidade de sua declaração, que haveria de obedecer rigidamente ao ritual consagrado: a inscrição material no livro do credor (contratos *litteris*), a *traditio* efetiva da coisa (contratos *re*), a troca de expressões estritamente obrigatórias (contratos *verbis*) de que a *policitatio* era o mais frequente exemplo.[8]

Uma vez celebrado, com observância estrita ao ritual, o contrato gerava obrigações, vinculava as partes e provia o credor da *actio,* fator da mais lídima essencialidade, sem o qual não haveria direito, já que este era nada, se não fosse munido da faculdade de reclamação em juízo.

Ao lado do *contractum,* estruturou o Direito Romano outra figura que foi o *pactum.* Este, porém, não permitia a *rem persequendi in iudicio,*[9] não conferia às partes uma ação, mas gerava tão somente *exceptiones,* e, portanto, não era dotado de força cogente: *"Igitur nuda pactio obligationem non parit sed parit exceptionem."*[10] Contrato e pacto eram compreendidos na expressão genérica *conventio.*[11] O que os distinguia era a denominação que individuava os contratos (comodato, mútuo, compra e venda), era a exteriorização material da forma (com exceção dos quatro consensuais: compra e

---

6 Girard, *Droit Romain,* pág. 453.

7 Gaius, *Institutiones, Commentarius Tertius,* nº 89. Tradução: "Destes, há quatro tipos, pois a obrigação é contratada tanto pela coisa, ou por palavras, ou por escrito, ou por consentimento".

8 Girard, ob. cit., págs. 453 e segs.; Planiol Ripert *et* Boulanger, ob. cit., nº 37; Gaudemet, *Obligations,* pág. 28.

9 "Direito de exigibilidade em juízo".

10 Digesto, liv. II, tít. XIV, fr. 7, § 4º. "Um pacto poderia trazer uma exceção, mas não uma ação".

11 *Digesto,* liv. II, tít. XIV, fr. 1, § 3º: *"Adeo autem conventionis nomen generalis est..."*

venda, locação, mandato e sociedade), e era finalmente a sanção, a *actio* que os acompanhava; ao passo que os *pacta* não tinham nome especial, não revestiam forma predeterminada, e não permitiam à parte a invocação de uma ação. Todos, porém, genericamente batizados de *conventiones*, expressão que revive em Pothier, como gênero,[12] do qual o contrato é uma espécie, como ainda no nosso Teixeira de Freitas (art. 1.830 da *Consolidação*).

Estas distinções perderam a sua razão de ser no direito moderno, especialmente depois da obra de Savigny,[13] que afasta a distinção entre pacto e contrato, aproximando-os em sinonímia que o direito moderno traz quase perfeita. E dizemo-la quase perfeita, porque a terminologia jurídica ainda se compraz em reservar a expressão *pacto* para a designação de alguns contratos acessórios (e. g.: pacto adjeto à nota promissória, pacto comissório na compra e venda, pacto nupcial). Não obstante tal especificidade, todos eles poderão, sem quebra da boa linguagem, denominar-se *contratos,* como ainda não ofenderia a boa técnica apelidar de pacto qualquer contrato típico.

Toda convenção é modernamente dotada de força vinculante e mune o credor de ação para perseguir em juízo a prestação em espécie ou em equivalente.[14]

O que, mais do que a forma e a *actio,* constitui traço distintivo mais puro entre o contrato romano e o moderno é a relação jurídica criada. No Direito Romano, dado o caráter personalíssimo da *obligatio,* a ligação se estabelecia entre as pessoas dos contratantes, prendendo-os (*nexum*) e sujeitando os seus próprios corpos. Só muito mais tarde foi possível (v. nº 127, *supra,* vol. II) desbordar a execução que incidia sobre a pessoa do devedor para os seus bens (*pecuniae creditae bona debitoris, non corpus obnoxium esse*),[15] porém, mesmo assim, ainda sobreviveu, no sistema, o sentido personalíssimo.

185. FUNÇÃO SOCIAL DO CONTRATO. PRINCÍPIO DE SUA OBRIGATORIEDADE. PRINCÍPIO DO CONSENSUALISMO

Não obstante o rigorismo formal, então vigente, inexistiam embaraços ou dificuldades à celebração de contratos em Roma. Aquela sociedade, adiantada e possuidora de um alto gabarito de civilização jurídica, vivia já no mundo do contrato. Vencera, mesmo antes do período clássico, a concepção da apropriação violenta de utilidades. Apurara-se. E por isto mesmo pudera constituir em sua pureza a estrutura de tão numerosos contratos, que ainda hoje a complexidade da vida econômica ocidental adota os seus arquétipos com poucas alterações.

---

12 Pothier, *Oeuvres*, vol. II, nº 3.
13 Cf. Savigny, *Obbligazioni*, vol. II, § 52.
14 Ruggiero e Maroi, *Istituzioni*, vol. II, § 137.
15 "Os bens do devedor respondem pelas dívidas, não seu corpo".

Com o passar do tempo, entretanto, e com o desenvolvimento das atividades sociais, a função do contrato ampliou-se. Generalizou-se. Qualquer indivíduo – sem distinção de classe, de padrão econômico, de grau de instrução – contrata. O mundo moderno é o mundo do contrato. E a vida moderna o é também, e em tão alta escala que, se se fizesse abstração por um momento do fenômeno contratual na civilização de nosso tempo, a consequência seria a estagnação da vida social. O *homo economicus* estancaria as suas atividades. É o contrato que proporciona a subsistência de toda a gente. Sem ele, a vida individual regrediria, a atividade do homem limitar-se-ia aos momentos primários.

Mas não é só este o aspecto a considerar. Paralelamente à função econômica, aponta-se no contrato uma outra civilizadora em si, e educativa. Aproxima ele os homens e abate as diferenças. Enquanto o indivíduo admitiu a possibilidade de obter o necessário pela violência, não pôde apurar o senso ético, que somente veio a ganhar maior amplitude quando o contrato o convenceu das excelências de observar normas de comportamento na consecução do desejado. Dois indivíduos que contratam, mesmo que se não estimem, respeitam-se. E enquanto as cláusulas são guardadas, vivem em harmonia satisfatória, ainda que pessoalmente se não conheçam.

Num outro sentido vinga a função social do contrato: na afirmação de maior individualidade humana.[16] Aquele que contrata projeta na avença algo de sua personalidade. O contratante tem a consciência do seu direito e do direito como concepção abstrata. Por isso, realiza dentro das suas relações privadas um pouco da ordem jurídica total. Como fonte criadora de direitos, o contrato assemelha-se à lei, embora de âmbito mais restrito. Os que contratam assumem, por momento, toda a força jurígena social. Percebendo o poder obrigante do contrato, o contraente sente em si o impulso gerador da norma de comportamento social, e efetiva este impulso.

Mesmo nos regimes socialistas não foi possível abolir o contrato. Na URSS, onde se distinguiam os dois setores, público e privado, da economia, os contratos sobreviviam. Neste, a função social do contrato é aproximadamente igual à que o acompanha nos regimes capitalistas. No setor da economia pública, não obstante pertencerem ao Estado os órgãos de produção, adotava-se o contrato como fator psicológico e moral. Quando a mina de carvão contratava com a usina siderúrgica, e esta com a fábrica de vagões, todas sabiam que tinham de cumprir os itens impostos pela lei que aprovara o plano quinquenal. Mas assim mesmo contratavam, como que para se sentirem diretamente vinculadas, empenhando sua palavra no sentido da realização daqueles objetivos.[17]

O art. 421 do Código Civil, em sua redação originária, dispunha que a liberdade de contratar seria exercida em razão e nos limites da função social do contrato. Ao ser publicado o Anteprojeto de 1972, este artigo, com o nº 417, se apresentava com uma redação inaceitável. Estabelecia que "*a liberdade de contratar* somente

---

16 Clóvis Beviláqua, *Obrigações*, § 54.

17 René David, *Traité Élémentaire de Droit Civil Comparé*, págs. 325 e segs.; Philippe Malaurie, *L'Ordre Public et le Contrat*, nᵒˢ 202 e segs.

pode ser exercida em razão e nos limites da função social do contrato". Dirigi-lhe substanciosa crítica.[18] Com aquela redação estaria o Código instituindo um requisito novo de validade dos contratos, e, desta sorte, instilando insegurança na atividade negocial, além de subordinar a eficácia das avenças a uma aferição objetiva difícil. Estabelecendo a cláusula de exclusividade para a liberdade de contratar ("somente pode ser exercida") concederia ao juiz, ao sabor de seus pendores mais ou menos socializantes ou reacionários, o poder de julgar o contrato dentro de um critério informado pelo absoluto subjetivismo, dele julgador. As minhas críticas foram acolhidas, posto que a elas se não referissem os membros da Comissão, eliminando da disposição a cláusula de exclusividade.

A redação que vingou – e foi originalmente incluída no Código Civil de 2002 – deveria ser interpretada de forma a se manter o princípio de que a liberdade de contratar é exercida em razão da autonomia da vontade que a lei outorga às pessoas. O contrato ainda existe para que as pessoas interajam com a finalidade de satisfazerem os seus interesses. A função social do contrato serve para limitar a autonomia da vontade quando tal autonomia esteja em confronto com o interesse social e este deva prevalecer, ainda que essa limitação possa atingir a própria liberdade de não contratar, como ocorre nas hipóteses de contrato obrigatório.

Considerava o Código que o regime da livre-iniciativa, dominante na economia do País, assenta, no que se refere ao direito do contrato, na liberdade de contratar e que esta, por sua vez, subordina-se à sua função social, em regra contida no art. 421, com prevalência dos princípios condizentes com a ordem pública e constatando que o contrato não deve atentar contra o conceito de justiça comutativa. Partindo de que o direito de propriedade deve ser exercido tendo como limite o desempenho de deveres compatíveis com a sua função social, assegurada na Constituição da República, o Código estabelecia que a liberdade de contratar não pode divorciar-se daquela função.

O legislador de 2002 atentou aqui para a acepção mais moderna da função do contrato, que não é a de exclusivamente atender aos interesses das partes contratantes, como se ele tivesse existência autônoma, fora do mundo que o cerca. O contrato é visto como parte de uma realidade maior e como um dos fatores de alteração da realidade social. Essa constatação tem como consequência, por exemplo, possibilitar que terceiros que não são propriamente partes do contrato possam nele influir, em razão de serem direta ou indiretamente por ele atingidos.

A função social do contrato, portanto, desafia a concepção clássica de que os contratantes tudo podem fazer, porque estão no exercício da autonomia da vontade. Reconhece-se, ao revés, que a autonomia da vontade é limitada pela função social do contrato, dada a repercussão da relação contratual sobre interesses extracontratuais socialmente relevantes, a demandar maior controle da atividade das partes. Em nome do princípio da função social do contrato se pode, v.g., evitar a inserção de cláusulas

---

18 Caio Mário da Silva Pereira, "Reformulação da Ordem Jurídica e outros temas", pág. 156, nº 57, e pág. 207.

que venham injustificadamente a prejudicar terceiros ou mesmo proibir a contratação de determinado objeto, em razão do interesse maior da coletividade.

A função social do contrato é um princípio moderno que vem a se agregar aos princípios clássicos do contrato, que são os da liberdade, da força obrigatória e da relatividade dos seus efeitos. Como princípio novo ele não se limita a se justapor aos demais, pelo contrário, interage com os princípios clássicos, mitigando seus contornos e alterando sua essência, diante do interesse social maior.

Contudo, as premissas conceituais, legislativas e históricas consolidadas foram ignoradas pelo legislador que, por meio da Lei nº 13.874/2019, denominada Declaração de Direitos de Liberdade Econômica e resultante da conversão da Medida Provisória nº 881/2019, alterou a redação do art. 421 do CC, instituindo que "a liberdade contratual será exercida nos limites da função social do contrato". A redação original impunha que a liberdade contratual "será exercida *em razão* e nos limites da função social do contrato". A retirada da expressão "em razão" do texto legal não representa um lapso ou uma falha do legislador. Pelo contrário, quando o legislador de 2019 abandona tal locução na redação do art. 421 do CC, ele o faz com a intenção de afastar do exame da liberdade contratual a sua justificativa e a sua finalidade. Isso porque a avaliação do merecimento de tutela jurídica de uma relação contratual passa, necessariamente, pelo atendimento ao princípio da função social. Isto é, somente estará amparado juridicamente o contrato que, fruto do exercício legítimo da liberdade contratual, está fundamentado, na origem, em sua função social.

A exclusão da locução "em razão" da letra da lei é tão gravosa quanto a redação do parágrafo único do art. 421 do CC, incluído pela Lei nº 13.874/2019. Tal parágrafo estipula que, "nas relações contratuais privadas, prevalecerão o princípio da intervenção mínima e a excepcionalidade da revisão contratual". Ora, o direito à revisão contratual é justamente tutelado como resultado do reconhecimento da função social do contrato. Além disso, o legislador não indicou quais seriam os critérios utilizados pelos tribunais para identificar a medida de excepcionalidade para essa revisão. Por outro lado, a denominada intervenção mínima na relação contratual privada sugere que às partes do contrato não seria legitimamente reconhecido o direito de requerer a avaliação judicial – ou por meio de métodos alternativos de resolução de conflitos – para a correção de situações abusivas eventualmente presentes naquela relação. Isto é, as partes contratuais restariam presas à relação entre elas arranjada, ainda que fosse necessária a revisão do pacto por meio de um reequilíbrio das condições contratuais, o que imporia aos contratantes a obrigação de permanecer numa relação inequitativa, contrariando os princípios contemporâneos do Direito Contratual, quais sejam, a boa-fé objetiva, a função social do contrato e o equilíbrio contratual. Retorna-se, assim, à já ultrapassada noção liberal e individualista do contrato como um pacto que deve ser cumprido (obrigatoriedade), porque assim manifestado (autonomia individual).

Ademais, a Lei nº 13.874/2019 incluiu o art. 421-A ao Código Civil, identificando uma hipótese de presunção relativa de equilíbrio e simetria da relação contratual civil e empresarial. Somente seria admissível o afastamento de tal presunção na presença de elementos concretos a serem comprovados pela parte que se reconhece como vulnerável na relação contratual. A presunção de paridade e equilíbrio contratual garante também que: (i) as partes negociantes podem estabelecer parâmetros objetivos para a interpretação das cláusulas negociais e de seus pressupostos de revisão ou de resolução, muito semelhantemente ao que é reconhecido pelo art. 113 do CC, alterado pela Lei nº 13.874/2019; (ii) a alocação de riscos definida pelas partes deve ser respeitada e observada; e (iii) a revisão contratual somente ocorrerá de maneira excepcional e limitada, à semelhança do estatuído no parágrafo único do art. 421 do CC. Ressalvam-se desta presunção de paridade os regimes jurídicos previstos em leis especiais, como o do Código de Defesa do Consumidor, que tem entre seus fundamentos a vulnerabilidade do consumidor.

Obrigatoriedade – Decorrência natural de sua função social é o princípio de sua *obrigatoriedade.*

O Direito Romano, resumindo talvez milênios de evolução da ideia contratual, já enunciara a regra, com o caráter absoluto e irrefragável, de um postulado de sua vida social e política, fundada no mais extremado individualismo. O seu Código Decenviral proclamava com toda a rigidez que se tornava em direito aquilo que a língua exprimisse: *"Cum nexum faciet mancipiumque, uti lingua nuncupassit ita ius esto"*.[19] Perdendo embora aquele sentido próprio do direito quiritário, a regra subsiste, não tão absoluta, mas verdadeira. O contrato obriga os contratantes. Lícito não lhes é arrependerem-se; lícito não é revogá-lo senão por consentimento mútuo; lícito não é ao juiz alterá-lo ainda que a pretexto de tornar as condições mais humanas para os contratantes. Com a ressalva de uma amenização ou relatividade de regra, que será adiante desenvolvida (nº 186, *infra*), o princípio da força obrigatória do contrato significa, em essência, a irreversibilidade da palavra empenhada. A ordem jurídica oferece a cada um a possibilidade de contratar, e dá-lhe a liberdade de escolher os termos da avença, segundo as suas preferências. Concluída a convenção, recebe da ordem jurídica o condão de sujeitar, em definitivo, os agentes. Uma vez celebrado o contrato, com observância dos requisitos de validade, tem plena eficácia, no sentido de que se impõe a cada um dos participantes, que não têm mais a liberdade de se forrarem às suas consequências, a não ser com a cooperação anuente do outro. Foram as partes que escolheram os termos de sua vinculação, e assumiram todos os riscos. A elas não cabe reclamar, e ao juiz não é dado preocupar-se com a severidade das cláusulas aceitas, que não podem ser atacadas sob a invocação de princípios de equidade,[20] salvo a intercorrência de causa adiante minudenciada.

O princípio da força obrigatória do contrato contém ínsita uma ideia que reflete o máximo de subjetivismo que a ordem legal oferece: a palavra individual, enunciada na conformidade da lei, encerra uma centelha de criação, tão forte e tão profunda,

---

19 *Lex XII Tabularum*, Tábula VI, *in Textes*, de Frédéric Girard, pág. 15. Tradução: "Quando alguém faz um juramento, contrato ou venda, anunciando isso oralmente em público, deverá cumprir sua promessa"

20 De Page, *Traité*, vol. III, parte I, nº 467.

que não comporta retratação, e tão imperiosa que, depois de adquirir vida, nem o Estado mesmo, a não ser excepcionalmente, pode intervir, com o propósito de mudar o curso de seus efeitos. Esta ideia, de tão sedutora, foi levada ao extremo, quando Siegel, no fim do século XIX, sustentou que a vontade individual, independentemente do contrato, ou ao lado deste, constitui fonte de obrigações. A vontade livre liga-se a si mesma, e gera a obrigação sem a intervenção de uma outra vontade.[21]

Não é posto em dúvida o princípio da obrigatoriedade, de aceitação universal, muito embora se lhe ponham obstáculos, em nome da ordem pública (v. neste nº 185, *infra*). Não chegam estes a infirmá-lo.

Onde, porém, campeia discussão é na busca do *fundamento da obrigatoriedade*. Para a escola jusnaturalista, assenta no pacto social (Grotius, Puffendorf), com a hipótese, hoje desacreditada, de que teria havido, primitivamente, uma convenção tácita em virtude da qual os indivíduos teriam transigido com seus apetites egoístas, e determinado o respeito pelos compromissos livremente assumidos. A concepção utilitarista de Jeremy Bentham aponta-lhe como suporte a conveniência de cada um, que no respeito ao interesse alheio enxerga o resguardo dos seus próprios. Giorgi, assente nas teses de Vico, Fries, Belime, Tissot, aceita-lhe para supedâneo a decorrência da lei natural, que leva o homem a dizer a verdade, como uma imposição de suas tendências interiores. A Escola Positivista quase faz abstração do problema, sustentando simplesmente o princípio da obrigatoriedade no mandamento da lei, e dizendo que o contrato obriga porque assim a lei dispõe, o que não é explicar nem justificar, pois o de que se cogita é precisamente de retroceder ao *porquê,* no momento em que se afirma o princípio. Messineo, seguindo o ministério de Kant e Boistel, defende a obrigatoriedade como consectário da liberdade de contratar, armando esta equação: o contrato obriga porque as partes livremente o aceitam. Ruggiero e Maroi assentam a regra na unidade da vontade contratual.

Parece-nos, ante tantas manifestações, e mais numerosas ainda seriam se mais longe levássemos a pesquisa, que o conceito da superlegalidade, imprimindo um mais puro conteúdo ético à norma jurídica, vai fundamentar a obrigatoriedade do contrato. Aquele mesmo conteúdo de moralidade que a anima, transposto para o campo específico do direito obrigacional, sustenta o princípio em virtude do qual o ordenamento positivo estatui que a avença estipulada regularmente tem força obrigatória para os que a celebram.[22]

Relatividade – O contrato somente deverá surtir efeito, ou ser eficaz, entre as partes que tenham compactuado neste sentido, significando que aqueles que não tenham interferido na relação contratual de forma direta não poderiam ser, a princípio, alcançados pelos efeitos imediatos do contrato.

---

21 Saleilles, *Théorie Générale des Obligations*, pág. 147; Demogue, *Obligations*, vol. I, nos 18 e segs.

22 Cf., sobre o princípio da obrigatoriedade: Planiol, Ripert *et* Boulanger, ob. cit., nº 56; Giorgio Giorgi, *Obbligazioni*, III, nº 14; Serpa Lopes, ob. cit., III, nº 4; Messineo, *Dottrina Generale del Contratto*, nº 7.

Noção Geral de Contrato

13

O velho brocardo justinianeu *"res inter alios acta aliis nec nocere nec prodesse potest"* é a expressão absoluta do princípio da relatividade dos contratos. Estabelece que aquilo que é realizado entre outros, a outros não aproveita nem prejudica. O princípio da relatividade contém, assim, uma regra que impõe a intangibilidade da esfera jurídica individual, que não pode ser modificada através de um negócio a ele estranho.

Nosso ordenamento jurídico não possui uma regra específica sobre este princípio, embora a teoria geral dos contratos o tenha como um princípio fundamental. Diferentemente dos ordenamentos italiano, francês e espanhol, que explicitamente em seus Códigos Civis encerram esta noção basilar da relatividade contratual, nosso Código não o faz.[23] Desta maneira, buscava-se o fundamento do princípio no art. 928 do Código Civil de 1916, interpretando-o a contrário *sensu*. Estabelecia este artigo que: "a obrigação, não sendo personalíssima, opera, assim entre partes, como entre seus herdeiros". Retira-se deste artigo a noção de que a obrigação torna-se eficaz somente entre as partes que a contrataram e seus herdeiros, ampliando sua aplicação à teoria contratual.

O princípio da relatividade do contrato tem, portanto, como função limitar o efeito obrigatório do contrato às partes contratantes. Contudo, este princípio permite algumas exceções em sua aplicação, devendo ser posto de lado em consideração à função social do contrato para atender aos valores sociais inaugurados pela nova ordem constitucional, buscando a primazia dos valores existenciais e solidaristas àqueles de caráter patrimonial e individualista.[24] Exemplo dessa funcionalização se dá ao se permitir à vítima de acidente que não é parte de contrato de seguro que acione diretamente a seguradora para ver-se indenizada dos danos sofridos.[25]

---

23 Art. 1.257, Código Civil espanhol – *los contratos solo producen efecto entre las partes que los otorgan y sus herederos; salvo cuanto a éstos, el caso en que los derechos y obligaciones que proceden del contrato no sean transmisibles, o por su naturaleza, o por pacto, o por disposición de la ley.*
Art. 1.165, Código Civil francês – *les conventions n'ont d'effet qu'entre les parties contractuelles; elles ne nuisent point au tiers, et elles ne lui profitent que dans le cas prévu par l'article 1121* (referente ao contrato em favor de terceiro).
Art. 1.372, Código Civil italiano – *il contratto ha forza di legge tra le parti non puó essere scilto che per mutuo consenso o per cause ammesse dalla legge. Il contratto non produce effetto rispetto ai terzi che nei casi previsti dalla legge.*

24 Pode-se considerar como hipótese de funcionalização do princípio da relatividade dos efeitos contratuais aquela referente à tutela externa do crédito. Esse entendimento vem respaldado também pelo Enunciado 21 das Jornadas de Direito Civil promovidas pelo Centro de Estudos Jurídicos do Conselho da Justiça Federal, que declara, em interpretação ao artigo 421 do Código Civil que: "a função social do contrato, prevista no art. 421 do novo Código Civil, constitui cláusula geral a impor a revisão do princípio da relatividade dos efeitos do contrato em relação a terceiros, implicando a tutela externa do crédito".

25 Contrariamente ao que vinha sendo adotado em julgamentos anteriores, em 18.05.2015, o Superior Tribunal de Justiça sumulou o entendimento de que "no seguro de responsabilidade civil facultativo, não cabe o ajuizamento de ação pelo terceiro prejudicado direta e exclusivamente em face

Princípio consensualista – O Direito Romano considerava a necessidade de uma certa materialidade, sem a qual não concebia sua existência jurídica. Quatro, segundo Gaius, já invocado, eram as modalidades contratuais: *re, litteris, verbis, consensu.* Estes últimos, que somente tarde apareceram, limitavam-se a quatro tipos (venda, locação, mandato, sociedade). Como súmula da matéria, pode-se dizer que naquele direito imperava a regra geral, que consistia na adoção de rígido formalismo, só excepcionalmente desprezado naquelas avenças, cuja flexibilidade fora reclamada pelas imperiosas necessidades mercantis, que predominaram em uma sociedade marcadamente comerciante. A ação animava o direito. Os contratos concluídos formalmente eram dela dotados. E somente foi possível atribuir força obrigatória aos contratos consensuais no momento em que aos pactos que os precederam foi ligada a *actio bonae fidei*.[26]

Em razão das imposições mesmas do comércio, foi aquele sistema transigindo com suas anteriores exigências, e pouco a pouco alargando a atuação da ideia consensualista, seja quando o pretor concedia a *actio in factum*[27] a certos pactos, seja quando se alargava a incidência da *actio praescriptis verbis*.[28] Aquele rigor primitivo, que atravessou a república e penetrou o império, com o qual os jurisconsultos das épocas pré-clássicas trataram o contrato, amenizou-se, podendo-se quase admitir que no Baixo Império a proposição se invertera. O romano esteve no limiar da aceitação da regra consensualista, quase a ponto de libertar-se do formalismo, quase em condições de declarar que o contrato se formava *solo consensu*.[29] E é a este momento que se costuma ligar uma definição do contrato, próxima da ideia moderna: *duorum pluriumve in idem placitum consensus*.[30]

Com a invasão dos bárbaros, que trouxeram da Germânia a influência de seu direito, houve um retrocesso. Simbolistas materializavam, à sua vez, o contrato em manifestações concretas externas, rejeitando a validade dos atos puramente abstratos.

Durante a Idade Média, o direito do contrato sofreu longa e profunda transformação. Partindo-se da necessidade de que fossem observadas as formalidades exigidas pelo Direito Romano, era corrente entre os escribas que reduziam a escrito as convenções, a pedido dos interessados, consignarem que todos os rituais haviam sido cumpridos, mesmo quando não o tivessem sido. E de tal forma generalizou-se a praxe, que se passou a entender que a menção do fato valia mais do que o próprio fato, isto é, passou a ter mais valor a declaração de que as formalidades haviam sido observadas do que a verificação de sua prática efetiva. Note-se que não houve a dispensa direta da sacramentalidade, porém a sua abolição indireta. Muito embora não

---

da seguradora do apontado causador do dano" (Súmula 529), em oposição à funcionalização do princípio da relatividade contratual.

26 "Ações de boa-fé".

27 "Ações de fato".

28 "Ações de formas prescritas".

29 "Somente pelo consenso".

30 "O mútuo consenso de duas pessoas sobre o mesmo objeto".

hajam os jurisconsultos costumeiros assumido a proclamação da dispensa do formalismo, este evidentemente sofreu rude golpe desde que se espraiou a convicção de que a simples menção de sua observância tinha mais força do que o formalismo em si. Ao lado disto, a imiscuição das práticas religiosas introduziu o costume de fazer o *juramento* acompanhar as convenções, como técnica de atribuir-lhes força. Abalou-se, portanto, o prestígio dos rituais do Direito Romano, desde que se acreditou no poder de uma declaração de vontade, enunciada sob a invocação da divindade.

Por seu turno, os canonistas, imbuídos do espiritualismo cristão interpretavam as normas de Direito Romano animados de uma inspiração mais elevada. No tocante ao contrato, raciocinaram que o seu descumprimento era uma quebra de compromisso, equivalente à mentira; e como esta constituía *peccatum,* faltar ao obrigado atraía as penas eternas. Não podia ser, para os jurisconsultos canonistas, predominante a sacramentalidade clássica, mas sobretudo prevalecia o valor da palavra, o próprio consentimento.

Estas duas correntes de pensamento, que não marchavam paralelas, mas se entrecruzavam num só rumo, vieram a dar na afirmação do *princípio consensualista.* Quando, pois, no limiar da Idade Moderna, um jurista costumeiro, como Loysel, dizia que "os bois se prendem pelos chifres e os homens pela palavra", fazia na verdade, e a um só tempo, uma constatação e uma profissão de fé: testemunhava em favor da força jurígena da palavra em si mesma, e deitava uma regra, segundo a qual os contratos formavam-se, em princípio, *solo consensu.* Foi assim que os jurisconsultos do tempo (Pierre de La Fontaine, Beaumanoir) equipararam as convenções simples (*convenances*) aos contratos de Direito Romano.[31]

Ao se constituir o direito contratual moderno, já não encontrou obstáculo o princípio do consensualismo. Os sistemas de direito positivo consignaram a preeminência da regra segundo a qual o contrato se forma pelo consenso das partes. Retomou uma velha parêmia, *pacta sunt servanda,*[32] não apenas para dizer que os contratos devem ser cumpridos (princípio da força obrigatória), mas para generalizar que qualquer ajuste, como expressão do acordo de vontade das partes, tem igual força cogente.

O princípio do consensualismo predominou em todo o século XIX e avançou pelo século XX. Segundo ele, o contrato nasce do consenso puro dos interessados, uma vez que é a vontade a entidade geradora. Somente por exceção conservou algumas hipóteses de contratos reais e formais, para cuja celebração exigiu a *traditio* da coisa e a observância de formalidades.

Mais modernamente, contudo, sentiu o direito a imperiosa necessidade de ordenar certas regras de segurança, no propósito de garantir as partes contratantes, contra as facilidades que a aplicação demasiado ampla do princípio de consensualismo vinha difundindo. E engendrou então certas exigências materiais, que podem ser subordi-

---

31 Cf., sobre a evolução do princípio consensualista: Gaudemet, ob. cit., pág. 28; Planiol, Ripert *et* Boulanger, ob. cit., vol. II, n°s 38 e segs.; Mazeaud *et* Mazeaud, *Leçons*, vol. II, n°s 59 e segs.; Colin *et* Capitant, *Droit Civil*, vol. II, n°s 17 e segs.

32 "Os pactos devem ser cumpridos".

nadas ao tema do *formalismo,* as quais abalam a generalização exagerada do consensualismo.[33] Assim é que se exige a elaboração de instrumento escrito para a venda de automóveis; se exige inscrição no registro imobiliário, para que as promessas de compra e venda sejam dotadas de execução específica com eficácia real (arts. 1.417 e 1.418 do Código), e se impõe o registro na alienação fiduciária em garantia (parágrafo 1º do art. 1.361 do Código).

185-A. Princípio da boa-fé objetiva

Uma das críticas que certamente se podia fazer ao Código Civil de 1916 era a de que nele não se tinha consagrado expressamente o princípio da boa-fé objetiva como cláusula geral, falha imperdoável diante da consagração do princípio nos Códigos a ele anteriores, como o francês (art. 1.134)[34] e o alemão (§ 242)[35].

O Código de 2002 preencheu essa lacuna e dispôs no seu art. 422 que os contratantes são obrigados a guardar, assim na conclusão do contrato, como em sua execução, os princípios da probidade e boa-fé. Esqueceu-se o legislador de incluir expressamente na fórmula do art. 422 os períodos pré e pós-contratual, dentro dos quais o princípio da boa-fé tem importância fundamental para a criação de deveres jurídicos para as partes, diante da inexistência nessas fases de prestação a ser cumprida. Essa omissão não implica negação da aplicação da regra da boa-fé para essas fases antecedente e posterior ao contrato, muito pelo contrário, já que cabe aqui a interpretação extensiva da norma para abranger também as situações não expressamente referidas, mas contidas no seu espírito.

O princípio da boa-fé, apesar de consagrado em norma infraconstitucional, incide sobre todas as relações jurídicas na sociedade. Trata-se de cláusula geral de observância obrigatória, veiculadora de conceito jurídico indeterminado, a ser concretizada segundo as peculiaridades de cada caso.

A boa-fé referida no art. 422 do Código é a boa-fé objetiva. Ela não se qualifica por um estado de consciência do agente de estar agindo em conformidade com o Direito, como ocorre com a boa-fé subjetiva. A boa-fé objetiva não diz respeito ao estado mental subjetivo do agente, mas lhe impõe comportamentos objetivamente conforme aos parâmetros de cooperação, honestidade e lealdade dirigidos à promoção dos fins perseguidos na concreta relação obrigacional. O seu conteúdo consiste, portanto, em padrões de conduta, que variam de acordo com a específica relação existente entre as partes.

---

33 Gaudemet, ob. cit., pág. 30; Mazeaud *et* Mazeaud, ob. cit., vol. II, nos 69 e segs.; Colin *et* Capitant, *Droit Civil*, vol. II, nº 19.

34 Art. 1.134, Código Civil Francês - *Les conventions légalement formées tiennent lieu de loi à ceux qui les ont faites. Elles ne peuvent être révoquées que de leur consentement mutuel, ou pour les causes que la loi autorise.Elles doivent être exécutées de bonne foi.*

35 BGB, § 242 - *Der Schuldner ist verpflichtet, die Leistung so zu bewirken, wie Treu und Glauben mit Rücksicht auf die Verkehrssitte es erfordern.*

Nesse sentido, a boa-fé objetiva não cria apenas deveres negativos, como o faz a boa-fé subjetiva. Ela cria também deveres positivos anexos ao dever de prestação principal, já que exige que as partes atuem de modo a garantir obtenção, por ambas, do resultado útil programado. Mesmo no silêncio do contrato, ou até contra sua disposição expressa, o sujeito deve colaborar com a outra parte, fazendo o que estiver ao seu alcance para que eles obtenham o resultado previsto no contrato, desde que, evidentemente, isso não importe em sacrifício de interesses legítimos próprios.

Ao lado da criação de deveres anexos (dever de correção, de cuidado e segurança, de informação, de cooperação, de sigilo, de prestar contas), a boa-fé objetiva ostenta função interpretativa dos negócios jurídicos, e função limitadora do exercício de direitos (proibição do *venire contra factum proprium*,[36] que veda que a conduta da parte entre em contradição com conduta anterior, do *inciviliter agere*,[37] que proíbe comportamentos que violem o princípio da dignidade humana, e da *tu quoque*,[38] que é a invocação de uma cláusula ou regra que a própria parte já tenha violado).

Na apuração da conduta contratual devida, à luz da probidade e da boa-fé objetiva, o juiz não pode deixar de se informar dos usos e costumes vigentes no lugar da celebração do negócio jurídico, no pressuposto de que as partes, de maneira geral, a eles se submetem implicitamente, bem como das práticas que os próprios contratantes normalmente seguem em outros contratos entre eles celebrados.

186. Autonomia da vontade e intervenção do Estado

Acabamos de ver que o contrato se origina da declaração de vontade, tem força obrigatória, deve atender à sua função social, observar o princípio da boa-fé, e forma-se, em princípio, pelo só consentimento das partes. Há, ainda, mais. Nasce da vontade *livre,* segundo o princípio da autonomia da vontade.

A ordem jurídica, que assegura aos indivíduos a faculdade de criar direito e estabelecer uma vinculação efetiva, não se contenta com isto, e concede-lhes a *liberdade de contratar.* No plano puramente civilístico, esta se exerce e concretiza nos quatro momentos fundamentais da existência dos ajustes:

A – Em primeiro lugar, vigora a faculdade de contratar e de não contratar, isto é, o arbítrio de decidir, segundo os interesses e conveniências de cada um, se e quando estabelecerá com outrem um negócio jurídico-contratual. Este princípio é um tanto relativo, porque, se não há norma genérica que imponha a uma pessoa a celebração de contratos, a não ser em circunstâncias de extrema excepcionalidade, a vida em sociedade, nos moldes de sua organização hodierna, determina a realização assídua e frequente de contratos, que vão desde a maior singeleza (como adquirir um jornal em um quiosque) até a mais requintada complexidade.

B – Em segundo lugar, a liberdade de contratar implica a escolha da pessoa com quem fazê-lo, bem como do tipo de negócio a efetuar. Não é, também, absolu-

---

36 "Agir contra fato próprio".
37 "Agir iníquo".
38 "Você também".

to o poder de ação individual, porque às vezes a pessoa do outro contratante não é suscetível de opção, como nos casos de serviços públicos concedidos sob regime de monopólio e nos contratos submetidos ao Código do Consumidor. As exceções, que não infirmam a regra, deixam incólume o princípio da livre escolha.

C – Em terceiro lugar, a liberdade de contratar espelha o poder de fixar o conteúdo do contrato, redigidas as suas cláusulas ao sabor do livre jogo das conveniências dos contratantes. De regra, estes lhe imprimem a modalidade peculiar ao seu negócio, e atribuem ao contrato redação própria, estipulando condições, fixando obrigações, determinando prestações etc. Aqui, é necessário ressaltar que a lei, mediante a normação discriminativa dos contratos nominados ou típicos, já oferece aos interessados a estrutura legal daquela espécie contratual. Adotando-a, as partes perfilham, como de sua própria redação, os dispositivos legais existentes, o que levou alguns escritores a considerar mera aparência esta faculdade, pelo fato da submissão aos padrões oficiais da figura negocial escolhida.[39] É exato que isto ocorre, como é exato ainda que em certas eventualidades o contrato se celebra pela simples adesão de uma parte ao paradigma já redigido, conforme expressamente admitido pelos arts. 423 e 424 do Código, concluindo-se a avença pela simples atitude do interessado, traduzida como forma tácita de manifestação volitiva. Trataremos do contrato de adesão, pela sua importância, no nº 197.

O princípio da liberdade de contratar ostenta-se, não obstante, na faculdade de não adotar aquelas normas-padrão ou aquele modelo prémoldado. O Código consagra expressamente essa liberdade, ao estatuir no seu art. 425 que é lícito às partes estipular contratos atípicos, observadas as normas gerais neles fixadas.

No Direito Romano, a classe dos contratos *nominados* compunha-se de figuras contratuais designadas por seus próprios nomes (ex.: compra e venda, *emptio-venditio*; mútuo, *mutuum*; sociedade, *societas*), identificadas por suas linhas dogmáticas precisas e definidas, e dotadas de ação (*actio*) que permitia perseguir seu objeto em juízo. Mais tarde, a complexidade da vida romana impôs o reconhecimento de outros negócios contratuais, daí a classificação que atravessou os séculos que distingue os contratos nominados dos contratos inominados. Modernamente, os escritores passaram a considerar que não é a circunstância de ter denominação própria (*nomen iuris*) que tem relevância, porém a tipicidade legal. Substitui-se a antiga classificação por esta outra – contratos típicos e contratos atípicos.

Chamam-se típicos aqueles contratos cujas regras disciplinares são expostas e desenvolvidas nos Códigos e nas leis. São atípicos aqueles que envolvem novas relações jurídicas não especificadas no corpo dos provimentos legislativos, porém nascem criados pela imaginação ou gerados pelas necessidades econômicas.

Quando celebram contrato típico, as partes não necessitam descer a todas as minúcias, considerando-se que adotaram os princípios que o Código ou a lei estabelece para a respectiva figura. Quando formam contrato atípico, devem minudenciar todos os direitos e obrigações que o compõem. Na interpretação destes últimos, o juiz terá

---

39 Colin *et* Capitant, *Droit Civil Français*, vol. II, nº 9.

de invocar, em suprimento de omissões do texto, os princípios legais relativos ao contrato típico mais próximo, além daqueles que dizem respeito aos contratos em geral.

Essas noções, pacíficas em doutrina, converteu-as o Código em preceituação legal, constante do art. 425. O dispositivo, posto que consignando verdade apodítica, desdobra-se em dois incisos. O primeiro, a autorizar a estipulação de contratos atípicos, é evidentemente ocioso, pois que, em todos os tempos, a velocidade da vida econômica e as necessidades sociais conduziram à criação de toda uma tipologia contratual que o legislador não pode prever, e que os Códigos absorveram após a prática corrente havê-la delineado. O segundo, a determinar que aos novos contratos elaborados atipicamente se apliquem as normas deste Código, poderia ser mais preciso, mencionando também as normas que constem de leis extravagantes, normalmente adequadas a cada contrato atípico.

D – Finalmente, uma vez concluído o contrato, passa a constituir fonte formal de direito, autorizando qualquer das partes a mobilizar o aparelho coator do Estado para fazê-lo respeitar tal como está, e assegurar a sua execução segundo a vontade que presidiu a sua constituição.

Em suas linhas gerais, eis o princípio da *autonomia da vontade,* que genericamente pode enunciar-se como a faculdade que têm as pessoas de concluir livremente os seus contratos.

Este princípio não é absoluto, nem reflete a realidade social na sua plenitude. Por isso, dois aspectos de sua incidência devem ser encarados seriamente: um diz respeito às restrições trazidas pela sobrelevância da *ordem pública,* e outro vai dar no *dirigismo contratual,* que é a intervenção do Estado na economia do contrato. Vejamo-los, um a um.

Todo contrato parte do pressuposto fático de uma declaração volitiva, emitida em conformidade com a lei, ou obediente aos seus ditames. O direito positivo prescreve umas tantas normas que integram a disciplina dos contratos e limitam a ação livre de cada um, sem o que a vida de todo o grupo estará perturbada. São os princípios que barram a liberdade de ação individual e constituem o conteúdo das leis *proibitivas* e *imperativas* (v. sobre estas o n° 19, *supra*, vol. I). A lei ordena ou proíbe dados comportamentos sem deixar aos particulares a liberdade de derrogá--los por pactos privados, ao contrário das leis supletivas, que são ditadas para suprir o pronunciamento dos interessados. Quando um contrato é ajustado, não é possível fugir da observância daquelas normas, sob pena de sofrer penalidades impostas inafastavelmente. Os contratantes sujeitam, pois, sua vontade ao ditado dos princípios da *ordem pública* e dos *bons costumes.*

O que são normas de *ordem pública* e o que são *bons costumes* não há critério rígido para precisar. Ao revés, ocupam umas e outras zonas de delimitação flutuante, que os juristas a custo conseguem definir. Segundo doutrinas aceitas com visos de generalidade, condizem com a *ordem pública* as normas que instituem a organização da família (casamento, filiação adoção, alimentos); as que estabelecem a ordem de vocação hereditária e a sucessão testamentária; as que pautam a organização política e administrativa do Estado, bem como as bases mínimas da organização econômica; os preceitos fundamentais do Direito do Trabalho; enfim, as regras que o legislador erige em cânones basilares da estrutura social, política e econômica da Nação. Não admitindo derrogação, compõem leis que proíbem ou ordenam cerceando nos seus limites a liberdade de todos.

Bons costumes são aqueles que se cultivam como condições de moralidade social, matéria sujeita a variações de época a época, de país a país, e até dentro de um mesmo país e mesma época. Atentam contra *bonos mores*[40] aqueles atos que ofendem a opinião corrente no que se refere à moral sexual, ao respeito à pessoa humana, à liberdade de culto, à liberdade de contrair matrimônio.[41]

Dentro desses campos, cessa a liberdade de contratar. Cessa ou reduz-se. Se a ordem jurídica interdiz o procedimento contra certos princípios, que se vão articular na própria organização da sociedade ou na harmonia das condutas, a sua contravenção penetra as raias do ilícito, e o ato negocial resultante é ferido de ineficácia.

O contrato, que reflete por um lado a autonomia da vontade, e por outro submete-se à ordem pública, há de ser conseguintemente a resultante deste paralelogramo de forças, em que atuam ambas estas frequências. Como os conceitos de ordem pública e bons costumes variam, e os conteúdos das respectivas normas por via de consequência, certo será então enunciar que em todo tempo o contrato é momento de equilíbrio destas duas forças, reduzindo-se o campo da liberdade de contratar na medida em que o legislador entenda conveniente alargar a extensão das normas de ordem pública, e vice-versa.

Nem há uniformidade de ação legislativa, a este respeito. Ao contrário, a oscilação nas várias quadras históricas é grande, ora recrudescendo sua interferência na vida do contrato, ora amenizando-se para maior incremento da autonomia da vontade. Testemunhamos um desses movimentos. Depois que o individualismo prosperou no século XVIII, proclamando a liberdade e a igualdade política, o homem do direito procurou defender a plenitude da liberdade jurídica no século XIX. Daí adveio a ideia de mais ampla liberdade de contratar, traduzida no princípio da autonomia da vontade, que Demogue ainda eleva a termos demasiadamente amplos.[42] Proclamou-se que cada um tem o direito de proceder livremente, contratando ou deixando de contratar; ajustando toda espécie de avenças; pactuando qualquer cláusula; e que o juiz não pode interferir, ainda quando do contrato resulte para uma das partes a ruína completa. O contrato, como expressão da liberdade individual, seria incompatível com as restrições que se oponham a esta liberdade.

No começo, porém, do século XX compreendeu-se que, se a ordem jurídica prometia a igualdade política, não estava assegurando a igualdade econômica. O capitalismo desenvolto, com a industrialização crescente, e a criação das grandes empresas, conduziu à de-

---

40 "Bons costumes".
41 Planiol, Ripert *et* Boulanger, *Traité Élémentaire*, vol. II, nᵒˢ 95 e segs.; De Page, vol. II, parte I, nᵒ 462; Demogue, *Obligations*, vol. II, nᵒˢ 73 e segs.; Orlando Gomes, nᵒ 14.
42 Demogue, *Obligations*, nᵒˢ 27 e segs.

fasagem dos contratantes. Aparentemente iguais, estes se acham via de regra desnivelados economicamente. E o negócio que realizam sofre a influência desta diferenciação. Consequentemente, o contrato, com as vestes de um ato emanado de vontades livres e iguais, contém muitas vezes uma desproporcionalidade de prestações ou de efeitos em tal grau que ofende aquele ideal de justiça que é a última *ratio* da própria ordem jurídica.

Por outro lado, o ambiente objetivo, por ocasião da execução do contrato, às vezes difere fundamento do que envolveu a sua celebração, em consequência de acontecimentos estranhos à vontade das partes, e totalmente imprevistos.

Ante influências tais, que detidamente analisamos em outra obra,[43] medrou no direito moderno a convicção de que o Estado tem de intervir na vida do contrato, seja mediante a aplicação de leis de ordem pública, que estabelecem restrições ao princípio da vontade em benefício do interesse coletivo, seja com a adoção de uma intervenção judicial na economia do contrato, instituindo a contenção dos seus efeitos, alterando-os ou mesmo liberando o contratante lesado, por tal arte que logre evitar que por via dele se consume atentado contra a justiça.

Em termos gerais, todo este movimento pode enquadrar-se na epígrafe ampla do *dirigismo contratual,* ou *intervenção do Estado na vida do contrato,* que conflita com as noções tradicionais da autonomia da vontade, e defende aquela das partes que se revela contratualmente inferior contra os abusos do poderoso, que uma farisaica compreensão da norma jurídica antes cobria de toda proteção.

A ideia intervencionista ganha corpo e atinge três aspectos principais:

A – Às vezes o legislador *impõe* a *contratação* como no caso de fornecimento de bens e serviços, conforme preceitua o art. 39, II e IX, do Código do Consumidor (Lei nº 8.078/90), o que antes mesmo da entrada em vigor desta Lei já era definido como delito contra a economia popular (Lei nº 1.521, de 26 de dezembro de 1951), ou como naquele outro de conceder ao locatário de prédio urbano a prorrogação de aluguel (art. 47 da Lei nº 8.245, de 18 de outubro de 1991), ou, ainda, no caso de seguro obrigatório de danos pessoais causados por veículos terrestres ou por sua carga (Lei nº 6.194, de 19 de dezembro de 1974).

B – Outras vezes institui *cláusula coercitiva,* definindo direitos e deveres dos contratantes, em termos insuscetíveis de derrogação, sob pena de nulidade ou punição criminal, como no contrato de trabalho (Consolidação das Leis do Trabalho, art. 9º), ou no de venda de terrenos em prestações, em que é vedada a cláusula de rescisão *pleno iure* do contrato (Lei nº 6.766, de 19 de dezembro de 1979, art. 25), ou, ainda, nos contratos de consumo, quanto à proibição de cláusulas qualificadas como abusivas (Lei nº 8.078, de 5 de outubro de 1990, art. 51)

C – Em outros casos, concede a lei ao juiz a faculdade de rever o contrato, e estabelecer condições de execução, coativamente impostas, caso em que a vontade estatal substitui a vontade dos contratantes, valendo a sentença como se fosse a declaração volitiva do interessado.

---

43   Caio Mário da Silva Pereira, *Lesão nos Contratos*, nos 88 e segs.

Este movimento intervencionista ganha corpo, na medida em que aumentam a extensão e a intensidade das normas de ordem pública e chega a inspirar em juristas apegados às noções tradicionais a crença no desprestígio ou mesmo na morte do contrato (André Toullemon, Gaston Morin, Barreyre), por não admitirem uma vontade contratual que não seja filha da plena liberdade. Há, porém, um desvio de perspectiva. Não é o fim do contrato, porém um capítulo novo de sua evolução, já que, através de sua longa vida, tem ele passado por numerosas vicissitudes. Esta a fase atual. Outras ainda hão de vir, sem que o jurista de hoje possa indicar o seu rumo ou a sua tônica, se o dirigismo exacerbar-se-á mais ainda, ou se o princípio da autonomia da vontade, como que num movimento pendular, retomará posição antiga, reconquistando terreno perdido.

O que no momento ocorre, e o jurista não pode desprender-se das ideias dominantes no seu tempo, é a redução da liberdade de contratar em benefício da ordem pública,[44] que na atualidade ganha acendrado reforço, e tanto que Josserand chega mesmo a considerá-lo a "publicização do contrato". Não se recusa o direito de contratar, e não se nega a liberdade de fazê-lo. O que se pode apontar como a nota predominante nesta quadra da evolução do contrato é o reforçamento de alguns conceitos, como o da *regulamentação legal* do contrato, a fim de coibir abusos advindos da desigualdade econômica; o controle de certas atividades empresárias; a regulamentação dos meios de produção e distribuição;[45] e sobretudo a proclamação efetiva da preeminência dos interesses coletivos sobre os de ordem privada,[46] com acentuação tônica sobre o princípio da *ordem pública,* que sobreleva ao respeito pela intenção das partes, já que a vontade destas obrigatoriamente tem de submeter-se àquele.[47]

Nesse campo intervencionista situa-se a *teoria da imprevisão,* que estudaremos no nº 216, *infra,* regulada no Código Civil nos arts. 478 a 480. Outro modelo semelhante de intervenção, com o propósito de defender a parte economicamente mais fraca na manutenção do princípio do equilíbrio econômico do contrato, se encontra regulado no art. 6º, V, do Código de Defesa e Proteção do Consumidor (Lei nº 8.078, de 11.09.1990).

187. Requisitos de validade dos contratos: subjetivos, objetivos e formais

Como todo negócio jurídico, o contrato está sujeito a requisitos, cuja inobservância vai dar na sua ineficácia. Uns são gerais, a que se submetem todos os atos negociais. Outros são específicos, dizem respeito particularmente aos contratos. Não perderemos de vista os primeiros, cuja presença é permanente, mas não nos deteremos no seu estudo aprofundado, reportando-nos ao que desenvolvemos no nº 84,

---

44 Cf. Mazeaud *et* Mazeaud, ob. cit., vol. II, nº 119.
45 De Page, ob. cit., nº 463.
46 Messineo, *Dottrina Generale del Contratto,* nº 11, pág. 15.
47 Philippe Malaurie, *L'Ordre Public et le Contrat,* nº 394.

supra (vol. I). Vamos cogitar dos outros, peculiares ao direito do contrato. Neste estudo, distribuímo-los em três grupos: subjetivos, objetivos e formais, recordando ainda que em grande parte já os mencionamos e analisamos, ao tratarmos dos elementos da obrigação, no nº 128 (vol. II).

No frontispício dos requisitos *subjetivos* está, evidentemente, a capacidade das partes. Os contratantes devem ser aptos a emitir validamente a sua vontade. Mas não se requer, tão somente, aquela capacidade genérica, que sofre as restrições contidas nos arts. 3º e 4º do Código Civil.[48] Exige-se, mais, que nenhuma das partes seja portadora de inaptidão específica para contratar. Com efeito, a lei estabelece, muitas vezes, restrições à faculdade de contratar, ou de celebrar um dado contrato. Uns o denominam *incapacidade contratual,* outros o chamam *impedimento,* mas nós preferimos ficar com os que dizem *restrições,* a fim de que se não faça confusão com as incapacidades gerais ou com os impedimentos matrimoniais.

Restringe-se a liberdade de contratar em termos gerais, ou em termos especiais, quando uma pessoa não pode celebrá-los de modo geral ou não pode concluir um em particular. Não se trata de *incapacidade* no sentido ordinário, pois que o contratante guarda o poder genérico para participar dos atos da vida civil. É mesmo restrição ou inaptidão confinada ao campo específico do poder de contratar.[49] Nos seus efeitos, assemelham-se às incapacidades, e, como estas, geram a ineficácia do negócio,[50] ora absoluta, como no caso do art. 497 do Código Civil, que proíbe a compra e venda entre tutor e tutelado, mandante e mandatário etc., ora relativa, como na hipótese do art. 496, que dispõe ser anulável o mesmo contrato entre ascendentes e descendentes sem que os demais e o cônjuge (salvo no caso de regime de separação obrigatória de bens) expressamente o consintam, limitado o direito de atacar o ato aos descendentes interessados e ao cônjuge.

Dizendo-o em linha de princípio, e atendendo a que o contrato nasce de acordo de vontades ou *consentimento* das partes, o requisito subjetivo pode ser enunciado como a aptidão para consentir. A expressão *consentimento* já traduz, em si, o acordo de vontades (*cum + sentire*). A linguagem comum, entretanto, emprega-a na acepção de manifestação de vontade, sendo correntia a referência ao *con*sentimento de cada um dos contratantes.

O consentimento, gerador do contrato, há de abranger seus três aspectos:

---

48 A Lei 13.146, de 6 de julho de 2015, mais conhecida como Estatuto da Pessoa com Deficiência, revogou os incisos do artigo 3º, do Código Civil, passando a ser considerado como absolutamente incapaz exclusivamente o menor de 16 anos, de acordo com o *caput* do art. 3º. Da mesma forma, o art. 4º do Código Civil passa a vigorar com a seguinte redação: "São incapazes, relativamente a certos atos ou à maneira de os exercer: (...) II – os ébrios habituais e os viciados em tóxico; III – aqueles que, por causa transitória ou permanente, não puderem exprimir sua vontade". São excluídos do rol dos relativamente incapazes os deficientes mentais que tenham o discernimento reduzido; e os excepcionais, sem desenvolvimento mental completo.

49 M. R. Houin, "Les Incapacités", *in Revue Trimestrielle de Droit Civil*, 1947, pág. 383.

50 Planiol, Ripert *et* Boulanger, ob. cit., nº 158.

A – Acordo sobre a existência e natureza do contrato; se um dos contratantes quer aceitar uma doação e o outro quer vender, contrato não há.

B – Acordo sobre o objeto do contrato; se as partes divergem a seu respeito, não pode haver contrato válido, como já explicamos, ao tratarmos do *erro obstativo,* no nº 89, *supra* (vol. I).

C – Acordo sobre as cláusulas que o compõem; se a divergência campeia em ponto substancial, não poderá ter eficácia o contrato.[51]

O consentimento, como pressuposto material do contrato, exige a emissão da vontade de duas ou mais pessoas. A de uma só é insuficiente. Contra esta regra costumam objetar com a *autocontratação.* Mas não há tal. A doutrina moderna admite majoritariamente o contrato consigo mesmo, decompondo as duas vontades que aparecem no ato,[52] mas ressalva o seu caráter excepcional na ocorrência da representação quando o representado dá expressa anuência, com o esclarecimento de que nesta já está presente uma declaração de vontade. A autocontratação é hoje admitida no art. 117 do Código, que exige a expressa manifestação de vontade do representado (v. sobre este assunto o nº 107, *supra,* vol. I). A outra objeção levantada refere-se ao papel *assinado em branco,* e entregue à outra parte (*blanc seing*), que não vale como contrato, senão como prova de um contrato já anteriormente concluído,[53] pois se fosse modalidade de contratar encontraria obstáculo no art. 122 do Código Civil, uma vez que sujeitaria o ato ao arbítrio exclusivo de uma das partes.

Objetivamente considerados, os requisitos do contrato envolvem a possibilidade, liceidade, determinação e economicidade.[54]

Diz-se *impossível* o objeto quando é insuscetível de realização. Há duas espécies de impossibilidade: a material e a jurídica.

Impossibilidade material é aquela que traduz a insuscetibilidade de consecução da prestação pretendida. Pode ser absoluta ou relativa. Impossibilidade *absoluta* é a que por ninguém poder ser vencida; *relativa,* quando o agente em determinado momento não consegue superar o obstáculo à sua realização, mas uma outra pessoa, ou a mesma, em momento diverso, teria meios de obtê-la. Somente a primeira tem como efeito a nulidade do contrato (Código Civil, art. 106), já que a impossibilidade relativa da prestação não chega a constituir óbice irremovível. Ao revés, situa-se na dependência de circunstâncias pessoais do devedor, e, conseguintemente, ao invés de liberá-lo, sujeita-o a perdas e danos. Equipara-se à impossibilidade relativa a absoluta que cessa antes do implemento da condição. Em sendo absoluta, exonera o devedor, invalidando o contrato, pois aquele que promete prestação insuscetível de realização é como se nada prometesse: *ad impossibilia nemo tenetur.*[55] Mas é preciso frisar, como fizemos no nº 128, *supra* (vol. II): a impossibilidade que invalida o contrato é a concomitante

---

51 Planiol, Ripert *et* Boulanger, ob. cit., nºs 51 e segs.
52 De Page, ob. cit., nº 448.
53 Planiol, Ripert *et* Boulanger, ob. cit., nº 53.
54 Planiol, Ripert *et* Boulanger, ob. cit., nº 248; Gaudemet, ob. cit., pág. 90; Barassi, *Obbligazioni,* vol. II, nº 105.
55 "Ninguém está obrigado ao impossível".

NOÇÃO GERAL DE CONTRATO

25

à sua constituição, porque a superveniente o torna inexequível, com ou sem perdas e danos, conforme ocorra ou não a culpa do devedor (Código Civil, arts. 234, 238, 239 e 248). A impossibilidade *parcial* invalida inteiramente o contrato, quando do seu contexto ou das circunstâncias não se possa concluir que ele teria sido celebrado somente quanto à parte possível.[56]

Mas não se deve confundir impossibilidade do objeto com a falta de atualidade de sua existência. Pode haver coincidência. Mas não há relação de causalidade. É perfeitamente admissível que a contratação verse sobre coisa futura, erigindo-se o seu vir a ser em condição (*emptio rei speratae*),[57] com o desfazimento do contrato em caso de frustração (v.g., art. 483 do Código); perfeitamente viável é a negociação com caráter aleatório (arts. 458 a 461 do Código), em que o objeto corre o risco de não vir a produzir-se, incidindo o contrato sobre a sua potencialidade (contrato aleatório, deduzido no nº 194, *infra*), o que desloca o objeto, da coisa para sua expectativa (*emptio spei*).[58]

É *jurídica* a impossibilidade quando, sendo a prestação suscetível de execução materialmente, esbarra em obstáculo levantado pela própria norma. O devedor pode prestar. Mas contra a execução do obrigado opõe-se proibição legal. O cumprimento da obrigação importará em afronta ao ordenamento jurídico. A impossibilidade, desta espécie, vai ter na iliceidade da prestação e gera a ineficácia do contrato, porque, se o direito positivo não admite aquele objeto, a sua aceitação pelas partes envolve contrariedade à normação, como se dá com a regra segundo a qual não pode ser objeto de contrato a herança de pessoa viva (Código Civil, art. 426), ou quando duas pessoas ajustam um pagamento pelo assassínio de alguém. No direito alemão há uma referência expressa à impossibilidade, que indica, quando alguém se obriga a transferir a outrem seu patrimônio futuro, seja total, seja parcialmente, pela razão de que repugna ao direito que uma pessoa possa abdicar de sua capacidade de aquisição (Enneccerus, Kipp *y* Wolff). A iliceidade do objeto e sua impossibilidade jurídica ocorrem quando a prestação afronta a ordem pública ou ofende os bons costumes.

Deve o objeto ser *determinado,* para que a obrigação do devedor tenha sobre que incidir. Mas não se requer a determinação concomitante ao ajuste. Basta que se obtenha por ocasião da sua execução. A determinação dá-se pelo gênero, pela espécie, pela quantidade, pelas características individuais da *res debita.*[59] Quando não está o objeto desde logo determinado, é mister venha a sê-lo, quer por ato dos contratantes ou de um deles, quer pela ação de terceiro, quer por fato impessoal. A determinação pode constar do contrato ou de instrumento à parte. Mas se o objeto for definitivamente *indeterminável,* o contrato é inválido, como o seria pela ausência completa de objeto.

Finalmente, a prestação deve ser *economicamente* apreciável, já que nos alinhamos entre os que exigem o requisito da patrimonialidade para o objeto da obrigação.

---

56 Enneccerus, Kipp *y* Wolff, *Tratado, Derecho de Obligaciones*, vol. I, § 29.
57 "Compra de coisa futura".
58 "Contrato sobre a expectativa".
59 "Coisa devida".

(A respeito dos caracteres do objeto do contrato, ver o que ficou dito sobre o objeto da obrigação, no nº 128, *supra*, volume II).

O terceiro requisito da validade do contrato é *formal*. Ao contrário do Direito Romano, em que prelevava a sacramentalidade ritual, o direito moderno, como temos visto, despreza o rigorismo da forma, atribuindo à declaração de vontade o poder de gerar efeitos diretamente, e de estabelecer um ligame jurídico entre os sujeitos. O elemento formal no direito do contrato não tem importância senão em linha de exceção. Normalmente as convenções se concluem pelo simples acordo de vontades, independentemente de qualquer materialidade que estas revistam. Os contratantes exprimem-se oralmente e assim se vinculam em numerosos atos negociais (locação, negócios em Bolsa, compra e venda manual); ou expressam a sua vontade por escrito, adotando ora o instrumento particular, ora o público, por comodidade ou segurança. Excepcionalmente, entretanto, a lei exige para a eficácia de alguns contratos a observância de certa forma. Quando isto ocorre, não como meio probatório (*ad probationem tantum*),[60] suprível por outras provas, mas erigida por lei em condições de validade intimamente relacionadas com a própria declaração da vontade (*ad solemnitatem*),[61] diz-se que a forma é essencial à eficácia do negócio jurídico e dá-lhe existência: *forma dat esse rei*.[62] Quando, pois, a lei impõe uma dada forma para o contrato, este não prevalece se aquela não for observada (forma *constitutiva*, na expressão de Barassi). Resumindo: em princípio, os contratos celebram-se pelo livre consentimento das partes, salvo quando a lei impõe, como essencial, a obediência ao requisito de forma (Código Civil, art. 107). Certos contratos têm de ser vazados em forma escrita, como, por exemplo, a doação, salvo se de pequeno valor (Código Civil, art. 541), e outros devem revestir a forma pública. Esta pode ser adotada pela *convenção*, quando as partes ajustam-na em cláusula expressa (Código Civil, art. 220), ou é determinada pela lei, como se dá nos contratos constitutivos ou translativos de direito reais sobre imóveis de valor determinado em lei.

187-A. Ineficácia *stricto sensu*

Não sendo observados os requisitos de validade, anula-se o contrato. Em sentido genérico, diz-se que ele é "ineficaz", uma vez que deixa de produzir os efeitos que lhe são próprios. É o que se qualifica como ineficácia *lato sensu*. Embora válido, entretanto, o contrato pode conduzir a um resultado frustro quando ocorre a resilição ou a revogação nos casos em que está admissível como no mandato (nº 255, *infra*).

Em sentido estrito, considera-se ineficácia a recusa de efeitos quando, observados, embora, os requisitos de validade, intercorre obstáculo extrínseco que impede que se complete o ciclo de perfeição do negócio, como, por exemplo, a falta de registro quando indispensável. A ineficácia pode ser originária ou superveniente, confor-

---

60 "Simplesmente para prova".
61 "Para a solenidade".
62 "A forma dá existência à coisa".

me o fato impeditivo da produção de efeitos seja simultâneo ou ocorra posteriormente, operando retroativamente. Pode dar-se, ainda, que a ineficácia originária venha a cessar como é o caso do ato subordinado à condição suspensiva. Ele está completo como negócio jurídico, porém dependendo sua eficácia do implemento desta.[63]

188. Formação do contrato: tempo e lugar. Contratos por correspondência, por meio telefônico e por meio da Internet

Sendo o contrato um negócio jurídico bilateral, requer o acordo de vontade das partes, ou o *consentimento* (v. sobre este o nº 187, *supra*), que não é apenas requisito de validade, mas assume condições de pressuposto existencial do próprio negócio.

O problema da *formação* do contrato, que sofre controvérsia entre os autores, deve ser resolvido com a fixação do momento em que se dá a conjugação ou o acordo das vontades. No instante em que estas, manifestadas segundo a forma livre ou determinada, conforme o caso, justaponham-se, ou coincidam, ou se encontrem, neste momento nasce o contrato.

Pode a declaração de vontade ser expressa ou explícita, quando as partes contratantes se utilizem de qualquer veículo para exteriorizá-la no mundo civil, seja verbalmente usando palavra falada, seja por mímica quando o agente se exprima por um gesto tradutor de seu querer, ou seja por escrito; se da forma gráfica se utiliza o declarante em instrumento manuscrito, datilografado, policopiado ou impresso.

Pode a declaração de vontade ser tácita, quando a lei não a exigir expressa (Código Civil, art. 432), desde que se infira inequivocamente de uma atitude ou conduta do agente, hábil a evidenciar a manifestação de seu querer, no sentido da constituição do negócio contratual. Até pelo *silêncio* pode ser feita a emissão volitiva (v. nº 83, *supra*, vol. I). Mas não é qualquer silêncio evidentemente, senão aquele que por si só traduza um querer, e contenha manifestação de vontade, permitindo-se extrair dele a ilação de uma vontade contratual. Por isso mesmo denomina-se *silêncio conclusivo*.[64] A pesquisa deste silêncio gerador de direitos e obrigações há de resultar da interpretação da vontade das partes.[65] O art. 111 do Código admite a validade do silêncio como manifestação de vontade quando as circunstâncias e os usos o autorizarem e não for necessária a declaração de vontade expressa.

Está, portanto, formado o contrato desde que as partes façam coincidir as suas vontades em um mesmo ponto e para a obtenção de certos efeitos. Não nasce ele, entretanto, todo pronto, como Minerva armada da cabeça de Júpiter. É, ao revés, o resultado de uma série de momentos ou fases, que às vezes se interpenetram, mas

---

63 Emilio Betti, *Teoria geral do negócio jurídico*, trad. port. vol. III, pág. 11; Messineo, *Dottrina generale del contratto*, pág. 468; Galvão Telles, *Manual dos contratos em geral*, pág. 345; Daisy Gogliano, *Enciclopédia Saraiva*, vol. 44, v. "Ineficácia dos atos e negócios jurídicos"; Antônio Junqueira de Azevedo, *in Enciclopédia Saraiva*, vol. 44, v. "Inexistência, invalidade, ineficácia".

64 Barassi, *Obbligazioni*, vol. II, § 124.

65 De Page, ob. cit., nº 546.

que em detida análise perfeitamente se destacam: negociações preliminares, proposta, aceitação.

As *negociações preliminares* (*tractatus, trattative, pourparlers, memorandum of understanding, letter of intent*) são conversas prévias, sondagens, debates em que despontam os interesses de cada um, tendo em vista o contrato futuro. Mesmo quando surge um *projeto* ou *minuta,* ainda assim não há vinculação das pessoas. Não raro, nos negócios que envolvem interesses complexos, entabula uma pessoa conversações com diversas outras, e somente se encaminha a contratação com aquela que melhores condições oferece. Enquanto se mantiverem tais, as conversações preliminares não obrigam. Há uma distinção bastante precisa entre esta fase, que ainda não é contratual, e a seguinte, em que já existe algo preciso e obrigatório.[66] Não obstante faltar-lhe obrigatoriedade, pode surgir *responsabilidade civil* para os que participam das negociações preliminares, não no campo da culpa contratual, porém da aquiliana (v. nº 114, *supra,* vol. I, e nº 175, vol. II), somente no caso de um deles induzir no outro a crença de que o contrato será celebrado, levando-o a despesas ou a não contratar com terceiro etc. e depois recuar, causando-lhe dano. O fundamento do dever de reparação é o ilícito genérico, definido no nº 113, *supra* (vol. I). As negociações preliminares, repitamo-lo, não geram por si mesmas e em si mesmas obrigações para qualquer dos participantes. Esta responsabilidade tem caráter excepcional (Serpa Lopes Carrara), e não pode ser transposta para fora dos limites razoáveis de sua caracterização, sob pena de chegar-se ao absurdo jurídico de equiparar em força obrigatória o contrato e as negociações preliminares, e a admitir que as obrigações contratuais nascem antes de surgir o contrato que as gera.

Proposta

O segundo momento da formação do contrato é a *proposta.* Esta já traz força vinculante (Código Civil, art. 427), não para as partes, uma vez que ainda neste momento não há um contrato, mas para aquele que a faz, denominado *policitante.*

Embora não haja a lei minudenciando os *requisitos da proposta,* deve ela ser *séria* e *precisa,* uma vez que constitui o impulso inicial de uma fonte obrigacional; e deve conter as linhas estruturais do negócio em vista, para que o contrato possa considerar-se perfeito, da manifestação singela e até simbólica daquele a quem é dirigida (Carrara), denominado *oblato.*

É uma declaração receptícia de vontade (v. nº 83, *supra,* vol. I), caráter que não perde se, ao invés de se dirigir a uma pessoa determinada, assumir o aspecto de oferta ao público, em que o oblato não é identificado. A *proposta ao público,* em princípio igual a quaisquer outras, delas distinguindo-se em que comumente comporta *reservas* (disponibilidade de estoque, ressalva quanto à escolha da outra parte etc.), bem como no tocante ao *prazo moral da aceitação,* em razão da indeterminação mesma do obla-

---

66   Serpa Lopes, *Curso,* vol. III, nº 39; Carrara, *La Formazione del Contratti,* pág. 3; Orlando Gomes, *Contratos,* nº 36.

to.[67] O Código Civil italiano perfilha boa doutrina, estatuindo (art. 1.336) que a oferta ao público vale como proposta obrigatória quando contenha todos os extremos essenciais do contrato; em caso contrário, traduz uma sugestão para que venham propostas (*invitatio ad offerendum*),[68] caso em que o anunciante se coloca na expectativa de que lhe sejam dirigidas propostas.[69]

O Código Civil disciplinou em seu art. 429 a oferta ao público, dispondo que é obrigatória quando encerra os requisitos essenciais ao contrato, salvo se o contrário resultar das circunstâncias ou dos usos. O Código admite ainda a revogação da oferta ao público pela mesma via da sua divulgação, desde que o policitante tenha ressalvado na oferta a possibilidade de revogá-la.

O Código do Consumidor (Lei nº 8.078/1990) disciplinou a oferta ao público no seu art. 35, atribuindo ao consumidor, no caso de recusa do fornecedor ao seu cumprimento, o direito de, à sua escolha, optar por: a) exigir o cumprimento forçado da obrigação, nos termos da oferta, apresentação ou publicidade; b) aceitar outro produto ou prestação de serviço equivalente; c) rescindir o contrato, com direito à restituição de quantia eventualmente antecipada, monetariamente atualizada, e a perdas e danos.

Vê-se que o Código do Consumidor foi além do Código Civil ao disciplinar a oferta ao público, tendo em vista que concedeu expressamente ao oblato a possibilidade de exigir o cumprimento específico da obrigação, se assim o desejar. A maior parte da doutrina que examinou a extensão da obrigatoriedade da proposta do art. 1.080 do Código Civil de 1916, repetido *ipsis literis* no art. 427 do Código de 2002, se encaminhou no sentido de, nas hipóteses em que o policitante não honra a proposta, conceder ao oblato apenas a via das perdas e danos, sem execução específica da obrigação de contratar. Essa orientação doutrinária e jurisprudencial, contudo, mudou, diante da tendência moderna de se dar preferencialmente execução específica às obrigações de fazer, conforme o princípio da preservação do conteúdo e objetivo contratuais (art. 497 do Código de Processo Civil de 2015. Correspondente ao art. 461 do Código de Processo Civil de 1973).

Há enorme variedade de contratos que se formam mediante ofertas ao público. Deixando de lado o *contrato de adesão,* que será estudado no nº 197, *infra,* podemos mencionar o que se realiza por *licitação* ou por *concurso.* No contrato por *licitação,* a oferta traz a convocação dos interessados para que apresentem suas propostas, nas quais, obrigados, embora, a submeter-se a certas condições fixas, pormenorizam as suas proposições quanto ao preço, prazo etc. ficando o anunciante com a liberdade de escolher aquela que seja de suas conveniências e até de não aceitar nenhuma. Estes contratos cobrem enorme área, desde os leilões de mercadorias e objetos, até as concorrências públicas, abertas pela Administração, e obrigatoriamente adotadas para a realização de obras públicas. Uma variante sua é o *concurso,* usado por grandes empresas para admissão de empregados, seleção de projetos, aquisição de produtos,

---

67   De Page, ob. cit., nº 524.
68   "Convite à oferta".
69   Barassi, ob. cit., vol. II, nº 116; Trabucchi, ob. cit., nº 279.

realização de empreitadas etc. Os candidatos apresentam-se, sujeitos aos requisitos do edital ou anúncio, e o contrato se fará com aquele ou aqueles que se classifiquem no concurso. O que há de peculiar neste contrato é que o anunciante tem a obrigação de realizar o concurso, mesmo que não seja obrigado a contratar com o ganhador, por se ter reservado este direito.[70] Deve ser observado que se não confunde a proposta de contrato por licitação ou concurso com a *promessa de recompensa,* que é obrigação por declaração unilateral de vontade (v. nº 277, *infra*).

Constitui, ainda, tipo peculiar de oferta a que resulta do processo técnico com a adoção de *aparelhos automáticos*, nos quais a mercadoria é exposta e afixado o preço, formando-se o contrato com a introdução de moeda em uma ranhura; outros contratos, além da compra e venda, celebram-se pelo mesmo sistema, como o transporte em trem subterrâneo, pousada em motéis à margem das estradas, venda de jornais etc. O aparelho automático é que representa, no caso, o proponente; e oblato é o público em geral.[71]

Uma vez feita a proposta, que constitui em si mesma um negócio jurídico, a ela está o policitante vinculado. Cria no oblato a convicção do contrato em perspectiva, com todas as suas consequências, levando-o a despesas, cessação de atividades, estudos, dispêndios de tempo etc. por todos os quais o proponente responde, sujeitando-se à reparação de perdas e danos se injustificadamente a retira. Distingue-se a proposta das negociações preliminares em que aquela é o impulso *decisivo* para a celebração do contrato, exprimindo uma declaração de vontade definitiva enquanto as negociações não têm este caráter, pois não passam de sondagens e projetos, sem força obrigatória.[72]

Resumindo os pontos de distinção, Carrara os formula em três planos:

A – A proposta é um elemento de formação da relação contratual; as negociações não são.

B – A proposta tem efeito jurídico específico; as negociações não têm.

C – A proposta é um negócio jurídico; as negociações não são.[73]

Não tem, contudo, a proposta, força absoluta, gerando desde logo direitos e obrigações. Se assim fosse, equivaleria ao contrato mesmo, de que não diferiria senão pela unilateralidade do efeito criado.

Reconhece, pois, a lei alguns casos em que a proposta deixa de ser obrigatória: *a*) se a falta de obrigatoriedade resulta de seus próprios termos; *b*) ou da natureza do negócio; *c*) ou das circunstâncias do caso (Código Civil, art. 427).

A – Se ao dirigi-la ao oblato o policitante lhe apõe a cláusula de não obrigatoriedade, vale a reserva, que se incrusta na proposta mesma. Ao recebê-la, o oblato já conhece a sua precariedade, e, se ainda assim a examina, é com seu próprio risco.

---

70   Cunha Gonçalves, *Dos Contratos em Especial*, pág. 16.
71   Fran Martins, *Contratos e Obrigações Comerciais*, nº 77.
72   De Page, *Traité*, vol. II, parte I, nº 498.
73   Carrara, ob. cit.

Não advirá para o proponente consequência nenhuma ao cancelá-la, porque se assim proceder estará usando uma faculdade que a si mesmo se reservou.

B – Há negócios em que a oferta pela sua natureza é aberta. E, se o policitante tem a natural faculdade de mantê-la ou não, ela não é obrigatória, e não cria outras consequências senão a potencialidade do contrato, que estará formado se até a sua aceitação ela ainda estiver vigente.

C – Circunstâncias peculiares a cada caso podem liberar o proponente, desobrigando-o. Não são circunstâncias quaisquer, porém aquelas a que reconhece a lei este efeito (Código Civil, art. 428), merecedoras de particular exame:

1 – Feita a *pessoa presente,* sem concessão de prazo, o policitante está obrigado apenas naquele momento. É *pegar ou largar,* e se o oblato não responde logo, dando pronta aceitação, caduca a proposta, liberandose o proponente.

Aqui, o que merece consideração particular é a utilização da via *telefônica,* hoje cada vez mais assídua e frequente, tanto no âmbito urbano, quanto no interurbano e no internacional. Discute a doutrina se um contrato, entre duas pessoas que por esse meio se comunicam, deve considerar-se entre *presentes* ou entre *ausentes.* Vidari, atentando em que as partes não se veem, e que medeia entre elas um qualquer espaço, defende que o ajuste que celebram é *inter absentes.*[74] Gabba não dá importância a esse espaço e preconiza a relevância da circunstância temporal, entendendo que o que tem significação para a solução do problema é o fato de os contratantes, embora não se vejam, poderem comunicar-se diretamente, ouvir-se mutuamente, propor e aceitar imediatamente. E, como tudo isto é possível, o contrato é *inter praesentes.*[75] Diante desta alternativa doutrinária, o nosso legislador pronunciou-se, no art. 428, I, do CC, pela teoria de Gabba, concepção que a nossa doutrina defende, derrotando o critério da *distancia loci*[76] que acaso separa os contratantes como elemento informativo, e adotando a possibilidade de direta comunicação entre eles.[77]

O Código estende o mesmo tratamento jurídico para propostas efetivadas por meio de comunicação semelhante ao telefônico. Aqui o legislador está certamente se referindo, v.g., à comunicação por via da Internet, quando ambos os usuários estão em contacto simultâneo. Nessa hipótese, a proposta formulada por um deles deve imediatamente ser aceita, sob pena de deixar de ser obrigatória, diferentemente do que ocorre com a proposta feita por via de e-mail, na qual ambos os usuários da rede não estão ao mesmo tempo conectados.[78]

---

74 Vidari, *Corso di Diritto Commerciale*, vol. III, nº 1.916. Tradução: "Entre ausentes".

75 Neste sentido, cf. Demogue, *Obligations*, vol. II, nº 548. Tradução: "Entre presentes".

76 "Distância física".

77 Clóvis Beviláqua, Comentário ao art. 1.081 do Código Civil de 1916; Serpa Lopes, *Curso*, vol. III, nº 44.

78 Ressalte-se que, independentemente da oferta ter sido efetivada entre presentes ou entre ausentes, tratando-se de contrato de consumo regulamentado pelo Código de Defesa do Consumidor, se o fornecimento do produto ou do serviço é realizado fora do estabelecimento comercial – como ocorre no caso de comércio eletrônico, por catálogos ou por telefone – é garantido ao consumidor um prazo de reflexão (ou direito de arrependimento) de 7 dias a contar do recebimento

2 – Tratando-se de oblato *ausente,* o proponente não pode pretender resposta instantânea. Há de admitir um compasso de espera, que será o tempo necessário a que sua oferta seja recebida, ponderada, e a ela dada resposta.[79] Se esta não for expedida no *prazo dado,* não prevalece a proposta. E se nenhum prazo tiver sido expressamente concedido, há de o policitante aguardar um tempo que seria suficiente para que o oblato dê o seu pronunciamento. Não se trata, evidentemente, de um prazo determinado e certo, porém, ao revés, variável, de acordo com a natureza do negócio, a complexidade da oferta etc. Chama-se a este tempo *prazo moral,* que há de ser razoável, nem longo demais que mantenha o proponente em suspenso por um lapso exagerado, nem tão estreito que ao oblato impeça resposta cuidadosa.

3 – Embora tenha a proposta força obrigatória, a lei reserva ao policitante a faculdade de retratar-se, mesmo que não haja feito ressalva neste sentido. Obrigatória não quer dizer irrevogável. Mas não é arbitrário o seu procedimento. Para que se desobrigue, e se não sujeite às perdas e danos, cumpre que a retratação chegue ao conhecimento do oblato antes da proposta ou simultaneamente com ela, casos em que as duas declarações de vontade (proposta e retratação), por serem contraditórias, nulificam-se e destroem-se reciprocamente. Não importa de que via ou meio se utiliza o proponente (carta, telegrama, mensagem por mão de próprio, *e-mail* etc.). Desde que consiga levar ao oblato a retratação oportunamente (e somente é oportuna a que se fizer como acima dito), não há proposta nenhuma em vigor.

No silêncio do nosso direito positivo a respeito da morte do proponente, a doutrina é chamada a opinar. Não prevalece a opinião favorável à caducidade da oferta. Ao revés, bem se tem entendido que a abertura da sucessão transmite aos herdeiros o patrimônio do *de cujus* com o ônus da proposta feita, e em via de converter-se em contrato mediante adesão pura e simples do oblato, salvo se os sucessores exercerem a faculdade de retratação, na forma e na oportunidade em que o poderia fazer o antecessor.[80] Além desta ressalva, deve-se acrescentar, ainda, a que caberá nos casos de contratos *intuitu personae,* ou em que circunstâncias especiais ocorram, excludentes de sua eficácia.[81]

No tocante, ainda, à proposta, responde a doutrina à indagação se os comerciantes devem considerar-se em *estado de oferta permanente,* pelo fato de terem a sua casa aberta e os artigos expostos. Em princípio, sim, embora o candidato à aquisição não tenha o direito de exigir aquele objeto em exposição, porém devendo satisfazer-se com outro idêntico. É de acrescer ainda que o *estado de oferta* pressu-

---

do produto. Após este termo, o consumidor poderá devolver o produto ou cancelar o serviço, caso não esteja em acordo com a sua legítima expectativa (artigo 49 do Código de Defesa do Consumidor).

79   Nesse sentido, segue o Enunciado 173 das Jornadas de Direito Civil do Centro de Estudos Jurídicos do Conselho da Justiça Federal, que sustenta que "a formação dos contratos realizados entre pessoas ausentes, por meio eletrônico, completa-se com a recepção da aceitação pelo proponente".

80   Von Tuhr, *Obligaciones,* vol. I, § 28; De Page, ob. cit., nº 521; Planiol *et* Ripert, *Traité Pratique,* vol. VI, nº 140; Serpa Lopes, ob. cit., nº 46; Baudry *et* Barde, *Trattato di Diritto Civile, Obbligazioni,* vol. I, nº 34.

81   Ruggiero e Maroi, *Istituzioni,* vol. II, § 138.

põe implícita a cláusula "nos limites do estoque ou do disponível". Gênero de atividade que implica o estado de oferta permanente é todo aquele relativo à concessão de serviços monopolizados ou de primeira necessidade.[82] Mesmo nos casos de oferta permanente ao público, considera-se implícita a reserva de recusar a contratação por *justos motivos,* como seria o balneário que recusa admitir pessoa de moral duvidosa, ou o concessionário de transporte coletivo que repele o bêbado ou o indivíduo indecentemente trajado (De Page). Deve-se, contudo, analisar a motivação para que a recusa à contratação não se caracterize ato discriminatório ou abusivo, o que retiraria a licitude e legitimidade do ato (Código Civil, art. 187).

Opção

As atividades modernas criaram a figura jurídica da *opção,* que o Código Civil italiano, art. 1.331, já consagrou, como uma espécie de *proposta irrevogável,* e que nos parece mais adequado definir como contrato preliminar *unilateral* (v. n° 200 e n° 223, *infra*), como o fez o art. 466 do Código Civil.

Aceitação

O terceiro momento da formação do contrato é a *aceitação.* Antes dela, há o impulso inicial tão somente. Inexiste ainda contrato, cujo pressuposto é o consentimento. Somente quando o oblato se converte em aceitante, e faz aderir a sua vontade à do proponente, a oferta se transforma em contrato.

Não há, salvo nos contratos formais, requisito especial para a aceitação. Pode ela ser *expressa,* se o aceitante declarar a sua anuência; ou ser *tácita,* se uma atitude, inequívoca, autoriza concluir pela integração de sua vontade na declaração contida na proposta, como no caso de o oblato enviar, sem dito expresso, ao policitante a mercadoria por este solicitada. Pode ser *presumida,* quando a conduta do aceitante, nos termos da lei, induz anuência, como se o proponente marca prazo ao oblato para que este declare se aceita, e o tempo decorra sem resposta negativa naqueles casos em que se não costuma aceitação expressa (Código Civil, art. 432). Em qualquer caso, porém, a aceitação traduz a adesão do oblato à oferta recebida, e só vale como tal, se a contiver.

Para que se dê o contrato, a aceitação tem de ser oportuna, sob pena de já não encontrar proposta firme. Quando feita fora do prazo, ou contendo modificações ou restrições aos termos da proposta, não gera contrato, mas importa nova proposta (Código Civil, art. 431), que o primitivo proponente, à sua vez, tem o direito de aceitar ou de não aceitar. Esta regra, que é certa como princípio genérico, não pode ser encarada em termos absolutos, pois nem sempre a aceitação, para ser válida, tem de ser irrestrita. É possível que, conforme os termos da proposta, seja admissível aceitação parcial ou com restrições.[83]

Expedindo o aceitante a resposta em tempo oportuno, fica na convicção de que o contrato está perfeito. Mas é possível que a resposta chegue tarde ao proponente,

---

82 Planiol *et* Ripert, *Traité Pratique*, vol. VI, n° 142; De Page, ob. cit., n° 526.
83 Serpa Lopes, vol. II, n° 48.

por circunstância imprevista e estranha à vontade de seu emitente. Neste caso, o proponente tem o dever de comunicar o fato, imediatamente, ao aceitante, sob pena de responder por perdas e danos (Código Civil, art. 430).

Guardando simetria com a faculdade conferida ao policitante, admite a lei a retratação do aceitante, desde que chegue antes desta ou simultaneamente com ela ao conhecimento do proponente (Código Civil, art. 433).

Tempo

Ponto relevante na doutrina da formação das avenças é o que se refere a precisar em que momento se deve considerar formado o *contrato entre ausentes, dos quais são exemplo os por correspondência epistolar ou telegráfica e os celebrados via e-mail, quando o oblato não manifesta incontinenti a sua aceitação.* É modalidade contratual muito amiudada, e usada onde não se exija forma pública. Na vida mercantil tem a assiduidade habitual do seu dinamismo, e mesmo nas atividades civis ocorre com grande frequência. Como instrumento comercial não difere, nos efeitos, de qualquer contrato em que ambas as partes assinem o mesmo documento, e tem valor idêntico. A peculiaridade que o marca é a ausência do oblato, razão por que o consentimento se não dá em um só instante, mas, ao revés, a adesão do aceitante justapõe-se à oferta com a intermediação de um lapso de tempo, mais ou menos longo. Neste tipo de contrato, desperta interesse a fixação do *momento* em que se deve considerar perfeito. Partindo-se de que a adesão do oblato constitui o acordo gerador do ato contratual, a rigor este momento seria quando a aceitação se positivar na sua mente, uma vez que, em tal instante, o acordo teria surgido. Mas, não sendo possível deixar que as relações jurídicas se estabeleçam sobre base tão frágil, a lei requer uma exteriorização daquela vontade. Daí o surgimento de várias teorias, que indicamos em resumo:

A – *A teoria da informação* ou cognição considera perfeito o contrato quando o proponente toma conhecimento da aceitação do oblato. Difundida por Troplong, Merlin, Toulier, Gabba, Lomonaco, e adotada pelo Código austríaco e pelos Códigos Civil e Comercial da Argentina, tem o inconveniente de deixar ao arbítrio do proponente abrir a correspondência e tomar conhecimento da resposta positiva e geradora do ajuste.

B – *A teoria da recepção* entende-o celebrado quando o proponente recebe a resposta, mesmo que não a leia (Laurent, Arntz).

C – *A teoria da declaração* ou *agnição* dá-o como concluído no momento em que o oblato escreve a resposta positiva. Sustentada por Puchta, Scheul, Baudry--Lacantinerie, Colin *et* Capitant, Bufnoir, peca do defeito de imprecisão, por não haver um meio certo de determinar o policitante quando o fato ocorra.

D – *A teoria da expedição* afirma a sua realização no instante em que a aceitação é expedida. Aprovada por Demolombe, Aubry *et* Rau, Savigny, Serafini, Boistel, Lyon-Caen, Girault, Mazeaud *et* Mazeaud, é perfilhada no BGB, como nos Códigos Comercial e Civil brasileiros. De todas, a melhor é esta, embora não seja perfeita. Evita, entretanto, o arbítrio dos contratantes e reduz ao mínimo a álea de ficar uma declaração de vontade, prenhe de efeitos, na incerteza de quando se produziu. De outro lado, afasta dúvidas de natureza probatória, pois que a expedição da resposta se reveste de ato material que a desprende do agente.

Nosso Código Comercial (art. 127) adotava-a francamente.[84] O Código Civil aceitou-a (art. 434), mas mitigada. Não a manteve em sua integridade. Na verdade, recusando efeito à expedição se tiver havido retratação oportuna, ou se a resposta não chegar ao conhecimento do proponente no prazo, desfigura a teoria da expedição, admitindo um pouco a da recepção e um pouco a da informação, o que é um mal, já que a imprecisão doutrinária na fixação do conceito perturba a boa aplicação dos princípios. Arnoldo Medeiros da Fonseca, com a sua vibrante argumentação, a par da tese de que é mais científica a teoria da informação (de que pesarosamente divergimos), sustenta que o nosso Código Civil de 1916 não adotou a teoria da expedição, antes aproximou-se da eclética de Windscheid, observação que vale também para o Código de 2002, tendo em vista que reproduziu a regra do anterior. Estamos em que o Código Civil proclamando a regra, segundo a qual os contratos entre ausentes se formam com a expedição da resposta (art. 434), aderiu à teoria, que perfurou das exceções mencionadas. Mas nem chegou a adotar como regra a da informação, e nem se inclinou para a de Windscheid,[85] que distingue os contratos bilaterais dos unilaterais, afirmando que estes se consideram perfeitos quando a aceitação chegar ao conhecimento do proponente, ao passo que os contratos bilaterais o são desde o momento em que o oblato lhe dá sua anuência, ao mesmo passo que reserva o poder de retratação enquanto a resposta não é conhecida pelo destinatário.[86] Não obstante os aplausos que lhe deram Giorgi, Gianturco, Lacerda de Almeida, Arnoldo Medeiros da Fonseca, não lhe podemos dar nossa adesão.[87] Não nos parece que uma regra com a consequência de induzir a integração das vontades possa variar em decorrência dos efeitos ulteriores do contrato, a saber se gerará este obrigações para uma só ou para ambas as partes.

Em qualquer hipótese, e esta é uma observação importante, frequentemente omitida, as regras legais e doutrinárias sobre o momento de formação dos contratos por correspondência têm caráter *supletivo*. Aplicam-se na falta de estipulação especial dos interessados, aos quais é livre a adoção de sistema diferente do legal, segundo as suas conveniências.

Lugar

Ponto mais pacífico é o que se refere ao lugar da formação do contrato, que assumiu maior importância com o recrudescimento dos contratos formados pela Internet, diante do incremento do número de contratos celebrados entre pessoas situadas em locais diversos. Embora em doutrina os critérios possam vacilar, entre o da

---

84 Os artigos 1º a 456 (Parte Primeira) foram revogados pela Lei nº 10.406, de 10.01.2002 (Código Civil).

85 Cf. Arnoldo Medeiros da Fonseca, *Arrazoados e Dissertações*, pág. 142.

86 Windscheid, *Pandette*, vol. II, § 306.

87 Cf. Giorgio, *Obbligazioni*, vol. III, pág. 219; Gianturco, *Obbligazioni*, pág. 119; Lacerda de Almeida, *Obrigações*, § 54; Arnoldo Medeiros da Fonseca, *Arrazoados e Dissertações*, pág. 144.

proposta e o da aceitação, o Código Civil inclina-se para aquele em que o impulso inicial teve origem, e enuncia que se deve reputar celebrado no lugar em que for proposto (Código Civil, art. 435). Poderia, guardando simetria com a solução do problema do tempo, propender para a doutrina oposta, em consideração a que é a aceitação que perfaz o ajuste. Opinativa que é a matéria para o legislador, preferiu à uniformização dos critérios seguir um para cada elemento, e daí resultou que o lugar em que se reputa formado o contrato é o da proposta. Também neste particular vigora a ressalva de que a regra tem sentido supletório e não cogente, prevendo o que vier estipulado por expresso.

Considerando as situações de contratantes residentes em países diversos, a Lei de Introdução às normas do Direito Brasileiro estabelece que a obrigação resultante do contrato reputa-se concluída no lugar em que residir o proponente (art. 9º, § 2º).

189. Interpretação dos contratos

O problema da interpretação da vontade contratual não vai encontrar aqui detido exame e explanação minuciosa. A matéria já foi discutida e clareada ao tratarmos da interpretação da lei como do negócio jurídico (v. n°s 38 e 86, *supra,* vol. I).

A moderna teoria das fontes de direito (v. nº 9, *supra,* vol. I) aproxima o contrato da lei, pois que ambos são atos jurídicos no sentido amplo da expressão, e geradores de efeitos análogos, variáveis, porém distintos pela sua extensão. Daí atrair a hermenêutica do contrato princípios pertinentes à interpretação da lei. O contrato é um negócio jurídico, e, então, o seu entendimento é comum a este.

Sem repetirmos aqui o que já expusemos nos lugares indicados, referimo-nos em particular, e bem sucintamente, à interpretação dos contratos sem perder de vista o conceito de Kelsen, segundo o qual "o negócio jurídico típico é o contrato".[88] No momento de sua celebração, ambas as partes emitem uma declaração volitiva, com o poder criador de direitos e de obrigações. Naquele instante, elas estão animadas do propósito de perseguirem objetivos consonantes com as suas respectivas conveniências. Mesmo quando não guardam reservas e reticências, a vontade contratual é uma entidade que se desprende do mundo psíquico de cada um dos contratantes. Se estes, mais tarde, se desentendem sobre a sua execução, caberá a um terceiro, normalmente o juiz, o encargo de perquirir o que constitui veramente a vontade criadora do negócio. Nesse momento, as teorias que presidem à hermenêutica contratual oferecem os seus préstimos. Duas principalmente: de um lado a *teoria da vontade* (*Willenstheorie*), que procura investigar a vontade real das partes, ou a *mens declarantium,* uma vez que foi ela que criou o contrato, e só ela, para os seguidores, tem importância, independentemente da declaração, como calorosamente sustenta Savigny;[89] de outro lado planta-se a *teoria da declaração* (*Erklärungstheorie*), segundo a qual o que predomina é a exteriorização da vontade, que há de prevalecer, não como se constituiu

---

88   Hans Kelsen, *Le Droit Pur.*
89   Cf. Savigny, *Droit Romain*, trad. Guénoux, vol. III, pág. 249.

no mundo psicofísico do agente, mas como é conhecida no mundo psicossocial em que se manifestou. E, como o processo de exteriorizar-se é a declaração, é esta que tem a preeminência sobre a vontade em si.

Conforme dissemos para o negócio jurídico (n° 86, *supra,* vol. I), o que tem de procurar o hermeneuta é a vontade das partes. Mas, como se exprime ela pela declaração, viajará através desta, até atingir aquela, sem deixar de ponderar nos elementos exteriores, que envolveram a formação do contrato, elementos sociais e econômicos, bem como negociações preliminares, minuta elaborada, troca de correspondência – fatores todos, em suma, que permitam fixar a vontade contratual. A segurança social aconselha que o intérprete não despreze a manifestação da vontade ou *vontade declarada,*[90] e procure, já que o contrato resulta do consentimento, qual terá sido a intenção comum dos contratantes, trabalho que nem por ser difícil pode ser olvidado.[91]

A interpretação é, portanto, uma atividade voltada a "reconhecer e a reconstruir o significado das fontes de valoração jurídica, que constituem o seu objeto".[92] A propósito da "reconstrução", cogitaremos no final deste capítulo.

A escolha de um critério teórico tem sido sempre difícil. Não há na verdade uma doutrina imune de defeitos e isenta de críticas, nem se pode dizer que qualquer uma seja insustentável e inconveniente. A nós, parece-nos que a adoção extremada de qualquer delas será um mal, já que não é científico fazer abstração da declaração, como não será exato cogitar desta, desprendida do momento volitivo. Fixar a vontade declarada ou manifestada, guardando fidelidade à intenção das partes, sem a consagração do arbitrário subjetivismo do intérprete, eis a linha de conduta da boa hermenêutica. Em qualquer hipótese, o intérprete deve ter em vista que o objetivo do seu trabalho será pesquisar a vontade dos contratantes e não impor a sua própria. Nunca deverá ele, a pretexto de procurar o entendimento da norma contratual, forçar a vontade das partes. A "real intenção das partes envolve a apreensão objetiva do ato, segundo as regras da interpretação".[93]

O nosso direito positivo foi parco no enunciado de regras de interpretação do contrato. Ditou o princípio geral do art. 112 do Código Civil, segundo o qual nas declarações de vontade se atenderá mais à intenção nelas consubstanciada do que ao sentido literal da linguagem. Aproximou-se do Código Civil alemão, e propendeu para a busca da vontade, sem o fetichismo da expressão vocabular. Mas não quer, também, dizer que o intérprete desprezará a linguagem para sair à cata da vontade, nos meandros cerebrinos de sua elaboração. Cabe-lhe buscar a intenção dos contratantes, percorrendo o caminho da linguagem em que vazaram a declaração, mas sem se prender demasiadamente a esta. Nas perquirições da vontade não poderá o intér-

---

90 De Page, *Traité,* vol. II, parte I, n° 562; Antonio Junqueira de Azevedo, *Negócio Jurídico,* pág. 115.
91 Edouard de Callatay, *Études sur l'Interprétation des Convertions,* n° 79; Raymond Saleille, *De la Déclaration de Volonlé,* pág. 306.
92 Emilo Betti, *Interpretazione delle Leggi e degli atti Giuridici,* § 1°, pág. 3.
93 Bianca, *Il Contratto,* pág. 178.

prete vincular-se, por exemplo, à designação adotada pelas partes para o seu contrato (*nomen iuris*), mas cumpre prender-se a tipo contratual efetivamente adequado ao negócio que realizam.[94]

Recomenda, ainda, o Código Civil, art. 114, que os negócios jurídicos benéficos e a renúncia se interpretem *restritivamente*.

Andou bem o legislador ao adotar esta política de comedimento, no enunciar as regras de hermenêutica. Assim também procedeu o *BGB,* que se dispensou de minúcias, além de enunciar no princípio do par. 133 a mesma regra do nosso artigo 112. O Código de 2002, preenchendo uma lacuna do Código de 1916, acrescentou ainda regra de hermenêutica no art. 113, determinando que os negócios jurídicos devem ser interpretados conforme a boa-fé e os usos do lugar de sua celebração, acolhendo o princípio alemão da *Treu und Glauben,* que o artigo 157 do BGB aplica, a dizer, como já ordenava o nosso Código Comercial de 1850 (art. 131, al. 1ª) e antes dele o art. 1.134, alínea 3ª, do francês, que os contratos devem ser interpretados sob inspiração da boa-fé, segundo exigem a lealdade e confiança recíproca dos contratantes. O conceito de boa-fé, embora flexível, pode ser dominado por uma regulamentação pragmática, a dizer que o espírito da declaração deve preponderar sobre a letra da cláusula; a vontade efetiva predominar sobre o formalismo; o direito repousar antes na realidade do que nas palavras.[95]

Atente-se que o art. 113 do CC sofreu alterações com a promulgação da Lei nº 13.874/2019, conhecida como Declaração de Direitos de Liberdade Econômica. O *caput* do artigo manteve sua redação original, reconhecendo a boa-fé e os usos e costumes do lugar de sua celebração como fatores de interpretação do negócio jurídico. Somaram-se ao *caput* dois parágrafos que, em conjunto, estabelecem regras pontuais a respeito da interpretação dos negócios jurídicos. A intenção do legislador parece ter sido no sentido de apontar critérios específicos para auxiliar o intérprete na investigação da real vontade negocial, propiciando uma maior segurança jurídica às partes. Em sendo assim, o § 1º do art. 113 do CC identifica como parâmetros interpretativos: (i) o comportamento que as partes apresentam após a celebração do negócio; (ii) os usos, costumes e práticas do mercado relativas ao tipo negocial; (iii) a boa-fé; (iv) o benefício à parte que não redigiu o dispositivo contratual; e (v) a razoabilidade na negociação das partes sobre a questão discutida, que será, por sua vez, inferida das demais disposições do negócio e da racionalidade econômica das partes, consideradas as informações disponíveis no momento de sua celebração. Ao identificar essas razões, o legislador sedimentou em norma os critérios de interpretação do princípio da boa-fé objetiva construídos pelos tribunais ao longo de anos de atividade jurisprudencial. Não há, na realidade, o reconhecimento de razões interpretativas novas, mas, verdadeiramente, a seleção pelo legislador do que vem sendo entendido pela jurisprudência consolidada e pela doutrina especializada como o conteúdo do princí-

---

94 Cf. Trabucchi, *Istituzioni*, nº 287.
95 De Page, ob. cit., nº 468. Sobre o princípio da boa-fé (*Treu und glauber*), ver: Karl Larenz, *Derecho de Obligaciones*, vol. I, § 10, pág. 142; J. G. Hedemann, *Derecho de Obligaciones*, pág. 75; Enneccerus, Kipp y Wolff, *Tratado, Derecho de Obligaciones*, vol. II, § 4.

pio da boa-fé objetiva. Nesse sentido, a crítica que deve ser dirigida a essa alteração ao art. 113 do CC é que ela não revela novidades, mas simplesmente reproduz o que já era reconhecido em nosso ordenamento jurídico.

De outro lado, o § 2º do art. 113 do CC, em homenagem ao princípio da liberdade de contratar – vetor interpretativo consolidado em posição preferencial pela Lei nº 13.874/2019 –, permite que as partes livremente pactuem regras de interpretação, de preenchimento de lacunas e de integração dos negócios jurídicos diversas daquelas previstas em lei, confirmando a vocação da Declaração de Direitos de Liberdade Econômicas de conferir à manifestação de vontade das partes de um negócio jurídico o protagonismo da relação constituída. Críticas contundentes podem ser direcionadas a tal norma, pois ela pode conduzir a uma desconsideração pelas partes negociais dos demais princípios que nivelam as relações contratuais, como a boa-fé objetiva, a função social do contrato e o equilíbrio contratual. Deve-se entender que essa norma somente poderá ser aplicada quando diante de contratos paritários – em oposição aos contratos de adesão –, em que não seja possível identificar qualquer vulnerabilidade negocial por parte dos contratantes, nem uma assimetria no exercício da manifestação de vontade, sob pena de considerar-se inválida a cláusula contratual interpretativa, por violação ao princípio da boa-fé objetiva.

Mais minudente foi o Código francês, que cristalizou nos arts. 1.156 a 1.164 uma série de normas de hermenêutica que a doutrina acabou por considerar antes como conselhos ao juiz que regras coercitivas, de vez que à doutrina e não à lei cabe preceitos de interpretação.

A este respeito, não se podem omitir aquelas regras formuladas por Pothier, fundado a seu turno nas fontes clássicas:

1º – O intérprete deve indagar a intenção comum das partes, de preferência ao sentido gramatical das palavras – *Potentior est quam vox mens dicentis.*

2º – Quando uma cláusula for suscetível de dois entendimentos, deve ter aquele em que possa produzir algum efeito, e não no em que nenhum possa gerar – *Quoties in stipulationibus ambigua oratio est, commodissimum est id accipi quo res de qua agitur in tuto sit.*

3º – Quando um contrato encerrar expressões de duplo sentido, deve entender-se no sentido condizente com a natureza do negócio mesmo.

4º – A expressão ambígua interpreta-se segundo o que é de uso no país.

5º – Devem-se considerar implícitas em todo contrato as cláusulas de uso – *In contractibus tacite veniunt ea quae sunt moris et consuetudini.*

6º – As cláusulas contratuais interpretam-se uma em relação às outras, sejam antecedentes, sejam consequentes.

7º – Em caso de dúvida, a cláusula interpreta-se contra o estipulante e em favor do promitente.

8º – As cláusulas contratuais, ainda quando genéricas, compreendem apenas aquilo que foi objeto do contrato, e não as coisas de que os contratantes não cogitam – *Iniquum est perimi pacto, id de quo cogitatum non est.*

9° – Compreendem-se na universalidade todas as coisas particulares que a compõem, mesmo quando as partes ao contratar não tenham tido conhecimento destas.

10 – O caso expresso para explicação da obrigação não deve considerar-se com o efeito de restringir o vínculo, e sim que este abrange os casos não expressos.

11 – Uma cláusula expressa no plural decompõe-se muitas vezes em cláusulas singulares.

12 – O que está no fim da frase se relaciona com toda ela e não apenas com o que imediatamente a precede, uma vez que guarde concordância em gênero e número com a frase inteira.

13 – Interpreta-se a cláusula contra aquele contratante, em razão de cuja má-fé, ou culpa, a obscuridade, ambiguidade ou outro vício se origina.

14 – As expressões que se apresentam sem sentido nenhum devem ser rejeitadas como se não constassem do texto do contrato.

Além destas 14 regras de Pothier, a doutrina acrescenta que o intérprete deve cogitar de como o contrato tem sido anteriormente cumprido pelas partes, pois que são elas o melhor juiz de sua hermenêutica, devendo considerar-se que se se executou num dado sentido, é porque entenderam os contratantes que esta era a sua verdadeira intenção.[96] Mas o princípio não pode ser tido como absoluto, pois que é lícito ao interessado impugnar a declaração por erro.[97]

Acrescente-se que na ocorrência de cláusula ambígua, ou obscura, os contratos a título gratuito devem interpretar-se da maneira menos gravosa ao obrigado (*favor debitoris*), enquanto os onerosos se entenderão em termos que realizem equânime temperamento dos interesses em jogo (art. 114 do Código Civil).[98]

O Código contém ainda uma regra de hermenêutica específica para os contratos de adesão, que se caracterizam pelo fato de o seu conteúdo ser determinado unilateralmente por um dos contratantes, cabendo ao outro contratante apenas aderir ou não aos seus termos. Exatamente em razão de nesses tipos de contrato não se dar ao aderente qualquer possibilidade de influir no conteúdo do contrato, o Código determinou no seu art. 423 que eventuais cláusulas ambíguas ou contraditórias sejam interpretadas de maneira mais favorável a ele.

Sendo frequente a divergência dos contraentes na fase de execução, o intérprete deve alertar-se contra a alegação de que, ao contratar, não foi bem naqueles termos que emitiu sua vontade. Daí a advertência de Anson, que "uma pessoa não pode ser ouvida ao alegar que pretende coisa diversa do que declarou" (*cannot be heard to allege that did not mean what he said*).[99]

A hermenêutica da vontade contratual está subordinada a esses dois elementos, como tenho proclamado: a *intenção das partes e o sentido da linguagem*. Con-

---

96 Pothier, *Oeuvres* (par Bugnet), vol. II, n° 91 e segs.; Washington de Barros Monteiro, *Curso de Direito Civil*, vol. 5, pág. 37; Silvio Rodrigues, *Direito Civil*, vol. 3, pág. 54.

97 Von Tuhr, *Obligaciones*, vol. I, pág. 197.

98 Trabucchi, ob. cit., n° 287.

99 William R. Anson, *Principles of the English Law of Contract*, pág. 289.

sequentemente não pode qualquer delas modificar unilateralmente o seu conteúdo. Não pode igualmente a intenção dos contratantes estar subordinada ao entendimento subjetivo do intérprete, uma vez que aquela intenção somente pode ser entendida em plena conformidade com as palavras contidas no instrumento, "salvo se eivadas de vício, ilegalidade ou incapacidade de qualquer dos declarantes".[100]

O princípio da obrigatoriedade do contrato (nº 185, *supra*) não admite que, a título de "construção" da vontade contratual, sejam invocados princípios ou fatos estranhos, uma vez que tal "construção" somente é lícita na medida em que é governada pelas normas legais. A regra preponderante na hermenêutica da vontade é esta: o que o contrato significa é uma questão de direito. Desenvolvendo a teoria da "construção" o clássico Parsons preleciona que se trata de "matéria de lei" (*Construction is governed by fixed principles*), ou, em outras palavras, é matéria de lei. Daí emerge a primeira verdadeira regra: "o que o contrato significa é questão de lei" (*what a contractmeans is a question of law*).[101]

189-A. INTERPRETAÇÃO FAVORÁVEL AO CONSUMIDOR

Os contratos que regulam as relações de consumo recebem interpretação de maneira mais favorável ao consumidor, conforme expressamente determina o art. 47 do Código de Proteção e Defesa do Consumidor – Lei nº 8.078/1990. Trata-se de regra de hermenêutica que tem em vista proteger a parte presumidamente mais fraca da relação jurídica.

O Código do Consumidor, no entanto, vai ainda mais longe, ao dispor no seu art. 46 que os contratos que regulam as relações de consumo deixam de ser obrigatórios se ao consumidor não for dada oportunidade de conhecer previamente o seu conteúdo, ou forem redigidos de forma a dificultar a compreensão de seu sentido e alcance. Esta norma visa a assegurar não só o efetivo prévio conhecimento do conteúdo do contrato por parte do consumidor, mas também que o contrato tenha sido redigido de forma tal, que possa ter sido entendido pelo consumidor. A rigor, não se trata de uma regra de interpretação, mas sim de uma regra de garantia do prévio conhecimento e prévio entendimento do conteúdo do contrato por parte do consumidor.[102]

---

100 Theophilus Parsons, *The Law of Contracts*, vol. II, pág. 681.

101 Parsons, vol. cits., pág. 610.

102 O Decreto 7.962, de 15 de março de 2013, que regulamenta o Código de Defesa do Consumidor para dispor sobre contratação eletrônica, traz em seus dispositivos regras bastante específicas sobre a obrigação dos fornecedores de disponibilizarem de forma clara e antecipada o conteúdo do contrato de consumo como forma de diminuir as eventuais demandas relacionadas à falta de clareza ou ao desconhecimento dos termos contratuais aos quais o consumidor aderiu.

Capítulo XXXVIII
Classificação dos Contratos

Sumário

190. Contratos típicos, atípicos e mistos. **191.** Contratos consensuais, formais e reais. **192.** Contratos onerosos e gratuitos. **193.** Contratos bilaterais e unilaterais. **194.** Contratos comutativos e aleatórios. **195.** Contratos de execução imediata, diferida e sucessiva. **196.** Contratos individuais e coletivos. **197.** Contratos de adesão. **197-A.** Contratos coligados.

Bibliografia

Colin *et* Capitant, *Cours Élémentaire de Droit Civil,* vol. II, n°s 12 e segs.; Mazeaud *et* Mazeaud, *Leçons de Droit Civil,* vol. II, n°s 64 e segs.; Barasi, *La Teoria Generale delle Obbligazioni,* vol. II, n°s 132 e segs.; Orlando Gomes, *Contratos,* n°s 50 e segs.; Ruggiero e Maroi, *Istituzioni di Dirito Privato,* vol. II, § 137; De Page, *Traité Élémentaire de Droit Civil,* vol. II, 1ª parte, n°s 449 e segs.; Trabucchi, *Istituzioni di Diritto Civile,* n°s 288 e segs.; Messineo, *Dottrina Generale del Contratto,* n°s 233 e segs.; Gaudemet, *Théorie Générale des Obligations,* págs. 21 e segs.; Serpa Lopes, *Curso,* vol. III, n°s 10 e segs.

190. Contratos típicos, atípicos e mistos

Todos os escritores que cuidam dos contratos registram e desenvolvem, ora mais ora menos detidamente, a matéria de sua classificação. Fazemo-lo, também, com o esclarecimento de que não damos ênfase às categorias de menor significação, ou àquelas que se limitam a constituir aplicações, no terreno contratual, das classificações das obrigações, sobre que nos detivemos no nº 132, vol. II. Eis por que nos deixamos de referir aqui a contratos principais e acessórios, contratos civis e comerciais, contratos causais e abstratos etc.

Começamos este capítulo, portanto, com os contratos *típicos e atípicos*.

O Direito Romano dividia-os em duas largas classes: *nominados* e *inominados*. Aqueles se compunham de figuras contratuais identificadas por suas linhas dogmáticas precisas e definidas, e designados por seus próprios *nomes* (*emptio-venditio, mutuum, societas, locatio-conductio, commodatum*). Daí chamarem-se *nominados*. Eram espécies contratuais completas, geradoras de direitos e obrigações em sua plenitude. Revestidos de ações, desenvolviam todo o plano existencial em frases dotadas de amplos efeitos, desde sua origem, quando nasciam por uma das modalidades de formação normal a que Gaius *alude* (*verbis, litteris, re aut consensu),* até a *solutio* espontânea ou coativa. Mas a complexidade da vida romana opôs-se à contenção dos negócios dentro de tais esquemas. Outras convenções apareceram, com aspecto contratual, não enquadradas, porém, nos modelos conhecidos e denominados, aos quais não se podia reconhecer uma *actio,* o que nem por isso autorizava se considerarem desprovidas de efeitos, já que habilitavam o interessado a exigir a contraprestação por via de uma *condictio.* A estes, de princípio simples *pacta,* não se pôde recusar a categoria contratual. Apelidou-os o direito justinianeu de contratos inominados, e a eles foi atribuída uma ação – *actio praescriptis verbis.*[1] Daí os romanistas dividirem as várias espécies de contratos romanos em duas grandes classes: a dos *nominados* e a dos *inominados,* os primeiros revestidos de todos os efeitos, e os segundos somente admitindo-os por via indireta.

No direito moderno não subsiste aquela antiga concepção, conforme foi explicado no nº 184, *supra*. Todos os contratos produzem efeitos, são revestidos de ação, e geram direitos e obrigações. Não obstante isto, ainda sobreviveu a classificação dos contratos *nominados* e *inominados,* com significação diversa da romana, e dotada de interesse prático.

Mais recentemente a doutrina inclina-se pela substituição da nomenclatura tradicional por esta outra – contratos *típicos* e contratos *atípicos* – atendendo a que não é a circunstância de ter uma designação própria (*nomen iuris*) que preleva, mas a *tipicidade* legal. Não obstante esta preferência terminológica na doutrina moderna, não perdeu de todo a antiga seus préstimos, qual se vê em obras de extração corrente,

---

1   Girard, *Droit Romain*, pág. 618. Literalmente, "ação de palavras prescritas".

como a dos irmãos Mazeaud, e entre nós chega a ser adotada para título do livro de Espínola, *Dos Contratos Nominados no Direito Brasileiro.*

O legislador de 2002 optou pela terminologia moderna da doutrina, ao dispor no art. 425 do Código que é lícito às partes estipular contratos atípicos, observadas as normas gerais neles estabelecidas.

Diz-se que um contrato é típico (ou *nominado*) quando as suas regras disciplinares são deduzidas de maneira precisa nos Códigos ou nas leis. Mas a imaginação humana não estanca, pelo fato de o legislador haver deles cogitado em particular. Ao contrário, cria novos negócios, estabelece novas relações jurídicas, e então surgem outros contratos afora aqueles que recebem o batismo legislativo, ou que não foram tipificados, e por esta razão se consideram *atípicos* (ou *inominados*), os quais Josserand pitorescamente apelidou *contratos sob medida,* em contraposição aos típicos, que seriam para ele os já *confeccionados.*[2]

A importância prática da classificação não pode ser negada. Quando os contratantes realizam um ajuste daqueles que são *típicos,* adotam implicitamente as normas legais que compõem a sua dogmática. É certo que tais regras são de natureza supletiva, e não imperativa,[3] mas nem por isto de aplicação menos frequente, já que as partes, por mais casuístas que sejam no minudenciarem as cláusulas contratuais, nunca chegam a ponto de desprezarem as regras legislativas da figura típica. A celebração de um contrato atípico exige-lhes o cuidado de descerem a minúcias extremas, porque na sua disciplina legal falta a sua regulamentação específica. Na solução das controvérsias que surgirem, o julgador ou intérprete terá de invocar em suprimento do conteúdo das cláusulas próprias os princípios legais relativos ao contrato típico mais próximo, e isto nem sempre é fácil, porque a ocupação de zona grísea, entre mais de um, sugere às vezes aproximações várias, nenhuma das quais dotada de pura nitidez.

A par de uns e outros, diz-se *misto* o contrato que alia a tipicidade e a atipicidade, ou seja, aquele em que as partes imiscuem em uma espécie regularmente dogmatizada, aspectos criados por sua própria imaginação, desfigurando-a em relação ao modelo legal.

191. Contratos consensuais, formais e reais

Nomenclatura reminiscente da romana, esta classificação divide os contratos sob o aspecto de sua constituição, em atendimento às exigências legais respectivas.

Dizem-se contratos *consensuais* aqueles que se formam *exclusivamente* pelo acordo de vontades (*solo consensu*). É claro que todo contrato pressupõe o consentimento. Mas alguns existem para cuja celebração a lei nada mais exige que esse consentimento. Uma vez que em nosso direito, como aliás no direito moderno em geral,

---

2 Josserand, *Cours de Droit Civil Positif Français*, vol. II, nº 19.
3 Mazeaud *et* Mazeaud, *Leçons*, vol. II, nº 111.

predomina o princípio consensualista (nº 185, *supra*), pode-se com razão dizer que o contrato *consensual* é a regra, e exceções os que não o são.

Diz-se, repetimos, consensual o contrato para cuja celebração a *lei* não exige senão o acordo das partes. Com isto frisamos que não deixa de sê-lo em razão de haverem as partes *voluntariamente* adotado forma escrita ou instrumento público, para a sua realização, por uma razão de sua particular conveniência. Somente quando a lei impõe, na sua formação, algo externo e material, além da necessária declaração de vontade, é que tal *ocorre.*

Contrapondo-se aos consensuais, alinham-se de um lado os formais ou solenes, e de outro os reais.

Chama-se contrato *solene* aquele para cuja formação não basta o acordo das partes. Exige-se a observância de certas *formalidades,* em razão das quais o contrato se diz, também, *formal.* As exigências legais, neste sentido, podem ser várias. A mais frequente é a intervenção do notário, com a redução do ato a escrito. A forma pública pode ser convencional, quando os próprios interessados a elegem, e, neste caso, o contrato, que não seria, em princípio, formal, passa a sê-lo. Há grande diferença entre a adoção da forma pública impositivamente e a instituição da forma pública pela convenção, uma vez que esta a erija em requisito de validade do ato (Código Civil, art. 109). A lei exige o instrumento público como da substância do ato nos contratos constitutivos ou translativos de direitos reais sobre imóveis, de valor superior a 30 (trinta) vezes o maior salário mínimo do País (Código Civil, art. 108), regra esta que alguns já sustentam ser inconstitucional, em razão do disposto no art. 7º, IV, da Constituição Federal, que veda a vinculação do salário mínimo para qualquer fim. O argumento não procede porque a vinculação que a Constituição proíbe é a que tenha efeitos financeiros que dificultem ou impeçam o aumento do salário mínimo pelo fenômeno da indexação, o que não é o caso, já que o valor é mera referência para se exigir ou não a escritura pública como elemento formal do negócio de compra e venda de bens imóveis.[4] A regra é importante sob o ponto de vista social, porque possibilita a desoneração do negócio de compra e venda de imóveis para a população de baixa renda.

Para estes contratos a forma pública é determinante da validade do ato, e impostergável. Para outros, a lei contenta-se com o escrito, embora privado, como ocorre com a fiança (Código Civil, art. 819), ou como a doação, salvo as de pequeno valor (Código Civil, art. 541). Constitui ainda formalismo, apelidado de *indireto,* a inscrição no registro público, como se dá para que a cessão de crédito, por instrumento particular, seja oponível a terceiro (Código Civil, art. 288), ou a promessa de compra e venda de imóvel seja dotada de eficácia real, oponível a terceiros (art. 22 do DL 58/1937).

---

4   Neste sentido, ver por todos, o julgamento no STJ do Recurso Especial nº 960.849/AM, da relatoria do Ministro Luis Felipe Salomão, da Quarta Turma, julgado em 05.06.2012: "Nos termos do que dispõe o art. 108 do Código Civil, é a escritura pública o instrumento hábil para documentar compra e venda de bem imóvel de valor superior ao de alçada legal, formalizando o negócio jurídico que, em si, não transfere a propriedade do imóvel, e que antecede ao ato efetivamente translativo da propriedade, isto é, o registro".

Cumpre, entretanto, distinguir as formalidades exigidas *ad probationem*[5] das que o são *ad solemnitatem.*[6] As primeiras não fazem o contrato *formal,* mas impõem-se como técnica probatória. Assim, quando o Código Civil previa em seu art. 227 – revogado pelo Código de Processo Civil de 2015 – que as obrigações de valor superior ao décuplo do maior salário mínimo vigente no País não se provavam exclusivamente por testemunhas, mas requeriam um começo de prova escrita, estatuía uma formalidade *ad probationem,* porque, se o credor não pode provar a obrigação sem a exibição de um escrito qualquer, nem por isso deixa de prevalecer a *solutio,* espontânea, nem deixa de ter validade a confissão do devedor como suprimento da prova escrita. O mesmo não ocorre se a formalidade é instituída *ad solemnitatem,* porque aí é a validade da declaração de vontade que está em jogo. Se não revestir aquela forma determinada, o ato não prevalece.

Como vimos no n° 185, *supra,* opera-se no direito de hoje um renascimento do formalismo, que vem preencher a função de segurança para as partes, obviando os inconvenientes dos excessos a que havia chegado o princípio consensualista.

Denomina-se *real* o contrato para cuja perfeição a lei exige a *traditio* efetiva do objeto. Nele, a entrega da coisa não é fase executória, porém requisito da própria constituição do ato. O consentimento é seu elemento, pois não pode haver contrato sem acordo de vontades. Mas não é suficiente, devendo integrar nele a tradição da coisa. São poucos, na nossa sistemática, a comporem esta categoria: comodato, mútuo, depósito, a que se acrescenta a doação manual de pequeno valor. Estes contratos não se formam sem a tradição da coisa. Uma convenção em que as partes estipulem o empréstimo de quantia sem a sua entrega efetiva pode ser uma promessa de mutuar (*pactum de mutuando*), mas não é mútuo; assim para o comodato, como para o depósito. Outra figura de contrato real é o penhor, que, entretanto, em alguns casos deixa de formar-se *re,* substituindo-se a *traditio* efetiva do bem apenhado pela inscrição no registro: penhor rural, industrial, mercantil e de veículos (Código Civil, arts. 1.431 e 1.432).

Os escritores modernos criticam o conceito de contrato real, considerando-o um romanismo injustificável, e entendem que não há razão para que se exija para a celebração do contrato a efetivação da entrega do objeto. Mais simples será compreender os chamados contratos reais como simplesmente consensuais e bilaterais, em que para um dos contratantes nasce a obrigação de entregar a coisa, e para o outro a de restituí-la se ela for entregue. Com esta concepção, a *traditio* deixa de ser elemento de constituição do negócio e passa a constituir a execução da obrigação do mutuante, ou do comodante, ao mesmo passo que a restituição é obrigação condicional do mutuário, do comodatário, do depositário.[7] No direito brasileiro, contudo, é necessária uma ressalva, que para o seu direito já fez De Page: enquanto persistir, em direito positivo, a *traditio* erigida em requisito dos contratos ditos reais, a dogmática jurídica tem forçosamente de aceitar esta classificação, muito embora se

---

5   "Para fins de prova".
6   "Para fins de solenidade".
7   Mazeaud *et* Mazeaud, *Leçons,* vol. II, n° 82; Osti, *in Nuovo Digesto Italiano,* verb. *Obbligazione,* n° 22; Barassi, *Obbligazioni,* vol. II, n° 134.

deva reconhecer que em teoria pura este romanismo atenta contra o princípio da executoriedade das convenções geradas pelo consentimento livremente manifestado.

Diante desta controvésia, inclinamo-nos pela suspensão da categoria dos contratos reais. Na elaboração de nosso Projeto de Código de Obrigações, tratamos o mútuo, o comodato, o depósito como consensuais, subordinando a obrigação do mutuário, do comodatário do depositário, ao fato da entrega da coisa. Destarte, os chamados contratos reais deixariam de sê-lo, e celebram-se *solo consensu*. O Código de 2002 não recolheu a inovação, preferindo manter, para esses contratos, o caráter de reais.

192. Contratos onerosos e gratuitos

Encarados quanto ao objeto perseguido pelas partes, os contratos são:

Onerosos, aqueles dos quais ambas as partes visam a obter vantagens ou benefícios, impondo-se encargos reciprocamente em benefício uma da outra.

Gratuitos ou *benéficos*, aqueles dos quais somente uma aufere a vantagem, e a outra suporta, só ela, o encargo. Há quem distinga os contratos *gratuitos* propriamente ditos, ou pura liberalidade, dos contratos *desinteressados*, com a observação de que, naqueles, há diminuição patrimonial de uma das partes em proveito da outra (como na doação), enquanto nos outros um dos contratantes presta um serviço ao outro sem nada receber em troca da prestação feita ou prometida, porém sem empobrecer-se, ou sem sofrer diminuição no seu patrimônio.[8]

Alguns contratos são naturalmente gratuitos, porém admitem se estipule uma remuneração, por ajuste expresso. Outros, entretanto, não comportam este efeito dúplice, e perdem a sua caracterização própria, se as partes convencionam uma remuneração.

Esta classificação, além do interesse teórico, tem grande importância prática: por direito expresso, os negócios jurídicos benéficos e a renúncia interpretam-se restritivamente (Código Civil, art. 114); no caso de revogação por fraude contra credores, os contratos gratuitos são tratados mais rigorosamente do que os onerosos (Código Civil, arts. 158 e 159). Outros pontos de menor relevância são ainda apontados pelos escritores, que chamam a atenção para o fato de os gratuitos realizarem-se *intuitu personae* (Colin *et* Capitant, Mazeaud *et* Mazeaud), o que não constitui regra uniforme, nem deve excluir o caráter personalíssimo da área dos onerosos.

193. Contratos bilaterais e unilaterais

Considerado sob o aspecto de sua formação, todo contrato é negócio jurídico bilateral, já que a sua constituição requer a declaração de vontade das pessoas que dele participam de uma e de outra parte.

---

8 Colin *et* Capitant, *Droit Civil*, vol. II, nº 12; Messineo, *Dottrina Generale del Contratto*, pág. 240.

Encarados do ângulo de seus *efeitos,* subdividem-se em bilaterais e unilaterais, conforme gerem obrigações para ambos os contratantes ou para um deles somente. Não se pode confundir, portanto, a bilateralidade como elemento constitutivo (bilateralidade de manifestação de vontade) com a bilateralidade das consequências produzidas. O receio de perturbar as noções leva mesmo alguns juristas a repudiarem a ideia de contrato unilateral. Outros evitam o emprego dos adjetivos *bilateral* e *unilateral,* preferindo mencionar a categoria dos *contratos com prestações correspectivas* e a outra dos *contratos com prestações a cargo de uma só parte,* atitude que, deliberadamente e pela mesma razão, adotou o Código Civil italiano.[9]

Feitas estas observações, define-se como *unilateral* o contrato que cria obrigações para um só dos contratantes; bilateral, aquele que as origina para ambos. No contrato unilateral, há um credor e um devedor; no bilateral, cada uma das partes é credora e reciprocamente devedora da outra.[10] Para alguns autores a distinção está em que o contrato unilateral se forma desde o momento em que a proposta irrevogável chega ao conhecimento do oblato,[11] fator diferencial que não nos parece correto, porque em não havendo a dualidade de manifestações de vontade (*bis in idem placitum consensus*), não pode haver contrato.

A distinção é de grande monta, porque há efeitos que se não prendem senão aos contratos bilaterais, como é o caso da *exceptio inadimpleti contractus,*[12] a ser desenvolvida no nº 215, *infra* (Código Civil, art. 476), ou a condição resolutiva tácita, dos arts. 474 e 475, a ser estudada no nº 214, *infra.* A teoria dos riscos somente tem interesse em relação aos contratos bilaterais, porque só aí existe interesse em apurar qual das partes sofrerá a perda da coisa devida, ou a impossibilidade da prestação.[13]

É pacífico que nos contratos bilaterais as obrigações das partes são recíprocas e interdependentes: cada um dos contraentes é simultaneamente credor e devedor um do outro, uma vez que as respectivas obrigações têm por causa as do seu cocontratante, e, assim, a existência de uma é subordinada à da outra parte.[14]

Os autores imaginaram uma terceira categoria, a dos contratos *bilaterais imperfeitos,* atendendo a que há certos contratos que normalmente criam obrigações para um só dos contratantes, e são portanto unilaterais. Mas, à vista de circunstâncias excepcionais, podem eventualmente deles nascer obrigações para aquele que originariamente não as tinha. Destarte, passam a dar nascimento a obrigações para um e outro contratante, como se fossem bilaterais.

A distinção entre os *bilaterais imperfeitos* e os *bilaterais* está em que, nestes, as obrigações recíprocas existem desde a origem e são correlatas, enquanto naqueles a

---

9 Messineo, ob. cit., pág. 233.
10 Mazeaud *et* Mazeaud, ob. cit., nº 96; Messineo, loc. cit.
11 Trabucchi, *Istituzioni,* nº 293.
12 "Exceção do contrato não cumprido".
13 Mazeaud *et* Mazeaud, loc. cit.; Colin *et* Capitant, ob. cit., vol. II, nº 13.
14 Mazeaud, loc. cit.; Colin *et* Capitant, ob. cit., vol. II, nº 13.

obrigação de um dos contratantes advém ulteriormente e não guarda correspectividade com a do outro, originando-se de causação independente e eventual.[15]

Cabe indicar, ainda, a figura dos contratos *plurilaterais,* que são aqueles em que entram mais de duas partes, resultando todas obrigadas. Não se confundem com aqueles em que há simplesmente pluralidade de pessoas, já que, para nós, parte do negócio jurídico tem sentido direcional (v. nº 85, *supra,* vol. I). A *pluralidade de partes,* como centros autônomos, ocorre nos casos (como na constituição de uma sociedade) em que vários contratantes emitem suas vontades, cada uma representando seus próprios interesses. O contrato *plurilateral* produz efeitos que se podem diversificar em relação a cada parte, podendo ser gratuito para uma, oneroso para outra etc.[16]

É preciso não confundir a classificação dos contratos em bilaterais e unilaterais com a dos onerosos e gratuitos, embora haja coincidência de algumas espécies. Os contratos onerosos comumente são bilaterais, e os gratuitos da mesma forma unilaterais. Mas é apenas coincidência. O fundamento das classificações difere: uma tem em vista o conteúdo das obrigações, e outra, o objetivo colimado. Não há uma correspectividade necessária, pois que existem contatos unilaterais que não são gratuitos (e. g., o mútuo), e outros que são bilaterais e podem ser gratuitos (o mandato, por exemplo).

194. Contratos comutativos e aleatórios

É esta uma subdivisão dos contratos bilaterais.

São *comutativos* os contratos em que as prestações de ambas as partes são de antemão conhecidas, e guardam entre si uma relativa equivalência de valores. Não se exige a igualdade rigorosa destes, porque os bens que são objeto dos contratos não têm valoração precisa. Podendo ser, portanto, estimadas desde a origem, os contratantes estipulam a avença, e fixam prestações que aproximadamente se correspondem.

São *aleatórios* os contratos em que a prestação de uma das partes não é precisamente conhecida e suscetível de estimativa prévia, inexistindo equivalência com a da outra parte. Além disto, ficam dependentes de um acontecimento *incerto.* Há uma corrente doutrinária tradicional que situa a noção de contrato aleatório na existência da álea bilateral.[17] Mas a evolução desse tipo de negócio o desautoriza. Basta que haja o *risco* para um dos *contratantes.* Com efeito, em vários contratos em voga como o seguro, a aposta autorizada nos hipódromos, a loteria explorada pela Administração ou pelo concessionário, existe álea apenas para um dos contratantes, ao passo que o outro baseia a sua prestação em cálculos atuariais ou na dedução de percentagem certa para custeio e lucro, de tal maneira que se pode dizer perfeitamente conhecida, e lhe não traz risco maior do que qualquer contrato comutativo normal.[18] Se é certo que em todo contrato há um *risco,* pode-se contudo dizer que no contrato aleatório este é

---

15 Mazeaud *et* Mazeaud, ob. cit., nº 98.
16 Ruggiero e Maroi, *Istituzioni,* vol. II, § 137.
17 Messineo, *Dottrina Generale del Contratto,* pág. 243.
18 Colin *et* Capitant, *Droit Civil,* vol. II, nº 20.

da sua essência, pois que o ganho ou a perda consequente está na dependência de um acontecimento *incerto* para ambos os contratantes. O *risco* de perder ou de ganhar pode ser de um ou de ambos; mas a *incerteza* do evento tem de ser dos contratantes, sob pena de não subsistir a obrigação.

A álea pode versar sobre a existência da coisa, ou sobre a sua quantidade. Quando um dos contratantes toma a si o risco em torno da própria existência da prestação, o preço ajustado é devido, por inteiro, ainda que dela nada venha a produzir-se (Código Civil, art. 458). Exemplo clássico é o de quem compra do pescador, por preço certo, o que este retirar, assumindo o risco de não ser apanhado nenhum peixe. Neste caso, o objeto do contrato não são os peixes, mas o próprio lanço da rede (*iactus retis*).

Se a álea versar sobre a quantidade, assumindo uma das partes o risco respectivo, o preço é devido, mesmo que a coisa se não produza na quantidade esperada; porém, não é de ser pago, se nada for produzido, porque neste caso o contrato estará sem objeto (Código Civil, artigo 459).

Em qualquer caso, o adquirente não deve o preço, se a frustração do resultado provier de culpa da outra parte.

O contrato aleatório pode versar sobre coisas *futuras* ou sobre coisas de existência *atual,* desde que sujeitas a *riscos.* Neste caso, o preço será devido, mesmo que da coisa nada mais exista no momento do contrato (Código Civil, art. 460). Mas, se a consumação do risco já era conhecida de um dos contratantes, pode o outro anular o contrato sob fundamento do dolo com que procedeu o primeiro (Código Civil, art. 461).

O interesse desta classificação está em que a rescisão por lesão (art. 157) não tem lugar nos contratos aleatórios,[19] nem a ação redibitória (arts. 441 e segs.).[20] É possível, contudo, a revisão ou resolução por excessiva onerosidade em contratos aleatórios, quando o evento superveniente, extraordinário e imprevisível não se relacione com a álea assumida no contrato.[21]

195. Contratos de execução imediata, diferida e sucessiva

De execução *imediata* ou *instantânea* é o contrato em que a solução se efetua de uma só vez e por prestação única, tendo por efeito a extinção cabal da obrigação. Exemplo típico é a venda à vista, em que o comprador, contra a entrega da coisa, faz o pagamento do preço em um só ato.

De execução *diferida* ou *retardada* é aquele em que a prestação de uma das partes não se dá de um só jato, porém a termo, não ocorrendo a extinção da obrigação enquanto não se completar a *solutio.*

---

19 Caio Mário da Silva Pereira, *Lesão nos Contratos*, pág. 224.
20 Clóvis Beviláqua, Comentário ao art. 1.101 do Código Civil de 1916.
21 Enunciado 440 das Jornadas de Direito Civil do Conselho da Justiça Federal/CJF: É possível a revisão ou resolução por excessiva onerosidade em contratos aleatórios, desde que o evento superveniente, extraordinário e imprevisível não se relacione com a álea assumida no contrato.

De execução *sucessiva* ou de *trato sucessivo, ou execução continuada, como denominado no art. 478,* é o contrato que sobrevive, com a persistência da obrigação, muito embora ocorram soluções periódicas, até que, pelo implemento de uma condição, ou decurso de um prazo, cessa o próprio contrato. O que a caracteriza é o fato de que os pagamentos não geram a extinção da obrigação, que renasce. A duração ou continuidade da obrigação não é simplesmente suportada pelo credor, mas é querida pelas partes contratantes.[22] Caso típico é a locação, em que a prestação do aluguel não tem efeito liberatório, senão do débito correspondente a período determinado, decorrido ou por decorrer, porque o contrato continua até a ocorrência de uma causa extintiva. Outro é o contrato de fornecimento de mercadorias, em que o comprador paga por período ou *forfaitariamente*, persistindo entretanto a obrigação do vendedor, quanto a novas remessas, e do comprador quanto à liquidação respectiva.

Há interesse prático nesta classificação: *a*) em caso de nulidade do contrato de execução sucessiva, respeitam-se os efeitos produzidos, considerando-se impossível a restituição das partes ao estado anterior;[23] *b*) a teoria da imprevisão, regulada expressamente no Código nos arts. 478 a 480 sob a rubrica de resolução por onerosidade excessiva, incide sobre os contratos de execução diferida e continuada (v. nº 216, *supra*); *c*) somente em casos excepcionais pode uma das partes romper unilateralmente o contrato de execução continuada,[24] salvo se ajustado por tempo indeterminado;[25] *d*) a prescrição da ação de resolução do contrato, por descumprimento, corre separadamente de cada uma das prestações,[26] podendo-se acrescentar que a prescrição do direito de receber cada prestação independe das anteriores como das posteriores (v. nº 123, *supra*, vol. I).

196. CONTRATOS INDIVIDUAIS E COLETIVOS

Contrato *individual* é o que se forma pelo consentimento de pessoas, cujas vontades são individualmente consideradas. Não é a singularidade de parte que o identifica. Pode uma pessoa contratar com várias outras ou um grupo de pessoas com outro grupo, e o contrato ser individual, uma vez que, na sua constituição, a emissão de vontade de cada uma entra na etiologia da sua celebração.

O contrato é *coletivo* quando, na sua perfeição, a declaração volitiva provém de um agrupamento de indivíduos, organicamente considerado. A vontade do agrupamento é dirigida à criação do *iuris vinculum*,[27] como o querer coletivo dele. Na convenção coletiva de trabalho, que é o tipo mais frequente, embora já se não possa dizer o único da classe, as vontades dos interessados não figuram

---

22 Messineo, *Dottrina Generale del Contratto*, pág. 248.
23 François Chabas, "Obligations et Contrats Spéciaux", *in Revue Trimestrielle de Droit Civil*, 1982, pág. 419.
24 Mazeaud *et* Mazeaud, *Leçons*, vol. II, nº 110.
25 Colin *et* Capitant, *Droit Civil*, vol. II, nº 21.
26 Messineo, ob. cit., pág. 351.
27 "Vínculo jurídico".

na celebração do contrato. A que tem força jurígena é aquela que organicamente se apura no momento em que se realiza a assembleia sindical, com observância do *quorum* e contagem dos votos, na forma da lei. O que o caracteriza é, então, a vontade do grupo, que só ela é tomada em consideração no momento em que se forma a relação contratual, já que as vontades individuais dos seus componentes ficaram para trás e somente foram consideradas na deliberação sindical. Uma vez celebrado o contrato, a decisão homologatória, seja administrativa, seja judicial, determina a extensibilidade a todos os indivíduos pertencentes àquela categoria abrangida no sindicato, ou até fora dele.[28]

A importância desta classificação está em que o *contrato individual* cria direitos e obrigações para as pessoas que dele participam; ao passo que o *contrato coletivo*, uma vez homologado regularmente, gera deliberações *normativas,* que poderão estender-se a todas as pessoas pertencentes a uma determinada categoria profissional, independente do fato de terem ou não participado da assembleia que votou a aprovação de suas cláusulas, ou até de se haverem, naquele conclave, oposto à sua aprovação. Seus efeitos determinantes de uma pré-regulamentação de condições de trabalho (Orlando Gomes) são tão notórios, que a natureza contratual chegaria a ser posta em dúvida se não houvesse a doutrina largamente admitido este ramo de classificação (Mozart Victor Russomano), e não houvesse o legislador consagrado (Consolidação das Leis do Trabalho, art. 611 – observe-se que na CLT a expressão *contrato coletivo* foi substituída por *convenção coletiva de trabalho* devido à alteração do seu art. 611 pelo Decreto-Lei n. 229/67).

Uma observação completa o conceito. É que o contrato não gera obrigações individuais *diretas.* É uma figura de convenção que assume o aspecto de normatividade abstrata. Para a produção de efeitos imediatos e criação concreta de direitos e obrigações particulares é imprescindível a existência de contratos individuais.[29] Assim, se o sindicato dos bancários celebra um contrato coletivo com o sindicato dos bancos, cria normas abstratas que disciplinarão as relações decorrentes dos contratos individuais entre cada bancário e o banco que o emprega.

197. Contrato de adesão

Chamam-se *contratos de adesão* aqueles que não resultam do livre debate entre as partes, mas provêm do fato de uma delas aceitar tacitamente cláusulas e condições previamente estabelecidas pela outra. Escritores mais extremados negam-lhe a natureza contratual, sob o fundamento de que lhe falta a vontade de uma das partes, a qual apenas se submete às imposições da outra. Restrição excessiva, rebatem os irmãos Mazeaud, já que a aceitação das cláusulas, ainda que preestabelecidas, lhe assegura aquele caráter.

---

28 Orlando Gomes, *Contratos*, nº 64.
29 Ruggiero e Maroi, *Istituzioni*, vol. II, § 137.

Normalmente, ocorre este contrato nos casos de *estado de oferta permanente* (v. nº 188, *supra*), por parte de grandes empresas concessionárias de serviços públicos ou outras, ou que estendam seus serviços a um público numeroso, quando já têm pronto, e oferecido a quem deles se utiliza, seu contrato-padrão, previamente elaborado e às vezes aprovado pela Administração. Quando o usuário do serviço se prevalece dele, ou quando o homem do povo entra em relações com a empresa, não discute condições nem debate cláusulas. A sua participação no ato limita-se a dar sua *adesão* ao paradigma contratual já estabelecido, presumindo-se sua *aceitação* da conduta que adota. Algumas vezes esta *adesão é expressa,* como no caso em que o aceitante a declara verbalmente ou mediante aposição de sua assinatura em formulário; outras vezes é *tácita,* se o usuário apenas assume um comportamento consentâneo com a adoção das cláusulas contratuais preestatuídas. Da circunstância de formar-se o contrato pela adesão de uma parte à declaração de vontade estereotipada da outra, advém-lhe o nome com que habitualmente é conhecido – *contrato de adesão* atendendo a que se constitui pela *adesão* da vontade de um oblato indeterminado à proposta permanente do policitante ostensivo.

Não se pode negar a existência do acordo de vontades, que resulta da análise do ato negocial:

A – De um lado, há oferta permanente, aberta a quem desejar os serviços do proponente. As cláusulas ou condições deverão da mesma constar, ou de anúncios ou tabuletas em lugar visível, ou de regulamentos ou portarias baixadas pela Administração etc. Não pode o ofertante alterar as condições da proposta senão precedendo de ampla divulgação, ou aprovação das autoridades (nos casos em que estas controlam tais contratos como se dá com as tarifas de transportes, de serviços de luz, ou telefone, ou de fornecimento de gás, de diversões públicas etc.).

B – A aceitação do oblato dá-se pura e simples. De regra, não comporta o contrato por adesão exceções pessoais. A aceitação é imediata, e o contrato se forma com qualquer pessoa, a não ser naqueles casos em que a oferta ao público admite ressalvas (v. nº 188, *supra*), como, por exemplo, a empresa de transporte não ser obrigada a admitir passageiro além da lotação do veículo, ou a casa de diversões públicas não ser compelida a tolerar o ingresso a quem não tenha condições de saúde ou moralidade.[30] A aceitação habitualmente se dá pelo *silêncio* daquele cuja obrigação de conhecer as cláusulas é equiparada pela lei à diligência ordinária (art. 111). Não se chega, na análise do mecanismo jurídico, a ponto de inquirir da vontade real; basta, como requisito mínimo, que acentue a *possibilidade* de conhecer as cláusulas gerais, e preestabelecidas, e sua adesão a elas, para que se tenha como formado o contrato, e obrigatório. Por isto mesmo excluem-se de coercibilidade as chamadas *cláusulas vexatórias,* isto é, as demasiado onerosas, ou inconvenientes. O Código expressamente proíbe ainda as cláusulas que estipulem a renúncia antecipada do aderente a direito resultante da natureza do negócio (art. 424, CC, e art. 51, CDC).[31]

---

30 Cunha Gonçalves, *Dos Contratos em Especial*, nº 7.

31 Em julgamento do Recurso Especial 167.5012 pela Terceira Turma do STJ, decidiu-se pela validade de cláusula de eleição de foro em contratos de adesão. Nesse sentido, a Ministra Nancy Andrighi, re-

Embora não seja ostensiva uma declaração formal de vontade, e não seja imune a críticas, as mais das vezes procedentes, em razão do aspecto unilateral de suas cláusulas, nem por isto é de excluir-se do tráfico social esta figura de contrato, que cria relações jurídicas impostas e valorizadas pelo ambiente histórico-social.[32] O contrato por adesão existe, pois. Não pode o jurista fechar os olhos à realidade. Deve admiti-lo. E, tomando conhecimento de sua presença assídua, cogitará de sua aplicação. Sobretudo de sua *interpretação.*

Neste ponto, os autores divergem. Uns encaram o seu aspecto normativo, e preferem dar-lhe a hermenêutica das leis (Hauriou, Saleilles, Duguit); do lado oposto, alguns consideram-no um contrato como qualquer outro; e há ainda quem pretenda criar um sistema novo, baseado em que o contrato de adesão tem em vista normalmente um serviço privado de utilidade pública, em que os interesses da coletividade se defrontam com os da empresa. Em atenção a isto, o contrato de adesão tem de ser interpretado em termos que permitam apreciar, em cada caso, qual o interesse predominante.[33]

Em razão de o contrato de adesão ter o seu conteúdo fixado por deliberação exclusiva do ofertante, o Código Civil determina em seu art. 423 que quando houver nele cláusulas ambíguas ou contraditórias, deve-se adotar a interpretação mais favorável ao aderente.

Sem nos referirmos a outras classificações de contratos, que não nos parece mereçam a honra de uma especial menção, aludimos em derradeira voz ao chamado *contrato-tipo* ou por *formulário,* que se aproxima do contrato coletivo e do contrato por adesão, deles distinguindo-se contudo. Dá-se quando uma das partes já tem, em fórmula impressa, policopiada ou datilografada, o padrão contratual que a outra se limita a subscrever, aceitando-lhe as cláusulas previamente redigidas. Distingue-se do coletivo, em que já constitui o esquema concreto de contrato, gerador de efeitos diretos, enquanto o coletivo formula as *condições abstratas,* a que o contratante individual deve obediência.[34] Do contrato de adesão a separação é mais sutil, e a doutrina não a formula com segurança. A nós, parece-nos mais simples dizer que o contrato-tipo não resulta de cláusulas impostas, mas simplesmente pré-redigidas, às quais a outra parte não se limita a aderir, mas que efetivamente

---

latora do recurso, reconheceu a validade da competência por convenção das partes, citando a Súmula 335 do STF, que firmou o entendimento de que "é válida a cláusula de eleição do foro para os processos oriundos do contrato". Em continuação do voto, a Ministra afirmou "que o precedente que serviu de diretriz para a elaboração da referida súmula ainda em vigor é o RE 34.791, no qual se discutiu, exatamente, a validade de cláusula contratual de eleição de foro, formalizada em promessa de compra e venda de bem imóvel. Assim, ainda que a cláusula de eleição de foro tenha sido contratada em instrumento por adesão, sua invalidade somente deverá ser reconhecida quando manifestamente fora de seus limites, que podem bem ser sintetizados na violação das garantias constitucionais de isonomia de acesso à ordem jurídica justa". Para a Ministra, "impõe-se, portanto, a demonstração concreta de que sua aplicação resultará prejuízo ao direito de defesa de uma das partes" (REsp 1.675.012/SP, Rel. Ministra Nancy Andrighi, Terceira Turma, julgado em 08.08.2017, *DJe* 14.08.2017).

32 Alessandro Giordano, *I Contratti per Adesione*, págs. 61 e segs.
33 Demogue, *Obligations*, vol. II, nº 618.
34 Messineo, *Dottrina Generale del Contratto*, pág. 262.

aceita, conhecendo-as, as quais, por isso mesmo, são suscetíveis de alteração ou cancelamento, por via de outras cláusulas substitutivas, que venham manuscritas, datilografadas ou carimbadas.

De regra, o contrato de adesão é celebrado no âmbito de relação jurídica de consumo, sujeitando-se, portanto, às regras do Código do Consumidor (Lei nº 8.078/1990). Há, todavia, negócios jurídicos que não configuram relação de consumo celebrados por meio de contratos de adesão, como certos contratos administrativos precedidos de licitação, nos quais o contrato é celebrado pela Administração Pública em modelo previamente aprovado, ao qual o contratado apenas adere. O próprio Código Civil de 2002, por sua vez, reconheceu expressamente a possibilidade, já admitida pela doutrina, de celebrarem-se contratos de adesão em sede de relações paritárias em seu art. 423, inexistente no Código de 1916.

Os contratos de adesão vêm hoje previstos, no tocante a seu conteúdo e regras de interpretação no Código de Proteção e Defesa do Consumidor (Lei nº 8.078, de 11.09.1990, art. 54), que ficou assim redigido: "Contrato de adesão é aquele cujas cláusulas tenham sido aprovadas pela autoridade competente ou estabelecidas unilateralmente pelo fornecedor de produtos ou serviços, sem que o consumidor possa discutir ou modificar substancialmente seu conteúdo".

Há, todavia, negócios jurídicos que não configuram relação de consumo celebrados por meio de contratos de adesão, como certos contratos administrativos precedidos de licitação, nos quais o contrato é celebrado pela Administração Pública em modelo previamente aprovado, ao qual o contratado apenas adere. O próprio Código Civil de 2002, por sua vez, reconheceu expressamente a possibilidade, já admitida pela doutrina, de celebrarem-se contratos de adesão em sede de relações paritárias em seus arts. 423 e 424, inexistentes no Código de 1916. Referidos dispositivos se limitaram a estabelecer regras sobre a interpretação mais favorável ao aderente e nulidade de cláusulas que venham a ser consideradas abusivas.

197-A. CONTRATOS COLIGADOS

Os contratos coligados são resultado de uma hipercomplexidade contratual que decorre da necessidade de concretização de interesses cada vez mais intrincados e que devem conectar-se com outras situações jurídicas que a estes interesses estejam ligados. Ocorre uma conexão funcional entre os contratos, fazendo com que um só tenha executividade jurídica se o outro também tiver, formando, assim, uma rede contratual interdependente. Vale dizer, a classificação dos contratos coligados não se refere especificamente a uma característica substancial do contrato, mas a um grupo de contratos que se conectam entre si de tal maneira que a execução fiel de um fica subordinada à execução de outro.

Nesse sentido e de acordo com o Enunciado 621 da VIII Jornada de Direito Civil do Centro de Estudos Jurídicos do Conselho da Justiça Federal, ao interpretar o artigo 421 do Código Civil, "os contratos coligados devem ser interpretados a partir do exame do conjunto das cláusulas contratuais, de forma a privilegiar a finalidade negocial que lhes é comum".

Exemplo típico encontra-se no contrato de planos de saúde, em que se coligam contratos de prestação de serviços médicos, de hospitalização, de fornecimento de medicamentos e de seguro etc. Os contratos coligados não se confundem com o conceito de contratos mistos, em que na própria estrutura contratual são inseridos elementos específicos de um tipo contratual e elementos derivados exclusivamente da vontade autônoma e criadora de obrigações de uma das partes ou de ambas.

CAPÍTULO XXXIX
CONTRATO PRELIMINAR

Sumário

198. Conceito de contrato preliminar. Generalidades. **199.** Desenvolvimento da doutrina brasileira. **200.** Efeitos do contrato preliminar.

Bibliografia

Amílcar de Castro, *Comentários ao Código do Processo Civil,* Ed. Revista Forense, vol. X, nº 417; Filadelfo Azevedo, "Execução Coativa da Promessa de Venda", *in Revista de Crítica Judiciária,* vol. X, págs. 601 e segs.; Francesco Messineo, *Dottrina Generale del Contratto,* págs. 199 e segs.; Giovanni Carrara, *La Formazione del Contratto,* pág. 25 e segs.; Andreas Von Tuhr, *Tratado de las Obligaciones,* vol. I, nº 32, págs. 188 e segs.; De Page, *Traité Élémentaire de Droit Civil,* vol. II, 1ª parte, nos 504 e segs.; Demogue, *Obligations,* vol. II, nos 469 e segs.; Planiol *et* Ripert, *Traité Pratique de Droit Civil,* vol. VI, nos 144 e segs.; Renato Scognamiglio, *Contratti in Generale,* nº 33; Serpa Lopes, *Curso,* vol. III, nos 132 e segs.; Carlos Fulgêncio da Cunha Peixoto, "Promessa de Compra e Venda de Imóvel", *in Revista Forense,* vol. 74, pág. 437; Colin *et* Capitant, *Cours,* vol. II, nos 513 e segs.; Ruggiero e Maroi, *Istituzioni di Diritto Privato,* vol. II, § 138; Regina Condin, *Contrato Preliminar;* Gabba, *Nuove Questioni di Diritto Civile,* vol. I, págs. 141 e segs.; Edmundo Lins, *Estudos jurídicos,* pág. 303.

198. Conceito de contrato preliminar. Generalidades

Quando duas pessoas querem celebrar um contrato, normalmente passam por aquelas fases a que nos referimos no n° 188, *supra:* debatem os seus interesses em negociações preliminares; uma delas formula a proposta; a outra declara a sua aceitação. Não é, porém, fora dos quadros habituais que ambas acordem sobre o objeto, fixem condições, e ajustem a celebração de um contrato que é, no entanto, transferido para um momento futuro, seja em razão de impossibilidade momentânea para a sua conclusão, seja porque surjam dificuldades no preenchimento de requisitos formais, seja pela demora na obtenção de financiamento, seja simplesmente por motivos particulares de conveniência. Em tais casos, firmam um contrato, tendo em vista a celebração do outro contrato: realizam um negócio, ajustando contrato que não é o principal, porém, meramente preparatório: não é a compra e venda ou o mútuo, mas a realização futura de um outro contrato, o principal, que, este sim, será a compra e venda, ou o mútuo, ou outra espécie contratual.

Daí poder-se conceituar o contrato preliminar com *aquele por via do qual ambas as partes ou uma delas se comprometem a celebrar mais tarde outro contrato, que será contrato principal.*[1]

Diferencia-se o contrato preliminar do *principal* pelo objeto, que no preliminar é a obrigação de concluir o outro contrato, enquanto o do definitivo é uma prestação substancial.[2]

Distingue-se, também, das *negociações preliminares,* em que estas não envolvem compromissos nem geram obrigações para os interessados, limitando-se a desbravar terreno e salientar conveniências e interesses, ao passo que o contrato preliminar já é positivo no sentido de precisar de parte a parte o contrato futuro.

A figura não é nova. Já era conhecida dos romanos, não como um contrato propriamente dito, revestido das características e acompanhada dos efeitos dos contratos, porém como um pacto, que os romanistas generalizam como *pactum de contrahendo,*[3] por indução das espécies especificamente individuadas nas fontes: *pactum de mutuando,*[4] *pactum de commodando,*[5] e menos relevantemente *pactum de emendo.*[6]

O nosso direito anterior, pela voz dos grandes mestres (Teixeira de Freitas, Correia Telles), aludia, a seu turno, à hipótese de alguém obrigar-se a vender, o que significa sem dúvida reconhecer o contrato preliminar de compra e venda.

---

1   Von Tuhr, *Obligaciones*, vol. I, pág. 188.
2   Messineo, *Dottrina Generale del Contratto*, pág. 207; Ruggiero e Maroi, *Istituzioni*, vol. II, § 138.
3   "Promessa de contratar".
4   "Promessa de mútuo".
5   "Promessa de comodato".
6   Um contrato pelo qual alguém é obrigado a comprar alguma coisa sem que a outra parte já tenha se comprometido a vender.

O seu desenvolvimento, entretanto, deveu-se à velocidade do tráfico jurídico especialmente neste século, com a sua difusão por todos os sistemas, onde tem penetrado vigorosamente: *Vorvertrag,* no direito alemão; *contratto preliminare* ou *antecontratto,* no direito italiano; *avant contrat* ou *promesse de contrat* ou *compromis,* no francês; *contracto preliminar,* no espanhol e hispano-americano. No nosso direito, difundiu-se largamente, não logrando a doutrina e a legislação unidade de vistas na escolha de seu nome: pré-contrato, antecontrato, contrato preparatório, compromisso (art. 22 do Decreto-lei nº 58, de 1937; DL nº 745, de 7 de agosto de 1969; art. 397, parágrafo único, do Código Civil de 2002; art. 25 da Lei nº 6.766, de 19 de dezembro de 1979), promessa de contrato (Código de Processo Civil de 1939, art. 1.006; sem equivalente no Código de Processo Civil de 1973 e no Código de Processo Civil de 2015). Com boa sorte de escritores e com o nosso Projeto de Código de Obrigações, que traz o amparo da sua Comissão revisora, preferimos a todos eles a designação *contrato preliminar,* que melhor demonstra seu caráter preparatório, e sua condição de ato negocial sem foros de definitividade, denominação esta adotada no Código Civil de 2002, em seus arts. 462 a 466.

Sob certo aspecto, o contrato preliminar é uma fase particular da formação dos contratos, já que as partes, que querem os efeitos de um negócio definitivo, estipulam entretanto que certos deles se não produzirão desde logo, pela vontade das mesmas partes; afora isto, é ele um contrato comum.[7] Não há razão para o contrato preliminar, senão como processo preparatório do definitivo.[8] Mas, levando em conta que encerra o consentimento perfeito, e que as vontades das partes se fixam em torno de uma finalidade jurídica, é de reconhecer-lhe autonomia e de precisar que não constitui meramente um tempo na celebração do contrato principal, senão que traz o selo de um ato negocial completo.

Hoje tornou-se despicienda a questão que ocupou alguns escritores (Geller, Degenkolb), a saber se é admissível juridicamente a figura do contrato preliminar. A matéria é superada.[9] Nenhum doutrinador moderno o põe em dúvida.

Os seus requisitos não são especiais; ao revés, integram o esquema dos que se exigem para os contratos em geral: capacidade das partes, objeto lícito e possível, consentimento ou acordo de vontades. Um aspecto, entretanto, merece atenção maior. É o requisito *formal.* Os nossos tribunais vinham debatendo o tema, partindo de ângulos diversos, e tinham chegado a soluções diferentes. Ora exigiam a forma pública, ora dispensavam-na. Ora sustentavam que nenhum efeito produzia quando tinha por objeto a celebração de um contrato constitutivo ou translativo de direitos reais de valor superior à taxa legal, ora reconheciam a produção de efeitos, sob fundamento de que a sua finalidade é a prestação de um fato (*obligatio faciendi*), consubstanciada na realização do contrato principal, e, como qualquer contrato gerador de obrigações daquela natureza, não é escravo da forma. Ora distinguiam os efeitos em decorrência

---

7 Messineo, ob. cit., pág. 199.
8 Carrara, *La Formazione del Contratti,* pág. 27.
9 Carrara, loc. cit.; Renato Scognamiglio, *Contratti in Generale,* nº 33.

dela, como veremos no nº 200, *infra*. Toda essa discussão foi sepultada, no entanto, pelo disposto no art. 462 do Código Civil de 2002, que expressamente admitiu o princípio da forma livre para o contrato preliminar. Diante disso, o Código espancou a dúvida sobre ser necessária a forma pública para o contrato de promessa de compra e venda de bem imóvel, optando pela sua desnecessidade.

O contrato preliminar pode ser unilateral ou bilateral.

É *unilateral* quando, perfeito pelo consentimento de ambas as partes, produz obrigações *ex uno latere*.[10] É a esse tipo que mais importância atribui a doutrina francesa, uma vez que equipara o bilateral ao próprio contrato definitivo. Entre nós, a repercussão prática maior não vem do contrato preliminar unilateral. Este encontra na opção a sua mais frequente incidência (nº 223, *infra*).

Para alguns, entretanto, em filiação à linha traçada pelo art. 1.331 do novo Código Civil italiano, a opção não chega a ser contrato, e não passa de uma *proposta irrevogável*. Não podemos concordar com a tese pois que ele resulta de um acordo de vontades, ao contrário da oferta que se acha à espera de que venha a aceitação. O que, por certo, perturba o bom entendimento é a confusão que ainda se faz entre o contrato preliminar (unilateral ou bilateral) e o definitivo. Dá-se a *opção* quando duas pessoas *ajustam* que uma delas tenha *preferência* para a realização de um contrato, caso se resolva a celebrá-lo. Como contrato unilateral gera obrigações para uma das partes, ao passo que a outra tem a liberdade de efetuar ou não o contrato, conforme suas conveniências. A opção pode ser a *prazo certo*, e, neste caso, vencido ele, libera-se o ofertante, readquirindo a liberdade de contratar com quem quiser. Se for a *termo incerto,* poderá marcar prazo ao favorecido para que manifeste a sua preferência sob pena de perdê-la, pois não se concebe que uma pessoa fique indefinidamente obrigada a uma outra, e na dependência de sua vontade, enquanto esta última guarda a alternativa de celebrar ou não celebrar o contrato. Muito frequentemente a opção vem conjugada ao contrato de *corretagem,* mediante aposição a este de uma cláusula, pela qual o corretor tem a *exclusividade* de agenciar o negócio, obrigando-se o comitente a abonar-lhe a comissão ainda que o realize por intermédio de outrem ou mesmo diretamente. Nestes casos, o meio de defesa contra os abusos frequentes de corretores menos honestos é a fixação de prazo fatal de perempção.

O contrato preliminar é *bilateral* quando gera obrigações para ambos os contratantes, ficando desde logo programado o contrato definitivo, como dever recíproco, obrigadas ambas as partes a dar-lhe seu consentimento. As posições das partes estão *equilibradas,* restando a cada uma o direito de exigir da outra o respectivo cumprimento,[11] pena de suportar as consequências, tais como deduzidas no nº 200, *infra*.

É preciso acautelar-se contra a tese francesa, segundo a qual a promessa bilateral não é verdadeiramente uma promessa, mas equivale já ao contrato definitivo,[12] o que

---

10 Messineo, ob. cit., pág. 200. Tradução: "de um só lado, para um das partes somente".
11 Messineo, *Dottrina Generale del Contratto*, pág. 201.
12 Demogue, *Obligations*, vol. II, nº 469; De Page, *Traité*, vol. II, 1ª parte, nº 507.

pode ser definido naquele sistema, no qual o domínio se transmite pela convenção, ao passo que em o nosso requer a inscrição do título para os imóveis ou a tradição para os móveis. Quando naquele direito se parifica à venda a promessa de vender, afirma-se uma verdade,[13] como reflexo daquela sistemática e como aplicação do direito vigente (art. 1.589: *"promesse de vente vaut vente lorsqu'il y a consentement réciproque des deux parties sur la chose et sur le prix"*); afasta-se contudo a equipolência nos casos em que a venda é contrato solene.[14] O mesmo não se pode dizer em direito nosso, sob a inspiração de princípios que daquele diferem.

O contrato preliminar pode ter por objeto a realização de qualquer contrato definitivo, de qualquer espécie. O seu campo mais frequente é, entretanto, o contrato preliminar de compra e venda ou promessa de compra e venda (v. nº 223, *infra*), onde também se espraia a *opção,* e onde a variedade das espécies provocou uma elaboração doutrinária mais opulenta e mais desenvolvida. Não se excluem os contratos reais (promessa de mutuar, por exemplo), e, nestes casos, a distinção dos contratos definitivos é completa se se atentar em que estes exigem, para sua perfeição, a *traditio* efetiva da coisa. Não se excluem, mesmo, de sua incidência os contratos *liberatórios* (distrato).[15]

Comporta o contrato preliminar a aposição de condição e de termo.

Se este não é avençado, a parte interessada na constituição em mora terá de interpelar a outra para que o cumpra, no prazo que for fixado. Mas, se existe termo estipulado, ocorre aqui uma peculiaridade a que já nos referimos (nº 173, *supra,* vol. II): é que, via de regra, o cumprimento do contrato preliminar bilateral exige para sua execução a participação do credor (pagamento de impostos, comparecimento a cartório, assinatura de instrumento etc.). Daí a necessidade, mesmo quando há prazo ajustado, de notificação ao devedor, determinando tempo e lugar do cumprimento.

199. Desenvolvimento da doutrina brasileira

O contrato preliminar não recebera disciplina específica no Código de 1916, muito embora os nossos escritores mais reputados já aludissem ao fenômeno da promessa de contratar em nosso direito tradicional. Costuma-se por isto situar o seu germe legislativo no art. 1.088 do Código Civil de 1916, segundo o qual, é lícito a qualquer das partes arrepender-se antes de o assinar, quando o instrumento público for exigido como prova do contrato, ressarcindo à outra perdas e danos resultantes do arrependimento. Em torno deste artigo ensaiaram os nossos doutrinadores os primeiros passos na construção dogmática do contrato preliminar, a qual é igual ou superior às mais adiantadas.

Não nasceu tal doutrina como fruto de elucubrações cerebrinas, mas elevouse em torno da promessa de compra e venda, que entre nós despertou o mais vivo

---

13 Colin *et* Capitant, *Droit Civil*, vol. II, nº 516.
14 Mazeaud *et* Mazeaud, *Leçons*, vol. II, nº 786.
15 Cf. Regina Gondim, *Contrato Preliminar*, pág. 17.

interesse e teve a mais franca repercussão econômica, tanto mais que a valorização violenta dos terrenos próximos aos grandes centros urbanos provocou a indústria dos loteamentos, e a economia popular exigiu medidas severas contra a especulação e o aproveitamento.

De início, e apenas em torno do art. 1.088 do Código Civil, vingou a doutrina da exigência da escritura pública para a validade da promessa de compra e venda, sem a qual nenhum efeito se lhe reconhecia. Neste sentido pronunciou-se o Supremo Tribunal Federal, acompanhando voto célebre de Edmundo Lins,[16] e neste sentido falava a *communis opinio*. Contra o parecer, vozes valorosas levantaram-se, procurando solução mais compatível com a realidade e com as exigências do progresso.

Os nossos Tribunais, não obstante, mostraram-se lamentavelmente tímidos e vacilantes, receosos de abrir a estrada e de acolher a tese dos que em trabalhos de valor doutrinário autêntico demonstravam a eficácia e os préstimos dos contratos preliminares de venda.

Foi neste ponto que surgiu a teoria elaborada por Filadelfo Azevedo, no sentido destinado a ter a mais viva repercussão.[17] Partiu de que o contrato preliminar é diverso, em sua natureza como nos seus efeitos, do principal, e, por esta razão, não sofre as restrições oriundas da forma deste. Gera obrigação de fazer, e, como tal, não está subordinado à exigência do instrumento público para ter eficácia. A regra é que a *obligatio faciendi*[18] origina uma obrigação consistente em uma prestação de fato que deve cumprir-se especificamente, não se tornando inexequível no caso de recusa do devedor; pois que apenas aquelas personalíssimas são insuscetíveis de realização por outrem. As que o não forem, tanto se cumprem por ato do próprio devedor, quanto pelo de um terceiro (pág. 597). Por outro lado, sustentava que o contrato preliminar já encerra a obrigação de dar o consentimento para o contrato futuro, o que, levado um pouco mais longe, significa que "na promessa se contém potencialmente a própria venda" (pág. 596). Revestindo, então, a forma particular, nem por isto deixa de ter validade, pois que sujeita o inadimplente às perdas e danos, como ocorre no descumprimento de toda obrigação de fazer. Mas, se as partes tiverem adotado a forma pública, aproxima-se ele do contrato definitivo, e dá lugar à execução perfeita e coativa, valendo a sentença como título translativo do direito, em ação intentada para "compelir a execução da obrigação de fazer suprindo a sentença a injusta recusa do consentimento por parte do devedor" (pág. 611).

Embora alicerçada em disposições legais e arrimada a fortes autoridades, e não obstante as soluções práticas de utilidade evidente, a tese não encontrou, de pronto, franca acolhida no pretório, sob fundamento de falta de amparo no direito positivo então vigente. Isto não obstante, não restou erma de aceitação, pois que algumas

---

16 Edmundo Lins, *Estudos Jurídicos*, pág. 303.
17 Filadelfo Azevedo, "Execução Coativa de Promessa de Venda", *in Revista de Crítica Judiciária*, vol. X, págs. 593 e segs.
18 "Obrigação de fazer".

decisões a prestigiaram. Teve o mérito inconteste de abrir clareira, e traçar rumos, a que a evolução do instituto passou a obedecer.

Com efeito, o Decreto-Lei nº 58, de 10 de dezembro de 1937, disciplinador da venda de terrenos loteados, estabeleceu no art. 16 ser lícito ao promitente-comprador, uma vez pagas todas as prestações, intimar o promitente-vendedor, que se recuse a dar-lhe escritura definitiva, para que o faça no prazo de 10 dias, e se nada opuser, ou for rejeitada sua oposição, o juiz por sentença adjudicará o terreno ao requerente. Desta sorte, atribuiu a lei efeitos amplos a este contrato preliminar, assegurando ao sujeito ativo execução direta, com que perseguir a própria coisa, se o devedor injustificadamente lhe recusar a prestação de fato a que era obrigado. Pouco depois do Decreto-Lei nº 58, Carlos Fulgêncio da Cunha Peixoto, no mesmo rumo de Filadelfo Azevedo, sustentava que, se feito por escritura pública e com outorga uxória, o contrato preliminar de compra e venda comportava execução compulsória.[19]

Desprendendo-se da restrição contida no Decreto-Lei nº 58, de 1937, o Código de Processo Civil de 1939, art. 1.006, acompanhado pelo atual art. 497 do Código de Processo Civil de 2015 (correspondente aos arts. 461 e 466-B do Código de Processo Civil de 1973) e art. 27 da Lei nº 6.766, de 19 de dezembro de 1979 (Parcelamento do solo urbano),[20] deu maior amplitude ao contrato preliminar, ao cogitar da execução das obrigações de fazer, dispondo que, se condenado o réu a emitir declaração de vontade, será esta havida por enunciada logo que a sentença de condenação transite em julgado. E, em particular, o seu art. 537 do Código de Processo Civil de 2015 (correspondente ao § 4º do art. 461 do Código de Processo Civil de 1973) dispôs que cabe ao juiz assinar prazo ao devedor para que execute a obrigação oriunda da promessa de contratar, desde que preencha ele os requisitos do definitivo. À vista disto, a doutrina reafirmou que a promessa de contratar tem sempre validade, qualquer que seja a forma de que se revista. Seus efeitos é que variam: se não preencher todos os requisitos de validade do contrato definitivo, o descumprimento sujeita o infrator a perdas e danos; se os revestir, a sentença suprirá a falta do contrato principal, e servirá de título ao credor.[21]

O Anteprojeto do Código de Obrigações, de 1941, marchou na mesma linha desta evolução, e no art. 94 fez uma distinção que é uma síntese do que a doutrina havia elaborado, e que o legislador estatuíra: se o contrato preliminar não revestir a forma especial prescrita para o definitivo, deve perdas e danos aquele dos contratantes que se recusar a outorgá-lo, salvo se houverem as partes estipulado arras penitenciais; se, ao revés, tiver sido adotada a mesma forma requerida para o con-

---

19 Carlos Fulgêncio da Cunha Peixoto, "Promessa de Compra e Venda de Imóvel", *in Revista Forense*, vol. 74, pág. 437.

20 O Supremo Tribunal Federal estendeu o direito à adjudicação compulsória aos promitentes compradores de imóveis não loteados. Súmula 413 do STF: "O compromisso de compra e venda de imóveis, ainda que não loteados, dá direito à execução compulsória, quando reunidos os requisitos legais."

21 Amílcar de Castro, *Comentários ao Código de Processo Civil*, Editora Revista Forense, vol. X, nº 417, pág. 373.

trato principal, a parte inadimplente estará sujeita à execução judicial, atribuindo-se à sentença, que então for proferida, o efeito de suprir a declaração de vontade do contratante que a tenha recusado.

A linha de evolução da doutrina em torno do contrato preliminar tem sido marcada por uma constante: o crescente prestígio deste negócio jurídico, e a afirmação cada vez maior de seus efeitos, até alcançar um estado compatível com o desenvolvimento do comércio jurídico. Acompanhando o legislador as marchas que a doutrina realizava, foi pouco a pouco afeiçoando a norma aos imperativos práticos.

O desenvolvimento da doutrina culminou com a entrada em vigor no Código Civil de 2002, que dedicou a Seção VIII do Capítulo I do Título V, ao contrato preliminar, estipulando expressamente não só a desnecessidade de forma pública, como também, conforme já autorizavam as normas processuais, a possibilidade de o juiz, a pedido do interessado, suprir a vontade da parte inadimplente, conferindo assim caráter definitivo ao contrato preliminar, salvo se a isso se opuser a natureza da obrigação. À parte credora foi resguardado o direito, em caso de inadimplemento da obrigação, de considerar o contrato desfeito e solicitar perdas e danos (arts. 463 a 465).

200. Efeitos do contrato preliminar

À vista dos princípios legais em vigor, pode-se resumir o tratamento dado ao contrato preliminar em nosso direito.

Como corolário natural do princípio consensualista entre nós vigorante, não há imposição de forma para a sua validade (art. 462), bem como para a produção normal de suas consequências jurídicas; quer revista a forma pública ou particular, quer se apresente ou não com os demais requisitos do contrato definitivo. Quanto à exigência de registro público, a regra do parágrafo único do art. 463 traz alguma dificuldade interpretativa, pois parece à primeira vista exigir o registro para a validade do contrato preliminar. Essa não é, no entanto, a melhor interpretação desta norma. O registro é exigido para que o contrato tenha efeitos em relação a terceiros. Entre as partes o contrato preliminar pode ser executado mesmo sem o registro prévio. O registro deve ser feito segundo a natureza do objeto. No caso de bens móveis, no Registro de Títulos e Documentos; no de bens imóveis, no Registro de Imóveis onde estiverem localizados.

A eficácia do contrato preliminar está na decorrência da apuração dos requisitos de validade dos contratos, em relação a ele em si mesmo, e não em função do contrato principal, que lhe é objeto, e cuja outorga constitui a fase de sua execução. Sendo válido, produz efeitos, que, estes sim, são variáveis.

O Código de 2002 andou bem ao dar no seu art. 464 primazia ao princípio da execução específica da obrigação de fazer contida no contrato preliminar, com o que seguiu na linha da evolução doutrinária e legislativa brasileira, já traçada pelo Código de Processo Civil de 1973, em seu art. 461, e continuada pelo Código de Processo Civil de 2015, em seu art. 497. Toda solução que vise à sua obtenção espontânea ou coativa deve ser prestigiada como medida moralizadora, já que a sua obtenção conduz a valorizar o contrato. Somente quando não houver interesse do credor na execução específica ou não for possível promovê-la em razão de a natureza da obrigação a isso se opor, é que se cogita das perdas e danos (art. 464 e 465). Estas, conforme fixamos no nº 135, *supra* (vol. II), tomarão o lugar da prestação devida na obrigação de fazer. Mas não é a solução normal. A conversão da *res debita* no seu equivalente pecuniário – *o id quod interest* – é substitutiva da prestação específica que as partes ajustaram. A coisa devida é o contrato definitivo. É este que deve ser outorgado. E somente na hipótese de não ser possível ou indesejada pelo credor é que se passará ao campo da prestação pecuniária equivalente. Assim já pensavam os nossos maiores.[22] E assim tem sido entendido pelos modernos: Sá Pereira, Caetano Montenegro, Pontes de Miranda, Alfredo Bernardes, Eduardo Espínola, Pereira Braga, Levi Carneiro, Lacerda de Almeida, Jorge Americano, João Luís Alves, Clóvis Beviláqua, Azevedo Marques, Cunha Gonçalves, Carlos Fulgêncio, Orosimbo Nonato, Serpa Lopes, Filadelfo Azevedo, Amílcar de Castro.

Os seus efeitos amplos, isto é, a possibilidade de obtenção do contrato definitivo, por via coativa, dependem, então, de se apurarem os seus requisitos:

A – O requisito *objetivo* não merece maiores atenções, pois se subordina à regra geral: é preciso que o objeto do contrato seja lícito e possível. E, como este objeto é a realização do contrato definitivo, é insuscetível de gerar consequências o contrato preliminar, se o contrato principal, que é a prestação dos contratantes, atentar contra a ordem pública e os bons costumes, ou ofender disposição legal, ou for materialmente irrealizável.

B – O segundo requisito, *subjetivo,* já exige maior exame. De fora parte as condições de capacidade genérica para a vida civil, pois que não podem contratar os portadores de incapacidade, requer-se ainda que os participantes tenham a aptidão para celebrar o contrato preliminar. Assim, se uma pessoa não pode validamente vender, é evidente que o contrato preliminar de compra e venda não poderá ter execução compulsória, pois que não caberá impor coativamente uma prestação para a qual o contratante é inapto. É preciso atentar em que a palavra jurisdicional irá suprir a declaração de vontade que a parte recusa fazer espontaneamente, mas não tem o condão de sanar a falta intrínseca, quando a pessoa não está habilitada a proferi-la. Se o contratante necessita da anuência ou da autorização de outrem para que proceda eficazmente, a falta de uma ou outra impede a execução específica. A ausência da outorga uxória é obstáculo a que o contrato preliminar seja coercitivamente exequível, porque o marido não poderia, mesmo voluntariamente, realizar o contrato principal, nos casos em que ela é exigível.

C – O terceiro requisito é o *formal,* que, segundo vimos, tem sido o ponto de maior atração do pensamento dos juristas entre nós. Procurando solucionar a questão

---

22 Teixeira de Freitas, *Consolidação*, art. 517, nota 10; Correia Teles, *Doutrina das Ações*, § 300, nota 1; Silva Pereira, *Repertório das Ordenações*, vol. I, verb. *Contrato depois de celebrado*, pág. 632, nota *a*.

dos efeitos do contrato preliminar, a Lei nº 649 de 11 de março de 1949 deu nova redação ao art. 22 do Decreto-lei nº 58, de 1937, a fim de estender aos terrenos não loteados a adjudicação compulsória antes determinada para os loteados. Aí se diz que os contratos de promessa de compra e venda, que não contenham cláusula de arrependimento, quando o preço haja sido pago no ato de sua constituição ou deva sê-lo em uma ou mais prestações, atribuem aos compromissários direito real oponível a terceiro, e lhes confere o direito de adjudicação compulsória, desde que inscritos a qualquer tempo. Diante deste dispositivo, os autores ainda distinguiam, se o contrato revestia a forma pública ou particular,[23] considerando que a execução compulsória só ocorreria no primeiro caso. Entretanto, o problema não ficou ainda perfeitamente equacionado, embora a solução estivesse certa àquela época. E a razão está em que a Lei nº 649 trouxe dado novo ao problema: conferiu adjudicação compulsória ao contrato preliminar sob a condição de estar ele inscrito no registro imobiliário; e ao mesmo tempo dispôs que esta inscrição seria constitutiva de *direito real*. Ora, segundo rezava o art. 134 do Código Civil de 1916, a *forma pública* era essencial para a constituição de qualquer *direito* sobre imóvel de valor superior à taxa legal. Quando a Lei nº 649, de 1949, condicionou a adjudicação compulsória à inscrição no registro, e ao mesmo tempo atribuiu a este o efeito de criar direito real, estava indiretamente subordinando a execução específica do contrato preliminar à adoção da forma pública, pois sem esta não poderia ser constituído direito real sobre imóvel de valor superior à taxa legal. Diante desta lei especial, a extensão dos efeitos do contrato preliminar de compra e venda aos terrenos não loteados veio acrescentar mais um elo à evolução da doutrina do contrato preliminar, no tocante aos seus efeitos, iniciada em termos tão brilhantes por Filadelfo Azevedo.

De todo modo, a discussão em torno do requisito formal foi resolvida em definitivo pela disciplina que o Código de 2002 lhe deu em seu art. 462, que não exige que o contrato preliminar seja celebrado com os mesmos requisitos formais exigidos para o contrato definitivo, uma vez que seu objeto consiste em obrigação de fazer. No estado atual do nosso direito positivo, portanto, o contrato preliminar, desacompanhado de cláusula de arrependimento, dá direito à execução compulsória, independentemente de seu registro. Com o título "Promessa irrevogável de venda" estudamos os efeitos de contrato preliminar de compra e venda assentando que é a inscrição no registro de imóveis que lhe dá a natureza de direito real, e recordamos que a jurisprudência dispensa a forma pública do instrumento (v. nº 366, *infra,* vol. IV). A execução específica era prevista nos arts. 639 a 641 do Código de Processo Civil de 1973, atualmente revogados.[24]

Se faltam ao contrato preliminar os requisitos que lhe atribuem a execução específica, nem por isso é destituído de efeitos, porque a *obligatio faciendi,* não podendo ser cumprida em espécie pela recusa injustificada do devedor, vai dar em

---

23 Serpa Lopes, *Curso*, vol. III, nº 138; Sebastião de Sousa, *Da Compra e Venda,* nº 141.
24 Artigos revogados pela Lei nº 11.232, de 22.12.2005. O Código de Processo Civil de 2015 não restaurou o conteúdo de tais normas revogadas.

conversão da prestação no seu equivalente pecuniário, sujeitando-se, o contratante inadimplente ao ressarcimento das perdas e danos (art. 465, Código Civil).

Naquela outra hipótese, de ver-se dotada de efeitos plenos, a sentença proferida na ação intentada pelo credor é de natureza *constitutiva,* valendo como título aquisitivo do direito em vista. A sentença equivale ao próprio contrato que era a prestação ajustada no preliminar.[25] Esta solução, que a nossa doutrina sustenta e o nosso direito positivo consagra, é aquela que os mais renomados tratadistas preconizam, se bem que sob justificativas diferentes.[26]

Efeito, ainda, do contrato preliminar é a *transmissibilidade* dos direitos e obrigações dele originários. Em caso de morte, passam os seus efeitos aos herdeiros, tanto *passivamente* com a obrigação de os sucessores do devedor satisfazerem o compromisso do *de cuius,* quanto *ativamente* com a faculdade de reclamarem os herdeiros do credor que o devedor cumpra o prometido. Por *ato inter vivos* o contrato preliminar é cessível, a não ser que a obrigação resultante seja *personalíssima,*[27] ou que esteja ajustada a intransmissibilidade. Sobre a transmissão das obrigações aos herdeiros do devedor, voltamos a falar, quando cogitamos do "objeto da sucessão *mortis causa",* no nº 430, *infra,* vol. VI.

---

25 Messineo, *Dottrina Generale del Contrato*, pág. 207.

26 Giuseppe Chiovenda, "Dell'Azione Nascente del Contratto Preliminare", *in Rivista di Diritto Commerciale*, 1911, parte I, pág. 96; G. P. Chironi, "L'obbligazione di Dare", *in Rivista di Diritto Commerciale*, 1911, parte II, pág. 633.

27 Planiol *et* Ripert, *Traité Pratique*, vol. VI, nº 150.

Capítulo XL
ARRAS

Sumário

201. Noção e história das arras. **202.** Função principal: confirmatória. **203.** Função secundária: penitencial.

Bibliografia

Van Wetter, *Pandectes,* vol. III, § 310; Giorgio Giorgi, *Teoria delle Obbligazioni,* vol. IV, nº 467; Ricci, *Corso di Diritto Civile,* vol. VI, § 196; Saleilles, *Théorie Générale de l'Obligation,* nº 249; Coelho da Rocha, *Instituições de Direito Civil português,* vol. II, § 740; Mazeaud *et* Mazeaud, *Leçons de Droit Civil,* vol. III, nº 806; Trabucchi, *Istituzioni di Diritto Civile,* nº 265; Ruggiero e Maroi, *Istituzioni di Diritto Privato,* vol. II, § 130; Colin *et* Capitant, *Cours de Droit Civil,* vol. II, nº 520; Enneccerus, Kipp *y* Wolff, *Tratado, Derecho de Obligaciones,* vol. I, § 36; Sílvio Rodrigues, *Das Arras;* Planiol, Ripert *et* Boulanger, *Traité Élémentaire,* vol. II, nᵒˢ 2.434; De Page, *Traité Élémentaire de Droit Civil,* vol. IV, nᵒˢ 270 e segs.; Giulio Venzi, *Manuale di Diritto Civile Italiano,* nº 436; Caio Mário da Silva Pereira, "Arras", *in Revista Forense,* vol. 68, pág. 476.

201. Noção e história das arras

A palavra *arra,* que nos veio diretamente do latim *arrha,* pode ser pesquisada retrospectivamente no grego *arrabôn,* no hebraico *arravon,* no persa *rabab,* no egípcio *aerb,* com sentido de penhor, de garantia. É a mesma ideia que subsistiu através dos tempos.

Sua riqueza de acepções demonstra, bem como a utilização do conceito em vários setores, técnicos e profanos, evidencia a sua utilização frequente. Em vernáculo mesmo, significou de um lado o penhor, a quantia dada em garantia de um ajuste, como também a quantia ou os bens prometidos pelo noivo para sustento da esposa se ela lhe sobrevivesse, sentido em que a emprega Alexandre Herculano, num evidente paralelismo com o dote.[1]

A noção jurídica tem-se, contudo, mantido pura, dentro dos Códigos que inscrevem todos o milenar instituto.

A existência das arras é assinalada, com efeito, em quase todas as antigas legislações,[2] mas sua origem mais facilmente se rastreia no direito de família do que no de obrigações, pois que muito antes de se caracterizarem os contratos, quando não passavam ainda da permuta pura e simples de objetos, já elas eram conhecidas e usadas nos contratos esponsalícios.[3]

Extinguindo-se o regime da comunidade familiar, e tornando-se insuficiente a troca *in specie* para conter a complexidade dos negócios jurídicos, transplantou do direito de família para as relações obrigacionais o instituto da arra, para garantia do pacto avençado, ou o reforçamento do contrato ajustado, sem que fosse ele abolido naquela antiga utilização. Lado a lado viveram, durante muito tempo, as duas figuras, da arra que atestava a solidez das obrigações ajustadas, e da arra que afiançava a realização dos casamentos tratados.[4]

Sua primeira finalidade, no direito obrigacional, foi assegurar a perfeição do contrato. Mais tarde outro efeito foi-lhe atribuído. Nos primeiros tempos, não. Foi o valor assecuratório que se lhe reconheceu no direito pré-romano,[5] esse o seu sentido no Direito Romano pré-justinianeu: para demonstrar o acordo de duas vontades na realização do negócio, uma das partes transferia à outra determinada soma de dinheiro, dava-lhe uma coisa móvel, ou lhe entregava um anel – *arrha in signum consensus interpositi data.*[6]

Ulteriormente, no direito das *Institutas,* modificação introduzida por Justiniano dá lugar a controvérsia que a inflexibilidade dos textos antigos nunca autoriza-

---

1 Alexandre Herculano, *Lendas e Narrativas,* vol. I, pág. 195.
2 Cf. Ludovic Beauchet, *Histoire du Droit Privé de la République Athéniense,* vol. IV, pág. 421.
3 *Digesto Italiano,* vol. VI, verb. *Caparra.*
4 Van Wetter, *Pandectes,* vol. 3, § 310.
5 Beahchet, ob. cit., pág. 423.
6 Larombière, *Théorie et Pratique des Obligations,* vol. II, nº 20; Van Wetter, loc. cit. Tradução: "arra em sinal de consenso sobre a coisa dada".

ra. Dividem-se os glosadores e comentaristas no caracterizá-las, e duas escolas se constituem. Uma primeira sustenta modificação radical do direito. Domat, Molitor, Demangeat, Brunemann e outros, sem distinguir se está ou não perfeito o contrato, atribuem às arras a faculdade de retratação do ajustado, e entendem que foram convertidas de confirmatórias em penitenciais.[7] Uma segunda, tendo à frente Cino e Bartolo, Cujácio, Voet, Pothier, firmados estes na glosa,[8] preconizam que houve modificação apenas parcial do velho texto, admitindo a distinção: podem as arras ser dadas antes da perfeição do contrato, ou podem ser entregues depois de concluído. Somente no primeiro caso lhes parece ter havido a comentada modificação; somente para as vendas projetadas é que, no seu entender, importam elas em faculdade de arrependimento. Quando, ao revés, são transferidas depois de completada a convenção, conservam o caráter antigo de *arrha confirmatoria*, e provam a existência dela.[9]

Estas duas funções assumidas pelas arras, segundo os doutores, vieram influenciar a evolução moderna do instituto, que surge nos códigos como reprodução dos entendimentos que os romanistas imprimiam às fontes. Definindo-as confirmatórias dos contratos, ou ligadas à faculdade de retracto, as legislações dos diversos povos nada têm feito além de reproduzir o que encontraram, relatado e explicado pelos romanistas, segundo a velha tradição quiritária, como confirmatórias dos ajustes ou autorizadoras do arrependimento, segundo a codificação do século VI.

As arras eram reguladas no Código de 1916 na parte geral dos contratos, nos arts. 1.094 a 1.097. Dava-se ênfase, assim, ao seu caráter de instrumento preparatório para a celebração do contrato. O Código de 2002 transferiu as regras das arras do direito dos contratos para o direito das obrigações (arts. 417 a 420), mais exatamente para o Título do Inadimplemento das Obrigações, o que lhe atribui maior caráter de prefixação de indenização dos danos sofridos pela parte inocente na hipótese de o contrato não vir a ser celebrado.

202. Função principal: confirmatória

Para umas legislações como a alemã, a suíça, a brasileira, a *arra* ou *sinal*, em seguimento à tradição do Direito Romano antigo, importa em uma convenção acessória real, tendo o efeito de provar que o contrato principal está concluído, havendo as vontades consequentes realizado o negócio jurídico, e considerando-se as partes reciprocamente vinculadas. Motivos de ordem altamente moral apontam este sistema como preferível, porque não deixa a seriedade dos negócios à mercê de um direito de arrependimento comprado e pago antecipadamente. Dadas as arras, o negócio está concluído. Não é mais possível o arrependimento. A parte que, depois de sua transferência, se arrepende e recusa, não usa de um direito, mas infringe o contrato.

---

7   Giorgi, *Obbligazioni*, vol. IV, nº 467; Molitor, *Les Obligations en Droit Romain*, vol. I, § 172.
8   Mayns, *Droit Romain*, vol. II, § 259.
9   Giorgi, ob. cit.

Em que pese a opinião de Larombière,[10] *arra* era, entre os romanos, o anel que um dos contratantes transferia ao outro, para simbolizar a convenção perfeita. Também no velho direito francês não era menos que arra um *vintém marcado,* ou uma pequena moeda de cobre do mais ínfimo valor (*liard*), entregue pelo comprador ao vendedor, a que Pothier denomina *denier d'adieu,* e Merlin chama *denier à Dieu*, e era nitidamente confirmatória, porque, se o comprador pudesse (ou o vendedor) arrepender-se da compra e venda por um vintém, nenhuma seria por certo a seriedade dos negócios.

Efeitos: Dado o sinal, está firmado o negócio. Se o objeto dado em arras for dinheiro ou outro bem móvel (Código Civil, art. 417) ou, como mais precisamente enuncia Saleilles, se guardar relação de fungibilidade com o objeto do contrato,[11] consideram-se princípio de pagamento, que apenas deverá completar-se; devolvem-se, ao contrário, se não existir aquela relação, no momento em que o contrato se executa. Se, porém, o negócio se impossibilitar sem culpa, restituem-se, porque não sobrevive a causa de sua retenção. No caso, entretanto, de a impossibilidade originar-se de culpa, ou se houver recusa de cumprimento, perdê-las-á em benefício do outro contratante, se arrependido ou culpado for o que as tiver dado, caso este não queira obter a execução do contrato (Código Civil, art. 418). Se arrependido for o que as tiver recebido, determina o art. 418 que aquele que as deu tem a faculdade de haver o contrato por desfeito e exigir a sua devolução mais o equivalente (devolução em dobro), acrescido de correção monetária segundo índices oficiais regularmente estabelecidos, juros e honorários de advogado.

A inserção no Código Civil de regra determinando a correção monetária do débito é infeliz e desnecessária. Trata-se de regra elaborada dentro da mentalidade inflacionária que vingou no País desde 1964. A correção monetária é elemento alimentador da inflação, que em níveis altos constitui um dos maiores flagelos sociais, já que faz subsistir simultaneamente duas moedas: a moeda corrente, de quem não dispõe de conta bancária e não pode se proteger em aplicações financeiras; o indexador, que mantém para aquele que tem capital suficiente para depositar o seu dinheiro o seu valor de compra. Também infeliz é a inserção de regra determinando o pagamento de honorários de advogado com o simples inadimplemento da obrigação, independentemente de prova de efetiva prestação do serviço e sem qualquer parâmetro de valor. A interpretação deste dispositivo neste particular deve ser muito parcimoniosa, sob pena de se dificultar ainda mais para o devedor moroso o cumprimento da sua obrigação e eventualmente poder ensejar um enriquecimento sem causa para o credor ou para o seu advogado.

Sob a égide do Código Civil de 1916, discutia-se se as arras importavam em prefixação das perdas e danos. A tendência àquele tempo já era destacar a arra confirmatória da finalidade limitativa das perdas e danos, admitindo os modernos italianos, com fundamento no Código Civil, que a parte prejudicada pelo inadimplemento poderia pedir a resolução ou o cumprimento do contrato, e em ambos os casos seria de-

---

10 Larombière, ob. cit.
11 Saleilles, loc. cit. No mesmo sentido: Eduardo Espínola, *Da Garantia e Extinção das Obrigações*, pág. 355, nota 88; João Luís Alves, *Código Civil Interpretado*, anotações ao art. 1.096.

vido o ressarcimento inteiro das perdas e danos.[12] A controvérsia em nossa doutrina era, porém, acesa. Enquanto, de um lado, Clóvis Beviláqua, Carvalho de Mendonça, Sílvio Rodrigues negavam a suscetibilidade de se acumulares as arras e as perdas e danos,[13] de outro lado não faltava que doutrinasse a cumulação.[14] O Código de 2002 resolveu a polêmica questão: o art. 419 expressamente admite que a parte inocente solicite indenização suplementar, se provar maior prejuízo, valendo as arras como taxa mínima.

O Código reservou ainda ao credor no art. 419 a possibilidade de exigir o cumprimento específico da obrigação, sem prejuízo da cumulação com a indenização por perdas e danos, cujo montante mínimo equivale ao valor das arras. Neste caso, está o credor dispensado de realizar a prova do dano caso se contente em receber a indenização mínima fixada na lei. Somente na hipótese de pretender obter indenização superior àquele valor é que terá que comprovar os danos sofridos.

203. Função secundária: penitencial

Para outras legislações, tendo à frente a francesa, a entrega da arra tem o significado de ser às partes livre o arrependimento ficando a perda do sinal regulando a indenização. Esta faculdade de retratação, que não pode durar indefinidamente, vai até a execução cabal da obrigação.[15] Em geral, a faculdade de retracto é recíproca, porque da natureza, se bem que não da essência das arras. Pode acontecer, porque a bilateralidade não tem caráter de ordem pública, que alguma vez aparece reservada a um só dos contratantes, e em tal caso merece acolhida a respeito.[16]

Assemelha-se a arra penitencial à cláusula penal (v. nº 149, *supra,* vol. II), de que difere por ser uma convenção acessória real, isto é, perfaz-se com a tradição efetiva da coisa; dela se distingue ainda pelo fato da transferência antecipada, ao passo que a cláusula penal é de natureza consensual. Extremam-se ainda pelos efeitos; a cláusula penal torna-se devida se houver infração do ajuste, e, se não houver ou enquanto não houver, seu valor é potencial ou latente; as arras são transferidas desde logo, e seu valor é efetivo e atual para a hipótese de futuro arrependimento. E acrescenta-se que as arras se estipulam para os contratos bilaterais, ao passo que a cláusula penal pode ser estabelecida para qualquer obrigação.[17]

No direito francês, onde a sua função é penitencial (Código Civil francês, art. 1.590), levantou-se a questão se as partes, ao se arrependerem, ofendem um direito adquirido. À negativa inclinou-se a solução mais razoável: retratam-se as partes de

---

12   Ruggiero e Maroi. *Istituizioni*, pág. 76.
13   C. Clóvis Beviláqua, Comentário ao art. 1.095; M. I. Carvalho de Mendonça, *Doutrina e Prática das Obrigações*. vol. II, nº 661; Silvio Rodrigues, *Das Arras*, pág. 98.
14   Cf. Alvino Lima, parecer *in Revista dos Tribunais*, vol. 165, pág. 461.
15   Baudry-Lacantinerie *et* Saignat, *Traité de Droit Civil, De la vente et de l'Échange*, nº 81.
16   Larombière, ob. cit., nº 25.
17   Trabucchi, *Istituzioni*, pág. 595.

um contrato que não transfere direitos enquanto pende a *faculté de débit*. Enquanto esta figurar, a aquisição dos direitos fica em suspenso (Colin *et* Capitant), até que a conduta inequívoca das partes demonstre que dela não se utilizam, se não for pactuada a termo, findo o qual caduca de pleno direito.

Se qualquer das partes, usando um direito seu, recua do negócio, ficam as arras constituindo o índice da indenização, pagando à outra o valor delas: se foi quem as deu, perde-as em proveito da que as recebeu; se esta é a culpada, devolve-se em dobro.[18]

Resolvendo-se o contrato por mútuo consenso, ou impossibilitando-se a prestação sem culpa de qualquer das partes, dar-se-á a devolução das arras simples, e não em dobro, porque teriam perdido a sua finalidade.[19]

O nosso Código Civil, art. 420, admite que tenham as arras esta função penitencial, a que se devem atribuir estes efeitos que a tal caráter se atribuem. Mas é bem de ver que a regra, para nós, é a confirmatória, o que os modernos doutrinadores afirmam ser a sua função natural,[20] resultante da aplicação pura da regra, independentemente de eleição das partes. Para que se lhe atribua o efeito penitencial – *arrha quae ad ius poenitendi pertinet* – é necessária a estipulação expressa.[21]

Não obstante isto, processa-se nos costumes e na vida dos negócios uma transformação de conceitos, segundo a qual a natureza penitencial vai assumindo foros de predominância em tão alto grau que aos poucos o sentido confirmatório do sinal vai passando a segundo plano.

O art. 420 do Código dispõe expressamente que na hipótese de as arras serem penitenciais, o valor da indenização está limitado ao das arras, não cabendo direito a indenização suplementar, mesmo que a parte prejudicada com o arrependimento venha a sofrer prejuízo maior. Nesse caso, embora o arrependimento encerre direito estabelecido no contrato pelas partes, a estipulação textual de arras penitenciais dispensa a menção expressa ao arrependimento, já que este direito se fará presumir da opção pela espécie de arras.

---

18 Aubry *et* Rau, *Cours*, vol. V, § 349; Mazeaud *et* Mazeaud, *Leçons*, vol. III, nº 806.
19 Giorgi, ob. cit., nº 469; Saleilles, ob. cit., nº 249.
20 Trabucchi, ob. cit., pág. 596.
21 Clóvis Beviláqua, Comentário ao art. 1.096 do Código Civil de 1916; Ruggiero e Maroi, *Istituzioni*, pág. 76.

CAPÍTULO XLI
RELATIVIDADE DOS CONTRATOS

Sumário

204. Contratos em favor de terceiro. Generalidades. **205.** Efeitos do contrato em favor de terceiro. **206.** Prestação de fato de terceiro. **206-A.** Contrato com pessoa a declarar.

Bibliografia

Serpa Lopes, *Curso,* vol. III, nº 105; Demogue, *Obligations,* vol. VII, nᵒˢ 759 e segs.; Giorgi, *Obbligazioni,* vol. III, nᵒˢ 412 e segs.; Barassi, *La Teoria Generale delle Obbligazioni,* vol. II, págs. 450 e segs.; Orlando Gomes, *Contratos,* nº 129; De Page, *Traité Élémentaire de Droit Civil,* vol. II, parte I, nᵒˢ 552 e segs.; Gaudemet, *Théorie Générale des Obligations,* págs. 235 e segs.; Francesco Messineo, *Dottrina Generale del Contratto,* págs. 404 e segs.; Colin *et* Capitant, *Cours de Droit Français,* vol. II, nᵒˢ 121 e segs.; Mazeaud *et* Mazeaud, *Leçons de Droit Civil,* vol. II, nᵒˢ 766 e segs.; Trabucchi, *Istituzioni di Diritto Civile,* nº 286; Renato Scognamiglio, *Contratti in Generale,* nº 58; Pacchioni, *I Contratti a Favore di Terzi, passim*; Lúcio Fonte de Resende, *Promessa de Fato de Terceiro*; Enneccerus, Kipp *y* Wolff, *Tratado, Derecho de Obligaciones,* §§ 34 e 35.

204. Contratos em favor de terceiro. Generalidades

Dá-se o contrato em favor de terceiro quando uma pessoa (*o estipulante*) convenciona com outra (*o promitente*) uma obrigação, em que a prestação será cumprida em favor de outra pessoa (*o beneficiário*).

Muito se tem debatido em doutrina a propósito da *caracterização jurídica* deste ato negocial, que por seu aspecto exterior, por sua estrutura e por seus efeitos, se diversifica dos negócios jurídicos ordinários, pelo fato de ostentar algo diferente, com o comparecimento das declarações de vontade de duas pessoas na celebração de um ajuste, o qual beneficiará um estranho à relação jurídica. A estraneidade cresce, atentando-se em que este terceiro, embora não participante da formação do ato, adquire as qualidades de sujeito da relação obrigacional.

Eis por que os autores não se harmonizam na sua conceituação, havendo nada menos de cinco explicações teóricas ou cinco posições doutrinárias diferentes na sua caracterização:[1]

A – Uns pretendem que a estipulação em favor de terceiro não passa de uma *oferta* à espera de aceitação, resultando o contrato formado quando o beneficiário manifesta a vontade de receber a prestação a que o promitente está obrigado. Não satisfaz a teoria, se se observa que o promitente não é mero policitante, mas verdadeiramente obrigado ou vinculado.

B – Outros enxergam na estipulação em favor de terceiro uma *gestão de negócios,* empreendida pelo estipulante, como representante oficioso do terceiro, entabulando negócio que permanece na expectativa de aprovação deste, na qualidade de *dominus.*[2] Também esta explicação não pode satisfazer, pelo fato de agirem em seu próprio nome o estipulante e o promitente, e não *nomine alieno,*[3] o que desfigura inteiramente a hipótese de *negotiorum gestio.*[4]

C – Uma terceira corrente vai buscar na expressão vinculativa da declaração unilateral de vontade a sua estruturação. Mas não logra convencer, já que a estipulação em favor de terceiro requer o concurso de duas vontades para ter nascimento, e é, portanto, um ato tipicamente convencional.

D – Em quarto lugar aparece uma justificativa já mais próxima de realidade, defendida como exceção à regra *res inter alios acta aliis nec nocet nec prodest.*[5] Admitem que o terceiro, não participante de um negócio jurídico, receba a repercussão de seus efeitos. Falta-lhe, no entanto, a complementação, consistente na determinação precisa de sua natureza jurídica.

---

1   Cf. Colin *et* Capitant, *Droit Civil*, vol. II, nº 132; Serpa Lopes, *Curso*, vol. III, nº 67; De Page, *Traité Élémentaire*, vol. II, parte I, nº 664; Demogue, *Obligations*, vol. VII, nºs 815 e segs.

2   "Proprietário".

3   "Em nome alheio".

4   "Gestão de negócios".

5   "O negócio que é feito entre uns, nem prejudica nem beneficia a outros".

E – Finalmente vem a sua configuração como *contrato*. Não um contrato como todos os outros, porém *sui generis,* visto como nasce, firma-se, desenvolve-se e vive como os demais contratos, porém se executa de maneira peculiar, com a *solutio* em favor de um estranho à relação criada. Como nota Clóvis Beviláqua, que é defensor de seu caráter contratual, existe uma despersonalização do vínculo, ao contrário da generalidade dos contratos, criando o que ele denomina "relação contratual dupla".[6] Buscando materialização gráfica para este ato, figuramo-lo como um triângulo, cujo vértice *a* é ocupado pelo estipulante, e os ângulos *b* e *c* da base respectivamente pelo promitente e pelo beneficiário:

A estipulação em favor de terceiro é, com efeito, um contrato, e por isto ganha terreno a preferência pela sua nomeação como *contrato em favor de terceiro*. Origina-se da declaração acorde do estipulante e do promitente, com a finalidade de instituir um *iuris vinculum*,[7] mas com a peculiaridade de estabelecer obrigação de o devedor prestar em benefício de uma terceira pessoa, a qual, não obstante ser estranha ao contrato, se torna credora do promitente. No momento da formação, o curso das manifestações de vontade estabelece-se entre o estipulante e o promitente (lado *a-b* do triângulo). O *consentimento* do beneficiário não é necessário à constituição do contrato, e por conseguinte à criação de vantagens em seu proveito.[8] E nem se argumente contra esta consequência, porque também o herdeiro adquire a herança no momento da abertura da sucessão, independentemente de sua aceitação e até de sua ciência.[9] Não se pode, entretanto, negar ao terceiro a faculdade de *recusar* a estipulação em seu favor, expressa ou tacitamente.[10] No momento de sua execução, flui pela base ou pela linha *b-c* do triângulo, isto é, entre promitente e beneficiário. E, para fechá-lo, lado *a-c*, há faculdades reconhecidas ao estipulante quanto à revogação da estipulação, substituição do beneficiário, e mesmo revogação do benefício em caso de descumprimento de encargo eventualmente imposto ao terceiro, como tudo veremos ao tratar dos seus efeitos no nº 205, *infra*.

A conceituação contratualista da estipulação, que é a sua verdadeira caracterização jurídica, não pode sofrer entre nós a menor dúvida, uma vez que é doutrina legal, perfilhada e consagrada no Código Civil. Por outro lado, não vigora em nosso direito a concepção da estipulação como negócio jurídico acessório. Mesmo onde assim se

---

6   Clóvis Beviláqua, Comentário ao art. 1.098 do Código Civil de 1916.
7   "Vínculo jurídico".
8   De Page, ob. cit., nº 663.
9   Colin *et* Capitant, ob. cit., nº 130.
10 Demogue, ob. cit., nº 829.

entendia, como se dava no direito francês, a elaboração jurisprudencial e o trabalho hermenêutico rejeitaram este caráter, tratando-a como principal.[11] A doutrina moderna está assente em que o fato só da estipulação, independentemente da intervenção ou anuência do terceiro, é que dá origem aos direitos a este destinados.[12]

Se não há harmonia entre os doutores na sua caracterização jurídica, aprovação da doutrina não lhe falta à caracterização econômica, apontando Tito Fulgêncio várias hipóteses de sua utilização no comércio jurídico:

1 – *Constituição* de renda em que o promitente recebe do estipulante um capital, e obriga-se a pagar ao beneficiário uma renda por tempo certo ou pela vida toda.

2 – *Seguro,* em várias de suas modalidades (de vida, contra acidentes pessoais, contra acidentes do trabalho, dotal), em que o segurado (estipulante) contrata com o segurador (promitente) pagar ao beneficiário (terceiro) o valor ajustado, em caso de sinistro.

3 – *Doações modais,* quando o donatário se obriga para com o doador a executar o encargo a benefício de pessoa determinada ou indeterminada.

4 – *Contratos com o Poder Público,* concessão de serviço público etc. em que o contratante (promitente) convenciona com a Administração (estipulante) a prestação de serviços aos usuários (terceiros indeterminados).

Para a formação da estipulação em favor de terceiro exigem-se os requisitos necessários à validade dos contratos em geral – subjetivos, objetivos e formais, convindo tão somente fazer algumas alusões a peculiaridades deste contrato. Começando pelo último observamos que se trata de contrato consensual, sendo livre a sua forma;[13] é muito frequente neste campo o contrato-tipo, como o de adesão. A liceidade e a possibilidade do objeto merecem encarecidas, pois que não muda os termos da equação jurídica o fato de ser o credor um elemento estranho à criação do vínculo. No tocante ao requisito subjetivo, é claro que o estipulante e o promitente hão de ter aptidão para contratar. Não se requer, porém, a capacidade de terceiro, já que ele não intervém na celebração do contrato.[14] Outro aspecto a considerar reside na indagação formulada pela doutrina (Colin *et* Capitant, Mazeaud *et* Mazeaud, De Page) se é válida a estipulação em favor de pessoa indeterminada e futura. Pelo nosso direito não padece dúvida. Somente a indeterminação absoluta do credor invalida o contrato. Se o terceiro é momentaneamente indeterminado, mas suscetível de identificação (determinável), o ato é válido. O mesmo dir-se-á da futuridade, desde que ligada a fatores positivos de caracterização, como a referência aos herdeiros do estipulante ou de pessoa conhecida, alusão à prole de certo casal etc.[15]

---

11 Mazeaud *et* Mazeaud, *Leçons*, nº 782.
12 De Page, ob. cit., nº 677.
13 Mazeaud *et* Mazeaud, ob. cit., nº 776.
14 De Page, ob. cit., nº 671.
15 Neste sentido, ver exemplificativamente o art. 546 do Código Civil.

205. Efeitos do contrato em favor de terceiro

O Direito Romano, que levava ao extremo a personalização do vínculo obrigacional, repelia, a princípio, totalmente a hipótese de uma relação contratual estabelecer-se entre duas pessoas para ser cumprida em mãos de uma terceira. Contudo, a ideia não foi de todo repugnante àquele sistema, no qual se construiu a figura da *donatio sub modo*,[16] que implicava a execução do encargo a benefício de outrem, e ainda da *restituição do dote* a um terceiro que não o dotador. Estes casos tinham, contudo, caráter puramente excepcional. A regra era contida na parêmia *alteri sipulari nemo potest*,[17] enumerada nas *Institutas* de Justiniano, como no Digesto.[18] Mais tarde, dentro mesmo do Direito Romano, chegou-se a admitir a justaposição de cláusula sub-rogatória na *stipulatio,* pela qual se chegava indiretamente à consecução de resultado benéfico a terceiro (*Sponaesne mihi aut Titio?*). Já no Baixo Império chegou-se a conceder a *actio* a terceiro, naquelas hipóteses de doação modal e restituição de dote, depois estendida à restituição da coisa dada em depósito ou comodato.[19]

Mas o preconceito sobreviveu no ânimo dos juristas a tal ponto que quase chegou a nossos dias, como ainda se observa em Pothier.[20] Coube ao direito moderno, especialmente em razão do desenvolvimento econômico, que multiplicou situações, em que a despersonalização do vínculo obrigacional ganha maior extensão, abrir campo a esta figura peculiar de negócio jurídico. Outras hipóteses já eram tradicionalmente consagradas, de repercussão do ato em quem dele não participa (pagamento ao credor putativo; oponibilidade de contrato constitutivo de direitos reais; condição resolutiva em direitos transferidos a terceiros etc.). Mas em todos esses casos, quem recebe a percussão do fenômeno não é propriamente um *terceiro,* que, em sentido técnico preciso, é aquele que permanece substancialmente estranho ao contrato.[21] Desenvolvendo-se a adoção do contrato a favor de terceiro, entrou em alguns Códigos, às vezes a contragosto, como foi o caso do francês ou do italiano de 1865; outras vezes mais desembaraçadamente, como é o do brasileiro ou italiano de 1942.

Uma boa sistematização dos seus *efeitos* deverá distribuí-los em três grupos, em função das três ordens de relações jurídicas criadas: entre estipulante e promitente, entre promitente e beneficiário, e entre estipulante e beneficiário.

A – *Relações entre o estipulante e o promitente.* Na formação do contrato, o estipulante e o promitente agem como quaisquer contratantes. E se o promitente fica obrigado a prestar a um terceiro, nem por isto se desobriga em relação ao estipulante. Ao contrário, enquanto não realiza a *solutio,* permanece vinculado a este, que conserva o direito de exigir o cumprimento do contrato (Código Civil, art. 436). Isto não significa

---

16 "Doação sob modo".
17 "Niguém pode se obrigar por outro".
18 Cf. *Institutiones*, liv. III, tít. XX, § 19; *Digesto*, liv. 44, tít. VII, fr. 11.
19 Colin *et* Capitant, ob. cit., nº 125.
20 Cf. Pothier, *Oeuvres*, vol. II, nº 87.
21 Trabucchi, *Istituzioni*, nº 286.

que ele seja obrigado a agir neste sentido,[22] senão que tem esta faculdade. Pode ainda reservar-se o direito de substituir o terceiro designado no contrato, independentemente de consentimento do promitente, que deverá cumprir a determinação recebida. Basta, para isto, a declaração unilateral de vontade do estipulante, por ato *inter vivos* ou *causa mortis* (Código Civil, art. 438). Neste contrato a prestação é devida a um terceiro, e para o promitente trata-se de negócio normalmente não celebrado *intuitu personae creditoris*.[23] A substituição faz-se livremente, e a prática dos negócios mostra com que frequência ocorre: nos seguros de vida, mediante simples endosso da apólice ou por testamento; nos seguros contra acidentes no trabalho a substituição é a regra, por serem beneficiários os empregados da empresa, cuja relação nominal é periodicamente enviada ao segurador, com substituição, dos que se retiram, pelos novos admitidos. Outra faculdade reconhecida ao estipulante é a sua revogação, caso em que o promitente se exonera em relação ao terceiro, passando em consequência a ser devida a prestação ao estipulante, salvo se o contrário resultar da vontade das partes, ou da natureza do contrato, ou do pouco comum caráter personalíssimo do terceiro.[24] A faculdade de revogar a estipulação, como a de substituir o beneficiário, cessa, como se verá logo abaixo. Cessa, ainda, se houver renúncia a ela, uma vez que não constitui matéria de ordem pública.[25]

B – *Relações entre promitente e terceiro*. Não aparecem na fase de celebração do contrato. Na de execução, o terceiro assume as vezes do credor, e, por isto, tem a faculdade de exigir a *solutio*. Dúvida não se suscita, em nosso direito, em que o terceiro é titular de *ação direta* para este efeito. Muito embora não seja parte na sua formação, pode intervir nele com a sua anuência, e, então, é sujeito às condições normais do contrato (Código Civil, art. 436), enquanto o estipulante o mantiver sem inovações. Os encargos e deveres que lhe resultem têm de ser atendidos, ainda que não haja ele anuído na fase de formação, pela razão simples de que se apresenta como credor condicional, que tem o poder de exigir e a faculdade de receber *sub conditione,* de realizar determinado fato para com outrem (*modus*).

C – *Relações entre estipulante e terceiro*. Formado o contrato entre estipulante e promitente para beneficiar o terceiro, fica o primeiro com o poder de substituí--lo, como visto acima. Cabe-lhe, também, a faculdade de exonerar o promitente, salvo se o terceiro ficar com o poder de exigir a prestação (Código Civil, art. 437), valendo a aceitação do terceiro para consolidar o direito, tornando-o irrevogável e definitivo.[26] Quando a estipulação for acompanhada de encargo imposto no terceiro, tem o estipulante a faculdade de exigir que o cumpra. E, em certos casos, como na *donatio sub modo,* conserva o poder personalíssimo, intransferível, de revogá-la por inexecução do encargo (Código Civil, art. 555). O fundamento da revogabilidade, como da exigibilidade de cumprimento, é o mesmo: *a aceitação* do benefício pelo

---

22 Demogue, *Obligationes*, vol. VII, nº 782.
23 "Em decorrência da pessoa do credor".
24 Barassi, *Obligazioni*, vol. II, nº 146.
25 Demogue, *Obligations*, vol. VII, nº 794.
26 De Page, *Traité Élémentaire*, vol. II, parte I, nº 680.

terceiro, desnecessária à formação do contrato, porém necessária à incorporação do bem ou vantagem ao seu patrimônio, dá-se condicionada ou vinculada à imposição do encargo.

206. Prestação de fato de terceiro

Outro aspecto dos efeitos dos contratos em relação a terceiros está naquele caso da pessoa que se compromete com outra a obter uma prestação de fato de um terceiro. É o chamado *contrato por outrem, ou, promessa de fato de terceiro, como denomina o Código Civil nos arts. 439 e 440.*

Também aqui há uma relação jurídica entre duas pessoas capazes e aptas a criar direitos e obrigações, as quais ajustam um negócio jurídico tendo por objeto a prestação de um fato a ser cumprido por outra pessoa, não participante dele. A doutrina[27] igualmente controverte na sua caracterização jurídica:

a) Gestão de negócios: com a qual guarda sem dúvida remota semelhança, mas de que vivamente difere, pelo fato de o promitente não se pôr na defesa dos interesses do terceiro, oficiosamente; ao contrário, o objetivo a que visa é tornar o terceiro devedor de uma prestação, no interesse do estipulante.

b) Mandato: desassiste razão aos que aproximam ao mandato esta figura contratual, por faltar a representação, que em nosso direito lhe é essencial (v. nº 271, *infra*).

c) Fiança: a aproximação com esta é também resultante de um desvio de perspectiva. A garantia fidejussória é contrato acessório, ao passo que o contrato por terceiro é principal.

Tal qual ocorre na estipulação em favor de terceiro, aqui também há duas fases a considerar:

I – Uma primeira, da *formação,* em que comparecem dois contratantes, e concluem um negócio jurídico no qual somente eles são partes e são interessados.

II – Uma segunda fase, da execução, em que surge uma terceira pessoa, e, dando a sua anuência, obriga-se a uma prestação, para com o credor, segundo o que fora estipulado com o devedor na primeira fase. Este ato negocial compreende, assim, dois devedores. O credor é sempre o mesmo, com direito oponível a seu contratante até a anuência do terceiro, e contra este a partir de então. Os dois devedores são, portanto, sucessivos, e não simultâneos. Primeiramente, o credor o é daquele que se obrigou a obter a prestação do terceiro; uma vez dê este a sua anuência, o credor passa a ter direito de obter a *solutio* contra ele. A sucessividade da relação debitória está em que o terceiro a nada é obrigado enquanto não der o seu acordo, assumindo, destarte, a obrigação de prestar.

---

27   Cf. Serpa Lopes, *Curso*, vol. III, nº 75.

RELATIVIDADE DOS CONTRATOS

A característica essencial desta espécie negocial está assentada precisamente em que não nasce nenhuma obrigação para o terceiro enquanto ele não der o seu consentimento. Pode-se prometer a prestação de fato do terceiro, mas obviamente não se pode compeli-lo a executar a prestação prometida.[28] Durante a primeira fase, existe uma obrigação para quem contratou com o credor, assegurando a este que o terceiro faria a prestação. A denominação do negócio no direito francês dá bem a ideia de sua posição: *convention de porte-fort,* originária da fórmula adotada na celebração do ajuste, quando o devedor primário *"se porte-fort pour un tiers"* (Código Civil francês, art. 1.120), ou no exemplo da doutrina: *"je me porte-fort que Pierre vous paiera cent"*, equivalente a "prometo que Pedro lhe pagará a soma indicada".[29]

A análise da convenção e a sua decomposição nas duas fases esclarecem bem a sua estrutura, quanto aos seus efeitos.

No primeiro momento (*formação*), o devedor primário ajusta a constituição de uma obrigação convencional com o credor, de quem se torna devedor. O *objeto* da sua obrigação é conseguir que o terceiro se obrigue à prestação, isto é, que o terceiro consinta em tornar-se devedor de certa prestação.[30] Ele não deve a prestação final, porque esta ficará a cargo do terceiro, mas é devedor de uma prestação própria, a qual consiste em obter o consentimento do terceiro. Não se desobrigaria, porém, mostrando que envidou esforços no sentido de obter a anuência, porque a sua obrigação, na terminologia que registramos no nº 32, *supra* (volume II), é da categoria das de *resultado*, e não de *meios*; é devedor de uma obrigação de fazer, consistente em conseguir o compromisso do terceiro.[31] Se o terceiro consente, obriga-se, e com isto executa-se a obrigação do devedor primário.

Mas, se não o fizer, o devedor primário (devedor da convenção de *porte-fort*) é inadimplente. E, como se não trata de prestação fungível, porque adstrita à obtenção de compromisso de um terceiro, sua inexecução sujeita-o a perdas e danos (Código Civil, art. 439). A fixação do *objeto* da obrigação, como bem acentua Serpa Lopes, é essencial para que se dê substância à obrigação, e para que se caracterizem os seus efeitos. O *objeto* da obrigação do devedor primário não é limitado a um "esforço" no sentido de obter o consentimento do terceiro. É mais do que isto. Consiste em atingir um resultado: obter aquele compromisso. Assegurando que o terceiro se obrigaria a determinada prestação, haverá inadimplemento se o terceiro negar o seu consentimento. E, então, as perdas e danos são devidas. Uma vez que o terceiro anua e se obrigue, o devedor primário exonera-se, nos termos do art. 440, e não responde perante o credor caso haja inadimplemento do terceiro. Ele não é um *fiador* do terceiro; não é corresponsável pelo cumprimento específico da obrigação que o terceiro vem a assumir. O conteúdo da obrigação, como observa

---

28 Trabucchi, *Istituzioni*, nº 286.
29 Colin *et* Capitant, *Droit Civil*, vol. II, nº 139.
30 Serpa Lopes, loc. cit.
31 Demogue, *Obligations*, nº 733; De Page, *Traité*, vol. II, parte I, nº 895.

Messineo, não é diretamente o fato do terceiro.[32] É o compromisso do terceiro. A sua obrigação extingue-se quando o terceiro assume o compromisso de prestar. E, se não o faz, o credor tem ação contra este que se obrigou ao débito específico, e não contra aquele que se comprometeu a conseguir o compromisso. Os objetos das obrigações não se confundem. Por não atentar nisto, muitos escritores se desviam do bom curso, e nem Clóvis Beviláqua escapou,[33] sustentando tese desafinada da natureza do instituto, provavelmente mal inspirado na defeituosa redação do dispositivo do Código de 1916 por ele comentado, repetido no Código Civil de 2002. É preciso deixar bem certo que o promitente não é *fiador* do terceiro, embora nada impeça que se comprometa na dupla qualidade de *porte-fort* e de fiador. Quer dizer: que se obrigue pelo fato do terceiro e ao mesmo tempo assuma o encargo de substituí-lo como seu garante, no caso de faltar ele à execução do que venha a ser o objeto específico do próprio fato.[34]

O promitente não se exonera, com fundamento nos motivos da recusa do terceiro. Este pode ter razões poderosas para isto, e mesmo assim o devedor primário está sujeito a ressarcir perdas e danos. Seu compromisso era obter o consentimento do terceiro, e não apenas conseguir os motivos da recusa do terceiro.

Exime-se, entretanto, de compor o *id quod interest*,[35] quando a prestação do terceiro não pode ser feita por *impossibilidade* ou por *iliceidade*. No primeiro caso, a obrigação não tem objeto (obriga-se o devedor a que o terceiro lhe alugue um cavalo, e este morre); no segundo, não pode o credor fazer de um objeto ilícito fonte de obrigação jurídica (obriga-se a obter que a autoridade policial conceda licença para que o credor instale uma casa de tavolagem).

Não se exonera o promitente em razão da incapacidade do terceiro, pois nada impede que se obrigue pela prestação de fato de um menor ou de um interdito, e até de pessoa futura, como é o caso, aliás frequente, de quem assume o compromisso de obter o acordo de uma sociedade em vias de constituição.[36] Em todas essas hipóteses o devedor primário responde pelas perdas e danos se o acordo não é obtido, como no caso de recusá-lo o menor ao atingir a maioridade, ou da autoridade judiciária negar autorização para o ato, ou de se não constituir a sociedade, ou de seus órgãos deliberativos decidirem em contrário.

O parágrafo único do art. 439 contém uma exceção à regra do dever de indenizar por parte do promitente em caso de recusa do terceiro de anuir com a obrigação: quando o terceiro for cônjuge do promitente e a validade do ato a ser por ele praticado depender de outorga uxória, desde que eventual indenização imposta ao promitente possa, em razão do regime de bens, afetar o patrimônio do cônjuge que não anuiu em se obrigar. Se assim não fosse, a responsabilização do promitente acabaria

---

32 Messineo, *Dottrina Generale del Contratto*, pág. 414.
33 Clóvis Beviláqua, Comentário ao art. 929 do Código Civil de 1916.
34 De Page, ob. cit., n° 734.
35 "O que interessa".
36 Demogue, *Obligations*, vol. VII, n° 896.

por implicar, igualmente, a responsabilidade do terceiro, em razão do regime de bens decorrente do casamento.

206-A. Contrato com pessoa a declarar

O contrato com pessoa a declarar é modalidade contratual sem origem no Direito Romano, dado o caráter personalíssimo das obrigações, incompatível com a circunstância de duas pessoas celebrarem um contrato, cujos efeitos desbordem delas. Tradicionalmente, os direitos nascidos de um contrato percutem nos que dele participam, seus herdeiros e sub-rogatários, seus cessionários, ou de quem lhes assuma as obrigações. Foi o Código Civil italiano de 1942 que lhe imprimiu tipicidade, nos artigos 1.401 e segs. O Código Civil brasileiro de 2002 o introduziu em nossa tipologia contratual nos seus arts. 467 a 471, posto que desabrigado de uma tradição efetiva em nossa vida negocial, mas que poderá, no futuro, proporcionar consequências úteis.

Não se trata, como a epígrafe da Seção IX parece sugerir, de contrato em que uma das partes seja desconhecida, ou em que somente existe manifestação de vontade unilateral. Isto seria a negação do contrato, que inexiste sem dupla emissão volitiva. O Código refere-se a um negócio jurídico bilateral, no qual já existe o consentimento das partes. O contrato já está formado. Nele fica, todavia, consignado que um dos contratantes reserva-se a faculdade de indicar a pessoa que adquirirá, em momento futuro, os direitos e assumirá as obrigações respectivas (*electio amici*). As partes contratantes estão definidas e identificadas. O que resta é vir a pessoa designada ocupar o lugar de sujeito da relação jurídica assim criada (Código Civil, art. 467).

A indicação da pessoa deve ser feita no prazo estipulado, ou, em sua falta, no de cinco dias, para o efeito de declarar se aceita a estipulação (art. 468). Em face de pronunciamento positivo, o terceiro indicado toma o lugar da parte contratante.

Desdobra-se, desta sorte, o contrato em duas fases. Numa primeira, o estipulante comparece em caráter provisório, permanecendo a avença entre um contratante certo, e outro, meramente indicado, porém dependente de aceitação. Numa segunda, o nomeado passa a ser o *dominus negotii*.

O parágrafo único do art. 468 institui a atração da forma para a aceitação do terceiro, que revestir a do contrato, sob pena de não ter eficácia. A forma para a aceitação será obrigatoriamente a do contrato, ainda que não seja a imposta pela lei.

Define o art. 469 o efeito retro-operante da aceitação. Uma vez manifestada, considera-se que, ao adquirir os direitos e assumir as obrigações, esteve presente como parte contratante desde a data do contrato, independentemente de já existir entendimentos entre ela e o contratante que a designou, ou de inexistirem.

Deste efeito retroativo resulta a controvérsia a propósito da caracterização jurídica desta figura contratual. Ora se entende como uma estipulação em favor de terceiro, ora como um contrato condicional, ora integrado na gestão de negócios, traduzindo-se a aceitação do terceiro nomeado como aprovação ou ratificação do contrato celebrado em seu nome.

Segundo a dogmática italiana, que o Código adotou por modelo, o contrato por pessoa a indicar é um negócio jurídico válido, dotado de obrigatoriedade. Se o nomeado aceita na forma e nas condições estabelecidas nos arts. 468 e 469, adquire os direitos e assume as obrigações. Substitui, portanto, quem o designou na titularidade das relações jurídicas. Se não aceita, nem por isso perde o contrato sua eficácia. Continua válido, subsistindo entre os contraentes originários (art. 470, I).

O mesmo ocorrerá se no prazo estipulado, ou legal, não for feita a indicação; e bem assim se a pessoa nomeada era insolvente, independentemente de o outro contratante conhecer ou não a insolvência no momento da indicação (arts. 470, II, e 471).

CAPÍTULO XLII
VÍCIOS REDIBITÓRIOS

Sumário

207. Conceito de vício redibitório. **208.** Efeitos dos vícios redibitórios. **208-A.** Responsabilidade civil do fabricante.

Bibliografia

Clóvis Beviláqua, *Comentários ao Código Civil,* vol. IV, aos arts. 1.101-1.106; M. I. Carvalho de Miranda, *Doutrina e Prática das Obrigações,* edição atualizada por José de Aguiar Dias, vol. II, nos 692 e segs.; Serpa Lopes, *Curso,* vol. III, nos 96 e segs.; Colin *et* Capitant, *Droit Civil,* vol. II, nos 576 e segs.; De Page, *Traité Élémentaire,* vol. IV, parte I, nos 176 e segs.; Fubini, "Nature Juridique de la Responsabilité du Vendeur pour les Vices Cachés", *in Revue Trimestrielle de Droit Civil,* 1903, págs. 179 e segs.; Cunha Gonçalves, *Da Compra e Venda no Direito Comercial Brasileiro,* nos 128 e segs.; Mazeaud *et* Mazeaud, *Leçons de Droit Civil,* vol. III, nos 977 e segs.; Trabucchi, *Istituzioni di Diritto Civile,* nº 322; Ruggiero e Maroi, *Istituzioni di Diritto Privato,* § 141; Planiol, Ripert *et* Boulanger, *Traité Élémentaire de Droit Civil,* vol. II, nos 2.477 e segs.

207. Conceito de vício redibitório

Vício redibitório é o defeito oculto de que portadora a coisa objeto de contrato comutativo, que a torna imprópria ao uso a que se destina, ou lhe prejudica sensivelmente o valor. É assim que, *mutatis mutandis,* todos os escritores o definem, e que o Código Civil entende no art. 441.

O Código de Proteção e Defesa do Consumidor estende a garantia por defeitos nos produtos de consumo duráveis ou não, à desconformidade em relação às indicações constantes do recipiente, da embalagem, rotulagem ou mensagem publicitária, respeitadas contudo as variações decorrentes de sua natureza, podendo o consumidor exigir a substituição das partes viciadas (Lei nº 8.078, de 11.09.1990, art. 18).

Não se aproxima ontologicamente o conceito de vício redibitório da ideia de responsabilidade civil. Não se deixa perturbar a sua noção com a indagação da conduta do contratante, ou apuração da sua culpa, que influirá, contudo, na graduação dos respectivos efeitos, sem aparecer como elemento de sua caracterização. O erro tem sido apontado como seu fundamento, com o argumento de que o agente não faria o contrato se conhecesse a verdadeira situação (Carvalho de Mendonça); na teoria dos riscos vai justificá-lo Brinz; na responsabilidade do vendedor pela impossibilidade parcial da prestação, assenta-o Regelsberger; vai Windscheid ligá-lo à pressuposição; Cunha Gonçalves acha uma variante desta na inexecução do alienante: Von Ihering prende-o à equidade; Fubini toma em consideração a finalidade específica da prestação.[1] Para nós, o seu fundamento é o *princípio de garantia,* sem a intromissão de fatores exógenos, de ordem psicológica ou moral. O adquirente, sujeito a uma contraprestação, tem direito à utilidade natural da coisa, e, se ela lhe falta, precisa de estar garantido contra o alienante, para a hipótese de lhe ser entregue coisa a que faltem qualidades essenciais de prestabilidade, independentemente de uma pesquisa de motivação. Por isto, Tito Fulgêncio, em síntese apertada e feliz, enuncia-o, dizendo que o alienante é, de pleno direito, garante dos vícios redibitórios.[2] Ao transferir ao adquirente coisa de qualquer espécie, seja móvel, seja imóvel, por contrato comutativo, tem o dever de assegurar-lhe a sua posse útil, se não equivalente rigorosa, ao menos relativa do preço recebido. E, se ela não se presta à sua finalidade natural, ou se não guarda paralelismo com o valor de aquisição, prejudicada por defeito oculto, tem o adquirente o direito de exigir do transmitente a efetivação do *princípio de garantia.*

Segundo o que se deduz da norma legal, e dos princípios doutrinários assentes, alinham-se alguns requisitos de verificação dos vícios redibitórios, a saber:

A – Os defeitos devem ser *ocultos,* pois que os ostensivos, pelo fato de o serem, se presumem levados em consideração pelo adquirente, que não enjeitou mas recebeu a coisa. A verificação deste requisito é às vezes difícil na prática, já que um

---

1   Cf. M. I. Carvalho de Mendonça, *Doutrina e Prática das Obrigações*, vol. II, nº 696; Serpa Lopes, *Curso*, vol. III, nº 98.
2   Tito Fulgêncio, *Programas*, vol. II, Quadro XXX, pág. 78.

defeito pode ser oculto para uma pessoa e perceptível facilmente para outra. A apuração far-se-á, entretanto, *in abstracto,* considerando-se oculto o defeito que uma pessoa, que disponha dos conhecimentos técnicos do adquirente, ou que uma pessoa de diligência média, se não for um técnico, possa descobrir a um exame elementar.[3] Não se reputa oculto o defeito somente porque o adquirente o não enxergou, visto como a negligência não merece proteção. Ressalte-se que em relações de consumo esta característica não é exigida, podendo o produto ou serviço ser enjeitado ainda que o vício seja aparente ou de fácil constatação (art. 26, Lei nº 8.078/1990).

B – Deverão ser desconhecidos do adquirente; se deles tiver conhecimento, mesmo que não sejam aparentes, não se pode queixar de sua presença.

C – Somente se levam em conta os já *existentes* ao tempo da alienação e que perdurem até o momento da reclamação. Os supervenientes afetam coisa já incorporada ao patrimônio do adquirente; e se houverem cessado, deixam a demanda sem objeto.[4] Exceção a esta orientação se faz quanto aos defeitos relativos a produtos e serviços objetos de relação de consumo regidos pela Lei nº 8.078/1990, a qual permite a tutela do vício superveniente à formação do contrato, desde que não tenha sido causado por ato próprio do consumidor, pelo uso inadequado ou inapropriado do produto ou serviço.

D – Não é qualquer defeito que fundamenta o pedido de efetivação do princípio, porém aqueles que positivamente prejudicam a utilidade da coisa, tornando-a inapta às suas finalidades, ou reduzindo a sua expressão econômica.[5] Nas relações de consumo, no entanto, permite-se a execução da garantia também quando há disparidade com as indicações constantes do recipiente, da embalagem, rotulagem ou mensagem publicitária, respeitadas as variações decorrentes de sua natureza, podendo o consumidor exigir a substituição das partes viciadas (art. 18, Lei nº 8.078/1990).

O seu campo de ação é o contrato comutativo. Alguns Códigos o mantêm como integrantes das obrigações do vendedor (francês, italiano de 1865, italiano de 1942, montenegrino, espanhol, alemão, suíço das Obrigações etc.); o argentino insere-o na disciplina dos contratos comutativos; o Projeto Felício dos Santos cuidava deles na parte geral dos contratos; o Código Civil brasileiro consolida a sua dogmática na parte geral dos contratos, mas em particular restringe a sua incidência aos contratos comutativos. A estes, entretanto, e para o efeito de abrigar a teoria dos vícios redibitórios, a lei equipara as doações onerosas (Código Civil, art. 441, parág. único), porque, se não perdem o caráter de liberalidade, impõem ao donatário uma prestação em favor de outrem, determinada ou indeterminadamente (v. nº 233, *infra*).

---

3   Mazeaud *et* Mazeaud, *Leçons*, vol. III, nº 982.

4   Baudry-Lacantinerie *et* Saignat, *Della Vendita e della Permuta*, nº 418; De Page, *Traité Élémentaire*, vol. IV, parte I, nº 177.

5   Cf. a respeito das condições de ocorrência dos vícios redibitórios: M. I. Carvalho de Mendonça, ob. cit., nº 695; Serpa Lopes, ob. cit., nº 99; Colin *et* Capitant, *Droit Civil*, vol. II, nº 578; De Page, ob. cit., loc. cit.; Cunha Gonçalves, *Da Compra e Venda*, nº 129; Baudry-Lacantinerie *et* Saignat, *Della Vendita e della Permuta*, nºs 416 e segs.; Planiol, Ripert *et* Boulanger, *Traité Élémentaire*, vol. II, nº 2.478.

Desde que se configurem as condições de sua ocorrência, o alienante responde pelos vícios redibitórios. Não se exime, ainda que os ignore (Código Civil, art. 443; Código de Defesa do Consumidor, art. 23), pois que o fundamento da responsabilidade, como vimos, não é a sua conduta, mas pura e simplesmente a aplicação do princípio de garantia. E não se exonera, igualmente, se a coisa, já em poder do adquirente, vier a perecer em razão do vício oculto e preexistente (Código Civil, art. 444), pois se é certo que *res perit domino*,[6] a relação de causa e efeito, contudo, entre o perecimento e o defeito implica a responsabilidade do alienante. Neste caso, o adquirente tem direito ao reembolso do preço, posto não restitua a coisa perempta.[7] Ressalva-se, porém, o perecimento devido a caso fortuito, e não em consequência do defeito anterior, para absolver o alienante da garantia, pois que o dano lhe viria de qualquer maneira.[8] Igual solução merece o perecimento devido à culpa do adquirente e não ao vício oculto.[9] E, de nossa parte, acrescentaríamos *casus a nullo praestantur*:[10] ninguém pode ser responsabilizado pelo fortuito.

Também não cabe responsabilidade se a coisa for alienada em *hasta pública*, não só porque a sua exposição prévia possibilitaria minucioso exame, como ainda pelo fato de ser forçada, em processo judicial, em que se realiza por autoridade da justiça. Aliás, é de esclarecer que por venda em hasta pública deve entender-se a que se faça compulsoriamente (penhora em ação executiva, venda por determinação judicial em inventário, venda de bens de órfãos etc.), pois que, se o interessado livremente escolheu o leilão para a alienação, subsistirá a garantia.[11]

Descabe, finalmente, se tiver havido, por parte do adquirente, renúncia expressa ou tácita à garantia. Ressalvamos que, em hipótese de relação de consumo, é considerada abusiva a cláusula contratual que estabeleça a renúncia pelo consumidor à garantia pelos defeitos do produto ou serviço, por força do disposto nos arts. 25 e 51, I, da Lei nº 8.078/1990. Em contratos de adesão celebrados no âmbito de relações paritárias, consideram-se nulas, nos termos do art. 424, as cláusulas que estipulem a renúncia antecipada do aderente a direito resultante da natureza do negócio, dentre as quais se insere a renúncia à garantia por vícios redibitórios.

208. EFEITOS DOS VÍCIOS REDIBITÓRIOS

Recebida a coisa portadora de vício ou defeito oculto, pode o adquirente enjeitá-la redibindo o contrato. Não é obrigado, evidentemente, a manter o negócio e conservar a coisa que não se preste à sua finalidade, ou esteja depreciada. E voltam as

---

6   "A coisa se perde para o seu dono".

7   Mazeaud *et* Mazeaud, ob. cit., pág. 380.

8   Clóvis Beviláqua, Comentário ao art. 1.104 do Código de 1916; Colin *et* Capitant, ob. cit., nº 580-*bis*.

9   Mazeaud *et* Mazeaud, nº 987; Ruggiero e Maroi, *Istituzioni*, vol. II, § 141.

10   "Ninguém é responsável pelo caso fortuito".

11   De Page, ob. cit., nº 175; Planiol, Ripert *et* Boulanger, *Traité Élémentaire*, vol. II, nº 2.479.

partes ao *statu quo ante*.[12] Já o Direito Romano, através da palavra de Ulpiano, havia disciplinado o instituto e determinado este efeito: "*Reddhibere est facere ut rursus habet venditor quod habuerit: quia reddendo id ffiebat, idcirco reddhibitio est appellata. quasi redditio*".[13] Devolverá o adquirente o bem, ou o porá à disposição do alienante. E este terá de restituir o preço, mais as despesas do contrato. Aqui, neste ponto, é que tem importância a apuração da conduta do alienante, que verá sua responsabilidade agravada se conhecia o defeito, caso em que, além da restituição do preço, e mais despesas do contrato, tem de ressarcir ao adquirente as perdas e danos consequentes (Código Civil, art. 443).

Pode acontecer que, portadora embora do vício oculto, a coisa ainda tenha utilidade para o adquirente, e não seja de seu interesse, nem de sua conveniência, enjeitá-la, devolvendo-a ao alienante por via da ação *redibitória* (*actio reddhibitoria* no Direito Romano, *Wandelung* no direito alemão). Em tal caso, faculta-lhe a lei outra ação, a estimatória ou de abatimento de preço (*actio aestimatoria* ou *quanti minoris* no Direito Romano, *Minderung* no alemão), pela qual o adquirente, conservando a coisa defeituosa, reclama seja o seu preço reduzido daquilo em que o defeito oculto a depreciou, para que não o pague por *inteiro,* ou, se já o tiver feito, para que obtenha restituição parcial do despendido (art. 442, Código Civil; e art. 18, § 1º, III, Código de Defesa do Consumidor). Esta faculdade não pode ser levada ao extremo de criar para o adquirente uma fonte de enriquecimento, mas deve ser de *damno vitando*,[14] limitada a proporcionar ao adquirente uma solução equitativa, que o resguarde de pagar pela coisa defeituosa o preço de uma perfeita.

A lei cria, desta sorte, uma obrigação *alternativa* a benefício do adquirente. O alienante deve a redibição do contrato ou a diferença de preço. Ainda cabe uma terceira opção a cargo do adquirente, quando consumidor, que seria a substituição do produto por outro da mesma espécie, em perfeitas condições de uso (art. 18, § 1º, I, Lei nº 8.078/1990). Como a escolha cabe ao credor, fará este a opção, com o efeito de *concentrar a prestação* (v. nº 144, *supra,* vol. II). Daí afirmar-se, com boa extração, que a escolha é irrevogável. Uma vez feita, não admite recuo – *electa una via non datur recursus ad alteram*.[15-16] Opinião contrária se encontra na doutrina alemã, em razão do § 465 do *BGB* permitir o pedido alternativo, e dispor que a redibição ou o abatimento do preço se consideram adquiridos no momento em que o vendedor der a sua aquiescência. O direito francês, além de outros casos em que é negada a opção ao adquirente, faculta-lhe tão somente a ação de abatimento de preço quando o juiz estima o vício oculto pequeno demais para fundamentar a redibição.[17]

---

12 "Estado anterior".

13 *Digesto*, liv. XXI, tít. I, fr. 21, § 1º.

14 "Evitar o dano".

15 "Eleita uma solução não pode se admitir recurso alternativo".

16 Cf. Teixeira de Freitas, *Esboço*, art. 3.589; Carvalho de Mendonça, *Obrigações*, vol. II, nº 700; Clóvis Beviláqua, Comentário ao art. 1.105; Trabucchi, *Istituzioni*, nº 322; Aubry *et* Rau, *Cours*, vol. V, § 355-*bis*.

17 Mazeaud *et* Mazeaud, ob. cit., nº 987.

O direito do adquirente está sujeito a prazo decadencial, que varia de acordo com a natureza do bem: para os bens imóveis, o prazo é de um ano, enquanto para os móveis, o prazo é de trinta dias, ambos contados da tradição (art. 445 do Código Civil). O codificador de 2002 previu, ainda, a redução desses prazos à metade na hipótese de o adquirente ter desde logo a posse do bem, e fixou como termo inicial não já a efetiva entrega, mas a alienação.

O prazo de 30 dias é suficiente quando a coisa móvel é mais simples, sendo exíguo para os aparelhos complexos (instrumentos de difícil instalação, aviões, motores etc.). Sentindo-o, a prática dos negócios corrige a imperfeição legal com a instituição de *prazos de garantia*, durante os quais o alienante responde pela perfeição da coisa transferida, e obriga-se até a substituí-la, se se tornar inapta à sua destinação. Equivale a cláusula a uma *suspensão convencional* da decadência (v. nº 123, *supra*, volume I) e, aplicada à espécie, importa em que, até o advento do termo ajustado, está inibindo o alienante de invocar a decadência do direito do adquirente, que pode postular a efetivação da responsabilidade pelo vício redibitório além do prazo legal de decadência da ação.

É esta uma das modificações da garantia contra os vícios redibitórios. Ela pode ser reforçada e reduzida, o que a doutrina já havia admitido, e a jurisprudência aprovado mesmo antes do Código Civil de 2002, que espancou qualquer discussão sobre a questão ao determinar expressamente, no art. 446, que os prazos para a invocação de vício redibitório não correm na constância de cláusula de garantia. De acordo com o dispositivo, o adquirente deve denunciar o defeito ao alienante nos 30 (trinta) dias seguintes ao seu descobrimento, sob pena de decadência. Se interpretado em sua literalidade, o art. 446 traria uma involução em tema de vícios redibitórios, pois poderia conduzir ao entendimento de que o defeito deve ser denunciado nos 30 dias seguintes ao seu descobrimento, sob pena de decadência, a despeito de, eventualmente, ainda restar prazo para o exercício da redibição. Mesmo antes do Código Civil de 2002, essa orientação não se sustentava, doutrina e jurisprudência já admitiam o início da contagem do prazo para o exercício da redibição a partir do fim do prazo de garantia, não importando o momento em que o vício se apresentou.

O prazo de *garantia* constitui, pois, um reforçamento, e chega mesmo a ser mais do que a responsabilidade pelo vício oculto, porque abrange a segurança de bom funcionamento. Reversamente, é lícito reduzir a garantia, o que constitui cautela adotada por quem negocia em objetos usados, por exemplo: o alienante exime-se de responder pelos defeitos ocultos, ou apenas restringe a responsabilidade. Mas é claro que uma cláusula desta sorte não prevalecerá se o alienante já tem conhecimento do defeito, porque não é jurídico que uma pessoa possa extrair condição favorável da má-fé com que se conduza.[18]

O codificador de 2002 previu no § 1º do art. 445 regra considerada ambígua por alguns. De acordo com o dispositivo, quando o vício, por sua natureza, só puder

---

18   Cf. a respeito da modificação convencional do princípio de garantia; Mazeaud *et* Mazeaud, ob. cit., nº 992; De Page, ob. cit., nº 189; Planiol, Ripert *et* Boulanger, ob. cit., nº 2.488.

ser conhecido mais tarde, o prazo contar-se-á do momento em que dele tiver ciência, até o prazo máximo de 180 (cento e oitenta) dias, em se tratando de bens móveis; e de um ano, para os imóveis. Duas são as possibilidades interpretativas: i) contar os prazos ali fixados a partir do momento em que o vício for revelado, independentemente do tempo transcorrido desde a alienação do bem; ou ii) considerar tais prazos o limite temporal máximo para o surgimento do vício.

A primeira solução vai ao encontro da disciplina expressamente prevista no Código de Defesa e Proteção ao Consumidor, no § 3º do seu art. 26, que determina o início da contagem do prazo no momento em que ficar evidenciado o defeito. No entanto, admitir-se que por interpretação se chegue ao mesmo resultado no âmbito de relações paritárias, importa atribuir ao alienante responsabilidade por tempo indeterminado, uma vez que, por maior que seja o tempo transcorrido desde a alienação, o adquirente sempre poderá acionar o alienante, desde que o faça no prazo decadencial de 180 dias ou 1 ano, conforme a natureza móvel ou imóvel do bem, contado do conhecimento do vício.

A crítica àquela orientação conduz, inevitavelmente, à adoção do segundo entendimento, de acordo com o qual os prazos previstos no § 1º do art. 445 encerram o limite máximo dentro do qual o vício deve surgir para que seja possível imputar responsabilidade ao alienante. Nesse sentido, quando o vício, por sua natureza, só puder ser conhecido mais tarde, o prazo decadencial será de 210 dias (180 dias para o surgimento do vício mais 30 dias para o exercício da redibição), no caso de móveis, e de dois anos (1 ano para o surgimento do vício e mais 1 ano para o exercício da redibição), no caso de imóveis, contados da tradição.

208-A. Responsabilidade civil do fabricante

A tendência moderna de proteção ao consumidor levou a considerar que a teoria dos vícios redibitórios revela-se insuficiente. Construiu-se, então, a doutrina da *responsabilidade civil* do fabricante, cuja essência é reconhecer ação direta contra o produtor, para cobertura de dano causado na utilização de produtos acabados, que revelem defeitos atribuíveis à fabricação.[19]

O Código de Defesa e Proteção ao Consumidor estabelece preceituação mais rigorosa, impondo a substituição do produto por outro da mesma espécie, em perfeitas condições de uso, e a restituição imediata da quantia paga, devidamente corrigida, além das perdas e danos, ou ainda abatimento do preço.

---

19 R. A. Mankiewiez, "La Responsabilité du Fabricant", *in Revue Internationale de Droit Comparé*, 1956, 241; Guido Alpa e Mário Bessone, *La Responsabilita del Produttore*, págs. 137 e segs.; Philippe Malinaud, "La Responsabilité du Fabricant", *in Boletim da Faculdade de Direito de Coimbra*, vol. LV, págs. 9 e segs.; Caio Mario da Silva Pereira, "Responsabilidade Civil do Fabricante", *Revista Forense*, vol. 285, pág. 7; Caio Mario da Silva Pereira, *Responsabilidade Civil*, págs. 153 e segs.

Num reforço das garantias do adquirente o mesmo Código de Proteção e Defesa do Consumidor (Lei nº 8.078/1990) assegura ao consumidor a inversão do ônus da prova no processo civil, quando, a critério do juiz, for verossímil a alegação, ou quando for ele hipossuficiente, segundo as regras ordinárias de experiência (art. 6º, nº VIII).

CAPÍTULO XLIII
EVICÇÃO

Sumário

209. Noção geral de evicção. **210.** Efetivação da garantia. **211.** Evicção parcial.

Bibliografia

Alberto Trabucchi, *Istituzioni di Diritto Civile*, nº 321; Ruggiero e Maroi, *Istituzioni di Diritto Privato*, vol. II, § 141; Clóvis Beviláqua, *Comentários ao Código Civil Brasileiro*, vol. IV, aos arts. 1.107 e segs.; Serpa Lopes, *Curso de Direito*, vol. III, nos 103 e segs.; Arangio Ruiz, "Evizione", *in Dizionario Pratico di Diritto Privato*, de Scialoja; Planiol, Ripert *et* Boulanger, *Traité Élémentaire de Droit Civil*, vol. II, nos 2.529 e segs.; Gaudemet, *Obligations*, pág. 357; Colin *et* Capitant, *Cours Élémentaire de Droit Civil Français*, vol. II, nos 529 e segs.; Mazeaud *et* Mazeaud, *Leçons de Droit Civil*, vol. III, nos 952 e segs.; Cunha Gonçalves, *Da Compra e Venda*, nos 136 e segs.; Sebastião de Sousa, *Da Compra e Venda*, nº 127; Domenico Rubino, *La Compravendita*, nº 169; M. I. Carvalho de Mendonça, *Doutrina e Prática das Obrigações*, ed. atualizada por José de Aguiar Dias, vol. II, nos 705 e segs.; Enneccerus, Kipp *y* Wolff, *Tratado, Derecho de Obligaciones*, vol. II, § 106; Paulo Barbosa de Campos Filho, *Da Evicção do Arrematante*.

209. Noção geral de evicção

Quando alguém adquire o domínio, a posse ou o uso de um bem, por contrato oneroso, está visando a uma utilidade que corresponde à contraprestação efetuada. Nos nᵒˢ 207 e 208 cogitamos dos defeitos materiais da coisa recebida, deduzindo a teoria dos vícios redibitórios. No presente capítulo vamos tratar do defeito de direito, que a atinja. A teoria dos vícios redibitórios aproxima-se da evicção, porque uma e outra vão assentar a responsabilidade do alienante na mesma razão jurídica, que é o princípio de garantia, oferecido pela lei ao adquirente contra o alienante.

Chama-se evicção a *perda da coisa, por força da sentença judicial, que a atribui a outrem, por direito anterior ao contrato aquisitivo*:[1] "*Evincere est vincendo in iudicio aliquid auferre.*"[2]

Analisando esta definição, encontramos, a uma só vez, os seus requisitos e o desenvolvimento do instituto:

A – *Perda da coisa.* Recebendo-a o adquirente em estado de servir, e sem que sofra a ação de qualquer defeito oculto que a atinja, vem a perdê-la privando-se do domínio, da posse ou do uso. A perda pode ser *total* ou *parcial*, conforme o adquirente seja dela despojado na sua integridade ou apenas parcialmente.

B – *Sentença.* Não é qualquer perda que constitui evicção, mas aquela que se opera em virtude de sentença judicial. O perecimento do objeto, a sua destruição, a sua subtração pelas vias de fato de terceiro são hipóteses em que o adquirente sofre a perda da coisa ou de sua utilização. Mas não ocorre evicção, porque esta pressupõe um pronunciamento da Justiça. Não obstante a exatidão do princípio, conforme com a estrutura legal e dogmática do instituto, casos há assemelháveis à evicção, produtores dos mesmos efeitos jurídicos desta. 1 – Abandono da coisa antes de sentença, quando o direito do terceiro-reivindicante é de tal forma incontroverso que o prosseguimento do litígio implicaria injustificada recalcitrância e em dispêndio inútil de energia processual como financeira. Mas, para que o abandono possa equivaler à evicção, não pode ser arbitrário do adquirente, porém nele há de convir o alienante.[3] 2 – *Remissão hipotecária,* na forma do que dispõe o art. 1.481 do Código Civil, em virtude do qual o adquirente de um bem hipotecado, ante a alternativa de sofrer a excussão da hipoteca ou pagar o débito garantido, opta por esta segunda hipótese e, despendendo soma em solução da dívida do alienante, redime a coisa adquirida; não ocorre a sua *perda*, por ter sido evitada com o dispêndio realizado pelo adquirente, o qual, por isto mesmo, tem a faculdade de proceder contra o alienante, como se fosse evicto. 3 – *Vias de fato de terceiro,* confirmadas judicialmente, no caso de o adquirente acorrer em defesa da coisa arrebatada, e na ação que intentar, para reivindicá-la ou sustentar a sua integridade jurídica, ser vencido sob o fundamento do direito anterior do terceiro demandado;

---

1   Clóvis Beviláqua, Comentário ao art. 1.107 do Código Civil de 1916.
2   "Ser vencido num pleito relativo a coisa adquirida de terceiro".
3   Sebastião de Sousa, *Da Compra e Venda,* nᵒ 127; Cunha Gonçalves, *Da Compra e Venda,* nᵒ 137.

a analogia com a evicção está em que o pronunciamento judicial confirmatório da situação fática criada pelo terceiro gera a mesma consequência que produziria uma sentença condenando o adquirente a efetuar sua entrega a outrem. 4 – *Conservação da coisa* por título diverso do contrato aquisitivo, caso em que não ocorre a perda do bem recebido, porque o adquirente vem a consolidar seu direito em virtude de uma causa jurídica diversa, como, por exemplo, no caso de ser herdeiro do terceiro evidente, e tornar-se dono por sucessão *causa mortis*; não há *perda* do bem jurídico, mas fatalmente o perderia se não ocorresse a interferência de outra causa jurídica para a sua retenção.[4]

C – *Anterioridade do direito do terceiro.* A perda da coisa, mesmo que se dê por sentença judicial, não caracteriza por si só a evicção. Esta pressupõe que o pronunciamento da Justiça se funda em causa preexistente ao contrato pelo qual se operou a aquisição do direito do evicto. Se este houver deixado constituir em favor de alguém um direito que motive a perda da coisa, *sibi imputet*[5] e não vá reclamar do alienante, pois que este lhe transferira um bem escorreito. Somente pode o transmitente ser chamado a responder pela perda, quando esta é devida à motivação anterior ao contrato.[6] Em caso de *usucapião iniciado antes* e completado depois da transmissão ao adquirente, a doutrina inclina-se pela sua absolvição, porque, estando nas mãos do adquirente interromper a prescrição, não pode atribuir ao alienante as consequências de ter deixado de fazê-lo e tolerado a continuação de uma posse prejudicial ao seu direito. A sentença atributiva da coisa ao usucapiente não se baseia em causa anterior, porque o início do prazo da prescrição aquisitiva era inidônea a converter a posse em domínio; requer o seu escoamento completo, e este veio ocorrer após o contrato aquisitivo.[7] Ressalva-se, contudo, a responsabilidade do alienante se o prazo prescricional se completa tão próximo do ato de aquisição que não haja tempo para que o adquirente conheça a situação e o interrompa.[8] *Exceção* razoável ao princípio da *anterioridade* é a desapropriação da coisa, posteriormente ao contrato, sempre que o decreto declaratório da utilidade pública já exista no momento da transmissão e não tenha sido acusado pelo alienante,[9] porque, embora a perda da coisa ocorra posteriormente ao contrato aquisitivo, sua causa o antecede, e não está nas mãos do adquirente evitá-la.

O campo de ação da teoria da evicção são os contratos onerosos. Quase todos os Códigos, mesmo os mais modernos, disciplinam a evicção no contrato de compra

---

4 Cf. sobre os casos assemelháveis à evicção: Clóvis Beviláqua, Comentário ao art. 1.107 do Código de 1916; Colin *et* Capitant, *Cours*, vol. II, nº 561; Planiol, Ripert *et* Boulanger, *Traité Élémentaire*, vol. II, nº 2.530.

5 "Impute-se a si, culpa sua".

6 Em julgamento do Recurso Especial 1.577.229 pela Terceira Turma do STJ, decidiu-se que o prazo prescricional para ressarcimento da evicção é de três anos. Isso se deve ao fato de que, "independentemente do seu *nomen juris*, a natureza da pretensão deduzida em ação baseada na garantia da evicção é tipicamente de reparação civil decorrente de inadimplemento contratual, a qual se submete ao prazo prescricional de três anos, previsto no art. 206, § 3º, V, do CC/02" (REsp 1.577.229/MG, Rel. Ministra Nancy Andrighi, Terceira Turma, julgado em 08.11.2016, *DJe* 14.11.2016).

7 Sebastião de Souza, ob. cit., nº 127; Colin *et* Capitant, ob. cit., nº 561.

8 Planiol, Ripert *et* Boulanger, ob. cit., nº 2.536.

9 Rubino, *La Compravendita*, nº 170.

e venda. Mas não têm razão, porque este gênero de garantia não fica adstrito a esta figura contratual. Andou bem o direito brasileiro, colocando-a na parte geral dos contratos, e foi fiel à tradição romana que não limitava os seus efeitos à *emptio--venditio*.[10] Em princípio, o alienante não responde por ela nos contratos gratuitos, a não ser que expressamente o declare. Abre-se, porém, uma exceção legal para as *doações modais*, porque, sem perderem o caráter de liberalidade, assemelham-se aos contratos onerosos, em razão do encargo imposto ao donatário.

O Código de 2002 inovou em relação ao direito anterior, ao dispor que subsiste a garantia da evicção ainda que a aquisição se tenha realizado em hasta pública. Diante de tal regra, a pergunta cabível, não respondida pelo Código, consiste em se saber quem responde pela evicção na alienação em hasta pública, tendo em vista que nessa hipótese a venda não se dá espontaneamente pelo proprietário da coisa, mas sim pelo Estado, a fim de que terceiro seja favorecido. Imagine-se a hipótese de um bem ser alienado em hasta pública após ter sido penhorado para a garantia de uma execução contra o proprietário. Em ocorrendo a evicção, o adquirente do bem deve exigir a indenização pela sua perda do antigo proprietário, ou do credor que obteve o proveito com a venda que veio a ser prejudicada em razão de um direito anterior? Na primeira hipótese, as chances de o adquirente vir a obter a sua indenização são diminutas, tendo em vista o provável estado de insolvência do proprietário que teve bem de sua propriedade levado a hasta pública. Na segunda hipótese, se estará transferindo a responsabilidade pela evicção a quem nunca foi proprietário da coisa evencida.

Não é somente na transmissão de direitos reais que ocorre a responsabilidade pela evicção, senão também na de créditos.[11] Mas aqui os princípios variam um tanto, pois que, conforme já vimos no nº 181, *supra* (vol. I), o cedente responde tão somente pela existência do direito transferido (*veritas nominis*) e não pela solvência do devedor (*bonitas nominis*).

Ocorrendo a perda da coisa nas circunstâncias mencionadas, o alienante é responsável. Este é o princípio essencial. A lei obriga-o a resguardar o adquirente contra os riscos da perda. E não pesa dúvida na perquirição do seu *fundamento*. Dentro de um esquema dedutivo, temos que não há mister, tal qual defendemos para a fundamentação da responsabilidade pelos vícios redibitórios (nº 207, *supra*), incutir fatoração exógena. Basta-nos proclamar o princípio de garantia, pois que o adquirente tem direito a receber a prestação que lhe deve o alienante, e se este não era titular de um direito estreme de dúvidas, será chamado a assegurar o adquirente contra as pretensões de terceiros, e a responder pelas consequências da vitória destes no pleito que se ferir. Noutros termos, o alienante deve ao alienatário garantia e defesa contra qualquer terceiro que, fundado em um vício do direito daquele, prive ou pretenda privar o adquirente, total ou parcialmente, do uso pacífico da coisa.[12] A garantia con-

---

10   Windscheid, Pandette, § 392; Arangio Ruiz, in Dizionario Pratico di Diritto Privato, verb. Evizione; Maynz, Droit Romain, vol. II, § 212. Tradução: "Compra e venda".

11   Rubino, ob. cit., nº 185.

12   Ruggiero e Maroi, *Istituzioni*, vol. III, §141.

tra a evicção é, assim, uma consequência *natural*, embora não *essencial* da obrigação de entregar a coisa alienada.[13]

Por tudo isto, nos contratos onerosos não há necessidade de que se convencione, para que prevaleça a garantia. O alienante responde de direito (Ruggiero) ainda que não o declare, muito embora em fórmula tabelioa habitualmente se reafirme. A garantia, convém repetir, opera *ex lege* e não *ex contractu*. Mas, sendo como é matéria de ordem privada e não pública, têm as partes a faculdade de modificá-la, quer no sentido do seu reforço, quer no de sua redução, e até de sua abolição completa (art. 448) como será examinada no nº 210, *infra*. Excetuam-se esta regra, as disposições constantes do Código de Defesa do Consumidor, que consideram abusivas as cláusulas que exonerem ou atenuem a responsabilidade dos fornecedores ou ainda impliquem a renúncia de direitos (art. 51, I, da Lei nº 8.078/1990). Do mesmo modo, consideram-se nulas, nos termos do art. 424, as cláusulas que estipulem a renúncia antecipada do aderente paritário a direito resultante da natureza do negócio, dentre as quais se insere a renúncia à garantia por evicção.

E, como se não funda na culpa do alienante, vinga a responsabilidade deste, ainda que esteja de boa-fé.[14]

210. Efetivação da garantia

Sendo uma garantia legal, e não convencional, em princípio, cabe ao legislador estabelecer a sua extensão. Ocorrendo a perda judicial da coisa, tem o adquirente a faculdade de voltar-se contra o alienante (Código Civil, art. 450) e exigir que este lhe restitua o preço pago, e mais as despesas com o contrato, honorários de advogado e custas judiciais na ação que lhe impôs a evicção; e ainda lhe indenize os frutos que tiver sido obrigado a restituir, e demais prejuízos que da evicção diretamente lhe resultarem. Neste passo, cabe esclarecer que o alienante responde pela *plus-valia* adquirida pela coisa, isto é, a diferença a maior entre o preço de aquisição e o seu valor ao tempo em que se evenceu (parágrafo único do art. 450), atendendo a que a lei manda indenizar o adquirente dos prejuízos, e, ao cuidar das perdas e danos, o Código Civil (art. 402) considera-as abrangentes não apenas do dano emergente, porém daquilo que o credor razoavelmente deixou de lucrar. E, se a evicção vem privá-lo da coisa no estado atual, o alienante tem o dever de recompor o seu patrimônio, transferindo-lhe soma pecuniária equivalente à estimativa da valorização. Já era esta a opinião de Pothier,[15] que sobrevive hoje, sem cunho de unanimidade, contudo. Se, ao contrário de valorização, estiver depreciada, a aplicação pura e simples do disposto no art. 450 desautoriza levá-la em consideração, pois que constrange o alienante a efetuar a "restituição integral do preço", e não obsta uma possível alegação de que

---

13 Mazeaud *et* Mazeaud, *Leçons*, vol. III, nº 952; Cunha Gonçalves, *Compra e Venda*, nº 136.
14 M. I. Carvalho de Mendonça, ob. cit., vol. II, nº 711.
15 Pothier, *Ceuvres*, vol. III, nº 132.

a *menor-valia* corre à conta de negligência do adquirente.[16] Finalmente, o alienante deve ainda os juros legais, à vista do disposto no art. 404 do Código Civil.

A obrigação do transmitente sobrevive íntegra, ainda que a coisa esteja deteriorada, salvo havendo dolo do adquirente; mas, se este houver auferido vantagens da deterioração (como no caso de ter vendido materiais resultantes da demolição de um prédio), deduzir-se-ão da quantia a receber, a não ser que tenha sido condenado a indenizar o terceiro evincente (Código Civil, arts. 451 e 452), pois se a lei não quer que o adquirente sofra prejuízo com a evicção, não a erige, entretanto, em fonte de enriquecimento.

O tratamento dispensado ao evicto, em face das benfeitorias existentes, é consequência lógica dos princípios gerais que presidem a essa, segundo assentamos no nº 75, *supra* (vol. I). Assim é que, se o adquirente as tiver feito na coisa, e a sentença as não tiver abonado, incluem-se na indenização que o alienante lhe deve; se houverem sido abonadas ao adquirente, mas não tiverem sido por este realizadas, e sim pelo alienante, deduzirá este, do preço que houver de restituir ao adquirente, o seu valor; e se tiverem sido realizadas pelo adquirente, e a este abonadas, delas se não cogitará nas relações entre alienante responsável e adquirente evicto.

Reforçada a evicção por cláusula expressa (e. g., restituição em dobro ou fiança), tem o adquirente o direito de haver o que o reforço lhe assegurar, em quantia ou em coisa, bem como demandará o terceiro fiador.

Ao revés, se por cláusula expressa ficar excluída a garantia (cláusula de *non praestanda evictione*), o adquirente tem o direito de recobrar o preço que pagou pela coisa evicta (Código Civil, art. 449), desacompanhado dos acessórios mencionados acima, pois do contrário consagrar-se-ia locupletamento, retendo o contraente a prestação auferida, muito embora a outra parte não haja conservado a contraprestação. A cláusula de *non praestanda evictione* pode receber, entretanto, uma amplitude maior, e assumir o caráter de exoneração total do alienante, inscrevendo-se entre os casos de cessação de responsabilidade, logo abaixo referidas, quando assume a forma de *renúncia do adquirente*[17] ou quando se estipula com a *declaração* de que o adquirente receba a coisa a seu inteiro risco, com a menção expressa de não ser o alienante obrigado à restituição do preço.[18]

O adquirente não pode demandar pela evicção, afora as hipóteses supramencionadas, quando falta algum dos seus pressupostos essenciais: *a*) se a perda não ocorre em virtude de sentença, mas resulta de caso fortuito, força maior, roubo ou furto, mesmo que o perecimento se dê na pendência da lide (Clóvis Beviláqua), porque o alienante deve a garantia pela integridade jurídica do objeto, mas não tem obrigação de resguardá-lo do fato das coisas ou dos homens. Não há responsabilidade, igualmente, se, em vez de sentença judicial, a perda provier de um provimento

---

16 Mazeaud *et* Mazeaud, ob. cit., nº 968; Planiol, Ripert *et* Boulanger, ob. cit., nº 2.548.

17 Enneccerus, Kipp *y* Wolff, *Derecho de Obligaciones*, § 106; M. I. Carvalho de Mendonça, *Doutrina e Prática das Obrigações*, nº 708.

18 Arangio Ruiz, *in Dizionario Pratico di Diritto Privato*, verb. *Evizione*.

administrativo, como a requisição da coisa ou a condenação do edifício pela saúde pública;[19] b) não há responsabilidade para o alienante se o adquirente sabia que a coisa era alheia, porque seria ele, no caso, um cúmplice do apropriamento, e não pode fundar, na sua conduta ilícita, uma pretensão jurídica; c) igualmente inexiste se sabia o adquirente que a coisa era litigiosa, porque então estava ciente de que a prestação do outro contratante dependia de acertamento judicial que lhe podia ser desfavorável; d) se foi informado do risco da evicção e o assumiu expressamente, liberando o alienante das respectivas consequências, porque um tal contrato seria aleatório, não lhe cabendo reclamar pelo fato de nada vir a existir da coisa adquirida (emptio spei).

Cabe ressaltar que, em qualquer caso de exclusão da garantia contra a evicção, o alienante pode invocar a cláusula para acobertar-se dos efeitos da ação do terceiro evincente. Jamais, sob tal fundamento, encontraria defesa para ato seu que perturbe a utilização da coisa ou prive o adquirente do direito transferido.[20]

Para efetivação do direito resultante da evicção, previa o Código Civil um requisito impostergável: convocar o alienante à integração da lide – laudatio auctoris.[21] Se a ação é intentada pelo adquirente contra o terceiro, na inicial pedirá a citação do alienante para que integre o processo, e responda pelas consequências. Se, ao revés, for réu na ação movida pelo terceiro reivindicante, convocará (denunciação da lide no linguajar processual) o alienante imediato, ou qualquer dos anteriores para que venha assumir a sua defesa (Código Civil, art. 456). Essa possibilidade de denunciação da lide de qualquer um dos alienantes, independentemente da posição que tenha na sucessão de titularidades sobre o bem, foi uma inovação importante do Código de 2002, porque possibilitava ao evicto cobrar a sua indenização diretamente do responsável pela aquisição viciada originária, sem que tivesse que exercer o seu direito contra o alienante imediatamente anterior e sucessivamente. O Código de Processo Civil de 2015, contudo, revogou o artigo 456.

O Código de Processo Civil de 2015 considera admissível, em seu art. 125, I (que seria correspondente ao art. 70, I, do Código de Processo Civil de 1973), a denunciação da lide para que possa haver o exercício do direito de obter indenização por evicção. De acordo com o artigo 125, I, do Código de Processo Civil, "Art. 125. É admissível a denunciação da lide, promovida por qualquer das partes: I – ao alienante imediato, no processo relativo à coisa cujo domínio foi transferido ao denunciante, a fim de que possa exercer os direitos que da evicção lhe resultam". Mudou-se, portanto, o entendimento anterior que estabelecia obrigatoriedade da denunciação da lide, para torná-la facultativa para o exercício dos direitos do evicto.

Atente-se, também, que se encontra revogado o parágrafo único do art. 456 do Código Civil, que continha uma regra de direito processual: se o alienante não com-

---

19 Rubino, loc. cit. Em posição diversa, o Enunciado do Conselho da Justiça Federal/CJF 651, aprovado na IX Jornada de Direito Civil, afirma: "Art. 447: a evicção pode decorrer tanto de decisão judicial como de outra origem, a exemplo de ato administrativo".

20 Cunha Gonçalves, ob. cit., pág. 138.

21 "Nomeação à autoria".

parecesse e fosse manifesta a procedência da evicção, o adquirente poderia deixar de oferecer contestação ou usar de recurso, sem que perdesse a faculdade de proceder contra ele.

Com a morte do alienante (ou de qualquer dos alienantes) a responsabilidade passa aos herdeiros.

Enquanto pender a ação de evicção, está suspensa a prescrição da do adquirente contra o alienante (Código Civil, art. 199, nº III).

211. EVICÇÃO PARCIAL

De início dissemos, com a lei e a doutrina, que a evicção pode ser total ou parcial. Ao cuidar desta agora, começaremos por caracterizá-la: pode ser a perda de uma fração da coisa; pode consistir na negação, ao adquirente, de uma faculdade que lhe fora transferida pelo contrato, como seja uma servidão ativa do imóvel comprado; pode ainda considerar-se o fato de ter de suportar a coisa um ônus ou encargo não declarado, em benefício de outrem, como se dá quando o adquirente é vencido em ação confessória de servidão em favor de outro prédio.[22]

Sendo a evicção parcial mais *considerável*, abre-se ao adquirente uma alternativa: resolução do contrato ou restituição parcial do preço. Na primeira hipótese, tudo se passa como se fosse total a evicção, com a diferença apenas que o adquirente lhe devolve a parte remanescente do bem. Na segunda, isto é, optando pela conservação da coisa e abatimento do preço, tem o adquirente direito a que o alienante lhe restitua parte do preço, correspondente ao desfalque sofrido (Código Civil, artigo 455). Como pode decorrer largo tempo entre o contrato e a efetivação da garantia, e é normalmente o que se passa com o retardamento habitual do desfecho do pleito movido pelo terceiro evincente, sempre ocorre variação no valor da coisa evicta. Manda a lei (Código Civil, parágrafo único do art. 450) que a importância do desfalque seja calculada em proporção do valor dela ao tempo em que se evenceu, porque considera que nesse momento é que efetivamente ocorreu a diminuição patrimonial. Se tiver havido aumento, o adquirente recebe soma proporcional à valorização. Mas, reversamente, se tiver ocorrido depreciação, suporta-a o adquirente, pois que, pela aplicação do dispositivo, não vigora o mesmo princípio que relativamente à evicção total: nesta, a restituição do preço é integral; naquela, o adquirente evicto parcialmente suporta a menor-valia da coisa.[23]

Como visto, a opção pela rescisão do contrato ou pelo abatimento do preço somente se dá quando a evicção for parcial e *considerável*. Não cabe a alternativa naquela *não considerável,* caso em que se entende competir ao adquirente a ação *quanti minoris*,[24] por via da qual peça a restituição proporcional, da parte do preço

---

22 Clóvis Beviláqua, Comentários ao art. 1.114 do Código de 1916; Planiol, Ripert *et* Boulanger, nº 2.532.

23 Mazeaud *et* Mazeaud, *Leçons*, nº 969; Planiol, Ripert *et* Boulanger, nº 2.560.

24 "Ação estimatória".

pago, pois que se não justifica o desfazimento de um negócio jurídico perfeito por questão de nonada (art. 455).

Não cuidou, porém, a lei de definir o que seja *parte considerável* da coisa evicta, relegando-o à doutrina. Chamada a opinar, sustenta ser aquela perda que, em relação à finalidade da coisa, faça presumir que o contrato se não realizaria se o adquirente conhecesse a verdadeira situação.[25] Cunha Gonçalves observa que a caracterização da parte considerável não atenderá somente ao critério da *quantidade* em relação ao todo, porém, à *qualidade* e à *natureza*, também, pois bem pode ser que um desfalque de extensão reduzida seja mais grave do que um maior, tendo em vista as circunstâncias de fato.[26] Com efeito, se alguém compra fazenda de criar, e perde apenas pequena fração dela, porém na parte em que se situa a aguada, o desfalque é relevantíssimo, por alcançar a própria finalidade econômica do objeto, e a evicção será considerável, não obstante quantitativamente ínfima.

---

25 Planiol, Ripert *et* Boulanger, nº 2.558; Clóvis Beviláqua, loc. cit.; João Luís Alves, *Código Civil Interpretado*, pág. 757; Sebastião de Sousa, *Da Compra e Venda*, nº 128.

26 Cunha Gonçalves, *Da Compra e Venda*, nº 120.

CAPÍTULO XLIV
EXTINÇÃO DOS CONTRATOS

Sumário

212. Cessação da relação contratual. **213.** Resilição voluntária. **214.** Cláusula resolutiva: tácita e expressa. **215.** *Exceptio non adimpleti contractus.* **216.** Resolução por onerosidade excessiva. Teoria da imprevisão.

Bibliografia

Orlando Gomes, *Contratos,* n⁰ˢ 131 e segs.; De Page, *Traité Élémentaire de Droit Civil*, vol. II, parte I, n⁰ˢ 752 e segs.; Planiol, Ripert *et* Boulanger, *Traité Élémentaire de Droit Civil,* vol. II, n⁰ˢ 470 e segs.; Serpa Lopes, *Curso de Direito Civil,* vol. III, n⁰ˢ 110 e segs.; Carvalho de Mendonça, *Doutrina e Prática das Obrigações,* vol. II, n⁰ˢ 614 e segs.; Colin *et* Capitant, *Cours de Droit Civil Français,* vol. II, n⁰ˢ 83 e segs.; M. Picard *et* Prudhomme, "La Résolution Judiciaire des Contrats par Inexécution des Obligations", *in Revue Trimestrielle de Droit Civil,* 1912, pág. 61; Mazeaud *et* Mazeaud, *Leçons de Droit Civil,* vol. II, n⁰ˢ 720 e segs.; Trabucchi, *Istituzioni di Diritto Privato,* vol. II, § 139; Serpa Lopes, *Exceções Substanciais, Exceção de Contrato não Cumprido,* n⁰ˢ 26 e segs.; Karl Larenz, *Base del Negócio Jurídico y Cumplimiento de los Contratos;* Arnoldo Medeiros da Fonseca, *Caso Fortuito e Teoria da Imprevisão,* n⁰ˢ 141 e segs.; Enneccerus, Kipp *y* Wolff, *Tratado, Derecho de Obligaciones,* vol. I, §§ 33 e segs.

212. Cessação da relação contratual

Quando ensinamos o direito do contrato, pela primeira vez, em 1952, organizamos o nosso programa encerrando a sua parte geral com a tese 13ª, em que enfeixamos a matéria que constitui objeto deste capítulo. Não faltou quem criticasse a sua reunião tachada de aglomeração desencontrada. Mas sem razão. Sempre entendemos que a aproximação dos assuntos é muito maior do que aparenta, todos eles interligados pela ideia de cessação da relação contratual, embora sob a informação imediata de causa próxima diversa: convenção entre as partes, implemento de condição, falta da prestação devida, onerosidade excessiva. Não obstante a causação diversificada, está sempre presente a ideia de extinção do contrato. E o assunto tem sido tratado por alguns escritores, embora nem sempre a unidade de orientação prevaleça.[1] A sistematização a que obedecemos atende a critério mais simples, e ainda à presença de causas específicas. Aqui estão quatro aspectos da extinção da relação contratual. Em outras passagens mereceram tratamento institutos jurídicos dotados de efeitos análogos, a que abaixo faremos alusão, explicando por que foram estudados à parte.

Como todo negócio jurídico, o contrato cumpre o seu ciclo existencial. Nasce do consentimento, sofre as vicissitudes de sua carreira, e termina.

Normalmente, cessa com a prestação. A *solutio* é o seu fim natural, com a liberação do devedor e satisfação do credor. Não cabe retornar ao assunto, já que sobre todos os aspectos do *pagamento* dissertamos nos n°s 152 e segs., *supra* (vol. II). Não importa a natureza da *solução,* nem a sua forma. Na *obligatio dandi*[2] ou na *obligatio faciendi,*[3] o cumprimento extingue a obrigação. Extingue o contrato.

Umas vezes, o contrato é fulminado pela declaração de sua invalidade, quando ocorre defeito na sua formação, de ordem subjetiva, de ordem objetiva ou de ordem formal, impedindo o pleno desenvolvimento da declaração de vontade e a produção de seus efeitos. Da *ineficácia,* nas suas configurações todas, tratamos nos n°s 108 e segs., *supra* (vol. I), bem como no nº 187, neste volume.

Não nos deteremos no estudo das causas *extintivas das obrigações*, que por via de consequência dissolvem o contrato (De Page). Aludimos, em primeiro plano, à *rescisão,* em casos e por motivos especiais. Os contratos revogam-se por fraude contra credores, tanto no caso de insolvência do devedor civil, quanto no estado de falência do mercantil. Mas não trataremos da postulação revocatória e suas consequências, porque já o fizemos no nº 93, *supra.* Ao formularmos a teoria das *arras,* mostramos (nº 203, *supra*) que, embora como função acessória, o nosso direito atribui-lhes o caráter *penitencial,* o que permite aos contratantes a faculdade de arrependimento, e consequente desfazimento do vínculo contratual, mediante a

---

1 De Page, *Traité*, vol. II, parte I, nº 752; Serpa Lopes, *Curso*, vol. III, nº 110; Orlando Gomes, *Contratos*, nº 131.
2 "Obrigação de dar".
3 "Obrigação de fazer".

sua perda ou restituição duplicada. Noutro campo é a *impossibilidade* da prestação que, tanto na obrigação de dar quanto na de fazer, autoriza a *resolução,* com perdas e danos se houver culpa do devedor, ou sem ressarcimento se não a houver (v. n°s 133 e 135, *supra,* vol. II). Ao tratarmos da inexecução das obrigações, mostramos que o caso fortuito e a força maior importam em escusativas de responsabilidade (n° 177, *supra,* vol. II), com liberação do devedor, mesmo contratual, pois que *casus a nullo praestantur.*[4] Não retornaremos a esses assuntos.

Cabe aqui, portanto, cuidar tão somente das causas específicas de terminação da vida do contrato, deduzindo-as em termos singelos, pois que a ausência de siste-matização e a preocupação com minúcias inconsequentes têm gerado a obscuridade e má compreensão das teorias.[5]

213. Resilição voluntária

Em longa e minuciosa exposição, mostramos como o acordo de vontades atua na gênese do contrato. A vontade humana, declarada em conformidade com a ordem jurídica, é dotada de poder jurígeno, portadora da faculdade criadora deste ente negocial que é o contrato. E em seguida fixamos a sua força obrigatória. Uma vez perfeito, o contrato entra em fase de produção de efeitos, o primeiro dos quais é a instituição do nexo que vincula um ao outro contratante, e estabelece a necessidade de seu cumprimento – *pacta sunt servanda.*[6]

Mas pode acontecer que, por motivos que variam ao sabor dos interesses das partes, ou das injunções ambientes, ocorra a hipótese de convir que se impeça a produção dos efeitos do contrato ainda não cumprido, ou não totalmente executado.

A liberação dos contratantes opera-se, então, por via da *resilição voluntária.* Consiste na dissolução do vínculo contratual, mediante atuação da vontade que a criara. Pode ser *bilateral* ou *unilateral.*[7]

Resilição bilateral ou *distrato,* como o art. 472 do Código denomina esta figura jurídica, é a declaração de vontade das partes contratantes, no sentido oposto ao que havia gerado o vínculo. É o *contrarius consensus*[8] dos romanos, gerando o *contrato liberatório.*[9] Algumas vezes é chamada de *mútuo dissenso.*[10] Não nos parece adequa-

---

4   "O acaso não aproveita a ninguém".
5   De Page, ob. cit., n° 752.
6   "Os acordos devem ser cumpridos".
7   A palavra *resilição,* defendida em nome da boa técnica, é a que melhor traduz este fenômeno jurídico, mais significativa do que *resolução, rescisão* ou *revogação,* cada uma com o seu significado específico. Cf. De Page, ob. cit.; Orlando Gomes, loc. cit.
8   "Consenso contrário".
9   Ruggiero e Maroi, *Istituzioni,* § 139.
10   Planiol, Ripert *et* Boulanger, *Traité Élémentaire,* vol. II, n° 471; Colin *et* Capitant, *Cours,* vol. II, n° 144; De Page, n° 759; Lacerda de Almeida, *Obrigações,* § 91, batiza a extinção de alguns contratos consensuais não solenes com o mesmo apelido.

da a designação, pois que *dissenso* sugere desacordo, e esta modalidade de ruptura do liame contratual resulta da harmonia de intenções, para a obtenção do *acordo liberatório,* tendo em vista obrigações ainda não cumpridas.

O mecanismo de sua celebração é o que está presente na do contrato: a mesma atuação da vontade humana, dotada do poder de criar, opera na direção oposta, para dissolver o vínculo, e restituir a liberdade àqueles que se encontravam atados. Qualquer contrato pode cessar pelo distrato. Basta que o queiram as partes, e estejam aptas a emitir a declaração de vontade liberatória.

A lei determina, entretanto, a atração da *forma* (Código Civil, art. 472), estatuindo que se faça pela mesma exigida pela lei para contratar. Note-se que a forma do distrato não deve necessariamente obedecer à que foi adotada no contrato, como ocorria na vigência do Código de 1916, mas, sim, a que a lei exige. Assim, se um contrato de compra e venda que tem por objeto bem móvel foi celebrado por instrumento público, pode ele se extinguir por distrato celebrado por instrumento particular.

A prática dos negócios sugere exame de situações especiais, onde falta a observância desse requisito. Por acordo sumário, as partes desfazem-se do contrato, independentemente de obediência à forma: um comerciante que restitui mercadorias ao fornecedor; um locatário que desocupa a casa antes de findo o prazo; o mutuário que antecipa a solução da obrigação etc. Embora não se observe a exigência formal, vale a atitude contrária, porque está em jogo o puro interesse das partes. Mas, se se tratar de ato sujeito à apreciação de qualquer organismo estatal, não vinga o distrato sem observância da forma, ainda que a adotada para o contrato tenha sido livremente escolhida. Não se pode, por exemplo, dissolver um contrato de aquisição de aeronave mediante o simples acordo verbal e a restituição do objeto do contrato. Necessária será a forma escrita para que o distrato possa ser aprovado pela autoridade competente, conforme determina a lei. O distrato produz efeitos normalmente *ex nunc,*[11] isto é, a partir do momento em que se ajusta, não retroagindo para alcançar as consequências pretéritas, que são respeitadas.[12] Pode operar nova transmissão de propriedade, e está sujeito a nova tributação.[13]

Resilição unilateral tem caráter de exceção. Um dos efeitos do princípio da obrigatoriedade do contrato é, precisamente, a alienação da liberdade dos contratantes, nenhum dos quais podendo romper o vínculo, em princípio, sem a anuência do outro (v. nº 185, *supra*). Por isso é que o art. 473 do Código somente em casos excepcionais admite que um contrato cesse pela manifestação volitiva unilateral. O *comodato, o mandato, o depósito,* pela sua própria natureza, admitem a resilição unilateral. Os contratos de *execução continuada,* quando ajustados por prazo *indeterminado,* comportam a cessação mediante a *denúncia* promovida por um dos contratantes. Assim ocorre no fornecimento continuado de mercadorias, ou em alguns tipos de locação. O contrato de trabalho, por prazo indeterminado comporta a resi-

---

11 "A partir de agora".
12 Serpa Lopes, nº 114.
13 Planiol, Ripert *et* Boulanger, nº 472; De Page, nº 759.

lição unilateral, mas a Consolidação das Leis do Trabalho manda observar o *aviso prévio*, variável em função do regime salarial (art. 487). Os contratos de consumo, por sua vez, não permitem a inclusão de cláusulas que autorizem o fornecedor a cancelar o contrato unilateralmente, sem que igual direito seja conferido ao consumidor (art. 51, XI, Lei nº 8.078/190), em verdadeira tutela do direito do consumidor em ver garantida a continuidade no fornecimento de produtos ou serviços.

É preciso ter em vista que os *efeitos* da resilição unilateral diferem dos da bilateral. Esta importa na extinção do contrato e de suas consequências, tendo por limites as conveniências das partes e os direitos de terceiros. Aquela, não obstante gerar a extinção da relação contratual, compadece-se com a extensão de efeitos do contrato atingido.

Por esse motivo é que o parágrafo único do art. 473 do Código determina que se, dada a natureza do contrato, uma das partes houver feito investimentos consideráveis para a sua execução, a denúncia unilateral só produzirá efeito depois de transcorrido prazo compatível com a natureza e o vulto dos investimentos. Esta é uma novidade do Código de 2002. O legislador poderia ter determinado apenas o pagamento das perdas e danos sofridos pela parte que teve prejuízos com a dissolução unilateral do contrato. Preferiu atribuir uma tutela específica, transformando o contrato, que por natureza poderia ser extinto por vontade de uma das partes, em um contrato comum – passível apenas de distrato –, valendo essa nova regra pelo prazo compatível com a natureza e o vulto dos investimentos. Caberá ao juiz determinar, com a ajuda da perícia técnica se necessário, o prazo em que fica suspenso o direito da parte de resilir unilateralmente o contrato sem qualquer motivação específica. O critério legal é o de proporcionar à parte prejudicada pela resilição unilateral a obtenção do objetivo previsto no contrato, de acordo com a natureza do contrato e dos investimentos realizados. Em um comodato de imóvel sem prazo, por exemplo, não é razoável admitir que, alguns dias depois de o comodatário se instalar, após a realização de obras vultosas, o comodante solicite a sua imediata restituição sem qualquer justificativa decorrente de fato superveniente. Se o comodatário realizou obras no imóvel para ocupá-lo, esse prazo poderá se estender por mais tempo.[14]

Cabe a advertência, no entanto, de que não é a qualquer tipo de contrato que essa regra do parágrafo único do art. 473 tem incidência. Certos contratos, como o mandato, admitem por sua natureza a resilição unilateral incondicional, porque tem fundamento na relação de confiança entre as partes. Nessas hipóteses deve restar ao prejudicado apenas obter indenização pelos danos sofridos, sem a possibilidade de extensão compulsória da vigência do contrato.

---

14 Em julgamento do Recurso Especial 1.555.202 pela Quarta Turma do STJ, decidiu-se que as partes de contrato devem velar por uma rescisão unilateral responsável. De acordo com o relator do recurso, Ministro Luis Felipe Salomão, "se, na análise do caso concreto, percebe-se a inexistência de qualquer conduta desabonadora de uma das partes, seja na conclusão ou na execução do contrato, somada à legítima impressão de que a avença perduraria por tempo razoável, a resilição unilateral imotivada deve ser considerada comportamento contraditório e antijurídico, que se agrava pela recusa na concessão de prazo razoável para a reestruturação econômica da contratada" (REsp 1.555.202/SP, Rel. Ministro Luis Felipe Salomão, Quarta Turma, julgado em 13.12.2016, *DJe* 16.03.2017).

Compreende-se na resilição voluntária a *declaração unilateral* de vontade, manifestada em consequência de cláusula ajustada em *contrato bilateral,* e que produz as consequências do distrato. A notificação é unilateral, mas a cessação do contrato é efeito da vontade bilateralmente manifestada. Esta circunstância tem mesmo levado alguns autores a tratálo como resilição convencional.[15]

Quando um contrato é celebrado *intuitu personae,*[16] a impossibilidade da execução sem culpa, como a morte daquele em consideração do qual se ajustou, tem como consequência a sua resilição automática, dado que é insubstituível a parte falecida. Esta cessação pode-se dizer *resilição convencional tácita,* por entender-se que os contratantes o avençaram com a cláusula implícita de extinção.[17]

214. CLÁUSULA RESOLUTIVA: TÁCITA E EXPRESSA

Aqui estamos cogitando da cessação do contrato – *resolução* – em consequência de ter o devedor faltado ao cumprimento da sua obrigação.

No antigo Direito romano, era desconhecida esta razão de ruptura do nexo. Na compra e venda, admitia-se, contudo, uma cláusula (*lex commissoria*) segundo a qual se operava a resolução do contrato por falta de pagamento do preço. Nos contratos inominados, a atividade pretoriana criou mais tarde uma *condictio,* pela qual um contratante se esquivava do prometido, à vista do descumprimento da outra parte. Mas nunca chegou aquele Direito a elaborar o meio técnico, em sentido geral, de promover a resolução do contrato pelo fato de deixar a outra parte de efetivar a prestação a que era obrigada. Foi na Idade Média que se adotou a praxe de inserir em todo contrato uma *lex commissoria,* pactuando a resolução por inadimplemento, e coube aos canonistas fazê-lo em fortalecimento dos princípios morais em respeito à boa-fé, proclamando que, independentemente de sua inserção explícita, dever-se-ia presumir a vontade de desfazê-lo, como punição contra o que o infringisse.

Os Códigos modernos, no desenvolvimento da ideia, instituem o princípio que se denomina *cláusula resolutiva tácita,* imaginando-se que, em todo contrato bilateral, a sua inexecução por uma das partes tem como consequência facultar à outra promover a sua resolução, se não preferir a alternativa de reclamar a prestação, muito embora não tenham sido ajustadas estas consequências.

Uma controvérsia sem trégua divide os doutores a propósito de seu *fundamento.* Alguns escritores vão assentá-la na teoria da *causa,* sob a alegação de que, nos contratos bilaterais, sendo a obrigação de uma parte a causa da outra, e *vice-versa,* o seu descumprimento importa em deixar a obrigação do outro contratante não causada, e, em consequência, o contrato resolve-se.[18] A explicação não satisfaz, não só porque a adoção da cláusula resolutiva tácita não é incompatível com os sistemas não causalis-

---

15 De Page, nº 762; Ruggiero e Maroi, loc. cit.
16 "Em decorrência da pessoa".
17 Mazeaud *et* Mazeaud, nº 739.
18 Colin *et* Capitant, *Droit Civil*, vol. II, nº 140.

tas (como o nosso), como ainda porque o credor, optante por exigir do devedor inadimplente a execução do obrigado, ao invés da resolução do contrato, procede em termos de prestigiar o contrato, que não sofre, assim, os efeitos da ausência de causação. Por outro lado, se a causa é erigida em elemento do negócio contratual, sua falta gera a nulidade e não a resolução.[19] Para Picard e Prudhomme, seu fundamento é a *equidade*, que se não compadece com a execução do contrato quando ocorre desequilíbrio gerado pela inexecução.[20]

Para determinar a base teórica da cláusula é preciso remontar à interdependência das prestações. Desde que fique assentada, ressalta a resolução por inexecução de um dos contratantes como consequência natural.[21]

No tocante ao mecanismo de sua atuação, duas orientações doutrinárias se desenham, com as respectivas repercussões legislativas. A primeira é a seguida pelo direito alemão (BGB, § 326), por isto mesmo denominada *sistema alemão*: nos contratos bilaterais, um contratante pode assinar ao outro, que esteja em mora, prazo para efetuar a prestação que lhe compete, sob pena de recusá-la após a sua expiração, resolvendo o contrato ou exigindo a reparação das perdas e danos. A característica essencial deste sistema é a desnecessidade de pronunciamento judicial, operando a cláusula tácita a resolução do ajuste, mediante a atuação direta do próprio interessado. A segunda é a adotada no Código Civil francês (art. 1.184) e conhecida como *sistema francês:* descumprido o contrato bilateral, abre-se uma alternativa ao lesado para exigir a sua execução ou resolvê-lo com perdas e danos. Mas não cabe a atuação direta do interessado. Somente é admissível a resolução mediante sentença, em que o juiz aprecia a conduta do contratante acusado. O que o sistema francês concede ao interessado não é a resolução automática da avença, porém a legitimidade *ad causam* para iniciar o processo judicial visando a este objetivo. O Código francês vai mais longe, e ainda confere ao juiz a faculdade de conceder ao réu um prazo, conforme as circunstâncias.

Diante desta dupla orientação político-legislativa, inclinou-se o nosso Código pelo sistema francês, o que, aliás, afina com os princípios dominantes em nosso direito anterior:[22] a parte lesada pelo inadimplemento pode requerer a resolução do contrato com perdas e danos (Código Civil, art. 475).[23]

Seguindo a orientação da parte geral, ao instituir a dogmática das modalidades do negócio jurídico, o art. 474 do Código dispõe que a condição resolutiva tácita depende de interpelação judicial, com fixação de prazo para que a parte faltosa efetue

---

19 Planiol Ripert *et* Boulanger, *Traité Élémentaire*, vol. II, nº 515.
20 Maurice Picard *et* Prudhomme, "La Résolution Judiciaire des Contrats pour Inexécution des Obligations", *in Revue Trimestrielle de D*roit Civil, 1912, pág. 61.
21 Planiol, Ripert *et* Boulanger, nº 516.
22 Ordenações, liv. IV, tít. 5º, § 2º.
23 De acordo com o Enunciado 31, das Jornadas de Direito Civil do Conselho da Justiça Federal/CJF, na interpretação do art. 475, "as perdas e danos mencionados no art. 475 do novo Código Civil dependem da imputabilidade da causa da possível resolução".

EXTINÇÃO DOS CONTRATOS

a prestação que lhe compete, sob pena de resolver-se o contrato, e somente escoado ele é que caberá requerer a resolução (v. nº 97, *supra,* vol. I).

Pronunciado o rompimento do vínculo contratual, estendem-se os efeitos do ato desfeito, com sujeição do inadimplente ao princípio da reparação, que na forma da regra comum deve ser ampla, compreendendo o dano emergente e o lucro cessante.

Entre as duas orientações legislativas, ou os dois sistemas, parece-nos merecer aplausos o sistema entre nós vigente, que, se pode ser acusado de procrastinar o desfecho da resolução, na conformidade da lentidão do curso processual, oferece a utilidade de não sujeitar a estabilidade dos negócios aos caprichos ou ao precipitado comportamento de um dos contratantes, interessado na ruptura do vínculo, e de submeter as circunstâncias da inexecução ou da mora à apreciação imparcial e desapaixonada do Poder Judiciário.

Não contentes com a cláusula resolutiva implícita, as partes frequentemente ajustam que a inexecução da obrigação importa na resolução de pleno direito. É a adoção da antiga *lex commissoria,* que as partes inserem como integrante do próprio negócio jurídico, e que opera a ruptura do vínculo como consequência da vontade mesma criadora deste. (No nº 229, *infra,* trataremos do pacto comissório na compra e venda.) Aqui tratamos da *cláusula resolutiva expressa.*

Não há, ao propósito, os mesmos problemas que acompanham a resolução tácita e nem a parte que lhe sofre os efeitos tem motivos de queixar-se de seu rigor, pois que foi ajustada expressamente, e aceita livremente a sua consequência.

Deixando o contratante de cumprir a obrigação na forma e no tempo ajustado, resolve-se o contrato automaticamente, sem necessidade de interpelação do faltoso (Código Civil, arts. 474 e 128). É um efeito da mora *ex re* nas obrigações líquidas a prazo certo (v. nº 173, *supra,* vol. II), que vem operar a resolução e ainda sujeitar o inadimplente às perdas e danos. Mas é óbvio que somente o contratante prejudicado pode invocá-la; o inadimplente não pode, pois não se compadece com os princípios jurídicos que o faltoso vá beneficiar-se da própria infidelidade.[24] Configurado, pois, o inadimplemento absoluto do devedor, autorizado estará o credor a pleitear a resolução. Note-se que o devedor pode incorrer em inadimplemento absoluto mesmo antes do advento do termo. Trata-se, aqui, da figura conhecida como inadimplemento anterior ao termo ou inadimplemento antecipado (*antecipatory breach of contract*), que se configura quando o devedor se conduz em sentido contrário ao cumprimento do contrato, a impossibilitar ou inutilizar a prestação para o credor, ou quando declara que não irá cumprir a prestação devida. Pode-se concluir com base em tais condutas e declarações, mesmo antes do advento do termo ajustado, que o devedor não cumprirá suas obrigações no momento devido, a permitir que o credor resolva desde logo o contrato.[25]

---

24   Serpa Lopes, *Curso*, nº 114.

25   Caminha nesse sentido o Enunciado 437 da Jornada de Direito Civil do Conselho da Justiça Federal/ CJF, que, em interpretação do art. 475 do CC, sustenta que "a resolução da relação jurídica contratual também pode decorrer do inadimplemento antecipado".

Ressalte-se, ademais, que pode o descumprimento arguido pelo credor não configurar o inadimplemento absoluto das obrigações assumidas pelo devedor, tendo realizado este um adimplemento substancial (*substantial performance*) que, apesar de não representar um cumprimento formalmente perfeito, é capaz de satisfazer o interesse objetivo do credor na prestação, a afastar o direito à resolução.[26] Não perde, todavia, o credor o direito de obter o restante do crédito devido, podendo ajuizar ação de cobrança posteriormente.

Muito embora o regime do Código Civil autorize a convenção da cláusula resolutiva expressa com o efeito de resolução pleno *iure* do contrato, sem nenhuma restrição, a necessidade de proteção dos economicamente débeis tem sugerido ao legislador a sua proibição quando interfere com a economia popular, como no caso do imóvel loteado (Decreto-Lei nº 58, de 10.12.1937, e Lei nº 6.766, de 19.12.1979), em que a interpelação é sempre necessária.[27] Em relação às promessas de compra e venda de bens imóveis, o art. 62 da Lei 13.097, de janeiro de 2015, modificou o art. 1º do Decreto-Lei 745/1969, reconhecendo expressamente que o inadimplemento absoluto do promissário comprador só se caracterizará se, interpelado por via judicial ou por intermédio de cartório de Registro de Títulos e Documentos, deixar de purgar a mora, no prazo de 15 (quinze) dias contados do recebimento da interpelação.[28] No Código de Defesa do Consumidor, contudo, é admitida a inclusão em contratos de adesão de cláusula resolutiva, desde que alternativa, cabendo a escolha ao consumidor (art. 54, § 2º, Lei nº 8.078/1990).

É preciso não confundir a resolução do contrato por atuação da cláusula resolutiva (tácita ou expressa) com a declaração de sua invalidade (nulidade ou anulabilidade). A resolução pressupõe um negócio jurídico válido, e tem como consequência liberar os contratantes, sem apagar de todo os efeitos produzidos pela declaração de vontade. Se é certo que opera *retroativamente,* não faz abstração do negócio jurídico desfeito. Assim é que, nos contratos de execução sucessiva, não se restituem as prestações efetuadas; nas demais, não se entrega a *res debita,*[29]

---

26 Nesse sentido, ver o Enunciado 361 da Jornada de Direito Civil do Conselho da Justiça Federal/CJF, que dispõe que "o adimplemento substancial decorre dos princípios gerais contratuais, de modo a fazer preponderar a função social do contrato e o princípio da boa-fé objetiva, balizando a aplicação do art. 475".

27 No Código de Processo Civil de 1973, o art. 1.071 estabelecia que na venda com reserva de domínio, o protesto cambial do título é requisito essencial da ação de apreensão da coisa. No Código de Processo Civil de 2015, não há norma correspondente.

28 Art. 62 da Lei 13.097/2015. O art. 1º do Decreto-Lei nº 745, de 7 de agosto de 1969, passa a vigorar com a seguinte redação: "Art. 1º Nos contratos a que se refere o art. 22 do Decreto-Lei nº 58, de 10 de dezembro de 1937, ainda que não tenham sido registrados junto ao Cartório de Registro de Imóveis competente, o inadimplemento absoluto do promissário comprador só se caracterizará se, *interpelado por via judicial ou por intermédio de cartório de Registro de Títulos e Documentos,* deixar de purgar a mora, no prazo de 15 (quinze) dias contados do recebimento da interpelação. Parágrafo único. Nos contratos nos quais conste cláusula resolutiva expressa, a resolução por inadimplemento do promissário comprador se operará de pleno direito (art. 474 do Código Civil), desde que decorrido o prazo previsto na interpelação referida no *caput*, sem purga da mora." (NR)

29 "Coisa devida".

EXTINÇÃO DOS CONTRATOS

121

porque a relação jurídica deixa de existir, mas aquele que dá causa à ruptura arcará com as perdas e danos, ou com a cláusula penal se tiver sido estipulada. A ineficácia pressupõe, ao revés, uma declaração de vontade inoperante, portadora de um defeito de ordem subjetiva, ou formal, e o desfazimento pode ter efeito *ex tunc* (nulidade), fulminando-a desde a origem, ou *ex nunc* (anulabilidade), atingindo-o a partir da sentença, mas sem sujeitar qualquer dos contratantes a perdas e danos ou à incidência da multa convencionada.

215. *EXCEPTIO NON ADIMPLETI CONTRACTUS*[30]

O contrato bilateral caracteriza-se pela reciprocidade das prestações. Cada uma das partes deve e é credora, simultaneamente. Por isto mesmo, nenhuma delas, sem ter cumprido o que lhe cabe, pode exigir que a outra o faça. A ideia predominante aqui é a da interdependência das prestações (De Page).

Daí se origina uma *defesa oponível* pelo contratante demandado, contra o contratante inadimplente, denominada *exceptio non adimpleti contractus,* segundo a qual o demandado recusa a sua prestação, sob fundamento de não ter aquele que reclama dado cumprimento à que lhe cabe (Código Civil, art. 476). O *BGB* enuncia regra análoga. Mas, ainda nos sistemas que não a proclamam em termos específicos, a regra vigora como decorrência natural da teoria do contrato sinalagmático.[31] A palavra *exceptio* está usada aqui como *defesa* genericamente, e não como exceção estrita da técnica processual. É uma causa impeditiva da exigibilidade da prestação por parte daquele que não efetuou a sua, franqueando ao outro uma atitude de expectativa, enquanto aguarda a execução normal do contrato.[32]

Enorme controvérsia divide as autoridades quanto à *origem* da exceção de contrato não cumprido. Frederic Girard, romanista exímio, defende com calor a tese de sua origem romana.[33] Em oposição, Cassin, em monografia especializada, nega esta genealogia, e atribui aos canonistas a sua elaboração. Se é certo que, nos contratos *bonae fidei*, ao contratante acionado pelo que não havia executado a sua parte se reconhecia uma *exceptio doli*,[34] que seria o germe da *exceptio non adimpleti contractus*, certo é, também, que a existência de uma correlação de dependência funcional entre as prestações recíprocas nos contratos bilaterais não apareceu senão no século II de nossa era,[35] o que leva a concluir que, como instituto desenvolvido e dotado de efeitos específicos, a *exceptio non adimpleti contractus* se deveu à elaboração dos canonistas, e não aos jurisconsultos romanos.[36]

---

30 "Exceção do contrato não cumprido".
31 Colin *et* Capitant, vol. II, nº 90.
32 Serpa Lopes, *Curso*, vol. III, nº 91.
33 Girard, *Droit Romain*, pág. 534, nota 4, e pág. 559, nota 2.
34 De Page, nº 864.
35 Serpa Lopes, *Exceções Substanciais*, pág. 140.
36 Serpa Lopes, *Curso*, vol. III, nº 92.

Mais apuradamente se assenta o princípio, atendendo-se a que cada um dos contratantes está sujeito ao cumprimento estrito das cláusulas contratuais, e, em consequência, se um não o faz de maneira completa, pode o outro opor-lhe em defesa esta exceção levada ao extremo de recusar a *res debita* se, cumprido embora o contrato, não o fez aquele de maneira perfeita e cabal – *exceptio non admpleti rite contractus*, vale dizer que deixa de prestar e a isto se não sente obrigado, porque a inexatidão do implemento da outra parte equivale à falta de execução. Não pode, porém, ser levada a defesa ao extremo de acobertar o descumprimento sob invocação de haver o outro deixado de executar parte mínima ou irrelevante da que é a seu cargo.[37]

Sendo o instituto animado de um sopro de equidade, deve à sua invocação presidir a regra da boa-fé, não podendo erigir-se em pretexto para o descumprimento do avençado. Assim é que, se ambas as prestações têm de ser realizadas sucessivamente, é claro que não cabe a invocação da *exceptio* por parte do que deve em primeiro lugar, pois que a do outro ainda não é devida; mas, ao que tem de prestar em segundo tempo, cabe o poder de invocá-la, se o primeiro deixou de cumprir. Sendo simultâneas, a sua interdependência funcional autoriza a recusa, sob alegação de falta de cumprimento pois que *non servanti fidem non est fides servanda*.[38]

Consequência, ainda, do mesmo princípio da interligação orgânica das prestações é a concessão feita pelo Código (art. 477), ao contratante que tiver de fazer a sua prestação em primeiro lugar, outorgando-lhe o direito de recusá-la se, depois de concluído o contrato, sobrevier ao outro contratante alteração nas condições econômicas, capaz de comprometer ou tornar duvidosa a prestação a que se obrigou. É claro que a medida é excepcional, pois que, ajustadas prestações combinadas, não justifica a recusa de um o fato de não haver ainda prestado o outro. É o próprio contrato que o estabelece, mas não quer a ordem jurídica que aquele dos contratantes que tem de pagar primeiro fique exposto a risco anormal. Desde que saiba, ou tenha razões plausíveis de presumir (protesto de título, pedido de moratória ou de concordata etc.), que a diminuição patrimonial do outro faça duvidar da contraprestação esperada, cessará o pagamento ou reterá a execução, até que se lhe dê a solução devida, ou garantia suficiente de que será efetivada no momento oportuno. Não há predeterminação de garantia. Pode ser de qualquer natureza, real ou fidejussória. Mas é necessário que se trate de garantia bastante. Uma vez prestada esta, a exceção caduca, e a prestação suspensa tem de ser cumprida.[39]

216. Resolução por onerosidade excessiva. Teoria da imprevisão

Passada a fase do esplendor individualista, que foi o século XIX, convenceu-se o jurista de que a economia do contrato não pode ser confiada ao puro jogo das competições particulares. Deixando de lado outros aspectos, e encarando o negócio

---

37   Enneccerus, Kipp *y* Wolff, *Tratado, Derecho de Obligaciones*, vol. I, § 33.
38   "Não se deve respeitar a palavra de quem viola a palavra dada".
39   Enneccerus, Kipp *y* Wolff, loc. cit.

contratual sob o de sua execução, verifica-se que, vinculadas as partes aos termos da avença, são muitas vezes levadas, pela força incoercível das circunstâncias externas, a situações de extrema injustiça, conduzindo o rigoroso cumprimento do obrigado ao enriquecimento de um e ao sacrifício de outro. Todo contrato é previsão, e em todo contrato há margem de oscilação do ganho e da perda, em termos que permitem o lucro ou prejuízo. Ao direito não podem afetar estas vicissitudes, desde que constritas nas margens do lícito. Mas, quando é ultrapassado um grau de razoabilidade, que o jogo da concorrência livre tolera, e é atingido o plano de desequilíbrio, não pode omitir-se o homem do direito, e deixar que em nome da ordem jurídica e por amor ao princípio da obrigatoriedade do contrato um dos contratantes leve o outro à ruína completa, e extraia para si o máximo benefício. Sentindo que este desequilíbrio na economia do contrato afeta o próprio conteúdo de juridicidade, entendeu que não deveria permitir a execução rija do ajuste, quando a força das circunstâncias ambientes viesse criar um estado contrário ao princípio da justiça no contrato. E acordou de seu sono milenar um velho instituto que a desenvoltura individualista havia relegado ao abandono, elaborando então a tese da *resolução do contrato em razão da onerosidade excessiva da prestação.*

Com efeito, se o Direito Romano não transigia com os conceitos tradicionais, os juristas da Idade Média, atentando em que nos contratos de execução diferida o ambiente no momento da execução pode ser diverso do que existia no da celebração, sustentaram, acreditando-se fundados em um texto de Neratius,[40] em torno da aplicação da *condictio causa data causa non secuta*,[41] que o contrato devia ser cumprido no pressuposto de que se conservassem imutáveis as condições externas, mas que, se houvesse alterações, a execução devia ser igualmente modificada: "*Contractus qui habent tractum successivum et dependentiam de futuro rebus sic stantibus intelliguntur*".[42] A teoria tornou-se conhecida como cláusula *rebus sic stantibus*,[43] e consiste, resumidamente, em presumir, nos contratos comutativos, uma cláusula, que não se lê expressa, mas figura implícita, segundo a qual os contratantes estão adstritos ao seu cumprimento rigoroso, no pressuposto de que as circunstâncias ambientes se conservem inalteradas no momento da execução, idênticas às que vigoravam no da celebração.

Às inclinações moralizantes do direito do contrato, vigentes no período medieval, foi muito cara esta doutrina. Mas com o tempo perdeu prestígio, até que no século passado foi totalmente relegada. Os juristas que escreveram no começo do século XX, e ainda alguns de nossos dias, revelam sua indisfarçável ojeriza por ela. Não obstante isto, larga corrente de pensamento retoma-a com carinho. Prestigia-a, no direito privado, uma vez que no Internacional Público sempre teve defensores.

---

40 Cf. *Digesto*, liv. XII, tít. IV, fr. 8.

41 "Condição de **causa** dada e não cumprida".

42 "Os contratos que têm trato sucessivo e dependência futura devem ser entendidos estando assim as coisas".

43 "Estando assim as coisas".

A I Guerra Mundial (1914-1918) trouxe completo desequilíbrio para os contratos a longo prazo. Franqueou benefícios desarrazoados a um contratante, em prejuízo do outro. Afetou a economia contratual, com prejuízo para a economia geral. Procurando coibi-lo, votou a França a *Lei Faillot*, de 21 de janeiro de 1918, sobre os contratos de fornecimento de carvão, concluídos antes da guerra e alcançados por ela; ao mesmo tempo imaginou-se na Inglaterra a doutrina da *Frustration of Adventure;* retomou-se na Itália a cláusula *rebus sic stantibus;* reconstituiu-se por toda parte o mecanismo da proteção do contratante contra a excessiva onerosidade superveniente.[44] O movimento doutrinário, sem embargo de opositores tenazes, pendeu para a consagração do princípio da justiça no contrato, a princípio como revivescência da cláusula *rebus sic stantibus,* que alguns escritores entre nós têm procurado subordinar à incidência da força maior e do caso fortuito (João Franzen de Lima), mas que se desprendeu e alçou voo pelas alturas.

Por muito tempo, a Justiça lhe resistiu. Segundo o depoimento dos mais atualizados escritores, alguns tribunais franceses têm admitido a tese revisionista, mas a Corte de Cassação jamais transigiu na proclamação da força obrigatória do contrato; enquanto isto, a jurisprudência administrativa do *Conseil d'État* aceita a revisão dos contratos de execução de serviços públicos.[45]

A primeira palavra francamente favorável à tese, entre nós, foi de Jair Lins,[46] como desenvolvimento da teoria da vontade no negócio jurídico. Mas, a princípio, a resistência de nossos tribunais foi total. Em 1930 veio a lume famoso julgado de Nélson Hungria,[47] abrindo a porta do pretório às novas tendências do pensamento jurídico. E, depois deste, diversos outros surgiram, ora admitindo em casos especiais a sua aplicação, ora aceitando-a em linhas estruturais generalizadas.[48]

Entre os nossos juristas anteriores ao Código de 2002, sem embargo dos opositores impenitentes, e dos civilistas que confessavam não lhe serem contrários em tese, mas que resistiam à sua invocação na ausência de texto expresso, houve uma corrente que dia a dia se espraiou e ganhou novos adeptos, defensores de sua plena compatibilidade com a orientação geral de nosso direito positivo então vigente: Jair Lins, Mendes Pimentel, Epitácio Pessoa, Sá Pereira, Eduardo Espínola, Eduardo Espínola Filho, Bento de Faria, Jaime Landim, Jorge Americano, Arnoldo Medeiros da Fonseca,

---

44 Cf. Caio Mário da Silva Pereira, "Cláusula *rebus sic stantibus*", *in Revista Forense*, vol. 92, pág. 797.

45 Colin *et* Capitant, *Cours*, vol. II, nº 83; Planiol, Ripert *et* Boulanger, vol. II, nº 464; Mazeaud *et* Mazeaud, *Leçons*, vol. II, nº 735.

46 Jair Lins, "A Cláusula *rebus sic stantibus*", *in Revista Forense*, vol. XI, pág. 512.

47 *Revista Forense*, vol. 100, pág. 178.

48 Cf. do Supremo Tribunal Federal, *in Diário da Justiça*, de 25 de março de 1950, apenso 71, pág. 1.019; *in Revista Forense*, vol. 113, pág. 92; do Tribunal de Justiça do Rio de Janeiro, então Distrito Federal, *in Revista Forense*, vol. 95, pág. 334; *Revista Forense*, vol. 98, pág. 97; *Revista Forense*, vol. 97, pág. 111; *Revista Forense*, vol. 104, pág. 269; *Revista de Direito Mercantil*, vol. 8, pág. 70; do Tribunal de Justiça de São Paulo, *in Revista Forense*, vol. 92. pág. 722; *Revista dos Tribunais*, vol. 191, pág. 169; *Revista dos Tribunais*, vol. 254, pág. 213; do Tribunal de Justiça da Bahia, *in Revista Forense*, vol. 144, pág. 383.

Abgar Soriano, Caio Mário da Silva Pereira, Amílcar de Castro, Noé Azevedo, Costa Manso, Artur Ribeiro, Lino Leme, Cunha Melo, San Tiago Dantas, Ataulfo de Paiva, Osvaldo de Carvalho Monteiro, Otávio Kelly, Pedro Batista Martins, Paulo Carneiro Maia, Artur Rocha, Gabriel Resende, José Linhares, Neemias Gueiros, Washington de Barros Monteiro, Emmanuel Sodré, Filadelfo Azevedo, Vicente Rao, Caio Tácito, Francisco Campos, Orlando Gomes, Alcino Salazar, Serpa Lopes, Almeida Paiva, Amaral Gurgel, Temístocles Cavalcânti, Serrano Neves, Tito de Oliveira Hesketh.

Os escritores, tanto entre nós quanto no estrangeiro, procuraram adaptar a velha cláusula *rebus sic stantibus* às condições atuais. Fê-lo Osti, com a teoria da *superveniência;* fê-lo Larenz, com a da *base do negócio jurídico;* fê-lo Giovene, com a teoria do erro; fê-lo Naquet, com a *invocação da boa-fé.* A que, a nosso ver, melhor atende às injunções sistemáticas é a da *imprevisão,* aqui afeiçoada e difundida por Arnoldo Medeiros da Fonseca.

A discussão sobre a incidência da chamada teoria da imprevisão no direito brasileiro foi em parte resolvida pelo Código de Defesa e Proteção ao Consumidor (Lei nº 8.078/1990), que no seu art. 6º, V, erigiu como princípio da relação de consumo o do equilíbrio econômico do contrato, e explicitou ser direito do consumidor a modificação das cláusulas contratuais que estabeleçam prestações desproporcionais ou sua revisão em razão de fatos supervenientes que as tornem excessivamente onerosas. O Código Civil de 2002 equacionou de vez o problema ao disciplinar a resolução por onerosidade excessiva nos seus arts. 478 a 480.[49]

Admitindo-se que os contratantes, ao celebrarem a avença, tiveram em vista o ambiente econômico contemporâneo, e previram razoavelmente para o futuro, o contrato tem de ser cumprido, ainda que não proporcione às partes o benefício esperado. Mas, se tiver ocorrido modificação profunda nas condições objetivas coetâneas da execução, em relação às envolventes da celebração, imprevistas e imprevisíveis em tal momento, e geradoras de onerosidade excessiva para um dos contratantes, ao mesmo passo que para o outro proporciona lucro desarrazoado, cabe ao prejudicado insurgir-se e recusar a prestação. Não o justifica uma apreciação subjetiva do desequilíbrio das prestações, porém a ocorrência de um acontecimento extraordinário, que tenha operado a mutação do ambiente objetivo, em tais termos que o cumprimento do contrato implique em si mesmo e por si só o enriquecimento de um e empobrecimento do outro. Para que se possa invocar a resolução por onerosidade excessiva é necessário ocorram requisitos de apuração certa, explicitados no art. 478

---

49 Em decorrência da pandemia da Covid-19, foi promulgada em junho de 2020 a Lei 14.010, que estabeleceu o Regime Jurídico Emergencial e Transitório das relações jurídicas de Direito Privado (RJET). De acordo com o art. 1º da Lei, o seu objetivo é instituir normas de caráter transitório e emergencial para a regulação de relações jurídicas de Direito Privado em virtude da pandemia do coronavírus. Em relação ao tema da resilição, resolução e revisão dos contratos, reconheceu a Lei, em seu art. 7º, que deixam de se considerar fatos imprevisíveis o aumento da inflação, a variação cambial, a desvalorização ou a substituição do padrão monetário. Tal norma expressa preocupação na manutenção dos pactos, considerando as potenciais modificações da base negocial em decorrência do estado de fato que se apresenta neste período de pandemia.

do Código Civil: *a*) vigência de um contrato de execução diferida ou continuada; *b*) alteração radical das condições econômicas objetivas no momento da execução, em confronto com o ambiente objetivo no da celebração; *c*) onerosidade excessiva para um dos contratantes e benefício exagerado para o outro; *d*) imprevisibilidade daquela modificação.[50]

O contratante prejudicado ingressará em juízo no curso de produção dos efeitos do contrato, pois que se este já estiver executado não tem mais cabimento qualquer intervenção. É igualmente necessário que o postulante exija em Juízo a resolução do contrato. Mesmo em caso de extrema onerosidade, é vedado ao queixoso cessar pagamentos e proclamar diretamente a resolução. Terá de ir à Justiça, e esta deverá apurar com rigor os requisitos de aplicação da teoria revisionista.

Uma vez concedida, opera a liberação do devedor. As prestações efetuadas antes do ingresso em juízo não podem ser revistas, mesmo comprovada a alteração no quadro econômico, porque a *solutio* espontânea do devedor produziu os seus naturais efeitos. Como, porém, não é possível ao contratante cessar pagamento ou recebimento, a pretexto de onerosidade excessiva, pois que a intervenção na economia do contrato é obra da Justiça, as prestações dadas ou recebidas na pendência da lide estarão sujeitas a modificação na execução da sentença que for proferida. Se o não fossem, o princípio de justiça estaria ferido, uma vez reconhecida a onerosidade excessiva e mesmo assim proclamada a intangibilidade da prestação realizada. Demais disso, a lentidão do processo judicial poderia dar num resultado contraditório, vindo a sentença a decretar a resolução por aplicação da teoria no momento em que o contrato já estivesse com o seu curso de efeitos encerrado.

O Código Civil italiano de 1942 (art. 1.467), ao disciplinar o instituto, concedendo ao prejudicado a ação resolutória, abre ao beneficiário a oportunidade de evitar este desenlace oferecendo a modificação equitativa das condições de execução. Esta solução, que foi adotada expressamente no art. 479 do Código Civil de 2002, merece aplausos porque concilia o princípio da autonomia da vontade com a intervenção estatal que é sempre, no atual regime, uma exceção. O que a lei concede ao contratante é a resolução. A alteração das cláusulas de cumprimento será iniciativa do credor, que voluntariamente aquiesce em oferecer oportunidade de solução menos onerosa ao devedor, como meio de salvar a avença.[51]

Nunca haverá lugar para a aplicação da teoria da imprevisão naqueles casos em que a onerosidade excessiva provém da álea normal e não do acontecimento imprevisto, como ainda nos contratos aleatórios, em que o ganho e a perda não podem estar sujeitos a um gabarito predeterminado.

---

50   Arnoldo Medeiros da Fonseca, *Caso Fortuito e Teoria da Imprevisão*, nº 242; Enneccerus, Kipp *y* Wolff, *Tratado Derecho de Obligaciones*, § 41; Karl Larenz, *Base del Negocio Jurídico*, pág. 223.

51   Esta é a posição referenciada no Enunciado 367 das Jornadas de Direito Civil do Conselho da Justiça Federal/CJF, que indica, na interpretação do art. 479 do Código Civil, que "em observância ao princípio da conservação do contrato, nas ações que tenham por objeto a resolução do pacto por excessiva onerosidade, pode o juiz modificá-lo equitativamente, desde que ouvida a parte autora, respeitada sua vontade e observado o contraditório".

Capítulo XLV
Compra e Venda e Troca

Sumário

217. Conceito e análise da compra e venda. **218.** Coisa. Suas qualidades. **219.** Preço. Seus caracteres. **220.** Consentimento. Restrições. **221.** Efeitos da compra e venda. **222.** Risco. **223.** Promessa de compra e venda. **224.** Troca.

Bibliografia

Sebastião de Sousa, *Da Compra e Venda, passim;* Agostinho Alvim, *Da Compra e Venda e da Troca, passim;* Domenico Rubino, *La Compravendita, passim;* Guillouard, *De la Vente et de l'Échange, passim;* Gasca, *Compravendita, passim;* Ramella, *La Vendita nel Moderno Diritto, passim;* Baudry-Lacantinerie, *et* Saignat, *Trattado della Vendita e della Permuta, passim;* Cunha Gonçalves, *Da Compra e Venda no Direito Comercial Brasileiro, passim;* Planiol, Ripert *et* Boulanger, *Traité Élémentaire,* vol. II, nos 2.302 e segs.; Ruggiero e Maroi, *Istituzioni,* vol. II, § 141; Cunha Gonçalves, *Dos Contratos em Especial,* nos 149 e segs.; Eduardo Espínola, *Dos Contratos Nominados no Direito Brasileiro,* págs. 23 e segs.; Karl Larenz, *Derecho de Obligaciones,* vol. II, §§ 34 e segs.; Colin *et* Capitant, *Cours,* vol. II, nos 508 e segs.; Mazeaud *et* Mazeaud, *Leçons,* vol. III, nos 746 e segs.; Enneccerus, Kipp *y* Wolff, *Tratado, Derecho de Obligaciones,* vol. II, §§ 101 e segs.; M. I. Carvalho de Mendonça, *Contratos no Direito Civil brasileiro,* ed. atualizada por José de Aguiar Dias, vol. I, nos 136 e segs.; Serpa Lopes, *Curso,* vol. III, nos 151 e segs.; De Page, *Traité,* vol. IV, nos 8 e segs.; Francisco Degni; *La Compraventa,* tradução para o espanhol de Francisco Bonet Ramon, *passim.*

217. Conceito e análise da compra e venda

Não é preciso remontar à origem da compra e venda. No princípio era o roubo que provia às necessidades de cada um, e só mais tarde, já numa fase social de notório polimento, foi que se substituiu a violência pelo entendimento, como técnica de aquisição. Mesmo assim, a permuta antecedeu à venda (Mazeaud *et* Mazeaud, De Page, Guillouard, Gasca), pois era mais natural a barganha de uma coisa por outra coisa do que sua alienação mediante a participação de um denominador-comum de valores.[1] Quando este surgiu, no animal de tiro (*pecus*, donde a palavra *pecunia* para designar o dinheiro) e mais tarde no metal, substituiu a troca em espécie, dada a maior facilidade de sua adoção.

Desde as origens de Roma já se praticava a compra e venda. Antes dos primeiros monumentos elaborados pelo seu senso jurídico, antes mesmo que se tivessem cunhado as primeiras moedas, quando o *libripens*[2] pesava em público uma porção do metal do pagamento, o romano já sabia distinguir da permuta em espécie a *emptio venditio*.[3] Depois que se distinguiu da permuta, a venda caracterizou-se por ser um contrato translativo imediato da propriedade por operação instantânea.[4]

Embora não se tenha informação precisa de quando se transformou em contrato consensual, supõe-se que, ao tempo das XII Tábuas (século IV a.C.), não o era ainda, admitindo alguns, entretanto, que teria sido por volta do século II que as exigências do comércio dela fizeram um contrato que se celebrava *solo consensu*,[5] provido de uma *actio bonae fidei*,[6] e dotado de efeitos plenos. Os jurisconsultos do período clássico não permitem dúvida sobre a sua natureza consensual. E Gaius a isto alude como incontroverso.

Contrato, então, meramente obrigatório, não operava a transmissão do domínio, limitando-se a transferir a posse – *vacuam possessionem tradere*. Aquela consequência (aquisição da propriedade) não nascia do contrato, porém de um daqueles atos que, na sistemática romana, eram hábeis a gerá-la, como a *traditio* e a *mancipatio*.[7]

Nesta distribuição do fenômeno em duas fases, obrigacional e real, é que se vai buscar o fundamento para o princípio informativo da teoria dos efeitos da compra e venda em numerosos códigos modernos, como o BGB e o nosso, para os quais há dois momentos distintos: o primeiro, constituído de um ato *causal,* ou *contratual,* e o segundo de um *ato de transferência;* o primeiro é o contrato gerador da obrigação

---

1 *Digesto*, liv. XVIII, tít. I, fr. 1: "*Origo emendi vendendique a permutationibus coepit*".
2 "Aquele que segurava a balança".
3 Frédéric Girard, *Droit Romain*, pág. 562; Démangeat, *Cours Élémentaire de Droit Romain*, pág. 300.
4 Girard, loc. cit.; De Page, vol. IV, nº 12.
5 "Pelo consenso somente".
6 "Ação de boa-fé".
7 Ruggiero e Maroi, *Istituzioni*, vol. II, § 141; Guillouard, *De la Vente et le l'Échéance*, vol. I, pág. 10; Espínola, *Dos Contratos Nominados*, nº 13; M. I. Carvalho de Mendonça, *Contratos*, vol. I, nº 137.

INSTITUIÇÕES DE DIREITO CIVIL • VOL. III • CONTRATOS

de transferir (compra e venda, doação), e o segundo (inscrição do título, tradição da coisa) que é a execução dela ou a transferência em si.[8] E é por isto que o conceito de venda, notadamente no nosso direito, não acusa diferenciação radical com o instituto naquele sistema.

Com fundamento no direito positivo (Código Civil, art. 481), podemos definir: *compra e venda é o contrato em que uma pessoa (vendedor) se obriga a transferir a outra pessoa (comprador) o domínio de uma coisa corpórea ou incorpórea, mediante o pagamento de certo preço em dinheiro ou valor fiduciário correspondente.* Desta noção fazemos ressaltar, desde logo, o ponto essencial, que marca a posição do nosso direito: o caráter *meramente obrigatório* do contrato. Seguindo, como se vê, a tradição romana, e fiel à nossa determinação histórica, a compra e venda não opera, segundo o nosso Código, a transmissão do domínio. Neste mesmo rumo, rezam os Códigos alemão, suíço, espanhol, argentino, mexicano, uruguaio, chileno, chinês. Em sentido contrário, vigora o sistema que atribuiu ao contrato o efeito translatício da propriedade, adotado nos Códigos francês, português, boliviano, peruano, italiano.

Para o direito brasileiro, portanto, o contrato por si só é inábil a gerar a translação da propriedade, embora seja dela uma causa determinante. É mister a realização de um daqueles atos a que a lei reconhece o efeito translatício: a tradição da *res vendita,* se se tratar de coisa móvel; ou a inscrição do título aquisitivo no registro, se for imóvel o seu objeto. Além desta observação, que é básica, convém notar que a definição *supra* deixa bem claro que o contrato de compra e venda pode ter por objeto bens de toda natureza: corpóreos, compreendendo *imóveis, móveis, semoventes,* como ainda os *incorpóreos,* muito embora um apurado rigor terminológico reserve para a alienação onerosa destes últimos o vocábulo *cessão.*

Gerando uma obrigação de entregar a *res vendita,* proporciona ao comprador a faculdade de acionar o vendedor pela sua *traditio in natura* e somente no caso de se impossibilitar a prestação, pelo perecimento, ou inacessibilidade da coisa etc. é que a obrigação se converte na indenização por perdas e danos.[9]

Na sua caracterização jurídica, dizem os civilistas (Tito Fulgêncio, Espínola, Carvalho de Mendonça, Sebastião de Sousa, Cunha Gonçalves, Colin *et* Capitant) que este contrato é: *a) bilateral,* porque cria obrigações para o vendedor e para o comprador; *b) oneroso,* porque ambas as partes dele extraem proveitos e vantagens; *c)* normalmente *comutativo,* em razão da determinação das prestações e sua apreciável equivalência, apesar de não ser contrária aos princípios a compra e venda aleatória; *d)* consensual, porque se forma, comumente, pelo só acordo de vontades, embora em certos casos seja *solene; e) translativo da propriedade,* não no sentido de operar a sua transferência, mas de ser o *ato causal desta,* gerador de uma *obligatio dandi,* e fundamento da transcrição ou da tradição.

A difusão deste contrato e a sua utilização frequente fazem-no o mais assíduo de todos os atos negociais. Todo o mundo compra ou vende, desde os que celebram

---

8   Serpa Lopes, *Curso,* vol. III, nº 153.
9   Agostinho Alvim, *Da Compra e Venda e da Troca,* nº 24-B.

contratos solenes e complexos, até os que os efetivam por atos singelos, como o de adquirir um jornal ou uma caixa de fósforos. O direito alemão (Dernburg, Endemann, Oertmann, Enneccerus) chega mesmo a distinguir as pequenas operações de venda, sob os nomes de *Handkauf* (venda manual) ou *Realkauf* (venda real), em que o consentimento gerador é instantâneo e o contrato conclui-se de pronto, sem prévio entendimento e discussão, e se executa imediatamente com a aquisição do domínio simultâneo ao acordo de vontades. O progresso da técnica atuou a seu turno, criando os aparelhos automáticos, em quem a coincidência das vontades se opera por via de comportamentos e não de palavras: o comprador, ao introduzir a moeda em ranhura da máquina (aceitação), liberta o objeto que se achava exposto (oferta permanente por parte da empresa). Mas, na sua essência, o contrato é o mesmo, acusando a ocorrência dos seus elementos normais. Não obstante a simplicidade da operação, aplicam-se-lhe os mesmos princípios que para a venda em geral, e se reconhecem ao comprador, como ao vendedor, as mesmas faculdades e as mesmas ações.

Sendo o contrato de maior utilização prática no comércio jurídico e no tráfico social, atende a lei a esta circunstância e coopera no simplificar sua celebração, considerando-o obrigatório e perfeito desde que as partes acordem no objeto e no preço (Código Civil, art. 482). Se ocorrer uma *condição,* atuará esta sobre a elaboração do vínculo, suspendendo os efeitos do consentimento manifestado, ou resolvendo o contrato, conforme seja suspensiva ou resolutiva. Em qualquer caso, o acordo de vontades, gerador do negócio jurídico, há de versar sobre o seu ponto essencial, que é a vontade de transferir ou adquirir a propriedade da coisa, e devem os agentes ser aptos a fazê-lo.[10]

A doutrina, desde os romanos, procedendo à análise deste contrato, assinalava a presença dos três elementos que lhe são essenciais: *a coisa, o preço e o consentimento.* Estes mesmos elementos, *essentialia negotii,* estão ainda presentes, e a eles passamos a referir-nos nos parágrafos seguintes, não sem antes lembrarmos a ressalva que Espínola já fizera,[11] de ser aqui objeto de cogitação o "contrato de compra e venda", e não qualquer venda forçada. Deixamos consignado, ainda, que não consideramos a *forma* como elemento da compra e venda. Se é certo que em alguns casos, como nas vendas imobiliárias ou nas de certos móveis, há necessidade de atender ao requisito formal, não retira, entretanto, ao contrato de compra e venda, genérico caráter consensual. Os seus elementos, para nós, são aqueles que se encontram em todos os contratos da espécie – *res, pretium et consensus.*

218. Coisa. Suas qualidades

O primeiro elemento da compra e venda é o seu objeto – *res* ou *merx*. Qualquer coisa. *Corpórea,* como os imóveis, os móveis materiais, os semoventes. *Incorpórea,* como os valores cotados em Bolsa, os direitos de invenção, os direitos de autor e os

---

10 Ruggiero e Maroi, *Istituzioni*, § 141.
11 Eduardo Espínola, *Dos Contratos Nominados*, nº 15.

que lhes são conexos, os créditos etc. Embora aos contratos que visem à sua transmissão se dê o nome mais frequente de cessão, a esta se aplicam os princípios da compra e venda.

Essencial que é, não pode haver contrato de compra e venda sem o seu objeto. Mas não basta a *coisa:* é preciso que ela reúna certas *qualidades* fundamentais, cuja falta carreará a consequência de não permitir a perfeição do contrato. Estas qualidades serão deduzidas em seguida:

A – *Existência.* A inexistência do objeto implica, em tese, obstaculizar a formação do contrato, já que este forçosamente há de ter sobre que incidir. Venda de coisa *inexistente* é nula.[12] Não significa isto, entretanto, que somente possa haver contrato que verse sobre coisa já conhecida e caracterizada no momento da celebração. Muito ao contrário, é fora de dúvida a viabilidade do contrato incidente em *coisa futura,* o qual fica perfeitamente definido como condicional – *emptio rei speratae,*[13] que se resolve se a coisa não vier a ter existência, mas que se reputa perfeito desde a data da celebração, com o implemento da *conditio;* ou, então, fica identificado como contrato *aleatório – emptio spei*[14] – válido como negócio jurídico, e devido o preço, ainda que nada venha a existir (Código Civil, art. 458), pois que neste caso é objeto da venda a *spes* (expectativa) e não a coisa ou sua transferência.[15] Já não tem mais lugar, não obstante a autoridade dos que a defendem, a opinião daqueles, como Gabba, que sustentam que a futuridade da coisa converte o contrato de compra e venda em promessa bilateral, em razão de ser essencial este elemento no contrato, pois, como observa Degni, a coisa futura tanto pode ser objeto do contrato definitivo como do preliminar de compra e venda, que se distinguem fundamentalmente pela atuação da vontade dos contraentes.[16] O art. 483 do Código, que não encontra paralelo no Código anterior, admite expressamente que a compra e venda pode ter por objeto coisa atual ou futura, dispondo que neste último caso o contrato fica sem efeito se o objeto não vier a existir, salvo se a intenção das partes era de concluir contrato aleatório. Observe-se que o critério legal para se definir se o contrato é aleatório ou não é o da intenção das partes, segundo os critérios hermenêuticos aplicáveis ao caso concreto.

A venda de uma herança futura é proibida (Código Civil, art. 426), não em razão da futuridade em si, mas pelo conteúdo de imoralidade que encerra. A proibição não vinga quanto à sucessão aberta, haja ou não o herdeiro-vendedor entrado na sua posse.[17]

Para a perfeição da compra e venda pode-se contentar, portanto, com a existência *potencial* da coisa. É lícito que tenha por objeto direitos sucessórios (cessão de he-

---

12 Rubino, *Compravendita*, nº 32; Espínola, ob. cit., nº 20.

13 Venzi, *Diritto Civile Italiano*, nº 485. Tradução: "venda condicionada à existência futura".

14 "Compra da expectativa".

15 Degni, *La Compraventa*, nº 28; Rubino, ob. cit., nº 57.

16 Gabba, *Nuove Questioni di Diritto Civile*, vol. I, págs. 141 e segs.; Francesco Degni, *La Compraventa*, nº 27.

17 Carvalho de Mendonça, *Contratos*, vol. I, nº 142.

rança) sob dupla concisão: a primeira é que se trate de sucessão aberta, uma vez que não pode ser objeto de contrato a herança de pessoa viva (Código Civil, art. 426), e a segunda é que, sendo a herança indivisa considerada imóvel por determinação legal (Código Civil, art. 80, n° II), a forma pública é da substância do ato, desde que ultrapasse a taxa da lei.

Se a coisa existia antes do contrato; mas *perecera* ao tempo deste, é ele inexistente por falta de objeto; se a destruição é parcial, abre-se ao comprador uma alternativa de abandonar o negócio (resolução e não inexistência do contrato) ou pedir abatimento no preço.[18] Se o vendedor tinha conhecimento da destruição, e mesmo assim contratou, agiu de má-fé, e está sujeito à reparação de perdas e danos.[19]

B – *Individuação*. Gerando uma obrigação de dar, o contrato de compra e venda terá de incidir sobre coisa caracterizada por seus elementos identificadores. O seu objeto há, pois, de ser determinado. Não quer isto dizer seja mister a determinação rigorosa, e contemporânea do ajuste. Pode sê-lo, e frequentemente o é. Mas, se na falta de uma determinação inicial a coisa for *determinável,* isto é, suscetível de individuação no momento da execução, o contrato forma-se desembaraçadamente. Está neste caso a *venda alternativa,* cuja indeterminação terá de cessar com a *concentração* (v. n° 144, *supra,* vol. II), como ainda a *venda de gênero,* seguida forçosamente da especificação sob pena de invalidar-se.[20]

Nesta qualidade da coisa interfere a *venda sob amostra, protótipo ou modelo*, que é aquela em que o vendedor exibe ao comprador uma pequena porção da coisa, ou seu protótipo ou modelo, assegurando-lhe que o objeto a ser entregue deve ter as suas qualidades (Código Civil, art. 484). É uma espécie de determinação, por via de confronto com a amostra, protótipo ou modelo exibido. Conferindo-o e verificando-o o comprador, no momento da entrega, tem a faculdade de enjeitá-la se não guardar exata correspondência com ele.[21] O parágrafo único do art. 484 faz ainda prevalecer a amostra, o protótipo ou o modelo sobre a descrição que tiver sido feita sobre o objeto no contrato, caso haja contradição ou diferença entre eles, optando claramente por proteger o comprador, na certeza de que a visualização da amostra, do protótipo ou do modelo é elemento fundamental na formação da vontade na fase da celebração do contrato.

C – *Disponibilidade*. Para que haja compra e venda, a coisa há de ser disponível ou *estar no comércio*. Em caso contrário, compra e venda não haverá, porque a sua inalienabilidade impossibilita a transmissão ao comprador. Já nos referimos aos bens *extra commercium* (n° 77, *supra,* vol. I), e agora mobilizamos aquelas noções, aplicando-as à compra e venda.

---

18 Mazeaud *et* Mazeaud, *Leçons*, n° 842; Aubry *et* Rau, *Cours*, vol. V, § 349.

19 Serpa Lopes, *Curso*, vol. III, n° 166.

20 Ruggiero e Maroi, *Istituzioni*, § 141.

21 Clóvis Beviláqua, Comentário ao art. 1.135 do Código de 1916. Sobre a noção de amostra e esta técnica de contratar, no âmbito comercial, podem-se conferir: J. X. Carvalho de Mendonça, *Tratado*, vol. VI, 2ª parte, n°s 720 e 728; Cunha Gonçalves, *Compra e Venda no Direito Comercial brasileiro*, n°s 421 a 434; Georges Ripert, *Traité Élémentaire de Droit Commercial*, n° 2.265; Van Ryn, *Principes de Droit Commercial*, vol. III, n° 1.672.

A indisponibilidade pode ser *natural,* quando a coisa é insuscetível de apropriamento ou dominação pelo homem; ou *legal,* quando a coisa, assenhoreável por natureza, está fora do comércio por imposição da lei; ou ainda *voluntária,* quando resulta de uma declaração de vontade por ato entre vivos (*doação*) ou *causa mortis* (testamento). Sempre que a coisa for inalienável, o contrato de compra e venda não pode tê-la por objeto, sob pena de invalidade.

D – *Possibilidade de transferência ao comprador.* Não basta que a coisa seja disponível. É mister que, na espécie concreta, possa ela ser transferida ao comprador. E em duas hipóteses não o poderá ser.

A primeira é quando já pertence ao próprio comprador. Ninguém pode adquirir o que já é seu, ainda que o desconheça: "*Suae rei emptio non valet, sive sciens, sive ignorans emi*",[22] uma vez que a compra e venda é o ato causal de uma traslação da coisa para o patrimônio do adquirente. Se a este já pertencia, não é possível, e, então, a prestação devida ao vendedor (preço) fica sem correspectivo, o que é incabível nos contratos bilaterais. Daí concluir-se que a compra da coisa já pertencente ao comprador se considera não realizada.[23]

A segunda ocorre quando a coisa não pertence ao vendedor mas a terceiro. A compra e venda motiva a transmissão do domínio, e, como ninguém pode transferir a outrem direito de que não seja titular ("*nemo plus iuris ad alium transferre potest quam ipse habet*"[24]), o adquirente a *non domino* realiza um ato portador de defeito de origem. Em consequência, três correntes há sustentando a ineficácia do contrato. Para uns (Orosimbo Nonato), é ato inexistente em relação ao *verus dominus.* Para outros, é ato nulo em razão de faltar o pressuposto fático essencial, que é o direito do alienante à coisa. Neste sentido, aliás, é a doutrina na França, uma vez que ali o direito é expresso (Código Civil francês, art. 1.599) neste sentido.[25] Para outros, finalmente, o contrato é anulável, porque admite convalescimento. Na verdade, se o alienante estiver de boa-fé, e ulteriormente vier a adquirir a propriedade da coisa que vendeu, revalida-se a transferência, e retroage o efeito da tradição ao momento em que se efetuou (Código Civil, art. 1.268, § 1º); por outro lado, a compra a *non domino,* desprovida embora de efeito translatício da propriedade, constitui título justo para operar o usucapião ordinário, quando aliada aos demais requisitos deste. Daí sustentarmos a anulabilidade do contrato. Não nos parece deva compadecer-se com os princípios a definição do defeito como nulidade, ainda com a ressalva feita por Carvalho de Mendonça de que subsistirá se o vendedor adquire a coisa antes da evicção, salvo se se tratar de objetos furtados,[26] porque este efeito mitigado não é o que decorre da nulidade do ato. Mas não nos parece igualmente se possa admitir que

---

22 Digesto, liv. XVIII, tít. I, fr. 16.

23 Aubry *et* Rau, *Cours de Droit Civil,* vol. V, § 349; Ennecccerus, Kipp *y* Wolff, *Tratado, Derecho de Obligationes,* vol. II, § 101.

24 "Ninguém pode transferir mais direitos (para outro) do que ele próprio tem".

25 Colin *et* Capitant, *Cours,* vol. II, nº 533; Planiol, Ripert *et* Boulanger, *Traité Élémentaire,* vol. II, nº 2.312.

26 Carvalho de Mendonça, *Contratos,* vol. I, nº 143.

é possível a venda de coisa alheia, como se proclama no direito alemão[27] e se concedia no Direito romano.[28] Os autores que o fazem em nosso direito[29] incidem num desvio de perspectiva, confundindo a possibilidade do convalescimento com a validade do contrato. Este é *originariamente ineficaz*, porque parte da transmissão a outrem de um direito que o alienante não tem. Mas, se ocorre um fato jurídico diverso da compra a *non domino*, a venda convalesce ou revalida-se, passando de defeituosa e atacável a frutuosa e boa. Mas é preciso, para tal, que o fato novo tenha lugar (aquisição pelo alienante, ou usucapião).

219. Preço. Seus caracteres

O segundo elemento da compra e venda, que desde os romanos já era considerado essencial (*Digesto*, liv. XVIII, tít. I, fr. 2, § 1º: "*Sine pretio nulla est venditio*"[30]), e que a integra, na forma da lei (Código Civil, art. 482), é o preço. Não basta, porém, tal qual em relação à coisa, haja preço. É mister reúna este alguns caracteres, sem cuja presença não chega a compor-se.

A – *Dinheiro*. Os romanos, primitivamente, discutiram a tese da sua pecuniariedade, alinhando-se os jurisconsultos em dois campos inimigos. De um lado, os *Proculeianos*, sustentando: se não for em dinheiro o preço, venda não há, porém outra espécie contratual; de outro lado, os *sabinianos*, admitindo com a citação de uns versos da *Ilíada*, que a *emptio venditio* se não desfigurava pelo fato de o pagamento efetuar-se em coisa diferente de dinheiro. A controvérsia atravessou gerações, e somente veio a cessar quando a codificação justinianeia amparou a tese proculeiana. No direito moderno já não subsiste dúvida. E no nosso muito menos, pois que, além da harmonia reinante entre os doutrinadores, o conceito é de direito positivo (Código Civil, art. 481), como antes da codificação de 1916 era regra corrente.[31]

Mas não desfigura o contrato o critério adotado na Alemanha de após guerra, e de que dão notícia Enneccerus, Kipp *y* Wolff, segundo o qual o comprador assegura ao vendedor o preço, mediante abertura de crédito em um banco, que ponha à disposição do vendedor a quantia correspondente àquele e lhe comunique o fato.[32]

Em dinheiro (o preço), pode ser representada a quantia correspondente por uma expressão fiduciária (nota promissória ou cheque de emissão do comprador, letra de câmbio ou duplicata de seu aceite), representativa do preço em dinheiro. Há, contudo, mister se trate efetivamente de um valor fiduciário, isto é, de um título repre-

---

27 Enneccerus, Kipp *y* Wolff, loc. cit.
28 *Digesto*, liv. XIII, tít. I, fr. 28: "*Rem alienam distrahere quam posse nulla dubitatio est, nam emptio est et venditio; sed res emptio auferre potest*".
29 Serpa Lopes, *Curso*, vol. III, nº 170; Eduardo Espínola, *Dos Contratos Nominados*, nº 92; João Luís Alves, *Código Civil Anotado*, vol. II, pág. 205; J. X. Carvalho de Mendonça, *Tratado*, vol. VI, parte 2ª, nº 615.
30 "Sem preço, nula é a compra e venda".
31 Teixeira de Freitas, *Esboço*, art. 1.971.
32 Enneccerus, Kipp *y* Wolff, *Tratado*, *Derecho de Obligaciones*, vol. II, § 101.

sentativo de dinheiro. Se, ao revés, for um bem incorpóreo dotado de autenticidade própria (título da dívida pública, ações de sociedade anônima etc.), o contrato deixa de ser compra e venda, por não haver preço em dinheiro.[33]

Quando o pagamento é estipulado parte em dinheiro e parte em outra espécie, a concretização do contrato como compra e venda ou como troca depende da vontade das partes aliada à predominância sensível da soma em dinheiro sobre o valor da coisa, ou *vice-versa* (v. 224, *infra*).

A pecuniariedade é essencial somente no momento de celebração do contrato, que se não descaracteriza se, no momento da *solutio*, for convencionada a entrega de coisa diversa (*aliud pro alio*[34]), mediante uma *dação em pagamento*.[35] Tal faculdade subsiste ainda para a prestação de serviços, alimentação, vestuário, habitação etc.[36]

B – *Seriedade*. O preço tem de ser sério, traduzindo a intenção efetiva e real de constituir uma contraprestação da obrigação do vendedor. Se for *fictício*, não há venda, porém doação dissimulada, aplicando-se o art. 167 do Código Civil, que determina a subsistência do negócio jurídico que se dissimulou, se válido na substância e na forma e não violar direito de terceiro. Se for *irrisório*, venda também não há, porque um contrato em que se presencia o contraste aberrante entre valor da coisa e o preço nega-se a si mesmo.

Mas não se requer seja ele *justo*. O problema do *justo preço*, que ocupou ativamente os juristas medievais, não atormenta os modernos, convencidos de que não há estimativa precisa e rigorosa para cada coisa. Salvo nos casos em que o atentado à comutatividade é punido especialmente (rescisão por *lesão subjetiva*, nos termos do art. 157 do Código Civil), não se pode negar efeito ao contrato, ainda que falte perfeita correspectividade entre um e outro. No trato corrente dos negócios insere-se às vezes no contrato de compra e venda cláusula que faz referência à *venda pelo justo preço*. A doutrina manda entendê-la como alusão ao *preço normal* ou, se for o caso, preço corrente no mercado ou na Bolsa.[37]

C – *Certeza*. O preço tem de ser certo, isto é, determinado, para que o comprador possa efetuar a *solutio* na forma devida. Cabe, então, seja *fixado*, operação que pode ser realizada de vários modos.

1 – Mais comumente pelas próprias partes (Código Civil, art. 482), pois que se trata de estabelecer o elemento fundamental do contrato, como resultado do jogo das

---

33   Agostinho Alvim, *Da Compra e Venda e da Troca*, nº 11.
34   "Uma coisa por outra".
35   M. I. Carvalho de Mendonça, *Contratos*, vol. I, nº 145; Serpa Lopes, *Curso*, vol. III, nº 171; Sebastião de Sousa, *Da Compra e Venda*, nº 43; Agostinho Alvim, *Da Compra e Venda e da Troca*, nº 11; Ramella, *La Vendita nel Moderno Diritto*, pág. 73.
36   Cunha Gonçalves, *Da Compra e Venda*, pág. 142.
37   Mossa, "Il giusto prezzo nella vendita commerciale", *in Rivista di Diritto Commerciale*, 1931, 2ª parte, págs. 465 e segs.; Rubino, *La Compra-vendita*, nº 76; Francesco Degni, *La Compra-Venta*, nº 35.

competições econômicas. Não pode ser deixado ao *arbítrio exclusivo* de uma delas, pois que a potestatividade da prestação vai incidir na condenação da lei à condição potestativa pura (Código Civil, art. 122), e impõe a nulidade do contrato (Código Civil, art. 489). Considera-se, portanto, nula a venda subordinada às cláusulas *quantum velis, quanti aequum putaveris, quanti aestimaveris* (Degni), isto é, quanto queiras, quanto julgares justo, quanto estimais, por traduzirem todas elas um arbítrio inadmissível.

2 – Não querendo ou não podendo os contratantes determiná-lo, é lícito convencionar sua fixação por um terceiro (Código Civil, art. 485) que não é propriamente um avaliador da coisa, porém um árbitro escolhido pelos interessados, os quais não têm o direito de repudiar a sua deliberação, mas têm o dever de acatar sua estimativa.[38] Se o terceiro não aceitar a incumbência ou morrer, ficará sem efeito o contrato, a não ser que as partes acordem, no contrato mesmo, ou em ato subsequente, na designação de outro. Ao fixar o preço, o terceiro terá em conta os elementos contemporâneos da estimativa e não coetâneos do contrato (a não ser que as partes disponham o contrário), pois que a presunção é que elas, abdicando da faculdade da determinação, ajustaram que outra pessoa, e noutro momento, o faça.[39] Nunca será possível que o juiz se substitua às partes, e, na falta de entendimento entre elas,[40] designe um perito que proceda à determinação do preço ou avaliação da coisa.

3 – Ao invés de determiná-lo pessoalmente, ou de transferir sua fixação ao arbítrio de um terceiro, é válida a venda se deixado o preço à taxa do mercado ou da Bolsa de um certo dia e lugar (Código Civil, art. 486). E se a cotação variar no mesmo dia escolhido, tomar-se-á por base na média nessa data, caso as partes não tenham convencionado de forma diversa, por aplicação analógica do parágrafo único do art. 488 do Código. Não há nisto uma abdicação de faculdades, nem insinuação sobre a vontade, porque a taxação da Bolsa ou do mercado foi adotada como modalidade convencional de determinação, uma vez que o critério é de escolha das próprias partes. As partes podem ainda fixar o preço em função de índices ou parâmetros, desde que suscetíveis de objetiva determinação (Código Civil, art. 487).

4 – Outra modalidade de fixação do preço é o tarifamento, realizado mediante a intervenção da autoridade pública, que ora estabelece o limite máximo, ora atribui à coisa o preço inarredável da venda. É usado no fornecimento decorrente dos serviços de utilidade pública (gás, eletricidade), como no abastecimento de gêneros de primeira necessidade, fixado pelos órgãos controladores,[41] e acompanhado de punição ao infrator.

5 – Quando a coisa exposta à venda já traz a determinação do preço, não se pode dizer seja ele arbitrariamente fixado por uma das partes, mas deve-se entender

---

38 Cunha Gonçalves, *Dos Contratos em Especial*, nº 156.
39 Agostinho Alvim, ob. cit., nº 28.
40 De Page, *Traité*, vol. IV, nº 41; Mazeaud *et* Mazeaud, *Leçons*, vol. III, nº 868.
41 Espínola, ob. cit., nº 24; Cunha Gonçalves, *Da Compra e Venda*, nº 45; Planiol, Ripert *et* Boulanger, ob. cit., nº 2.384.

que integra a proposta, e considera determinado *pelas partes*, no momento em que o comprador, aderindo, aceita-o e o contrato se perfaz.

6 – Situação análoga é a do leilão, em que o maior lanço parece indicar que o preço é deixado ao comprador.[42] Mas não há arbítrio deste, senão que se determina, como condição da oferta, que adquirente será aquele que mais alto oferecer. Na venda em leilão, é lícito estabelecer um mínimo, consignando-se que não haverá contrato perfeito se não for este alcançado.

São *acessórios do preço* (Tito Fulgêncio) as despesas que se têm de fazer para a realização e execução do contrato. Em princípio, deixa-se à convenção dos interessados. Na sua falta, competem ao comprador as despesas de escritura e registro e ao vendedor as da tradição (Código Civil, art. 490). O imposto sobre o lucro na venda imobiliária era atribuído, na legislação do imposto sobre a renda, quando devido, ao vendedor. Não era, porém, vedado assumi-lo o comprador.

7 – Uma vez estipulado o preço, não pode qualquer das partes alterá-lo unilateralmente, sob fundamento de que não corresponde à real interpretação do negócio. Não cabe ao juiz, a pretexto de interpretar, alterar as cláusulas contratuais.[43]

A falta de estipulação do preço nem sempre leva à inexistência do contrato de compra e venda por falta de um dos seus elementos essenciais. O art. 488 do Código admite a interpretação do contrato de compra e venda sem preço, ou de qualquer critério para a sua fixação, como se as partes se tivessem sujeitado ao preço corrente nas vendas habituais do vendedor. Essa interpretação somente pode ser admitida nas hipóteses em que o vendedor habitualmente exerce o comércio e ainda assim o faz tendo por objeto coisas cujo preço não é fixado em razão de uma qualidade especial, ou seja, bens fungíveis por natureza. A prova da habitualidade e do preço de mercado do objeto do contrato é essencial para a aplicação desta regra legal.

220. CONSENTIMENTO. RESTRIÇÕES

Na compra e venda, como em qualquer contrato, o *consenso* é essencial, e não há mister retomar o assunto, depois do que expendemos no nº 187, *supra*. Exige-se, para a sua validade, o requisito da capacidade dos contratantes. E, além de não serem estes atingidos por uma qualquer das incapacidades genéricas (Código Civil, arts. 3º e 4º), ainda se deverá indagar da existência de alguma restrição específica. Com efeito, dispositivos legais instituem limitações à liberdade de comprar e vender, atendendo a razões e inspirações variadas.

A – É anulável a venda de *ascendente* a *descendente* levada a efeito sem que os demais descendentes e o cônjuge expressamente o consintam. A lei (Código Civil, art. 496) pretendeu aqui resguardar o princípio da igualdade das legítimas dos descendentes e do cônjuge contra a defraudação que resultaria de dissimular, sob

---

42   Espínola, ob. cit., nº 24; Planiol, Ripert *et* Boulanger, nº 2.377.
43   Parsons, *The Law of Contracts*, vol. II, pág. 610.

a forma da compra e venda, uma doação que beneficiaria a um, em prejuízo dos outros. O Código Civil de 2002 passou a exigir, ao lado da autorização dos demais descendentes, também a autorização do cônjuge, a impor maior restrição ao direito de dispor do alienante. A restrição, todavia, se justifica, uma vez que o Código elevou o cônjuge à categoria de herdeiro necessário da propriedade dos bens do *de cujus* (art. 1.845), atribuindo-lhe, assim, direito à legítima em concorrência com os descendentes (art. 1.829, I), daí seu interesse em verificar se a alienação não visa apenas dilapidar o patrimônio a que poderá fazer jus quando da abertura da sucessão do vendedor. Note-se que se dispensa a autorização do cônjuge quando casado com o alienante sob o regime da separação obrigatória de bens (art. 496, parágrafo único).

Não estando em jogo interesse público, é privativo dos prejudicados promover a anulação do contrato, ou deixar de fazê-lo, como lhes apraza. Por outro lado, o ato é suscetível de confirmação, bastando para seu convalescimento que os outros descendentes e o cônjuge deem, *a posteriori*, o seu acordo. Por tais razões o novo Código tornou a venda meramente *anulável*, ao contrário do Código de 1916, que a inquinava de nulidade. Os tribunais, inclusive o Superior Tribunal de Justiça, têm entendido que a ação dirigida à anulação deve ser ajuizada no prazo decadencial de dois anos, a contar da data da conclusão do ato (Código Civil, art. 179). Se a venda não é feita diretamente, mas por interposição de pessoa, o negócio é simulado, e atacável sob este fundamento.[44]

O consentimento deve ser expresso, não se admitindo o tácito. Além disto, afirma a doutrina ser *insuprível*, em razão de constituir a faculdade de concordar, ou não, uma prerrogativa do descendente e do cônjuge.[45] Em nosso direito anterior ao Código de 1916, admitia-se o suprimento.[46] Deve a anuência ser provada pela mesma forma que o ato (Código Civil, art. 220), o que significa que, se for a venda de imóvel de valor superior à taxa legal, deve ser dada por escritura pública, e, sempre que possível, constar do mesmo instrumento.[47]

Não há confundir, porém, suprimento do consentimento recusado, com a nomeação de curador ao descendente menor, para que o represente ou assista, uma vez que é patente a colisão de interesses entre ele e o ascendente. Esta providência não vai de arrepio ao texto, nem encontra proibição nos princípios.[48]

Os descendentes, cujo consentimento se requer, são os herdeiros necessários ao tempo do contrato, vale dizer os mais próximos em grau, salvo o direito de representação.[49] Os não reconhecidos no momento da venda não têm de ser ouvidos, porque

---

44 Caio Mário da Silva Pereira, "Venda de Ascendente a Descendente", *in Revista Forense*, vol. 104, pág. 45.

45 Clóvis Beviláqua, Comentário ao art. 1.132 do Código de 1916; Sebastião de Sousa, nº 36; Nélson Hungria, voto *in Revista Forense*, vol. 156, pág. 1.213.

46 Coelho da Rocha, ob. e loc. cits.

47 Agostinho Alvim, ob. cit., nº 61.

48 Sebastião de Sousa, nº 37.

49 Agostinho Alvim, ob. cit., nº 64.

somente o ato de reconhecimento tem o efeito de converter uma situação fática em *status* jurídico.[50]

B – Com o objetivo moral de manter a isenção necessária em que, por dever de ofício ou por profissão, tem de velar ou zelar pela fazenda alheia, a lei (Código Civil, art. 497) proíbe sejam adquiridos (pena de nulidade), mesmo em hasta pública: I – pelos tutores, curadores, testamenteiros e administradores, os bens confiados à sua guarda ou administração; II – pelos servidores públicos, em geral, os bens ou direitos da pessoa jurídica a que servirem, ou que estejam sob sua administração direta ou indireta; III – pelos juízes, secretários de tribunais, arbitradores ou peritos e outros serventuários ou auxiliares da justiça, os bens ou direitos sobre que se litigar em tribunal, juízo, ou conselho, no lugar onde esses funcionários servirem ou a que se estende a sua autoridade; IV – pelos leiloeiros e seus prepostos, os bens de cuja venda estejam encarregados. A proibição estende-se à cessão de direitos (parágrafo único do art. 497), mas não vigora entre coerdeiros, nem se a alienação se der em pagamento de dívida, ou para garantia de bens já pertencentes às pessoas designadas no nº IV *supra* (Código Civil, art. 498).

Pelos mesmos motivos, a proibição alcança os corretores de Bolsas quanto aos bens a eles confiados, e os militares a respeito dos bens de seus subordinados.[51]

C – Enquanto pende o estado de indivisão, o *condômino* não pode vender a sua parte a estranho, se outro consorte a quiser, tanto por tanto (Código Civil, art. 504). No caso de mais de um condômino manifestar interesse pela aquisição, procede-se a uma licitação entre eles, preferindo o que tiver na coisa benfeitorias de maior valor; na falta delas, o de maior quinhão; se os quinhões forem iguais, haverão a parte vendida os coproprietários que o quiserem, depositando o preço. Evidentemente, não é inalienável o quinhão em coisa indivisa. A lei institui preferência, que implica restrições para vender a quem não seja condômino. Dentro do prazo de 180 (cento e oitenta) dias, o condômino interessado, a quem não se der conhecimento da venda, tem a faculdade de requerer para si a parte alienada, depositando o preço, segundo constar do contrato. Escoado esse tempo, caduca o direito de preferência e consolida-se a transferência.

Não se aplica o princípio ao caso de venda de unidade em edifício submetido ao regime de *condomínio edilício,* porque, em tal sistema, o escopo preponderante é a propriedade exclusiva da unidade, ao mesmo passo que o condomínio sobre o solo e partes comuns somente existe em atenção ao objetivo de proporcionar a utilização efetiva da parte exclusiva. E, como a copropriedade é mero veículo de realização do direito individual, a venda do apartamento, mesmo se a convenção do condomínio dispuser em contrário, pode ser livremente feita, sem a restrição do art. 504.[52]

---

50 Caio Mário da Silva Pereira, *Efeitos do Reconhecimento de Paternidade Ilegítima,* nº 30.
51 M. I. Carvalho de Mendonça, *Contratos,* nº 141.
52 Caio Mario da Silva Pereira, *Propriedade Horizontal,* nº 66. A Lei nº 4.591, de 16 de dezembro de 1964, cujo Anteprojeto foi por nós elaborado, consagra-o expressamente (art. 4º). V., ainda, o nosso livro *Condomínio e Incorporações,* nº 87.

D – No comércio vigora a prática das *cláusulas de exclusividade,* as quais, impondo a obrigação de adquirir certas mercadorias de um produtor determinado, ou vender por determinado preço, traduzem inequivocamente restrições à faculdade de comprar de outro qualquer, ou de estabelecer preço diferente. Trata-se de cláusula contratual livremente aceita, e eficaz. Mas não pode vigorar indefinidamente, por atentatória à liberdade individual; é, ao revés, plenamente válida quando ajustada por prazo determinado.[53]

E – É vedada a compra e venda entre marido e mulher que tenha por objeto bem que integre a comunhão. Se o bem objeto do contrato integra o acervo dos bens comuns do casal, a venda não seria senão um ato fictício, pois não pode haver compra e venda sem a consequente mutação de patrimônio. Se o bem está excluído da comunhão, a venda é permitida por expressa disposição legal (art. 499), ao contrário do que preceituava o Código de 1916.

F – Com exceção do casamento com regime da separação absoluta de bens, não pode o cônjuge, sem a anuência do outro, realizar contrato de compra e venda que tenha por objeto imóvel de qualquer valor (art. 1.647, I). A recusa injustificada à outorga uxória, ou a impossibilidade de obtê-la, podem, no entanto, ser supridas pelo juiz (art. 1.648).

221. EFEITOS DA COMPRA E VENDA

Não sendo, por direito nosso, hábil o contrato de compra e venda a transferir a propriedade, o que requer a tradição da coisa (móvel) ou inscrição do título (imóvel) diz-se que seu efeito é *obrigatório.* Daí resulta para o vendedor a obrigação de entregar a coisa e para o comprador a de pagar o preço, na forma, no prazo ou segundo os costumes. Celebrado, pois, o contrato, dele se originam efeitos, mais ou menos extensos, mais ou menos permanentes.

A – O primeiro efeito da compra e venda é a transferência do domínio (Código Civil, art. 481). Mas, como este se não opera pelo contrato, porém pela tradição ou pela inscrição, decorre que é dever primário do vendedor efetuar a tradição da *res vendita,*[54] entrega esta que se fará, acompanhada a coisa de seus *acessórios.* Em caso de recusa, tem o comprador, contra aquele, direito a imissão de posse. A entrega deverá fazer-se no tempo e no lugar convencionados, cabendo ao vendedor as despesas da tradição, e ao comprador as do transporte até o seu próprio domicílio, salvo convenção ou uso em contrário (art. 490).[55] A coisa imóvel não se adquire antes da

---

53 Planiol, Ripert *et* Boulanger, n° 2.322; Colin *et* Capitant, *Cours*, vol. II, n° 853; Mazeaud *et* Mazeaud, n° 765.

54 Espínola, *Dos Contratos Nominados*, n° 42; Clóvis Beviláqua, Comentário ao art. 1.122 do Código Civil de 1916.

55 Espínola, n° 46.

inscrição do título no Registro, datando, pois, desta os efeitos relativamente à coisa, que até esse momento ainda é propriedade do alienante.

B – Sendo, por outro lado, as prestações organicamente interdependentes, caberá, na falta de uma convenção especial, invocar o princípio de sua interligação funcional para determinar o *modo de execução.* Se não for a venda a prazo, o vendedor não tem obrigação de entregar a coisa antes de receber o preço (Código Civil, art. 491); mas o comprador, a seu turno, não tem o dever de pagar o preço, se o vendedor não estiver em condições de entregar-lhe a coisa.[56] A fim de evitar a alegação de inadimplemento, o comprador poderá consignar o preço, para que o levante o vendedor contra a entrega da coisa. Se for a prazo, é óbvio que não é lícito ao alienante condicionar sua prestação à do outro. Porém, se sobrevier modificação no estado econômico do comprador, que se veja reduzido à insolvência antes da tradição, pode o vendedor sobrestar na entrega, até que o adquirente lhe dê caução de pagar no tempo ajustado (Código Civil, art. 495), ou efetive desde logo a prestação do preço (Código Civil, art. 477). Ressalte-se, por fim, que em caso de contratos de compra e venda de móveis ou imóveis mediante pagamento em prestações, bem como nas alienações fiduciárias em garantia, consideram-se nulas de pleno direito as cláusulas que estabeleçam a perda total das prestações pagas em benefício do credor que, em razão do inadimplemento, pleitear a resolução do contrato e a retomada do produto alienado (art. 53 da Lei nº 8.078/1990).

C – Sendo a compra e venda *pura,* o *contrato* é perfeito, desde que as partes acordem na coisa e no preço. Formado o contrato, a entrega da coisa e o pagamento do preço são atos de *execução.* Sendo, ao revés, subordinada a uma *condição,* dúvida é levantada a respeito dos efeitos da tradição (real ou solene) da coisa vendida, a uns parecendo que não se dá em caráter executório do contrato, mas a título de comodato, locação etc.[57] Entendemos que somente quando for ajustado é que será possível introduzir outra figura contratual para explicá-lo. Fora daí, o título da tradição ou da inscrição é o contrato de compra e venda, e tanto assim que, se não ocorrer o implemento da condição resolutiva, ou verificar-se a suspensiva, o domínio reputa-se transferido *ex tunc,* e independentemente de outra *traditio,* novamente causada. Verificada a condição suspensiva, adquire o credor o direito a que visa (Código Civil, art. 125) e, como a tradição em virtude de contrato já ocorrera, retroagem seus efeitos ao momento de sua celebração, datando deste a aquisição do domínio.

D – Outro efeito da compra e venda é a garantia contra os vícios redibitórios e a evicção. Tão íntima a conexão entre estas responsabilidades e a compra e venda, que em alguns sistemas as respectivas teorias estão inseridas na dogmática deste contrato. Para o nosso direito, com maior rigor científico, o seu lugar é na teoria geral dos contratos, pois que a outros, além da compra e venda, se aplicam também. Daí reportamo-nos ao que ficou exposto nos nos 207, *supra,* e seguintes.

---

56 Agostinho Alvim, ob. cit., nº 51.

57 Agostinho Alvim, nº 37.

E – Pode ser objeto do contrato de compra e venda uma *universalidade,* isto é, um complexo de coisas singulares, não individualmente determinadas, porém compreendidas no seu conjunto ou como coletividade. São, aliás, frequentes operações desta espécie, como a venda de uma biblioteca ou de um rebanho, ou a venda de um fundo de comércio ou de uma herança. O objeto do contrato não são as coisas singulares que compõem a coletividade, mas a universalidade como tal. Em consequência, o alienante responde pela existência daquele complexo, bem como pela sua integração no próprio patrimônio, mas não responde individualmente pelas coisas que o compõem, seja no tocante ao número de unidades, seja no que diz respeito às qualidades de cada coisa singular.[58] É por este fundamento que o defeito de uma não autoriza a rejeição de todas (Código Civil, art. 503).

F – Quando o contrato tem por objeto *venda de terras,* pode ocorrer que, na medição realizada posteriormente, seja apurada a falta de correspondência entre a área efetivamente encontrada e as dimensões dadas. A diferença poderá ser para mais ou para menos, como pode variar de extensão, proporcionalmente ao que consta do título, sendo desta sorte, um *defeito,* equiparável ao *vício redibitório.*

Diante da lei (Código Civil, art. 500), a solução do problema variará em razão da caracterização da venda, em função do que o título revela. Na venda *ad mensuram,* que é aquela em que as dimensões são tomadas em consideração preponderante, o comprador tem direito à complementação da área, e, não sendo isto possível, abre-se-lhe uma opção entre a resolução do contrato e o *abatimento proporcional do preço.* Em princípio, reconhece-se ao comprador uma ação, que é a de *complementação da área (actio ex empto),* e não uma tríplice alternativa. Somente em caso de não ser possível, tem o adquirente a faculdade (esta, sim, alternativa) de resolver o contrato (*actio redhibitoria*) ou pedir abatimento no preço (*actio aestimatoria*). A doutrina é pacífica.[59] Se em vez de a área ser menor, for ela maior, o vendedor terá que demonstrar que tinha motivos para ignorar a medida exata da área, caso em que o comprador terá a opção entre completar o valor correspondente ao preço ou devolver o excesso (Código Civil, art. 500, § 2º).

Na venda *ad corpus,* que é aquela em que o imóvel é transferido como coisa certa e discriminada, ou o terreno bem delimitado,[60] o comprador nada pode reclamar porque não foi uma área o objeto do contrato, porém uma gleba caracterizada por suas confrontações, caracteres de individuação, tapumes etc., não importando para o contrato se em maior ou menor número de hectares (Código Civil, art. 500, § 3º). Para que uma venda se caracterize como *ad corpus*, não exige a lei que o contrato assim a qualifique expressamente. O juiz, na determinação se a *venda* se realizou *ad mensuram* ou *ad corpus,* deverá primeiro consultar o título, pois que ninguém melhor do que os próprios contratantes para esclarecer a sua intenção. Na

---

58 Rubino, *La Compravendita,* nº 43.

59 Planiol, Ripert *et* Boulanger, *Traité Élémentaire,* vol. II, nº 2.452; Agostinho Alvim, *Da Compra e Venda e da Troca,* nº 108.

60 De Page, *Traité,* vol. IV, 1ª parte, nº 115.

falta de uma declaração expressa, haverá de valer-se de elementos extraídos da descrição do imóvel, de sua finalidade econômica, de provas *aliunde* inclusive indícios e presunções, que permitam inferir se o objeto da venda foi coisa certa ou foi uma área, e proceder à interpretação da vontade, não perdendo de vista que a referência às dimensões é simplesmente enunciativa, quando a diferença encontrada não exceder de um vigésimo (5%) da extensão total enunciada (Código Civil, art. 500, § 1°). Ao legislador pareceu que fração tão exígua não justifica o litígio, e a jurisprudência aconselha interpretar as cláusulas duvidosas contra o vendedor, que é quem está em melhores condições de conhecer a coisa, e, podendo esclarecer a situação sem tê-lo feito, há que suportar as consequências.[61]

No caso de a venda ter sido realizada em *hasta pública,* não cabe ao comprador o direito de reclamar quanto à extensão da área adquirida.

Para orientação prática, Tito Fulgêncio[62] distribui as hipóteses surgentes em alíneas separadas, que examina: 1 – estipular-se o preço por medida de extensão e não corresponder a área mencionada às dimensões descritas; 2 – determinar-se a área com preço global, e não corresponder a medida encontrada às dimensões dadas; 3 – descrever-se o imóvel como coisa certa e discriminada, sem referência à área, ou com alusão a esta em caráter exclusivamente enunciativo; 4 – venda em *hasta pública.* Os dois primeiros casos são de venda *ad mensuram,* com as consequências acima deduzidas; o terceiro, de venda *ad corpus;* no quarto não cabe reclamação.

Observe-se que o Código Civil de 2002 inovou, no art. 501, ao especificar prazo decadencial de um ano, para o exercício dos direitos do devedor e do comprador, em relação ao desencontro entre a área real e a área enunciada. O termo *a quo* do prazo é a data do registro do título translativo no RGI competente, salvo se houver atraso na imissão da posse do imóvel, atribuível ao alienante, hipótese em que a partir dela fluirá o prazo decadencial (Código Civil, art. 501, parágrafo único).

222. Risco

Risco é o perigo a que está sujeita a coisa, de perecer ou deteriorar-se, por caso fortuito ou força maior (Clóvis Beviláqua).

Na compra e venda, o vendedor corre o risco da coisa, até o momento da tradição, porque até então o domínio é seu, e, como a coisa perece para o seu dono – *res perit domino* – enquanto não se integra no patrimônio do comprador, sofre o alienante o seu perecimento ou a sua danificação.

Entende-se como tradição e, portanto, deslocamento do risco para o comprador, o fato de a coisa ter sido posta à disposição deste. Suporta ele, então, o risco das coisas que se recebem contando, pesando, medindo, ou assinalando, mesmo que o fortuito ocorra no ato de contar, marcar ou assinalar, se nessa oportunidade já estiverem à disposição do adquirente (art. 492, § 1°).

---

61 Ac. do Supremo Tribunal Federal, *in Revista Forense,* vol. 120, pág. 83.
62 Tito Fulgêncio, *Programa. Obrigações.*

A *mora accipiendi* importa em inversão do risco. Posta a coisa à disposição do comprador, em tempo oportuno e modo ajustado, se não a levanta suporta os riscos, e não se pode queixar do dano a que se exponham.

Constitui, também, modalidade peculiar de tradição a entrega da *res vendita* a quem haja de transportá-la, quando expedida por ordem do comprador. Se, porém, o vendedor contrariar as instruções do adquirente, suporta os riscos ocorridos durante o transporte, porque, assim procedendo, age como mandatário infiel (Clóvis Beviláqua). Não se escusará com a alegação de que procurou ser útil ao comprador mediante a adoção de meio mais eficiente e mais rápido (transporte aéreo em vez de terrestre, por exemplo), porque não se trata de apurar uma possível intenção de bem servir. Deixando de seguir as instruções do comprador, tomou a si o risco da coisa até sua efetiva entrega, e, desta sorte, a pessoa que a transportou deixa de ser um representante do adquirente. A tradição fica, pois, adiada até a chegada ao destino.

Se tiver havido perda parcial ou deterioração da coisa, o comprador tem a faculdade de resolver o contrato, não podendo ser compelido a recebê-la; ou, se ainda lhe convier, poderá aceitá-la com abatimento no preço. Concorrendo para a perda ou deterioração a culpa do vendedor (Código Civil, art. 236), pode o comprador pedir, ainda, o ressarcimento de perdas e danos.[63]

223. PROMESSA DE COMPRA E VENDA

Pouco nos cabe, neste passo, dizer da promessa de compra e venda, já que aproveitamos a oportunidade de tratar do contrato preliminar como gênero, para o exame desta modalidade especial de pré-contrato (v. nº 198, *supra*).

A promessa de compra e venda pode ser bilateral ou unilateral.

Bilateral, mais comumente usada entre nós, envolve o compromisso de parte a parte, no sentido da realização do contrato definitivo de compra e venda. Como todo contrato preliminar, a promessa de compra e venda gera uma obrigação de fazer, que se executa mediante a outorga do contrato definitivo. A prestação a que as partes estão obrigadas é o fato da realização da compra e venda. E, como não existe requisito formal para as *obligationes faciendi,* pode assumir a forma pública como a particular, conforme expressamente admite o art. 462 do Código. A grande conquista da doutrina e da jurisprudência foi a de se outorgar, a critério da parte adimplente, a execução coativa ao contrato de promessa de compra e venda, hoje permitida por lei independentemente da forma utilizada pelas partes no contrato preliminar (art. 464 do Código), bem como do registro do instrumento no cartório competente. A promessa *unilateral* (mais usual no Direito francês)[64] consiste numa obrigação para uma das partes (promessa de vender ou promessa de comprar), enquanto a outra parte fica livre de realizar ou não o contrato. Um está adstrito à prestação, e o outro não. No

---

63 Espínola, ob. cit., nº 61.
64 Planiol, Ripert *et* Boulanger, nº 2.414.

Direito francês, a doutrina dá grande importância a esta figura, porque naquele sistema a transmissão do domínio resulta simplesmente do contrato, e então a promessa bilateral é equiparada à própria venda (*promesse de vente vaut vente*).

No nosso direito, a promessa unilateral de comprar – promessa a *parte emptoris* – sendo embora lícita e possível, e às vezes usada, não atraiu rica floração doutrinária. A promessa de vender – promessa a *parte venditoris* – por ter suscitado mais numerosos problemas, é mais rica de soluções, não estando os princípios que compõem a sua teoria perfeitamente assentados. É o caso da *opção*.

A *opção,* que já mereceu uma referência no nº 198, *supra,* pratica-se na vida mercantil, quando um comerciante ou fornecedor se compromete a vender mercadoria a uma pessoa determinada, mediante preço assentado em base fixada, e dentro de certo prazo; e pratica-se com frequência no apelidado *comércio imobiliário,* em condições análogas. O que constitui a tônica deste negócio jurídico é a criação, para o promitente, de uma obrigação (de comprar ou de vender), enquanto a outra parte fica com a liberdade de contratar. A opção distingue-se nitidamente do pacto de preempção ou preferência, em que esta é uma cláusula que o comprador é obrigado a respeitar, oferecendo ao vendedor a coisa adquirida deste, no caso de pretender aliená-la (v. nº 227, *infra*).

Nos contratos de vendas imobiliárias, adotam-se duas espécies de negócios jurídicos: a *opção* e a *corretagem*. A sua conjugação traz, às vezes, problemas complexos. Mas, em verdade, não se confundem. Há *opção* quando o promitente dá preferência de compra à outra parte, e fica obrigado a vender-lhe, nas condições da declaração. O ato comporta a alternativa de venda a terceiro, com a intermediação do favorecido. Há *corretagem,* quando o interessado na venda, que pode ser o proprietário, o promitente comprador, ou o favorecido por uma opção, ajusta com alguém encarregar-se este de agenciar a venda, mediante comissão. A *opção* é contrato unilateral, que traz obrigação de contratar apenas para o promitente vendedor, pelas condições constantes do instrumento. A *corretagem* é um contrato bilateral, gerando para o agenciador a obrigação de encaminhar negócio, e para o comitente a de pagar-lhe a remuneração, normalmente sob forma percentual. A *opção* aproxima-se da corretagem exclusiva, por ficar nesta ajustado que somente aquele agenciador é autorizado, e a ele assegurada a comissão ainda que a venda se conclua por intermédio de outra pessoa. As duas espécies vêm às vezes conjugadas: opção de venda e garantia de comissão ao favorecido, sobre o preço alcançado; ou comissão sobre o limite mínimo estabelecido, e direito ao *over price* obtido. O promitente é obrigado a vender nas condições estipuladas, e ainda tem de pagar a remuneração à outra parte, a título de corretagem pela agenciação (v. sobre o contrato de corretagem, nº 251, *infra*).

Em qualquer caso, de opção ou de corretagem exclusiva, o promitente está vinculado dentro de *prazo certo*. Uma vez vencido, exonera-se. E, se não houver prazo determinado, cabe ao obrigado o direito de fixá-lo judicialmente, pois não se compreende fique alguém indefinidamente vinculado, enquanto a outra parte conserva-se livre.

COMPRA E VENDA E TROCA 147

A promessa bilateral de compra e venda pode ser *irretratável* ou sujeita a *arrependimento*. Quando irretratável, e constar de registro público, gera direito real (v. nº 200, *supra*). Há implicações de natureza fiscal, acompanhando a promessa irretratável, como foi o caso de recolhimento do imposto sobre o lucro imobiliário.

Admitindo o *ius poenitendi*, fica ressalvada aos contratantes a faculdade de se arrependerem, mediante as condições estipuladas, como seja a perda do sinal, o pagamento da remuneração pela utilização da coisa, ou a perda das prestações pagas a título de indenização pelo uso etc. O Código de Proteção e Defesa ao Consumidor, todavia, não admite a perda integral das parcelas pagas (art. 53 da Lei nº 8.078/1990).

Ao apresentarmos a teoria do contrato preliminar, detivemo-nos no problema da forma e dos efeitos, desenvolvendo as manifestações doutrinárias, e mostrando que hoje o problema já encontra uma posição definida e segura. Com o propósito tão somente de coordenar os princípios relativos à promessa de compra e venda, retornamos ao assunto em síntese apertada. A promessa de compra e venda, gerando em princípio obrigação de fazer, não está adstrita a requisito formal para ter validade e vincular as partes ao cumprimento das respectivas obrigações. Sendo irretratável e constando de registro público, dá nascimento a direito real. E, como a constituição de direito real sobre bem imóvel está submetida ao requisito formal do registro, é necessário obedeça a esse requisito, a fim de que possa produzir tal efeito, isto é, haverá de ser levado ao registro competente, no caso o registro de imóveis. Já que o art. 462 não exige a forma pública para o contrato preliminar, a consequência é a de que por imposição legal deverá ser registrado no Registro de Imóveis qualquer contrato de promessa de compra e venda que tenha por objeto bem imóvel, e não apenas os terrenos loteados, como ocorria no sistema anterior ao Código de 2002, por força do disposto no Decreto-Lei nº 58, de 10 de dezembro de 1937. No entanto, a submissão do promitente vendedor à execução coativa (Código Civil, arts. 463 e 464), obrigando-o o juiz a outorgar a escritura definitiva, sob pena de valer a sentença como suprimento do ato recusado, independe do registro do contrato no RGI.

Pelo nosso direito, a promessa de venda nunca pode operar a transferência do domínio, dada a distinção rigorosa entre o contrato definitivo e o contrato preliminar. Cria este a obrigação de prestar um fato, e seu objeto é a outorga do contrato definitivo. Em contraposição, o contrato definitivo de compra e venda gera uma obrigação de dar, e seu principal efeito é obrigação de transferir o domínio, mediante a tradição da coisa ou a inscrição do título. Descumprida a escritura definitiva, o comprador tem sempre execução direta, e assiste-lhe direito à imissão de posse. Infringida a promessa de compra e venda, nasce para o promitente comprador o direito de pleitear a adjudicação compulsória, desde que não haja cláusula de arrependimento e independentemente do registro do contrato no Registro de Imóveis. O registro da promessa no RGI competente gera apenas ônus real, gravando a própria coisa, a qual o promitente comprador tem o direito de perseguir em poder de qualquer terceiro adquirente. Proferido o julgamento, não há mais mister que o contratante inadimplente passe o contrato de venda, porque a sentença proferida vale como preceito e substitui a declaração de vontade recusada, podendo ser inscrita no registro imobiliário, como se fosse a própria escritura.[65]

A coisa comprometida, em virtude da constituição do ônus real, torna-se indisponível.[66] Com fundamento na promessa, que obedeça aos requisitos acima enumerados, o promitente comprador adquire a faculdade de receber a escritura definitiva, e de anular o ato de alienação que o promitente vendedor tenha realizado após o registro do contrato de promessa.

Reversamente, o promitente vendedor tem o direito de consignar a coisa em juízo, constituindo o promitente comprador em mora, desta forma liberando-se de toda obrigação.

224. Troca

Historicamente, a *troca* foi o primeiro contrato, e a bem dizer o primeiro passo na escala dos valores jurídicos, porque traduz a aceitação da ideia de compreensão, substituindo a de apreensão, ou seja, o significado de que o homem passou da fase em que obtinha pela força os bens e as utilidades necessárias, a uma outra em que elegeu como técnica de obtenção o entendimento recíproco. É o contrato mais singelo, que os povos primitivos praticam, como nos dão conta os chamados *primitivos atuais*, isto é, aqueles que ainda em nossos dias vivem um estágio mais rudimentar de civilização. Seu mecanismo consiste na entrega de uma coisa por outra – *rem pro re* – objetivando a prestação de cada um dos contratantes uma coisa em espécie.

Antecedeu à compra e venda, o que não deixou de ser assinalado pela acuidade romana: *"Origo emendi vendendique a permutationibus coepit"*.[67] Mas já pressupõe um certo teor de abstração na relação jurídica, pois que esta somente foi possível quando se encontrou um valor-paradigma para elemento de troca – o gado, o metal, a moeda cunhada – e então os negócios passaram a fazer-se com a adoção daquele denominador comum de valores como prestação constante. Foi assim que a compra e venda seguiu-se à troca. E é pela mesma razão que ambos os contratos sempre andam parelha. Não importa que primitivamente a troca fosse a regra e compra e venda a exceção; nem que hoje em dia as posições se invertam, sendo a compra e venda o contrato quotidiano, enquanto o outro é mais raro. Nem por isto a proximidade entre eles sofre redução. No Direito Romano, a divisão das escolas de sabinianos e proculeianos, a que já nos referimos no nº 219, *supra*, ao tratarmos da pecuniariedade do preço, levava à conclusão de que, para estes últimos, a permuta era uma espécie de compra e venda.

---

65 Amílcar de Castro, *Comentários ao Código de Processo Civil*, Editora Revista Forense, vol. X, nº 415.

66 Orlando Gomes, ob. cit., nº 187.

67 *Digesto*, liv. XVIII, tít. I, fr. 1.

Tendo em vista os seus elementos, pode definir-se a *troca, também chamada permuta, escambo ou barganha, o contrato mediante o qual uma das partes se obriga a transferir à outra uma coisa, recebendo em contraprestação coisa diversa, diferente de dinheiro.*

Seus caracteres jurídicos são os mesmos da compra e venda (v. nº 217, *supra*). Dispensamo-nos de sua análise minudente, contentando-nos com a sua menção: 1 – bilateral; 2 – oneroso; 3 – comutativo; 4 – translatício do domínio, no sentido de ato causal da transferência da propriedade, embora não a opere diretamente; 5 – consensual via de regra, e só por exceção solene; neste passo, aliás, o direito moderno difere do Romano, que a inscrevia entre os contratos reais, permitindo-se ao que cumpria reclamar a coisa devida pelo outro, salvo, entretanto, o *ius poenitendi*, consistente na repetição da própria prestação, sob o fundamento de que a outra parte faltava ao prometido (*condictio ob causam datorum*).

Sua extensão econômica é da maior amplitude. Tematicamente, todas as coisas *in commercio*, isto é, que não sofram indisponibilidade natural, legal ou voluntária, podem ser permutadas: imóvel por imóvel, móvel por móvel, imóvel por móvel, bem corpóreo por bem corpóreo, bem corpóreo por bem incorpóreo. Aliás, a revogada Parte Geral do Código Comercial de 1850 já nos ensinava (art. 221): tudo que pode ser vendido pode ser trocado (art. 553, *caput*, do Novo Código).

Não considerou o legislador necessário deter-se na disciplina da troca. Contentou-se, ao revés, com reportar-se ao contrato de compra e venda, cujos princípios expressamente invoca (Código Civil, art. 533), salientando, entretanto, duas ressalvas:

A – É anulável a troca de valores desiguais entre ascendentes e descendente, sem o consentimento expresso dos demais descendentes e do cônjuge do alienante, salvo se casado no regime da separação obrigatória de bens. Diversamente do que estatui o art. 496 para a venda, sempre anulável do ascendente ao descendente, pelas razões acusadas no nº 220, *supra*, não vigora a mesma e ampla proibição na permuta, senão que amenizada, pela óbvia razão de que sendo as coisas de valores iguais, a alienação não gera alteração quantitativa nos patrimônios, e, portanto, não haverá receio de que a igualdade das legítimas dos descendentes, e do cônjuge não casado sob o regime da separação obrigatória, não contemplados seja afetada. Realizado, ao revés, o escambo de bens de valores desiguais, a consequência não será a reposição, como já se pretendeu, porém a anulabilidade do negócio.

B – Cada um dos contratantes pagará por metade as despesas com o instrumento da troca. Ao contrário da compra e venda, em que as despesas da escritura se presumem à conta do comprador, e as da tradição a cargo do vendedor (Código Civil, art. 490), a situação equipolente dos permutantes, ambos obrigados à *traditio* de uma coisa, conduz à igualdade entre os encargos. E cada um deles concorrerá com a metade das despesas, necessárias ao instrumento da troca, compreendendo-se no vocábulo *despesas* todos os gastos, inclusive de natureza fiscal (Código Civil, art. 533, I). É claro que, não estando nisto envolvido um interesse público, comporta estipulação em contrário dos contratantes, livres que são de ajustar diferentemente, tendo por base as suas sós conveniências. Relativamente ao *imposto de transmissão*, na troca de imóveis, e uma vez que cada um deles é o preço do outro, as disposições legislativas fiscais instituíam sempre um só tributo, incidente sobre o valor da coisa de maior preço, se forem desiguais. Este princípio deixou de viger, exigindo-se o imposto de transmissão *inter vivos* sobre cada imóvel.

Dúvida foi levantada, entre os juristas, se é necessária a outorga uxória para a permuta de imóveis, originária da concepção de Wächter, segundo o qual a ideia de alienação comporta necessariamente dois aspectos: o *positivo*, que é a integração da coisa no patrimônio do adquirente, e o *negativo*, que é a redução do patrimônio do alienante. E, como na permuta falta o segundo, em razão do preenchimento do lugar deixado pela coisa deslocada, e ocupado pela recebida, não seria ela um processo alienatório. A ideia, embora recebendo adeptos entre nós, não pode lograr aceitação, pois que, em verdade, o conceito de alienação está completo com a ideia de mutação da coisa, ou a sua passagem de um para outro patrimônio, independentemente de deixar um vazio como na doação, ou ser substituída por outro valor econômico, como na permuta, o que, aliás, ocorre também com a compra e venda.[68]

Outro problema jurídico, de evidente repercussão prática, à vista dos princípios específicos da permuta, é o da determinação da natureza do contrato, quando são desiguais os valores dos bens permutados, e há uma torna em dinheiro. Indaga-se, nesse caso, se a existência do saldo converte a troca em compra e venda. E na resposta à pergunta dividem-se as opiniões:

a) uma primeira, *objetivista*, cogita dos valores, e considera que será troca ou compra e venda se a coisa tiver maior valor do que o saldo, ou *vice-versa* (Pothier, Laurent, Guillouard, Huc);

b) a segunda, *subjetivista*, dá relevância à intenção das partes (Marcadé), e considera troca ou venda o contrato se as partes tiveram o propósito de realizar uma ou outra.

c) uma terceira, muito generalizada entre os franceses modernos, especialmente depois que a assentou a *Cour de Cassation*, é menos radical, e mais eclética. Conjuga os elementos anímico e material, ensinando que, realizada permuta de bens de valores desiguais, deve o contrato ser tido mesmo como uma permuta, salvo se o valor do saldo exceder tão flagrantemente o valor da coisa, que a prestação pecuniária seja mais importante para as partes.[69]

---

68 Ruggiero, *in Dizionario Pratico di Diritto Privato*, verb. *Alienazione*; Serpa Lopes, *Curso*, vol. III, nº 234.

69 Aubry *et* Rau, *Cours*, vol. V, § 360; Mazeaud *et* Mazeaud, *Leçons*, vol. III, nº 2.618; Baudry-Lacantinerie *et* Saignat, *Della Vendita e della Permuta*, nº 975.

Capítulo XLVI
Modalidades Especiais de Compra e Venda

Sumário

225. Retrovenda. **226.** Venda a contento e venda sujeita à prova. **227.** Preempção ou preferência. **228.** Pacto de melhor comprador. **229.** Pacto comissório. **229-A.** Venda sobre documentos. **230.** Reserva de domínio. **230-A.** Contrato estimatório. **230-B.** *Leasing*. **230-C.** *Lease-back*. **230-D.** *Leasing* imobiliário. **230-E.** Alienação fiduciária em garantia. **230-F.** Alienação fiduciária imobiliária.

Bibliografia

Enneccerus, Kipp *y* Wolf, *Tratado, Derecho de Obligaciones,* vol. II, § 116; De Page, *Traité,* vol. IV, nos 248 e segs.; Karl Larenz, *Derecho de Obligaciones,* vol. II, § 40; Mazeaud *et* Mazeaud, *Leçons,* vol. III, nos 911 e segs.; Agostinho Alvim, *Da Compra e Venda e da Troca,* nos 159 e segs.; Sebastião de Sousa, *Da Compra e Venda,* nos 147 e segs.; Degni, *La Compraventa*, trad. espanhola de Francisco Bonet Ramon, nos 41 e segs.; Serpa Lopes, *Curso,* vol. III, nos 193 e segs.; Orlando Gomes, *Contratos,* nos 189 e segs.; Bonelli, "Della Clausola Riservativa del Dominio nella Vendita", *in Rivista di Diritto Commerciale,* 1904, 1ª Parte, págs. 98 e segs.; Bonelli, "Sulla Riserva di Proprietà nella Vendita", *in Rivista di Diritto Commerciale,* 1910, 2ª Parte, págs. 583 e segs.; Bonelli, "Una Nuova Costruzione del Patto di Riservato Dominio nella Vendita", *in Rivista di Diritto Commerciale,* 1912, 1ª parte, págs. 492 e segs.; Adriano Queirós, *Da Compra e Venda com Reserva de Domínio, passim;* Abgar Soriano, *Da Compra e Venda com Reserva de Domínio, passim;* Paulo Carneiro Maia, *Da Retrovenda, passim;* Aprígio Ribeiro de Oliveira, "O Pacto de Reserva de Domínio na Venda de Imóveis", *in Revista Forense*, vol. 79, pág. 200.

225. Retrovenda

Não raro a compra e venda vem acompanhada de cláusula ou pacto especial, que não lhe tira as características essenciais, porém exige a atenção do legislador e os cuidados da doutrina. Alguns desses pactos são escassamente utilizados; outros, de uso mais frequente. Nenhum, porém, atinge a situação de configurar espécies contratuais propriamente ditas, sem embargo de opiniões abalizadas a sustentá-lo.

As atividades mercantis sugerem alguns tipos de venda, mediante a adoção de cláusulas especiais (Cif, Fob etc.), que as praxes consagram, e que não chegam a modelar tipos peculiares. São geralmente modalidades de tradição da coisa, tendo em vista que na vida comercial é frequente a sua entrega em lugar diverso do domicílio do vendedor. Há, pois, interesse em saber onde e quando a tradição se realiza, quem suporta as despesas de transporte, qual das partes corre os riscos da coisa. A cláusula Cif (*Cost, insurance, freight*) significa que a mercadoria é posta no local designado, incluídos no preço todos estes encargos, operando-se aí a sua tradição e a deslocação dos riscos. A cláusula Fob (*Free on board*) quer dizer que o vendedor se obriga até o embarque, a partir do qual todas as despesas e riscos estão a cargo do comprador. Diversas cláusulas, como *franco a domicílio* (obrigação do vendedor descarregá-la no domicílio do comprador), ou mercadoria a *entregar* (contrato perfeito, e prazo de entrega a favor do vendedor), e outras mais são de uso no comércio e a prática dos negócios as mobiliza quotidianamente.[1]

Deixando-as à margem, cogitaremos neste capítulo daqueles pactos que, por sua maior penetração, exigem a formulação de princípios específicos.

O primeiro é a *retrovenda*, que se pode conceituar como o *pacto adjeto à compra e venda, mediante o qual o vendedor estipula o direito de recobrar, em certo prazo, o imóvel que vendeu, restituindo ao adquirente o preço acompanhado das despesas realizadas.*

Trata-se de instituto que prende sem dúvida suas raízes no Direito Romano, mas que veio encontrar maior desenvolvimento no Direito francês, de onde se irradiou, conquistando lugar em todos os sistemas.[2]

Sua natureza é de pacto adjeto ao contrato de compra e venda, pois que, se for ajustada em ato apartado, deixará de ser modalidade especial, para erigir-se em promessa unilateral de vender.[3]

Muito controvertida a utilidade deste pacto. Defendem-no, de um lado, sob a invocação do princípio da liberdade de contratar, que não deve ser sacrificada em

---

1 Sobre as cláusulas de uso mercantil: De Page, *Traité*, vol. IV, n°s 285 e segs.; George Ripert, *Traité Élémentaire de Droit Commercial*, n°s 2.263 e segs.; Van Ryn, *Principes de Droit Commercial*, vol. III, n°s 1.676 e segs.; J. X. Carvalho de Mendonça, *Tratado de Direito Comercial*, vol. IV, parte 2, n°s 770 e segs.; Degni, *La Compraventa*, n°s 48-49.

2 Gasca, *Compra-vendita*, vol. II, n° 1.422.

3 Agostinho Alvim, *Da Compra e Venda e da Troca*, n° 163.

razão dos inconvenientes que a retrovenda pode conter, contrabalançados pela utilidade de se franquear a recuperação do imóvel àquele que se vê compelido a aliená-lo por motivo de dificuldades transitórias. Em contraposição, atacam-no os adversários pela incerteza que instila no regime da propriedade, como principalmente por prestar-se a mascarar empréstimos usurários que atentam contra o direito e a economia.

Os inconvenientes são, sem dúvida, manifestos. A não ser excepcionalmente, não tem passado de disfarce para empréstimos ofensivos à legislação repressora da usura. Dado um balanço das vantagens e desvantagens, sobrelevam estas. Mas, para que se não utilize, será necessária proibição em nome da ordem pública, e esta não se vê tão profundamente envolvida a ponto de instituí-la. Enquanto não houver abolição franca, caberá ao Direito Civil cogitar de sua disciplina. O legislador de 2002 perdeu uma excelente oportunidade para pôr fim a este instituto, já que o manteve nos seus arts. 505 a 508.

Caracteriza-se como *condição resolutiva* aposta ao contrato de compra e venda,[4] e assim é tida em nosso direito. Não falta, porém, quem a conceitue como condição suspensiva (Crome, Josserand, Molitor, Enneccerus), e até quem a considere um direito real limitado (Gorla) ou uma hipoteca em sentido contrário.[5] Em nosso direito tem sido o assunto discutido. Não obstante opiniões isoladas em contrário,[6] a *communis opinio* vige no rumo de que a venda *a retro* não cria direito real.[7] Dentro da concepção germânica, é um direito de *transformação* ou *configuração*, com a finalidade de realizar uma relação contratual futura, cujo conteúdo vem desde logo predeterminado, uma vez que a recompra, instituída no pacto, se acha pré-configurada no contrato originário.[8]

Seu objeto é tão somente a venda imobiliária.

O vendedor tem a faculdade de retracto por prazo de decadência limitado a três anos (Código Civil, art. 505), improrrogáveis, a bem da segurança da propriedade, que seria afetada se se pudesse estipular por prazo prolongado, e mais ainda se por tempo indeterminado: *ne domínia diu in suspenso maneant.*[9] O Código de 1916 determinava no seu art. 1.141 que se as partes não o tivessem fixado, presumia-se pelo máximo de três anos; se o houvessem avençado mais longo, considerava-se não escrito, o que equivale a dizer que ficava reduzido a esse limite. O Código de 2002 não reproduziu essa regra, surgindo em razão disso dúvidas sobre o prazo na hipótese de as partes não o estipularem expressamente. Diante da omissão da lei, a melhor interpretação é a de que na ausência de prazo o vendedor pode exercer o seu direito a qualquer tempo, bastando para tanto notificar o comprador para constituí-lo em

---

4   De Page, ob. cit., nº 312.
5   Enneccerus, Kipp *y* Wolff, *Tratado, Derecho de Obligaciones*, vol. II, § 116.
6   Paulo Carneiro Maia, *Retrovenda*, pág. 126.
7   Clóvis Beviláqua, Comentário ao art. 1.142 do Código de 1916; Serpa Lopes, *Curso*, vol. III, nº 200.
8   Karl Larenz, *Derecho de Obligaciones*, vol. II, § 40.
9   "A senhoria não pode ficar muito tempo em suspense".

mora, nos termos dos arts. 331 e parágrafo único do art. 397 do Código. Não pode haver tempo maior que o prazo de 3 (três) anos para recobro da coisa.

O legislador também não reproduziu a regra do art. 1.141 do Código de 1916, no sentido de que o prazo prevalece mesmo contra incapazes. Não obstante essa ausência de disposição expressa específica, incide o art. 208 do Código, que dispõe que se aplica à decadência a regra do art. 198, I, razão por que o prazo não flui para o incapaz. O legislador privilegiou a proteção aos interesses dos incapazes em confronto com a segurança que a consolidação da compra e venda gera para ambas as partes e para o comércio jurídico.

Dentro do prazo, pode a coisa ser resgatada, cabendo a ação respectiva ao próprio vendedor, e aos seus herdeiros, legatários ou condôminos (Código Civil, art. 507). No sistema do Código de 1916 entendia-se que não era suscetível de cessão por ato *inter vivos*.[10] Sebastião de Sousa defendeu sua cessibilidade convencional. O novo Código, em seu art. 507, expressamente admite a cessão desse direito *inter vivos*. A declaração de resgate, sem perder a natureza receptícia, é *unilateral*, e, uma vez realizada regularmente, o comprador tem de entregar a coisa, sem dissentir.[11] Não há, portanto, novo contrato de venda,[12] no que difere o direito moderno do Romano, no qual o *pactum* de *retro vendendo* importava em venda a quem antes vendera (Frédéric Girard).

Daí, não caber novo imposto de transmissão. Se duas ou mais pes-soas tiverem o direito de recobrar – *de retroemendo* – a mesma coisa, e só uma o exercer, poderá o comprador intimar as outras para que manifestem o seu acordo, e, se o não houver, não fica o adquirente obrigado a admitir o retracto parcial: ou o interessado entra com a importância global e resgata a integralidade do imóvel, ou caducará o direito de todos (Código Civil, art. 508). O Código de 1916 continha regra no sentido de que se diferentes condôminos do prédio alheado o não tivessem retrovendido conjuntamente e no mesmo ato, poderia cada qual, de per si, exercitar seu direito sobre o respectivo quinhão (Código Civil de 1916, art. 1.143). O Código de 2002 não reproduziu esta regra, o que no entanto não modifica os efeitos de tal situação. Se um condômino vendeu isoladamente apenas a sua fração ideal e convencionou a retrovenda desta parte do imóvel, não pode o comprador exigir que a recompra se dê pela totalidade do imóvel, já que a cláusula de retrovenda se limita ao objeto do próprio contrato de compra e venda.

A ação pode ser intentada contra o comprador ou seus herdeiros, bem como contra o terceiro adquirente, ainda que este ignore a cláusula de retrovenda (Código Civil, art. 507), porque esta integra a própria alienação, imprimindo-lhe o caráter condicional. Mas o registro no cartório imobiliário é indispensável, uma vez que o nosso direito não comporta a aquisição de imóvel sem registro do tí-

---

10 Agostinho Alvim, ob. cit., nº 182; Sebastião de Sousa, *Da Compra e Venda*, nº 148.
11 De Page, nº 312; Enneccerus, § 116.
12 Serpa Lopes, *Tratado dos Registros Públicos*, vol. III, nº 544; Agostinho Alvim, ob. cit., nº 162.

tulo, e não valeria a venda, nem a condição que a modifica, na falta do mesmo.[13] Estende-se este efeito à aquisição pelo terceiro em hasta pública, que não afasta a resolubilidade ínsita à retrovenda.[14]

O resgate tem o efeito essencial de operar a resolução da venda, com reaquisição do domínio pelo vendedor, a quem a coisa será restituída com seus acréscimos e melhoramentos (Clóvis Beviláqua).

O comprador, a seu turno, recebe de volta o preço que pagou, acrescido das despesas feitas. Tem direito ainda a ser reembolsado das quantias que tiver empregado no imóvel com autorização escrita do vendedor, bem como, mesmo sem autorização, as que tiver desembolsado para a realização de benfeitorias necessárias (Código Civil, art. 505). Tem direito aos frutos e rendimentos da coisa, até o momento da remissão, pois que até então é titular da propriedade, não obstante a resolubilidade desta, mas não responde pelas deteriorações que ela sofrer, salvo se devidas à má-fé (Clóvis Beviláqua).

A recusa do comprador em receber as quantias e restituir o imóvel ao vendedor permite a este efetivar a consignação judicial das quantias a que aquele faz jus (restituição do preço, mais despesas, mais indenização por eventuais melhoramentos autorizados e/ou benfeitorias necessárias). O vendedor somente readquire o domínio e a posse do objeto da retrovenda com o pagamento do valor integral devido ao comprador (Código Civil, art. 506).

226. Venda a contento e venda sujeita à prova

Chama-se *venda a contento ou "pactum disciplicentiae" o contrato de compra e venda subordinado à condição de ficar desfeito se o comprador não se agradar da coisa.*

Qualquer que seja o seu objeto, comporta a venda esta cláusula, que abrange muito especialmente a compra de gêneros que se costumam experimentar antes de aceitos (Código Civil, art. 509). Em nenhuma hipótese pode ser presumida. Ao revés, tem de resultar expressa.[15]

---

13 João Luís Alves, *Código Civil Anotado*, observação ao art. 1.142; Serpa Lopes, *Tratado dos Registros Públicos*, vol. III, nº 544; Sebastião de Sousa, *Da Compra e Venda*, nº 150.

14 Clóvis Beviláqua, Comentário ao art. 1.142 do Código de 1916.

15 Quanto às práticas comerciais de envio não solicitado de amostras de produtos a consumidores, estas são consideradas abusivas e as amostras são tidas como gratuitas, não indicando a existência de contrato de compra e venda de produto, nem tampouco aquiescência presumida do consumidor quanto à aquisição. Ver neste sentido a Lei nº 8.078/1990, art. 39, parágrafo único. Os serviços prestados e os produtos remetidos ou entregues ao consumidor, na hipótese prevista no inciso III, equiparam-se às amostras grátis, inexistindo obrigação de pagamento. Sobre tema relacionado, ver Súmula 532 do STJ, de 08.06.2015, que estatui que: "constitui prática comercial abusiva o envio de cartão de crédito sem prévia e expressa solicitação do consumidor, configurando-se ato ilícito indenizável e sujeito à aplicação de multa administrativa".

Em princípio, a natureza do *pactum displicentiae* é a de uma condição *suspensiva* (Código Civil, art. 509), não produzindo o contrato os efeitos naturais enquanto o comprador não manifestar o seu agrado. Mas às partes é livre atribuir-lhe o caráter *resolutivo*. Neste caso é de se considerar desde logo concluído o negócio, com todos os efeitos de um contrato perfeito, suscetível entretanto de resolver-se em razão de proclamar o adquirente o seu desagrado em relação à coisa. Se prevalecer a natureza *suspensiva* do pacto, o comprador não adquire a propriedade da coisa desde logo, não obstante já exista o contrato, e as partes estejam vinculadas. O adquirente assume as obrigações de mero comodatário enquanto não manifestar a intenção de aceitar a coisa comprada, com o dever de restituí-la e sem direito de recobrar as despesas de conservação, salvo aquelas que revestirem caráter extraordinário (Código Civil, art. 511).

Não tem cabimento discutir a manifestação contrária à sobrevivência do contrato, nem recorrer a exame pericial que comprove as boas qualidades da coisa, uma vez que se não trata de venda dependente desta circunstância, porém da subordinação à opinião pessoal do comprador, cujo gosto foi erigido em *conditio* do negócio.[16] Não está, portanto, em jogo a utilidade objetiva da coisa, mas o arbítrio livre do comprador.[17] Parece seguir este mesmo entendimento a norma prevista no art. 49 do Código de Defesa do Consumidor, que prescreve, relativamente aos contratos de compra e venda realizados fora do estabelecimento comercial, a possibilidade de o consumidor desistir do contrato, no prazo de 7 dias a contar de sua assinatura ou do ato de recebimento do produto. O parecer de um terceiro, portanto, não influi, salvo se opinar na qualidade de representante do comprador, e por este encarregado de em seu nome falar.

O *pactum displicentiae* não deforma o contrato, que é compra e venda, embora condicional. Em nenhum caso, porém, será lícito equiparar a venda a contento a uma promessa unilateral de venda, pois que o contrato está desde logo formado, embora sob condição suspensiva.[18]

Muito se tem discutido, aliás, sobre a natureza desta condição. A uns parece ser *potestativa* pura, no caso porém admitida sem o efeito anulatório do negócio jurídico, por tê-la aprovado excepcionalmente a lei.[19] Não nos parece aceitável a explicação. O pacto *ad gustum* não é uma condição potestativa pura (que só esta é interdita, como visto no nº 98, *supra*, vol. I); é uma condição simplesmente potestativa, perfeitamente lícita, já que se não apresenta o ato dependente do arbítrio exclusivo do comprador (*si voluero*), porém do *fato* de agradar-lhe a coisa, o que é bem diferente.[20]

---

16 Clóvis Beviláqua, *Comentários ao Código Civil*, ao art. 1.144 do Código de 1916; De Page, *Traité*, vol. IV, nº 261; Sebastião de Sousa, *Da Compra e Venda*, nº 156.

17 Karl Larenz, *Obligaciones*, vol. II, § 40.

18 Serpa Lopes, *Curso*, vol. III, nº 203.

19 Washington de Barros Monteiro, *Curso de Direito das Obrigações*, vol. II, pág. 118.

20 Emilio Betti, *Teoria Generale del Negozio Giuridico*, pág. 398; Agostinho Alvim, *Da Compra e Venda e da Troca*, nº 210; Orlando Gomes, *Contratos*, nº 191.

A cláusula *ad gustum* traduz um estado de incerteza, que não poderá ser mantido indefinidamente. Daí a conveniência da sua cessação, e conversão do contrato em definitivo, pela declaração de vontade do adquirente, manifestada de qualquer modo, expresso, tácito ou presumido.[21]

Expressa é a declaração realizada pelo comprador, por qualquer tipo de linguagem. *Implícita* ou *tácita* se decorrer de uma atitude reveladora de seu agrado, como é o caso de efetuar o comprador o pagamento do preço, ou alienar a coisa ou anunciar a sua venda, ou ainda usá-la em misteres que revelem sua aprovação. *Presumida,* quando inferida de seu silêncio, seja no caso de ter sido ajustado no contrato um prazo certo, e haver este escoado sem a manifestação contrária do comprador; seja no de ausência de prazo prefixado, e houver escoado o que lhe tenha sido marcado em intimação requerida pelo vendedor, sob a cominação de haver o contrato como irretratável (Código Civil, art. 512). Em nosso direito não existe determinação legal de prazo para aceitação, ao contrário do Direito Romano que o limitava a 60 dias,[22] ou do austríaco que estabelece três dias para os móveis e um ano para os imóveis. É, contudo, melhor do que o germânico, pois que o BGB, § 496, manda apreciar o prazo pelas circunstâncias.

No sistema do Código de 1916 o direito resultante do *pactum displicentiae* era personalíssimo (Código Civil de 1916, art. 1.148), insuscetível de cessão por ato entre vivos ou por transmissão *causa mortis,* e terminava com a morte do comprador ou a alienação da coisa. O Código de 2002 não reproduziu essa regra da intransmissibilidade, o que significa que o direito é transmissível, por ausência de vedação legal, já que não é da natureza do contrato ser *intuiutu personae.* O vendedor quer vender o bem, e a venda a contento ou a sujeita a prova se constituem como faculdades conferidas ao comprador, no seu interesse. Em princípio o vendedor não tem interesse em que a venda se concretize apenas na pessoa daquele comprador originário. O direito é oponível aos sucessores do vendedor.[23]

Não se confunde a venda a contento com a cláusula que faculta ao comprador *trocar* por *outra* a coisa adquirida. Neste último caso, o contrato é já perfeito, fixando-se um prazo dentro no qual exerce o comprador a faculdade de permutar a coisa, sem desfazer o negócio; e também não tem o direito de exigir coisa não pertencente ao comércio do vendedor.[24]

O Código de 2002 inseriu em seu art. 510 uma regra prevendo que a venda sujeita a prova presume-se feita sob condição suspensiva de que a coisa tenha as qualidades asseguradas pelo vendedor e seja idônea para o fim a que se destina. O legislador não foi muito feliz na elaboração desta regra. O ponto diferenciador da venda a contento é exatamente a de o negócio se consumar a critério do comprador, independentemente

---

21 Sobre a venda a contento, ver julgado do Recurso Especial 764.881/RS, Rel. Ministro Ari Pargendler, Terceira Turma, julgado em 05.12.2006.

22 *Digesto,* liv. XXI, tít. I, fr. 31, § 22.

23 Clóvis Beviláqua, Comentários ao art. 1.148 do Código de 1916.

24 Karl Larenz, loc. cit.

da qualidade da coisa. Na venda sujeita a prova o legislador se distanciou deste critério e inseriu uma condição que não está ligada à satisfação do comprador, mas sim ao fato de a coisa ter ou não as qualidades asseguradas pelo vendedor e ser ou não idônea para o fim a que se destina. Diante disso, se coloca o problema de se saber se basta a manifestação de vontade do comprador no sentido de não querer adquirir a coisa comprada sob condição suspensiva, ou se ele tem que comprovar que a coisa não tem as qualidades asseguradas pelo vendedor ou não é idônea para o fim a que se destina. A letra da lei parece exigir a comprovação de que o objeto do contrato não é idôneo, o que fere qualquer princípio de razoabilidade e não deveria ser o critério legal para a hipótese, especialmente se se considerar que a venda é presumidamente efetivada sob condição suspensiva e não sob condição resolutiva.

227. Preempção ou preferência

Preempção ou preferência é o pacto, adjeto à compra e venda, em virtude do qual o comprador de uma coisa, móvel ou imóvel, fica com a obrigação de oferecê-la a quem lhe vendeu, para que este use do seu direito de prelação em igualdade de condições, no caso de pretender vendê-la ou dá-la em pagamento.

Ocorre aqui, como na cláusula estudada no nº 225, *supra,* uma compra e venda subordinada a uma certa modalidade, sem o rigor da retrovenda, pois que o vendedor não tem o direito de exigir a recompra da coisa, senão que guarda a faculdade de reavê-la, se o *adquirente a quiser revender.*

Alguns entendem que a venda sob pacto de preferência, denominado pelos romanos *pactum protimiseos,* não é condicional, mas pura e simples, incidindo uma condição exclusivamente sobre a revenda do comprador.[25] Mas é claro que, se a alienação que pretenda realizar o comprador é sujeita a uma condição instituída no contrato originário, esta o afeta indisfarçavelmente. Aliás, observa-se um aspecto duplo na *conditio,* e talvez seja esta a razão da dúvida: a recompra do vendedor depende de que o comprador a queira vender, e que ele próprio a queira comprar.[26]

O *pactum protimiseos* há de reunir alguns requisitos que juridicamente o caracterizam: *a)* é personalíssimo, no sentido de que somente pode exercê-lo o próprio vendedor, que não o transmite nem por ato *inter vivos* nem *causa mortis* (Código Civil, art. 520); *b)* somente tem lugar na compra e venda, descabendo ajustá-la a qualquer outra espécie de contrato, mesmo que próximo da venda, como é a permuta; *c)* o direito de prelação somente pode ser exercido na hipótese de pretender o comprador vender a coisa ou dá-la em pagamento, sendo inidônea a sua avença para qualquer outro tipo de alienação; *d)* pode ser pactuado para a venda de qualquer bem, corpóreo ou incorpóreo, móvel ou imóvel.

---

25 Serpa Lopes, *Curso*, vol. III, nº 157.
26 Karl Larenz, *Obligaciones*, vol. II, § 40, pág. 150.

Institui-se como obrigação imposta ao comprador que assume a obrigação de dar ao vendedor ciência de sua intenção de vender ou dar a coisa em pagamento, para que ele exerça a preempção, em igualdade de condições com terceiro, tanto no que diz respeito à cifra numérica do preço, como no que se atém às vantagens ou facilidades oferecidas, pois que todas elas se enquadram na sua caracterização.

A obrigação, para o comprador, é correlata a um direito do vendedor, o qual, em tendo conhecimento de que a coisa vai ser vendida, fará intimá-lo no exercício da prelação (Código Civil, art. 514), que se efetivará, em qualquer das hipóteses (de ser o vendedor afrontado para que recompre, ou de intimar o comprador para que a outrem não revenda senão a ele), mediante o oferecimento do preço na forma da pretensa alienação: igual quantia, igual fracionamento etc.

O Código de 2002 inseriu no parágrafo único do seu art. 513 um prazo máximo de decadência dentro do qual pode vigorar o direito de preferência, que é de 180 (cento e oitenta) dias, se a coisa for móvel, e 2 (dois) anos, se imóvel, contados da data do contrato de compra e venda. Diante dessa nova regra legal, que tem a natureza de norma cogente, o comprador está livre para revender o bem sem observar o direito de preferência do vendedor uma vez transcorridos esses prazos, conforme a natureza do objeto.

O exercício da preferência, uma vez pretendida a revenda pelo comprador no prazo menor que os estabelecidos no parágrafo único do art. 513, está subordinado a um prazo de decadência, que pode ser fixado pelo comprador na notificação encaminhada ao vendedor, o que constitui uma novidade do Código Civil de 2002 (art. 516). É evidente que o comprador deve assinar ao vendedor um prazo razoável para que possa deliberar sobre exercer ou não o seu direito de preferência. Em caso de abuso, deve o juiz intervir e considerar nula a notificação. Caso o comprador não fixe prazo, a lei o estipula, variável em razão da natureza do objeto: se for móvel, três dias, e se imóvel 60 dias, contados da data da notificação do vendedor com os termos da oferta recebida.

A venda com pacto de preferência é um negócio jurídico complexo, e por isto mesmo decomponível em seus elementos: *a*) em primeiro lugar, um contrato de compra e venda, que produz todos os seus efeitos como se fosse puro e simples, enquanto o comprador não tiver a intenção de revender a coisa; *b*) em segundo lugar um ajuste de preferência, assemelhável a uma promessa de venda, que permanece sob a condição suspensiva daquela intenção de revender. Salvo uma relação de dependência ou acessoriedade, que os vincula, a preferência vigora como um contrato dentro de outro contrato.[27]

Sendo estipulado a favor de mais de uma pessoa, em comum, não é suscetível de fragmentação: terá de exercer-se em relação à coisa no seu todo. E, se o perder algum dos favorecidos, ou não quiser exercê-lo, acresce aos demais, que ficam investi-

---

27 Serpa Lopes, ob. cit., nº 210. Deste autor divergimos, entretanto, em que, a nosso ver, a venda originária é condicional, pois que o comprador está sujeito a afrontar o vendedor antes de fazê-lo.

dos do poder de reaquisição da coisa, em sua integridade. O que não tem cabimento, em qualquer hipótese, é a prelação parcial.

Mas, se o comprador tiver havido a coisa, mediante a compra das quotas ideais de diversos condôminos, assegurando a cada um deles a preferência na reaquisição da respectiva cota-parte, a preferência poderá ser exercida *pro parte* (Código Civil, art. 517).

O problema jurídico de maior relevância, no tocante à prelação, é o dos seus efeitos, em relação à venda efetuada pelo comprador, sem afrontar o vendedor, a saber: se pode este desfazer o negócio reivindicando o bem contra depósito do preço, ou se o seu direito é limitado às perdas e danos. No direito alemão, a preferência constitui direito real, que onera a própria coisa, e a acompanha em poder do terceiro adquirente, o qual, à sua vez, perde-a para o vendedor preferente, quando incidir sobre imóveis e constar do registro.[28] Para o nosso Código Civil, o mesmo não ocorre. O Código Civil de 2002 infelizmente manteve a mesma linha do Código anterior, na contramão da evolução do direito moderno, que tem se encaminhado no sentido de sempre possibilitar a execução específica da obrigação, desde que não seja causado prejuízo ao terceiro de boa-fé. O Código reconhece ao vendedor preferência configurada, de natureza meramente obrigatória, ou um direito de crédito (obrigação de fazer *o parte emptoris*), cujo descumprimento origina responsabilidade por perdas e danos (Código Civil, art. 518). Na hipótese de comprovação de má-fé do adquirente no negócio jurídico celebrado em violação do direito de preferência, o Código é expresso ao admitir apenas as perdas e danos, em regime de solidariedade entre as partes desse negócio jurídico, o que se caracteriza como verdadeiro absurdo.

A propósito da preferência concedida ao locatário, v. nº 241, *infra*.

Cogita, ainda, o Código Civil da chamada *retrocessão,* que consiste no dever imposto ao poder desapropriante de oferecer ao desapropriado o imóvel, pelo mesmo preço por que o foi, caso não lhe dê o destino previsto no decreto expropriatório. A desapropriação por necessidade ou utilidade pública, como aquela que se realizar por interesse social, opera como um ato de vinculação necessária, cumprindo à Administração empregar a coisa para o fim que justificou a medida.

O Poder Público que, após despojar o particular da coisa sua, tendo em vista uma finalidade determinada, desviar-se da orientação traçada no decreto de desapropriação, e a empregar em finalidade diversa, agirá condenavelmente. Tal conduta não pode restar sem uma sanção. O Código Civil impõe, então, ao expropriante a obrigação de oferecê-la ao ex-proprietário, para que a readquira pelo mesmo preço. Não haverá, aí, um novo contrato de compra e venda, porém reaquisição do domínio do bem, pela simples cessação dos efeitos da desapropriação. Por isto denomina-se *retrocessão,* que implica a *fictio iuris* de não ter a coisa saído do domínio do expropriado (art. 519).

---

28 Karl Larenz, ob. cit., pág. 153.

Para que se positive, não há mister um pacto de preferência. Ao revés, há *prelação legal*, que tem vida paralela à outra, que é a *prelação* ou *preferência convencional*.

Nos seus efeitos, diferenciam-se ambas. O proprietário desapropriado tem o direito de preferência na aquisição da coisa pelo seu preço atual, uma vez caracterizado o desvio no destino da coisa objeto da desapropriação. Aqui cabe apenas a indenização por perdas e danos, tendo em vista a natureza pessoal do direito de preferência. No sistema do Código de 1916, a partir da entrada em vigor da Lei de Desapropriações (Decreto-Lei nº 3.365, de 21 de junho de 1941), dúvida levantou-se a propósito da manutenção do direito de retrocessão, em vista de não ter ela feito a menor alusão ao assunto. Contra a opinião dos que entendiam revogado o art. 1.150 do Código Civil de 1916, prevaleceu a opinião que defendia a sua sobrevivência, sob fundamento de que a matéria é estranha à desapropriação propriamente dita, e portanto a nova lei não impôs derrogação ao Código, inexistindo incompatibilidade entre aquele artigo da lei geral e a lei especial.[29] Com a regra do art. 519 do Código de 2002, que manteve a retrocessão, foi espancada qualquer dúvida a respeito da existência deste direito por parte do expropriado.

228. PACTO DE MELHOR COMPRADOR

O Código Civil de 1916 regulava em seus arts. 1.158 a 1.162 o pacto de melhor comprador, segundo o qual poderia a venda subordinar-se a uma condição resolutiva (salvo se as partes convencionassem o seu efeito suspensivo), a qual ficaria desfeita se, dentro de prazo estipulado, aparecesse quem oferecesse maior vantagem (*addictio in diem*).

O Código Civil de 2002 não reproduziu essas regras, tendo se omitido em regular o pacto de melhor comprador. Não obstante essa limitação, as partes podem, exercendo a sua autonomia da vontade, estipular no contrato o pacto de melhor comprador.

Sua estipulação, que não deixa de traduzir certa insegurança nos negócios, deve sujeitar-se à verificação de alguns requisitos indispensáveis: *a*) não prevalece senão entre os contratantes, sendo, portanto, incessível por *ato inter vivos* e intransmissível *causa mortis;* noutros termos, insuscetível de invocação por qualquer sucessor universal ou singular do vendedor, é inoponível aos herdeiros do comprador (aplicação analógica do art. 520 do Código); *b*) pode ser estipulado tanto nos contratos que tenham por objeto a venda de bens imóveis, como móveis; *c*) independentemente de qualquer ato novo, ou de nova declaração de vontade, a venda reputar-se-á definitiva e irretratável se o vendedor não aceitar, dentro no prazo estipulado, proposta mais vantajosa de terceiro.

---

29 Seabra Fagundes, ob. cit., nº 477.

Se o objeto do contrato de compra e venda for bem móvel e este não for encontrado em poder do comprador, o vendedor tem direito às perdas e danos. Em se tratando de bem imóvel, pode o vendedor exercer o seu direito de vender para o terceiro que apresentou a melhor oferta, tendo em vista que o registro do pacto no Registro de Imóveis lhe atribui eficácia contra eventuais terceiros que o tenham adquirido do comprador original.

Instituído com a finalidade de favorecer o vendedor, compelido pelas circunstâncias a vender a preço baixo, acusa certa similitude com a preempção, de que, entretanto, difere em ponto essencial, como assinala a doutrina:[30] estipulada a preferência, o comprador é obrigado a oferecer a coisa ao vendedor, que a readquire tanto por tanto, ao passo que o pacto de melhor comprador não depende de pretender o adquirente revendê-la, bastando que apareça, dentro do prazo, melhor oferta de terceiro.

Não há prioridades pessoais. Ao contrário. Qualquer pessoa pode, melhorando o preço, comprar a coisa, o que não exclui a hipótese de, havendo pluralidade de compradores, qualquer deles utilizar-se do pacto, e fazer oferta mais vantajosa para a totalidade do bem. Igualmente, na venda de coisa comum, com pacto de melhor comprador, qualquer dos vendedores pode, melhorando o preço, havê-la para si. É claro: se qualquer estranho prefere ao comprador, razão inexiste para excluir o co-vendedor. O requisito da melhor oferta é objetivo. Não devem prevalecer razões de ordem subjetiva.

A ausência de regra legal disciplinando o pacto de melhor comprador cria dificuldades na hipótese de as partes não estipularem um prazo dentro do qual pode o terceiro efetivar a sua oferta e assim adquirir o bem objeto da compra e venda. Duas podem ser as soluções: a) se considerar o contrato nulo, pela impossibilidade de se manter indefinidamente o direito de se desfazer o negócio jurídico de compra e venda; b) aplicar-se analogicamente o prazo da preempção fixado no parágrafo único do art. 513 do Código. A primeira solução parece ser mais acertada, em razão da natureza diversa do direito de preferência em relação ao pacto de melhor comprador.

229. Pacto comissório

Quando cogitamos da cessação da relação contratual, referimo-nos especialmente à cláusula resolutiva (v. nº 214, *supra*), tácita ou expressa, e ali deduzimos a respectiva dogmática.

Agora retornamos ao assunto, na sua especial repercussão ao contrato de compra e venda, onde, aliás, teve origem a *lex commissoria,* no Direito Romano.

Trata-se, pois, de uma condição resolutiva, adjecta ao contrato de compra e venda, em que se integram os elementos etiológicos daquela *conditio.*

---

30 Serpa Lopes, *Curso*, vol. II, nº 216.

O pacto comissório se encontrava regulado expressamente no Código de 1916, no seu art. 1.163, que exigia certos extremos legais: *a) ajuste expresso,* estipulado a benefício do vendedor para a venda a crédito, assegurando-lhe a resolubilidade do contrato até o recebimento do preço; *b) prazo fixo,* uma vez que os seus efeitos não se compadecem com uma obrigação a termo incerto: *c)* obrigação alternativa a benefício de credor, de desfazer o contrato ou reclamar o preço.

O atual Código não reproduziu expressamente a regra do art. 1.163 do Código de 1916, não porque o pacto comissório esteja expurgado do sistema, mas sim porque já se encontra regulado no art. 474, que dispõe sobre a cláusula resolutiva expressa, que pode ser inserida em qualquer tipo de contrato.

Na sua essência, o mecanismo do pacto desenvolve-se através da faculdade conferida ao vendedor de considerar resolvida a venda, se o comprador não faz a sua prestação no prazo determinado.

A falta de prestação gera para o vendedor o direito de escolha entre cobrar o valor devido ou resolver o contrato. A opção é do vendedor. O comprador não tem o direito de, oferecendo o preço, evitar que o pacto gere as suas consequências resolutivas. O seu prazo para o pagamento do preço vai até um dia determinado.

Estipulada que seja a *lex commissoria* na venda em prestações fracionadas do preço, a falta de pagamento de uma delas envolve o descumprimento do contrato[31] e, portanto, implicará a sua resolução. Contudo, deve considerar-se a possibilidade de o comprador, devedor das prestações fracionadas, alegar o adimplemento substancial, capaz de satisfazer o interesse objetivo do credor na prestação, a afastar o direito à resolução.

229-A. Venda sobre documentos

A velocidade das atividades comerciais veio instituir nova modalidade de compra e venda, especialmente no campo internacional, mobilizando a documentação exigida no contrato ou nos usos, e simplificando o fenômeno jurídico da *traditio*. Simultaneamente suscitou, nas atividades bancárias, a nova figura contratual do *crédito documentado ou documentário*, mais aperfeiçoado ainda com o denominado *crédito documentário confirmado*.

Ajustado o contrato de venda sobre documentos, também chamada venda contra documentos (porque o pagamento se faz contra a apresentação dos documentos), considera-se cumprida a obrigação de entregar o vendedor a coisa vendida (tradição), uma vez colocada a documentação nas mãos do comprador ou confiada sua entrega a pessoa física ou jurídica. Substituída a tradição real pela tradição ficta, vigora a presunção de que o vendedor se desincumbiu de seu dever contratual, competindo ao comprador efetuar o pagamento (Código Civil, art. 529).

---

31 Agostinho Alvim, ob. cit., n° 314.

Estando em ordem os documentos exigidos pelo contrato ou pelos usos, considera-se que a coisa vendida corresponde à descrição do contrato, e conserva as qualidades nele asseguradas. O que cumpre, então, ao comprador, é verificar a exatidão dos documentos. Estando em devida ordem, a venda é perfeita. Portanto, não lhe cabe recusar o pagamento, a pretexto da qualidade ou do defeito da coisa vendida, a não ser que já tenha sido comprovado o defeito (parágrafo único do art. 529). Nesta excusativa compreende-se a deterioração devida a embalagem deficiente, ou desconformidade entre o objeto do contrato e a coisa entregue.

A venda sobre documentos opera alteração nos princípios que disciplinam a tradição da coisa vendida. Por esta razão, o pagamento deve ser efetuado contra a entrega dos documentos. O art. 530 preferiu dizer *na data e no lugar da entrega*. Sem esta, o comprador pode reter o pagamento. Portanto, sua efetivação dar-se-á no lugar e no momento em que o comprador os receber. Lícita a convenção de lugar diverso. Tem o comprador o arbítrio de recusar o pagamento se a documentação não estiver em ordem.

Coberta a coisa vendida por apólice de seguro, a perda ou deterioração sub-roga-se no valor segurado. Eventual prejuízo sofrido pela avaria que ocorra no trajeto não lhe traz prejuízo, porque a seguradora terá a seu encargo indenizá-lo. Procedendo, entretanto, de má-fé o vendedor, que já tem prévia ciência de danos sofridos pela coisa vendida, não pode descarregar no comprador os riscos da coisa, a pretexto de havê-la segurado (art. 531).

Pode ocorrer, e tornou-se habitual na vida mercantil, que a documentação seja entregue por intermédio de instituição financeira. Neste caso, a operação de venda é geminada ao contrato de crédito documentado. Na sua execução, credenciado pelo comprador, o banco assume o encargo de efetuar a entrega da documentação ao comprador, obrigando-se a pagar ao vendedor o preço, ao lhe serem confiados os documentos (art. 532). É uma operação de financiamento, concertada com o comprador. Entregues os documentos ao banco, a este cabe verificar a sua exatidão. Estando conformes, paga pelo débito do comprador. O vendedor sai do circuito, cabendo ao banco receber o preço diretamente do comprador.

Não tem o banco o dever de verificar a coisa vendida, nem responde perante o comprador senão pela regularidade do documento (art. 532).

Quando o contrato celebrado com o banco é sob modalidade de *crédito documentado confirmado*, não pode ele recusar o pagamento. Se não estiver vinculado a tal compromisso, e recusar a efetivação do pagamento ao vendedor, poderá este exigi-lo diretamente do comprador (parágrafo único do art. 532). Não havendo recusa, o adquirente somente paga ao banco, e não ao vendedor.

230. Reserva de domínio

Dá-se a *reserva de domínio* quando se estipula *pacto* adjeto ao contrato de compra e venda, em virtude do qual o vendedor reserva para si a propriedade da coisa alienada, até o momento em que se realize o pagamento integral do preço. Este conceito se encontra explicitado no art. 521 do Código. A venda com reserva de domínio é usada nas vendas em prestações, com investidura do comprador, desde logo, na posse da *res vendita,* ao mesmo passo que se subordina a aquisição do domínio à solução da última prestação.

Sendo um pacto de utilização ou divulgação mais ou menos recente, não chegaram os autores a assentar a sua dogmática em termos de pacificidade. Ao revés, divergências na sua conceituação têm lançado dúvidas e confusões, que reclamam distinguir de outras figuras contratuais a venda *cum pacto reservati dominii,* e, afinal, caracterizar precisamente este último.

A – Não se confunde com o contrato preliminar, uma vez que este é um acordo de vontades gerando a obrigação de celebrar, futuramente, outro contrato, definitivo, ao passo que a venda com reserva de domínio já constitui o contrato principal. Enquanto a propriedade não pode ser transferida em virtude da promessa de compra e venda, mas depende de um novo acordo de vontades (contrato principal) ou do seu suprimento (sentença de preceito), *o pactum reservati dominii,* suspendendo embora a aquisição da propriedade pelo comprador, dispensa novo ato negocial para produzir seus efeitos translatícios, operando o pagamento integral do preço mutação da propriedade, automática e independentemente de novo negócio jurídico.

B – Da reserva de domínio destaca-se a *locação.* É esta mera cessão de uso da coisa, acompanhada da obrigação de restituí-la o locatário na sua integridade, em prazo determinado ou indeterminado, enquanto a venda sob reserva de domínio não induz mera utilização do bem, mas um negócio jurídico em que o objeto precípuo é a transmissão da propriedade. O pagamento que o locador recebe é a remuneração pelo uso e gozo, e é devido enquanto perdurar a cessão deste últimos, ao passo que, na reserva de domínio, é o preço da própria coisa, e cessa ao ser atingido o total fixado para a sua alienação.

Tem-se imaginado, entretanto, uma figura atípica de contrato, denominada *locação-venda,* cujo mecanismo é o seguinte: as partes ajustam uma locação mediante preço fixo e por um determinado prazo, ao fim do qual o locatário se torna proprietário da coisa. A soma dos aluguéis corresponderá, evidentemente, ao valor mercantil do objeto, e a conversão de um contrato em outro independe de nova declaração de vontade. O processo é simples. Mas o problema jurídico em jogo é a caracterização do contrato, a saber, se há efetivamente locação originária com transfiguração em compra e venda, ou se desde o começo existe uma simulação relativa (venda dissimulada sob aparência de locação).

A solução do problema é relevante em caso de falência de qualquer das partes, como no de penhora, em razão da necessidade de definir e precisar a titularidade do direito sobre a coisa. Na falta de um critério preestabelecido, deverá o juiz decidir à vista das circunstâncias. Tal contrato somente pode ter por objeto coisa móvel, e, desde que não traga prejuízo a terceiros, é perfeitamente lícito.[32] Ver *Leasing,* nº 230-B.

---

32 Sobre a *locação-venda*, cf. De Page, *Traité*, vol. IV, nº 278.

C – Diverso do *comodato* é o pacto de reserva de domínio, que se não compadece com a ideia de remuneração, nem com aquisição da propriedade, pois que são extremos seus a gratuidade e a temporariedade do uso.

D – Difere, também, do *depósito,* que é o contrato pelo qual uma pessoa entrega a outra uma coisa em custódia, com a obrigação de restituir-lhe quando for reclamada, e sem o direito de utilizá-la. Na reserva de domínio não se retira o uso da coisa pelo adquirente, e a obrigação de restituir originar-se-á do inadimplemento.

Vê-se, assim, que a conceituação do pacto de reserva de domínio por muitos escritores aproximado de todos esses contratos, vai-se clareando, e acentuando o seu perfil.

Mas a grande celeuma levantou-se a propósito de sua admissibilidade e aceitação. Grassou, principalmente nos sistemas jurídicos em que a propriedade é transferida pelo contrato (v. nº 217, supra) e foi introduzida em nosso direito por escritores que não atentaram em que o nosso sistema jurídico não lhe atribui esse efeito, requerendo, para que tal ocorra, o fato subsequente da tradição real do bem móvel, ou a tradição solene (inscrição do título) se imóvel for o seu objeto. No direito alemão, a jurisprudência vem de há muito considerando perfeitamente lícita a cláusula de reserva de propriedade (Eigentumsvorbehalt) até o final pagamento do preço.[33] No direito italiano, houve enorme resistência à sua introdução. E mesmo entre nós à sua aceitação foi quase necessário forçar o conservantismo, ou mascará-la sob disfarces imaginários (venda retratável, locação-venda e outras figuras), somente vindo o legislador a reconhecê-la depois de os negócios haverem-na já adotado. O Decreto-Lei nº 869, de 18 de novembro de 1938, art. 3º, nº IV, aludiu pela primeira vez ao pacto de reserva de domínio, para punir o vendedor incurso em abuso contra o comprador; em seguida, o Decreto-Lei nº 1.027, de 2 de janeiro de 1939, a ele referiu-se para instituir o seu registro; depois foi o Decreto-Lei nº 1.041, de 11.01.1939; entrou francamente no Regulamento dos Registros Públicos, baixado com o Decreto nº 4.857, de 09.11.1939, art. 136, nº 6; encontrou disciplina ordenada no Código de Processo Civil de 1939, art. 343, bem como no de 1973, art. 1.070. No Código de Processo Civil de 2015, no entanto, tal norma não encontrou guarida. Finalmente, foi regulada pelo Código Civil de 2002, nos seus arts. 521 a 528.

O pacto de *reserva de domínio* é uma *condição suspensiva*[34] aposta ao contrato de compra e venda, a qual opera como todas as outras da mesma natureza, obstando, enquanto pende, à aquisição do direito de propriedade. O evento incerto é o *pagamento* do preço, subordinando-se a aquisição da propriedade da coisa à integração dele. O que, contudo, convém notar e acentuar é que o contrato não fica subordinado

---

33 Percerou, "A cláusula de reserva de domínio nas vendas de bens móveis", *in Revista Forense*, vol. 7, pág. 430.

34 Eduardo Espínola, *Pandectas Brasileiras*, vol. I, parte VI, pág. 5; Gasca, *La Compra Vendita Civile e Commerciale*, vol. I, nº 9; Aubry *et* Rau, *Cours*, vol. V, § 349, nota 39; Abgar Soriano, *Da Compra e Venda com Reserva de Domínio*, pág. 93; Serpa Lopes, *Cours*, vol. III, nº 222; Enneccerus Kipp *y* Wolff, *Tratado, Derecho de Obligaciones*, vol. II, § 118.

à modalidade suspensiva, a qual atua em verdade sobre a sua execução, subordinando ao pagamento integral do preço a eficácia translatícia da tradição.[35]

Contra a ideia da caracterização da venda sob reserva de domínio como um negócio jurídico sob condição suspensiva tem sido levantada a objeção segundo a qual, sendo o preço um *elemento essencial* à compra e venda, não pode ser considerado condição dela. Há nisto mero desvio de perspectiva. O *preço* é um dos seus elementos essenciais. Mas, na venda a prazo, a *solutio*, ou seja, o pagamento do preço, pode perfeitamente caracterizar-se como condição, o que aliás jamais foi posto em dúvida, desde os romanos, que erigiram a sua falta em motivo de resolução da compra e venda, com a criação da *lex commissoria*. Se é lícito erigir a *falta de pagamento* em condição resolutiva, obstáculo não pode decorrer de que a falta de pagamento seja também condição suspensiva, hábil a impedir, na sua pendência, a produção dos efeitos do contrato.

Não se trata, por outro lado, como supõe Emílio Betti, de uma condição potestativa pura (e o afirmam adversários do pacto de reserva de domínio), mas de uma condição simplesmente potestativa (v. nº 96, *supra*, vol. I), que nada tem de ilegítima.

Não constitui a cláusula de reserva de domínio condição *resolutiva*, como pretendem alguns,[36] porque o contrato não atinge a plenitude dos seus efeitos senão quando é integralizado o preço, mesmo que a ele se siga a tradição da coisa. E não é mero termo, como quis ver Ascoli, por faltar a certeza de que o comprador executará a sua prestação.[37] Não se pode, evidentemente, marchar para o extremo oposto, e considerar pura e simples a venda *cum pacto reservati dominii*, como entendem alguns civilistas.[38]

Adotando a explicação aqui formulada, que conceitua o *pactum reservati dominii* como condição suspensiva incidente sobre a execução do contrato, entendemos simplificar a sua conceituação, sem necessidade de forçar a estrutura do contrato, e menos ainda de buscar em outras espécies contratuais, inconfundíveis com a compra e venda, um subsídio inadequado à justificação de sua presença ou à formulação de sua antologia.

Aposto o pacto, fica suspensa a transmissão do domínio, até que seja o preço integralmente pago. Efetuada a *solutio*, opera *pleno iure* a transferência da propriedade aquela tradição já realizada contemporaneamente ao contrato, sem necessidade de outro qualquer ato novo, ou nova declaração de vontade, seja da parte do vendedor, seja da do comprador (Código Civil, art. 524).

---

35 Pontes de Miranda, *Comentários ao Código de Processo Civil*, vol. V, pág. 319.

36 Ferrara Santamaria, *La Vendita a Rate con Riserva di Proprietà*, pág. 19; De Crescenzio e Ferrini, *In Enciclopedia Giuridica Italiana*, verbete *Obbligazione*, vol. XII, parte I, nº 249; Bonelli, "Della Clausola Riservativa di Dominio nella Compravendita", *in Rivista di Diritto Commerciale*, 1904, 2ª parte, pág. 127.

37 Orlando Gomes, *Contratos*, nº 195.

38 J. X. Carvalho de Mendonça, *Tratado de Direito Comercial*, vol. VI, parte II, nº 756; Agostinho Alvim, *Da Compra e Venda e da Troca*, nº 338; Francesco Degni, *La Compraventa*, pág. 231.

A falta de pagamento do preço impede a aquisição do domínio e abre ao vendedor uma alternativa: reclamá-lo ou recuperar a própria coisa (Código Civil, art. 526).

Não efetuando o comprador, oportunamente, o pagamento de qualquer das prestações, poderá o vendedor cobrar a totalidade da dívida (prestações vencidas e vincendas) pela ação que lhe confere o título, fazendo penhorar a própria coisa, cuja venda pode ser requerida por qualquer das partes, sub-rogando-se a penhora no produto do leilão. Se optar pela outra via, o vendedor, comprovando a mora do comprador pelo protesto necessário do título ou interpelação judicial (Código Civil, art. 525), requererá a reintegração na posse do bem objeto do contrato, devendo, de acordo com o art. 527, restituir ao comprador as prestações já pagas, devidamente corrigidas, abatidas do necessário para cobrir a depreciação da coisa, as despesas feitas e o que mais lhe for devido. Esta última expressão certamente se refere às eventuais perdas e danos que tiver sofrido o vendedor com o negócio que veio a se frustrar. Observe-se que o Código determina a reintegração imediata da posse do bem, atribuindo ao vendedor direito de retenção das prestações já pagas. Se houver, portanto, litígio entre as partes sobre o valor a ser restituído, tem o vendedor direito de manter consigo as prestações já pagas e a posse do bem, até que seja solucionado o litígio pelo Poder Judiciário. Se o valor não for suficiente para a indenização de todos os prejuízos, fica o vendedor ainda com crédito contra o comprador pelo remanescente.

A venda com pacto de reserva de domínio está sujeita à *forma escrita* e terá de ser feita a sua inscrição no registro de títulos e documentos do domicílio do comprador para ter eficácia contra terceiros (Código Civil, art. 522). Só assim é oponível a cláusula *erga omnes*, e permitido ao vendedor perseguir a própria coisa, de cuja posse despojará o terceiro adquirente, para nela reintegrar-se.

O pacto de reserva de domínio pode ser estipulado adjeto à compra e venda de coisa móvel não fungível, que se individua por caracteres discriminativos próprios (art. 523 do Código). O Código somente o admite tendo como objeto bens de caracterização perfeita, que possam ser extremados de outros congêneres. O conceito, portanto, é o de individualização da coisa. Se esta puder ser feita por qualquer modo, pode a coisa ser objeto de venda com reserva de domínio. Na dúvida sobre a individuação do bem que eventualmente esteja na posse de terceiro, o Código determina que o juiz decida em favor do terceiro adquirente de boa-fé.

O processo de reintegração de posse, previsto nos artigos 560 a 566 do Código de Processo Civil de 2015[39], alude desenganadamente às vendas mobiliárias. A opinião mais frequente dos escritores antes do Código de 2002 corria no sentido de sua inaplicabilidade aos imóveis.[40] Três argumentos vinham sendo invocados:

---

39 Correspondente aos arts. 926 a 931 do Código de Processo Civil de 1973.

40 Ebgar Soriano, *Da Compra e Venda com Reserva de Domínio*, pág. 157; Orlando Gomes, loc. cit.; Adriano Queirós, *Da Compra e Venda com Reserva de Domínio*, pág. 68; Fortunato Azulay, *A Teoria do Contrato de Compra e Venda Condicional e Reserva de Domínio*, pág. 198; Serpa Lopes, *Cours*, vol. III, nº 229; Agostinho Alvim, ob. cit., nº 355; Sebastião de Sousa, *Da Compra e Venda*, nº 163.

A – O primeiro, da inutilidade de sua oposição à venda imobiliária, em razão de dispor o vendedor de garantia eficaz, que é a hipoteca (Abgar Soriano, Sebastião de Sousa, Biágio Brugi). A objeção não convencia, porque não enfrentava a questão. O que estava em jogo era saber se seria *possível* e não se *seria conveniente* a reserva de domínio na venda de imóveis. E o fato de poder o vendedor dispor de outra técnica assecuratória não poderia levar-se à consequência de ser inidônea aquela.[41]

B – O segundo era que o efeito do *pactum reservati dominii* seria incompatível com o efeito translatício da inscrição. O argumento era especioso, porque se o registro no contrato puro e simples, opera desde logo a transferência da propriedade, a sua modificação por uma *conditio suspensiva* teria o efeito apenas paralisado na pendência desta, como ocorre com todo direito submetido à condição suspensiva, segundo a regra do art. 125 do Código Civil atual, art. 118 do Código de 1916. Quando a prática dos negócios difundiu a reserva de domínio no campo das vendas de bens móveis, não lhe faltaram oposição com o mesmo argumento, considerando-a contrária à essência da compra e venda, e uma violência à finalidade translatícia desta.[42]

C – O terceiro estava em que o Código de Processo Civil de 1973 somente mencionava cláusula em relação aos móveis, o que significava a proibição nas de imóveis. Não convencia, porque parte de um raciocínio inexato. O Código processual de 1973 disciplinou o uso do pacto que estava sendo empregado sem que dele tivesse cuidado o legislador. E, encontrando-o empregado nos negócios mobiliários, referiu-se ao que era frequente. O silêncio quanto aos imóveis não induzia proibição, pela mesma razão que o silêncio anterior ao Decreto-Lei nº 869, de 1938, não impediu que se usasse a ponto de reclamar do legislador pronunciamento efetivo.

O Código Civil de 2002 espancou qualquer dúvida sobre a incidência do instituto apenas aos bens móveis, tendo em vista que restringiu no seu art. 521 a venda com reserva de domínio a esta categoria de bens.

Não obstante a opção do legislador, não nos parece *de lege ferenda* condenável a cláusula de reserva de domínio aposta *à venda de bens imóveis*. Não vinga o argumento histórico, pois que vestígios dela são encontrados nas alienações imobiliárias (*Digesto*, liv. XIX, tít. II, fr. 21). Não lhe obsta a razão de conveniência, por ausência de profundidade científica. Nada impede que o efeito da inscrição fique subordinado a uma condição suspensiva.

O *efeito principal* da cláusula de reserva de domínio é manter em suspenso a aquisição do direito de propriedade sobre a coisa, enquanto o preço não for integralmente solvido. Uma vez paga a última prestação, o comprador adquire automaticamente o domínio, com todas as suas consequências.

---

41 Aprígio Ribeiro de Oliveira, "O Pacto de Reserva de Domínio na Venda de Imóveis", *in Revista Forense*, vol. 79, pág. 220.

42 Cf. Bonelli "Uma Nuova Costruzioni del Patto di Riservato Dominio nella Vendita", *in Rivista di Diritto Commerciale*, 1912, parte 1ª, pág. 492.

MODALIDADES ESPECIAIS DE COMPRA E VENDA

Contra a opinião de Bonellli, que sustenta correr o vendedor os riscos,[43] a *communis opinio* reza no sentido de que se dá uma *inversão* com a cláusula de reserva de domínio. Corre-os, habitualmente, o proprietário – *res perit domino* – mas na venda com reserva de domínio, embora conserve o vendedor a propriedade, desde o contrato se dá a tradição ao comprador, que usa e desfruta a coisa, e, consequentemente, suporta os riscos.[44] Neste sentido se encaminhou o legislador de 2002, conforme se pode ver do art. 524 do Código. Diante disso, se a coisa perecer sem culpa de nenhuma das partes depois de entregue o bem ao comprador, fica este obrigado ao pagamento integral do preço.

A cláusula de reserva de domínio não obsta a que a coisa seja vendida pelo comprador, uma vez que o ônus igualmente se transfere.[45] Constando do registro público, o pacto é oponível ao terceiro adquirente, mesmo que o contrato o silencie, competindo ao vendedor a ação de apreensão e reintegração de posse contra ele (Código Civil, art. 522).

230-A. CONTRATO ESTIMATÓRIO

O contrato estimatório, apesar de aceito pela doutrina brasileira e ter sido regulado pelos Códigos alemão (*Trödelvertrag*) e italiano, somente veio a ser tratado em nosso direito como contrato típico no Código Civil de 2002, nos seus arts. 534 a 537.

O contrato estimatório é aquele pelo qual uma pessoa, denominada consignante, entrega bens móveis a outra, denominada consignatária, que fica autorizada a vendê-los, pagando àquela o preço ajustado, salvo se preferir, no prazo estabelecido, restituir-lhe a coisa consignada (art. 534).

Sua utilidade na vida moderna é manifesta. A atestá-lo, enxerga-se a sua frequência, independentemente de sua penetração no campo dos contratos nominados. De contratos estimatórios são mencionados exemplos vários, de que salientamos o dos vendedores de joias e antiguidades com ressalva de restituição, ao fabricante ou proprietário, das unidades não alienadas, e lucrando o comerciante a diferença entre o preço estabelecido pelo consignante e o do obtido do comprador (Angelo Srafa, "Contratto Estimatorio", *in Dizionario Pratico di Diritto Privato*, de Scialoja).

Desenvolvido nas práticas modernas, não era contudo desconhecido no Direito Romano, que se lhe refere ao menos em duas passagens de Ulpiano: uma no *Digesto*, Livro 19, Tít. III, fr. 1, ao aludir à ação cabível no caso de uma coisa ser dada para vender (*quum res aestimata vendenda datur*), e outra (*Digesto*, Livro 19, Tít. V, fr. 13) que menciona precisamente o caso de se entregar a outrem uma coisa para vender por preço certo (*Si tibi rem vendendam certo proetio dedissem, ut, quo plures vendidisses, tibi haberes...*).

---

43   Bonelli, *in* loc. cit., pág. 492.
44   Abgar Soriano, ob. cit., pág. 114; Gorla, *La Compra Vendita*, nº 246; Serpa Lopes, ob. cit., nº 230.
45   Serpa Lopes, nº 225.

Na determinação de sua natureza jurídica lavra a mais flagrante incerteza. O contrato estimatório é às vezes tratado como venda sob condição suspensiva ou condição resolutiva, ou mesmo as duas condições simultaneamente (Rocchi); promessa de venda a cargo do consignatário; negócio autorizativo com a faculdade de agir conferida por conta do autorizante; contrato de depósito preparatório de eventual compra e venda; obrigação alternativa (Coviello); obrigação facultativa (Messineo, Vareli, Tamburino, Visalli, Ruggiero e Maroi). Não desenvolveremos todas essas teorias, como outros fizeram,[46] a fim de não imprimirmos ao estudo cunho monográfico, conservando-nos dentro no plano destas Instituições.

Tendo em vista a definição acima, determinamos sucintamente seus caracteres jurídicos:

a) *Entrega da coisa:* O *tradens* deixa-a efetivamente com o *accipiens*. Se o encarrega de vender, conservando-a em seu poder, realiza outra modalidade de contrato que não esta. Dentro da terminologia tradicional classificar-se-ia o contrato como "real"; para nós é um contrato consensual e condicional, uma vez que a obrigação do consignatário restituir ou pagar gera-se do adimplemento da condição da entrega pelo consignante. O consignatário tem de pôr a coisa em condições de vendê-la, expondo-a e oferecendo-a a seus clientes desde que apareça a ocasião oportuna. Mas não se pode reputar inadimplente se recusa vendê-la por lhe não aparecer quem ofereça preço superior ao estimado (Angelo Srafa, *in* loc. cit.). Para Rosario Mazzone é bastante que não embarace a venda, não se lhe impondo o dever de esforçar-se por promovê-la. Este último conceito parece-nos mais conforme à caracterização jurídica do negócio, tal como resulta da definição por nós assentada.

b) *Coisa móvel:* Deve ter por objeto bens móveis, não somente em razão do formalismo exigido para a transmissão imobiliária, mas também porque a venda a terceiros não se opera no contrato estimatório em nome do *tradens,* mas no do *accipiens*, como se sua própria fosse.

c) *Obrigação de restituir ou pagar:* O *accipiens* não efetua a aquisição definitiva da coisa consignada, porém recebe-a a prazo certo, dentro no qual se lhe abre a obrigação alternativa de restituir ou pagar o preço. Este contrato distingue-se da corretagem e da comissão, em que o consignatário não é mero intermediário da venda a terceiro. Em verdade, o *tradens* nada tem a ver com este último. Suas relações jurídicas são com o *accipiens* que, recebendo a coisa, assume para com o consignante o dever de restituir a coisa ou pagar o preço. Optando pela obrigação de restituir, far-se-á a devolução da coisa "incorrupta", isto é, não deteriorada para o uso normal e não depreciada para futuras negociações.[47]

d) *Prazo:* O contrato estimatório é a termo, por sua própria natureza. O consignatário retém a coisa até um momento (*dies ad quem*), em que há de cumprir a sua

---

46 Rosario Mazzone, *in Nuovo Digesto Italiano,* verb. *Contrato Estimatorio;* Nicolo Visalli, *Il Contrato Estimatorio, Introduzione,* pág. 18.

47 Nicolo Visalli, ob. cit., pág. 147; Tânia da Silva Pereira, *Contrato Estimatório.*

obrigação. Não o fazendo, compete ao consignante reclamar o seu cumprimento (v. nº 144, *supra*, vol. II).

Quid iuris, contudo, se no momento da entrega não se tiver determinado o prazo? Contra a opinião dos que entendem ser o prazo essencial à validade do contrato, entendemos que, decorrido tempo que seria razoável à vista das circunstâncias (prazo moral), cabe ao *tradens* assinar ao *accipiens* o prazo de restituição, findo o qual incide em *mora solvendi,* com todas as suas consequências. Mas não se poderá considerar em falta antes de receber a interpelação judicial (v. nº 173, *supra*, vol. II, a propósito da constituição da mora *ex persona*). O fato de o art. 534 do Código ter se referido ao prazo estabelecido para a restituição do bem ou pagamento do preço não impede que as partes simplesmente deixem o prazo em aberto, podendo em consequência o consignante exigir a restituição do bem ou o pagamento do preço a qualquer momento, nos termos do parágrafo único do art. 397 do Código.

e) Preço: Como em todo contrato de compra e venda (e o contrato estimatório é modalidade peculiar de venda), o preço é requisito essencial.

Aqui o preço se diz estimado, porque é aquele que figura nas relações entre o consignante e o consignatário. O preço de oferta, ou preço pelo qual o *accipiens* expõe a coisa à venda, não importa, pois é assunto que lhe interessa exclusivamente. O contrato estimatório gera a obrigação de pagar ao *tradens* o preço por este último estimado, que normalmente é o resultante dos entendimentos com o *accipiens*, e por ele tão somente responde. Sobre ele incide o direito do consignante, ainda que na venda a terceiro tenha havido variação para menos ou para mais. Nesta última hipótese, a diferença pertence ao *accipiens*. Se não restituir a coisa, sujeita-se ao pagamento do preço estimado, sem direito a efetuar dedução a título de corretagem, despesa de conservação ou outra qualquer, pois não é preposto do *tradens* para a venda. Igualmente descabe desconto, sob fundamento de que teria havido depreciação da coisa entre a data da entrega ao consignatário e o da restituição.

f) Disponibilidade: A característica mais marcante do contrato estimatório reside em que o consignatário recebe por ele a faculdade de dispor da coisa consignada. Daí duas consequências imediatas:

A primeira é que, dentro dos extremos do contrato (prazo, preço estimado), o *accipiens* pode vender sem consultar ao consignante, e sem necessidade de novo acordo de vontades, ainda que ocorra oscilação no mercado, pois que o *tradens* está vinculado ao preço estimado, como requisito do negócio jurídico. Confirmando-o, observa Rosario Mazzone que o *accipiens* não responde pelo preço que lhe paga o eventual comprador, senão que se obriga pelo preço estimado, o que traz a consequência de se não traduzir em *apropriação indébita* o fato de não efetuar o pagamento em caso de venda. No plano civilista, acrescentamos que as condições ajustadas entre o consignatário e o terceiro (prazo, resolução contratual etc.) são *res inter allios* em relação ao consignante, o qual, desta sorte, não tem qualidade para impô-las ou recusá-las.

A segunda é que, por força do contrato estimatório, o *tradens perde a faculdade* de disposição da coisa, até que lhe seja restituída. É uma consequência natural do contrato, expressamente contemplada no art. 537 do Código. E é óbvio mesmo, pois se o *accipiens* tem o poder de não restituir, pagando o preço estimado, esta circunstância afasta a disponibilidade da coisa pelo *tradens*.

Efeitos – O contrato estimatório não opera a transferência da coisa ao consignatário,[48] pois, se tal ocorresse, teria este a obrigação tão somente de pagar o preço, restando a restituição da coisa como consequência eventual do inadimplemento. Demais disso, a operação levada a efeito pelo *accipiens* seria uma revenda, o que absolutamente não ocorre.

Quanto aos *riscos*, assenta-se que o contrato estimatório os transfere ao consignatário, que suporta a perda ou deterioração da coisa, não se exonerando da obrigação de pagar o preço, ainda que a restituição se impossibilite sem culpa sua (Código Civil, art. 535).

Embora se trate de modalidade especial de compra e venda não têm os credores do consignatário nenhum poder sobre a coisa, até que seja pago o preço. Não poderão, pois, penhorá-la ou sequestrá-la por dívidas daquele, cabendo ao consignante o direito de libertá-la em caso de apreensão judicial (Código Civil, art. 536). Entretanto, se os credores do consignatário, dentro no prazo estipulado, pagarem ao consignante o preço estimado, convalesce a penhora ou sequestro, pois que até aquele termo o direito do *tradens* não estará violado em face de tal recebimento. E, como lhe não cabe nessas circunstâncias enjeitá-lo, sua recusa motivará o depósito judicial com força de pagamento.

230-B. *Leasing*

Modalidade contratual que recebeu enorme impulso em diversos países e penetrou extensa e fundamente no direito brasileiro foi o *leasing*.

É observação corrente que todo contrato nasce na atividade econômica, e somente depois de estar em prática ou em uso, adentra no campo jurídico. Com o *leasing* ocorreu o mesmo, com a circunstância particular de se ter iniciado um tanto por acaso. Todos os que tratam do assunto narram que um certo Senhor Boothe celebrou, após o término da II Guerra Mundial, um contrato para fornecimento de gêneros alimentícios com o exército americano. Após a assinatura, verificou que o volume excedia a sua capacidade operacional. Como solução, firmou com um banco outro contrato para que este comprasse os equipamentos de que necessitava. A operação teve tanto êxito que ele desistiu de ser fornecedor de gêneros alimentícios, dedicando-se à nova atividade. Daí nasceu a ideia do *leasing* (do verbo *to lease*, alugar) e daí originou-se a primeira empresa americana no gênero: "V. S. *Leasing Company*". Em seguida outra com o nome do criador: *Boothe Leasing Corporation*. Outras se lhe seguiram, e o empreendimento floresceu.

No Brasil, praticou-se o *leasing*, a partir de 1967, com a empresa Rent-a-Maq, de propriedade de Carlos Maria Monteiro e se desenvolveu a partir de 1970, mais

---

48 Ruggiero e Maroi, *Istituzioni,* vol. II, § 142.

ou menos em caráter experimental, porém crescente. Com o propósito de disciplinar extralegalmente a atividade, foi fundada a Abel (Associação Brasileira de Empresas de *Leasing*). Para se ter a ideia do desenvolvimento desta atividade, basta lembrar que em 1973 tínhamos 620 milhões em *leasing*; em 1974, passamos à casa de um bilhão; e já em 1975 marchávamos para três bilhões; em 1978, vencíamos a barreira de onze bilhões. Já tendo dados à mão, posso dizer a quanto orça o movimento atual, um bilhão e quinhentos milhões de dólares.

Sem cobertura legislativa a princípio, o legislador tomou conhecimento do negócio em 1974 e com a finalidade de dispor sobre o "tratamento tributário", na verdade a partir de então o *leasing* passou a ser contrato típico, com a Lei n° 6.099, de 12 de setembro de 1974.

O legislador de 1974 designou-o como "arrendamento mercantil", denominação que não é exata, não só pela generalização, uma vez que o diploma não se refere a "qualquer" arrendamento mercantil, porém a um determinado (que é o *leasing*), como ainda porque a designação já era consagrada em nossa terminologia para identificar o arrendamento imobiliário de finalidade comercial ou industrial, com ou sem a proteção do Decreto n° 24.150, de 20 de abril de 1934, e atual art. 71 da Lei n° 8.245, de 18 de outubro de 1991.

O formalismo burocrático, entretanto, foi tão acentuado que a Junta Comercial de São Paulo considerou "inconveniente" usar a denominação leasing, após a Lei n° 6.099, e pelo Provimento n° 3/76 declarou que a expressão leasing não poderia ser usada nem como "denominação social" nem para "indicação do objeto social" – por se tratar de vocábulo em "idioma estrangeiro que possui expressão jurídica equivalente no idioma nacional". Não obstante isto, a palavra leasing continua sendo utilizada na denominação comercial de empresas que explorem este gênero negocial "como expressão de fantasia".

O legislador de 1974 ofereceu uma definição de *leasing*, dizendo: "Considera--se arrendamento mercantil, para os efeitos desta Lei, o negócio jurídico realizado entre pessoa jurídica, na qualidade de arrendadora, e pessoa física ou jurídica, na qualidade de arrendatária, e que tenha por objeto o arrendamento de bens adquiridos pela arrendadora, segundo especificações da arrendatária e para uso próprio desta".

Eu sempre me insurgi contra as definições contidas em lei. Esta deve ser um comando. À doutrina é que cabe definir. E, como se vê, a definição da Lei n° 6.099/74 é imperfeita e restritivista.

Já antes desse diploma, em Simpósio realizado em 1973, foi aprovada a conceituação proposta pelo Dr. Etienne Alberto, nestes termos: uma operação de arrendamento e financiamento, com o propósito de assegurar ao usuário, sem a entrada de numerário de sua parte, o uso imediato de equipamentos destinados à sua atividade, cuja aquisição é feita pela entidade arrendadora.

Como se vê, não é uma definição, porém uma noção genérica.

Com o tempo, e o uso, o empreendimento desenvolveu-se, ganhou corpo, e como sói acontecer, cada um que sobre ele escreve, anima-se a defini-lo.

Partindo da disciplina legal, e tendo em vista as modalidades operacionais, destacam-se quatro tipos: *leasing* operacional, *leasing* financeiro, *selling leasing-back* e *purchasing leasing-back*.

De acordo com a Lei nº 6.099/74, são os seguintes os requisitos do contrato de *leasing*: a) prazo; b) valor de cada contraprestação por períodos determinados, não superiores a um semestre; c) opção de compra ou faculdade de renovação reconhecida ao arrendatário; d) preço para opção de compra ou critério para sua fixação.

Tendo em vista envolver, direta ou indiretamente, uma operação de crédito, o Banco Central do Brasil exerce controle e fiscalização, segundo normas estabelecidas pelo Conselho Monetário Nacional, aplicando-se, no que couber, as disposições da Lei nº 4.595, de 31 de dezembro de 1964, e legislação posterior relativa ao Sistema Financeiro Nacional.

Para operar, a empresa está sujeita a lhe ser concedida carta-patente pelo Banco Central, que atualmente é muito rigoroso na sua outorga. Pela Resolução nº 351, de 17 de novembro de 1975, atualmente revogada, o Banco Central tornou público o Regulamento para a execução da Lei nº 6.099/74, "sobre operações de arrendamento mercantil".[49]

A Lei nº 6.099/74 é bastante casuística, e a bibliografia, nacional e estrangeira, muito numerosa hoje, permitindo uma elaboração doutrinária que deixa a zona cinzenta das suposições, e marcha para a fixação conceitual, desbravando caminhos e espaventando dúvidas.

Em tradução literal seria "locação", e conceitualmente a compreende na verdade. Ao mesmo passo aproxima-se da "venda". Seria, então, uma espécie de "locação--venda" (*locatio mixta cum venditione*), mas merece considerações especiais que ora atraem as normas da venda, ora conduzem-no para a órbita da locação (*Kaufen oder Miete*).

Pelo contrato de *leasing* o arrendatário recebe uma coisa móvel do arrendador, a qual este adquire se já não for seu proprietário, cedendo-lhe o uso e gozo, como uma locação tradicional.

Já aqui surge um aspecto peculiar: na locação, o locador tem o objeto em propriedade ou em posse direta; no *leasing* o arrendador pode ser o proprietário do objeto, e neste caso ter-se-á o denominado "*leasing* operativo ou operacional"; ou pode não o ser, e nem mesmo comerciar no ramo, e nesta hipótese ele o adquire, passando-o ao arrendatário ("*leasing financeiro*"). Nesta última modalidade, pode operar com capital próprio, ou em cada caso financiar a operação junto a uma instituição financeira, e então o *leasing* conjuga-se com o de compra e venda e o mútuo, com três partes distintas: o que fornece o bem, por nós denominado "arrendador" e por outros (Calais-Auloy) "vendedor"; o que fornece os recursos financeiros, e seria o "creditador"; e o que recebe o bem e se apelida "utilizador" (Calais-Auloy) e que denominamos simplesmente "arrendatário".

---

49 Atualmente o regramento das operações de arrendamento mercantil é regido pela Resolução nº 2.309, de 28 de agosto de 1996.

Modalidades Especiais de Compra e Venda

O arrendatário tem a obrigação de pagar o aluguel ajustado, e o arrendador a de manter a coisa em estado de servir, mediante a assistência ao arrendatário pelo tempo do contrato.

Ao fim do prazo ajustado, abre-se ao arrendatário tríplice alternativa: *a*) restituir a coisa ao arrendador, respondendo pelos danos que a mesma sofrer, salvo a deterioração advinda do uso regular; *b*) renovar o contrato, com o mesmo objeto ou outro de características iguais ou semelhantes; *c*) adquirir o bem pelo valor previsto no contrato, o qual consiste na prefixação de um preço que leva em consideração o uso da coisa pelo arrendatário e os pagamentos percebidos pelo arrendador (valor residual).[50]

Quando o objeto é do arrendador ou de seu comércio, o *leasing* se simplifica, ficando as obrigações do locador assemelhadas às do locador de coisas.

Mas, na hipótese de poder o arrendatário indicar os bens ao arrendador, tem este o dever contratual de os adquirir e colocá-los à disposição do arrendatário, na forma e no prazo avençados, sob pena de responder pelas perdas e danos.

A operação de *leasing* oferece grandes vantagens à atividade mercantil, permitindo ao arrendatário ter a seu alcance máquinas e equipamentos sem redução de seu capital de giro. Especialmente quando incide em bens sujeitos a maior desgaste, que obriga a empresa a promover sua constante substituição em alta rotatividade, poupa-lhe os sacrifícios da imobilização financeira, ou da tomada de empréstimo para sua aquisição.

Examinarei, posto que sucintamente, as diversas modalidades do *leasing*, no direito pátrio, sem deixar, contudo, de fazer alguma incursão na bibliografia estrangeira.

Leasing operacional (*operating leasing*), também conhecido como *renting*, caracteriza-se como uma espécie de locação com prestação de serviços. O arrendador, especialista em determinados tipos de equipamentos ou bens duráveis, cede ao arrendatário, por tempo certo, a sua utilização, com o compromisso de se encarregar de sua manutenção e funcionamento. O termo do contrato há de ser menor que o tempo de duração da vida econômica do objeto. Em contraprestação, o arrendatário lhe paga uma prestação (mensal, ou bimestral ou trimestral) inferior ao valor global que o objeto terá no fim do prazo estipulado. Este, geralmente, é curto, tendo em vista que o arrendador assume os riscos da coisa, e sofre a sua obsolescência. Ao arrendatário é facultado devolver o objeto na pendência do contrato, e não é obrigado a adquiri-lo no termo. O regime do *leasing* operacional, entre nós, é do livre ajuste ou dos usos mercantis, uma vez que a Lei nº 6.099/74 o exclui de sua incidência. As características econômicas desta modalidade são as mais numerosas, abrangendo

---

50 De acordo com a Súmula 564 do Superior Tribunal de Justiça, "No caso de reintegração de posse em arrendamento mercantil financeiro, quando a soma da importância antecipada a título de valor residual garantido (VRG) com o valor da venda do bem ultrapassar o total do VRG previsto contratualmente, o arrendatário terá direito de receber a respectiva diferença, cabendo, porém, se estipulado no contrato, o prévio desconto de outras despesas ou encargos pactuados".

toda espécie de bens, tais como equipamentos técnicos, eletrodomésticos e eletroeletrônicos, automóveis e quantos mais.

Leasing financeiro (*financial leasing*), a que especialmente se destina a Lei nº 6.099/74, concede o tratamento nela previsto, em caráter privativo, às operações e empresas arrendadoras que fizeram destas operações o objeto principal de sua atividade, ou que as centralizaram em um departamento especializado com escrituração própria. Daí logo se vê que o sujeito ativo do *leasing* há de preencher este requisito. Nesta modalidade contratual, o arrendatário contrata com uma instituição financeira a compra do objeto, o qual lhe será entregue em locação, obrigando-se ao pagamento em prestações. O arrendatário não tem faculdade de devolver o objeto antes do termo contratual. E, atingido este, fica-lhe a tríplice opção: devolver a coisa; adquiri-la pelo preço residual ou pelo preço de mercado; ou renovar o contrato, caso em que o valor será inferior ao que foi tomado como base no primeiro. As partes do *leasing* financeiro são o arrendador e o arrendatário. Mas não pode deixar de ser considerado o vendedor da mercadoria arrendada, que pode ser de livre escolha do arrendador, ou ao revés pode ser determinada no contrato a procedência, pois bem pode ocorrer que o arrendatário tenha em vista objetos de natureza, características e origem certas. Mesmo na hipótese de indicar o arrendatário a empresa vendedora, a instituição financeira não procede como mandatário, uma vez que adquire o bem para si mesma, antes de arrendá-la.[51] Ao contrário do operacional, no *leasing* financeiro o arrendatário assume os riscos da coisa, obriga-se pela sua conservação, e sofre a sua obsolescência. A Lei nº 11.649/2008 trata do procedimento na operação de arrendamento mercantil de veículo automotivo, complementado, para este caso, a Lei nº 6.099/1974.

Além dessas duas modalidades, ainda se verifica a do chamado *lease back* (*sale leasing*), do qual trataremos no nº 230-C, *infra*.

Questão que se encontrava em aberto é a viabilidade de o *leasing* incidir sobre bens imóveis. Pelos termos da Lei nº 6.099/1974 não há obstáculo, porque o art. 1º, parágrafo único, refere-se a bens sem qualquer restrição mobiliária de um equipamento industrial ser dado em arrendamento mercantil, seja objeto deste todo um complexo industrial. Ademais, a Lei nº 10.188/2001, que trata do arrendamento residencial, dispõe em seu art. 10, que: "aplica-se ao arrendamento residencial, no que couber, a legislação pertinente ao arrendamento mercantil".

O Código Civil de 2002 não tratou do contrato de *leasing*, estando portanto em vigor a legislação extravagante que o regula.

A bibliografia é hoje muito rica, tanto a nacional quanto a estrangeira. A título apenas de amostragem, são de se citar: Fábio Konder Comparato, "Contrato de *leasing*", *in Revista Forense*, vol. 250, págs. 9 e segs.; Arnoldo Wald, "Histórico e desenvolvimento do *leasing*", *in Revista Forense*, vol. 250, pág. 13; Arnoldo Wald, "Noções básicas e *leasing*", *in Revista Forense*, vol. 250, pág. 27; José Carlos Moitinho de Almeida, "A locação financeira *leasing*", *in Revista Forense*, vol. 250, pág. 397; José

---

51   Fábio Konder Comparato, *in Revista Forense*, vol. 250, pág. 10.

Augusto Delgado, "A caracterização do *leasing* e seus efeitos jurídicos", *in Revista Forense*, vol. 269, pág. 79; Orlando Gomes e Antunes Varela, *Direito Econômico*, pág. 269; C. J. Assis Ribeiro, *Leasing Fator de Produtividade*; Henrique de Campos Meirelles, "As características pelas quais o *leasing* é utilizado no Brasil", *in Revista Índice de Leasing*, 1979, pág. 20; Celso Benjó, *O leasing na sistemática jurídica nacional e internacional*; B. Mera, *"Leasing" in Travaux de l'Association Internationale du Droit Commercial et du Droit des Affaires*, págs. 1 a 15; J. Calais-Auloy, "Le contrat de *leasing*", *in Nouvelles Techniques Contractualles*, págs. 137 e segs.; Roberto Ruosi, *Il leasing*.

230-C. LEASE-BACK

Difere, em seu mecanismo operacional, das duas modalidades já referidas. No *"leasing back"* ou simplesmente *"lease-back"*, o proprietário de equipamentos ou bens duráveis transfere-os por venda ou dação em pagamento a um banco ou uma empresa autorizada a operar no ramo, e esta, ao mesmo tempo em que se torna proprietária, arrenda-os ao alienante. É indispensável a simultaneidade das duas operações (venda e locação). Com o *"lease-back"* a empresa que necessita de numerário permanece equipada, sem a necessidade de descapitalizar-se. O arrendador, ao adquirir o equipamento, cede sua posse ao arrendatário, assegurando-lhe, contudo, a opção de compra pelo valor residual ou pelo valor de mercado, no momento de seu exercício.[52]

No curso do contrato, suporta o arrendatário os riscos da coisa ou equipamento, bem como a sua obsolescência.

A Lei nº 6.099/74 oferece a estrutura básica do *"lease-back"*, que é caracterizada como operação financeira e, por isso mesmo, sujeita às normas pertinentes ao "leasing financeiro". Tem a vantagem de permitir a uma empresa que haja feito grandes imobilizações refazer seu capital de giro, sem diminuir a utilização de seus equipamentos.

O *"lease-back"* estendeu-se ao plano internacional, permitindo que uma empresa brasileira efetue uma exportação meramente escritural, com a transferência do bem a um arrendador estrangeiro, sem perder a sua utilização.

Desta sorte, o *"lease-back"* internacional converte-se em fonte paralela de captação de recursos no exterior, tendo como garantia o equipamento vendido. Por tal motivo recebe incentivos, como seja, a redução da alíquota do Imposto de Renda na Fonte, ou a isenção do imposto sobre as operações de crédito, câmbio ou seguro.

230-D. LEASING IMOBILIÁRIO

Na conformidade da Lei nº 6.099/74 pode o imóvel ser objeto de *"leasing* financeiro" ou de *"lease-back"*, sujeitando-se aos mesmos princípios que disciplinam a negociação de coisa móvel.

---

52 Mauro Brandão Lopes, *in Revista Forense*, vol. 250, pág. 423.

230-E. Alienação fiduciária em garantia

Nascido das exigências do progresso econômico, veio cobrir lacuna das garantias creditícias. As técnicas tradicionais da hipoteca, da anticrese e do penhor, este nas suas mais variadas espécies, mostraram-se insuficientes para suportar a multiplicidade de operações no campo dos bens móveis, que a venda *cum pactu reservati dominii*[53] já não comportava.

Não nasceu, porém, a alienação fiduciária como uma criação original dos tempos modernos. O Direito Romano conheceu o contrato de fidúcia, em duas modalidades: *fiducia cum amico* e *fiducia cum creditore*, ambos referidos por Gaius (Institutiones, Commentarius Secundus, nº 60): "*Sed cum fiducia contrahitur aut cum creditore, pignoris iure, aut cum amico quo totius nostrae res apud eum essent*". Na *fiducia cum creditore*, o devedor transferia por venda bens seus ao credor, *cum pacto de retro-emendo*, constituindo este numa ressalva não ostensiva. Nesta *fiducia cum creditore* havia dois atos distintos: um de alienação (*mancipatio ou in iure cessio*) e outro (*pactum fiduciae*) que era a ressalva continente da faculdade de recompra.

Com sua supressão no "Corpus Iuris Civilis" do século VI os Códigos do século XIX não inscreveram o contrato de fidúcia, que, desta sorte, era desconhecido em nosso direito.

O Projeto de Código de Obrigações, por mim elaborado, incluía o contrato de fidúcia (art. 672) procurando introduzir em nosso direito o *trust* dos sistemas de Common Law.[54]

Por outro lado, a Lei nº 4.728, de 14 de julho de 1965 (Lei do Mercado de Capitais), cogitou da "alienação fiduciária em garantia", completada e desenvolvida pelo Decreto-Lei nº 911, de 1º de outubro de 1969.

Este novo contrato, criando "direito real de garantia", implica a transferência, pelo devedor ao credor, da propriedade e posse indireta do bem, mantida a posse direta com o alienante. É, portanto, um negócio jurídico de alienação, subordinado a uma condição resolutiva. Efetuada a liquidação do débito garantido, a coisa alienada retorna automaticamente ao domínio pleno do devedor, independentemente de nova declaração de vontade. Na sua essência, a alienação fiduciária em garantia abrange dupla declaração de vontade: uma de alienação, pela qual a coisa passa ao domínio do adquirente fiduciário (correspondente à *mancipatio* ou a *in iure cessio* de sua fonte romana); outra de retorno da coisa ao domínio livre do devedor alienante (correspondente *pactum fiduciae*). A *conditio* está ínsita no próprio contrato, qualificando, a lei, de "resolúvel" a propriedade. A solução da *obligatio* será o implemento pleno *iure* da condição. O contrato é bilateral, oneroso e formal. Exige instrumento escrito que se completa pela inscrição no Registro de Títulos e Documentos. E pode ter por

---

53 "Venda com reserva de domínio".
54 A Lei 14.711/2023 incluiu o art. 853-A no Código Civil, estipulando normas referentes ao contrato de administração fiduciária de garantias. Por tal contrato, poderá ser designado pelos credores da obrigação garantida um agente de garantia, o qual atuará em nome próprio e em benefício dos credores.

objeto coisa móvel ou imóvel, conforme disposto na Lei nº 9.514, de 20 de novembro de 1997, que trata do Sistema de Financiamento Imobiliário.

Observando que o legislador foi um pouco tímido, deixando-se influenciar demasiadamente pela etiologia do penhor, é de se assinalar que se pratica como instrumento largamente difundido, posto que se estabeleça uma controvérsia se somente as instituições financeiras podem receber bens em alienação fiduciária, ou se seu campo de ação pode ser dilargado para qualquer outro credor (ver, nestas Instituições, nos 346 e 364-A do volume IV.)

Também o Código Civil de 2002 dispôs sobre a propriedade fiduciária nos seus arts. 1.361 a 1.368-B, regulando expressamente a propriedade resolúvel de coisa móvel infungível, com escopo de garantia. As disposições do Código Civil, contudo, não revogaram o Decreto-Lei nº 911/1969 no que se refere ao processo e procedimentos relativos à alienação fiduciária em garantia, tampouco a Lei nº 9.514/1997, conforme ressalva expressa contida no art. 1.368-A, incluído no Código Civil pela Lei nº 10.931/2004.

Apesar de se encontrar inserida no Título dos Direitos Reais, o Capítulo da Propriedade Fiduciária trata das regras gerais do contrato que constitui a propriedade fiduciária, especificando os requisitos mínimos formais para que possa ser registrado no Registro de Imóveis e tenha eficácia *erga omnes*, e os direitos básicos do devedor, em especial quanto ao uso da coisa de que tem a propriedade resolúvel.

O Código Civil proíbe o pacto comissório, ou seja, proíbe que o proprietário fiduciário fique com a coisa alienada em garantia se a dívida não for paga no vencimento (art. 1.365), mas expressamente admite que ele efetive a sua venda extrajudicial, o que era um dos aspectos mais criticados da lei de alienação fiduciária em garantia (Decreto-Lei nº 911/1969).

Embora não especificamente no plano material, o legislador brasileiro normatizou o contrato de alienação fiduciária, especialmente em seus aspectos processuais. Como sói acontecer, na maior parte das rescisões contratuais, as mesmas se dão em decorrência da inadimplência do devedor fiduciante.

Nesses casos, o credor poderá vender a coisa a terceiros, independentemente de leilão, hasta pública, avaliação prévia ou qualquer outra medida judicial ou extrajudicial, salvo disposição expressa em contrário prevista no contrato, devendo aplicar o preço da venda no pagamento de seu crédito e das despesas decorrentes e entregar ao devedor o saldo apurado, se houver. Usualmente, o credor fiduciário notifica premonitoriamente o devedor fiduciante para consignar a sua inadimplência.

Nos casos da notificação prévia, não há necessidade de indicação dos valores totais do débito como iterativamente vem decidindo a jurisprudência do Superior Tribunal de Justiça.[55] Além disso, a comunicação ao devedor fiduciante pode se dar por notificação enviada extrajudicialmente por Cartório de Títulos e Documentos,

---

55 Neste sentido, ver Súmula 245, do Superior Tribunal de Justiça, de 2011: A notificação destinada a comprovar a mora nas dívidas garantidas por alienação fiduciária dispensa a indicação do valor do débito.

mesmo que não seja aquele do domicílio do devedor.[56] O que mais importa é a possibilidade de comprovação cabal do recebimento da notificação pelo devedor.

O crédito do proprietário fiduciário deve sempre abranger o principal, juros e comissões, além das taxas, cláusula penal e correção monetária, quando expressamente convencionados pelas partes. Vencida ou desrespeitada qualquer cláusula da alienação, consideram-se vencidas todas as demais prestações faltantes, autorizando o credor à rescisão contratual e a proposição da ação de busca e apreensão do bem em depósito (§ 3º do art. 2º do Decreto-Lei nº 911, de 1º de outubro de 1969).

Um pedido liminar para a busca e apreensão pode ser requerido. Levada a êxito, e na posse do bem alienado fiduciariamente, o credor fiduciário poderá requerer às repartições competentes, quando for o caso, que expeçam novo certificado de registro de propriedade em nome próprio ou de terceiro por ele identificado. A lei, pois, concede uma larga margem de captura do bem e posterior transferência do mesmo antes de concluído o devido processo legal.

A lei concede a faculdade ao devedor fiduciante de, no prazo de cinco dias após a concessão da liminar (ou da busca do bem em depósito), pagar a integralidade da dívida pendente, segundo os valores apresentados pelo credor fiduciário na inicial, hipótese na qual o bem lhe será restituído livre do ônus (§ 2º do art. 3º do Decreto-Lei nº 911, de 1º de outubro de 1969).[57]

Mesmo com a purga da mora, poderá o devedor apresentar sua defesa 15 dias após a concessão da liminar e rediscutir todo o contrato e as razões da inadimplência.

Uma das hipóteses previstas pelo legislador é a sucumbência por parte do credor fiduciário na ação pela rescisão contratual e busca do bem. Nesse caso, o juiz condenará o credor fiduciário ao pagamento de multa, em favor do devedor fiduciante, equivalente a 50% do valor originalmente financiado, devidamente atualizado, caso o bem já tenha sido alienado, sem prejuízo do devedor fiduciante comprovar e cobrar eventuais perdas e danos sofridos.

O Decreto-Lei nº 911, de 1º de Outubro de 1969, em seu art. 4º, dispõe que caso não seja encontrado o bem, faculta-se ao credor fiduciário a transformação da ação de busca e apreensão em ação executiva. O principal objetivo dessa conversão é a possibilidade de requerer a prisão administrativa do devedor fiduciante quando este esconder o bem, ou este perecer sob sua posse. Nesse ponto, o dispositivo é inócuo, tendo em vista a decisão do Supremo Tribunal Federal, de 2008, que declarou inconstitucional a prisão do depositário infiel em caso de mora (excetuada a alimentar),[58] cabendo ao credor, como último recurso, a execução de bens do devedor (art. 5º do Decreto-Lei nº 911, de 01 de Outubro de 1969, com redação dada pela Lei 13.043, de 13 de Novembro de 2014).

---

56 Confira-se o Recurso Especial 1184570/MG, Rel. Ministra Maria Isabel Gallotti, Segunda Seção, julgado em 09.05.2012.

57 Determina a Súmula 284 do STJ: "A purga da mora, nos contratos de alienação fiduciária, só é permitida quando já pagos pelo menos 40% (quarenta por cento) do valor financiado".

58 Para maiores detalhes remetemos o leitor às nossas razões desenvolvidas acerca do Contrato de Depósito (capítulo LI), mais especificamente na letra (B) – Obrigações do Depositário.

230-F. Alienação fiduciária imobiliária

O ordenamento jurídico brasileiro passou a contar com nova modalidade de alienação fiduciária: a imobiliária. Até a promulgação da Lei nº 9.514, de 20 de novembro de 1997, os bens suscetíveis de alienação fiduciária eram apenas os bens móveis. A lei, contudo, é mais abrangente. Além de prever uma sistematização para a Alienação Fiduciária Imobiliária, ela visa a facilitar a construção de unidades imobiliárias, prevê vários direitos reais de garantia para lastrear as operações de construção de unidades imobiliárias e o incremento da negociação de títulos de securitização no mercado financeiro brasileiro.[59]

As operações de construção de novas unidades imobiliárias poderão ter como garantia: I – hipoteca do próprio bem; II – cessão fiduciária de direitos creditórios decorrentes de contratos de alienação de imóveis; III – caução de direitos creditórios ou aquisitivos decorrentes de contratos de venda ou promessa de venda de imóveis; e a IV – alienação fiduciária de coisa imóvel (art. 17 da Lei nº 9.514/1997).

A princípio, o intuito do legislador foi permitir a atuação apenas de instituições que tivessem caráter estritamente financeiro ou de concessão de crédito – neste último caso, ainda que não fossem necessariamente caracterizadas como instituições financeiras. Foram autorizadas, inicialmente, a celebrar este tipo de contrato as caixas econômicas, os bancos comerciais, os bancos de investimento, os bancos com carteiras de crédito imobiliário, as sociedades de crédito imobiliário, as associações de poupança e empréstimo e as companhias hipotecárias.

As operações de Alienação Fiduciária Imobiliária foram identificadas como um dos aspectos de normatividade mais abrangente que o legislador nomeou como Sistema Financeiro Imobiliário. Não foram previstas apenas regras contratuais do *modus operandi* do novo tipo. Há previsão de normas financeiras e tributárias.

Como na alienação fiduciária *tout court* que conhecemos, o devedor fiduciante recebe a pecúnia do credor para aquisição do bem e, em troca, lhe transfere a propriedade e a posse indireta com a função de garantia, permanecendo ele, devedor, com a posse direta do bem. Ao credor se atribui uma propriedade resolúvel pois, embora titular de uma propriedade plena, seu direito está sujeito a condição resolutiva com escopo de garantia.

É ato indispensável ao seu aperfeiçoamento o registro imobiliário da alienação fiduciária.

Além do direito à propriedade, podem ser objetos da Alienação Fiduciária Imobiliária: a) bens enfitêuticos; b) o direito de uso especial para fins de moradia; c) o direito real de uso, desde que suscetível de alienação e d) a propriedade superficiária. No caso do direito real de uso e da propriedade superficiária, se tiverem sido adquiridos (ou recebidos) temporariamente, o contrato de alienação não deve ultrapassar-lhes o tempo de utilização (art. 22, §§ 1º e 2º da Lei nº 9.514/1997).

O contrato deve conter, necessariamente: I – o valor da dívida, sua estimação ou seu valor máximo; II – o prazo e as condições de reposição do empréstimo ou

---

59 A Lei 14.711/2023 modificou a redação de artigos da Lei 9.514/1997, ampliando conceitos e aprimorando as formas de constituição e execução da garantia fiduciária.

do crédito do fiduciário; III – a taxa de juros e os encargos incidentes; IV – a cláusula de constituição da propriedade fiduciária, com a descrição do imóvel objeto da alienação fiduciária e a indicação do título e modo de aquisição; V – a cláusula que assegure ao fiduciante a livre utilização, por sua conta e risco, do imóvel objeto da alienação fiduciária, exceto a hipótese de inadimplência; VI – a indicação, para efeito de venda em público leilão, do valor do imóvel e dos critérios para a respectiva revisão; VII – a cláusula que disponha sobre os procedimentos de que tratam os arts. 26-A, 27 e 27-A desta Lei (art. 24 da Lei nº 9.514/1997).

Vencida e não paga a dívida, inaugura-se o procedimento previsto nos arts. 26 e 26-A da Lei. Todo o procedimento pode se dar extrajudicialmente, com a interveniência dos notários do Registro Imobiliário e do Registro de Títulos e Documentos.

Após a intimação do alienante fiduciante, este terá o prazo de quinze dias para purgar a mora. O montante a ser pago para a purgação da mora constitui-se da prestação vencida e as que se vencerem até a data do pagamento, os juros convencionais, as penalidades e os demais encargos contratuais, os encargos legais, inclusive tributos, as contribuições condominiais imputáveis ao imóvel, além das despesas de cobrança e de intimação. O fiduciante tem direito à purga da mora apenas uma única vez. Purgada a mora, o oficial do Registro Imobiliário deve entregar ao agente fiduciário todas as quantias recebidas, autorizada a retenção das despesas de cobrança e intimação. Caso torne-se adimplente, pode ocorrer que o fiduciante deseje ou não possa suportar todos os ônus do contrato celebrado, assim, desde que haja concordância do credor fiduciário, ele poderá ceder o seu direito. O cessionário deverá acertar eventuais débitos com o credor e providenciará a averbação da transação no registro imobiliário. O alienante fiduciante poderá, inclusive, resolver o contrato de alienação fiduciária oferecendo o seu bem em pagamento ao próprio credor fiduciário.

Não purgada a mora, configura-se o inadimplemento absoluto, implementa-se a condição resolutiva, e se consolida a propriedade em nome do fiduciário. Impõe-se, todavia, importante restrição ao seu direito de propriedade: o imóvel deve ser levado a público leilão, no prazo de 60 dias, contado da data do registro de que trata o § 7º do art. 26 desta Lei (nova redação dada pela Lei 14.711/2023).

A Lei nº 9.514/1997 é mais abrangente do que a mera previsão da alienação fiduciária imobiliária. Como mecanismo de incentivo, foram criados os Certificados de Recebíveis Imobiliários – CRI – revogação dos arts. 7º a 16 da Lei 9.514/1997. Constituem, em verdade, títulos de crédito nominativo, de livre negociação, lastreados em créditos imobiliários e encerram promessa de pagamento em dinheiro.

Esses certificados só podem ser emitidos pelas companhias securitizadoras das construções dos imóveis, mas são administrados por instituições financeiras (art. 9º da Lei 9.514/1997, revogado).[60] Eles se prestam a ser adquiridos pelo mercado finan-

---

60 Parte da doutrina entende que não é uma exigência legal que os títulos sejam lastreados em atividades de empresas que desenvolvam construção de quaisquer tipos. Eles podem ser lastreados em operações imobiliárias, como uma compra e venda *tout court*, sem qualquer relação com atividade imobiliária da vendedora ou promitente vendedora. "Outro ponto a ser sublinhado é o de que, seja na Lei nº 9.514/1997, seja na Medida Provisória nº 2.223/01, não se encontra qualquer exigência

ceiro ou público em geral, na medida em que preveem uma taxa de retorno expressamente discriminada. Torna-se, factualmente, mais uma modalidade de investimento para o interessado, cuja transparência pode ser identificada no detalhamento que a lei discrimina: o CRI deve possuir a identificação do devedor e o valor nominal de cada crédito que lastreie a emissão, com a individuação do imóvel a que esteja vinculado e a indicação do Cartório de Registro de Imóveis em que esteja registrado e respectiva matrícula, bem como a indicação do ato pelo qual o crédito foi cedido. Além disso, deve identificar os títulos emitidos e a constituição de outras garantias de resgate dos títulos da série emitida, se for o caso (art. 8º da Lei nº 9.514/1997, revogado).

Toda a operação de securitização das construções sob o regime da Lei nº 9.514/1997 exige que as companhias seguradoras possuam patrimônio separado, individualizado e garantidor da emissão desses títulos, para a segurança dos próprios adquirentes do CRI, como também dos adquirentes das unidades imobiliárias seguradas (art. 11 da Lei nº 9.514/1997, revogado).

Caso descumpra essas normas, o patrimônio integral da companhia seguradora pode vir a responder por eventuais débitos junto aos adquirentes dos CRIs.

O agente financeiro fiduciário é o responsável pela fiscalização da constituição desse patrimônio individualizado e pela correspondência valorativa entre o real valor dos bens garantidores e a emissão dos CRIs.

Mesmo em caso de funcionamento normal da companhia seguradora dos certificados, o agente fiduciário é autorizado a interferir, se necessário, judicialmente, para garantir o patrimônio constituído para lastrear as operações. Caso não o faça, ou o faça de forma temerária, o seu patrimônio próprio pode vir a ser responsabilizado para a garantia de eventuais prejuízos aos adquirentes dos certificados (art. 13, § 1º, da Lei nº 9.514/1997, revogado).

Para o incentivo de operações que envolvam a Alienação Fiduciária Imobiliária, a Lei nº 10.931, de 02.08.2004, criou ainda duas outras figuras jurídicas com repercussão financeira: a) a Letra de Crédito Imobiliário, que pode ser emitida por instituições financeiras, cujo regramento se assemelha a uma letra de câmbio, espécie de título de crédito de livre circulação e b) a Cédula de Crédito Bancário que representa a emissão de um título para lastrear aplicações financeiras, mas que somente pode ser emitida pelo credor de um crédito imobiliário.

As Cédulas de Crédito Imobiliário emitidas pelo credor são, usualmente, adquiridas pelas companhias seguradoras que consolidam com essa compra o negócio

---

no sentido de que a atividade a ser desenvolvida no imóvel objeto do negócio jurídico gerador das CCIs ou dos CRIs tenha de ser imobiliária. Incensurável a parte expositiva da Consulta ora respondida, quando salienta que a Lei nº 9.514/1997, especialmente no art. 6º, bem como a respectiva exposição de motivos ministerial, não referem, como pressuposto da securitização, que no imóvel se exerça atividade imobiliária. Do mesmo modo a Medida Provisória nº 2.223/2001" (PEREIRA LIRA, Ricardo. Crédito imobiliário e sua conceptuação. A revogação da categoria dos bens imóveis por acessão intelectual pelo Código Civil brasileiro de 2002: consequências. As pertenças e seu regime jurídico. A securitização. Os recebíveis: Créditos Recebíveis Imobiliários (CRIs) e as Cédulas de Crédito Imobiliário (CCIs). O Continuum Imobiliário como lastro da emissão desses títulos mobiliários, *Revista Forense* 373, pág. 215).

fiduciário, quando o fiduciante aliena a propriedade que lastreia os títulos (CCIs) para a companhia seguradora, como agente fiduciário, e esta fica autorizada a emitir as CRIs (Certificados de Recebíveis Imobiliários). Os arts. 7º a 16 da Lei 9.514/1997 foram revogados pela Lei 14.430/2022, denominada Marco Legal da Securitização, aplicando-se em seu lugar as regras gerais previstas nos arts. 20 a 24.

Retornando à operação originária da Alienação Fiduciária Imobiliária (Lei nº 9.514/1997), embora a legislação preveja certa liberdade no ato de contratar, há regras impositivas que as partes devem respeitar. Entre elas estão que o devedor deve repor integralmente o valor recebido, com os respectivos reajustes; as taxas cobradas pelo credor ao devedor serão as taxas discriminadas em contrato; pode haver a capitalização dos juros cobrados e a obrigatoriedade de contratação, pelo devedor, de seguros contra os riscos de morte e invalidez permanente.

Com relação às taxas previstas contratualmente, está ínsita a liberdade de contratar. Pode o credor cobrar taxas maiores do que o mercado financeiro remuneraria a quantia que está sendo emprestada. Contudo, a seara contratual está envolta em uma sistematização vinculante, em que os princípios gerais do direito, os costumes e a boa-fé têm pronunciada influência sobre as contratações.

Não pode o credor prever em contrato taxas que discrepem muito do ramo de atividade em que se aplica o dinheiro, ou seja, ainda que haja liberdade de contratar, as taxas de juros e o índice de correção monetária eleito devem se coadunar com o mercado a que se destina.[61] Pode haver a previsão de juros remuneratórios, pela quantia emprestada; juros moratórios, em caso de inadimplência; e previsão de juros compensatórios, no caso da entrega antecipada do bem.

São espécies diferentes de juros aplicados a hipóteses diversas de atos contratuais. O mais comum deles são os juros remuneratórios. Juros que buscam recompor o capital que o credor emprestou ao devedor para a realização do negócio. Esses juros devem respeitar o limite legal, a aplicação do art. 406 do Código Civil, que prevê o limite para a mora do pagamento de impostos devidos à Fazenda Nacional. Embora a espécie se refira a juros moratórios, aplica-se à modalidade de juros remuneratórios do capital.

Embora a lei permita a capitalização, sem discriminar a periodicidade que ela se dê, aplica-se subsidiariamente o Código Civil, que prevê em seu art. 591, a capitalização anual dos juros, qualquer que seja a sua espécie.

Interessante mecanismo de proteção ao adquirente da unidade imobiliária foi a previsão da constituição de um seguro contra o inadimplemento do construtor ou do incorporador que tenham assumido a construção de unidades sob o regime da Lei nº 4.591, de 16 de dezembro de 1964. Esse seguro, se contratado pelo adquirente, deve prever o ressarcimento integral das quantias pagas por ele, permitindo-se a dedução dos valores pagos a título de administração do financiamento e administração do seguro.

---

61 A jurisprudência tem afastado a incidência do INCC – Índice Nacional da Construção Civil como corretor dos contratos de financiamento de imóveis, já que eles são calculados e divulgados pelas próprias construtoras e sua constituição financeira não é transparente.

Capítulo XLVII
Doação

Sumário

231. Conceito de doação. Seus requisitos. **232.** Classificação das doações. **233.** Efeitos da doação. **234.** Ineficácia da doação. **235.** Revogação da doação.

Bibliografia

Eduardo Espínola, *Dos Contratos Nominados no Direito Brasileiro*, nos 89 e segs.; Serpa Lopes, *Curso*, vol. III, nos 236 e segs.; M. I. Carvalho de Mendonça, *Contratos no Direito Civil brasileiro*, edição atualizada por José de Aguiar Dias, nos 1 e segs.; Planiol, Ripert *et* Boulanger, *Traité Élémentaire*, III, nos 3.260 e segs.; Ruggiero e Maroi, *Istituzioni di Diritto Privato*, vol. II, § 173; Karl Larenz, *Derecho de Obligaciones*, vol. II, § 43; De Page, *Traité*, vol. VIII, nos 1.611 e segs.; Trabucchi, *Istituzioni di Diritto Civile*, nos 407 e segs.; Hector J. Cerrutti Aicardi, *Contratos Civiles*, nos 13 e segs.; Orlando Gomes, *Contratos*, nos 158 e segs.; Cunha Gonçalves, *Dos Contratos em Especial*, nos 113 e segs.

231. Conceito de doação. Seus requisitos

Chama-se *doação* o contrato em que uma pessoa, por liberalidade, transfere de seu patrimônio bens ou vantagens para o de outra, que os aceita (Código Civil, art. 538). O Código Civil é, de regra, parcimonioso no definir, e bem age ao proceder desta maneira, por não ser próprio do trabalho legislativo formular definições, senão baixar comandos e instituir normas. Saindo de sua orientação habitual, o legislador de 2002, seguindo a linha do Código de 1916, quis tomar posição diante de controvérsia existente. De um lado, o Código Civil francês (e na sua esteira outros numerosos) não alinha a doação entre os contratos, considerando-a antes modalidade particular de aquisição da propriedade. A razão desta orientação foi o fato de se ter insurgido Napoleão Bonaparte, quando das discussões do projeto no seio do *Conseil d'État*, contra a concepção contratualista, impressionado pela ausência da bilateralidade das prestações, a seu ver imprescindível a caracterizar o negócio contratual.[1] O Código francês inscreve, então, a doação entre os modos de adquirir a propriedade, ao lado do testamento, e conceitua-a simplesmente como um *ato,* sem caráter contratual. Não lhe falta, porém, apoio histórico, pois que esta já era a orientação das *Institutas: "Est et aliud genus adquisitionis danatio."*[2] Esta colocação topográfica tornou-se tão arraigada nos códigos da chamada Escola Francesa, que o italiano de 1942 ainda a conserva, não obstante dominar na moderna dogmática peninsular a concepção contratualista.[3]

De outro lado, alastra a ideia contratualista, sustentada firmemente por Windscheid, Dernburg, Giorgi,[4] e que domina diversos códigos – alemão, suíço, português, polonês, japonês, argentino, uruguaio, peruano, mexicano – partindo do pressuposto fático do acordo das vontades.

A matéria é debatida, e foi profundamente estudada por Savigny, por Giorgi,[5] e a natureza contratual é afirmada por muitos, a maioria, se bem que negada por outros.[6]

Na doação, há situações em que o contrato se acha nitidamente desenhado, com o acordo declarado do doador e do donatário; mas outras há em que a participação volitiva do donatário é menos ostensiva, e tem levado a um desvio de perspectiva.

Diante de manifestações doutrinárias e legislativas tão díspares, entendeu o Código Civil brasileiro conveniente, além de inserir a disciplina entre as várias espécies de contratos, proclamá-lo enfaticamente em seu art. 538: "Considera-se doação o contrato..."

---

1   Planiol, Ripert *et* Boulanger, *Traité Élémentaire,* vol. III, n° 3.230, nota 1.
2   *Instituciones*, livro II, tít. VII, pr.
3   Ruggiero e Maroi, *Istituzioni*, vol. II, § 173; Trabucchi, *Istituzioni*, n° 407.
4   Windscheid, *Pandette*, vol. V, § 365, nota 18; Dernburg, *Pandette*, § 106, Giorgi, *Obbligazioni*, n°s 8 a 13.
5   Savigny, *Traité de Droit Romain*, vol. IV, § 161; Giorgi, loc. cit.
6   Nestor Diógenes, *Doação não é Contrato,* pág. 141.

Contrato que é, por definição legal e por conceituação doutrinária, exibe desde logo seus caracteres jurídicos:

A – *Contrato gratuito,* porque gera benefício ou vantagem apenas para o donatário. Caracteriza-o especialmente, imprimindo-lhe sentido fundamental diferenciador, o *animus donandi,* que repousa na *liberalidade,* e que sobrevive mesmo quando tem o doador em vista contemplar o merecimento do donatário, ou grava o benefício de um encargo imposto ao favorecido.

B – *Contrato unilateral,* porque cria obrigações para uma só das partes, o doador, já que a existência de encargo eventualmente determinado constitui simples *modus* (v. nº 100, *supra,* vol. I), inconfundível com obrigação. Se o encargo assume o caráter de *contraprestação,* desfigura-se o contrato, que passará a constituir outra espécie, sem embargo de usarem as partes, impropriamente, o *nomen iuris* doação.

C – *Contrato formal,* porque tem de obedecer à forma prescrita em lei. É comum encontrar-se, nos nossos melhores escritores (M. I. Carvalho de Mendonça, Orlando Gomes), a sua classificação entre os contratos consensuais. À vista, porém, do art. 541, que reproduziu o art. 1.168 do Código Civil de 1916, que estabelece obrigatoriamente a forma escrita, e por exceção a verbal subordinada, entretanto, a dois requisitos específicos, que examinaremos logo adiante ao tratarmos da *forma como requisito* de validade do ato, entendemos que o legislador não considerou que o consentimento, só por si, é suficiente à sua perfeição, mas ao revés integrou a exigência formal na sua etiologia. Não tolerando a liberdade da forma, antes estabelecendo que a vontade terá de revestir uma certa, optou pela inscrição da doação entre os contratos formais, e não entre os meramente consensuais.

A definição do Código Civil, com que abrimos este capítulo, encerra todos os elementos deste negócio jurídico, a saber:

1 – *Contrato.* Ante a divergência de conceito como *ato de aquisição* da propriedade ou como *contrato,* predomina esta última caracterização, à vista do acordo de vontades.

2 – *Liberalidade.* É fator essencial e específico do seu conteúdo.

3 – *Transferência* de bens ou vantagens, de um patrimônio a outro. Para que haja doação, é indispensável esta mutação ou movimento. Tem de haver um deslocamento do bem, com empobrecimento do doador e enriquecimento do donatário. Não procede a argumentação de Ascoli, em sentido contrário, como demonstrou otimamente Serpa Lopes. Se não houver a translação do valor econômico, doação inexiste, ainda que esteja presente uma intenção liberal: a remissão de uma dívida beneficia o devedor; a renúncia de um direito favorece o obrigado; mas não são doações, porque o débito remido, como o direito renunciado, não envolve aquela transferência bonitária essencial.[7] Sem dúvida que o direito conhece diversas atribuições a título

---

7 Espínola, ob. cit., nº 89, nota 3; Serpa Lopes, *Curso,* vol. III, nº 237; M. I. Carvalho de Mendonça, *Contratos,* nº 3; Cunha Gonçalves, *Contratos,* 114.

gratuito,[8] mas não serão tidas como doações se não estiver configurada a transferência do bem.

Às vezes, a *renúncia* equivale à doação. É quando não tem caráter puramente *abdicativo*, como, e.g., a de uma herança aberta, em favor de um herdeiro *determinado*. Neste caso, sob a forma de uma renúncia *translatícia* (v. nº 81, *supra*, vol. I) há doação *indireta*, porque o bem, que já entrara no patrimônio do renunciante desde a abertura da sucessão (Código Civil, art. 1.784), se transfere para o herdeiro favorecido.

Não se inscrevem, entretanto, como doação, à míngua de requisito caracterizador, certas atribuições gratuitas que se costumam fazer por ocasião de serviços prestados (gorjetas, gratificações) ou no cumprimento de deveres ou desempenho de costumes sociais (esmolas, donativos por ocasião de datas festivas ou cerimônias religiosas), não sujeitas, pois, às normas disciplinares da doação.[9]

Para a validade da doação, exige-se o preenchimento de requisitos gerais e especiais. São-lhe necessários aqueles, que se reclamam para quaisquer negócios jurídicos (v. nº 84, *supra*, vol. I), a que nos dispensamos de retornar agora. E ainda têm de ser cumpridos os especiais, que examinaremos sucintamente, acentuando apenas o que é peculiar a este:

I – a *capacidade* das partes tem de ser encarada de duas maneiras: *ativa e passiva*.

A – *Capacidade ativa*, devem tê-la, a mesma que para os contratos em geral. Algumas restrições estabelecidas para outras espécies não vigoram nesta, como é o caso do ascendente que não necessita do acordo dos demais para doar a um descendente, ao contrário do que ocorre na compra e venda e na permuta, presumindo-se adiantamento de legítima a doação levada a efeito de pai a filho ou entre cônjuges (Código Civil, art. 544)[10]. O marido e a mulher podem doar com outorga recíproca, nos mesmos casos e condições de outras alienações de bens. Mas a doação do cônjuge adúltero ao seu cúmplice é proibida, e consequentemente anulável (Código Civil, art. 550). As doações de um cônjuge ao outro não são proibidas, como já o eram em nosso direito pré-codificado, ao contrário do Romano, que as tolerava tão somente quando se realizavam *mortis causa*. Não serão, contudo, lícitas quando contrariarem a índole do regime, como ocorre no da comunhão universal, em que não tem sentido em razão da comunidade de interesses, ou no da separação obrigatória, em que seria instrumento da burla à lei.[11]

---

8   Karl Larenz, *Derecho de Obligacione,* vol. II, § 43.

9   Trabucchi, ob. cit., nº 408.

10   Sobre doação entre cônjuges, a IX Jornada de Direito Civil, em interpretação ao art. 544, assim dispôs no Enunciado 654: "Em regra, é válida a doação celebrada entre cônjuges que vivem sob o regime da separação obrigatória de bens".

11   Espínola, ob. cit., nº 93; Clóvis Beviláqua, Comentário ao art. 1.165 do Código Civil de 1916; M. I. Carvalho de Mendonça, ob. cit., art. 25.

É possível a doação por mandatário, desde que o doador nomeie, no instrumento, o donatário, ou dê ao procurador a liberdade de escolha de um entre os que designar.[12]

O menor não pode doar. Mas se já foi autorizado a contrair matrimônio, pode, no contrato antenupcial, fazê-lo ao outro nubente, ficando a eficácia do pacto antenupcial condicionada à aprovação do seu representante legal (Código Civil, art. 1.654).

O tutor e o curador não podem doar bens do pupilo ou curatelado nem dar a autorização, porque a lei lhes confia a administração dos bens, porém nega-lhes a sua disposição (Código Civil, arts. 1.749, II, e 1.781).

B – *Capacidade passiva,* ou para receber doação, têm-na todos aqueles que podem praticar os atos da vida civil, e, ainda, por exceção, justificada pelo caráter benéfico do ato: o nascituro (art. 542), apesar de falar-lhe, na sistemática do Código, personalidade jurídica (v. nº 43, *supra,* vol. I); os incapazes (art. 543), embora não possam fazer emissão válida de vontade; pessoa indeterminada e não identificada como é o caso da prole eventual de determinado casal (art. 546), constituindo em modalidade particular de ato condicional.

Às pessoas jurídicas de direito privado é lícito aceitar doações. As de direito público, federais, estaduais ou municipais poderão aceitá-las na forma e em obediência ao critério determinado pelas disposições especiais.

II – *Consentimento.* Dentro do conceito contratualista, a doação requer o acordo ou a manifestação convergente das vontades do doador e do donatário. Mas a lei não perde de vista a sua essência liberal, e, por amor a esta, entende conveniente enunciar alguns princípios que visam a facilitar sua realização, e constituem modalidades peculiares à doação. Assim é que este contrato pode formar-se pelo consentimento expresso, tácito, presumido ou ficto:

a) o acordo é *expresso,* na forma do disposto no art. 538 do Código Civil, quando o donatário declara, por qualquer veículo de manifestação volitiva, que *aceita* os bens ou vantagens ofertados pelo doador.

b) É *tácito,* quando se pode inferir de uma conduta adotada pelo donatário, como se dá com a doação em *contemplação de casamento futuro – donatio propter nuptias –* em que a celebração do matrimônio, constituindo o implemento da condição *si nuptiae fuerint secutae,*[13] é tida como *acordo tácito,* não podendo ser impugnada a liberalidade por falta de aceitação, a qual somente ficará sem efeito se o casamento não se realizar (art. 546).

c) Será *presumido,* não obstante a opinião contrária de Beviláqua, que se insurge contra a *aceitação presumida* em nosso direito, quando fixar o doador ao donatário um prazo (art. 539) para que declare se aceita ou não a liberalidade: presumir-se-á o consentimento, e consequentemente a perfeição do contrato, se dentro nele não for recusada a doação, uma vez que seja esta pura e simples; e ao

---

12 Espínola, ob. cit., nº 94; M. I. Carvalho de Mendonça, ob. cit., nº 8.
13 "Se as núpcias se seguirem".

revés, o silêncio fará presumir a recusa se for aquela gravada de encargo. A morte do doador, depois de fixado prazo ao donatário, porém antes da aceitação deste, não obsta à formação do contrato, porque a declaração de vontade do primeiro já se fizera, e o vínculo obrigacional aguardava tão somente a aceitação, expressa ou presumida, do segundo. E, se aquela oferta não foi retirada pelo declarante, a ele sobrevive, para a perfeição do contrato.[14] Se é o donatário que morre, antes de declarar sua aceitação, o ato não prevalece, porque a presunção de acordo não existe senão após decorrido, *in albis*, o prazo fixado, mas não antes de findo ele.

d) *Ficto* é o consentimento para a doação ao incapaz. O Código (art. 543) dispensa a aceitação do absolutamente incapaz nas doações puras. O Código de 1916 tinha formulação totalmente inadequada, pois admitia aos absolutamente incapazes a aceitação da doação pura. Esta questão da aceitação da doação ao incapaz tem atormentado os juristas, que oscilam de um polo a outro, desde a consideração de que a doação, neste caso, não é contrato, até que se trata de contrato sem consentimento do donatário. São construções evidentemente artificiosas e sem substância, porque a doação é *contrato,* e este não vigora sem o consentimento.

A nosso ver, é um caso de consentimento *ficto*. O incapaz, porque o é, não pode emitir uma declaração de vontade, qualquer que seja. Mas, tendo em vista, por um lado, que o regime legal das incapacidades visa à proteção e ao benefício do portador de *capitis deminutio;* e nunca pode ser invocada em seu prejuízo; e levando em consideração, de outro lado, que a doação traduz-se em liberalidade que nada mais faz do que favorecer o donatário, a ordem jurídica institui uma *ficção de consentimento,* a qual tem, como toda ficção, o efeito de operar como o faria o *fato* real: *tantum operatur fictio in casu ficto quantum veritas in casu vero.* Na doação pura ao incapaz emerge uma *aceitação ficta,* legal, que dispensa manifestação de vontade mas que produz os efeitos de um consentimento efetivo, tal qual se daria se o donatário fosse capaz e emitisse uma declaração volitiva.

III – *Objeto*. Não há restrições objetivas à doação. De princípio, todo bem *in commercio* pode ser doado: imóveis, móveis corpóreos, móveis incorpóreos, universalidades, direitos patrimoniais não acessórios.[15]

Além da possibilidade, liceidade e determinabilidade, que compõem o requisito objetivo dos contratos em geral, cumpre atentar para as circunstâncias peculiares à doação: *a*) é proibida a *doação universal,* isto é, aquela que compreende a totalidade dos bens do doador (art. 548), a não ser que reserve ele renda suficiente para subsistência; *b*) é igualmente proibida a *doação inoficiosa* (art. 549), ou seja, a de bens que excedam a parte que o doador, no momento da liberdade, possa dispor em testamento.

Não é, porém, vedada a doação de *bens futuros*. O ato terá o caráter de contrato condicional, e não chegará a produzir nenhum efeito, se a coisa doada

---

14 Neste sentido João Luís Alves, *Código Civil Anotado*, observação ao art. 1.166 do Código de 1916; *contra,* Clóvis Beviláqua, em comentário ao mesmo artigo.

15 Rugiero e Maroi, loc. cit.

não vier a ter existência e disponibilidade por parte do doador. Mas não valerá se a doação tiver natureza sucessória, direta ou indireta, como, e.g., se se referir aos bens que tenha o doador por ocasião de sua morte,[16] ou os bens que o doador espera herdar de pessoa viva.[17]

IV – *Forma.* Sendo a doação um contrato *formal,* como acima já ficou demonstrado, sua eficácia está subordinada a este requisito, que se integra na sua etiologia, não valendo o contrato se desobedecer a tal exigência. Como já nos temos pronunciado, formal não é apenas o contrato que exija instrumento público (v. nº 191, *supra*). Quando a consideramos ato formal em nosso direito, não queremos significar que está adstrita a ritual específico, como se dá no direito francês, mas que têm as partes de se sujeitar a certas exigências, não produzindo ela efeitos jurídicos se o fizerem pelo simples consentimento (*solo consensu*). Na verdade, impõe a lei *forma escrita* (Código Civil, art. 541), seja móvel ou imóvel o seu objeto, acrescendo que se este tiver valor superior a 30 vezes o maior salário mínimo vigente no País, o instrumento público é indispensável (art. 108).

Por exceção admite a lei que se realize verbalmente, em certas e especiais circunstâncias. Ainda assim, não há liberdade de forma que autorize dizer-se que ao menos estas pequenas doações são consensuais: sua eficácia está, ao revés, condicionada a que se trate de bens móveis de pequeno valor, e se lhe siga *in continenti* a tradição.[18] São os chamados *dons manuais*, presentes que se fazem por ocasião das bodas, ou de aniversários, ou como prova de estima ou homenagem etc. Não tendo a lei instituído o critério estimativo, deixa sua fixação na decorrência das circunstâncias, e em razão das posses do doador[19], pois é certo que um mesmo objeto que para uma pessoa de elevados recursos representa valor reduzido, para outra de pequena resistência econômica alcança as proporções do inatingível.

232. Classificação das doações

As doações classificam-se, em razão de elementos integrativos essenciais, como de elementos acidentais, em vários tipos:

A – Diz-se *pura a doação,* que se celebra sob a inspiração do ânimo liberal exclusivamente, isto é, que envolve a mutação do bem no propósito de favorecer o donatário, sem nada lhe ser exigido e sem subordinar-se a qualquer condição, ou motivação extraordinária.

---

16   Espínola, ob. cit., nº 96; M. I. Carvalho de Mendonça, ob. cit., nº 10.

17   Cunha Gonçalves, ob. cit., nº 120.

18   De acordo com o Enunciado 622 da VIII Jornada de Direito Civil do Centro de Estudos Jurídicos do Conselho da Justiça Federal, "para a análise do que seja bem de pequeno valor, nos termos do que consta do art. 541, parágrafo único, do Código Civil, deve-se levar em conta o patrimônio do doador".

19   Serpa Lopes, ob. cit., nº 254.

B – Chama-se *doação modal* ou com *encargo* aquela que, sem prejuízo do *animus donandi,* contém imposição de um dever ao donatário, o qual tem de cumpri-lo nas mãos do próprio doador, nas de certa pessoa, ou de alguém indeterminado. Constituindo o encargo (*modus*) uma restrição criada ao beneficiário do negócio jurídico (*vide* nº 100, *supra,* vol. I), não poderá jamais assumir o aspecto de contrapartida da liberalidade. Mas é uma obrigação que o donatário assume com o só fato de aceitá-la, e que lhe pode ser exigida, e, até sancionada com a revogação do benefício (v. nº 235, *infra*). Se ninguém é obrigado a aceitar uma doação, e o faz sabendo-a acompanhada de cláusulas impositivas de um dever, o cumprimento deste integra-se no próprio ato, e pode ser reclamado como qualquer outra obrigação.

A doação modal recebe tratamento especial, havendo princípios que a ela se aplicam, e os veremos neste Capítulo. Mas não perde o caráter de liberalidade naquilo em que exceder ao valor do ônus imposto (art. 540).

O encargo adere substancialmente ao contrato. Se é nulo, contamina a própria doação, salvo se, do conjunto de circunstâncias, esta puder conhecer-se destacada ou independente daquele.[20]

C – Doação *remuneratória* é aquela que se efetua com o propósito de recompensar serviços recebidos, pelos quais o donatário não se tornara credor de uma prestação juridicamente exigível. Não se trata, portanto, de *pagamento,* que pressupõe um crédito, nem constitui contraprestação. O doador transfere bens ou vantagens, porque quer, mas sob a afirmativa de uma causação, que, entretanto, não lhe retira o caráter de liberalidade naquilo em que a coisa doada exceder ao valor dos serviços remunerados (art. 540).

Não se confunde com a *dação em pagamento* (v. nº 161, *supra,* vol. II), que é a substituição convencional da *res debita por outra (aliud pro alio*) em solução de obrigação existente. Na doação remuneratória há uma liberalidade, em recompensa de um favor ou serviço, recebido pelo doador.

D – Vizinha sua, e submetida ao mesmo critério legal (art. 540), é a doação *em contemplação do merecimento do donatário,* a qual, não pressupondo necessariamente a recompensa de favor ou serviço recebido, motiva-se no apreço especial em que o tem o doador, e destina-se a agraciá-lo em consequência.

E – A doação pode subordinar-se a uma *condição,* suspensiva ou resolutiva, em decorrência de um fato, mesmo que dependente da vontade do donatário, como o casamento, uma viagem, o êxito em uma competição esportiva ou intelectual etc. Mas não é válida a doação se for potestativa pura a condição, ou se depender, positiva ou negativamente, de um ilícito. Inválida é, ainda, se a condição restringir a liberdade do donatário (v. nº 98, *supra,* vol. I). Em termos genéricos, não prevalecerá a liberalidade que contenha condição afrontosa a leis de ordem pública ou a preceitos morais.[21]

---

20 Enneccerus, Kipp *y* Wolff, *Tratado, Derecho de Obligaciones,* § 125.
21 Planiol, Ripert *et* Boulanger, *Traité Élémentaire*, vol. III, nº 3.544; Ruggiero e Maroi, *Istituzioni,* vol. II, § 173.

Caso particular de doação condicional é a feita em *contemplação de casamento futuro* com certa e determinada pessoa – *donatio propter nuptias,* em que a sua eficácia está sujeita à celebração do casamento em contemplação do qual é realizada. Enquanto a núpcia se não celebra, o donatário não adquire o bem doado; e, se não chega a efetuar-se, é inteiramente ineficaz. Subordinada, pois, à realização do casamento, considera-se perfeita e acabada desde a data deste, e não pode ser impugnada por falta de aceitação (Código Civil, art. 546).

Muito difere a doação *propter nuptias,* do Direito Romano, da subordinada à mesma condição, no direito moderno. Lá, era modalidade compensatória da constituição do dote pela mulher; cá, um contrato subordinado à condição suspensiva (*"se casarem"*), e não se resolve pela separação, nem comporta reivindicação pelo doador se o donatário enviuvar ou divorciar e passar a novas núpcias.[22]

De condição resolutiva são hipóteses clássicas: *a) modal,* na falta de cuja execução o doador tem a faculdade de revogá-la (v. nº 235, *infra*): *b)* a sujeita à cláusula de *reversão* autorizada no art. 547, em virtude da qual fica estipulado que os bens voltarão ao patrimônio do doador, se sobreviver ao donatário, vedada a reversão em favor de terceiro (v. nº 233, *infra*).

F – Às vezes ocorre a inserção de liberalidade em um ato negocial qualquer. Não será doação pura, porque falta a finalidade exclusivamente benéfica. Ao lado de outros elementos etiológicos, insinua-se o favorecimento, e dá-se então o *negotium mixtum cum donatione,* também chamada *doação mista.*[23]

A maior complexidade em torno do assunto está na opção da norma adequada. Não sendo um contrato de doação, nem deixando totalmente de sê-lo, evidentemente a ele são aplicáveis princípios integrantes de sua disciplina, mas, em razão da aproximação com outra figura jurídica, nem se lhe destinam todas as regras pertinentes à liberalidade, nem caberá invocar somente as outras. O juiz ou o intérprete, no seu entendimento, terá presentes as normas da doação, a que aportará a sistemática do contrato que a esta se associa na criação do ato complexo,[24] mas não poderá, salvo na hipótese de haverem as partes distinguido, desarticular arbitrariamente o negócio e romper a unidade formal do ato.[25]

A doação mista assemelha-se tanto à doação modal que às vezes se torna difícil distingui-las, e, quando for isto necessário, pesquisar-se-á a intenção das partes, a saber se prevalece o *animus donandi,* caso em que será *doação,* ou ao revés a outra espécie contratual, e serão dominantes os princípios respectivos.[26]

Do mesmo gênero é a *doação indireta,* cuja característica está na sua realização sob os requisitos de outro contrato, sem o propósito embora de uma simulação.

---

22 Carvalho de Mendonça, *Contratos,* vol. I, nº 23.
23 Orlando Gomes, *Contratos,* nº 162; Ruggiero e Maroi, *Istituzioni,* vol. II, § 173.
24 Espínola, ob. cit., nº 104.
25 Enneccerus, ob. cit., § 124.
26 Trabucchi, *Istituzioni,* nº 410.

G – Como reminiscência romana,[27] alguns escritores ainda falam em doação *inter vivos* e doação *mortis causa,* como classificação que as divide nesses dois grupos, e ainda há sistemas que as consideram. O nosso, como regra, não. A doação é um contrato que opera seus efeitos em vida das partes. As liberalidades *mortis causa* fazem-se por testamento, que é o seu instrumento adequado.

H – Entre as classificações, alguns incluem o que chamam de *doação simulada.*[28] Não se trata de um tipo de doação, ou de uma categoria que mereça esta denominação. É a doação em que está presente a simulação como defeito social do negócio jurídico, o qual torna nulo o negócio jurídico que está servindo para encobri-la (doação disfarçada sob forma de venda, ou de reconhecimento de dívida, ou de dação em pagamento etc.), possibilitando a lei a prevalência da doação como ato dissimulado quando não ofende a órbita jurídica alheia (Código Civil, art. 167).[29]

Promessa de doação. Tem a doutrina debatido se a doação pode ser objeto de contrato preliminar, *pactum de donando.* E a solução doutrinária tem sido infeliz, por falta de uma distinção essencial entre doação pura e a doação gravada de encargo. Partindo da primeira, especifica-se a pergunta: Pode alguém obrigar-se a realizar uma doação pura? Formalmente, sim, porque, tendo o contrato preliminar por objeto um outro contrato, futuro e definitivo (v. nº 198, *supra*), este novo *contrahere* poderia ser a doação, como qualquer outra espécie. Atendendo a este aspecto apenas, não falta bom apoio à resposta afirmativa, quer dos Códigos, quer dos doutores.[30] Acontece que se não pode deixar de encarar o problema sob o aspecto ontológico, e, assim considerado, a solução negativa impõe-se. É da própria essência da promessa de contratar a criação de compromisso dotado de exigibilidade. O promitente obriga-se. O promissário adquire a faculdade de reclamar-lhe a execução. Sendo assim, o mecanismo natural dos efeitos do pré-contrato levaria a esta conclusão: se o promitente-doador recusasse a prestação, o promitente-donatário teria ação para exigi-la, e, então, ter-se-ia uma doação coativa, doação por determinação da Justiça, liberalidade por imposição do juiz e ao arrepio da vontade do doador.[31] No caso da prestação em espécie já não ser possível haveria a sua conversão em perdas e danos, e o beneficiado lograria reparação judicial, por não ter o benfeitor querido efetivar o benefício. Nada disto se coaduna

---

27 *Institutas,* liv. II, tít. VII, pr.: *Donationum autem duo sunt genera: mortis causa et non mortis causa.*

28 M. I. Carvalho de Mendonça, ob. cit., nº 20; Planiol, Ripert *et* Boulanger, ob. cit., nº 3.348.

29 Planiol, Ripert *et* Boulanger, nº 2.349.

30 Regina Gondim, Contrato Preliminar, pág. 40; Hector Cerruti Aicardi, *La Promesa de Contratar,* pág. 283; Enneccerus, Kipp *y* Wolff, § 120; Karl Larenz, § 43.

31 Ver, neste sentido, julgamento do Recurso Especial 730.626/SP, Rel. Ministro Jorge Scartezzini, Quarta Turma, julgado em 17.10.2006, no qual se decidiu que: "Inviável juridicamente a promessa de doação ante a impossibilidade de se harmonizar a exigibilidade contratual e a espontaneidade, característica do *animus donandi.* Admitir a promessa de doação equivale a concluir pela possibilidade de uma doação coativa, incompatível, por definição, com um ato de liberalidade".

com a essência da doação, e, conseguintemente, a doação pura não pode ser objeto de contrato preliminar.[32]

A Jurisprudência tem atribuído eficácia, no entanto, à promessa de doação efetivada por cônjuges no acordo de separação judicial ou divórcio em favor dos filhos. Nestes casos tem sido admitida a adjudicação compulsória dos bens objeto de promessa de doação aos filhos, mesmo que o cônjuge proprietário dos bens se recuse a concretizá-la.[33]

A mesma argumentação improcede no que tange à doação modal porque o encargo imposto ao donatário estabelece um dever exigível do doador, legitimando aquele a reclamar o cumprimento da liberalidade que o causou, e, portanto, neste campo restrito, é jurídica e moralmente defensável a promessa de doar.

233. EFEITOS DA DOAÇÃO

O estudo dos efeitos da doação tem de realizar-se em consideração ao contrato, pura e simplesmente, como, ainda, a aspectos peculiares e condições modificativas.

A – De início, é de atentar-se na consequência *obrigatória* do contrato. Não gera efeitos reais, o que, aliás, é regra vigente em nosso direito. Não opera, por si só, a transferência do domínio. Bastaria a menção deste princípio para a fixação de sua primeira consequência: pelo nosso direito, a doação não transfere, por si só, o domínio; é mister se lhe siga um fato revestido deste poder, que é a tradição real para os móveis, ou inscrição para os imóveis.

Acontece que o art. 538, declarando que pelo contrato de doação uma pessoa transfere bens de seu patrimônio para o de outra que os aceita, suscita dúvida, parecendo induzir uma exceção à regra geral, com que lhe atribuiria esta consequência translatícia direta da propriedade. Mera aparência, contudo. A regra dominante da aquisição da propriedade está firmemente enunciada no art. 1.245 em relação aos imóveis, e art. 1.267 para as coisas móveis.

A doação, repetimos, gera efeitos obrigatórios e não reais, e tem o sentido de *ato causal*, para que o fato subsequente (transcrição ou tradição) produza o efeito aquisitivo. Cria a obrigação de transferir a propriedade da coisa doada, mas não tem o efeito real de realizar aquela transmissão. E é somente neste sentido que se pode dizer que a doação é um ato translatício do domínio.[34]

---

32 Gabba, "Contributo alla Dottrina della Promessa Bilaterale", *in Nuove Questioni di Diritto Civile*, vol. I, págs. 141 e segs.; Dante Caporali, *in Dizionario Pratico di Diritto Privato de Scialoja*, verb. Contratti Preliminari; Serpa Lopes, Curso, vol. III, nº 240.

33 Confira-se a decisão da Segunda Seção, ao julgar os Embargos de Divergência em Recurso Especial nº 125.859/RJ, relatado pelo Ministro Ruy Rosado de Aguiar Júnior, em 26.06.2002: "O acordo celebrado quando do desquite amigável, homologado por sentença, que contém promessa de doação de bens do casal aos filhos, é exigível em ação cominatória".

34 Orlando Gomes, *Contratos*, nº 160.

B – Caráter fundamental da doação é a *irrevogabilidade*. Sem dúvida sua proximidade ontológica ao testamento é notória. Mas, se por outros pontos diversificassem, a irrevogabilidade como consequência imediata de sua natureza contratual os extremaria sensivelmente. No direito francês este aspecto é hoje traduzido na velha parêmia *donner et retenir ne vaut pas*,[35] que outros sistemas tomam de empréstimo para significá-lo.[36] A lei admite, em caráter excepcional, que o doador revogue a doação (v. nº 235, *infra*), mas por obra da Justiça e não por ato unilateral de vontade.

C – Feita a doação em comum a mais de uma pessoa, presume-se ter o doador entre elas distribuído em partes iguais a coisa doada, salvo se no contrário resultar do contrato (Código Civil, art. 551). E, se forem os donatários marido e mulher, a lei institui uma substituição recíproca, estatuindo que, com a morte de um, não passa o bem a seus herdeiros, mas subsiste na totalidade a doação para o cônjuge supérstite, como um direito de acrescer (Código Civil, parágrafo único do art. 551).

D – Feita em forma de subvenção periódica ao beneficiado (Código Civil, art. 545), constitui obrigação que o doador assume, mas extingue-se com a sua morte, ou com a morte do donatário. Os herdeiros do doador não são obrigados a mantê-la, salvo se o contrário se dispuser. Na falta de tal estipulação, considera-se nova doação da parte dos sucessores, se estes deliberarem manter a liberalidade.

E – O doador pode reservar, para si, o usufruto vitalício ou temporário da coisa doada. Se for universal a doação, não prevalecerá sem a reserva de renda. O usufruto poderá atingir a totalidade da coisa doada, ou somente uma parte dela.

F – O doador pode estipular que os bens doados voltem ao seu patrimônio, se lhe pré-morrer o donatário (Código Civil, art. 547). Em nenhuma hipótese é de presumir-se a cláusula de reversão, que, por constituir uma hipótese especial de doação condicional, há de constar de disposição expressa, salvo a hipótese de subvenção periódica (art. 545). A indagação se a reversão pode ser determinada em benefício de outra pessoa encontra resposta negativa no parágrafo único do art. 547.

A cláusula de reversão opera como *condição resolutiva*, com desfazimento dos atos realizados pelo donatário, e restituição do bem doado, ainda que tenha havido alienação, porque é efeito natural da propriedade resolúvel esta reversão (Código Civil, art. 1.359). Mas é óbvio que os frutos pertencem ao donatário, o qual não pode ser compelido a restituí-los.[37] Os atos de administração, como aluguéis ajustados, serão igualmente mantidos.[38]

G – Sendo a doação uma liberalidade não seria de boa ética que a lei agravasse a situação do que a faz. Por isto, não é sujeito o doador a juros moratórios que constituem penalidade imposta ao devedor em atraso com a prestação (v. nº 171,

---

35 "Dar e reter não se permite".
36 Planiol, Ripert *et* Boulanger, ob. cit., nº 3.555; Ruggiero e Maroi, loc. cit.
37 Serpa Lopes, ob. cit., nº 262.
38 Planiol, Ripert *et* Boulanger, ob. cit., nº 3.611.

supra, vol. II), e não se compadece com o dever de gratidão exigi-los o favorecido. Não responde, também, pela evicção ou pelo vício redibitório, salvo se tiver expressamente assumido os riscos, ou, no primeiro caso, a doação tiver sido efetivada para casamento com certa e determinada pessoa (Código Civil, art. 552). Mas tem obrigação de garantir o donatário, bem como seus sucessores, a título universal ou singular, contra seus próprios fatos pessoais: o donatário pode acioná-lo pelo dolo cometido, como ainda na qualidade de sub-rogado do credor hipotecário, se recebeu imóvel hipotecado e teve de pagar o débito garantido.[39]

H – Não deixa de constituir liberalidade a doação *remuneratória* ou a modal, naquilo em que o valor da coisa doada exceder ao valor dos serviços remunerados ou ao encargo imposto, e, como tal, tem de ser tratada.

O donatário, aceitando o encargo, assume *ipso facto*[40] a obrigação de dar-lhe cumprimento, seja ele estipulado a favor do próprio doador ou de terceiro, ou de interesse geral. Em qualquer dos casos, tem sempre o doador o direito de reclamar a sua execução. O beneficiado poderá igualmente fazê-lo, com obediência às regras que presidem ao contrato em favor de terceiro (v. nº 204, *supra*). Se for de interesse geral, transfere-se ao órgão do Ministério Público, com a morte do doador, a *legitimatio ad causam*, na sua qualidade de representante da sociedade (art. 553, parágrafo único).

Além da faculdade de reclamar-lhe o cumprimento, tem ainda o doador o poder de promover a revogação da doação, conforme se verá no nº 235, *infra*.

234. INEFICÁCIA DA DOAÇÃO

Como todo negócio jurídico, a doação pode ser fulminada de ineficácia. Não trataremos, obviamente, das causas gerais de invalidade do negócio jurídico, senão referindo-nos a elas com extrema parcimônia, já que têm sido, em oportunidades várias, objeto de nossas cogitações. Deter-nos-emos apenas nas hipóteses específicas à doação.

1 – É nula a doação por incapacidade absoluta do doador. Se este não tem aptidão para qualquer ato da vida civil, não tem, por maioria de razão, para este negócio jurídico de disposição a título gratuito, em que o seu patrimônio se desfalca sem correspectivo.

2 – É nula ainda por iliceidade ou impossibilidade absoluta de objeto. Nem por ser liberal o ânimo do agente, fica forro de subordinação à regra geral que preside à possibilidade objetiva, material e jurídica.

3 – Nula será também a doação por desobediência à forma prescrita: instrumento público, para os imóveis de valor superior ao equivalente a 30 salários mínimos; instrumento público ou particular, para os móveis; tradição imediata, para as doações verbais de pequeno porte.

4 – É nula a doação *universal*, sem a reserva de usufruto ou renda suficiente para a subsistência do doador. Este não pode reduzir-se à miséria ou sujeitar-se à condição de

---

39   Planiol, Ripert *et* Boulanger, ob. cit., nº 3.611.
40   "Automaticamente, em decorrência do fato".

viver da caridade pública ou a expensas alheias, dispondo de todos os seus bens. E, como se trata de proibição rigorosa, punida a contrariedade com a pena de nulidade, não valerão considerações outras que a justifiquem. O doador não tem a liberdade de realizá-la sob pena expressa de nulidade, e, se infringe o preceito, o ato invalida-se (Código Civil, art. 548).

5 – Não pode o doador, igualmente, em virtude da doação, reduzir-se à insolvência ou desguarnecer a garantia patrimonial devida a seus credores. Já de sempre se dizia que *nemo liberalis nisi liberatus*, isto é, que somente quem está livre de dívida tem a faculdade de fazer liberalidades. Se doa em estado de insolvência, ou a esta reduz-se pela doação, faculta aos credores promover a anulação do contrato (Código Civil, art. 158), intentando a ação pauliana, sem a necessidade de comprovar o conluio entre doador e donatário (*consilium fraudis*), pois que a gratuidade do ato já de si induz a sua invalidade, se prejuízo trouxer aos credores (v. nº 93, *supra*, vol. I).

6 – Determinando a lei que o doador resguarde as legítimas de seus herdeiros necessários (descendentes, ascendentes, cônjuge), limita a liberalidade àquilo de que possa dispor por testamento no momento do contrato. E, como por ato de última vontade não é possível dispor senão de metade da herança (Código Civil, art. 1.789), a doação não poderá ultrapassar esta meação disponível, sob pena de ser tida por inoficiosa.

A sanção legal não será a ineficácia total do ato, porém a redução da liberalidade ao limite marcado. Daí dizer-se (art. 549) que é nula na *parte inoficiosa*, isto é, quanto àquela que exceder da meação disponível.

Mandava o Código Civil de 1916 (art. 1.176) levar-se em consideração o valor dos bens doados, em confronto com o acervo patrimonial do doador, no momento da doação, e não no da abertura da sucessão, e desta sorte protegia a validade do ato contra qualquer subsequente oscilação de valores, bem assim contra as vicissitudes que pudessem atingir o ativo patrimonial entre a data da liberalidade e a do óbito, pois, como observa Beviláqua, o doador que é rico e doa moderadamente procede dentro da lei; se empobrece por um acidente estranho à liberalidade, não seria razoável que os herdeiros viessem a atacar aquele ato, contra o qual nada poderia ser arguido ao tempo da celebração, e por fundamento baseado em acontecimentos subsequentes.[41] Mas o Código de Processo Civil de 1973 alterou o princípio, mandando calcular-se pelo valor que tiverem ao tempo da abertura da sucessão (art. 1.014, parágrafo único) e desta sorte alterou a sistemática do Código Civil de 1916. O Código de 2002, no entanto, reproduziu em seu art. 549 a regra da verificação do valor dos bens doados em relação ao patrimônio do doador no momento da liberalidade, revogando, assim, a regra do Código de Processo Civil.[42] No entanto, a regra do art. 1.014, parágrafo único do CPC de 1973 foi restabelecida pelo Código de Processo Civil de 2015, quando em seu artigo 639, parágrafo único, impõe o cálculo do valor

---

41   Clóvis Beviláqua, Comentário ao art. 1.176 do Código de 1916.

42   Nesse sentido, decidiu a Segunda Seção do STJ, nos autos da Ação Rescisória 3493/PE cujo relator para o acórdão foi o Ministro Luis Felipe Salomão, julgada em 12.12.2012.

dos bens a serem conferidos na partilha ao tempo da abertura da sucessão, em evidente descompasso com a norma encampada pelo Código Civil de 2002.

7 – A doação feita pelo cônjuge adúltero ao seu cúmplice é anulável. Não é nula de pleno direito, e bem andou a lei ao estabelecê-lo, porque não é o interesse público que se compromete, mas o particular da família, cujos membros podem preferir os desfalques econômicos do cônjuge desregrado ao escândalo público do litígio. Precisamente em atenção a essas considerações, a legitimidade para anular o ato é do cônjuge prejudicado, ou seus herdeiros necessários, até dois anos depois de dissolvida a sociedade conjugal (Código Civil, art. 550).

235. Revogação da doação

Como todo negócio jurídico, a doação é nula por falta dos pressupostos legais essenciais, e é anulável por defeito de vontade ou por defeito social. Como todo negócio jurídico, a doação resolve-se por uma causa superveniente, e determinante de sua cessação. Outros sistemas jurídicos, como o francês, o italiano, o português, acrescentam a superveniência de filho, admitindo o pressuposto de que não a realizaria o doador, ou não deverá fazê-lo se o tivesse, prelevando sobre outras considerações o interesse do descendente.[43]

Hoje se refere a lei às causas específicas, que são a *ingratidão do donatário* e o *descumprimento de encargo.*

Em qualquer desses casos, não quer a estabilidade econômica manter em estado de pendência indefinida a possibilidade de desfazimento do ato, e, assim, fixa um prazo de decadência ânuo, a contar de quando chegue ao conhecimento do doador o fato que a autorizar e de ter sido o donatário o seu autor (art. 559). Os dois requisitos para o início da contagem do prazo são cumulativos. Se o doador tem ciência do fato, mas desconhece a autoria, o prazo somente começa a fluir a partir do momento do conhecimento também da autoria do fato pelo donatário.

Não permite a qualquer, mesmo que tenha interesse imediato, promover a revogação, senão ao próprio doador, que só ele tem a *legitimatio ad causam* respectiva, salvo no caso de ser homicídio doloso (art. 561), como se verá adiante. E não é possível fazê-lo *ex propria auctoritate*,[44] senão pela via judicial. A ação somente pode ser iniciada contra o donatário, em pessoa. Se, porém, qualquer das partes falecer após a propositura da ação (Código Civil, art. 560), a ação poderá continuar com os herdeiros do doador contra o donatário, ou com o primeiro contra os herdeiros do segundo, ou com os sucessores de um contra os do outro. É, portanto, personalíssima em nosso direito a faculdade de pedir a revogação, ao contrário de outros sistemas. A possibilidade da revogação era tão significativa em nosso direito que o legislador,

---

43 Planiol, Ripert *et* Boulanger, *Traité Élémentaire*, nᵒˢ 3.641 e segs.; Ruggiero e Maroi, *Instituzioni,* § 173; Cunha Gonçalves, *Dos Contratos em Especial,* nᵒ 115. Em nosso direito pré-codificado, alguns escritores (Melo Freire, Coelho da Rocha) sustentavam vigorar esta causa de revogação, que no regime do Código desapareceu.

44 "Por sua própria autoridade".

em matéria processual, acrescentou, no art. 275, II, letra "g", do Código de Processo Civil de 1973 a utilização do rito sumário para tal finalidade. Em sentido oposto, o Código de Processo Civil de 2015 não possui norma a esta correspondente, fazendo crer que o procedimento a ser adotado em caso de revogação da doação será o ordinário. Em seguimento, desdobrando-os nos dois itens seguintes, precisamos em que consiste o descumprimento do encargo e a ingratidão.

A – *Revogação por descumprimento do encargo.* Como vimos no n° 231, *supra*, pode o doador estipular encargo ao donatário, para com ele próprio, para com terceiro, ou no interesse geral. E o donatário, pelo só fato de aceitar a liberalidade, obriga-se ao seu cumprimento. Já vimos, também, que a obrigação resultante do encargo imposto e aceito é juridicamente exigível pelo próprio doador, bem como pelo terceiro beneficiário, ou pelo órgão do Ministério Público no caso de ser de interesse geral.

Não se contentando a lei com esta sanção, credencia ainda o doador com a faculdade personalíssima de promover, por ação própria, a revogação da liberalidade, com fundamento no inadimplemento do beneficiário. Para tanto é mister que seja o donatário constituído em mora, mediante interpelação. Sua situação equivale à de um contratante em inadimplemento culposo, que gera uma condição resolutiva tácita, equiparável ao que acontece com os demais contratos. A doação modal, sem perder a natureza própria de liberalidade, aproxima-se dos contratos bilaterais (Código Civil, art. 555).[45]

B – *Ingratidão do donatário.* Pode o doador revogar a doação por *ingratidão do donatário,* tomada a expressão não no seu sentido vulgar, mas em acepção técnica, compreensiva de fatos que traduzam atentado do favorecido contra a integridade física ou moral do doador. Ao contrário do direito alemão, em que a ingratidão consiste em *falta grave* genericamente considerada, e praticada pelo donatário contra o doador ou seus parentes mais próximos,[46] no nosso a lei enumera taxativamente as hipóteses – *numerus clausus*.

O fundamento desta revogação não é o mesmo examinado acima (letra A). O donatário não assume a obrigação jurídica e exigível da gratidão.[47] Não pode ser arguida a falta de reconhecimento como se fosse um inadimplemento. Recebendo, todavia, o benefício, não pode ter para com o benfeitor uma conduta reveladora de insensibilidade moral. E não é razoável que conserve a coisa recebida, ao mesmo tempo que falte a deveres primários, para com o doador. Tem, pois, esta revogação caráter de pena,[48] e somente cabe nos expressos termos da definição legal (Código Civil, arts. 557 e 558), não obstante o Código de 2002 ter substituído a expressão "só se pode revogar..." do de 1916 por "podem ser revogadas...". Os casos especificados na norma são os seguintes:

I – *Atentado contra a vida do doador, seu cônjuge, ascendente, descendente, ainda que adotivo, ou irmão, ou cometimento de crime de homicídio doloso contra*

---

45 Clóvis Beviláqua, Comentário ao art. 1.180 do Código de 1916.

46 Serpa Lopes, *Curso,* vol. III, n° 278; Enneccerus, Kipp y Wolff, ob. cit., § 123.

47 De Page, *Traité,* vol. VIII, n° 751.

48 Planiol, Ripert *et* Boulanger, *Traité Élémentaire,* vol. III, n° 3.621.

eles. Somente a tentativa ou a consumação de homicídio doloso o caracteriza, porque a ausência da intenção no delito culposo exclui aquela deplorável insensibilidade moral que a lei civil quer punir. Também não se compreende na hipótese a falta de cuidados e de assistência.[49] Por outro lado, a absolvição do acusado no juízo criminal, por qualquer das escusativas de criminalidade, apagando o delito, ilide a ação revocatória, que não poderá mais vingar. Se a absolvição tiver se dado por falta de provas, inexistência do fato ou sua não autoria – extinção da punibilidade ou atipicidade da conduta, *e.g.* – a ação civil não será afetada.

É evidente que a hipótese de cometimento de homicídio doloso contra o doador constitui exceção à regra de que somente este tem legitimidade para pedir a revogação, como já se observou. O art. 561 do Código atribui aos herdeiros do doador a legitimidade para a ação de revogação, excluindo tal legitimidade, no entanto, se o doador tiver perdoado o donatário antes de falecer. Esse perdão tem que ser inequívoco. Não necessita, porém, ser reduzido a escrito. A sua prova pode ser efetivada por qualquer meio admitido em lei, na medida em que não há exigência de forma especial.

II – *Ofensa física contra o doador, seu cônjuge, ascendente, descendente, ainda que adotivo, ou irmão.* Mesmo que não tenha havido atentado contra a vida, só o fato da agressão física é suficiente para autorizar a revogação. Não exige a lei civil seja o agressor condenado, criminalmente. Basta, a fundamentá-la, a existência de ofensa física devidamente comprovada, a crueldade corporal apurada.

III – *A injúria e a calúnia contra o doador, seu cônjuge, ascendente, descendente, ainda que adotivo, ou irmão,* nos termos em que estes delitos são definidos na lei penal, constituem, à sua vez, fatos autorizadores da revogação, por trazerem atentado contra a integridade moral do doador (*calúnia,* art. 138, e *injúria,* art. 140, ambos do Código Penal).

IV – Finalmente, a lei considera ingratidão a *recusa de alimentos* ao doador, pressupondo que os reveses da vida lhe tenham imposto esta necessidade. Mas, para que se configure tal hipótese de ingratidão, há mister concorram três requisitos. O primeiro é *poder ministrá-los* o donatário, sem sacrifício da própria subsistência e de seus familiares; o segundo é ser devedor deles o donatário, por faltarem os parentes mais próximos do doador; o terceiro é a *recusa do donatário,* o que pressupõe solicitação, pois não seria razoável a imposição da penalidade, na insciência, por parte do obrigado, de estar o doador em necessidade.

Proferida a sentença revogadora, produz efeitos *ex nunc*, isto é, a partir da data da citação do réu. Até então, é um possuidor de boa-fé e um proprietário legítimo. Tem, portanto, direito aos frutos até aquele momento percebidos, respondendo pelos posteriores, ou seu equivalente. Como consequência da sentença, deverá restituir em espécie a coisa doada, e, se não for possível, indenizar, não pelo valor do tempo da doação, nem do momento da sentença, porém por um termo médio. Na hipótese de o bem objeto da doação ter sido alienado a terceiro antes da citação, não pode o doador

---

49 Planiol, Ripert *et* Boulanger, nº 3.627.

reivindicar o bem, cabendo-lhe apenas indenização por perdas e danos do donatário (Código Civil, art. 563). O objetivo aqui é proteger o terceiro de boa-fé.

Feita a doação a mais de um donatário, revoga-se por ingratidão de qualquer parte a ele referente, salvo se for a coisa indivisível, porque neste caso somente é revogável por ingratidão de todos.[50]

Não se revogam por ingratidão as dádivas feitas por ocasião de algum serviço etc.,[51] por não constituírem doações (v. n° 231, *supra*).

Não são suscetíveis também de revogação por ingratidão aquelas doações que não são liberalidade pura. Excluem-se portanto (Código Civil, art. 564): as remuneratórias, porque pressupõem a recompensa de um serviço recebido pelo doador; as modais, porque a imposição de encargo ao donatário sujeita-o a uma obrigação cujo descumprimento traz a revogação como consequência, e, se o cumpre, quita-se com o doador. Não são suscetíveis, também, de revogação por ingratidão as doações realizadas em cumprimento de *obrigação natural* (Clóvis Beviláqua), no que procede com inexatidão técnica, pois que a obrigação natural tem sentido próprio específico, conforme foi devidamente exposto no n° 129 *supra* (vol. II).

Finalmente, não é revogável por ingratidão a doação *propter nuptias*, que se equipara à modal, por vir animada do objetivo de auxiliar os nubentes nos encargos oriundos da constituição da sociedade conjugal.

Mas em nenhum caso é lícito *renunciar*, por antecipação, à faculdade de revogar a doação por ingratidão do donatário, porque se trata de direito instituído com caráter de ordem pública. O doador tem a liberdade de não usar dele. Mas não tem a de abrir mão de fazê-lo, por antecipação (Código Civil, art. 556).

---

50 Pernburg, *Pandette, Diritto delle Obbligazione,* § 209, n° 3; M. I. Carvalho de Mendonça, *Contratos*, n° 14.

51 Espínola, *Contratos Nominados,* n° 100.

Capítulo XLVIII
Locação de Coisas

Sumário

236. Generalidades acerca da locação de coisas. **237.** Elementos: coisa, preço, consentimento, prazo, forma. **238.** Obrigações gerais do locador. **239.** Obrigações do locatário. **240.** Prédios rústicos. **241.** Prédios urbanos. Legislação de inquilinato. Renovação do arrendamento comercial. **241-A.** Estabilização dos alugueres. **241-B.** Fixação do locatário no imóvel. **241-C.** Relações entre o locador e o locatário. **241-D.** Devolução do imóvel pelo locatário. **241-E.** Despejo. **241-F.** Garantias na locação urbana.

Bibliografia

Colin *et* Capitant, *Cours de Droit Civil*, vol. II, nᵒˢ 635 e segs., Aubry *et* Rau, *Droit Civil Français*, vol. V, §§ 361 e segs., Planiol, Ripert *et* Boulanger, *Traité Élémentaire*, nᵒˢ 2.620 e segs.; M. I. Carvalho de Mendonça, *Contratos no Direito Civil Brasileiro*, ed. atualizada por José de Aguiar Dias, vol. II, nᵒˢ 167 e segs.; Mazeaud *et* Mazeaud, *Leçons de Droit Civil*, vol. III, nᵒˢ 1.047 e segs.; Trabucchi, *Istituzioni di Diritto Civile*, nᵒˢ 331 e segs.; Ruggiero e Maroi, *Istituzioni di Diritto Privado*, vol. II, § 144; Hector J. Cerruti Aicardi, *Contratos Civiles*, nᵒˢ 153 e segs.; Eduardo Espínola, *Dos Contratos Nominados no Direito Civil Brasileiro*, nᵒˢ 107 e segs.; Cunha Gonçalves, *Dos Contratos em Especial,* nᵒˢ 182 e segs.; De Page, *Traité*, vol. IV, nᵒˢ 478 e segs.; Enneccerus, Kipp *y* Wolf, *Tratado, Derecho de Obligaciones*, vol. II, §§ 126 e segs.; Karl Larenz, *Derecho de Obligaciones*, vol. II, §§ 44 e segs.; Serpa Lopes, *Curso,* vol. IV, nᵒˢ 310 e segs.; Agostinho Alvim, *Comentário à Lei do Inquilinato*; Eduardo Espínola Filho, *A Locação Residencial e Comercial*; Washington de Barros Monteiro, *Curso, Direito de Obrigações*, vol. II, págs. 154 e segs.; Hector Lafaille, *Contratos Bilaterales*, vol. II, nᵒˢ 261 e segs.; Luís de Andrade e Marques

Filho, *Locação Predial Urbana*; Alfredo Buzaid, *Da Ação Renovatória*; Etienne Brasil, *Inquilinato Comercial*; Albert Cohen, *Traité Théorique et Pratique des Fonds de Commerce*.

236. Generalidades acerca da locação de coisas

Neste capítulo, teremos em vista a locação de coisas, e em particular a de imóveis. É bem certo que a tradição romana legou-nos uma divisão *tríplice*: *locatio-conductio rerum*, que compreendia o aluguel de coisas móveis e imóveis; *locatio-conductio operarum*, que era a de serviços; e *locatio-conductio operis* a de obra ou empreitada. Este critério de classificação, que ainda sobrevive, vem sendo fundamente atingido desde que Marcel Planiol propôs distinguir os contratos cujo objeto é uma *coisa* daqueles em que se visa a um trabalho ou a um *direito*.[1] Atentando para a locação, sente-se que é muito maior a aproximação entre a locação de coisa e a venda, o comodato, o depósito, por um lado; entre a locação de serviços e o mandato, por outro, de que entre a clássica *locatio rerum* e a *locatio operarum*.[2] Alguns códigos (polonês das Obrigações, chinês, italiano de 1942) tendem a abolir a técnica tradicional, e a abraçar a aproximação racional. O *BGB* a seu turno, faz uma separação entre arrendamento de uso (*Miete*) e o de desfrute (*Pacht*), que a doutrina distingue,[3] mas que não encontra acolhida em outros direitos, como o nosso, por falta de supedâneo legal. Não faltaria, porém, aplicação prática à segunda espécie (arrendamento de desfrute), tendo por objeto coisas ou direitos que produzem frutos e rendimentos.

Adotando a orientação moderna, por ser a mais racional, não seguimos nesta parte a topografia do Código Civil. Estudamos no presente capítulo a *locatio rerum*; no seguinte Capítulo XIX, cuidaremos da *empreitada*; e cogitaremos da prestação de serviços, com as reservas naturais para um contrato que deixou escapar quase todo o seu conteúdo para o Direito do Trabalho, no Capítulo LII, na mesma zona em que residem outras que têm em mira a prestação de atividade (mandato, sociedade etc.).

Acentuando a limitação às coisas, podemos definir: *locação é o contrato pelo qual uma pessoa se obriga a ceder temporariamente o uso e o gozo de uma coisa não fungível, mediante certa remuneração.*

As partes denominam-se *locador*, ou *senhorio*, ou *arrendador;* e *locatário*, ou *inquilino*, ou *arrendatário*. O preço diz-se também *aluguel* ou *aluguer*, ou *renda*.

Na sua caracterização jurídica, diz-se que a locação é um contrato *pessoal, bilateral, oneroso, consensual e de execução sucessiva*. É um contrato pessoal, no sentido de que gera um direito de crédito. Mesmo quando, por força de convenção ou de lei, ocorre o dever de respeitá-la o terceiro adquirente, não chega a constituir um ônus real (Mazeaud *et* Mazeaud, Planiol, Ripert *et* Boulanger, Aubry *et* Rau, Baudry-Lancantinerie *et* Wahl). Mas não chega a ser *personalíssimo*, porque não se constitui *intuitu personae*; ao contrário, a sua transmissibilidade a terceiros, por ato

---

1 Marcel Planiol, *Traité Élémentaire de Droit Civil*, vol. II, nº 1.352-*bis*.
2 De Page, *Traité Élémentaire*, vol. IV, § 480; Espínola, *Dos Contratos Nominados*, nº 107, nota 6.
3 Larenz, *Derecho de Obligaciones*, vol. II, § 44; Enneccerus, Kipp *y* Wolff, *Tratado, Derecho de Obligaciones*, vol. II, § 126.

entre vivos ou *mortis causa*, é prevista e regulada em lei. É um contrato *bilateral*, porque gera obrigações para ambas as partes. *Oneroso*, proporciona vantagens e benefícios para os contratantes, ambos os quais têm direito à respectiva prestação. Diz-se *consensual* porque se forma pelo só acordo de vontades; a tradição da coisa diz respeito à sua fase executiva; e a forma não lhe é essencial. De *execução sucessiva*, porque renasce continuamente, não se extinguindo com o pagamento que tem apenas o efeito de solver o débito relativo a cada período.

De trato constante, a locação aproxima-se e distingue-se de outras figuras negociais:

A – *Compra e venda*. Na sua origem, chegaram a confundir-se, como ainda se vê em Pothier, que fala na venda do uso e do gozo.[4] A distinção essencial está em que importa na cessão da utilização, enquanto a compra e venda contém a obrigação de transferir a propriedade (Código Civil, art. 481); a compra e venda é o ato causal da tradição e da inscrição como fenômeno translatício do domínio (v. nº 217, *supra*), ao passo que a locação, por mais que se prolongue, nunca atingirá este resultado; na compra e venda a pecuniariedade do preço é essencial, ao contrário da locação.[5] Às vezes é difícil, na prática, caracterizar o contrato (e. g.: alguém entrega a outrem um pomar por certo tempo, e certo preço, com direito a colher os frutos; é o aluguel do pomar ou compra e venda de frutos?). Quando isto ocorrer, o intérprete atenderá às circunstâncias de cada caso, partindo do pressuposto fundamental de que, na locação, a característica conceitual está na temporariedade do uso, e na restituição integral da coisa. O *nomen iuris* do contrato não é decisivo. É preciso, principalmente, examinar a extensão dos direitos conferidos ao credor[6] e a natureza dos efeitos do contrato, que será de compra e venda se traduzir ato de disposição.

B – *Depósito*. O depósito pode eventualmente implicar a cessão de uso. O caráter distintivo estará na permanência da relação contratual; se o pagamento vigora ainda na ausência temporária de utilização, será locação; se existir na dependência dela (e. g.: pagamento somente enquanto o objeto estiver ocupando o espaço usado), será depósito; locação é contrato consensual, e depósito é contrato real; na locação, a remuneração pela cessão do uso é prestação essencial, ao passo que no depósito pode fazer-se gratuitamente. Um caso típico é o do banco que cede ao cliente um compartimento numerado e individuado, em sua caixa-forte, para custódia de valores. Há interesse prático em distinguir se é depósito ou locação, para aplicação da teoria dos riscos, penhora do conteúdo como de bens em poder do executado ou em mãos de terceiros etc. Atentando na continuidade da relação contratual, manutenção do compartimento à disposição do cliente, e obrigação de pagar o preço independentemente da efetiva ocupação, tem sido sustentado tratar-se de locação e não de depósito.[7] E assim se conceitua entre nós.

---

4   Pothier, *Oeuvres,* vol. IV, nº 4.
5   Aubry *et* Rau, *Droit Civil*, vol. V, § 363.
6   Colin *et* Capitant, *Cours*, vol. II, § 667.
7   Colin *et* Capitant, loc. cit.

C – *Empréstimo*. Em ambos os contratos, locação e empréstimo, há utilização de coisa alheia. No empréstimo de uso ou comodato (v. nº 245, *infra*), a aproximação é maior, em razão da não fungibilidade da coisa, e obrigação de restituir sem diminuição da substância. A linha de diferenciação é, no entanto, precisa: no comodato é essencial a gratuidade; na locação, a remuneração. Do empréstimo de consumo ou *mútuo* a separação é mais viva, porque, ao contrário da locação, o mútuo envolve a transferência de propriedade, sendo objeto dela uma coisa não fungível, e do outro fungível.

D – *Enfiteuse*. É mais íntima a sua proximidade: cessão remunerada de uso. São, entretanto, inconfundíveis:[8] a enfiteuse gera direito real, a locação cria direito pessoal; a enfiteuse é perpétua, a locação temporária; a enfiteuse admite o resgate, que consolida no foreiro a plena propriedade, e a locação jamais pode converter-se em domínio; a enfiteuse o desmembra, ficando o domínio útil com o enfiteuta e a nua-propriedade com o senhorio, ao passo que na locação não há decomposição do domínio. Ressalte-se que o Código Civil de 2002 proíbe a constituição de novas enfiteuses e subenfiteuses após a sua vigência, subordinando-se aquelas anteriores, até sua extinção, às disposições do Código Civil anterior e a leis posteriores (art. 2.038).

Evolução histórica. O Direito Romano confundiu, a princípio, locação e compra e venda, e empregou mesmo os vocábulos *locare e vendere* como sinônimos. Mas ao tempo das XII Tábuas já se referiam os monumentos à locação de animais de tiro, e cedo abrangeram os escravos.[9] Somente no século II antes de nossa era apareceram os contratos de locação de terras da República e só a partir de então foi aceita tranquilamente a ideia de que as coisas podiam ser dadas em locação.[10] Na terminologia romana, o contrato sempre foi designado no seu duplo aspecto, do locador que cede e do locatário que recebe a cessão de uso, e chamou-se *locatio-conductio*, que desapareceu com o tempo, ao contrário da *emptio venditio*, que se conservou como *compra e venda*.

O antigo direito português não caracterizou exatamente a locação que era, com o comodato, abrangida no gênero *empréstimo*.[11] Foi após a recepção do Direito Romano que se definiu com justeza. Mas, ainda assim, não encontrou regime legal perfeito, tanto nas Ordenações quanto na legislação posterior.

O nosso Código Comercial de 1850 regulamentou este contrato (arts. 226 e segs.), oferecia, contudo, uma definição da locação mercantil em termos que não se aplicavam exclusivamente ao contrato comercial.[12]

O Código Civil de 1916, arts. 1.188 e segs., formulou-lhe a disciplina sistemática.

---

8 Serpa Lopes, *Curso*, vol. IV, nº 318.

9 Dernburg, *Pandette*, vol. IV, § 110.

10 Maynz, *Cours de Droit Romain*, vol. I, § 81.

11 M. I. Carvalho de Mendonça, *Contratos*, vol. II, nº 174; Melo Freire, *Istitutiones Juris Civilis Lusitani*, liv. IV, tít. III, § 19.

12 Os artigos 1º a 456 (Parte Primeira) foram revogados pela Lei nº 10.406, de 10.01.2002 (Código Civil de 2002).

Cedo, porém, a crise de habitação, provocada na I Guerra Mundial, reclamou providências legislativas, inaugurando-se o regime especial do inquilinato (com o Decreto Legislativo nº 4.403, de 2 de dezembro de 1921), o qual perdurou até o ano de 1928, quando o Decreto nº 5.617 o aboliu, e restaurou o sistema do Código Civil. Pouco a pouco restrições foram aparecendo ao princípio da liberdade de contratar, e instituindo o dirigismo estatal franco.

Com o propósito de proteger o fundo de comércio, baixou-se o Decreto nº 24.150, de 20 de abril de 1934, impondo em determinadas circunstâncias (v. nº 241, *infra*) a renovação compulsória do aluguel comercial. Nova crise surgiu em consequência da II Guerra Mundial, e, com o Decreto-Lei nº 4.598, de 20 de agosto de 1942, inaugurou-se novo regime de inquilinato, estabelecido com caráter emergencial, mas sempre prorrogado, criando desta sorte um novo regime, que perdurou por tempo longo bastante para permitir fosse considerado como normal e não transitório, vigorando hoje a Lei nº 8.245, de 18.10.1991, relativamente a prédios urbanos, residenciais e não residenciais. O Código Civil de 2002 regulou somente a locação de coisas que não sejam imóveis regulados pela Lei do Inquilinato, Lei nº 8.245/91 (art. 2.036 do Código), ou pelo Estatuto da Terra (Lei nº 4.504/64), que, portanto, não foram por ele revogados.

Por menos observador que seja dos fenômenos sociais, o jurista não pode deixar de atentar em circunstâncias que não são peculiares a este ou àquele país, mas são universais. O desajuste entre o proprietário e o locatário é constante e geral. Não se trata de mero aspecto de uma crise regional. Pode-se dizer que é um estágio na evolução do contrato de aluguel, que, neste momento, vive sob a inspiração de princípios específicos. Dentro do regime político-jurídico capitalista, o legislador subtraiu a locação da órbita da livre concorrência, e cercou-a de preceitos de ordem pública, procurando restabelecer um equilíbrio já rompido pelas forças econômicas. Neste regime, o complexo jurídico favorável ao locatário, originariamente de cunho contratual, tende a afirmar-se como direito positivo,[13] e o prognóstico é reconhecer ao locatário uma situação jurídica oponível ao proprietário de modo duradouro.

Estas ponderações levam-nos a cogitar do contrato de locação tendo em vista os princípios atualmente em vigor, que compõem este instituto na sua atualidade social, não deixando de salientar que, não obstante as restrições à liberdade das partes, a locação conserva a sua categoria geradora de direitos de crédito e não de direitos reais.[14]

237. Elementos: coisa, preço, consentimento, prazo, forma

Aquela proximidade histórica da locação e da compra e venda reflete-se na determinação dos seus elementos, que os civilistas apontam nos termos mesmos em

---

13 Planiol, Ripert *et* Boulanger, *Traité Élémentaire*, vol. II, nº 2.625.
14 Mazeaud *et* Mazeaud, *Leçons*, vol. III, nº 1.072.

que já definem os do outro: *coisa, preço e consentimento*. A eles, acrescentamos, para efeito de uma análise mais rigorosa desta espécie contratual, o *prazo* e a *forma*, não que os consideremos essenciais, mas em razão da necessidade de uma exposição a respeito, e ser este o lugar mais apropriado.

Coisa. Qualquer coisa não fungível pode ser objeto de locação: corpórea ou incorpórea, móvel ou imóvel, inteira ou fracionada.[15]

Não se dispensa, todavia, a liceidade do objeto. Há uma certa tolerância instituída pelos usos, com referência à destinação da coisa locada. Especialmente no aluguel de prédios, é comum a utilização destes em finalidade ilícita (casas de tavolagem, bordéis, casa para encontros de casais). A concessão não chega a ponto de legitimar o seu emprego, pois se é certo que a utilização ilícita não é combatida, a declaração dela no instrumento implicaria a insubsistência jurídica do negócio.[16] Em contraposição, a inserção de cláusula moralizadora no contrato é plenamente respeitada, constituindo infração punível o fato de contrariá-la o locatário.

Pela própria definição, o objeto da locação tem de recair em coisa *não fungível*. É da natureza do contrato que a coisa locada seja restituída ao locador sem diminuição de sua substância. Daí dois corolários: O primeiro é que não podem ser objeto de locação coisas que se consomem ao primeiro uso, como dinheiro ou mercadoria, a não ser que se considerem contratualmente não fungíveis, como se dá com as coisas que são por natureza fungíveis e consumíveis, mas que o locatário se obriga a conservar e devolver, depois de cumprida uma finalidade de exclusiva exibição – *ad pompam vel ostentationem*.[17] O segundo é que, ao revés, pode ser objeto de locação a coisa, quando a sua utilização pelo locatário importa em consumo de alguma parte ou de algum acessório, como no caso do aluguel de prédio rústico com cláusula permissiva de abate de árvores para conservação ou benfeitorias no próprio imóvel.

Não é indispensável à locação que seja alienável a coisa. Os bens públicos, como ainda aqueles gravados de cláusula especial que os põe fora de comércio, podem não obstante ser dados em aluguel.[18]

Também podem ser arrendados os bens incorpóreos ou direitos, como as servidões prediais juntamente com o prédio dominante, ou o usufruto.[19]

Importando o contrato em cessão de utilização, não há mister seja o locador proprietário, bastando que tenha o uso da coisa, e não seja proibido de transferi-la. Assim é que o credor anticrético pode alugar a coisa recebida em garantia (Código Civil, art. 1.507, § 2º), e o próprio locatário, desde que seja autorizado, pela lei ou pela convenção, tem a mesma faculdade. Não terá validade, porém, a locação de coisa alheia, por faltar ao pretenso locador a titularidade do uso e, portanto, a liberdade

---

15 Aubry *et* Rau, *Droit Civil*, vol. V, § 368; Clóvis Beviláqua, Comentário ao art. 1.188 do Código de 1916; Ruggiero e Maroi, *Istituzioni*, vol. II, § 134; Cunha Gonçalves, *Dos Contratos em Especial*, nº 185; Cerruti Aicardi, *Contratos Civiles*, nº 175.

16 M. I. Carvalho de Mendonça, *Contratos*, vol. II, nº 171.

17 Tradução: "Para pompa e exibição".

18 M. I. Carvalho de Mendonça, *Contratos*, vol. II, nº 171.

19 Van Wetter, loc. cit.

de cedê-lo. Mas, sem embargo de abalizada opinião em contrário,[20] entendemos que a ratificação do proprietário convalesce o contrato, por nos parecer que a locação de coisa alheia se assemelha à *gestão de negócios*, valendo a confirmação do dono como consentimento hábil à sua aprovação (Código Civil, art. 873).

Questão é, também, se o proprietário pode receber coisa sua em locação; e a resposta é negativa, salvo se o uso da coisa, por força do contrato ou em virtude de lei, pertencer validamente a outrem.[21]

Preço. O segundo elemento essencial à locação é o *preço*, fator que a distingue do comodato. É a remuneração que o locatário paga pelo uso da coisa, ou a contraprestação a que se obriga. Seus caracteres jurídicos são alguns daqueles que os romanos consideravam integrantes deste elemento na compra e venda. Assim é que deve ser *sério*. Se for irrisório ou fictício, não há locação propriamente dita, porém empréstimo gratuito, dissimulação, ou, conforme o caso, um contrato oneroso misto de liberalidade.[22] Deve ser *certo*, porque constitui uma prestação correlata à obrigação de ceder o uso, e é remuneração deste. Sua determinação ou fixação far-se-á pelas próprias partes ou por estimativa de um terceiro. Nunca, porém, ao arbítrio exclusivo de um dos contratantes, pois que a sua potestatividade anularia o negócio.[23] Diante da enorme oscilação de valores, consequente à inflação constante, tem-se procurado estabilizá-lo ligando-o a um *índice*, como o do custo de vida, ou prendê-lo a um padrão estável.[24] Em nosso direito tal providência somente terá validade se não contrariar disposição de ordem pública. Assim é que, para as locações sujeitas ao regime especial de inquilinato, a vinculação do aluguel a um índice será válida se não contrariar o critério legal de correção da moeda (Lei nº 8.245/91, parágrafo único do art. 17). Por outro lado, nula será a cláusula que estabeleça o preço em ouro ou em moeda estrangeira, se implicar recusa ao poder liberatório do papel-moeda pelo seu valor legal (Decreto-Lei nº 857, de 11 de setembro de 1969; Código Civil, art. 318, Lei nº 8.245/91, art. 17,[25] Lei nº 10.192/2001, art. 1º).

De regra, paga-se aluguel em *dinheiro*. A sua pecuniariedade não é, porém, essencial. Pode ser validamente estipulado em frutos da coisa, ou em construções ou benfeitorias feitas pelo locatário.[26] O direito Romano admitia, também, que o preço da locação consistisse em uma qualidade certa de frutos, ou uma cota-parte de produtos da coisa, caso em que o locatário se apelidava de *partiarius*.[27] Esta estipulação é, pois, lícita, e deve ser precisa, para que se não desfigure o contrato, com a feição

---

20 M. I. Carvalho de Mendonça, loc. cit.
21 Arndts, *Pandette*, § 310.
22 Carvalho de Mendonça, ob. cit., nº 172.
23 Baudry-Lacantinerie *et* Wahl, *Trattato, Locazione*, vol. I, nº 833; Carvalho de Mendonça, loc. cit.
24 Aubry *et* Rau, *Droit Civil*, vol. V, § 364.
25 V., a respeito do preço vinculado a um padrão, o que dissemos sobre as prestações pecuniárias no nº 148, vol. II.
26 Clóvis Beviláqua, *Comentários*, ao art. 1.192 do Código de 1916; M. I. Carvalho de Mendonça, *Contratos*, vol. II, nº 172.
27 Maynz, *Droit Romain*, vol. II, pág. 215; Van Wetter, ob. cit., § 416.

de sociedade ou parceria. Pode ainda o preço ser *misto*, como se dá quando o locatário recebe um terreno e nele levanta a suas expensas um edifício que ao mesmo se incorpora, obrigando-se a deixá-lo para o locador sem o direito a qualquer indenização, e ainda lhe paga, na vigência do contrato, uma parcela em dinheiro.

O preço é devido ao locador, por todo o tempo que a coisa estiver à disposição do locatário, independentemente da circunstância de usá-la efetivamente.[28]

A oportunidade do pagamento, em princípio, é deixada ao arbítrio dos contratantes, que estabelecem a renda por mês, por trimestre, por semestre, por ano. Na falta de estipulação, vigoram os costumes do lugar. Mas a legislação especial proíbe, para a locação urbana, a antecipação do aluguel, salvo as hipóteses de locação por temporada e ausência de garantia por parte do locatário (Lei nº 8.245/91, art. 20).[29]

Em princípio, a dívida do aluguel é *quesível* (*quérable*), devendo o locador reclamá-la no domicílio do locatário;[30] nada impede que seja contratada expressamente a natureza *portável* (*dette portable*), caso em que o locatário tem de oferecer a *solutio* no domicílio do senhorio (v. sobre o caráter *quesível* ou *portável* da dívida o nº 155, *supra*, vol. II). Na locação de imóveis urbanos o pagamento, na falta de ajuste especial, se faz no imóvel locado (Lei nº 8.245/91, art. 23, I).

A cargo do locatário estão as despesas com o pagamento,[31] como era o selo do recibo, ou encargos de remessa etc. (Código Civil, art. 325), salvo aquelas inutilmente criadas pelo locador,[32] bem como as acrescidas em razão da mudança de domicílio deste ou dispersão de seus herdeiros.

A sanção contra a falta de pagamento será a sua cobrança por via executiva (Código de Processo Civil de 2015, art. 784, nº VIII)[33] ou a resolução do contrato,

---

28 Enneccerus Kipp *y* Wolff, *Tratado*, *Derecho de Obrigaciones*, vol. II, § 127; M. I. Carvalho de Mendonça, *Contratos*, vol. II, nº 179.

29 A respeito das locações por temporada, muito se tem debatido na jurisprudência sobre a natureza jurídica dos contratos celebrados por meio de plataformas de aplicativos que disponibilizam imóveis para uso por tempo determinado. Como exemplo, pode-se indicar o caso do Airbnb. De acordo com voto do Ministro Raul Araújo no acórdão referente ao julgamento do Recurso Especial 1.819.075/RS, esse tipo de contrato configura-se como "contrato atípico de hospedagem, expressando uma nova modalidade, singela e inovadora, de hospedagem de pessoas sem vínculo entre si, em ambientes físicos de padrão residencial e de precário fracionamento para utilização privativa, de limitado conforto, exercida sem inerente profissionalismo por proprietário ou possuidor do imóvel, sendo a atividade comumente anunciada e contratada por meio de plataformas digitais variadas". O julgamento se referia à possibilidade da convenção de condomínio, prevendo a destinação residencial das unidades, de proibir os proprietários de alugarem seus imóveis por meio de plataformas digitais como o Airbnb (REsp 1.819.075/RS, Rel. Min. Luis Felipe Salomão, Rel. p/ acórdão Min. Raul Araújo, Quarta Turma, j. 20.04.2021, *DJe* 27.05.2021).

30 Mazeaud *et* Mazeaud, vol. III, nº 1.122; Cunha Gonçalves, *Dos Contratos em Especial*, nº 210; De Page, *Traité*, nº 649.

31 Mazeaud *et* Mazeaud, loc. cit.

32 De Page, nº 650.

33 Correspondente ao art. 585, nº V, do Código de Processo Civil de 1973.

tanto no direito comum quanto no regime especial do inquilinato, em que se efetiva através do despejo (Lei nº 8.245/1991, art. 59, § 1º, IX).[34]

Consenso. O consentimento é o elemento anímico da locação, gerador do vínculo jurídico. Como em qualquer contrato, subordina-se à capacidade das partes, e pode ser viciada dos mesmos defeitos que atingem todo negócio jurídico. Não há mister, porém, capacidade de disposição, porque a locação transfere tão somente o uso da coisa, e, assim, mesmo aqueles que não têm aptidão para alienar podem alugar, como ato de mera administração. A simples posse jurídica habilita, como a do usufrutuário, do credor anticrético, do enfiteuta, do locatário. É válido o aluguel ajustado pelo representante (Código Civil, arts. 115 e segs.), seja este convencional (mandatário), seja legal (pai, tutor, curador), seja judicial (inventariante, síndico, liquidante), e *produz* todos os seus regulares efeitos.[35] *O condômino* não pode dar em locação uma parte da coisa locada, sem o consentimento dos consortes, por faltar-lhe a liberdade de dar posse a estranho, na coisa comum.[36] Mas o proprietário de apartamento, em edifício submetido ao regime de propriedade horizontal, não sofre restrição, uma vez que aí vigora o princípio da liberdade de utilização e até de disposição, sendo o condomínio sobre as partes de uso comum apenas o meio técnico de exercício dos direitos sobre a unidade autônoma.[37]

A capacidade necessária ao contrato de locação é contemporânea a este. Se, na sua pendência, sobrevier alteração, subsistirá o ato. Motivos supervenientes não atingem, portanto, a sua validade.

Prazo. Pela própria definição, a locação é um contrato *temporário*, o que é incompatível com a estipulação de sua perpetuidade.[38]

Em nosso direito não há limite máximo para sua duração. Antes do Código Civil de 1916, estabelecia a Ordenação que o aluguel ajustado por mais de 10 anos tinha caráter de direito real, tal qual no Direito Romano. Outros Códigos marcam a duração máxima: 10 anos no mexicano, 30 no italiano. Não se pode, porém, admitir para o arrendamento um prazo tão extenso que venha a burlar a sua temporariedade conceitual.

A Lei nº 8.245, de 18.10.1991, em seu art. 3º, exige, entretanto, vênia conjugal se for estipulada por mais de dez anos.

---

34 De acordo com o art. 9º, da Lei 14.010/2020, que instituiu o Regime Jurídico Especial e Transitório, "não se concederá liminar para desocupação de imóvel urbano nas ações de despejo, a que se refere o art. 59, § 1º, incisos I, II, V, VII, VIII e IX, da Lei nº 8.245, de 18 de outubro de 1991, até 30 de outubro de 2020". Tal norma, de aplicação restrita no tempo e em determinadas hipóteses, permitiu a tutela do direito de moradia do locatário durante o período de pandemia da Covid-19, relativamente à ação de despejo, impedindo a concessão de decisão liminar para desocupação do imóvel.

35 M. I. Carvalho de Mendonça, *Contratos*, vol. II, nº 173.

36 De Page, ob. cit., nº 510.

37 Caio Mário da Silva Pereira, *Propriedade Horizontal*, nº 65; Caio Mário da Silva Pereira, *Condomínio e Incorporações*, nº 86.

38 Ruggiero e Maroi, *Istituzione*, vol. II, § 144.

Têm as partes a liberdade de ajustá-lo por tempo certo ou indeterminado. No primeiro caso, na locação de coisas regida pelo Código Civil, tem de respeitá-lo o locador, sob pena de ressarcir ao locatário perdas e danos (Código Civil, art. 571, parágrafo único), cabendo-lhe direito de retenção até que efetivamente receba a indenização; nas locações regidas pela legislação especial não pode interromper o contrato senão nos casos previstos, de rescisão ou retomada (Lei nº 8.245/91, art. 4º, nº 241, *infra*). O locatário, a seu turno, tanto na locação do Código Civil, como na da Lei Especial é obrigado a cumprir o tempo ajustado, mas pode devolver a coisa locada pagando ao locador, proporcionalmente, a multa prevista no contrato (Código Civil, art. 571; Lei nº 8.245/91, art. 4º). Se o contrato não tiver previsão de multa, o juiz irá arbitrar o valor das perdas e danos no caso concreto.

No aluguel a prazo indeterminado, qualquer das partes pode fazê-la cessar a todo tempo (Lei nº 8.245/91, art. 6º), salvo, porém, o que se dispõe na legislação de emergência.

Forma. Como contrato consensual, o de arrendamento não está adstrito à forma. Vale por instrumento público ou particular, independentemente de seu valor. Não nos distanciamos neste passo do Direito Romano que o inscrevia entre as quatro modalidades de contratos que se formavam *solo consensu* (nº 185, *supra*), e assentava a sua perfeição no acordo quanto à coisa e ao preço.[39]

Pode, mesmo, ser dispensado o escrito, e ajustado o contrato verbalmente. Desloca-se a questão apenas para a prova, que obedece aos princípios comuns a esta. Se o contrato já teve começo de execução, com a utilização da coisa pelo locatário, constitui ela a prova de sua existência.[40] Se ainda não houve esta circunstância, e a relação contratual é objeto de controvérsia, a regra geral é que as obrigações superiores à taxa legal não admitem prova exclusivamente testemunhal, mas exigem ao menos um começo escrito (v. nº 104, *supra*, I). Na sua estimativa temos de valer-nos do critério legal existente, que é o do Código de Processo Civil de 2015, art. 292 (correspondente ao art. 259, do Código de Processo Civil de 1973) segundo o qual algumas ações têm valor predeterminado; o levantamento fiscal, à sua vez, será um critério auxiliar útil, na falta de outro elemento convencional direto. Não ficamos, portanto, tão radicais como o direito francês, que recusa a prova testemunhal peremptoriamente,[41] mas praticamente alcançamos resultado mais útil.

Se o litígio tem por objeto, não a existência do negócio, porém as suas condições internas, a prova dependerá do jogo das circunstâncias. Obrigações e direitos demonstram-se por todos os meios, inclusive indícios e presunções.[42]

---

39 Maynz, vol. II, § 215; Arndts, *Pandette*, vol. II, § 309; Van Wetter, *Pandectes*, vol. IV, § 416.
40 Mazeaud *et* Mazeaud, *Leçons*, vol. III, nº 1.104.
41 Colin *et* Capitant, *Cours*, vol. II, § 649.
42 Aubry *et* Rau, *Droit Civil*, vol. V, § 364.

238. Obrigações gerais do locador

A locação tem uma finalidade, um objetivo conceitual, que é proporcionar ao locatário a utilização da coisa. Daí o dever fundamental do locador de assegurar ao locatário seu uso pacífico, e responder pela sua aptidão para ser utilizada. Já o Direito Romano impunha-lhe este dever, sob pena de responder pelas consequências.[43]

Diversamente da compra e venda, em que a mesma obrigação existe, mas *instantânea* e limitada até o momento da *traditio*, o caráter sucessivo do arrendamento traduz-se na continuidade daquela prestação.[44] Desdobra-se, portanto, a obrigação fundamental do locador, de molde a cobrir três aspectos de utilização pelo locatário: *entrega, manutenção e garantia*.

Entrega da coisa. Cumpre ao locador entregar a coisa alugada, com suas pertenças, em estado de servir ao uso a que se destina (Código Civil, art. 566, I; Lei nº 8.245/91, art. 22, I). Pode o contrato minudenciar o estado da coisa, e, vigorando a liberdade de convenção, não é o senhorio obrigado a mais do que se contém expresso na avença, mesmo que a coisa tenha sido alugada em ruínas, pois se neste estado expressamente a tomou o locatário, não se compelirá o arrendador a alterá-lo.[45] Tendo, porém, em vista a finalidade natural, que é a utilização imediata da coisa, presume-se o dever de entregá-la prestadia, e na data ajustada, ou antes, a fim de que ela já esteja à disposição do locatário no dia designado como termo inicial do contrato. Na falta de ajuste, faz-se apelo às circunstâncias que envolvem a espécie. Assim, aquele que alugar cômodo destinado a mostruário em certo dia, ou a venda de artigos relativos a determinada solenidade ou de local de onde se pode assistir a certa festividade, tem o dever de entregar a coisa em tempo útil, por força da circunstância especial do próprio evento.

Os acessórios da coisa deverão ser com ela entregues. Assim é que o aluguel de uma casa faz presumir o de todos os seus cômodos, inclusive os que não compõem o seu corpo (garagem, dependências etc.), a não ser que se excluam expressamente. Na mesma categoria de acessórios, e como tais sujeitos a serem entregues ao locatário, inscrevem-se os direitos que acompanham a coisa, como as servidões ativas.[46]

São pertenças *ex contractu*, as alfaias, móveis, utensílios que não acompanham por natureza o imóvel locado, mas que pela convenção a ela aderem (Código Civil, art. 94).

Nos edifícios coletivos, compostos de unidades autônomas residenciais ou profissionais, consideram-se acessórios os serviços e utilidades ligadas à finalidade da coisa, como os de água, elevadores, portaria, cremação ou remoção de lixo etc. Pela manutenção de tais serviços o locador pode pedir uma compensação pecuniária, desde que cobrada juntamente com o aluguel. No direito francês, o locador é obrigado

---

43   Van Wetter, *Pandectes*, vol. IV, § 417.
44   Planiol, Ripert *et* Boulanger, *Traité Élémentaire*, vol. II, nº 2.695.
45   M. I. Carvalho de Mendonça, *Contratos*, nº 178.
46   M. I. Carvalho de Mendonça, loc. cit.

à prestação desses acessórios e, durante a Guerra, quando os proprietários não os puderam manter, os Tribunais autorizaram a redução dos alugueres.[47]

Manutenção da coisa em estado de servir. A obrigação do locador não é completa com a entrega da coisa, porque deve ele mantê-la nesse estado, pelo tempo do contrato, salvo cláusula expressa em contrário (Código Civil, art. 566, I; Lei nº 8.245/91, art. 22, II e III). Trata-se de obrigação continuada, consequente ao caráter *sucessivo* dos efeitos da locação e, obviamente, enquanto esta subsistir, aquele dever tem de ser cumprido, sob pena de incidir o locador nas sanções que variam desde a resolução do contrato até o ressarcimento dos danos causados.

Fundados na aplicação da *exceptio non adimpleti contractus*,[48] alguns autores franceses sustentam que o locatário tem o direito de retenção dos alugueres, não como compensação da obrigação ilíquida do locador, mas como consectário da correlação das obrigações das partes: de um lado, a que tem o locatário de pagar o preço; de outro, a que incumbe ao locador de assegurar a posse útil da coisa; a jurisprudência não tem, contudo, aprovado a fórmula.[49] Em nosso direito não tem cabimento a retenção do aluguel sob este fundamento, que, na falta de texto expresso, se converte em mero pretexto para que o locatário se esquivasse de cumprir o seu dever de pagar.

A obrigação de manter a coisa em estado de servir envolve, naturalmente, a questão das *reparações* na coisa, durante a locação, em razão das deteriorações e estragos que possa sofrer. Cabe, sem dúvida, ao locador promover as obras necessárias à sua conservação, e restauração do bem locado, mesmo que o dano tenha sido causado pelo fortuito.[50] Mas, se a destruição atinge grandes proporções, não pode o locador ser compelido a reconstruí-la, restando ao locatário a opção pela rescisão do contrato ou abatimento no preço.[51]

Não pode, porém, o locador, a pretexto de reparações, ou sem este pretexto, alterar substancialmente a coisa locada, mudando-lhe a forma ou o destino (Código Civil, art. 570; Lei nº 8.245/91, art. 22, III). Ambos os contratantes estão vinculados, e, se ao locador incumbe o dever de manutenção da coisa, presume-se que tenha de fazê-lo conservando a sua finalidade normal e a sua forma, concomitante à celebração do contrato. Alterá-la é atentar contra o objetivo contratual, e ofender *ipso facto* o próprio contrato. Considera-se mudança de forma qualquer alteração que possa restringir o uso da coisa, como o erguimento de construções, derrubada de árvores, diminuição de espaço, de ar e de luz.[52] Mudança de destino é tudo que importe na aplicação da coisa a fim diverso do que antes fora, como a conversão do prédio residencial em comercial, ou de casa para uso singular em edifício coletivo etc. Um problema que a prática tem levantado é a transformação dos edifícios antes

---

47 Planiol, Ripert *et* Boulanger, ob. cit., vol. II, nº 2.700.

48 "Exceção do contrato não cumprido".

49 Cf., a respeito da retenção dos alugueres: Colin *et* Capitant, *Cours*, vol. II, nº 653; Planiol, Ripert *et* Boulanger, ob. cit., vol. II, nº 2.701.

50 Colin *et* Capitant, loc. cit.

51 Aubry *et* Rau, § 366.

52 Clóvis Beviláqua, Comentário ao art. 1.204 do Código de 1916.

destinados a residências em prédios de utilização profissional, na medida em que se vão desocupando suas unidades: é lícito o procedimento, com o qual os locatários remanescentes têm de conformar-se, desde que o locador não admita novos inquilinos cujo procedimento ou ramo de atividade possa causar incômodo aos vizinhos, e que não traga alteração às unidades ocupadas pelos antigos.[53]

É evidente que a proibição de alterar a forma e o destino da coisa vigora apenas na pendência da locação. Nada impede que se faça depois de ter sido o prédio evacuado.

Correlato do dever de reparar os danos e deteriorações é o direito de efetuar a sua realização. Tem, pois, de tolerá-lo o locatário, admitindo o acesso do locador ao bem. Na hipótese de locação de imóvel urbano, se os reparos durarem mais de dez dias, o locatário tem direito ao abatimento do aluguel, proporcional ao período excedente; se durarem mais de trinta dias, poderá resilir o contrato (Lei nº 8.245/91, art. 26).

Intimamente ligada ao dever de manutenção da coisa em estado de servir é a sua *conservação* que incumbe ao locador, na falta de estipulação em contrário. Na locação de prédio urbano, este dever sobrevive, salvo quanto às chamadas *reparações locativas*, que cabem ao locatário (Lei nº 8.245/91, art. 23, XII), e consistem nas pequenas despesas mesmo não devidas à sua culpa, ou causadas pelo uso regular. Aliás, assim já era no Direito Romano.[54] Definir quais são estas despesas é obra do juiz à vista das circunstâncias. A Lei do Inquilinato (arts. 22 e 23) contém algumas regras específicas no que pertine a essa responsabilidade. A regra geral é a de que cabem ao locatário aqueles gastos com pequenos consertos, retoques, reposições etc. Mas não responde pelas despesas suntuárias nem as de reconstrução.[55] As demais incumbem ao locador, sem embargo de uma tendência hoje observada, no sentido de considerar limitados os encargos com as reparações no prédio locado, atendendo a que a legislação especial restringe muito os direitos do arrendador, e não é justo que, por aluguéis não correspondentes ao valor locativo real, vá sujeitar-se a ônus pesados.[56]

A *sanção* para o dever de reparação na coisa é alternativa a benefício do locatário. De primeiro, faculta-lhe a resolução do contrato com indenização de perdas e danos, sob fundamento do inadimplemento da obrigação legal do locador. Mas nem sempre esta providência satisfaz, e, então, caber-lhe-á o direito de realizar os gastos, e pedir o reembolso ao locador. Ainda neste caso não é lícito ao locatário reter os aluguéis até pagar-se.[57] Se a despesa for daquelas que se classificam como benfeitorias necessárias, ou úteis autorizadas, justifica-se a retenção da coisa ao termo do contrato (Código Civil, art. 578; Lei nº 8.245/91, art. 35). Em caso contrário, restar-lhe-á a faculdade de remoção (*ius tollendi*), condicionada a que não seja atingida a

---

53 Aubry *et* Rau, loc. cit.

54 Van Wetter, § 417.

55 Serpa Lopes, *Curso*, vol. V, nº 333.

56 Mazeaud *et* Mazeaud, ob. cit., nº 1.110.

57 M. I. Carvalho de Mendonça, *Contratos*, vol. II, nº 178; Clóvis Beviláqua, Comentário ao art. 1.206 do Código de 1916.

integridade da coisa, uma vez que é dever do locatário restituí-la no estado em que a tenha recebido, e este presume-se bom (Lei nº 8.245/91, art. 36).

Dever de garantia. O locador tem o dever de garantir ao locatário, durante o tempo do contrato, o uso pacífico da coisa. Este dever de garantia abrange um complexo de situações que comportam desdobramento nos respectivos itens (art. 566, II, do Código de 2002).

A – Vícios da coisa. Consequente ao dever de assegurar a utilização do bem locado, inscreve-se em primeiro plano resguardar o locatário contra vícios ou defeitos que possam prejudicar o seu uso pacífico (Código, art. 568, Lei nº 8.245/91, art. 22, IV). Merecem consideração prioritária os vícios ou defeitos ocultos, que, anteriores embora ao contrato, surjam ulteriormente a este. Já o Direito Romano instituía a responsabilidade neste caso, acrescentando que a culpa do locador sujeitava-o a perdas e danos, e a ignorância do defeito impunha-lhe tão somente a redução no aluguel.[58] No nosso direito, não diferem muito os princípios: portadora a coisa de defeito que a faça perecer ou lhe impeça a utilização nas suas finalidades naturais, rescinde-se o contrato. E se o locador o conhecia, responderá pelas perdas e danos,[59] não podendo vigorar a opinião dos que sustentam o dever de ressarcimento mesmo no caso de achar-se o locador de boa-fé.[60] Por aplicação da teoria dos vícios redibitórios, se, não obstante o defeito, ainda convier o contrato ao locatário, poderá postular a redução proporcional no aluguel, ao invés da resolução do contrato.[61]

A responsabilidade do locador pode ser afastada pela convenção; ou pela natureza ou situação da coisa, como no exemplo da casa situada num cais, onde os porões são inundados pela enchente;[62] ou ainda se os vícios são aparentes, isto é, de tal natureza que o locatário podia ou devia perceber de pronto a sua existência, ao fazer o contrato, porque neste caso se presume ter aceito a coisa tal como é;[63] ou finalmente se oferecer ao locatário outra coisa, tão conveniente quanto aquela que estava defeituosa.[64]

Surgindo vícios ou defeitos na coisa, posteriormente ao contrato, não devidos à culpa das partes, autorizam a resolução se a tornarem imprópria ao uso a que normalmente se destine, ou a redução do aluguel se apenas lhe diminuírem a capacidade de utilização. É doutrina corrente que por eles responde o locador, em razão de ser sucessiva a sua obrigação.[65] Mas não é possível sujeitá-lo a perdas e danos, na ausência de culpa, pois é esta que gradua a extensão de sua responsabilidade.

---

58 Maynz, *Droit Romain*, vol. II, § 216.

59 M. I. Carvalho de Mendonça, loc. cit.

60 Colin *et* Capitant, ob. cit., nº 654; Planiol, Ripert *et* Boulanger, ob. cit., nº 2.709; Cunha Gonçalves, ob. cit., nº 205.

61 Mazeaud *et* Mazeaud, ob. cit., nº 1.117.

62 Colin *et* Capitant, ob. cit.

63 Aubry *et* Rau, ob. cit., § 366; De Page, *Traité*, vol. IV, nº 625; Enneccerus, Kipp *y* Wolff, ob. cit., § 127.

64 Carvalho de Mendonça, ob. cit., nº 178; Van Wetter, ob. cit., § 417.

65 Planiol, Ripert *et* Boulanger, ob. cit., nº 2.709; Enneccerus, Kipp *y* Wolff, loc. cit.; Cerruti Aicardi, *Contratos Civiles*, nº 207.

B – *Incômodo e turbações de terceiros*. O locador resguardará o locatário dos embaraços e turbações causados por terceiros, que tenham ou pretendam ter direitos sobre a coisa locada (Código, art. 568). Não pode responder, obviamente, pelas vias de fato, pois que não se constitui em guardião da coisa locada.[66] Em caso de moléstia ou incômodo, cabe ao locatário o desforço que a lei lhe assegura (Código Civil, art. 1.210, § 1º), ou o apelo às autoridades policiais ou judiciais. Na mesma categoria de embaraços, pelos quais não é responsável o locador, inscrevem-se os que advêm de motins, revoluções, movimentos multitudinários que direta ou indiretamente causem incômodo ao locatário ou perturbem a utilização da coisa. Sendo, porém, fundados em direito ou pretenso direito, o locador tem de acorrer em sua defesa, intentando a ação competente, ou contestando a que for ajuizada, e, desta sorte, assegurando o uso pacífico que é seu dever.

C – *Abstenção de incômodos*. Tem o locador de abster-se de todo procedimento ou ato que implique diminuir a pacificidade do uso. Aqui há uma extensão da responsabilidade ou agravação do dever: se não responde o locador pelas vias de fato de terceiro, o mesmo não ocorre no tocante ao fato próprio, igualmente abrangido no princípio da garantia, que, desta sorte, tanto abraça as turbações de fato quanto as de direito.[67] Este dever negativo estende-se igualmente aos acessórios da coisa.

A sanção é também alternativa: resolução do contrato com perdas e danos, ou a defesa judicial da coisa, cabendo ao locatário ação cominatória para que o locador se abstenha do fato lesivo, ou ação possessória, uma vez que o locatário é titular da posse direta.

Entre os incômodos condenáveis, inclui-se o aluguel de uma parte de imóvel a outro inquilino que explore comércio ou indústria em concorrência com o anteriormente instalado (Aubry *et* Rau); a regra não se aplica, porém, ao caso do prédio integrado de várias lojas, porque o locatário, tendo conhecimento desta situação, não pode pretender que os direitos do locador se restrinjam, pelo só fato da locação, a não admitir outros locatários rivais do primeiro, salvo se este houver assegurado a exclusividade do comércio ou indústria, mediante a estipulação de cláusula expressa.

D – *Atos de vizinhos e colocatários*. Pelas vias de fato de vizinhos e colocatários não responde o locador, pois que se trata da repressão às turbações causadas por terceiro. Mas, se o colocatário exerce sobre a parte da coisa direitos que do contrato lhe resultem, e com isto causa incômodos, responde o locador, salvo, entretanto, chamar à responsabilidade o locatário-turbador.[68] A razão está em que o colocatário figura como um preposto do locador (Colin *et* Capitant, De Page), e não como um terceiro, para os efeitos da disposição que impera sobre os atos turbativos. A gênese do princípio pode ser buscada no Direito Romano, que impunha ao locador velar

---

66 Clóvis Beviláqua, Comentários ao art. 1.191 do Código de 1916; Carvalho de Mendonça, loc. cit.; Planiol, Ripert *et* Boulanger, nº 2.704; Colin *et* Capitant, loc. cit.; Ruggiero e Maroi, loc. cit.; Cunha Gonçalves, nº 204.

67 Colin *et* Capitant, loc. cit.; Cunha Gonçalves, nº 203; Serpa Lopes, nº 337.

68 De Page, ob. cit., nº 637; Aubry *et* Rau, ob. cit., § 366.

pela execução do contrato, e considerava falta sua o incômodo levado ao anterior, pelos locatários subsequentes.[69]

E – *Evicção*. O locador, que é responsável pelas pretensões de terceiros, fundadas em direito, tem de garantir o locatário contra a evicção, independentemente da cogitação de culpa. Formulada a reclamação, e logo tenha dela conhecimento, seja pela citação direta, seja porque o locatário o tenha informado em cumprimento de seu dever (Código Civil, art. 569, nº III), o locador terá de vir socorrer o locatário. Na verdade, o seu direito mesmo acha-se em jogo, e a ação que molesta o inquilino percutirá nos seus interesses;[70] chamado à lide, assumirá então a defesa.

Vencido na causa, a sentença que o privar de direito sobre a coisa, total ou parcialmente, alcançará a relação locatícia, e a extensão da sua responsabilidade variará em razão das circunstâncias. Sendo a evicção total, rescinde-se o contrato, indenizando-se o locatário dos frutos que tiver sido obrigado a restituir; recobrando-se das despesas que com o contrato tiver feito, bem como das de mudança e instalação; e pagando-se-lhe as custas judiciais que haja despendido. Mas não cabe a restituição dos alugueres pagos, porque estes foram a contraprestação do uso cedido, e da utilização da coisa até o momento em que se evenceu. Caberá, obviamente, restituição de parte do aluguel recebido por antecipação, correspondente ao período em que da coisa foi privado o locatário. As benfeitorias, necessárias ou úteis, que a sentença não lhe abonar ser-lhe-ão pagas pelo locador.

Sendo parcial a evicção, e considerável a ponto de autorizar a presunção de que o contrato se não celebraria, se o locatário conhecesse a situação, cabe ao arrendatário a alternativa da rescisão do contrato ou abatimento proporcional do preço; sendo parcial e não considerável, o efeito será apenas este último, segundo os princípios da evicção (v. nos 209 e segs.; *supra*).

Pelas perdas e danos sujeita-se o locador, em qualquer das hipóteses, se era possuidor de má-fé,[71] punida desta maneira a sua atuação maliciosa, levando o locatário a celebrar um contrato que não faria se fosse esclarecido da verdadeira situação da coisa cedida.

F – *Atos da Administração*. Não se confundem com as moléstias causadas por terceiros, nem com a evicção, os atos da Administração Pública ou de autoridade, que interfiram com o arrendamento, tais como a desapropriação e a requisição (examinados em seguida), a determinação de fechamento de estabelecimento, a condenação de edifício etc. São motivos de força maior, decorrentes do *factum principis*[72] que trazem cunho de nítida liceidade por se orientarem no rumo do bem comum, ainda que na sua esteira deixem a marca da lesão a interesses privados.

Se a ação do poder público foi causada pelo fato do locatário, que tenha dado ao prédio destino contrário à lei, não somente responde pelas consequências que o afetam, como ainda tem de indenizar o locador. Se, ao revés, foi a ação deste a

---

69   Van Weter, ob. cit., § 417.
70   Carvalho de Mendonça, ob. cit.
71   M. I. Carvalho de Mendonça, ob. cit., nº 178.
72   Colin *et* Capitant, ob. cit., nº 654. Tradução: "Fato do princípe"

causadora do procedimento administrativo, deve ressarcir ao locatário os prejuízos sofridos. Se não houver culpa de parte a parte, resolve-se o contrato *ad instar*[73] de um perecimento do objeto por obra do acaso, se a coisa perder toda a utilização, ou reduz-se proporcionalmente o aluguel, se apenas parcialmente for atingida.

Pode eventualmente ocorrer a interferência estatal ilícita, e, neste caso, a ação ilegítima ou abusiva de poder equipara-se à turbação causada por terceiros. Contra ela militam os remédios admissíveis para a defesa da posse ou dos direitos, e ainda vigora a regra da responsabilidade civil objetiva (Constituição Federal, art. 37, § 6º, Código Civil, art. 43), abrangendo inclusive o ressarcimento ao locador, pelas quantias que tiver sido obrigado a pagar ao locatário como indenização a este devida.[74]

G – *Desapropriação e requisição*. Destacamos estas modalidades de *facta principum*, não somente pela sua repercussão especial na vida do contrato de arrendamento, como ainda pela ilegitimidade intrínseca do ato causador da perda de uso da coisa (Constituição de 1988, art. 5º, nº XXIV).

Se o locador já conhecia o decreto expropriatório ou tinha conhecimento da requisição iminente, e alugou a coisa sonegando esta informação ao locatário, responde pela indenização, que em verdade se não funda na desapropriação ou requisição, porém na conduta maliciosa do locador. Se, conhecendo-o, deu ciência ao locatário, antes do contrato, descabe ressarcimento.

Sobrevindo a expropriação ou requisição na pendência do contrato, a perda da coisa equipara-se ao perecimento do objeto, e não há lugar para indenização ao locatário.

A este deve o locador indenização pelas benfeitorias que lhe não forem abonadas; elas concorrem para a melhoria do preço, não se justificando o enriquecimento do locador a expensas do locatário.

Os alugueres são devidos ao locador até o momento em que a entidade expropriante foi imitida na posse da coisa, seja em virtude da sentença final, seja a decretada com caráter urgente.

239. OBRIGAÇÕES DO LOCATÁRIO

Como contrato bilateral, a locação gera obrigações para ambos os contratantes. As do locador vimos no nº 238, *supra*. Agora estudaremos as do locatário, por itens, tendo em vista a lei geral (Código Civil, art. 569) e a especial (Lei nº 8.245/91, art. 23).

1 – A primeira e principal obrigação do arrendatário é *pagar pontualmente os alugueres*, nos prazos ajustados, e, em falta de estipulação especial, na locação de coisas, segundo o costume do lugar (Código Civil, art. 569, II); na locação de imóveis urbanos, até o sexto dia útil do mês seguinte ao vencido (Lei nº 8.245/91, art.

---

73 "Em decorrência".
74 Para Carvalho de Mendonça, nº 178, o locador somente tem ação regressiva; não nos parece exato, uma vez que onde houver uma lesão a direito aí está presente o princípio da defesa judicial ampla.

23, I). Deve o preço como contraposição pelo uso da coisa. A pontualidade é caráter complementar do aluguel, e tem de ser observada rigorosamente, quer naqueles regidos pelo direito comum, quer naqueles outros disciplinados pela legislação especial. Não constitui quebra deste dever aproveitar-se o arrendatário do prazo de tolerância que a lei e o contrato lhe facultam. Escoado ele, está de pleno direito constituído em mora, e sujeito às sanções, que são uma alternativa a benefício do credor: cobrança executiva ou rescisão do contrato e despejo. O objeto do pagamento e sua disciplina já foram deduzidos no nº 237, *supra*.

2 – Deve o locatário *servir-se da coisa* para os usos convencionados ou presumidos, em atenção à natureza dela e às circunstâncias, bem como tratá-la com o mesmo zelo com que cuida das suas próprias (Código Civil, art. 569, I; Lei nº 8.245/91, art. 23, II). Estipulado uso especial, não pode o locatário dar-lhe destinação diferente,[75] ainda que esta não seja contrária às suas finalidades naturais. Não lhe socorre a invocação de uma possível *tolerância* do locador, porque nem esta é assemelhável ao consentimento, nem o silêncio equivale a autorização.[76] Tratar a coisa descuidadamente ou desviá-la de suas finalidades constitui infração de dever legal que fundamenta a resolução do contrato e ainda sujeita o locatário ao ressarcimento de perdas e danos. E quando a lei exige que o locatário dê ao bem o mesmo tratamento que aos seus, não quer oferecer-lhe uma escusativa baseada no desleixo habitual, porém deseja um cuidado que uma pessoa zelosa dispensa ao que lhe pertence.

Mas não constitui mudança de destinação proibida a realização, pelo locatário, de obras ou trabalhos que não atinjam a estrutura da coisa, a sua composição intrínseca, as suas linhas arquitetônicas, como na locação imobiliária a colocação de tapumes, instalação de aparelhos, realização de plantações etc.[77]

3 – Cumpre ao locatário *levar, ao conhecimento* do locador, as turbações de terceiros, que se pretendam fundadas em direito, bem como os atos advindos do poder estatal de polícia, que atinjam a sua posse direta (Código Civil, art. 569, III; Lei nº 8.245/91, art. 23, IV). O locador, como visto em o nº 238, *supra*, é obrigado a socorrê-lo e defender-lhe o uso regular da coisa. Como contrapartida, tem o locatário o dever de comunicar-lhe tais moléstias e embaraços, não somente para que se efetive o cumprimento do dever do senhorio, como ainda para eximir-se da obrigação de suportar as consequências de sua omissão.

4 – O locatário tem a obrigação de *restituir* a coisa, finda a locação, no estado em que a tiver recebido (Código Civil, art. 569, IV; Lei nº 8.245/91, art. 23, III). O princípio desdobra-se em dois outros: dever de *restituição* e dever de *conservação*. Invertendo a sua ordem, acentuamos que cabe ao locatário tratar com desvelo a coisa locada, conservá-la na pendência do contrato, efetuar nela as *despesas locativas*, reparando os estragos e deteriorações, ainda que resultantes do desgaste natural, e respondendo pelas degradações oriundas de danos causados por ele próprio, ou por

---

75 Planiol, Ripert *et* Boulanger, *Traité Élémentaire*, vol. II, nº 2.713.
76 Mazeaud *et* Mazeaud, *Leçons*, vol. III, nº 1.127.
77 De Page, *Traité*, vol. IV, nº 657.

pessoa de sua família, seus empregados, hóspedes ou sublocatários (Lei nº 8.245/91, art. 23, V).[78] Mas não responde, fora das reparações locativas, por aquelas não atribuíveis à falta sua real ou presumida, nem pelos devidos ao uso normal ou fortuito.[79] É claro que, se o locatário receber a coisa em mau estado, não tem obrigação (salvo ajuste) de restituí-la reparada. O estado do bem locado presume-se bom,[80] salvo se, ao recebê-lo, o locatário exigir do senhorio relação dos defeitos e imperfeições (reportamo-nos ao que dissemos em o nº 238, *supra, acerca da manutenção da coisa em estado de servir*).

O outro princípio implica no dever de *restituir*. Findando a locação, tem de entregar a coisa. A locação cessa por várias causas (v. nº 241, *infra*). Aqui cogitamos do escoamento do prazo que, no direito comum, faz cessar *pleno iure* o aluguel, se ajustado por prazo determinado, ou mediante notificação ao locatário se contratado por tempo indeterminado, ou, ainda, se o locatário, após o termo do contrato, continua a utilização sem oposição do locador (Código Civil, arts. 573 a 575; Lei nº 8.245/91, arts. 46, § 1º; 50 e 56, parágrafo único). A legislação especial para a locação de prédios urbanos derrogou estas regras para algumas situações especiais, instituindo a *fixação do locatário no imóvel* (v. nº 241, *infra*), criando um direito de permanência na coisa mediante prorrogação do aluguel por tempo indeterminado. Não significa *recondução tácita*, a respeito da qual as discussões vêm desde o Direito Romano, mas a extensão por tempo incerto da utilização da coisa, salvo o exercício do direito de *retomada* pelo locador ou rescisão do contrato.

Dentro desta obrigação de restituir, surge o problema da sua cessação pela *venda da coisa locada*. O princípio consagrado no direito comum é o rompimento do aluguel (Código Civil, art. 576), que o adquirente não tem o dever de respeitar, como se enuncia desde o Direito Romano e se difunde por vários sistemas: *emptio tollit locatum, Kauf bricht Miete, vente coupe louage* etc. A regra não é, porém, absoluta, antes comporta atenuações e exceções, que se vão ampliando por tal arte que a moeda corrente hoje é o princípio oposto:[81]

a) No contrato de venda, podem as partes convencionar que o comprador manterá o arrendamento, e, neste caso, ocorre a sub-rogação pessoal nos direitos e obrigações do vendedor, e, conseguintemente, a sobrevivência do aluguel à alienação.

b) Na omissão do contrato de venda, presume-se um ajuste tácito no sentido da continuação do aluguel em razão da conduta do novo dono, recebendo os alugueres, tratando o locatário como seu inquilino etc.

c) Na locação de coisas regulada pelo Código Civil, quando a locação é avençada com a cláusula de vigência em caso de alienação, ao adquirente é oponível aquele contrato, com todas as suas obrigações e vantagens, desde que inscrito no registro público. Esta obrigação de respeitar a locação anterior vem definida na lei (Código Civil, art. 576). O registro a que se faz referência há de ser o de imóveis da

---

78 M. I. Carvalho de Mendonça, *Contratos*, vol. II, nº 179.
79 Mazeaud *et* Mazeaud, ob. cit., nºˢ 1.130 a 1.132.
80 Cerruti Aicardi, *Contratos Civiles*, nº 224.
81 Ver, em o nº 241, *infra*, ao tratarmos das relações entre locador e locatário, o direito de preempção.

sede da coisa, para as locações imobiliárias (Regulamento dos Registros Públicos, art. 167, I, item 3), ou o de Títulos e Documentos do domicílio do locador para os bens móveis (Código Civil, art. 576, § 1º).

d) Na locação de imóveis urbanos, a legislação especial autoriza o rompimento automático da locação, pela venda do prédio locado, salvo se a locação for por tempo determinado e o contrato contiver cláusula de vigência em caso de alienação, e constar do registro de imóveis (Lei nº 8.245, de 1991, art. 8º).

e) A morte de qualquer das partes não resolve a locação por prazo determinado, a qual continua com os sucessores (Código Civil, art. 577), obrigados assim a respeitar o contrato. No regime do Código Civil, *a contrario sensu*, caso a locação tenha prazo indeterminado, opera-se a ruptura do vínculo. Veio, porém, a legislação especial e estatuiu para a locação residencial, que o cônjuge sobrevivente e sucessivamente os herdeiros necessários continuarão com a locação, se residirem no imóvel; e para a locação não residencial o espólio ou o sucessor no negócio assumirão a posição de locatário (Lei nº 8.245, de 1991, art. 11). A lei especial mais atende ao pressuposto fático da utilização da coisa do que à situação jurídica da qualidade hereditária, e foi em atenção à circunstância particular da ocupação que instituiu o princípio de sobrevivência da relação locatícia ao óbito do locatário.[82]

240. Prédios rústicos

A locação de prédio rústico está sujeita a princípios especiais, além das normas aplicáveis a toda *locatio rerum*, em razão da finalidade a que ele se destina. Quem toma propriedade rural em aluguel tem em vista agricultura ou pastoreio, ou ambos, e a presença deste objetivo não pode deixar de presidir à sua dogmática. Neste contrato, entram ou devem entrar em ponderação constante considerações de ordem social, ou econômico-social,[83] constantes do Estatuto da Terra (Lei nº 4.504/1964), que precisam ser reformulados diante das atuais necessidades de regulação da posse das terras, seara em que o Código Civil de 2002 não penetrou. Haverá mister a criação de um melhor critério de amparo. Aqui tratamos (em obediência ao plano desta obra), das instituições vigentes, deixando contudo consignado o prognóstico de que em breve se voltarão para o arrendamento rural as vistas de um legislador mais esclarecido e mais consciente das realidades nacionais.

Uma vez que se conhecem princípios de aplicação aos prédios rústicos, e outros aos urbanos, cabe distingui-los, para a eventualidade das operações. Deixando de lado o critério topográfico, que não merece aceitação, à míngua de préstimos melhores, invoca-se a *utilização econômica*, para dizer-se que é rústico aquele que a uma atividade rural se destina, seja na lavoura, seja na pecuária, em contraposição

---

82 Espínola, *Dos Contratos Nominados*, nº 113, nota 9; Larenz, *Derecho de Obligaciones*, vol. II, § 44.

83 Karl Larenz, *Derecho de Obligaciones*, vol. II, § 44.

ao urbano que não recebe tal emprego, independentemente da localização, de um ou de outro, dentro ou fora dos limites dos núcleos urbanos.[84]

Pode, como qualquer outro, ser o contrato ajustado por prazo determinado ou indeterminado. Mesmo que seja determinado o prazo, ele somente pode ser estabelecido para terminar depois de ultimada a colheita, prorrogando-se inclusive o prazo, caso haja retardamento da colheita por motivo de força maior (Lei nº 4.504/64, art. 95, I). Estabelecida duração incerta, ou na falta de estipulação, presume-se contratado por um mínimo de três anos, observada a regra do tempo indispensável a uma colheita (Lei nº 4.504/64, art. 95, II). Trata-se de *praesumptio* instituída em benefício do arrendatário, que é quem tem interesse em reter a coisa em função do aproveitamento da terra, e, como as culturas variam, a locação não pode interromper-se deixando o cultivador em prejuízo. Se no mesmo imóvel for feito plano de ciclos diferentes, a presunção vigora para o de maior duração, salvo se for insignificante em comparação com a cultura principal, ou com as partes usadas para outras de encerramento mais breve.[85] Avençado por prazo determinado, prevalece a convenção, pois ninguém melhor do que as partes é juiz de seus interesses e de suas conveniências.

O locatário é obrigado ao pagamento da renda estipulada.

A – Se regra é que o preço da locação pode ser de espécies várias, na rural é muito frequente ajustar-se em gêneros, ou produtos de cultura do inquilino, ou parte em dinheiro e parte em espécie. O devedor está sujeito ao que for convencionado, mas não tem o direito de forçar o arrendador a receber diversamente do pactuado – *aliud pro alio*[86] – ainda que mais valioso. Há limitação quanto ao preço do arrendamento, que não pode exceder a quinze por cento do valor cadastral do imóvel, incluídas as benfeitorias que entrarem na composição do contrato, salvo se o arrendamento for parcial e recair apenas em glebas selecionadas para fins de exploração intensiva de alta rentabilidade, caso em que o preço poderá ir até o limite de trinta por cento (Lei nº 4.504/1964, art. 95, XII).

B – O aluguel deve ser pago no tempo ajustado. Muito frequente é que o contrato estabeleça pagamento da renda anual, ou o determine para o tempo da colheita, sujeitando-se o arrendatário às penalidades legais e contratuais se o não realiza.

C – Tem o locatário de pagar a renda estipulada, não lhe sendo lícito invocar a esterilidade da terra ou malogro da colheita por acaso fortuito, para forrar-se ao dever de solver. Nosso direito anterior exonerava o rendeiro em tais hipóteses, admitindo os usos que se procedessem ao abatimento do aluguer no ano desfavorável, para compensar-se nos de boas safras, quando a colheita atingisse o dobro dos anos ordinários.[87] O mesmo acontece com outros sistemas, sob as condições de ser total a destruição, e dever-se à obra do acaso.[88] Parecendo embora um tanto rija a regra legal,[89] o que inspirou

---

84 Filadelfo Azevedo, *Destinação do Imóvel*, pág. 176; Serpa Lopes, *Curso*, vol. IV, nº 352.
85 Clóvis Beviláqua, Comentário ao art. 1.212 do Código de 1916.
86 "Uma coisa por outra".
87 M. I. Carvalho de Mendonça, *Contratos*, vol. II, nº 193.
88 De Page, *Traité*, vol. IV, nº 807.
89 Clóvis Beviláqua, Comentário ao art. 1.214 do Código de 1916.

o legislador foi a ideia de que, ao tomar o prédio em arrendamento, o locatário assumiu os riscos, em igualdade de condições com o inquilino de qualquer imóvel, e entendeu que a obrigação de solver não se atenua em função de mau êxito do empreendimento. Sem que se abra ao arrendatário a liberdade de quebrar os seus compromissos injustificadamente, a lei admite a redução da renda, se acontecimentos imprevistos e fortuitos deteriorarem a cultura, conforme disposto nos arts. 478 e 479 do Código Civil, quanto à resolução ou revisão do contrato por onerosidade excessiva.[90]

O locatário não tem, entre nós, o dever de residir na coisa arrendada, ao contrário de outros que o exigem,[91] salvo, naturalmente, se o tiverem convencionado os interessados.

O arrendatário, findo o prazo do contrato, tem direito à renovação do contrato se no prazo de até seis meses anteriores o arrendador não solicitar a sua restituição, ou apresentar proposta de terceiro, caso em que terá direito de preferência para a renovação do arrendamento em igualdade de condições com estranhos (Lei n° 4.504/64, art. 95, IV).

Cessando a locação, os interesses dos locatários, que se sucedem, têm de ser reciprocamente respeitados, cumprindo ao que sai franquear ao que entra o uso das acomodações necessárias a que este comece o seu trabalho sem tardança; e *vice--versa* ao que entra facilitar ao que sai o uso do que lhe for mister para a sua colheita. Evidentemente que esta política de recíproco respeito pode ser minudentemente desenvolvida no instrumento. Na falta de mais detidos pormenores, prevalecerão os costumes locais.

O arrendatário tem direito, ao termo do contrato, à indenização das benfeitorias necessárias e úteis que tiver efetivado, inclusive com direito de retenção do imóvel até que seja paga. Tem direito também à indenização pelas benfeitorias voluptuárias, quando autorizadas pelo locador, sem direito de retenção.

241. Prédios urbanos. Legislação de inquilinato. Renovação do arrendamento comercial

O problema habitacional é de todos os tempos, e conseguintemente a disciplina da locação de prédios urbanos. Agravou-se neste século constituindo um dos mais graves que têm enfrentado o legislador, o economista, o sociólogo e o jurista, desde os dias atormentados da I Grande Guerra. As correntes migratórias internas alimentam, em fluxo crescente, as concentrações humanas nas cidades; o progresso técnico oferece nos núcleos urbanos condições de conforto sensivelmente superiores às de

---

90 A Quarta Turma do STJ já decidiu, nos autos do Recurso Especial n° 945.166/GO, julgado em 28.02.2012 e relatado pelo Ministro Luis Felipe Salomão, que não encerra evento extraordinário e imprevisível a "ferrugem asiática" na lavoura, a afastar a configuração da excessiva onerosidade. Embora o acórdão verse sobre contrato de compra e venda de safra futura, o mesmo raciocínio se aplica à hipótese ora analisada.

91 De Page, n° 806.

vivência dos meios rurais; a paralisação das construções em razão da mobilização da mão de obra nos períodos conflagrados; o encarecimento das edificações; a procura de rentabilidade maior do que a do capital destinado aos investimentos imobiliários – tudo tem atuado no mercado locatício. O fenômeno social aliado ao econômico geraram desequilíbrios. A oferta inferior à procura da casa suscitou problemática jurídica de solução difícil. Tem o legislador tentado restaurar a igualdade mediante normação emergencial. Mas, como a crise não é transitória, o equacionamento em termos temporários ao invés de lograr a sua cessação tem-na muitas vezes agravado. Há um estado de fato que já se prolonga por tempo extenso, e que se prolongará ainda por muitos anos.

A locação urbana, tanto residencial, quanto não residencial, é hoje regulada pela Lei nº 8.245/91. Esta Lei veio substituir a legislação anterior que regulava separadamente as locações residenciais e não residenciais, tendo adotado uma política menos protetiva do locatário, diante da constatação de que a tutela demasiada, especialmente na locação residencial, estava em verdade contribuindo para o aumento do déficit habitacional, já que não incentivava os proprietários a alugarem os seus imóveis. O grande desafio do legislador ao regular a locação está exatamente em encontrar um ponto de equilíbrio entre tutelar os interesses do locatário, parte mais fraca da relação jurídica, e ao mesmo tempo possibilitar ao locador a obtenção de um resultado razoável na exploração do seu imóvel, de forma a incentivar o seu aproveitamento econômico.

O regime jurídico da locação urbana caracteriza-se pelo reconhecimento de uma situação especial para o locatário, oponível à do proprietário. Tem este o direito de arrendar a sua casa, e dela extrair razoável proveito. Mas o inquilino, a seu turno, é investido de direitos que o locador não pode desprezar. Com o propósito de tornar mais sólida a posição deste, retirou o legislador o prédio urbano do regime da livre concorrência, e estatuiu um complexo normativo de ordem pública, por isto mesmo inderrogável pela convenção das partes. E tão frequente é a incidência do fenômeno, que esta mesma categorização envolve a locação urbana em numerosos sistemas de direito.[92] Não cogitou o legislador de situações subjetivas, que em muitos casos sacrificou, mas cogitando do que normalmente acontece – *quod pleurumque fit*[93] – ponderou na situação jurídica do locatário em oposição à do locador.

A par de aspectos secundários e complementares, os pontos cardeais deste regime especial das locações urbanas deslizam entre dois polos: *estabilização* dos *preços e fixação* do *locatário no imóvel*. Propõe-se o problema habitacional em torno destes dois pontos, e gravita a sua solução, com implicação necessária nas relações entre locador e locatário. E são estes os itens em que se desdobra a exposição do tema.

---

92 Mazeaud *et* Mazeaud, *Leçons*, vol. III, nº 1.188.

93 "O que ocorre com frequência".

241-A. Estabilização dos alugueres

O mercado locatício, como natural consequência das leis econômicas, pende notoriamente para uma alta constante, agravada pela inflação. Deixado ao seu puro arbítrio, o locador procurará obter cada vez maior proveito do prédio, e elevar o aluguer a cifras insuportáveis para o locatário, asfixiantes da economia doméstica deste. Veio então a legislação do inquilinato, e determina a estabilização dos preços, proibindo que o locador o eleve arbitrariamente.

Se é certo que a lei tem de defender o contratualmente mais fraco, não pode perder de vista que a solução do problema habitacional não deve ser conduzida ao exagero das restrições imoderadas.

Houve, neste particular, no sistema brasileiro, transformação na ideia de fixação. Partindo do congelamento absoluto, quando as primeiras leis de emergência interdiziam o aumento, ainda na hipótese de desocupação do prédio, vigora hoje um meio-termo razoável: na pendência da locação o preço somente pode ser reajustado com base nos critérios de reajuste previstos na legislação específica; mas é livre a convenção do aluguel dos prédios novos, dos que não estavam e passaram a ser alugados, e permitido convencionar pela livre contratação, conforme previsto no art. 17 da Lei nº 8.245, de 1991. A Lei foi elaborada em momento de inflação alta no País. Por isso admite que passados três anos de vigência da locação, possa qualquer das partes solicitar a revisão judicial do valor do aluguel, para ajustá-lo ao preço de mercado, caso não cheguem a um acordo (art. 19). A regra não é adequada para economias estabilizadas, já que os reajustes normais admitidos no contrato não possibilitam grandes defasagens em relação ao custo de vida, como ocorre nas situações de inflação fora de qualquer controle. Essa revisão judicial se faz por meio de ação própria, na qual o juiz designa um perito a quem cabe fixar o valor de mercado para aquele tipo de imóvel objeto da locação.

A Lei nº 12.112, de 09.12.2009, alterou alguns dispositivos que preveem o trâmite da ação revisional de aluguel. De acordo com as regras dos arts. 275 e seguintes do Código de Processo Civil de 1973, observava-se o rito sumário nesse tipo de ação (art. 68, Lei nº 8.245/1991), sob o pálio de menor formalismo. Ocorre que o Código de Processo Civil de 2015 revogou inteiramente as normas referentes ao procedimento sumário, adotando de forma inovadora o procedimento da mediação e conciliação em seu art. 334.

Uma de suas patentes vantagens é a designação, no ato citatório, da data de audiência em que deverão se unir locador e locatário, com o objetivo de um célere acordo. Poderá o juiz, a pedido, estipular desde logo o novo aluguel. Se proposta a ação pelo locador, examinando o histórico e os dados que levaram a parte ativa àquele valor, poderá o juiz determinar que o novo aluguel seja de até 80% (oitenta por cento) do pedido do autor. Se proposta pelo locatário, segundo a mesma principiologia, poderá o juiz limitar a diminuição do aluguel a 80% (oitenta por cento) do valor atualmente pago.

A parte passiva deve apresentar a contestação na audiência de conciliação, a não ser que tenha concordado com o pedido formulado, caso em que bastará a sua concordância verbal. No caso de concordância da parte passiva aos termos do pedido, não obsta que a mesma pleiteie o rateio ou não pagamento das custas adiantadas e dos honorários devidos.

Não havendo acordo na audiência inaugural e se qualquer das partes discordar dos valores oferecidos, ainda assim, deverá o magistrado fazer uma tentativa de acordo. Não aceitos os seus termos, se o magistrado se convencer de sua necessidade, determinará a realização de perícia, convertendo o procedimento em ordinário. Os resultados da perícia serão apresentados na audiência de instrução e julgamento que as partes tomarão ciência no mesmo dia da audiência de conciliação onde restou frustrado o acordo.

Houve o acréscimo do inciso V ao art. 68 da Lei de Locações de cunho meramente processual. Caso a parte ativa tenha requerido a fixação de um aluguel provisório, e o magistrado, convencido de seus argumentos, o tenha estipulado, a parte contrária, até mesmo antes da realização da audiência de conciliação, poderá requerer a sua reconsideração. Este pedido de reconsideração ao magistrado de primeiro grau interrompe o prazo para o recurso oponível da decisão que determinou o aluguel provisório. Como se trata de decisão interlocutória, o recurso oponível será o de agravo de instrumento (art. 1.015, Código de Processo Civil de 2015).[94] Publicado o julgamento do Tribunal do agravo de instrumento, volta a correr o prazo para apresentação da defesa.

Como acessórios do aluguel, pode o locador, sob condição de efetuar a respectiva discriminação no recibo, convencionar que os impostos e taxas e o prêmio de seguro complementar contra fogo que incidam ou venham a incidir sobre o imóvel compitam ao inquilino (Lei nº 8.245/91, art. 22, VIII). Os demais acessórios, tais como despesas de telefone, consumo de força, luz e gás, água e esgoto são de responsabilidade do locatário (Lei nº 8.245/91, art. 23, VIII).

No que se refere às despesas de condomínio, a Lei nº 8.245/91 as divide em despesas ordinárias e extraordinárias (arts. 22, X, e 23, XII), determinando que as primeiras sejam de responsabilidade do locatário e as últimas de responsabilidade do locador. A Lei exemplifica o que sejam despesas ordinárias e extraordinárias com bastante precisão, devendo qualquer hipótese não expressamente referida ser dirimida por critérios de interpretação no caso concreto.

---

94 No Código de Processo Civil de 1973, em seu art. 522, havia além da previsão do agravo de instrumento, a do agravo retido, que era admitido como recurso às decisões interlocutórias, "salvo quando se tratar de decisão suscetível de causar à parte lesão grave e de difícil reparação, bem como nos casos de inadmissão da apelação e nos relativos aos efeitos em que a apelação é recebida, quando será admitida a sua interposição por instrumento. (Redação dada pela Lei nº 11.187, de 2005)".

241-B. Fixação do locatário no imóvel

A locação de imóvel urbano pode ser ajustada por qualquer prazo (Lei nº 8.245/91, art. 3º). Evidentemente perpétua não há de ser, uma vez que a temporariedade lhe é essencial. As hipóteses de fixação compulsória do locatário no imóvel variam de acordo com a natureza da locação, se residencial ou não residencial.

Na locação residencial, se o contrato for celebrado por escrito e o seu prazo for igual ou superior a 30 (trinta) meses, sua resolução ocorrerá findo o prazo estipulado, independentemente de notificação ou aviso, podendo assim o locador retomar o imóvel se esse for o seu interesse, desde que o faça em 30 (trinta) dias. Caso prefira manter a locação, ou não retomando o imóvel em 30 (trinta) dias, prorrogar-se-á o contrato por tempo indeterminado, independentemente de qualquer convenção expressa das partes, sendo reservado ao locador denunciar o contrato a qualquer tempo, imotivadamente – denúncia vazia, hipótese em que deverá conceder ao locatário o prazo mínimo de 30 (trinta) dias para a desocupação (Lei nº 8.245/1991, §§ 1º e 2º do art. 46). Nas hipóteses de contrato verbal ou mesmo escrito, mas com prazo inferior a 30 (trinta) meses, o termo final do prazo ajustado não põe fim ao contrato, tendo em vista que a Lei o prorroga automaticamente por prazo indeterminado até um máximo de cinco anos, e somente pode o locador retomar o imóvel antes do escoamento dos 5 (cinco) anos caso ocorra uma das hipóteses nela expressamente previstas – denúncia cheia (Lei nº 8.245/1991, art. 47).

Nas locações não residenciais o princípio é o de que findo o prazo contratual, o locador está autorizado a exigir a restituição do imóvel. A Lei concede, no entanto, em algumas hipóteses ao locatário o direito de exigir a renovação do contrato. Para que isso ocorra, é preciso que o contrato tenha sido celebrado por escrito e com prazo determinado mínimo de 5 (cinco) anos, ainda que somados os prazos ininterruptos, e que o locatário esteja explorando a sua atividade econômica no mesmo ramo pelo prazo mínimo e ininterrupto de 3 (três) anos (Lei nº 8.245/91, art. 51). Para exercer esse direito, caso não haja acordo de renovação entre as partes, o locatário obrigatoriamente tem que propor contra o locador a ação renovatória de aluguel, no prazo decadencial de no máximo um ano, até seis meses anteriores à finalização do prazo do contrato em vigor. O locador poderá impedir a renovação do contrato apenas se preencher algum dos requisitos previstos no art. 52 da Lei nº 8.245/91, sendo o principal a retomada para uso próprio. A Lei limita ainda mais essas hipóteses se o objeto da locação constitui bem essencial, tais como hospitais, unidades sanitárias oficiais, asilos, dentre outros (art. 53).

No correr do processo, o locatário dará prova dos requisitos acima, e mais de adimplemento rigoroso das obrigações contratuais, bem como da quitação com os tributos que lhe competem. Formulará sua proposta indicando as condições da locação que oferece para o prazo da renovação, fará menção de fiador idôneo, e anexará a declaração de sua aceitação.

A proteção à propriedade mercantil assegura, pois, ao locatário um direito subjetivo à recondução por novo prazo de cinco anos, que não pode ser recusado ao arbítrio do proprietário, senão ilidido pela contraposição de um direito a este assegurado em enumeração taxativa, a saber: falta de preenchimento dos requisitos legais de prorrogação, insuficiência da oferta do locatário, condenação do prédio pelas autoridades públicas, retomada do prédio para uso do próprio locador, seu cônjuge, ascendentes ou descendentes, inclusive pelos condôminos ou um deles com o consentimento dos demais.[95] Em caso de *retomada*, é proibido se estabelecer com o mesmo gênero de negócio do locatário.

Na réplica, o arrendatário poderá aceitar a proposta do locador, ou pedir preferência sobre a do terceiro, ou discutir as proposições da defesa.

A nova lei, ademais, dispôs sobre a qualificação minuciosa do fiador na petição inicial da ação renovatória. Exige, inclusive, o número de registro deste no Ministério da Fazenda (CPF). Oportunidade pode surgir que o fiador não possua este cadastramento, entretanto a boa garantia pressupõe que o fiador seja possuidor de bens suficientes para os fardos locatícios e, sendo possuidor de bens, a partir de determinado valor que o exige a legislação tributária, a sua inscrição no Ministério da Fazenda e a declaração anual são obrigatórios.

Na própria petição inicial da ação renovatória o locatário deve comprovar a idoneidade financeira do fiador. É indiferente ao texto legal que seja apresentado o mesmo fiador. Quer a lei que o locatário guie-se pela boa-fé em sua conduta, alertando o locador, caso tenha havido modificação na fortuna do fiador. Evidente que se a fortuna do fiador tenha sido prejudicada no decorrer da locação, o mais indicado é a apresentação de um novo fiador idôneo.

A última modificação da Lei nº 12.112, de 09.12.2009, no que se refere à ação renovatória, prevê que no caso de indeferimento da ação proposta pelo locatário, se o locador fizer pedido expresso na contestação, o magistrado poderá determinar o despejo do inquilino no prazo de trinta dias. A clara intenção do legislador é a celeridade para a resolução do conflito e a desocupação compulsória para propiciar uma nova relação locatícia. Contudo, o novo dispositivo parece-nos temerário na medida em que possibilita o despejo antes que o Juízo *ad quem* examine a lide e reveja, ou confirme as razões da sentença de primeiro grau.

O inquilino terá direito a uma indenização se não forem promovidas as obras que serviram de pretexto à retomada, ou se o proprietário vier a explorar ou permitir que se explore, no prédio, o mesmo ramo de comércio ou indústria do locatário despedido.

Encerrada a instrução, que comporta os gêneros comuns de provas (pericial, documental, testemunhal), proferirá o juiz sentença, renovando o contrato se o autor provar os extremos do pedido, com a liberdade de manter as condições preexistentes, ou de alterá-las para atender à atualização do valor locativo real do imóvel, em face das condições gerais de valorização do lugar, com exclusão, porém, da

---

95 Alfredo Buzaid, ob. cit., nº 202.

que tiver sido, pelo locatário, trazida ao ponto. Tem ainda o arbítrio de evocar os princípios de equidade, considerando as circunstâncias peculiares a cada espécie.

241-C. Relações entre o locador e o locatário

O locatário, no regime de Código Civil de 1916, tinha o direito de sublocar ou emprestar, total ou parcialmente, o prédio locado, desde que estipulação em contrário não existisse, e o aluguer fosse a prazo fixo (Código Civil, art. 1.201). Na legislação do inquilinato, contudo, necessita o arrendatário de autorização prévia e escrita do proprietário (art. 13 da Lei nº 8.245/1991).

A *cessão* da locação exige, e sempre exigiu, consentimento expresso do locador.

A Lei de Locações já previa o caso de sub-rogação pessoal na hipótese de separação de fato, separação judicial, divórcio ou dissolução da sociedade concubinária, em que o cônjuge separado ou divorciado e o companheiro podiam se sub-rogar nos direitos do locatário titular e permanecer no imóvel. O art. 11 da mesma lei permite a sub-rogação, ainda, em caso de morte do locatário. O sucessor, a qualquer título, fica obrigado a comunicar o fato ao locador e ao fiador, se esta for a modalidade de garantia locatícia (art. 12, § 1º, da Lei nº 8.245/1991). O intuito é claro: ao locador é indispensável o conhecimento da nova realidade, pois locara sua propriedade a uma pessoa e passará a lidar com outra. Não há convicção, por parte do locador, de que as relações continuarão plenamente acertadas com o sub-rogado, visto que o titular do domínio direto sobre a coisa desaparece da relação e era ele quem detinha a confiança, até aquele momento, de solvabilidade das obrigações e conservação da coisa locada.

Quer seja uma locação onde apenas um dos cônjuges ou companheiro é o titular da relação locatícia, quer seja uma locação em que ambos sejam parte no contrato, ainda assim, persevera a obrigação do locatário remanescente de comunicar ao locador o rompimento da relação ou a morte de um deles. É de interesse até mesmo daquele que deixa o imóvel a indispensável comunicação ao locador. Trata-se, pois, de uma precaução calcada na boa-fé das relações, pois a comunicação isenta-o até o momento do desfazimento da relação ou da saída do imóvel. Caso não o faça, em hipótese de inadimplemento, o cônjuge ou companheiro que deixa o imóvel pode vir a ser responsabilizado por eventuais encargos locatícios não honrados pelo locatário remanescente.

A comunicação ao fiador também tem o objetivo de alertar àquele que agiu graciosamente em favor do afiançado, de que este não mais faz parte da relação locatícia, abrindo-lhe o direito de exonerar-se de suas responsabilidades, obedecidos os prazos do § 2º do art. 12.

Outro ponto a ser destacado sobre o art. 12 diz respeito às modalidades de rompimento da sociedade conjugal que autorizam a continuidade locatícia com o cônjuge ou companheiro remanescente. A nova redação não previu, expressamente, a possibilidade da separação ou divórcio extrajudiciais, cujo manejo já fora previsto em lei anterior (Lei nº 11.441/2007). Todavia, a interpretação teleológica do novo dispositivo não nos deixa outra interpretação do que a extensão às modalidades extrajudiciais do rompimento ou extinção da sociedade conjugal.

São dois fenômenos jurídicos diferentes a *cessão* e a *sublocação*. Esta é uma operação análoga à locação, e envolve a utilização da coisa locada por um terceiro, mediante remuneração ao locatário, o qual permanece vinculado e responsável perante o locador pela conservação do imóvel e solução dos alugueres; na sublocação as cláusulas podem diferir das da locação; na sublocação o locatário continua devedor de todas as obrigações contratuais. A cessão implica a transferência do contrato com substituição do locatário pelo terceiro-cessionário, o qual assume todos os encargos e obrigações contratuais; o locatário-cedente libera-se de todo.[96] Desta diferenciação resulta que quando há proibição somente de ceder, não envolve a de sublocar, e vice-versa.[97]

Muito embora as obrigações do sublocatário fiquem estabelecidas para com o sublocador, fica ele subsidiariamente responsável para com o senhorio pelas importâncias devidas a ele, sublocador, quando este for demandado, e ainda pelos alugueres que se vencerem *lite pendente* (Lei nº 8.245/91, art. 16). Esta é uma hipótese de ação direta do locador contra o sublocatário. Fora daí somente em condições especiais é possível, em razão da inexistência de relação contratual entre eles. Ressalva-se especialmente, a culpa extracontratual, em cuja ocorrência o sublocatário responde como qualquer estranho, mas aqui o fundamento é da falta *ex delicto* e não *ex contracto*.[98]

Rescindida ou finda a locação, fica resolvida a sublocação, com a obrigação de restituir o prédio, e o direito de indenizar-se contra o sublocador (Lei nº 8.245/91, art. 15).

Durante a locação, o senhorio não pode mudar a forma nem o destino do prédio alugado (Lei nº 8.245/91, art. 22, III), porque o locatário tem o direito ao uso da coisa, e as alterações no imóvel podem atingir aquela faculdade. Nada impedirá, entretanto, que, após a cessação da relação locatícia, ainda que no exercício do direito de retomada, realize o locador as mudanças, porque, a esse tempo, já o contrato terá deixado de vigorar, e a transformação da coisa já não poderá afetar o seu uso e gozo.

Em caso de *incêndio* inimputável ao locatário, rescinde-se a locação por falta de objeto, e pela mesma razão se deteriorações ou danificações o tornarem impróprio ao uso normal, mesmo que não importe em seu perecimento.

Corolário da obrigação de restituir a coisa locada (v. nº 239, *supra*) o inquilino responde pelo *incêndio do prédio*, a não ser que prove tenha tido origem este em caso fortuito ou força maior, vício de construção ou propagação do fogo originado em outro prédio. Trata-se de presunção *iuris tantum* de responsabilidade,[99] que poderá ser ilidida. Não há mister, pois, que o locador demonstre a culpa do locatário;

---

96 M. I. Carvalho de Mendonça, *Contratos*, vol. II, nº 189; Planiol, Ripert *et* Boulanger, *Traité Élémentaire*, vol. II, 2.684; Colin *et* Capitant, *Cours*, vol. II, nº 667; Aubry *et* Rau, *Droit Civil*, vol. V, § 368; Cerruti Aicardi, *Contratos Civiles*, nº 195; Serpa Lopes, *Curso*, vol. IV, nº 197.

97 Colin *et* Capitant, nº 669.

98 Serpa Lopes, vol. IV, nº 370.

99 Clóvis Beviláqua, Comentários ao art. 1.208 do Código de 1916.

LOCAÇÃO DE COISAS 237

para que este se libere, terá de evidenciar a ausência de culpa. A razão da regra está em que o incêndio não é, por si, um caso fortuito, e o locatário somente se forra de suas consequências se provar a inimputabilidade do sinistro, evidenciando que este se deveu à obra do acaso.[100] O direito moderno, desta maneira, conserva-se fiel à tradição romana da presunção de culpa dos moradores... *plerumque incendia culpa fiunt inhabitantium.*[101]

No caso de ter o prédio mais de um morador, todos respondem pelo incêndio, na proporção da parte que cada um utiliza. A responsabilidade dos ocupantes é coletiva, mas sem solidariedade (Clóvis Beviláqua), e, para o estabelecimento da base matemática da partilha dos encargos, tomam-se os valores locativos dos diferentes locais.[102] Se o proprietário habitar no imóvel, será incluído neste rateio, porque envolvido na presunção de responsabilidade em razão da ocupação.[103]

Toda a responsabilidade passará para um só morador, desde que se prove ter tido o fogo início na parte por ele ocupada.

A Lei nº 8.245/91 instituiu um direito de *preempção* em favor do locatário de prédio urbano, ao qual o proprietário tem o dever de afrontar se pretender aliená-lo, assegurando-lhe preferência em igualdade de condições de preço e de garantia. Não importa na transformação da locação em direito real, embora fique na fronteira deste,[104] aplicando-se as regras que o direito comum estatui para a preempção convencional (v. nº 227, *supra*). A violação pelo locador do direito de preferência do locatário dá margem a duas consequências diversas, conforme o caso. Na hipótese de o contrato de locação estar averbado no Registro de Imóveis há mais de trinta dias da alienação, o locatário poderá reivindicar no prazo de seis meses do registro da venda, mediante o depósito do preço, a propriedade do imóvel. Caso não estejam preenchidos esses requisitos, o locatário poderá exigir apenas a indenização pelas perdas e danos que tiver sofrido (art. 33).

Cessa a locação: *a*) pela *resilição bilateral*, independentemente de requisito formal, bastando que o locatário, de comum acordo com o locador, restitua a este a coisa locada; *b*) pela *retomada*, nos casos em que a lei a permite; *c*) pela *resolução*, se o locatário infringir dever legal ou contratual; *d*) pela perda *total* da coisa; *e*) pela *impossibilidade de utilização* pelo locatário;[105] *f*) pela *perda parcial* atribuível à culpa do locatário; *g*) pela *perda parcial* atribuível à culpa do locador, a qual torne a coisa inadequada ao uso normal, se não preferir o locatário a reconstrução do prédio a expensas do locador;[106] *h*) pela expiração do prazo, nas hipóteses em que disposição

---

100 De Page, *Traité,* vol. IV, nº 698; Planiol, Ripert *et* Boulanger, *Traité Élémentaire*, vol. II, nº 2.732.
101 Digesto, liv. I, tít. XV, fr. 3, § 1º. Tradução: "incêndios são geralmente culpa dos habitantes".
102 Planiol, Ripert *et* Boulanger, nº 2.741.
103 Colin *et* Capitant, nº 664.
104 Mazeaud *et* Mazeaud, vol. III, nº 1.072.
105 Aubry *et* Rau, § 369; Colin *et* Capitant, nº 673; Cerruti Aicardi, nº 206.
106 Serpa Lopes, nº 379; Baudry-Lacantinrie *et* Wahl, *Trattato, Locazione*, vol. I, nº 396.

especial de lei não imponha a prorrogação ou renovação; *i*) pela anulação do título de propriedade ou pela evicção do locador;[107] *j)* pela desapropriação do prédio locado.

241-D. Devolução do imóvel pelo locatário

A Lei nº 8.245, de 18 de outubro de 1991, é abrangente e trata das diversas hipóteses de resilição contratual por qualquer das partes. Como imposição genérica, não pode o locador denunciar o contrato, mas poderá o locatário fazê-lo pagando a multa estipulada pela resilição antecipada (art. 4º, *caput*).

Durante o prazo contratual, o viés legal é protetivo ao locatário, impedindo que o senhorio retome-lhe o imóvel sem o cumprimento de expressas determinações legais. O locatário, todavia, poderá devolver o bem se não mais lhe interessar permanecer no mesmo, desde que pague a multa prevista contratualmente. O dispositivo já era previsto legalmente desde o anterior Código Civil e foi repetido no Código atual (art. 413). A Lei nº 8.245/91 reforçou-lhe a previsão em seu art. 4º. Houve tempos em que a interpretação era pelo pagamento integral da multa pactuada, se fosse o caso da devolução antecipada do bem pelo locatário. A Lei nº 8.245/91, ao reforçar a possibilidade da devolução, condicionou-a ao cumprimento do que estava disposto no art. 924 do antigo Código Civil. Esse artigo previa que quando a obrigação era cumprida em parte, facultava-se ao juiz a possibilidade da diminuição proporcional da multa no caso de mora. A principiologia era consagrada ao cumprimento da Cláusula Penal no Direito Obrigacional, mas estendia-se ao raciocínio das obrigações locatícias que, *in casu*, não deixam de prever exatamente uma cláusula punitiva pelo inadimplemento obrigacional pelo locatário.

Um novo texto legal (Lei nº 12.112, de 09.12.2009) reformulou a redação do art. 4º da Lei nº 8.245/91 ao determinar que no caso de devolução antecipada, o locatário deverá pagar a multa *proporcionalmente ao período de cumprimento do contrato*. Mas o que era uma faculdade do Juiz em determinar a redução proporcional da multa passou a ser um direito do locatário com a nova redação conferida ao art. 4º.

O texto facilita o cálculo da multa em caso de devolução. Não há necessidade do apelo ao Judiciário. Se o contrato é de trinta meses e o locatário ocupou o bem por dez meses, basta que a multa estipulada seja proporcional aos vinte meses restantes.

Acreditamos que em casos muito específicos onde sejam contempladas penalidades altas, insignificante permanência do inquilino no imóvel ou mau comportamento deste pelo zelo com o imóvel poderão ensejar a interferência do Judiciário no sentido de determinar regras de equidade para o cálculo da multa pela desocupação. No mais das vezes, tratar-se-á de simples cálculo aritmético, como descrevemos acima, sem a necessidade de interferência judicial. É o que recomenda a vida hodierna, onde a regra permite a prática do pragmatismo.

Se o viés é protetivo, poder-se-ia inferir que, no caso de ausência de previsão da multa contratual pela devolução antecipada do bem pelo locatário, não há multa

---

107 Aubry *et* Rau, loc. cit.

a ser paga ao senhorio. Contudo, a Lei nº 12.112, de 09.12.2009, dispôs expressamente que no caso da imprevisão contratual, a multa a ser paga poderá ser fixada judicialmente (segunda parte da redação do art. 4°). Caso não haja previsão contratual expressa, ou o contrato seja verbal, se o locador entender que faz jus à multa pela devolução antecipada, caberá ao Judiciário a decisão pela legalidade da cobrança e pela estipulação do *quantum debeatur.*

O locatário empregado ou o locatário servidor poderá resilir o contrato, sem pagamento da multa, no caso de transferência determinada por seu empregador ou superior hierárquico para exercer suas atividades em localidade diversa de sua residência. Imprescindível a notificação prévia de trinta dias (art. 4°, parágrafo único).

Ordem pública

Os princípios reguladores da renovação dos contratos de aluguel mercantil são considerados de ordem pública. É lícito às partes fazer acordo, mesmo na pendência da lide, mas são nulas de pleno direito as cláusulas do contrato de locação, bem como os entendimentos que transgridam os seus preceitos, tais como: pagamento antecipado de aluguéis; pagamento de benefícios especiais (luvas); pagamento, pelo locatário do imposto sobre a renda; rescisão do contrato em caso de concordata ou falência; renúncia à renovação do contrato na locação não residencial.[108] Ou, em suma, qualquer medida que vise a recusar aplicação às suas determinações (Lei nº 8.245/91, art. 45).

Exclusão

A fim de eliminar dúvidas que pontilhavam a jurisprudência, a Lei nº 8.245/91 excluiu do seu regime:

1 – as locações de imóveis de propriedade da União, Estados ou Municípios;

2 – as vagas autônomas de garagem ou de espaços para estacionamento de automóveis;

3 – os espaços destinados à publicidade;

4 – os apart-hotéis, hotéis-residência ou equiparados, assim considerados aqueles que prestam serviços regulares a seus usuários e como tais sejam autorizados a funcionar;

5 – o arrendamento mercantil (*leasing*) em qualquer de suas modalidades.

Temporada

A Lei disciplina os alugueres por temporada (art. 48) assim considerados os imóveis para residência do locatário, para prática de lazer, para realização de cursos, tratamento de saúde, feitura de obras e outros fatos que decorrem tão somente de determinado tempo, e contratados por prazo não superior a noventa dias, esteja ou não mobiliado o imóvel.

---

108 Espínola, *Dos Contratos Nominados*, nº 119.

Findo o prazo ajustado, se o locatário permanecer no imóvel sem oposição do locador por mais de 30 dias, considerar-se-á prorrogada a locação por prazo indeterminado, não mais sendo exigível o pagamento antecipado do aluguel.

Ocorrendo a prorrogação o locador somente poderá denunciar o contrato após trinta meses de seu início ou nas hipóteses do art. 47.

Shopping Centers

Nas relações entre lojistas e empreendedores de *shopping centers* (art. 54) o contrato entre eles celebrado é o de locação, prevalecendo, no entanto, a livre contratação. A Lei estabelece apenas algumas restrições quanto às cobranças que o empreendedor do *shopping* pode realizar do locatário, a fim de evitar abusos nas contribuições condominiais.

241-E. Despejo

Seja qual for o fundamento do término da locação, a ação do locador para reaver o imóvel é a de despejo (art. 5º da Lei nº 8.245/91). Esta ação é disciplinada especificamente nos arts. 59 e segs.; a Lei conjuga a ação de despejo com a cobrança judicial dos aluguéis devidos ao locador.

Algumas observações são necessárias em decorrência de recentes modificações na Lei nº 8.245/91 pela Lei nº 12.112, de 09.12.2009, que têm o objetivo de tornar mais céleres as decisões no que concerne ao rompimento dos contratos e ao despejo dos locatários que não estejam cumprindo as determinações contratuais ou legais. Há clara intenção do legislador em dar celeridade a medidas judiciais quando for patente qualquer intuito procrastinatório do locatário em permanecer no imóvel sem uma justificativa que esteja baseada expressamente em lei.

Novas hipóteses foram acrescentadas à lei para permitir que o juiz conceda liminar de despejo, sem a oitiva da parte contrária, em casos específicos:

a) Foi acrescentado o inciso VI ao § 1º do art. 59, quando se tratar da necessidade de obras emergenciais no imóvel determinadas pelo Poder Público (redação anterior do art. 9º, inciso IV, da Lei nº 8.245/91).

b) Foi acrescentado um parágrafo único ao art. 40 da Lei nº 8.245/91 prevendo a possibilidade de o locador notificar o locatário para que substitua o fiador exonerado de suas obrigações ou ofereça outras garantias, sob pena do desfazimento da locação em 30 dias.

c) Foi acrescentado o inciso VIII ao § 1º do art. 59 prevendo que no término do prazo da locação não residencial, se tiver sido proposta a ação em até 30 (trinta) dias do termo ou do cumprimento de notificação comunicando o intento de retomada.

d) Foi acrescentado o inciso IX ao § 1º do art. 59 prevendo a possibilidade do despejo liminar no caso da *falta de pagamento de aluguel e acessórios da locação no vencimento, estando o contrato desprovido de qualquer das garantias previstas no art. 37, por não ter sido contratada ou em caso de extinção ou pedido de exoneração dela, independentemente de motivo.*[109]

Neste último caso, permite-se ao locatário (e ao seu fiador) citado para a desocupação liminar que, no prazo de quinze dias, independente de cálculo, deposite judicialmente a quantia que está sendo cobrada juntamente com o despejo, para que se evite a desocupação forçada.

No entanto, locatário e fiador, este acaso existente, são obrigados a prever em seus cálculos para emenda da mora todos os consectários locatícios: 1) os aluguéis e acessórios da locação que vencerem até a sua efetivação; 2) as multas ou penalidades contratuais, quando exigíveis; 3) os juros de mora e 4) as custas e os honorários do advogado do locador, fixados em dez por cento sobre o montante devido, se do contrato não constar disposição diversa (redação dada ao inciso II do art. 62 pela Lei nº 12.112 de 09.12.2009). A ausência de qualquer das verbas aqui previstas ou sua atualização discrepante podem levar o juiz a permitir que seja efetuado o acréscimo, baseado no cálculo fornecido pelo locador, e abrir-se-á nova chance ao locatário e ao seu fiador de complementarem o depósito em até 10 dias (inciso III do art. 62 da Lei nº 8.245/91). Essa comunicação poderá ser feita pelo próprio locador ao patrono do locatário por carta (se o fiador tiver procurador diverso constituído nos autos, este também deverá receber cópia da carta) ou mediante publicação no Diário Oficial da Comarca.

Se o locatário e seu fiador forem comunicados sobre a deficiência do depósito e não o complementarem, o juiz poderá dar seguimento à ação, julgando o contrato rescindido, podendo determinar, outrossim, o despejo liminar. Fica facultado ao locador o levantamento da quantia depositada, ainda que não integral.

241-F. GARANTIAS NA LOCAÇÃO URBANA

Regula a Lei nº 8.245/1991, em seu art. 37, as garantias que o locador pode exigir do locatário: caução, fiança, seguro de fiança e cessão fiduciária de quotas de fundo de investimento, restritas sempre a uma delas, e vedada mais de uma num mesmo contrato.

A caução pode ser dada de três modos: a) em bens móveis ou imóveis; no primeiro caso, o instrumento registrado em Cartório de Títulos de Documentos e no segundo caso, à margem da respectiva matrícula do imóvel; b) em dinheiro, e neste caso, a caução não pode ultrapassar três meses de aluguel. A quantia deve ser depo-

---

109 De acordo com o art. 9º da Lei 14.010/2020, que instituiu o Regime Jurídico Especial e Transitório, "não se concederá liminar para desocupação de imóvel urbano nas ações de despejo, a que se refere o art. 59, § 1º, incisos I, II, V, VII, VIII e IX, da Lei nº 8.245, de 18 de outubro de 1991, até 30 de outubro de 2020". Tal norma, de aplicação restrita no tempo e em determinadas hipóteses, permitiu a tutela do direito de moradia do locatário durante o período de pandemia da Covid-19, relativamente à ação de despejo, impedindo a concessão de decisão liminar para desocupação do imóvel.

sitada em caderneta de poupança, e o locador terá os frutos financeiros do depósito tendo o poder de levantá-la caso haja descumprimento contratual, e esteja caracterizado o inadimplemento de obrigação de pagamento. Ao final do contrato, caso esse tenha sido cumprido integralmente, sem ressalvas às obrigações de pagamento, o direito de levantamento da quantia depositada caberá ao locatário. É comum que haja acordo entre as partes de que os valores depositados sejam levantados pelo locador em pagamento pelos últimos meses devidos pelo período da locação ou para acerto de eventuais obras e consertos ocasionados pela ocupação do locatário.

Com relação à temporalidade das garantias da locação, houve modificações com a promulgação da Lei nº 12.112, de 09.12.2009, especialmente no que se refere à garantia locatícia prestada por fiança.

O texto anterior previa a responsabilização do fiador até a efetiva entrega das chaves do imóvel, caso não houvesse cláusula expressa determinando a responsabilização limitada, como, por exemplo, a duração contratual. Era controversa a responsabilização do fiador, caso houvesse indeterminação do prazo contratual. Os julgados discrepavam; alguns confirmavam a responsabilização do fiador tão somente até o fim do prazo contratual previsto, sob a premissa de que ninguém é obrigado a garantir perpétua e graciosamente a nenhum outro (art. 835 do Código Civil). Outros julgados confirmavam a responsabilização do fiador, mesmo que o prazo se indeterminasse.

A nova redação permite a responsabilização do fiador além do prazo contratual, ou seja, caso o contrato se indetermine no tempo, prevalece a responsabilidade fidejussória até a efetiva entrega das chaves (art. 39 da Lei nº 8.245/1991).

Obviamente que sua responsabilidade poderá ser limitada ao tempo do contrato ou até mesmo a menor tempo (ou a menores obrigações), se houver cláusula expressa nesse sentido.

Outra alteração trazida pela Lei nº 12.112, de 09.12.2009, indica a possibilidade de o locador exigir novo fiador ou a modificação da garantia no caso de recuperação judicial do fiador declarada judicialmente (inciso II do art. 40 da Lei nº 8.245/91). A redação anterior, no caso de pessoas jurídicas fiadoras, só permitia que houvesse a exigência no caso de falência declarada judicialmente.

Acrescentou outro inciso ao art. 40, permitindo ao locador exigir a troca do fiador ou outro tipo de garantia prevista em lei, caso o contrato se indetermine no tempo e o fiador, ciente disto, notifique o locador, caso deseje se desonerar de suas obrigações, obrigando-se pelos 120 (cento e vinte) dias posteriores à notificação do locador.

Neste caso, o locador poderá notificar o locatário sobre a intenção do fiador, para que ele, locatário, o substitua, ou ofereça outra garantia em 30 (trinta) dias, sob pena de não fazendo, ficar desfeita a locação (art. 40, parágrafo único, da Lei nº 8.245/91, acrescentado pela Lei nº 12.112, de 09.12.2009).

Lembre-se, ainda, de que o fiador locatício não goza da proteção da Lei do bem de família (Lei nº 8.009/1990, art. 3º, VII), razão pela qual seu único imóvel residencial poderá sofrer constrição judicial com a finalidade de pagar a dívida do locatário[110].

Com exceção das hipóteses previstas no art. 9° da Lei de Locações, qualquer execução provisória de despejo dependerá de caução por parte do locador, não inferior a 6 (seis) meses nem superior a 12 (doze) meses do valor do aluguel (art. 64). As hipóteses previstas no art. 9° são as de maior incidência nas lides locatícias, de maneira que as execuções provisórias das desocupações que exigirão caução serão limitadas às hipóteses previstas nos artigos 6°, 7° e 8°. Hipóteses que representam, em essência, a indeterminação contratual ou a modificação no *status* da posse, da propriedade ou de direitos reais sobre o bem.

Parece-nos oneroso para o locador (no caso do art. 6°) ou para o novo locador que assumiu a locação em virtude da modificação ativa do contrato por aquisição onerosa da propriedade (art. 8°), ainda ser impelido ao depósito caucionário. Na primeira hipótese, pois a denúncia vazia na indeterminação do prazo locatício é uma das grandes virtudes que a lei contempla no sentido de incentivar a construção de imóveis específicos para locação. Na segunda hipótese, o novo adquirente que tenha direito à denúncia vazia (pela falta de precaução do locatário para a formalização de seu direito de preferência) e já tenha despendido valores para aquisição do bem, ainda ser compelido ao depósito caucionário para ter a reivindicação liminar garantida.

Uma hipótese que pode se dar na prática é o locador que requer o despejo provisório ou liminar solicitar ao Juiz que o débito do locatário, nas ações de despejo por falta de pagamento (art. 9°, III), seja a própria garantia exigida por lei.

Penalidades Criminais e Civis

Desce a minúcias o sistema punitivo instituído nos arts. 43 e 44, definindo as contravenções e crimes que possam ser praticados no exercício e no curso da locação.

Princípios gerais

A Lei n° 8.245/91 invoca (art. 79) como de aplicação subsidiária as normas do Código Civil e do Código de Processo Civil, no que for omissa.

---

110 No mesmo sentido, ver Súmula 549 do STJ, de 19.10.2015, que assim dispõe: "é válida a penhora de bem de família pertencente a fiador de contrato de locação".

Capítulo XLIX
Empreitada – Transporte

Sumário

242. Generalidades do contrato de empreitada. **243.** Efeitos do contrato de empreitada. **244.** Contrato de transporte. **244-A.** Transporte Rodoviário de Cargas. **244-B.** Subcontratação do serviço de transporte de carga. **244-C.** Transporte Rodoviário de Cargas – excludentes da responsabilidade.

Bibliografia

Eduardo Espínola, *Dos Contratos Nominados,* nos 139 e segs.; Hector J. Cerruti Aicardi, *Contratos Civiles*, nos 233 e segs.; Enneccerus, Kipp *y* Wolff, *Tratado, Derecho de Obligaciones*, vol. II, §§ 147 e segs.; Karl Larenz, *Derecho de Obligaciones*, vol. II, § 49; Planiol, Ripert *et* Boulanger, *Traité Élémentaire*, vol. II, nos 2.987 e segs.; Alberto Trabucchi, *Istituzioni di Diritto Civile*, nos 339 e segs.; Ruggiero e Maroi, *Istituzioni di Diritto Privato*; vol. II, § 146; Luigi Abello, *Contratto di Trasporto, passim*; E. V. Miranda Carvalho, *Contrato de Empreitada, passim*; Alfredo de Almeida Paiva, *Aspectos do Contrato de Empreitada, passim*; Otto Riese *et* Jean T. Lacour, *Précis de Droit Aérien, passim; Coletânea de Legislação Aeronáutica*, organizada pela Diretoria de Aeronáutica Civil; Georges Ripert, *Traité Élémentaire de Droit Commercial*, nos 2.408 e segs.; Serpa Lopes, *Curso de Direito Civil*, vol. IV, nos 440 e segs.; Costa Sena, *Da Empreitada no Direito Civil, passim*; M. I. Carvalho de Mendonça, *Contratos*, vol. II, nos 213 e segs.; De Page, *Traité*, vol. IV, 1ª parte, nos 835 e segs.; J. X. Carvalho de Mendonça, *Tratado de Direito Comercial*, vol. VI, 2ª parte, nos 1.100 e segs.

242. Generalidades do contrato de empreitada

Empreitada é o contrato em que uma das partes (empreiteiro) se obriga, sem subordinação ou dependência, a realizar certo trabalho para a outra (dono da obra), com material próprio ou por este fornecido, mediante remuneração global ou proporcional ao trabalho executado.

O Direito Romano incluiu-a entre os tipos de locação – era a *locatio-conductio operis* – mas já sabia distingui-la do *locatio-conductio operarum*. Com efeito, não se confunde a empreitada com o contrato de trabalho, nem com o de prestação civil de serviços. Não obstante o ponto de aproximação, que é a prestação da atividade, a empreitada caracteriza-se nitidamente pela circunstância de considerar o resultado final, e não a atividade, como objeto de relação contratual. Enquanto no contrato de serviços se cogita da atividade como prestação imediata, na empreitada tem-se em vista a obra executada, figurando o trabalho que a gera como prestação mediata ou meio de consecução.[1]

Aproxima-se, também, da *compra e venda* a empreitada com fornecimento de materiais por parte do empreiteiro, que os afeiçoa ou transforma, e entrega ao outro contraente a obra encomendada. Não falta mesmo quem a considere modalidade de venda.[2] Na essência difere da venda, porque não visa a uma *obligatio dandi*, porém à produção de uma obra. O aspecto fundamental é a produção do resultado. Confrontados os dois contratos, em razão dos respectivos efeitos, ressalta nítida a diferença.[3]

A dúvida que a muitos assalta provém de se não distinguirem, como merecem, a obrigação de fazer (realização da obra) e a obrigação de entregar a coisa depois de concluída; esta última, vinculada à primeira, não se confunde com a obrigação de dar que é execução do contrato de compra e venda.[4]

A tendência, hoje, é promover a empreitada, de mera modalidade locatícia, a contrato de tendências próprias, e de características autônomas.[5]

A lei considera duas espécies de empreitada: a simplesmente de lavor ou de mão de obra, em que o empreiteiro entra apenas com o seu trabalho; e aquela outra em que fornece também os materiais necessários à sua execução (Código Civil, art. 610). No silêncio do contrato, a presunção é a de a empreitada ser apenas de lavor, já que o Código exige que a obrigação de fornecer os materiais para a obra resulte da

---

1   Cf., sobre a distinção entre empreitada e locação de serviços: Espínola, *Dos Contratos Nominados*, nº 139; Clóvis Beviláqua, Comentários ao art. 1.237 do Código Civil de 1916; Planiol, Ripert *et* Boulanger, *Traité Élémentaire*, vol. II, nº 2.991; Serpa Lopes, *Curso*, vol. IV, nº 446.

2   Enneccerus, Kipp *y* Wolff, *Tratado, Derecho de Obligaciones*, vol. II, § 147; Planiol, Ripert *et* Boulanger, ob. cit., nº 2.992; Trabucchi, *Instituzioni di Diritto Civile*, nº 339.

3   Cerruti Aicardi, *Contratos Civiles*, nº 238.

4   De Page, *Traité*, vol. IV, 1ª parte, nº 870.

5   Orlando Gomes, *Contratos*, nº 221.

lei ou da vontade das partes (§ 1º do art. 610). Esta distinção é de grande interesse prático, pois que vai influir na dedução dos efeitos do contrato.

O *objeto* deste é o mais amplo e variado, compreendendo toda espécie de produções, seja a clássica construção de uma obra material, seja a criação intelectual, artística ou artesanal.[6]

Os caracteres jurídicos deste contrato são: *bilateral, oneroso, consensual, comutativo*, como regra, podendo entretanto ajustar-se com caráter aleatório.

A remuneração ou preço é essencial à empreitada, seja em dinheiro, seja em outra espécie, seja mesmo em uma cota-parte da própria obra a realizar-se.[7] E nada impede que se estipule tacitamente.[8]

Tendo em vista os critérios de determinação do preço, distinguem-se duas modalidades:

A – Aquela em que a retribuição é estipulada para a obra inteira, sem se levar em consideração o fracionamento da atividade ou do resultado mesmo. É o que os autores franceses chamam de *marché à fortait*. Não é incompatível com o parcelamento das prestações, nem deixa de ser *global* ou *forfaitário* o preço, pelo fato de ficar ajustado seu pagamento escalonadamente, desde que determinado em função da obra como conjunto.

B – Aquela outra na qual a fixação atende ao fracionamento da obra, levando em consideração as partes em que esta se divide, ou a medida (*marché sur dévis*). A fórmula de sua determinação é vária, como seja o pagamento a tanto por unidade, ou por parte concluída (Código Civil, art. 614).[9]

Empreitada com reajustamento é a que contém cláusula permissiva da variação do preço em consequência do aumento ou diminuição valorativa de seus componentes, como sejam a mão de obra e os materiais. Nas épocas de instabilidade, é frequentemente convencionada, pondo o empreiteiro a coberto das súbitas oscilações do mercado e defendendo-o do injusto locupletamento do dono da obra; mas, por outro lado, evita os orçamentos demasiadamente elevados com os quais, a pretexto de defender-se de preços instáveis, o contrato permite que as partes, periodicamente ou à vista dos eventos determinantes de alterações, revejam a retribuição contratada, atualizando-a. Não padece dúvida a liceidade desta estipulação, que se enquadra perfeitamente ao plano dos pactos livres e na órbita da autonomia da vontade.[10]

O Código Civil expressamente determina que nas hipóteses de diminuição no preço do material ou da mão de obra superior a um décimo do preço global convencionado, poderá o dono da obra rever o valor contratado para que se efetive o ree-

---

6   Enneccerus, Kipp *y* Wolff, loc. cit.
7   Enneccerus, Kipp *y* Wolff, loc. cit.
8   Larenz, *Derecho de Obligaciones*, vol. II, § 49.
9   Sobre a distinção entre duas espécies: De Page, ob. cit., nºs 865 e segs.; Planiol, Ripert *et* Boulanger, ob. cit., nº 2.999; Espínola, ob. cit., nº 139.
10   Caio Mário da Silva Pereira, "Empreitada", *in Revista dos Tribunais*, vol. 245, pág. 7.

quilíbrio econômico do contrato, independentemente de qualquer convenção prévia entre as partes (art. 620).

Empreitada sem reajustamento é a que determina o preço certo para a execução da obra, insuscetível de variação, ainda que o dos salários ou dos materiais aumente. Sendo o empreiteiro um especialista, presume-se que a terá calculado na previsão dos acontecimentos, e não pode surpreender a outra parte com a exigência de quantia a maior do que o preço ajustado. Na falta de estipulação expressa das partes, o Código presume ser a empreitada sem reajustamento (Código Civil, art. 619). Esse direito ao preço fixo que tem o dono da obra se mantém mesmo que sejam introduzidas modificações no projeto aprovado, salvo se essas modificações forem efetivadas a pedido do dono da obra, através de instruções escritas, ou se este assistiu as modificações e contra elas não protestou, na hipótese de serem visíveis e de inequivocamente importarem em aumento do custo da obra (parágrafo único do art. 619).

Empreitada por preço de custo é aquela em que o empreiteiro fica obrigado a realizar o trabalho, sob sua responsabilidade, com fornecimento de materiais e pagamento de mão de obra, mediante reembolso do despendido, acrescido do lucro assegurado. Esta modalidade é compatível com o *marché sur dévis*, no qual o pagamento faz-se na razão das medidas (art. 614). Não a comporta o *marché à fortait*, em que a remuneração é contratada para o todo.

Na execução dos contratos de empreitada tem sido levantada a indagação se é admissível a aplicação da teoria da imprevisão, quando o ambiente objetivo da execução varia em relação ao que envolvera a formação do contrato, como consequência de acontecimentos graves e imprevisíveis, em virtude dos quais pode haver o enriquecimento exagerado de um contratante, e correlato empobrecimento do outro. É perfeitamente aplicável à hipótese a resolução por onerosidade excessiva prevista nos arts. 478 a 480 do Código (v. nº 216, *supra*), situando-se o problema na apuração de seus requisitos. Tal aplicação não encontra obstáculo no art. 619 do Código Civil, pois que a proibição nele contida é para alteração do preço em razão do custo salarial ou de materiais, ao passo que a teoria da imprevisão introduz elementos específicos, previstos no art. 478 do Código.[11]

243. Efeitos do contrato de empreitada

O contrato de empreitada gera obrigações para ambos os contratantes, as quais examinaremos sistematicamente em relação a um e outro.

---

11 Cf. Alfredo de Almeida Paiva, *Aspectos do Contrato de Empreitada*, nº 48; Temístocles Cavalcanti, *in Revista de Direito Administrativo*, vol. 3, pág. 393; Carlos Medeiros Silva, *in Revista Forense*, vol. 122, pág. 65; C. A. Lúcio Bittencourt, *in Revista de Direito Administrativo*, vol. 2, pág. 812; Hahnemann Guimarães, *in Pareceres do Consultor-Geral da República*, 1944, pág. 232; Francisco Campos, *Direito Civil*, pág. 5; Arnoldo Medeiros da Fonseca, *Caso Fortuito e Teoria da Imprevisão*, nos 208 e segs.; Serpa Lopes, vol. IV, nº 458.

A – *Do dono da obra.* A primeira obrigação deste é recebê-la na forma do ajustado, ou segundo o costume. Para havê-la foi que contratou. Não pode, arbitrariamente, enjeitá-la. Mas, se o empreiteiro se tiver afastado das especificações que normalmente são ajustadas em minúcias, ou descurado a aplicação das normas técnicas ou regulamentares, cabe a recusa, pois que não tem o dono da obra obrigação de receber por partes, ou com imperfeições, um trabalho que confiou a um mestre de seu ofício (Código Civil, art. 615), a não ser que prefira aceitá-la mesmo assim, com abatimento no preço (art. 616), levando em consideração que lhe é útil, ainda que defeituosa ou inacabada.

Correlato a esta obrigação de receber, tem o empreiteiro o direito de constituir o dono da obra em mora, ou consigná-la judicialmente, com todos os efeitos de uma ou outra (v. n°s 158 e 173, *supra*, vol. II).

Admite-se, contudo, que o recebimento seja provisório, para verificação,[12] caso em que se considera em aberto a aprovação, e suscetível a obra de verificação ulterior, após a qual a aceitação será definida ou haverá rejeição.

Recebida ela, presume-se aprovada a conduta do empreiteiro, que se libera assim tanto do dever de execução, quanto da responsabilidade pelos defeitos aparentes (De Page, Espínola). Pelos vícios ocultos, e pela solidez e segurança, todavia, continua a sua garantia, como em seguida se verá.

Se a obra constar de partes distintas, ou for das que se determinam por medida, o empreiteiro terá direito a que se verifique também por medida, ou segundo as partes em que se fracionar, presumindo-se verificado tudo o que se pagou (Código Civil. art. 614). O Código presume verificado e aprovado aquilo que tiver sido medido e em trinta dias não tiver o dono da obra, ou seu preposto, apontado nenhum vício ou defeito (§ 2° do art. 614).

Pagamento de preço. Obrigação, e fundamental, do dono da obra é pagar o preço estipulado, nas épocas determinadas. A sua falta pode importar na resolução do contrato, com perdas e danos; ou na suspensão da execução, por força da *exceptio non adimpleti contractus*[13] (v. n° 215, *supra*); ou na sua cobrança executiva; ou no direito de retenção.[14]

O dono da obra é obrigado ao preço estipulado, sem majoração devida a reajustamento, salvo, quanto a este, o que dissemos no n° 242, *supra*. Não são lícitos, igualmente, acréscimos sob pretexto de ter havido alteração nos planos primitivos,[15]

---

12 Espínola, *Dos Contratos Nominais*, n° 412; De Page, *Traité*, vol. IV, parte 1, n° 885.
13 "Exceção do contrato não cumprido".
14 Quanto ao direito de reter a obra encomendada, até pagamento, dispõem expressamente o Código mexicano, art. 2.664; o uruguaio, art. 1.854; o venezuelano de 1942, art. 1.647; o português, art. 1.407. A nossa doutrina admite também: Espínola, n° 143; Serpa Lopes, *Curso*, vol. IV, n° 460; Alfredo de Almeida Paiva, *Aspectos do Contrato de Empreitada*, n° 87; Arnoldo Medeiros da Fonseca, *Direito de Retenção*, n° 105-a. Este último autor faz uma pesquisa de profundidade, e indica os arestos e autores que têm reconhecido o direito de retenção – Laudo de Camargo, Cândido Lobo, Sá Pereira – como os que o têm recusado – Auto Fontes, Alfredo Rússel, Otávio Kelly.
15 Cerruti Aicardi, *Contratos Civiles*, n° 250.

a não ser que tenham sido autorizados por escrito ou o dono da obra os tenha presenciado e constatado em visitas sem apresentar qualquer tipo de objeção (Código Civil, art. 619).

Se o contrato não tiver ajustado preço, e não existir *tarifa preestabelecida*, caberá estimá-lo por arbitramento (judicial ou extrajudicial), levados em conta os usos e costumes, bem como outros fatores, tal forma que a obra seja avaliada como um complexo, e não em razão da unidade de trabalho utilizado.[16]

Cabe ao dono da obra, ainda, indenizar o empreiteiro pelos trabalhos e despesas que houver efetuado, se rescindir o contrato sem justa causa, ou der razão a que se resolva, pagando, ainda, o lucro que poderia razoavelmente esperar, se viesse a obra a ser concluída (Código Civil, art. 623).

Materiais. Na empreitada exclusivamente de lavor, o dono da obra tem que pôr os materiais no local da construção, ou onde seja conveniente à execução, e em tempo oportuno, salvo ajuste em contrário, respondendo pelas consequências da demora e da inadequação. Ao empreiteiro cumprirá reclamar e acusar a existência dos defeitos que possam comprometer a execução do trabalho ou seu bom acabamento (Código italiano de 1942, art. 1.663; Código federal suíço das Obrigações, art. 365). A falta de cumprimento deste dever, por parte do dono da obra, autoriza a prorrogação do prazo de entrega, ou mesmo resolução do contrato, com ressarcimento ao empreiteiro das perdas e danos que sofrer.[17]

B – *Do empreiteiro*. A seu turno, o empreiteiro assume, em primeiro lugar, a obrigação de executar a obra de acordo com os planos, instruções e especificações recebidos, e com observância das regras técnicas e normas regulamentares, entregando-a na forma e nos prazos estipulados, sob pena de responder pelas consequências de seu inadimplemento, seja a rescisão do contrato com perdas e danos, seja a efetivação da responsabilidade do empreiteiro. Se não tiver sido convencionada data certa de entrega, nem por isto fica ao arbítrio do empreiteiro, mas presume-se que a obra tem de ser concluída em tempo normal para outras similares. Esta a solução alvitrada por Teixeira de Freitas[18] e aceita pelo Código Civil argentino (art. 1.635), bem como pela doutrina uruguaia.[19]

É comum, nos contratos para a realização de obras de maior preço, estabelecer-se a retenção da prestação final, ou a dedução de uma cota percentual a título de caução, que o empreiteiro somente levantará após a verificação da obra, e apuração de que foi bem executada, como frequentemente ocorre na de execução de obras públicas.

O dever de executar, com precisão, a obra encomendada gera um outro dever correlato de corrigir o empreiteiro os vícios ou defeitos que apresente,[20] pois que, se

---

16 Trabucchi, *Istituzioni*, nº 339.
17 Karl Larenz, *Derecho de Obligaciones*, vol. II, § 49.
18 *Esboço*, art. 2.751.
19 Cerruti Aicardi, ob. cit., nº 243.
20 Enneccerus, Kipp *y* Wolff, *Derecho de Obligaciones*, vol. II, § 148.

não é o outro obrigado a recebê-la defeituosa, não há de limitar-se tão somente à faculdade de enjeitá-la. Se o empreiteiro recusar-se a corrigir-lhe os defeitos, ou deixar que se escoe o prazo a isto destinado, restitui ao dono a faculdade de, alternativamente, resolver o contrato, enjeitando a obra, ou recebê-la com abatimento proporcional no preço (Larenz).

Se o empreiteiro receber os materiais do dono da obra, é obrigado a pagar aqueles que, por imperícia, negligência, ou culpa sua, forem danificados (Código Civil, art. 617).

Subempreitada. O contrato de empreitada não se presume *intuitu personae*, por força do que dispõe o art. 626 do Código. Em princípio, portanto, no silêncio do contrato pode o empreiteiro transferir a outrem as suas obrigações, sendo muito comum a *subempreitada parcial* (Espínola). A *subempreitada total* é admitida sempre que o contrato não tiver sido ajustado em consideração às qualidades pessoais do empreiteiro. Não é necessário que as partes estabeleçam a proibição da subempreitada por escrito, basta que se possa extrair do contrato ter sido ele celebrado *intuitu personae*. Mas, em qualquer caso, responde o empreiteiro pela má execução, e contra ele pode o dono reclamar, porque suas obrigações subsistem.[21]

Responsabilidade do empreiteiro. Na empreitada de edifícios ou outras construções consideráveis, como pontes, viadutos etc., responde o empreiteiro, independentemente da ideia de culpa, e durante o prazo de cinco anos, pela solidez e segurança da obra, tanto em razão dos materiais quanto do solo (Código Civil, art. 618). A relevância do assunto merece mais detido exame, tal como fizemos em nosso livro *Responsabilidade Civil*, nos 169 e segs. Esse prazo não pode ser alterado para menos, ainda que as partes o queiram, tendo em vista se tratar de uma garantia legal.

O Código Civil de 2002 estabeleceu um prazo de decadência para a propositura da ação de indenização contra o empreiteiro de 180 (cento e oitenta) dias a partir do aparecimento do vício ou do defeito. Com isso corrigiu parcialmente o Código de 1916, que estabelecia o prazo de 5 (cinco) anos de garantia, mas que não concedia nenhum prazo adicional para a propositura da ação pelo dono da obra, de forma que se o defeito aparecesse nos últimos dias do prazo não teria este tempo para exercer o seu direito. O art. 618 do Código de 2002 criou, no entanto, outro problema, já que agravou a posição jurídica do dono da obra, que expressamente no sistema anterior tinha o prazo de 5 (cinco) anos para reclamar qualquer defeito, independentemente do momento em que esse defeito surgisse após a entrega da obra. A leitura fria do parágrafo único do art. 618 dá a entender que se um defeito aparecer no segundo ano após a entrega da obra, o seu dono tem o prazo de 180 dias para propor a ação de indenização, sob pena de decair do direito de reclamar desse defeito, apesar de ainda não esgotados os 5 anos de garantia, o que se apresenta como uma involução no sistema de responsabilidade do empreiteiro pela obra por ele realizada.

---

21 Orlando Gomes, *Contratos*, nº 229; Alfredo de Almeida Paiva, ob. cit., nº 104; E. V. Miranda Carvalho, *Contrato de Empreitada*, pág. 101.

Em se tratando de empreitada que configure relação de consumo essa regra do parágrafo único do art. 618 não terá aplicação, por força do que dispõe o art. 27 da Lei nº 8.078/90, que terá incidência por se tratar de legislação especial de proteção do consumidor, editada de acordo com o comando do art. 5º, XXXII, da Constituição Federal.

O problema persiste, no entanto, nas empreitadas que não configurem relação de consumo. Mesmo para estas, porém, a melhor interpretação é a de que o parágrafo único do art. 618 do Código não tem o condão de afastar a garantia de prazo *irredutível* de 5 (cinco) anos prevista no *caput*. O prazo de 180 (cento e oitenta) dias é aplicável apenas após o fim do prazo de 5 (cinco) anos.

Uma tendência jurisprudencial foi construída no sentido de agravar a responsabilidade do empreiteiro, em interpretação ampliativa do disposto no art. 1.245 do Código Civil de 1916. A interpretação do art. 618 do Código de 2002 vai se manter no mesmo sentido da do seu antecessor, ou seja, o prazo de 5 (cinco) anos é um prazo de garantia legal. O seu termo final não impede o dono da obra de exigir a reparação de danos que comprovadamente decorram de culpa do empreiteiro.[22]

O empreiteiro, na forma do direito comum, responde perante terceiros pelos danos que causar, bem como pelos que se originarem da conduta de seus empregados ou prepostos.[23]

Os *riscos*, no contrato de empreitada, variam com o tipo adotado. Na meramente de lavor, o dono perde o material; e perde o trabalho o empreiteiro, salvo se provar este que o dano resultou de defeitos no material, contra os quais reclamou em tempo oportuno. Constituído em mora o dono, suportará, além do prejuízo com o material, a obrigação de pagar a mão de obra (Código Civil, art. 613), pois que um dos efeitos da *mora accipiendi* é sofrer o credor o perecimento, ainda que devido ao fortuito.

Na de mão de obra com fornecimento de materiais, corre todos os riscos o empreiteiro até o momento da entrega da coisa. Se o dono incorrer em mora, os riscos se transferem para ele (Código Civil, art. 611). A fim de se acobertar desta consequência, o empreiteiro depositará a coisa, fazendo citar o dono para que venha levantá-la, como sugeria o Projeto Coelho Rodrigues (art. 778) e repetia o primitivo de Beviláqua (artigo 1.390). Na hipótese especial de a coisa confeccionada ser remetida por ordem ou instrução do dono para lugar diverso daquele em que o contrato deveria ser cumprido, assume ele o risco desde o momento em que é entregue ao

---

22 Nesse sentido, confira-se o Enunciado 181 aprovado na III Jornada de Direito Civil, promovida pelo CJF: "O prazo referido no art. 618, parágrafo único, do CC refere-se unicamente à garantia prevista no *caput*, sem prejuízo de poder o dono da obra, com base no mau cumprimento do contrato de empreitada, demandar perdas e danos".

23 Espínola, ob. cit., nº 143; De Page, *Traité*, vol. cit. nº 903; Alfredo de Almeida Paiva, ob. cit., nº 69; Washington de Barros Monteiro, *Curso, Direito de Obrigações*, vol. II, pág. 221: O problema não se apresenta, porém, com esta simplicidade, pois que não falta quem pretenda deva responder o proprietário por ser "socialmente mais apto" (Demogue), ou no caso de ser o empreiteiro financeiramente inidôneo, por culpa *in eligendo* (Rubino).

transportador,[24] salvo se o empreiteiro se afastar das instruções, tal qual ocorre na compra e venda (v. nº 222, *supra*).

O contrato de empreitada cessa:

A – Pela *execução*; desde que a obra encomendada fica concluída e é recebida, extinguem-se as obrigações das partes, ressalvada a responsabilidade, na forma da lei ou do contrato.

B – Pela *morte* do empreiteiro, se o contrato foi celebrado *intuitu personae*;[25] em caso contrário, continua com os seus sucessores.[26]

C – Pela resilição bilateral, em virtude de que a mesma vontade que vinculou as partes desata o liame.

D – Pela *resolução*, causada pelo inadimplemento de um dos contratantes, com ressarcimento de perdas e danos.

E – Pela *falência* do empreiteiro, ressalvado o disposto no art. 117 da Lei Falimentar (Lei nº 11.101, de 09 de fevereiro de 2005), que prevê seja o administrador judicial interpelado para que declare se cumpre ou não o contrato.

F – Pela *rescisão unilateral* por parte do dono da obra, com indenização ao empreiteiro das despesas feitas e do valor da mão de obra, e ressarcimento do lucro razoável que poderia ter, se viesse a concluí-la (Código Civil, art. 623); essa faculdade é transmissível hereditariamente, mas pode ser renunciada.[27]

G – Pela excessiva onerosidade superveniente da obra, quando surgirem dificuldades imprevisíveis de execução e o dono da obra se opuser ao reajuste do preço.

H – Pela desproporcionalidade entre o vulto e a natureza da obra e as modificações exigidas pelo seu dono, a critério do empreiteiro, ainda que o dono da obra se disponha a arcar com o acréscimo do preço.

Direitos e deveres do autor do projeto. Além do dono da obra e do empreiteiro, é comum a obra resultar de relação jurídica que envolva uma terceira pessoa, o seu projetista. Muitas vezes a obra é projetada e executada pela mesma pessoa, situação em que todas as responsabilidades acima explicitadas nela se concentram. Pode a obra ser projetada por uma pessoa e executada por outra. Nesta hipótese ocorrem duas variantes, ou o projetista dirige e fiscaliza a obra, ou fica limitado ao projeto, sem qualquer participação na sua execução. Na primeira variante, responde o projetista pelos danos que causar ao dono da obra, tanto por vícios ou defeitos do projeto, quanto por omissões na fiscalização da execução da obra. Na segunda variante, conforme expressamente dispõe o art. 622 do Código, o projetista responde apenas pela solidez e segurança da obra, na forma do art. 618, naquilo que diga respeito a características do projeto.

O Código de 2002 introduziu ainda regra que disciplina o direito do projetista de se opor a modificações de vulto no seu projeto, após ter sido aprovado pelo dono

---

24 Enneccerus, Kipp *y* Wolff, ob. cit., § 150.
25 Cerruti Aicardi, ob. cit., nº 254.
26 Ruggiero e Maroi, ob. cit., § 148; De Page, nº 912.
27 Serpa Lopes, nº 482; De Page, nº 914.

da obra, salvo se por motivos supervenientes ou razões de ordem técnica fique comprovada a inconveniência ou a excessiva onerosidade da execução do projeto em sua forma original (art. 621). Esta é uma regra típica de direito autoral, em que o legislador deu tratamento diverso do que se encontra na Lei de Direitos Autorais (Lei nº 9.610/98), a qual, no seu art. 26, não concede ao autor do projeto arquitetônico o direito de impedir modificações no projeto, mas apenas o direito de repudiar a sua autoria caso sejam efetivadas modificações sem o seu consentimento, podendo ser indenizado pelos prejuízos que sofrer com o eventual reconhecimento público da sua autoria. O Código não revoga o art. 26 da Lei nº 9.610/98, mas apenas possibilita ao autor do projeto impedir a execução da obra que está se distanciando do seu projeto, restando a este sempre optar pela via do repúdio e eventual indenização pelas perdas e danos que tiver sofrido.

244. Contrato de transporte

O *contrato de transporte* é aquele pelo qual alguém mediante retribuição se obriga a receber pessoas ou coisas (animadas ou inanimadas) e levá-las até o lugar do destino, com segurança, presteza e conforto (Código Civil, art. 730). O contrato celebra-se entre o *transportador* ou *condutor* e a pessoa que vai ser transportada (*passageiro* ou *viajante*), ou a pessoa que entrega o objeto (*expedidor* ou *remetente*). Em nenhuma hipótese pode ser considerada contratante o *destinatário*, a quem a mercadoria é consignada,[28] ainda mesmo quando eventualmente lhe advenham obrigações, segundo veremos em seguida.

Trata-se de modalidade contratual regulada pela primeira vez como contrato típico no Código Civil de 2002. O nosso Código Comercial de 1850 tinha regulado o contrato de forma deficiente, assim como ocorre em outros sistemas jurídicos tais como o Código francês, paupérrimo; o suíço das Obrigações, incompleto, como o alemão. O Código estrangeiro mais atualizado, por ser moderno, é o italiano, de 1942, que já regula o assunto em melhores termos.

O contrato de transporte é bilateral, oneroso, comutativo, consensual. Alguns autores (maioria, aliás) costumam distinguir, dizendo que o transporte de pessoa é *consensual* e o de coisas é *real*. Mas, como observa Ripert, trata-se de uma concepção já superada. O contrato de transporte é consensual sempre, nenhuma diferença existindo relativamente à *promessa de transportar.* A entrega da mercadoria, que se considera elemento de sua realidade, não passa de um primeiro ato de sua execução; e, se se perfaz frequentemente pela tradição do objeto, não é porque seja esta essencial à sua formação, mas porque é o modo comum da manifestação do consentimento do expedidor.[29]

Tipo genérico, abrange contudo diversas especificações: *a*) em atenção ao que é conduzido, separa-se o *transporte de pessoas do transporte de coisas; b*) em razão da via ou do meio empregado, considera-se o transporte *terrestre*, o transporte *marí-*

---

28 Trabucchi, *Istituzioni*, nº 342.
29 Georges Ripert, *Traité Élémentaire de Droit Commercial*, nº 2.415.

timo ou *fluvial*, e o transporte *aéreo;* o terrestre, à sua vez, subdivide-se em função do veículo utilizado (*ferroviário* como também *rodoviário*), ou da extensão coberta (*urbano, intermunicipal, interestadual, internacional*). Feita abstração de regras especiais a cada uma destas espécies, expressamente ressalvadas pelos arts. 731 e 732, o Código Civil traça as normas gerais do contrato de transporte, e fixa as obrigações do transportador ou condutor, e as do passageiro e do expedidor.[30]

O transporte marítimo é regulado pela legislação interna e pelas normas aprovadas em convenções internacionais (Código Comercial, arts. 566 e segs.). Havia disposições várias sobre a regulamentação do transporte marítimo em diversos atos normativos (Decreto n° 15.788, de 8 de novembro de 1922;[31] Decreto n° 18.399, de 24 de setembro de 1928;[32] Decreto-Lei n° 6.272, de 14 de fevereiro de 1944;[33] Decreto n° 19.473, de 10 de dezembro de 1930;[34] Decreto n° 46.986, de 1959[35]). Atualmente o sistema de transporte aquaviário é regulado pela Agência Nacional de Transporte Aquaviário (ANTAQ) criada pela Lei n° 10.233, de 05 de junho de 2001. Com o desenvolvimento do país e a intensa troca de mercadorias com países estrangeiros, a normatização do transporte aquaviário tornou-se bastante complexa, tendo o Estado brasileiro delegado várias de suas atribuições legislativas a agências autônomas, como a ANTAQ.[36]

O transporte *aéreo*, regulamentado pelo Congresso Internacional de Varsóvia, de 1929, e outros convênios subsequentes, tem sido objeto das mais recentes cogitações dos governos. As normas a respeito compreendem o problema do transporte de pessoas e coisas, a polícia internacional e disciplina de imigração, a liberdade de sobrevoar território estrangeiro, a utilização de instalações de aeroportos, o pouso de emergência etc. No Brasil, o assunto está regulado pelo Código Brasileiro de Aeronáutica (Lei n° 7.565/86), que regula os transportes aéreos, incluído o problema da responsabilidade do transportador. Numerosa floração legislativa e complementar existe a respeito. Hoje em dia, a tendência é considerar-se a criação do Direito Aeronáutico, com características próprias e autonomia. Da mesma forma que ocorre com o transporte aquaviário, o transporte aéreo também se encontra regulado pela

---

30 Nesse sentido, ver o Enunciado 369, emitido na IV Jornada de Direito Civil, que afirma que: "Diante do preceito constante no art. 732 do Código Civil, teleologicamente e em uma visão constitucional de unidade do sistema, quando o contrato de transporte constituir uma relação de consumo, aplicam-se as normas do Código de Defesa do Consumidor que forem mais benéficas a este".

31 Este Decreto regulava a execução dos contratos de hipotecas de navios. Foi revogado expressamente pelo Decreto n° 11, de 18 de janeiro de 1991.

32 Este Decreto dispunha sobre o regulamento para os ofícios privativos de notas e registro de contratos marítimos. Foi revogado expressamente pelo Decreto n° 11, de 18 de janeiro de 1991.

33 Ainda em vigor.

34 Este Decreto regulava os conhecimentos de transportes de mercadorias por terra, água ou ar. Foi revogado expressamente pelo Decreto s/n°, de 25 de abril de 1991.

35 Este Decreto dispunha sobre o uso e a ocupação de empresas de transporte marítimo. Foi revogado expressamente pelo Decreto s/n°, de 15 de fevereiro de 1991.

36 Especificamente sobre o transporte aquaviário, é prudente a consulta às Leis n° 9.432, de 08 de janeiro de 1997 (dispõe sobre a ordenação do transporte aquaviário), e n° 9.611, de 19 de fevereiro de 1998 (dispõe sobre o Transporte Multimodal de Cargas).

atuação de agência específica – Agência Nacional de Aviação Civil (ANAC), criada pela Lei nº 11.182, de 27 de setembro de 2005.

Merece ainda menção especial o contrato de *cruzeiro turístico,* com o objeto de realizar um programa de viagem, interna ou internacional, abrangendo transporte, hospedagem, visita a locais especificados (museus, monumentos etc.) e retorno ao ponto de partida. Trata-se de contrato único,[37] a que se aplicam as regras dos contratos abrangentes das diversas obrigações criadas (transportes, hospedagem etc.). O contrato de cruzeiro turístico é atípico.

O transporte de pessoas

O Código, depois de fixar regras gerais, trata separadamente os contratos de transporte de pessoas e de coisas, o que impõe também o tratamento em separado desses dois contratos, iniciando-se o estudo pelo transporte de pessoas.

O *transportador* obriga-se, essencialmente, a conduzir a pessoa, de um local para outro, em tempo certo e previamente estabelecido no horário publicado, ou segundo o estipulado (Código Civil, art. 737), e a coberto de riscos (art. 734). Depois de vacilações grandes, assentou-se na doutrina e na jurisprudência e agora expressamente no art. 735 do Código de 2002 que a responsabilidade do condutor é *contratual.*[38] Em consequência, tem responsabilidade objetiva pelos sinistros ocorridos durante a viagem de que resulte dano às pessoas transportadas ou suas bagagens, salvo motivo de força maior (Código Civil, art. 734). O princípio, assentado originariamente para definir a responsabilidade das estradas de ferro, passou a cobrir outras modalidades de transportes, mesmo urbanos. Corolário dele é que o usuário não tem de fazer prova da culpa do transportador, mas do dano tão somente, pois que a sua responsabilidade decorre do fato de ter assumido a obrigação de efetuar o transporte (Ruggiero e Maroi).

O Código de 2002 inova em seu art. 735 ao expressamente atribuir responsabilidade ao transportador mesmo quando o dano é causado por fato de terceiro. Até então reinava polêmica na doutrina e na jurisprudência sobre ser ou não o fato de terceiro excludente dessa responsabilidade, o que, todavia, não foi completamente solucionado com a entrada em vigor do dispositivo, isso porque, tem-se interpretado o referido artigo no sentido de reconhecer a responsabilidade do transportador apenas na hipótese de o fato de terceiro se caracterizar como fortuito interno, ou seja, tratar-se de fato imprevisível e inevitável, ligado à organização da empresa. Por outro lado, quando o fato de terceiro constituir um fortuito externo, vale dizer, além de ser imprevisível e inevitável, não guardar relação com o risco do transportador por se tratar de fato estranho à organização e à atividade do negócio, exclui-se sua responsabilidade.[39] A dificuldade

---

37   Ruggiero e Maroi, loc. cit.

38   Ripert, ob. cit., nº 2.451.

39   Confira-se, nesse sentido, trecho do voto proferido pelo Ministro João Otávio Noronha, nos autos do Agravo Regimental no Agravo em Recurso Especial nº **97.872** – SP, do qual era o relator, julgado em 6 de fevereiro de 2014: "O entendimento do Superior Tribunal de Justiça pacificou-se no sentido de que a responsabilidade da empresa de transporte coletivo não é ilidida por fato de terceiro quando o ato danoso é conexo à prestação do serviço de transporte. Se, entretanto, o fato

reside, no entanto, em identificar os fatos de terceiro que configuram fortuito interno e aqueles que encerram fortuito externo.

A responsabilidade do transportador de levar o passageiro até o seu destino final permanece, porém, inalterada mesmo quando a interrupção do transporte tenha sido causada por fato alheio à sua vontade, por fato previsível ou não. Diante dessa situação fica o transportador obrigado a concluir o transporte em outro veículo da mesma categoria, somente podendo alterar a modalidade do transporte com a anuência do passageiro, responsabilizando-se ainda pelas suas despesas com estada e alimentação durante o tempo de espera do novo transporte (art. 741 do Código).

Em sendo o transporte cumulativo, ou seja, realizado em diferentes trechos por mais de um transportador, a regra geral é a de que cada transportador é responsável pelo seu respectivo trecho. Se o transportador de um trecho causar atraso ou interrupção da viagem, a sua responsabilidade se estende pelos prejuízos que forem causados ao passageiro em relação à totalidade do percurso (Código Civil, art. 733).

A cláusula excludente da responsabilidade não prevalece no contrato de transporte.[40] É o que expressamente determina a segunda parte do art. 734 do Código, que se configura como regra cogente, que não pode ser afastada por convenção entre as partes.

O transportador, salvo casos excepcionais, não tem o arbítrio de enjeitar passageiros,[41] pois se acha em estado permanente de oferta (v. nº 188, *supra*). O art. 739 do Código admite a recusa de passageiros apenas nos casos previstos nos regulamentos, ou se as condições de higiene ou de saúde do interessado o justificarem. O regulamento a que faz referência o Código não é aquele elaborado unilateralmente pelo transportador, de acordo com o seu exclusivo interesse, sob pena de se admitir a prática de abusos. O termo regulamento é utilizado no sentido de ato normativo.

Via de regra, o transportador emite um documento que constitui o instrumento do contrato. Para o *transporte de pessoas*, chama-se *bilhete de passagem*, que pode ser pessoal ou impessoal; no primeiro caso é intransferível, e no segundo dá direito à condução de qualquer pessoa. Não é, todavia, obrigatória a sua emissão. Muitas modalidades de condução se realizam, com características contratuais, à simples admissão do passageiro no veículo, mediante pagamento, adiantado ou não. Quando o transportador emite o bilhete de passagem, é comum fazer inscrever nele normas contratuais a serem obedecidas pelo passageiro. É evidente que as normas que sejam abusivas considerar-se-ão como não escritas, especialmente quando o contrato de transporte se der no âmbito de relação de consumo. Mesmo sem a emissão de bilhete, no entanto, pode o transportador estabelecer normas, cujo conhecimento pelo passageiro se dá quando se encontrarem afixadas em locais visíveis (Código Civil, art. 738).

Uma exigência comum no contrato de transporte de passageiros, admitida pelo Código (parágrafo único do art. 734), é a de o passageiro declarar o valor da bagagem

---

de terceiro representar caso fortuito externo, sendo estranho à atividade transportadora, deve ser afastada a responsabilidade civil da empresa".

40 Valdemar Ferreira, *Instituições de Direito Comercial*, vol. II, nº 978; Ripert, ob. cit., nº 2.439.
41 Trabucchi, ob. cit., nº 342.

que leva consigo. Em assim procedendo as partes, a indenização pela perda da bagagem já terá sido fixada previamente, não podendo qualquer das partes posteriormente discutir o *quantum* da indenização por dano material, restando apenas a ser quantificada a reparação por eventual dano moral. Trata-se, a rigor, de cláusula limitativa de responsabilidade.

A transgressão por parte do passageiro das normas estabelecidas para o transporte pode ser motivo para a aplicação de sanções, inclusive a de retirada compulsória do meio de transporte. Se o passageiro sofre um dano durante o transporte em situação em que tenha desobedecido às normas estabelecidas no contrato, pode se configurar a figura da concorrência de causas para o evento danoso, estando o juiz obrigado neste caso a reduzir equitativamente a indenização devida ao passageiro de acordo com a participação da vítima na ocorrência do evento danoso (Código Civil, parágrafo único do art. 738). É possível que o dano decorra de fato exclusivo da vítima, situação que não se encontra expressamente prevista no Código, mas que evidentemente gera a ausência de responsabilidade do transportador.

Pode-se distinguir o *contrato de transporte* da condução de pessoa ou coisas por mera cortesia, e sem caráter obrigatório, não gerando por isto os efeitos comuns a esta relação contratual; a responsabilidade do transportador amigável será, portanto, aquela resultante dos princípios reguladores da responsabilidade extracontratual.[42] O art. 736 do Código Civil expressamente afasta as normas do contrato de transporte do realizado em caráter gratuito, que não se confunde, todavia, com aquele que apenas aparentemente é gratuito, mas em virtude do qual o transportador obtém vantagens indiretas, ao qual se aplicam as regras do contrato de transporte.

O passageiro assume, pelo só fato de utilizar-se do veículo, obrigações geralmente constantes de tabuletas, avisos ou recomendações, relativamente ao seu comportamento, à utilização dos serviços etc.

No transporte de passageiros é devida a retribuição pelo serviço, segundo o estipulado ou o costume, e mais frequentemente em obediência às *tarifas* difundidas e expostas ao público, às quais o usuário deve atender, mas que não podem ser alteradas pelo transportador sem prévio aviso. As empresas concessionárias do serviço público de transporte sujeitam-se a obedecer à tabela de preços aprovada pelo poder concedente. Esse pagamento se faz antecipadamente, durante ou depois do transporte. O Código concede ao transportador direito de retenção da bagagem do passageiro caso este não tenha efetivado o pagamento da passagem no início ou durante o percurso, quando se tenha ajustado o pagamento em um desses dois momentos (art. 742).

O Código concede ao passageiro o direito potestativo de rescindir o contrato de transporte antes de iniciada a viagem, tendo direito à restituição do preço da passagem desde que comunicada a desistência ao transportador em tempo de ser renegociada (art. 740). A regra é de difícil aplicabilidade, diante da dificuldade de o passageiro comprovar que é suficiente o tempo que deu ao transportador para re-

---

42 Trabucchi, loc. cit.

negociar o bilhete. Se o transportador vendeu todos os lugares a prova é fácil de ser realizada, mas nas demais hipóteses não.

O Código também concede ao passageiro o direito de desistir do contrato durante a sua execução, com direito à restituição do valor referente ao trecho não percorrido, desde que ele comprove que outro passageiro assumiu o seu lugar. Terá direito também à restituição do valor do bilhete o passageiro que, apesar de não ter comparecido ao embarque, comprovar que outra pessoa assumiu o seu lugar.

Em todas as hipóteses de rescisão unilateral acima referidas, no entanto, o Código dá ao transportador o direito de retenção do valor correspondente a até 5% (cinco por cento) do valor da passagem a título de multa compensatória (§ 3º do art. 740).

Transporte de coisas

No transporte de coisas o transportador obriga-se, essencialmente, a conduzir a coisa de um local para outro com segurança, e entregá-la em seu destino, em tempo certo e previamente estabelecido. As coisas transportadas devem estar perfeitamente identificadas e caracterizadas pela sua natureza, valor, peso e quantidade, e o que mais for necessário para que não sejam confundidas com outras. Essa identificação das coisas transportadas se efetiva por meio de um documento denominado conhecimento, no qual obrigatoriamente também devem constar os dados tanto do transportador, quanto do remetente e do destinatário (Código Civil, arts. 743 e 744). Trata-se, normalmente, de título negociável, suscetível por isto mesmo de transferência por simples endosso. Mas, como não é solene o contrato, o conhecimento não é da sua substância, senão expedido *ad probationem tantum*.[43] No caso de perda ou destruição, comprovada devidamente, poderá ser emitida uma segunda via com o mesmo efeito da primeira.[44]

O transportador não é obrigado a examinar uma por uma as coisas transportadas, podendo a sua identificação ser feita pelo remetente em relação por ele assinada, hipótese na qual este assume a responsabilidade pelos danos que qualquer informação inexata ou falsa possam causar àquele, a quem o Código concede prazo de decadência de 120 (cento e vinte) dias para exercer a sua pretensão (art. 745). Caso o transportador constate que a coisa transportada se encontra embalada de forma inadequada, ou possa por em risco a saúde das pessoas ou danificar o veículo ou outros bens, pode recusar o transporte. Ele tem o dever de recusar o transporte se tiver ciência de que as coisas objeto do contrato não podem ser transportadas ou comercializadas, ou que não estejam acompanhadas dos documentos exigidos em lei (art. 747).

O transportador, enquanto mantém consigo a coisa transportada, assume os riscos a ela inerentes. A sua obrigação essencial consiste em conduzir a coisa ao seu destino intacta no prazo concertado entre as partes (art. 749). Se a coisa estiver em seu poder, é por ela responsável, mesmo que não esteja sendo transportada, mas simplesmente guardada em seu galpão ou armazém, hipótese em que o Código lhe

---

43 "Para efeito de prova somente".
44 Ruggiero e Maroi, *Istituzioni*, § 148; Colin *et* Capitant, *Droit Civil*, vol. II, nº 722.

atribui a responsabilidade inerente ao contrato de depósito (art. 751). A responsabilidade do transportador é limitada sob o ponto de vista do dano material ao valor que tiver sido atribuído à coisa no conhecimento, e se inicia no momento em que ele a recebe para o transporte e somente finda quando ocorre a entrega ao destinatário, ou, quando não for encontrado, ao próprio remetente ou a pessoa por este indicada. Na hipótese de o transportador não encontrar o destinatário que tiver sido apontado no conhecimento, ou este se recusar a receber a coisa, ou mesmo ter dúvida sobre a quem deva efetivamente entregá-la, deve tomar as providências necessárias para depositar o bem em Juízo, a fim de se eximir da sua responsabilidade pelos riscos de perecimento ou danos à coisa. Pode ocorrer ainda a hipótese extrema de a coisa transportada ser perecível e ser impossível o seu depósito em Juízo sem que venha a sofrer perda ou deterioração. Nesse caso, o Código autoriza o transportador a vender a coisa transportada sem qualquer procedimento judicial prévio, devendo apenas depositar o resultado em Juízo (art. 755).

A coisa deve ser entregue ao destinatário, ou a quem estiver de posse do conhecimento devidamente endossado, no destino. O Código concede ao remetente o direito potestativo de desistir do transporte, pedindo o bem de volta, ou alterar o destinatário. Em ocorrendo tais situações, o remetente fica obrigado a indenizar as despesas que tiver gerado para o transportador em razão da contraordem, mais as perdas e danos que este tiver sofrido.

Quem recebe a coisa tem o ônus de verificar o seu estado, devendo apresentar qualquer reclamação imediatamente, se for visível qualquer avaria. Na impossibilidade de tal verificação no momento do recebimento, o Código lhe concede o prazo de 10 (dez) dias a contar da entrega para reclamar qualquer prejuízo que possa ter sofrido.

Em princípio é o destinatário que tem o ônus de buscar a coisa transportada após desembarcada no local de destino, no prazo que tiver sido ajustado entre as partes. Qualquer alteração de prazo deve evidentemente ser incontinenti informada ao remetente e ao destinatário. Para que o transportador entregue a coisa no domicílio do destinatário ou tenha a obrigação de comunicar a este a sua chegada, é preciso que haja convenção expressa das partes.

Embora o *destinatário* não seja parte no contrato, poderá estar sujeito a obrigações eventuais. Tem de dar ao transportador o recibo da coisa conduzida, liberando-o; se o recusa, não recebe o objeto a ele consignado. Pode ser ajustado entre expedidor e condutor que o pagamento do prêmio do transporte se faça no destino (*frete a pagar*), e cabe então ao consignatário efetuá-lo, sob pena de não retirar a mercadoria.[45] Se esta não for recebida ou retirada oportunamente, o destinatário sujeita-se ao pagamento da *taxa de armazenagem*, e, prolongando-se a sua inércia, o transportador poderá vender a coisa transportada.[46] É, por outro lado, credor da entrega da mercadoria, tomando a posição do beneficiário de estipulação ou contrato em favor de terceiro.

---

45 Ruggiero e Maroi, loc. cit.
46 Ripert, ob. cit., nº 2.428; Colin *et* Capitant, loc. cit.

O adimplemento do contrato de transporte se dá com a entrega do bem ao destinatário no prazo ajustado pelas partes. O prazo de entrega é em princípio da essência do contrato. Qualquer interrupção anormal do transporte que envolva atraso deve ser imediatamente comunicada ao remetente, para que este instrua o transportador sobre o destino que deve ser dado à coisa diante dessa nova situação, ficando o transportador responsável pela guarda da coisa nesse ínterim, responsabilidade esta que somente se exclui em caso de força maior (Código Civil, art. 753).

A inexecução do contrato, seja por impedimento definitivo do transporte, seja pelo fato de o atraso torná-lo inútil para o remetente, gerará efeitos diversos quanto à guarda da coisa, dependendo da configuração ou não de culpa do transportador. Em qualquer caso deve o transportador consultar o remetente e dar à coisa o destino por ele indicado. No silêncio do remetente, caso não tenha tido culpa, está autorizado a depositar em Juízo a própria coisa, ou mesmo vendê-la, depositando o produto em Juízo. Em caso de culpa do transportador, fica este obrigado a guardar a coisa por sua conta e risco até receber instruções, estando autorizado a vendê-la apenas na hipótese de se tratar de bem perecível.

Durante o tempo em que mantiver consigo a coisa na hipótese de inexecução do contrato, fica o transportador responsável por sua guarda. Se não tiver tido culpa nessa inexecução, como ocorre por exemplo na hipótese de a autoridade pública não permitir o transporte por motivo a ele não imputável, terá direito à remuneração pelas despesas de armazenagem da coisa. Se tiver tido culpa, o remetente deve dar a ele instruções em prazo razoável sobre o destino a ser dado à coisa, sob pena de ter que indenizar os custos de armazenagem, que podem ser compensados com a indenização que tiver a receber do transportador.

No transporte de coisas, sendo ele cumulativo, ou seja, realizado por diversos transportadores em trechos diferentes, ficam todos responsáveis solidariamente pelo dano causado ao remetente. Uma vez paga a indenização, sub-roga-se aquele que tiver suportado tal pagamento no direito de cobrar dos demais as suas quotas, podendo a indenização ser imputada a um ou mais de um transportador, segundo a proporção da sua responsabilidade (art. 756).

244-A. Transporte Rodoviário de Cargas

O Transporte Rodoviário de Cargas era previsto na Lei nº 6.813, de 10 de julho de 1980. Em 2007, o legislador brasileiro promulgou nova lei para reordenar o transporte de cargas no país, tendo em vista a intensificação das trocas comerciais entre os diversos estados brasileiros e entre o país e o estrangeiro (Lei nº 11.442, de 05.01.2007).

Predominantemente, a malha de transporte brasileira é calcada sobre "rodovias". A partir da década de 1950, sobretudo com os incentivos do governo de Juscelino Kubistschek de Oliveira, houve grande incremento na construção de rodovias no país, em detrimento da conservação e aumento da malha ferroviária já existente.

Atualmente, apenas o transporte de cargas muito específicas (minerais, matérias-primas agrícolas etc.) tem a sua preferência pelo transporte ferroviário. O transporte de pessoas e cargas passou a ser feito, em grande medida, pela malha rodoviária.

Atento a este incremento e à problemática de novas ações que surgem no dia a dia dos tribunais, o legislador regrou, com maiores minúcias, uma nova ordem para o transporte de cargas rodoviário, sem descurar de aplicações do Código Civil que se firmam subsidiariamente.

Uma das primeiras consequências que a lei agregou à nova sistemática é classificá-la como atividade comercial. Toda a atividade do transporte rodoviário de cargas regido pela lei pressuporá um contrato oneroso, bilateral, comutativo, de execução imediata e de caráter individual. Em geral, a contraprestação pelo serviço prestado pelo transportador é pecuniária, embora a lei não proíba que o mesmo receba-a em outra espécie de pagamento, como por exemplo, em parte da mercadoria a ser transportada.

A lei detém algumas diretrizes meramente administrativas, determinando que os interessados tenham prévio cadastramento no Registro Nacional de Transportadores Rodoviários de Cargas – RNTR-C da Agência Nacional de Transportes Terrestres – ANTT (art. 2°). As modalidades em que o interessado cadastrado pode se apresentar é a de Transportador Autônomo de cargas (TAC), como pessoa natural que desenvolve esta atividade como fim precípuo de sua vida profissional ou sob a forma de Empresa de Transporte Rodoviário de cargas (ETC), que pressupõe sempre a constituição de uma pessoa jurídica, *constituída por qualquer forma prevista em lei que tenha no Transporte Rodoviário de Cargas a sua atividade principal*. Por esta redação poderá tomar a forma de ETC até mesmo a firma individual.

Salutar que o usuário do transporte de carga exija do transportador a comprovação de sua inscrição no órgão fiscalizador da atividade (ANTT). Contudo, independente das premissas obrigatórias do transportador em se inscrever previamente no órgão, não se descarta que haja o transporte de carga irregular, e o transportador, mesmo não tendo atendido as diretrizes legais, pode ser responsabilizado por danos causados com base no presente texto legislativo (art. 75, § 2°, do Código de Processo Civil de 2015).[47]

Como o contrato previsto no Código Civil, o transporte de cargas pode se formalizar com a emissão do conhecimento de transporte, título endossável, ou mediante contrato específico. Seja a cártula, seja o contrato, é obrigatória a completa identificação das partes, dos serviços e da natureza fiscal.

O transportador pode prestar os serviços *motu proprio*, ou delegar a terceiros. A sua responsabilidade persiste do momento em que aceita a carga até a sua efetiva entrega. Sua responsabilidade cessa com a entrega da carga no destinatário, sem ressalvas ou protestos.

A sua obrigação é de resultado, ou seja, se aceitar transportar a carga que lhe é apresentada e o destino a ser entregue, o transportador é obrigado a fazê-lo, inclusive

---

47 Correspondente ao art. 12, § 2°, do Código de Processo Civil de 1973.

e principalmente passando às mãos do destinatário a carga incólume. Responde pela perda, dano, avaria e atrasos que ocorram.

No caso de dano ou avaria, será facultada a todos os interessados a vistoria no material. Caso haja contratação de seguro, é indicado que o representante da seguradora seja avisado e compareça ao local onde se encontram as mercadorias para o exame de sua responsabilidade, de acordo com o que foi contratado; ou da extensão dela, caso fique configurada a responsabilidade da seguradora. Como a lei enuncia a constatação da avaria ou do dano como uma faculdade a ser exercida, pode a seguradora não comparecer à vistoria e basear-se no relato feito pelo seu segurado, o transportador ou o expedidor/destinatário, ou até mesmo em documentos públicos emitidos por autoridades públicas, v.g., boletim de ocorrência, laudo pericial etc. Contudo, se não houver o comparecimento do representante do segurador, o segurado tem obrigação legal de comunicá-lo sobre o evento (art. 787, § 1°, do Código Civil). Caso haja demanda judicial, é defeso ao *segurado reconhecer sua responsabilidade ou confessar a ação, bem como transigir com o terceiro prejudicado, ou indenizá-lo diretamente, sem anuência expressa do segurador* (art. 787, § 2°, do Código Civil).

Havendo o sinistro, a lei prevê uma limitação à sua responsabilidade. A apuração das perdas e danos é limitada pelo valor declarado pelo expedidor (ou destinatário) no conhecimento de transporte ou no contrato, acrescido dos valores de frete e do seguro correspondentes.

Caso o contratante não declare o valor das mercadorias que são transportadas, a limitação será correspondente ao valor de 2 (dois) Direitos Especiais de Saque por quilograma de peso bruto transportado. O Direito Especial de Saque é uma medida instituída pelos países-membros do Fundo Monetário Nacional. Seu valor varia de acordo com a cotação da moeda do país-membro na data de apuração ou, caso haja demanda judicial, na data da sentença.

Pode surgir a responsabilidade pelo simples atraso. Se não há avaria ou dano, o prejuízo resultante será indenizado pelo valor do frete.

Tanto em um caso como em outro, as limitações legais se referem exclusivamente ao dano material. Ainda assim, se o contratante comprovar que seus prejuízos excedem os valores previstos em lei, as indenizações poderão superá-los. A jurisprudência brasileira, há muito, é aversa às tarifações indenizatórias previstas em leis ou tratados ratificados pelo país. Em caso de demanda judicial, a previsão legal é considerada a parte incontroversa da demanda. Os prejuízos que podem sobrepor os valores previstos deverão ser comprovados pela parte lesada.

Mesmo no caso do mero atraso, a simplificação legal não é suficiente para recompor o patrimônio do lesado. Em muitas ocasiões, o que o transportador leva de um ponto a outro pode significar a completude de contratos complexos. Exemplificadamente, como ocorre com os contratos de entretenimento. Se a carga não chega ao destinatário em tempo hábil, o espetáculo ou apresentação previstos podem ser cancelados, causando sérios prejuízos que em muito superarão os valores de frete previstos legalmente.

EMPREITADA – TRANSPORTE

Como se não bastasse a relativização dos comandos legais, poderão ocorrer danos morais, seja pela avaria, dano ou simples atraso.

244-B. SUBCONTRATAÇÃO DO SERVIÇO DE TRANSPORTE DE CARGA

As pessoas jurídicas ou as pessoas naturais que subcontratarem o transporte de carga respondem pelos prejuízos de seus contratados, sejam eles empregados ou prestadores de serviços. É uma consequência lógica da primazia do interesse do contratante. Como obrigação de fazer, ela guarda o caráter de fungibilidade, ou seja, não é indispensável para a consecução do negócio que pessoa determinada execute a tarefa. Por isso, em muitas ocasiões, é indiferente para o contratante, em termos de responsabilidade, que outra empresa ou pessoa tenham feito o transporte. O seu interesse é a entrega e a incolumidade da mercadoria. Caso haja avaria ou dano, a responsabilidade é solidária do transportador contratado e do subcontratado.

Há determinados objetos especiais, como cargas que envolvem segurança (v.g., combustíveis, agrotóxicos, resíduos de hospitais e clínicas, resíduos nucleares) em que prevalece a infungibilidade obrigacional. O contrato só se perfaz com a transportadora especializada. Para esses contratos é defesa a subcontratação. Caso ocorra, independente da proibição, a responsabilidade solidária permanece.

Pela veracidade das informações prestadas nos documentos fiscais responde unicamente o transportador contratado, já que é ele que mantém contato com o contratante. Excepcionado o caso de informação falsa, a responsabilidade pela apresentação dos documentos fiscais e por seu conteúdo é exclusiva do transportador.

A responsabilidade do transportador na subcontratação é objetiva como determina a própria lei (art. 8° da Lei n° 11.442, de 05.01.2007). Além da consagração legal, como afirmado acima, trata-se de obrigação de resultado e envolve necessariamente risco em sua consecução, por isso responde o transportador se o subcontratado falhar na realização do negócio (art. 927, parágrafo único, do Código Civil).

Mesmo sendo a responsabilidade objetiva, poderá o transportador se ressarcir dos prejuízos quando tenha subcontratado o transporte por meio de ação de regresso contra o seu subcontratado e, dependendo dos termos em que o contrato de trabalho tenha sido ajustado, até mesmo contra o empregado causador da avaria ou dano.

Com relação ao prazo de entrega, quem o determina é o contratante. Apenas este pode saber da real necessidade para que a mercadoria esteja no destinatário no devido tempo. Na emissão do conhecimento de transporte ou do contrato de transporte, deve o contratante estipular com clareza o prazo de entrega. Caso o contratante não o faça e dependendo das circunstâncias apresentadas, como a qualificação da mercadoria, locais de coleta e entrega, poderá esta faculdade passar ao transportador. Este deve declará-lo expressamente ao contratante. Assume então, o transportador, o prazo de entrega e sua obrigação se avilta em decorrência de sua própria fixação do prazo. Em qualquer das ocasiões, ultrapassado o prazo, está caracterizado o atraso.

Após o decurso do prazo de entrega, ultrapassados trinta dias, o contratante poderá considerar perdida a mercadoria e apurar perdas e danos. Caso o destinatário comprador contrate o transportador e o seguro, o interesse na apuração da falta será daquele.

Se o transportador for contratado para entregar a mercadoria no estabelecimento do destinatário, tem a obrigação de comunicar ao expedidor a entrega. Caso sua responsabilidade se restrinja à entrega em local que não seja a dependência do destinatário, o transportador deverá comunicar a ambos que a mercadoria encontra-se à disposição (art. 11, § 1º, da Lei nº 11.442, de 05.01.2007). Se não houver sido estabelecido prazo para que o destinatário colha a mercadoria no local da entrega, o transportador deve considerar o prazo de trinta dias após a comunicação a ambos os interessados. Se se tratar de bem perecível ou produto perigoso, pode o transportador, no ato de comunicação aos interessados, fixar-lhes prazo menor do que os trinta dias que lhe faculta a lei. Não havendo ação por parte de qualquer deles, o transportador pode considerar a mercadoria abandonada, não se responsabilizando pela sua perda.

244-C. Transporte Rodoviário de Cargas – excludentes da responsabilidade

Há ocasiões previstas em lei nas quais o transportador poderá se isentar de responsabilidade pelo transporte da coisa: *I – ato ou fato imputável ao expedidor ou ao destinatário da carga; II – inadequação da embalagem, quando imputável ao expedidor da carga; III – vício próprio ou oculto da carga; IV – manuseio, embarque, estiva ou descarga executados diretamente pelo expedidor, destinatário ou consignatário da carga ou, ainda, pelos seus agentes ou prepostos; V – força maior ou caso fortuito; VI – contratação de seguro pelo contratante do serviço de transporte, na forma do inciso I do art. 13 desta Lei.*

A primeira delas é o ato ou fato imputável ao expedidor ou ao destinatário da carga.

Necessário pequeno esclarecimento, já feito no volume I desta coleção, quanto à definição de conceitos. Fato jurídico é qualquer acontecimento natural ou humano capaz de criar, conservar, modificar, ou extinguir relações ou situações jurídicas. O ato jurídico pressupõe necessariamente a volição humana. São, em verdade, os fatos jurídicos humanos. Os atos jurídicos podem ser classificados como lícitos e ilícitos.

Assim, os fatos podem ser naturais, como uma enchente causada por uma tempestade, ou humanos, como o responsável pelo fechamento do armazém que o deixa sem trancamento, permitindo o furto da mercadoria. Este fato humano que pode ser considerado um ato jurídico ilícito, não se deu por dolo do agente e sim por seu desleixo. Não obstante, ainda assim, o ato do agente interessa ao Direito, pois causou prejuízos ao proprietário da coisa furtada.

Se o fato (natural) ou o ato for imputável ao contratante ou ao destinatário da carga, o transportador está isento de responsabilidade. É comum o mau acondicionamento da mercadoria a ser transportada e a falha na recepção da mesma pelo destinatário. São atos que podem isentar o transportador de responsabilidade, se o mesmo tem o cuidado de fazer a ressalva ou protesto junto ao contratante sobre a impropriedade do acondicionamento ou sobre a má recepção da mercadoria no destinatário. Caso o transportador aceite a mercadoria, mesmo tendo ciência de seu mau acondicionamento, o vício deixa de ser do contratante e passa a ser de responsabilidade do contratado.

Fatos naturais (como uma enchente ou chuva de granizo) que danificam a mercadoria no ato da coleta pelo transportador ou da entrega ao destinatário também isentam o contratado de responsabilidade.

Outro ato que isenta o transportador de responsabilidade é a inadequação da embalagem providenciada pelo expedidor (art. 12, II, da Lei nº 11.442, de 05.01.2007). Como dito acima, é imprescindível que o contratado argua esta circunstância no ato da coleta, se não o fizer, passa a ser o responsável por sua incolumidade.

O inciso III define o vício próprio ou oculto da coisa. O vício próprio é o que advém da própria natureza da coisa, é inerente a ela. Exemplificadamente, determinados tipos de alimentos precisam ser acondicionados e transportados em câmaras frigoríficas, sob o risco de perecimento. É de sua natureza a célere putrefação. Dessa forma, se o transportador comparece ao expedidor para buscar carga alimentar sensível às temperaturas normais, deve recusá-la, se constatar que ela não se encontra devidamente acondicionada em câmara frigorífica.

O vício oculto é aquele que o contratado não pode verificar no contato com a coisa nem pode inferir de suas qualidades intrínsecas. O próprio expedidor pode não ter ciência do vício ou, a tendo, não a declara. Não obstante, ciente ou não do vício, responde pelo perecimento da coisa o expedidor. Em ocasiões especiais pode ocorrer que o vício oculto só se manifeste no destino, como, por exemplo, no transporte de cargas que em nossas condições (tropicais) de temperatura e pressão não apresentem quaisquer vícios, mas quando submetidas às variações representativas de pressão (em decorrência da altitude), os vícios surjam. O vício que era oculto no lugar de expedição torna-se aparente no lugar do destino. São hipóteses especiais em que o destinatário, ciente dessas variações perniciosas, deve alertar expedidor e transportador. Se o vício que era oculto se manifesta apenas no destino, em decorrência de características intrínsecas ao local do recebimento, responde pelo perecimento da coisa o destinatário ou consignatário.

O inciso IV prevê a hipótese de *manuseio, embarque, estiva ou descarga executados diretamente pelo expedidor, destinatário ou consignatário da carga ou, ainda, pelos seus agentes ou prepostos*. É a mais comum das situações. Quando o transportador comparece para a coleta, a mesma se encontra embalada e, muitas vezes, lacrada. A leitura simples do inciso pode nos levar a excluir sempre a responsabilidade do transportador quando ele se depara com ocasiões de mercadorias embaladas e lacradas.

Como já mencionado acima, é imprescindível ao transportador a ciência prévia do que está transportando, por isso, condicionado à qualidade da coisa a ser transportada, deve o transportador obrigar o expedidor a lhe franquear o acesso à coisa fora da embalagem. Apenas dessa forma ele poderá ter convicção do que transporta e se a embalagem escolhida é a mais indicada. Se aceita a coisa embalada, sem ressalva ou protesto, a responsabilidade lhe sobrevém.

No destino, caso haja uma forma especial de manuseio, constatada pelo transportador no percurso ou alertada pelo expedidor, deve aquele dar ciência ao destinatário ou consignatário sobre tal cuidado, mesmo que esses sejam os responsáveis exclusivos pela descarga. Caso não o faça, também se responsabiliza pela avaria ou dano à coisa.

O destinatário ou consignatário da carga tem o dever de recusá-la ou aceitá-la, sob ressalva ou protesto, se a tendo recebido perceber não estar de acordo com as informações recebidas do expedidor ou desconforme as descrições do conhecimento de transporte ou contrato. Mesmo que ele seja o único responsável pela descarga, se houver recusa ou ressalva, a responsabilidade do transportador permanece.

O inciso V prevê a hipótese do caso fortuito ou força maior. São as excludentes de responsabilidade mais comuns. No entanto, à medida que o mercado amadurece, e empresários e clientes tomam ciência de suas idiossincrasias, é importante a precaução em algumas situações que em passado remoto eram identificadas como força maior ou caso fortuito. Uma das muitas causas da força maior é o roubo de carga no percurso do veículo transportador. Há diversas decisões jurisprudenciais nesse sentido. Não se pode, contudo, tomar tais atos como excludentes absolutas da responsabilidade do transportador.

No caso de roubo de cargas, onde o país se depara com aumento progressivo da atividade de criminosos em nossas estradas, pelo que é imperioso àquele que transporta tomar precauções para evitar esses acontecimentos. Medidas de segurança, como rastreamento do veículo, abertura do mesmo apenas em locais determinados, movimentação em comboio, utilização de determinados dias da semana, são inibidoras das atividades criminosas.

Outra circunstância que leva à ação de quadrilhas especializadas é o tipo de carga transportada ou determinados percursos utilizados pelos transportadores. Com relação a essas cargas e a esses itinerários, o cuidado deve ser ainda maior. Se o transportador, rotineiramente, toma esses cuidados e os utiliza em sua atividade diária e, ainda assim, o roubo ou furto da carga ocorrem, o evento pode ser interpretado como um real caso de força maior.

Circunstâncias que se apresentam onde o transportador não tem o devido cuidado com a segurança e o tendo, não os utiliza, podem ter interpretação mais crítica no sentido da constatação clara de sua negligência com a coisa alheia. Nessas ocasiões, provado pelo emissor da carga ou seu destinatário que os cuidados necessários não foram tomados, não deve prevalecer a força maior de furto ou roubo.

A nova lei exige que toda a movimentação de cargas em território nacional, ou que dele partam, devem, necessariamente, contar com a contratação de seguro específico. A contratação pode ser feita pelo expedidor, pelo destinatário ou pelo transportador.

No comum dos casos, as empresas transportadoras têm apólices gerais que garantem quantias mínimas e máximas, em períodos determinados, cobrindo todos os eventos danosos que ocorram na atividade de transporte. A contratação do seguro pelo expedidor ou pelo destinatário, tratando-se de serviço executado por transportadora profissional, será sempre excepcional.

A última hipótese da exclusão da responsabilidade do transportador é justamente no caso específico de o expedidor (ou destinatário) contratar o seguro de transporte por conta própria.

Tendo em vista a maturação do mercado, a contratação do seguro pelo expedidor (ou destinatário) constituirá hipótese excepcional, onde a carga a ser transportada tem especificidades incomuns. Tanto o transportador quanto a seguradora que lhe atende não têm familiaridade no transporte deste tipo de carga. No caso das seguradoras, a contratação de cobertura de determinados produtos pode até mesmo ser vedada por seus estatutos sociais. Nas ocasiões em que houver a contratação do seguro diretamente pelo expedidor ou pelo destinatário da carga, se ocorrer avaria ou dano, a responsabilidade do transportador está excluída.

Código de Defesa do Consumidor

De tudo que foi exposto sobre o contrato de transporte, tanto de pessoas quanto de coisas, independentemente de sua natureza (terrestre, aéreo ou marítimo), podemos concluir pela aplicação do Código de Defesa do Consumidor, quando diante de uma relação de consumo entre o transportador/fornecedor de serviço e o transportado/consumidor.

Capítulo L
Empréstimo

Sumário

245. Comodato. Noção. Obrigações. **246.** Mútuo. Conceito. Obrigações. Onerosidade e gratuidade. Usura. Abertura de crédito. Conta-corrente. **246-A.** Contratos de financiamento. **246-B.** Limitações constitucionais dos "juros reais".

Bibliografia

De Page, *Traité*, vol. V, n°s 109 e segs.; Ruggiero e Maroi, *Istituzioni di Diritto Privato*, vol. II, §§ 163 e segs.; Karl Larenz, *Derecho de Obligaciones*, vol. II, § 46; Espínola, *Dos Contratos Nominados,* n°s 121 e segs.; Orlando Gomes, *Contratos*, n°s 230 e segs.; Cerruti Aicardi, *Contratos Civiles*, n°s 469 e segs.; Serpa Lopes, *Curso*, vol. IV, n°s 603 e segs.: M. I. Carvalho de Mendonça, *Contratos no Direito Brasileiro*, ed. atualizada por José de Aguiar Dias, vol. I, n°s 26 e segs.; Cunha Gonçalves, *Tratado*, vol. VIII, tomo I, n°s 1.144 e segs.; Enneccerus, Kipp *y* Wolff, *Tratado, Derecho de Obligaciones*, vol. II, §§ 137 e segs.; Mazeaud *et* Mazeaud, *Leçons*, vol. III, n°s 1.438 e segs.; Planiol, Ripert *et* Boulanger, vol. II, n°s 2.886 e segs.; Colin *et* Capitant, *Droit Civil*, vol. II, n°s 799 e segs.; Alberto Trabucchi, *Istituzioni di Diritto Civile*, n°s 337 e segs.

245. COMODATO. NOÇÃO. OBRIGAÇÕES

Sob a denominação genérica de *empréstimo*, reúnem-se as duas figuras contratuais do *comodato* e do *mútuo*, que exprimem ambas a mesma ideia de utilização de coisa alheia acompanhada do dever de restituição, porém se diversificam pela natureza, pela celebração e pelos efeitos. Não nos deteremos na formulação de princípios que sejam comuns a estes dois contratos, como encontramos em alguns autores da mais elevada categoria.[1] Passamos de pronto ao exame de cada um.

Comodato é o empréstimo gratuito de coisas não fungíveis (Código Civil, art. 579), isto é, aquele contrato pelo qual uma pessoa entrega a outra, gratuitamente, coisa não fungível, para que a utilize e depois restitua. Daí lhe advém o nome de *empréstimo de uso*, com que, desde o Direito Romano, se distingue do *mútuo*, chamado *empréstimo de consumo*. Alguns acrescentam que a infungibilidade do objeto não o define satisfatoriamente, pois que não podem, também, ser comodadas as coisas que se consomem ao primeiro uso, em virtude de impossibilidade de serem restituídas em espécie[2] salvo se o uso permitido afastar o seu consumo.[3]

Seus caracteres jurídicos são:

A – Contrato *unilateral*, porque gera obrigações somente para o comodatário; atendendo, porém, a que acidentalmente e por efeito de acontecimento ulterior pode nascer obrigação para o comodante, enquadra-se naquela subcategoria dos contratos *bilaterais imperfeitos* (v. nº 193, *supra*).

B – *Gratuito*, porque somente o comodatário aufere proveitos ou vantagens; se for estipulada qualquer retribuição ou contraprestação, desfigura-se, passando a ser aluguel se se estipular em dinheiro, ou algum outro contrato atípico, se noutra espécie. Modernamente tem-se admitido a compossibilidade do empréstimo de uso e de *encargo* imposto ao comodatário (*comodato modal*), desde que não vá a ponto de erigir-se em contraprestação (Ruggiero e Maroi), como, e. g., um que empreste sua casa de campo, comprometendo-se o outro a tratar de seus pássaros.

C – *Real,* porque se forma, segundo a regra do art. 579, pela *traditio da coisa*; não obstante nos inclinemos pela moderna abolição dos chamados contratos reais (v. nº 191, *supra*), e entendamos que o comodato é contrato consensual, sendo a entrega da coisa o primeiro ato de sua execução[4] ressalvamos, contudo, que dentro do nosso direito positivo perdura esse tipo, pela alusão expressa da lei à tradição como elemento de sua celebração, e, portanto, de *iure condito*, é contrato real, como, aliás, para toda uma doutrina tradicional ainda o é. Na falta, então, de efetiva entrega da

---

1 De Page, *Traité*, vol. V, nº 1.097; Mazeaud *et* Mazeaud, *Leçons*, vol. III, nº 1.432; Colin *et* Capitant, *Droit Civil*, vol. II, nº 799.

2 Orlando Gomes, *Contratos*, nº 231

3 Ennecccerus, Kipp *y* Wolff, *Derecho de Obligaciones*, vol. II, § 135; Trabucchi, *Istituzioni*, nº 337.

4 Neste sentido é o magistério de Josserand, Pacific-Mazzoni, Demogue, Baudry-Lacantinerie, Serpa Lopes, Ermann, Carrara, Karl Lárenz, Schneider *et* Fick, Von Tuhr, Zabel, Santos Briz, Reichel, Boemer.

coisa não há comodato, mas contrato preliminar (*promessa de comodato, pactum de commodando*), cuja liceidade é indubitável, e cujos extremos são os dos contratos preliminares em geral.[5]

D – Embora não seja essencialmente celebrado *intuitu personae*,[6] habitualmente traduz um favorecimento pessoal. Esta característica tem importância em algumas legislações, que fazem cessar o contrato pela morte do comodatário (Código Federal suíço das Obrigações, art. 311; Código Civil mexicano, art. 2.515; Código italiano, art. 1.811; Código Civil alemão, art. 605, al. 3ª).

O comodato não exige forma solene *ad substantiam* da declaração de vontade. Podem, entretanto, surgir problemas relativamente à sua *prova*. Esta admite todo gênero, devendo especialmente ficar esclarecidos os seus característicos, para que não venha a confundir-se com a locação (caso em que o cessionário do uso estaria sujeito a uma retribuição) ou com a doação (que o eximiria da restituição).

No tocante aos *requisitos subjetivos* deste contrato, abstemo-nos de nos referir aos gerais, limitando-nos à observação de que os administradores de bens alheios, especialmente de incapazes (tutores e curadores), não podem dá-los em comodato, pois que se não deve qualificar como ato de administração normal a cessão gratuita do uso.[7] Não colhe o argumento, como assinala Espínola, extraído da semelhança com a locação, pois que nesta há uma vontade e uma utilidade para o dono, ao passo que no comodato somente o comodatário se beneficia.[8] Se o comodato for, entretanto, conveniente, como no caso de facilitar a conservação da própria coisa, poderá realizar-se, uma vez que preceda autorização especial do dono, ou, se for este incapaz, do juiz (Código Civil, art. 580).

Importando apenas em cessão de uso, não há mister seja o comodante proprietário. Basta que, por direito, lhe pertença o mesmo uso, salvo vedação legal ou contratual, como ocorre com o locatário de prédio urbano, proibido de emprestá-lo sob pena de despejo.

Objetivamente considerada, pode ser comodada qualquer coisa *não fungível*, seja móvel, seja imóvel. Coisa fungível não pode ser objeto de comodato, porém de mútuo, pois que a sua caracterização pelo gênero e pela qualidade é incompatível com a restituição em espécie, que pressupõe a identificação pelos caracteres individuais do bem. É por isso que o empréstimo de títulos ao portador (apólice ou ações) é mútuo, salvo se individuados pela menção de série, número, emissão etc. com a obrigação de sua restituição específica.[9]

Excepcionalmente admite-se que, pela convenção, as partes ajustem a infungibilidade de coisas naturalmente fungíveis, e será então lícito o seu empréstimo de

---

5   Salvat, *Tratado*, vol. VI, nº 2.522; Ruggiero e Maroi, loc. cit.; Enneccerus, Kipp *y* Wolff, loc. cit.; Cerruti Aicardi, ob. cit., nº 436.
6   De Page, ob. cit., nº 119.
7   Planiol *et* Ripert, *Traité Pratique*, vol. XI, nº 1.129.
8   Espínola, *Contratos Nominados*, nº 123.
9   De Page, ob. cit., nº 120.

uso, denominado *commodatum pompae vel ostentations causa*,[10] como no exemplo de um comerciante que toma por empréstimo mercadorias de um colega, com o fito de exibi-las em uma exposição, comprometendo-se a restituir as mesmas, não obstante serem, por natureza, bens fungíveis, ou consumíveis.

O comodatário recebe a coisa tal qual se acha, sem que exista para o comodante a obrigação de pô-la em estado de servir, nem de repará-la.[11]

Completando os requisitos deste contrato, cumpre assinalar a sua *temporariedade*. Se for perpétuo, deixa de ser empréstimo, e passa a doação. Pelo nosso direito, o comodante tem a faculdade de reclamar a coisa a qualquer tempo, se for de duração indeterminada. Mas não chega a confundir-se com o precário, que, no Direito Romano, traduzia a reserva de recobrar a coisa a todo tempo. No comodato aquela faculdade há de conciliar-se com a utilização. O contrato se despiria de qualquer significação jurídica, e perderia o conteúdo econômico, se o emprestador pudesse reclamar a restituição em seguida *à traditio*.[12] O Código brasileiro não cogita do precário; nem com ele se confunde o comodato. Já o Código italiano de 1942, na figura do comodato sem duração determinada (art. 1.810), considera o empréstimo um *precarium*.

Ajustado o contrato *a prazo certo,* deve este ser respeitado, salvo se o comodante, demonstrando em juízo a sua necessidade, *urgente* e *imprevista*,[13] vier a ser autorizado a antecipar sua recuperação (Código Civil, art. 581).

Obrigações. A principal *obrigação do comodatário é conservar* a coisa, usando-a na finalidade estipulada, ou segundo a natureza dela (Código Civil, art. 582), sob pena de responder pela sua perda ou deterioração. Não basta um cuidado elementar. O Direito Romano se não contentava com a diligência comum de um pai de família. Ia mais longe, e reclamava as atenções de um que fosse diligentíssimo: *In rebus commodatis talis diligentia praestanda est qualem quisque diligentissimus pater familias suis rebus adhibet*.[14] Nosso Código não faz esta comparação, mas exige que o comodatário lhe dê o tratamento que dispensa às coisas suas, não lhe servindo de escusativa, obviamente, ser habitualmente desleixado. A rigor exige ainda maiores cuidados, pois que responde por perdas e danos o comodatário se, correndo igual risco a coisa sua e a comodada, der preferência àquela no salvamento (Código Civil, artigo 583), ainda que provenha do fortuito ou força maior.

Completando esse dever: não tem o comodatário o direito de recobrar do comodante as despesas normais de conservação e manutenção da coisa, ainda que necessária ou indispensável, como a alimentação e o tratamento do animal, ou a lubrificação da máquina. Não assim em relação aos gastos extraordinários, a cujo respeito deve avisar o comodante, para que os proveja, e em caso de urgência efetuá-los com

---

10 Clóvis Beviláqua, Comentário ao art. 1.248 do Código Civil de 1916; Colin *et* Capitant, *Droit Civil*, vol. II, nº 799. Tradução: "Comodato para pompa e ostentação".

11 Larenz, *Obligaciones*, § 46.

12 Espínola, nº 124.

13 Ruggiero e Maroi, loc. cit.; De Page, ob. cit., nº 119.

14 *Digesto*, liv., XIII, tít. VI, fr. 18.

direito a reembolso, como será visto *infra*. Correlata ainda do dever de conservação é a guarda da coisa, para que se não perca ou deteriore.[15]

É preciso, porém, que se assinale não existir incompatibilidade entre o dever de conservação e manutenção e a colheita dos frutos, salvo se, pela convenção ou pelas circunstâncias, tal não resultar interdito.[16]

A sanção da obrigação de conservar e manter é a responsabilidade do comodatário pelo dano que advenha à coisa. Não, porém, pelo fortuito, senão na hipótese acima aludida de preteri-la no salvamento, ou se estiver em mora de restituir. Em consequência, não responde pelo que lhe ocorrer em razão do uso normal ou pela ação do tempo.[17]

A segunda obrigação é *restituir* o objeto no prazo ajustado, ou, em sua falta, quando lhe for reclamado, ressalvado, como visto, o tempo necessário a que preencha a finalidade para a qual o contrato foi celebrado. Se houve empréstimo para certo fim, o comodante terá de aguardar que se cumpra. Em qualquer caso, esboçado o conflito de necessidades, e provada a urgência, decidirá o juiz resolvendo o contrato sem direito de reparação.

Sancionando o dever de restituição, determina a lei que o comodatário, notificado, e assim constituído em mora, estará sujeito ao pagamento do aluguel que lhe for fixado ao arbítrio do comodante, mesmo que em cifra elevada, pois não se trata de retribuição correlativa da utilidade, mas de uma pena, a que se sujeita o contratante moroso (Código Civil, art. 582). Não pode essa fixação, no entanto, ser abusiva, já que se aplica aqui analogicamente o disposto no art. 413 do Código, que permite ao juiz a redução equitativa da multa se o montante da penalidade for manifestamente excessivo, tendo-se em vista a natureza e a finalidade do negócio.

Sujeito ativo da obrigação de restituir é o próprio comodante, ou quem tenha poderes, convencionais ou legais, para recebê-la. Se foi emprestada por um menor, será devolvida a seu pai ou tutor. Morrendo o comodante, a restituição far-se-á ao inventariante ou aos herdeiros.[18]

Se duas ou mais pessoas receberam simultaneamente a mesma coisa em comodato, ficarão solidariamente responsáveis, o que se justifica pela gratuidade essencial a este contrato.[19] Em consequência, qualquer delas pode ser acionada, ainda que se prove que o dano foi causado por um só, contra o qual o demandado terá ação regressiva.

Em princípio, o *comodante* não tem obrigações. *Eventualmente*, contudo, é possível que venham a aparecer, e em duas hipóteses:

Tem de reembolsar o comodatário pelas despesas que este fizer na coisa, sob a dupla condição de serem *extraordinárias* e *urgentes*,[20] isto é, importem em

---

15 De Page, ob. cit., nº 128.

16 Enneccerus, Kipp *y* Wolff, *Derecho de Obligaciones*, vol. II, § 137.

17 Serpa Lopes, *Curso*, vol. IV, nº 618.

18 Cerruti Aicardi, ob. cit., art. 448.

19 De Page, ob. cit., nº 132.

20 Clóvis Beviláqua, Comentários ao art. 1.254.

gastos que excedam da sua conservação normal, e não possam aguardar que o comodante, avisado, as efetue oportunamente. Não caberá, todavia, reembolso pelas despesas para a melhoria dela, ainda que ultrapassem da normalidade e a tornem mais prestadia.[21]

Até o pagamento, terá o comodatário direito de retenção, por aplicação do mesmo princípio que o assegura pelas benfeitorias necessárias.[22]

Cabe ao comodante indenizar o comodatário dos prejuízos causados por vício oculto da coisa, dos quais tinha conhecimento, e dolosamente não preveniu em tempo o comodatário.[23]

246. Mútuo. Conceito. Obrigações. Onerosidade e gratuidade. Usura. Abertura de crédito. Conta-corrente

Mútuo é o empréstimo de coisas fungíveis (Código Civil, art. 586), isto é, o contrato pelo qual uma das partes transfere uma coisa fungível a outra, obrigando-se esta a restituir-lhe coisa do mesmo gênero, da mesma qualidade e na mesma quantidade.

Diferentemente do comodato, que realiza apenas a cessão de uso, o mútuo ou *empréstimo* de *consumo* exige a transferência da propriedade mesma, por não se conciliar a conservação da coisa com a faculdade de consumi-la, sem a qual perderia este empréstimo a sua utilidade econômica. Pela mesma razão, e ainda em diferença do comodato, o mutuante há de ser dono da coisa mutuada, pois que *nemo plus iuris ad alium tranferre potest quam ipse habet*;[24] e, se pressupõe a translação do domínio, somente quem dele é titular estará habilitado a mutuar. Em consequência, feito o mútuo por quem não tem a propriedade, pode o *verus dominus* reivindicar a coisa em poder do mutuário, e se já não existir, reclamará indenização por perdas e danos.[25]

Os caracteres jurídicos deste contrato são:

A – *Real*. Já nos temos pronunciado em tese contra esta classificação dos contratos, que nos parece um romanismo inútil, e por entendermos que basta o acordo de vontades à sua celebração. A tradição do objeto é o primeiro ato de sua execução e a *conditio iuris* da restituição. Seria então obrigação do mutuante. Este modo de ver já entrou em alguns Códigos, como o suíço e o polonês das Obrigações, e futuramente

---

21   De Page, ob. cit., nº 135.

22   Serpa Lopes, ob. cit., nº 623; M. I. Carvalho de Mendonça, *Contratos*, vol. I, nº 54; Espínola, ob. cit., nº 126.

23   Ruggiero e Maroi, loc. cit.; Enneccerus, Kipp *y* Wolff, ob. cit., § 138; Planiol, Ripert *et* Boulanger, *Traité Élémentaire*, vol. II, nº 2.895; Cerruti Aicardi, ob. cit., nº 452; Espínola, ob. cit., nº 126; Serpa Lopes, ob. cit., nº 624, *Código Civil italiano*, art. 1.812; Código polonês das Obrigações, art. 421; BGB, art. 599.

24   "A ninguém é dado transferir mais direitos do que possui".

25   Ruggiero e Maroi, *Istituzioni*, vol. II, § 164.

fará novas conquistas. Dentro da nossa sistemática, entretanto, mantida pelo Código Civil de 2002, a entrega efetiva da coisa é requisito de constituição da relação contratual. Sem a *traditio* há apenas *promessa de mutuar* (*pactum de mutuo dando*, contrato preliminar), que se não confunde com o próprio mútuo. A promessa de mutuar, que pode ser bilateral ou unilateral, conforme o mutuário fique ou não obrigado a receber a quantia ou coisa prometida, é suscetível de revogação por parte do promitente-mutante, quando nas circunstâncias patrimoniais da outra parte ocorrer sensível mudança, que induza a sua insolvência.[26] Mas, se recusar injustificadamente a efetivação do empréstimo, infringe o contrato, e responde por perdas e danos.

B – *Unilateral*. Somente o mutuário contrai obrigações, uma vez que o mutante outra não tem senão a de entregar a coisa, ato que, nos contratos ditos reais, integra a sua constituição.

C – *Gratuito*. O mútuo é naturalmente gratuito, embora não o seja essencialmente. Na falta de estipulação, presume-se a gratuidade. No entanto, destinando-se o mútuo a fins econômicos, a presunção se inverte, subentendendo-se a onerosidade, o que se depreende da nova redação atribuída ao art. 591 pelo legislador de 2002, que presume a incidência de juros nesse tipo de empréstimo.

D – *Temporário*. O mútuo é um contrato substancialmente temporário. É da sua essência a restituição. Se fosse perpétuo, confundir-se-ia com a doação o gratuito, e com a compra e venda o oneroso.

E – *Translatício do domínio*, porque opera para o mutuário a transferência da propriedade da coisa emprestada. A doutrina entende, contudo, que o mútuo não é *contrato de alienação*, como a doação ou a compra e venda, porque o efeito translativo não é o seu fim principal, mas o meio de sua efetivação.[27]

Ao tratarmos dos seus *requisitos*, temos em vista não mais que aqueles específicos, pondo à margem os que são comuns a quaisquer contratos, ou aos negócios jurídicos em geral. E, assim, vemos:

Subjetivos. Para contratar um mútuo, é mister a capacidade das partes. O mutante tem de ser apto para dispor da coisa. O mutuário também tem de ser habilitado a obrigar-se. O Direito Romano, a este propósito, enunciava um princípio, conhecido como *Senatus consulto macedoniano*, o qual, atravessando os séculos, veio incorporar-se no direito positivo de vários povos, inclusive no nosso Código Civil (art. 588), segundo o qual o mútuo feito a pessoa menor, sem prévia autorização daquele em cuja guarda estiver (pai, mãe, tutor), não pode ser reavido nem do mutuário nem de seus fiadores. Trata-se de um preceito protetor contra a exploração gananciosa da sua inexperiência. E foi imaginado como técnica para impedir as manobras especuladoras, mediante a punição ao emprestador, que perderá a coisa mutuada se fizer o empréstimo proibido. A pena deixará de aplicar-se, porém:

---

26 Enneccerus, Kipp *y* Wolff, *Derecho de Obligaciones*, vol. II, § 141.
27 De Page, *Traité*, vol. V, n° 138; Espínola, *Dos Contratos Nominados*, n° 128.

1 – Se houver *ratificação ulterior* da pessoa, cuja *autorização* era necessária à sua validade, ou do próprio mutuário após a maioridade ou emancipação, casos em que convalesce o ato, como se desde o princípio houvesse.

2 – *Alimentos.* Na ausência do responsável, tendo o menor necessidade de prover os seus alimentos, não quer a lei que vá recorrer à caridade pública, nem que se prive do indispensável. Ao revés, admite reembolso para o empréstimo tomado com esta finalidade, uma vez provada ela. A lei faz alusão aos *alimentos*, como expressão genérica, abrangendo assim os *naturais* (*alimentação*) como os civis (despesas com vestuário, colégio etc.). Justifica-se o empréstimo por não ser estímulo ao mal, porém gasto que a piedade paterna não recusaria – *quos patris pietas non recusaverit.*

3 – *Patrimônio próprio.* Se o menor tiver bens adquiridos com o fruto do seu trabalho, responde pelo empréstimo obtido até o limite do seu valor, pois que, sendo bens por ele adquiridos com a sua atividade, presume-se ter discernimento bastante para defendê-los.

4 – *Empréstimo em benefício do menor.* Se o empréstimo tomado pelo menor tiver gerado para ele benefícios econômicos, tem ele responsabilidade pelo seu pagamento, regra que nada mais é que uma concretização do princípio da proibição do enriquecimento sem causa expressamente previsto nos arts. 884 a 886 do Código Civil.

5 – *Dolo do menor.* Se o menor, entre 16 e 18 anos, para obter o empréstimo, dolosamente ocultou a sua idade e, declarando-se maior, inculcou-se uma situação que não é a sua, não poderá invocar mais tarde a menoridade, e assim eximir-se da obrigação (art. 180 do Código Civil). Pois que, segundo a velha regra, não se pode beneficiar do favor aquele cuja malícia tenha revelado um grau de desenvolvimento que dispensa proteção: *malitia supplet aetatem.*

Pode ainda acontecer que do empréstimo contraído pelo menor se beneficie diretamente a pessoa que deveria autorizá-lo. Não tolerando o direito que alguém se locuplete à custa alheia, ao mutuante é lícito reaver o que emprestou, acionando aquele que se aproveitou, e não o menor, cujos bens se põem forros da garantia.

Objetivos. Em princípio, qualquer coisa fungível, de que seja dono o mutuante, pode ser emprestada.

O mais comum é o dinheiro. Outros bens podem sê-lo, todavia, e, em atenção a eles, regras especiais podem ser invocadas.

Obrigações. Normalmente não as há para o *mutuante*, já que, pelo nosso direito, a entrega da coisa é ato constitutivo do contrato mesmo. Não há dever de reembolsar *despesas de conservação*, porque a coisa mutuada passa à propriedade do mutuário. Mas responde pelos prejuízos decorrentes de vícios ou defeitos da coisa, de que tinha conhecimento, e a respeito dos quais não advertiu o mutuário.[28]

A obrigação primeira do *mutuário é restituir* o que recebeu, em coisas do mesmo gênero, quantidade e qualidade.

---

28 Mazeaud *et* Mazeaud, *Leçons*, vol. III, nº 1.458; Cunha Gonçalves, *Dos Contratos em Especial*, nº 146; Ruggiero e Maroi, loc. cit.

Não afeta esta obrigação o aumento ou diminuição do seu preço, pois que é a própria coisa que exprime a utilidade para o mutuante e não o seu valor.[29] Não são válidas as cláusulas monetárias que importem em impedir ou embaraçar, nos seus efeitos, o curso forçado da moeda em circulação, pelo valor legal, conforme vimos no nº 148, *supra* (vol. II).

Efetuado, porém, um mútuo em moedas de ouro ou de prata, pode-se estipular a restituição nas mesmas espécies, independentemente de uma oscilação do valor; se o ouro ou a prata, como espécie metálica, podem ser mutuados, razão não militará por certo para que a mesma permissão seja negada às mesmas espécies, pelo só fato de se acharem amoedadas.[30] Lícita é, ainda, a cláusula pela qual o mutuário se obriga a devolver a coisa ou o *seu valor* no momento da restituição, e nem se desfigura o contrato, que será, nesse caso, empréstimo com obrigação alternativa.[31] Nos contratos de repasse de empréstimo tomado pelos bancos, em moeda estrangeira, é lícita a cláusula de correção cambial.

Para a determinação da oportunidade em que deve ser feita a restituição obedecem-se às regras seguintes.

A – É livre às partes convencionar o que bem lhes apraza. Prevalecerá, pois, o que for estipulado. Às vezes o legislador, tendo em vista a ocorrência de acontecimentos graves que afetam a economia de uma certa atividade (lavoura, pecuária), ou o impacto de crises sociais ou políticas, decreta a *moratória*, que é prorrogação de vencimento das obrigações (v. nº 99, *supra*, vol. I). Quando o faz, o mutuário tem a faculdade de usar o prazo de favor, que, pelo seu caráter de ordem pública, prefere à convenção das partes.

De regra, o prazo estipulado para o pagamento vigora a favor de ambas. O mutuante não pode reclamar antes do termo, salvo nas hipóteses legais de vencimento

---

29 De Page, ob. cit., nº 144.

30 O empréstimo em espécies metálicas ou em moeda estrangeira foi restringido por vários atos normativos. Atualmente essa espécie de mútuo continua restrita (art. 318 do Código Civil), mas pode ser pactuada em situações excepcionais previstas em legislação específica. O Decreto-Lei nº 857, de 11 de setembro de 1969, permite-os nas seguintes situações (art. 2º): I – aos contratos e títulos referentes a importação ou exportação de mercadorias; II – aos contratos de financiamento ou de prestação de garantias relativos às operações de exportação de bens de produção nacional, vendidos a crédito para o exterior; III – aos contratos de compra e venda de câmbio em geral; IV – aos empréstimos e quaisquer outras obrigações cujo credor ou devedor seja pessoa residente e domiciliada no exterior, excetuados os contratos de locação de imóveis situados no território nacional; V – aos contratos que tenham por objeto a cessão, transferência, delegação, assunção ou modificação das obrigações referidas no item anterior, ainda que ambas as partes contratantes sejam pessoas residentes ou domiciliadas no país. O art. 6º da Lei nº 8.880, de 27 de maio de 1994, também estabelece a exceção nos "... *contratos de arrendamento mercantil celebrados entre pessoas residentes e domiciliadas no País, com base em captação de recursos provenientes do exterior*". Continua defesa em lei a cláusula que estabeleça a restituição em espécie metálica ou em moeda estrangeira, se o empréstimo é feito em moeda corrente e/ou cláusula que estabeleça a correção do valor do mútuo pelas variações dessas espécies de bens.

31 De Page, ob. cit., nº 144.

antecipado da obrigação, ainda que o empréstimo seja gratuito, porque o mutuário não é obrigado a ter as coisas à sua disposição, por serem consumíveis.[32] Não pode o mutuário, a seu turno, compelir o mutuante a receber as coisas, objeto do mútuo, antes do dia aprazado.

B – Se o mútuo for de produtos agrícolas, assim para o consumo como para a semeadura, presume-se que o prazo para restituição será até a próxima colheita, em atenção à natureza do objeto e à finalidade do empréstimo.

C – O mútuo pecuniário considera-se vencível em 30 dias, pelo menos, e nesse prazo tem de ser pago, salvo ajuste em contrário.

D – Para quaisquer outros bens, o mutuante declarará o prazo para restituição. Como o arbítrio ao mutuante pode converter o mútuo em precário, considera-se que a regra significa que, a todo tempo, tem a faculdade de intimar o devedor, fixando-lhe um prazo dentro do qual seja razoável o pagamento.[33]

Sofrendo o mutuário alteração de sua situação econômica, capaz de pôr em risco a *solutio*, o mutuante tem a faculdade de exigir-lhe garantia de restituição, regra que o legislador entendeu ditar expressa (Código Civil, art. 590) e que é aplicação ao empréstimo daquele princípio destinado aos contratos bilaterais (Código Civil, art. 477), cuja extensão já foi acima deduzida (v. nº 215, *supra*).

Se se impossibilitar a devolução específica, por causa não imputável ao devedor, caberá substituição da *res debita* pelo seu equivalente pecuniário.[34]

Não pode o mutuante ser compelido a receber, *pro parte*, se isto não tiver sido ajustado. Quando hipotecária ou pignoratícia a dívida, é lícito ao mutuário liquidá-la por antecipação ou amortizá-la, obrigado o mutuante a receber, desde que a parcela oferecida não seja inferior a 25% do valor do débito inicial (Decreto nº 22.626, de 7 de abril de 1933, art. 7º e § 1º). A prática dos negócios instituiu modalidade especial de mútuo amortizável, segundo a chamada *Tabela Price*, o qual se baseia na determinação de um multiplicador fixo, que, aplicado sobre o capital, estabelece uma prestação pagável por períodos (meses, ou trimestres, ou semestres, ou anos), operando ao fim do prazo ajustado a liquidação do capital e juros estipulado.

Não há requisito especial para a *prova* do mútuo, que tanto se evidencia com a emissão de título abstrato (nota promissória), aceite de saque abstrato ou causal, como a confissão formal da dívida (quirógrafo comum, escritura pública), ou ainda, como adverte Ennecerus, simplesmente com um recibo da quantia emprestada.[35]

Se o mútuo se destina a fins econômicos, presumem-se incidentes os juros (Código Civil, art. 591), conforme já se destacou. Por fins econômicos se entende aquele mútuo que não é feito por cortesia, amizade ou espírito de solidariedade. Os juros, pelo novo sistema instituído pelo Código de 2002, em seu art. 406, têm como limite

---

32 De Page, ob. cit., nº 143.
33 João Luís Alves, *Código Civil Anotado*, *Observação* 1ª ao art. 1.264; Clóvis Beviláqua, Comentários ao art. 1.264 do Código de 1916.
34 Trabrucchi, *Istituzioni*, nº 338; Ruggiero e Maroi, loc. cit.
35 Ennecerus, Kipp *y* Wolff, ob. cit., § 140.

legal a taxa que estiver em vigor para a mora do pagamento de impostos devidos à Fazenda Nacional, hoje denominada "taxa selic", que atualmente é muito superior aos juros legais do Código anterior, cujo percentual máximo era de 6% (seis por cento) ano. A propósito do *mútuo, usura* e sua repressão e liberação de juros nas operações das instituições financeiras, reportamo-nos ao que expusemos no nº 147, *supra* (vol. II), sob a epígrafe *Prestação de juros*.

No âmbito do mútuo foi que se desenvolveu extremamente o comércio bancário. Além das modalidades comuns, de empréstimo por desconto de títulos à ordem, adquiriram grande incremento o contrato de financiamento, a abertura de crédito e a conta-corrente. No contrato de financiamento, o banco obriga-se a fornecer numerário em parcelas na medida das necessidades de custeio, ou de atendimentos de compromisso do devedor, resultantes de negócio determinado (construção de prédio, execução de empreitada etc.).

Na *abertura de crédito*, o banco compromete-se a acatar saques do devedor, até um montante estipulado como limite do crédito aberto, sujeitando-se o mutuário ao pagamento de uma comissão percentual calculada sobre aquele limite, além dos juros computados sobre o débito efetivo. A sua caracterização jurídica é muito controvertida. Levando em consideração a concepção tradicional do mútuo como contrato real, a abertura de crédito é um contrato preliminar,[36] promessa de mutuar que se converte automaticamente em mútuo com o lançamento da quantia a crédito da conta do mutuário independentemente de tê-la este sacado ou usado, bastando que fique ali à sua disposição. Não falta, porém, quem a identifique desde o início com o mútuo, em que se abriria mão do caráter real.[37] Mútuo e abertura de crédito têm, sem dúvida, pontos de chegada aproximação, pois que em ambos há empréstimo de coisa fungível (dinheiro), mas apresentam aspectos de viva diversificação: *a*) o creditador obriga-se a efetuar a tradição da quantia, ao passo que o mutuante começa por efetuá-la; *b*) no mútuo o acordo é concomitante a essa tradição, na abertura de crédito antecede-a; *c*) na abertura de crédito adquire o creditado a faculdade potestativa de usá-lo no limite convencionado, global ou parceladamente, sem a previsão do *quantum* necessitado, nem da oportunidade da utilização, enquanto no mútuo o mutuário adquire a propriedade da coisa, esgotando-se o seu direito contra o mutuante; *d*) no mútuo há tradição da coisa emprestada, e restituição em coisas do mesmo gênero, qualidade e quantidade, ao passo que na abertura de crédito o reembolso se faz em dinheiro, ainda que o creditador entregue coisas diversas (títulos de crédito, mercadorias etc.), representativas de um valor pecuniário.[38]

Na conta-corrente (que pode combinar com a abertura de crédito), as partes ajustam um movimento de débito e crédito, por lançamentos em conta, e podem estipular que os saldos credores, para um ou para outro, vencerão juros. É preciso, porém, não confundir o *contrato de conta-corrente* com o desdobramento de conta

---

36 Mazeaud *et* Mazeaud, ob. cit., nº 1.434.
37 Francesco Carnelutti, *Teoria Giuridica della Circolazione*, págs. 28 e segs.
38 Serpa Lopes, *Curso*, vol. IV, nº 629; Paulo de Lacerda, *Do Contrato de Abertura de Crédito*, nº 102; Lyon Caen *et* Renault, *Traité de Droit Commercial*, vol. IV, nºˢ 684 e segs.

em forma de partidas de *deve e haver*, por exemplo, o *depósito bancário*, pois que, enquanto aquela é uma *relação contratual*, esta não passa de uma demonstração gráfica de operações isoladas.[39] O contrato de conta-corrente pratica-se no comércio com frequência. As partidas inscritas na conta não perdem a sua individualidade nem se desvinculam do título constitutivo.[40] Para conhecimento e aprovação recíproca, um dos contratantes remete ao outro um *extrato da conta*, que não traduz liquidez e certeza, e não autoriza cobrança executiva, senão após aprovação ou aceitação do devedor. A maior utilidade da conta-corrente é produzir a compensação dos débitos e créditos, dispensando reciprocamente os pagamentos diretos (v. o que dissemos no nº 163, *supra*, vol. II).

246-A. CONTRATOS DE FINANCIAMENTO

Os contratos de financiamentos, abertura de crédito, conta-corrente vêm estudados no Capítulo LXI, *infra*, sob o epígrafe de "contratos bancários".

246-B. LIMITAÇÕES CONSTITUCIONAIS DOS "JUROS REAIS"

A Constituição Federal de 1988 estabeleceu (art. 192, § 3º) a limitação da cobrança de juros no limite do "juro real" de 12%. Como não ficou estabelecido o que considera como "juro real", grande número de autores (Ives Gandra da Silva Martins, Caio Mário da Silva Pereira) entendia que a disposição constitucional não era autoaplicável, no que foram seguidos por decisões judiciais, inclusive do Supremo Tribunal Federal, como vimos no nº 147, *supra*, vol. II.

A Emenda Constitucional nº 40, de 03 de maio de 2003, revogou o § 3º do art. 192 da Constituição, pondo fim às discussões sobre a aplicabilidade ou não do limite constitucional. Hoje não existe qualquer limitação constitucional às taxas de juros.

Contudo, já se tornou pacífico na doutrina e jurisprudência que a pura revogação da limitação constitucional, que, aliás, jamais foi aplicada em sua plenitude, não significa permissividade absoluta por parte dos agentes financeiros. Apesar do entendimento jurisprudencial de que "a estipulação de juros remuneratórios superiores a 12% ao ano, por si só, não indica abusividade" (Súmula 382, do Superior Tribunal de Justiça), o próprio STJ já editou Súmula (nº 379[41]) com a limitação dos juros moratórios aos ditames do Código Civil em seu art. 406, c/c o art. 161 do Código Tributário Nacional.[42]

---

39 Paulo de Lacerda, *Do Contrato de Conta-Corrente*, nº 5.
40 Ruggiero e Maroi, ob. cit., § 165.
41 Súmula nº 379: Nos contratos bancários não regidos por legislação específica, os juros moratórios poderão ser convencionados até o limite de 1% ao mês.
42 Art. 161. O crédito não integralmente pago no vencimento é acrescido de juros de mora, seja qual for o motivo determinante da falta, sem prejuízo da imposição das penalidades cabíveis e da aplicação de quaisquer medidas de garantia previstas nesta Lei ou em lei tributária.

Quando a lei exclui a limitação de juros moratórios da baliza de 12%, ela se refere a contratos específicos, cujas normas têm disposição aplicáveis às atividades que regulamentam, como por exemplo, o Mútuo Rural (Decreto-Lei nº 167/1967), o Mútuo Industrial (Decreto-Lei nº 413/1969) e o Mútuo Comercial (Lei nº 6.840/1980, que remete às disposições contidas no Decreto-Lei nº 413/1969).

---

§ 1º Se a lei não dispuser de modo diverso, os juros de mora são calculados à taxa de 1% (um por cento) ao mês.

Capítulo LI
Depósito

Sumário

247. Conceito de depósito. Espécies. Obrigações. Extinção. **248.** Depósito necessário. Depósito hoteleiro. Sequestro.

Bibliografia

Cunha Gonçalves, *Dos Contratos em Especial*, nos 104 e segs.; Eduardo Espínola, *Dos Contratos Nominados,* nos 150 e segs.; Orlando Gomes, *Contratos,* nos 244 e segs.; Serpa Lopes, *Curso de Direito Civil,* vol. IV, nos 502 e segs.; M. I. Carvalho de Mendonça, *Contratos no Direito Civil Brasileiro*, edição atualizada por José de Aguiar Dias, vol. I, nos 26 e segs.; Alberto Trabucchi, *Istituzioni di Diritto Civile,* nos 345 e segs.; Ruggiero e Maroi, *Istituzioni di Diritto Privado,* vol. II, § 166; Cerruti Aicardi, *Contratos Civiles,* nos 454 e segs.; Mazeaud *et* Mazeaud, *Leçons de Droit Civil,* vol. III, nos 1.491 e segs.; Planiol, Ripert *et* Boulanger, *Traité Élémentaire,* vol. II, nos 2.857 e segs.; Colin *et* Capitant, *Droit Civil,* vol. II, nos 820 e segs.; De Page, *Traité,* vol. V, nos 180 e segs.; Karl Larenz, *Derecho de Obligaciones,* vol. II, § 54; Enneccerus, Kipp *y* Wolff, *Tratado, Derecho de Obligaciones,* vol. II, §§ 166 e segs.; Hector Lafaille, *Contratos*, vol. II, nos 276 e segs.

247. Conceito de depósito. Espécies. Obrigações. Extinção

Depósito é o contrato pelo qual uma pessoa (depositário) recebe um objeto móvel para guardar, até que o depositante o reclame (Código Civil, art. 627). Na terminologia usual, o vocábulo *depósito* é também usado para designar a própria coisa depositada.

Os caracteres *jurídicos* deste contrato são:

a) *Real.* Com as ressalvas que temos feito a esta categoria contratual, em nosso direito o depósito somente se perfaz com a *traditio* efetiva da coisa. Em alguns Códigos, como o suíço (art. 472), é tratado como *consensual.* Pode ser precedido de *promessa de depósito*, que se regula pelos princípios relativos ao contrato preliminar.[1]

b) *Gratuito.* Por natureza é um contrato gratuito, mas as partes podem estipular que o depositário seja gratificado. A presunção de gratuidade deixa de existir, no entanto, se o depósito resultar de atividade negocial ou se o depositário o praticar por profissão (Código Civil, art. 628). No Direito Romano era-o por essência, desfigurando-se como locação se houvesse um pagamento. No moderno, conservam-se as suas características próprias, não obstante a retribuição. E há, mesmo, empresas que se organizam comercialmente para explorar o depósito como atividade lucrativa.

c) *Temporário.* O depositário tem de devolver a coisa no momento em que lhe for pedida. Se perder este caráter, já não será depósito.

Alguns acrescentam que é um contrato *intuitu personae.* Originariamente o foi, predominando a consideração da pessoa do depositário. Hoje não prevalece, senão muito arrefecida, pois que é normal alguém confiar coisa sua a depositário (especialmente quando empresa) que mal conhece.

Requisitos *subjetivos, objetivos e formais* são exigidos na sua celebração.

A – *Subjetivos.* Exigem-se os dos contratos em geral, tanto para dar como para receber depósito. Não há mister ser dono, para depositar, bastando a capacidade para administrar; mas ressalvam-se os direitos do *verus dominus*.[2] Os menores relativamente incapazes podem efetuar depósitos e movimentar contas nas Instituições Financeiras, desde que autorizados pelos seus representantes legais. Para ser depositário, é bastante a capacidade genérica para obrigar-se. Se, na pendência do contrato, se torna incapaz, a pessoa que lhe assumir a administração dos bens diligenciará a imediata restituição da coisa depositada, e não querendo ou não podendo o depositante recebê-la, recolhê-la-á ao depósito público, ou promoverá a nomeação de novo depositário (Código Civil, art. 641).

B – *Objetivos.* Pela definição legal, podem ser objeto de depósito quaisquer coisas *móveis,* sejam as *corpóreas*, sejam as que se corporificam, com os valores incorpóreos representados por *títulos* de qualquer espécie (ações de sociedades anôni-

---

1 Mazeaud *et* Mazeaud, *Leçons*, vol. III, n° 1.495; Ennecerus, Kipp *y* Wolff, *Derecho de Obligaciones*, vol. II, § 166-*b*.

2 De Page, *Traité*, vol. V, n° 193; Cunha Gonçalves, *Dos Contratos em Especial*, n° 106; Espínola, *Dos Contratos Nominados*, n° 151; Serpa Lopes, *Curso*, vol. IV, n° 509.

mas, apólices da dívida pública etc.). A exclusão dos imóveis não é universal. Alguns códigos (argentinos, uruguaio, mexicano) os incluem na linha do depósito. Em nosso direito mesmo, penetrou o depósito imobiliário expressamente (Decreto-Lei nº 58, de 10 de dezembro de 1937, art. 17; Código de Processo Civil de 2015, art. 840, alínea II).[3] Aceita-se a incidência sobre imóvel no depósito judicial e no sequestro, de onde já desborda para depósito voluntário, sem afronta aos princípios. Aquele preconceito que predominava na obra de Pothier, e que tanto influiu nas codificações por via do Código Napoleão, vai perdendo consistência, e hoje a doutrina abre-se à aceitação do depósito de bens imóveis.[4]

C – Formais. A lei exige *ad probationem tantum,*[5] o instrumento *escrito* para o depósito *voluntário* (Código Civil, art. 646), podendo revestir, entretanto, qualquer que seja o valor ou a natureza da coisa, a forma particular. Dispensa-se este requisito para o depósito *necessário,* que se prova por todos os meios.

Espécies. Embora vá esta classificação perdendo interesse[6] divide-se o depósito em duas espécies: *voluntário,* quando se origina da convenção livre das partes; *necessário,* quando se realiza no desempenho de obrigação imposta por lei (*depósito legal*), ou quando se efetua por ocasião de alguma calamidade pública, como incêndio, inundação, naufrágio ou saque (Código Civil, art. 647), o qual recebe a denominação tradicional de *depósito miserável* (*depositum miserabile*), com as características de urgência e da escolha não voluntária do depositário.[7]

Sob outro aspecto, diz-se que o depósito é *regular* quando tem por objeto coisas não fungíveis, obrigando-se o depositário a restituir especificamente a própria coisa depositada, que se identifica pelos seus caracteres individuais. Chama-se *irregular,* quando incide sobre coisas fungíveis, obrigando-se o depositário a restituir objetos do mesmo gênero, qualidade e quantidade – *tantumdem eiusdem generis et qualitatis.*[8] Há, neste caso, transferência de domínio da coisa depositada, regulando-se o contrato pelas disposições relativas ao mútuo (Código Civil, artigo 645), cuja dogmática atrai, embora as duas espécies contratuais continuem passíveis de distinção. Mas não é sempre que a fungibilidade do objeto cria o depósito irregular. Se ficar caracterizada a obrigação de devolver a mesma coisa, embora fungível, o depósito é regular. Para que se tenha como irregular, é mister ocorram dois fatores, que se apuram em razão da destinação econômica do contrato:[9] o primeiro *material* é a faculdade concedida ao depositário de consumir a coisa; o segundo, anímico, é o propósito de beneficiar o depositário. Sem perder de vista que o depósito se presume

---

3   Correspondente ao art. 666, alínea II, do CPC de 1973, cuja redação resumidamente tratava do depósito de bens penhorados dos bens móveis e os imóveis urbanos em poder do depositário judicial.

4   De Page, ob. cit., nº 184.

5   "Para fins de prova".

6   Ruggiero e Maroi, *Istituzioni,* vol. II, § 166.

7   Cunha Gonçalves, ob. cit., nº 105.

8   Trabucchi, *Istituzioni,* nº 345.

9   Enneccerus, Kipp *y* Wolff, ob. cit., § 168; Trabucchi, loc. cit.

regular, deve o interessado dar prova que o ilida, podendo demonstrar seu caráter irregular por vários meios, como sejam a profissão do depositário, o modo de sua realização etc.[10] Não obstante sua proximidade com o mútuo, deste difere pelo poder reconhecido ao depositante de recobrar a coisa *ad nutum* (Código Civil, art. 627), uma vez que o depositário há de estar, a todo momento, em situação de restituir o recebido, mantendo à disposição daquele coisas do mesmo gênero, qualidade e quantidade.[11] Tipo apontado como o mais comum, deste contrato, é o *depósito bancário* (ver sobre depósito bancário o que escrevemos no nº 274, *infra*), mediante a entrega de uma soma em dinheiro, de que o banco se utiliza em suas operações, com a obrigação de restituir, total ou parceladamente, a todo instante em que lhe for reclamada. O *depósito bancário* distingue-se da *custódia* de bens, títulos ou valores de qualquer espécie, que, este, é regular.[12] O direito moderno conhece várias figuras de negócios jurídicos de natureza contratual que não se enquadram perfeitamente nos tipos clássicos dos contratos tradicionais,[13] como, e.g., a *guarda* de mercadorias nos armazéns-gerais, de títulos ou valores nos bancos, de objetos em câmara frigorífica, de automóveis em garagem. São modalidades assemelhadas ao depósito, com autêntica atração do regime jurídico deste, mas que melhor se definem sob a designação especial de contrato de *guarda*,[14] nas quais se associam ao típico depósito outras obrigações ou prestações de atividades, como é o caso da guarda de animal, aliada ao dever de alimentá-lo; a guarda de automóvel e dever de limpá-lo e movimentar o motor.[15]

É conveniente uma referência particular ao depósito de mercadorias nos *armazéns-gerais*, em que a empresa depositária as recebe, obrigando-se a restituir no mesmo gênero, qualidade e quantidade, emitindo o certificado de depósito sob a forma de títulos de crédito causais, que são o *conhecimento de depósito* e o *warrant*, que nascem juntos, mas podem ser destacados. São títulos à ordem, transmissíveis por simples endosso, como representativos do depósito; a empresa por este responde perante quem se lhe apresente como portador dos instrumentos.

Nos países em que a organização judiciária distingue da jurisdição civil a comercial (tribunais de comércio), há interesse em separar o depósito mercantil. Entre nós é desnecessário.

Como contrato unilateral que é, gera, normalmente obrigações para o depositário. Mas isto não exclui as que são a cargo do depositante, algumas delas simplesmente eventuais e nascidas durante a execução do contrato, e outras ajustáveis com a sua celebração.

Tratando, pois, das obrigações que se originam do depósito, mencionamos umas e outras.

---

10 Mazeaud *et* Mazeaud, ob. cit., nº 1.519.
11 Karl Larenz, *Derecho de Obligaciones*, vol. II, § 54.
12 Cunha Gonçalves, loc. cit.; Planiol, Ripert *et* Boulanger, *Traité Élémentaire*, vol. II, nº 2.871.
13 Cerruti Aicardi, *Contratos Civiles*, nº 473.
14 Planiol, Ripert *et* Boulanger, ob. cit., nº 2.878.
15 De Page, ob. cit., nº 200.

A – *Obrigações do depositante*: 1) Deve ele *pagar* ao depositário, o preço convencionado. Em nosso direito, presume-se gratuito, havendo portando mister a estipulação respectiva, salvo se resultante de atividade negocial ou se o depositário o praticar por profissão, o que não ocorre naqueles sistemas em que se inverte a presunção, como no Código Civil mexicano (art. 2.517). Vai-se, entretanto, simplificando a disciplina, à medida que se difunde a criação de organizações que se encarregam de depósitos e estabelecem tarifas de retribuição, a que o depositante está sujeito; presume-se a sua aceitação pelo só fato de ser a coisa deixada em poder do depositário.

2) Pagará, ainda, as despesas feitas com o depósito, sendo obrigado *ex lege* pelas *necessárias* ou razoavelmente reputadas tais;[16] *ex contractu* pelas úteis ou voluptuárias, desde que as tenha autorizado.

3) É obrigado a indenizar o depositário dos prejuízos que lhe advierem do depósito, como acontece na hipótese de ser a coisa portadora de vício ou defeito que possa causar dano a outras coisas depositadas ou ao próprio local. Mas não deverá por elas responder se for ostensivo o defeito, e perceptível ao primeiro exame visual, ou se o depositário tiver sido prevenido no momento da tradição, caso em que se deverá entender que assumiu todos os riscos (BGB, art. 694).

Não cabe discutir se o depositário tem ou não *direito de retenção* até o pagamento, porque a lei lho reconhece (Código Civil, art. 644), assegurando-lhe, ainda, a faculdade de exigir caução idônea, ou, na sua falta, a remoção da coisa para o depósito público, até que se liquidem as despesas ou prejuízos.

B – *Obrigações do depositário*: 1) A *custódia* da coisa, ou a sua *guarda* e *conservação*, com o cuidado e diligência que costuma ter com o que é seu – *diligentiam suam quam suis* – não lhe servindo de *escusativa* o *desleixo habitual*. É este o dever principal do depositário, e tão característico deste negócio jurídico que se considera a *obrigação típica* deste contrato, e tão relevante que se erige em seu elemento técnico distinguindo-o de outros, como a locação e o comodato, em que aparece a entrega da coisa, justificada por outra finalidade.[17] Embora seja um dever *intransferível*, no sentido de que não pode o depositário eximir-se de cumpri-lo, ou das consequências, não se considera *personalíssimo*, pois que lhe não é defeso invocar a ajuda de *auxiliares* ou *prepostos*, sob sua responsabilidade evidentemente salvo se as circunstâncias forem de molde a convencer do contrário.[18] E não cabe distinguir, para este efeito, o depósito gratuito do assalariado.[19] Não é lícito entregar a coisa à custódia de outro depositário, salvo se autorizado (Código Civil, art. 640). Mesmo autorizado, responde por *culpa in eligendo* perante o depositante se tiver influído na escolha do terceiro a quem a coisa depositada foi entregue, e este lhe causar dano. Em qualquer hipótese responde pelos riscos, e

---

16 Espínola, ob. cit., n° 153.

17 De Page, ob. cit., n° 181; Orlando Gomes, *Contratos*, n° 248.

18 Enneccerus, Kipp *y* Wolff, ob. cit., § 167.

19 Clóvis Beviláqua, Comentários ao art. 1.266 do Código de 1916.

é obrigado a ressarcir perdas e danos, salvo se provar que o dano ocorreria, ainda que a tivesse consigo.

Ao receber a coisa por força do contrato de depósito, o depositário assume a sua "guarda", e, nestas condições, responde por ela como seu "guardião" aplicando-se-lhe os princípios que informam a "teoria da guarda" que é presente na doutrina da responsabilidade civil, conforme desenvolvemos em nosso livro *Responsabilidade Civil,* nº 185.

2) *Manutenção do estado* em que o depósito se acha, se foi entregue fechado, colado, selado ou lacrado, sob pena de responder pelos danos que a violação do pacote tiver gerado (Código Civil, art. 630).

3) Não pode o depositário *servir-se* da coisa depositada, salvo se o depositante o autorizar expressamente (Código Civil, art. 640). Desde Cujácio, já se dizia que este contrato consiste na guarda da coisa e não no seu uso pelo depositário – *depositum consistit ex custodia, non ex usu*. Se for a utilização consentida, dever-se-á atentar nas circunstâncias, pois que, se em princípio a natureza do contrato é conservada, tais sejam elas, desfigurar-se-á para comodato, ou locação, ou mesmo alguma outra modalidade atípica. Aquele que se servir da coisa depositada, sem a anuência da outra parte, infringe a lei e o contrato e, pois, responde pela sua deterioração ou perda, ainda que devida ao fortuito.

4) *Entregar* ao depositante a coisa que tiver recebido em *substituição* ao depósito, se o houver perdido, e ceder-lhe as ações contra o terceiro responsável (Código Civil, art. 636).

5) *Restituir* o depósito com todos os frutos e acrescidos, quando o exigir o depositário, e no mesmo estado em que foi feito, intacto se era colado, lacrado, selado ou fechado. Este dever de restituição pressupõe o desdobramento em quatro elementos: *quem* deve restituir; *a quem* restituir; *onde* restituir; *quando* restituir. *a*) É óbvio que o *sujeito passivo* da obrigação é o depositário; se se tornar incapaz, caberá àquele que lhe assumir a administração dos bens; se morrer, têm de cumpri-la os seus herdeiros, *pro rata*, quando for divisível a coisa; e se eles de boa-fé a houverem alienado, são obrigados a assistir o depositante na ação reivindicatória contra o terceiro-adquirente, e restituir ao comprador o preço recebido. *b*) *Sujeito ativo* é o depositante, o que não exclui a devolução ao seu representante legal ou convencional; nem se proíbe a convenção que beneficie terceiro, caso em que caberá a este reclamá-lo. Se tiver sido feito no interesse exclusivo do terceiro (*depósito em garantia*), o depositário não se libera restituindo ao depositante sem a anuência daquele (Código Civil, art. 632).[20] Quando o depósito for ao *portador*, ou houver a emissão de título à ordem, restituir-se-á a quem apresentar o documento em forma legal. *c*) A coisa deve ser devolvida no *local estipulado* e, no silêncio do contrato, no lugar do depósito (Código Civil, art. 631). *d*) O depositário deve efetuar a restituição a *qualquer momento* em que lhe seja reclamada *ad nutum* do depositante – mesmo que o contrato fixe prazo, pois que este

---

20 Ruggiero e Maroi, loc. cit.

é convencionado a benefício do depositante.[21] Se ocorrer a estipulação do prazo em favor do depositário, especialmente na hipótese de aceder o depósito a outro negócio jurídico (*depósito vinculado*), deverá ser respeitado o termo.[22] Fora daí prevalece a regra da restituição *ad nutum* do depositante, ainda que o depositário seja autorizado a servir-se da coisa.[23]

Não pode o depositário eximir-se de atender ao depositante, a pretexto de suspeitar da procedência da coisa; o que lhe cabe, neste caso, é promover o seu recolhimento ao depósito público, requerendo-o em exposição fundamentada.

Em circunstâncias especiais, e somente por exceção, pode o depositário *recusar a restituição: a) embargo judicial* sobre o objeto; *b) execução notificada* ao depositário (Código Civil, art. 633); *c) compensação* fundada em outro depósito; *d)* direito de *retenção* até pagamento dos encargos; *e) falta* de *apresentação* de documento em forma, no caso de ter sido feito contra a emissão de título à ordem, como no caso dos armazéns-gerais, ou mais comum e frequentemente no dos depósitos de bagagens nas estações, guarda-roupas em teatros, restaurantes, cassinos, em que a restituição do objeto se faz contra a apresentação de um cartão numerado, que se reputa hábil a provar o depósito.[24] Tem-se discutido se o depositário pode negar-se a restituir sob fundamento de que a coisa lhe pertence, e não obstante opiniões em contrário, deve-se pender para a afirmativa, sob a condição de ser feito o recolhimento do objeto ao depósito público, pois que, se é certo que não pode o depositário fazer justiça por suas próprias mãos, certo é também que o rigor dos princípios não pode ser levado a ponto de se sustentar que por si próprio se veja despojado dele em favor de quem não é dono.[25]

Preveem a legislação ordinária e a Constituição Federal que a sanção imposta ao depositário *infiel* (o que descumpre a obrigação de restituir) é a prisão não excedente de um ano e o ressarcimento dos prejuízos (Código Civil, art. 652; Constituição Federal, art. 5º, LXVII). Como veremos mais à frente, a atuação do órgão supremo de nosso Poder Judiciário deu outro contorno à possibilidade de prisão do depositário infiel. Eram poucos os casos de prisão por dívida que subsistiam em nosso direito.[26] Em nenhum caso a prisão podia ser decretada de plano,[27] mas, ao revés, o depositário tinha de ser ouvido previamente, e o mandado era expedido após ponderada a sua defesa, ou escoado *in albis* o prazo desta, pois bem podia acontecer que fosse justa a recusa. Tem-se debatido a natureza da medida. A nós parece caracterizar-se como pena civil, e não criminal, e é aplicável independentemente da apuração de dolo. Basta o *fato* de não devolver a coisa, injustificadamente, para fundamentar a

---

21 Espínola, ob. cit., nº 152.
22 Trabucchi, ob. cit., nº 345; Ruggiero, loc. cit.
23 De Page, nº 214.
24 De Page, ob. cit., nº 195.
25 João Luis Alves, *Código Civil Anotado*, observação ao art. 1.269 do Código de 1916; Serpa Lopes, ob. cit., nº 521.
26 A possibilidade que persiste é a de inadimplemento inescusável de pensão alimentícia.
27 Orlando Gomes, ob. cit., nº 253.

sua imposição. Muito recentemente,[28] o Supremo Tribunal Federal julgou processo de *Habeas Corpus* em que se examinou o caso de um paciente que tivera prisão decretada por não ter entregado o bem dado em garantia, pois assumira o encargo do depositário judicial. Os ministros, por maioria, entenderam que o Pacto de São José da Costa Rica, tratado de Direito Internacional ratificado pelo Brasil, que prevê uma única possibilidade de prisão civil – *a do responsável pelo inadimplemento voluntário e inescusável de obrigação alimentícia –,* tem caráter de supralegalidade e se sobrepõe às normas infraconstitucionais que autorizam esse tipo de prisão civil.[29]

Contudo, o tema da prisão de depositário infiel tem evoluído na jurisprudência brasileira. No caso da Ação de Depósito (art. 902, § 1°, do CPC de 1973. No CPC de 2015, não há correspondência a este artigo) e tantos outros contratos que preveem expressamente a cominação da pena de prisão ao depositário infiel, houve, no ano de 2008, uma histórica decisão do Supremo Tribunal Federal que declarou a – paralisação da eficácia jurídica das normas infraconstitucionais – que contrariavam textos de tratado internacional de Direitos Humanos ratificados pelo Brasil (Pacto de San José da Costa Rica).[30]

O Supremo Tribunal Federal vinha decidindo pela legalidade da prisão do depositário infiel, tendo, inclusive, sumulado seu entendimento (Súmula n° 619). No entanto, em decorrência de emenda constitucional (Reforma do Judiciário) que deu maior magnitude aos tratados internacionais de Direitos Humanos que sejam ratificados pelas Casas Legislativas brasileiras por meio de quórum especial de 3/5 em dois turnos (art. 5°, § 3°, da CF), o tribunal reviu seu entendimento, revogando-a. Ratificando esta nova concepção, foi editada a Súmula Vinculante n° 25, que declara ser ilícita a prisão civil de depositário infiel, qualquer que seja a modalidade do depósito. Na mesma esteira, o Superior Tribunal de Justiça em sua Súmula n° 419, entende ser descabida a prisão civil do depositário judicial infiel.

Embora o principal Pacto internacional que impede a prisão do depositário infiel seja anterior à emenda supracitada, é inequívoco que, desde a promulgação do texto de 1988, os Direitos Humanos passaram a ter tratamento especial do Poder Público no país, especialmente pelo Poder Judiciário na sua atuação para a concretização do Direito. Para o Supremo Tribunal Federal, as normas internacionais de Direitos Humanos incorporam-se *ipso jure* ao elenco dos direitos constitucionalmente consagrados.[31]

---

28 HC 87.585/TO, rel. Min. Marco Aurélio, 03.12.2008.

29 O caráter de supralegalidade foi defendido pelo Ministro-presidente do Supremo Tribunal Federal, Gilmar Mendes, e acompanhado pela maioria. Outros membros (Ministros Celso de Mello, Cezar Peluso, Ellen Gracie e Eros Grau) consideraram o tratado como norma constitucional. Não obstante a divergência de classificação do Pacto de São José da Costa Rica, o *Habeas Corpus* foi concedido, e a prisão do paciente foi relaxada.

30 Recurso Extraordinário n° 466.343-1/SP. Julgado em 03.12.2008, publicado em 05.06.2009.

31 Antonio Augusto Cançado Trindade. Memorial em prol de uma nova mentalidade quanto à proteção dos direitos humanos nos planos internacional e nacional. In: *Arquivos de Direitos Humanos 1*, Rio

6) Embora não haja preceituação específica, deve o depositário *guardar sigilo* sobre o depósito, como consequência da natureza fiduciária do contrato.[32]

Os *riscos* no contrato de depósito correm à conta do depositante que é e continua sendo proprietário e *res perit domino*. O depositário não é, assim, obrigado pelas consequências da deterioração ou perecimento da coisa, por força maior ou caso fortuito, salvo se estiver em mora. Mas a ele cabe o *onus probandi* da ausência de culpa. Provado o evento inimputável, o depositário está exonerado da restituição ou da reparação do objeto. Não basta *alegar* o fortuito, ou o fato que poderia constituir em caso fortuito; é necessária a prova efetiva deste.[33] No caso de destruição, e sub-rogação da coisa depositada em outra, ou no seu valor (pagamento de seguro, e.g.), o depositário tem de efetuar a sua entrega ao depositante (Código Civil, art. 636), pois que não pode locupletar-se com a sua retenção indevida.

Extingue-se o contrato: *a*) pelo vencimento do prazo, sem prejuízo de que o depositante pode, a todo tempo, reclamar a restituição da coisa *depositada; b*) por iniciativa do depositário, com o recolhimento da coisa ao depósito público, nos casos admissíveis, e acima referidos; *c*) pelo perecimento do objeto por caso fortuito ou de força maior, sem sub-rogação em outro; *d*) pela incapacidade superveniente do depositário; *e*) pela morte deste, se for o contrato *intuitu personae*;[34] *f*) pelo decurso do prazo instituído em lei especial (25 anos, *ut* Lei nº 2.313, de 3 de setembro de 1954) com recolhimento obrigatório dos bens depositados ao Tesouro, e sua incorporação definitiva ao patrimônio nacional, se não forem reclamados no prazo de cinco anos, abrangidos nesta caducidade tanto os depósitos regulares quanto os irregulares, com exceção das contas de depósitos populares nos estabelecimentos bancários, comerciais e industriais, e as abertas nas Caixas Econômicas.

248. Depósito necessário. Depósito hoteleiro. Sequestro

O depósito necessário regula-se, quando *legal,* pelas disposições da lei em cujo desempenho se efetua, e, em seu silêncio, pelas regras relativas ao depósito voluntário; e quando *miserável*, por estas últimas.

Alguns princípios especiais, contudo, merecem atenção.

A lei dispensa o requisito *formal* para a sua prova, que pode ser feita por qualquer meio (Código Civil, art. 648, parágrafo único), tendo em vista a urgência de sua efetivação.[35]

---

de Janeiro, Renovar, 1999, págs. 46-47. *Apud* Ministro Gilmar Ferreira Mendes. Extrato de voto no Recurso Extraordinário nº 466.343-1/SP.

32 Pothier, *Oeuvres*, vol. V, nos 33 e segs.; Cerruti Aicardi, ob. cit., nº 470.

33 De Page, ob. cit., nº 208.

34 Orlando Gomes, ob. cit., nº 252.

35 Cunha Gonçalves, *Dos Contratos em Especial*, nº 107.

Não se presume a sua *gratuidade*. Em alguns casos, a remuneração está incluída no preço de outros serviços, como é o caso de depósito hoteleiro (Código Civil, art. 651). Em outros, as convenções estatuem a gratuidade até um certo limite de peso e volume, sujeitando o excedente a uma retribuição (bagagens dos viajantes por via aérea ou rodoviária). Na falta de outros elementos, a retribuição poderá ser arbitrada.

A lei equipara ao depósito necessário o das *bagagens* dos viajantes, hóspedes ou fregueses nas hospedarias, estalagens, casas de pensão ou estabelecimentos congêneres. Este *depósito hoteleiro* estende-se por interpretação racional a todas as espécies de pousadas, como colégios sob regime de internato, pensões familiares; mas não se aplica aos aluguéis de quarto ou apartamento (mesmo a mensalistas), nem aos restaurantes, cafés, bares, balneários, teatros, cassinos (salvo o depósito regular de peças de vestuário nos guarda-roupas e guarda-chapéus), por faltarem os pressupostos do depósito necessário.[36] Abrange situações acessórias, como, e.g., os ônibus utilizados para transporte de um hotel (M. I. Carvalho de Mendonça, Enneccerus).

Esta responsabilidade decorre da própria lei, e é considerada quase um risco do negócio (Ruggiero e Maroi, *Istituzioni*, § 166). Alguns criticam a impropriedade técnica da denominação (depósito necessário), em razão de nem sempre o pretenso depositante ser portador de qualquer objeto, e outras de sê-lo tão somente dos que carrega consigo (Espínola) acrescentando não ser curial instituir-se um dever de custódia sem que se tenha prévia certeza do bem. Não obstante, é generalizadamente estatuída, por influência da tradição histórica, sendo de notar a sua importância em Roma, onde a rigorosa responsabilidade pelo objeto conduzido pelos viajantes (*receptum nautarum, cauponum, stabuloriorum*) era motivada pela má reputação de que gozavam os capitães de navios, hoteleiros, donos de estrebarias.[37]

Os hospedeiros ou estalajadeiros abrigam-se, pois, como depositários, embora não haja tradição real,[38] bastando que as bagagens sejam introduzidas no estabelecimento, sem importar se simultaneamente com o hóspede, ou posteriormente,[39] e respondem pelos furtos e roubos que perpetrarem as pessoas empregadas ou admitidas nas suas casas (Código Civil, art. 649, parágrafo único). Esta responsabilidade cessa se provarem a impossibilidade de evitar o fato prejudicial, ou se ocorrer força maior, como na hipótese de violência (invasão da casa, roubo a mão armada etc.) ou ainda se a perda ou deterioração dever-se à culpa grave do cliente,[40] como é o caso de ter

---

36 Larenz, *Derecho de Obligaciones*, § 54; De Page, *Traité*, vol. V, nº 245; Enneccerus, Kipp *y* Wolff, *Derecho de Obligaciones*, vol. II, § 170. Aubry *et* Rau, *Droit Civil*, vol. VI, § 406; M. I. Carvalho de Mendonça, *Contratos*, vol. I, nº 82.

37 De Page, nº 242; Mazeaud *et* Mazeaud, *Leçons*, nº 1.512.

38 De Page, ob. cit., nº 243.

39 Enneccerus, Kipp *y* Wolff, ob. cit., § 170.

40 Ruggiero e Maroi, § 166; Enneccerus, Kipp *y* Wolff, § 170; Cerruti Aicardi, nº 482.

este saído deixando a porta aberta,[41] ou também ao caráter ou natureza da própria coisa (Enneccerus), como, e.g., explosivos ou inflamáveis.

A responsabilidade *restringe-se* aos bens que habitualmente costumam levar consigo os que viajam (roupas, abrigos, objetos de uso pessoal), não abraçando quantias vultosas, joias de alto preço etc., a não ser, quanto a essas, que o cliente ajuste depósito voluntário com a administração do estabelecimento. Em alguns sistemas (francês, italiano), a lei põe um limite pecuniário à responsabilidade; em outros, costumam os hoteleiros estabelecê-lo no talão ou em tabuleta fixada em lugar visível, mas é claro que se trata de declaração unilateral (e não contrato de adesão), e não pode prevalecer a cifra arbitrariamente estabelecida.

É lícita a *convenção de irresponsabilidade*, desde que resulte inequívoca e certa.[42] Mas não tem este valor a simples aposição de *cláusula de não indenizar* (Enneccerus), uma vez que a responsabilidade é *ope legis*, e se pode ser afastada pelo ajuste, não o pode ser pela vontade do obrigado mesmo, sem a inequívoca anuência da outra parte como não prevalece a escusativa de dever-se o dano a pessoas estranhas à casa (Planiol, Ripert *et* Boulanger). Tratando-se, todavia, de relação de consumo, aplica--se o art. 51, I, da Lei nº 8.078/1990.

O hoteleiro tem penhor legal sobre as bagagens (Código Civil, artigo 1.467), assunto que será objeto de estudo no lugar próprio (vol. IV, *Direitos Reais,* nº 352).

O depósito necessário *extingue-se* na conformidade da lei que o estabelece, e, na falta de menção expressa, pelas causas referidas no nº 246, *supra*, como extintivas do voluntário. O depósito hoteleiro termina em geral, com o contrato de hospedagem (Enneccerus).

Sequestro. Costuma-se compreender na dogmática do depósito o *sequestro*, que é o depósito de coisa litigiosa.

Tanto pode compreender bens móveis quanto imóveis,[43] realizando-se, neste último caso, simbolicamente.

À semelhança do depósito legal, o depositário tem as obrigações impostas pela legislação processual, sem prejuízo de se lhe aplicarem, no que couber, os preceitos relativos ao depósito voluntário.

É remunerado na conformidade do que dispõe o regimento de custas.[44]

Distingue-se do sequestro judicial o que os autores chamam de *sequestro voluntário*, que se dá quando os contendores ajustam o depósito de coisa litigiosa, em mãos de terceiro, até o desfecho da ação, com a cláusula de efetuar a sua restituição àquele que sair vitorioso na demanda. Nossa doutrina anteriormente ao Código Civil referia-se-lhe,[45] e alguns Códigos, modernos inclusive, reconhecem a sua vigência

---

41 Planiol, Ripert *et* Boulanger, *Traité Élémentaire*, vol. II, nº 2.874.

42 De Page, ob. cit., nº 255.

43 Espínola, ob. cit., nº 158.

44 Cf. sobre o sequestro judicial: Lopes da Costa, *Medidas Preventivas*, nos 86 e segs.; Pontes de Miranda, *Comentários ao Código de Processo Civil*, vol. III, págs. 337 e segs.

45 Coelho da Rocha, *Instituições de Direito Civil*, § 790.

(Código francês, art. 1.956; italiano, art. 1.798; mexicano, art. 2.541; venezuelano, art. 1.781).

O Código Civil brasileiro não lhe faz alusão. Sua disciplina entre nós é a do depósito voluntário, do qual se distingue pela litigiosidade do objeto,[46] acrescentando-se-lhe as normas do mandato, se o depositário assumir também o encargo de administrar a coisa.[47]

---

46 Mazeaud *et* Mazeaud, *Leçons*, vol. III, n° 1.521.
47 Espínola, ob. cit., n° 159; Trabucchi, ob. cit., n° 346.

CAPÍTULO LII
PRESTAÇÃO DE SERVIÇOS – CORRETAGEM – COMISSÃO – AGÊNCIA, DISTRIBUIÇÃO E *FRANCHISING*

Sumário

249. Prestação de serviços e contrato de trabalho. **250.** Disciplina jurídica da prestação de serviços. **251.** Corretagem. **251-A.** Comissão. **251-B.** Agência, distribuição e *franchising*.

Bibliografia

Hector J. Cerruti Aicardi, *Contratos Civiles*, nos 255 e segs.; Eduardo Espínola, *Dos Contratos Nominados*, nos 132 e segs.; Orlando Gomes, *Contratos*, nos 214 e segs.; Ruggiero e Maroi, *Istituzioni di Diritto Privato*, vol. II, § 145; Enneccerus, Kipp *y* Wolff, *Tratado, Derecho de Obligaciones*, vol. II, §§ 142 e segs.; Cunha Gonçalves, *Dos Contratos em Especial*, nos 47 e segs.; Karl Larenz, *Derecho de Obligaciones*, vol. II, § 48; Planiol, Ripert *et* Boulanger, *Traité Élémentaire*, vol. II, nos 2.935 e segs.; Paul Durand, *Droit Social, passim*; De Page, *Traité*, vol. IV, 1ª parte, nos 835 e segs.; Serpa Lopes, *Curso*, vol. IV, nos 415 e segs.

249. Prestação de serviços e contrato de trabalho

Como já ficou dito acima (v. nº 236), vem-nos do Direito Romano a técnica de abranger numa categoria contratual a locação de coisas (*locatio-conductio rerum*), a locação de serviços (*locatio-conductio operarum*) e a empreitada (*locatio-conductio operis*). O direito moderno não mais considera o trabalho humano uma coisa suscetível de dar-se em locação e tem procurado dissociar a prestação de serviços das outras espécies de locações. Assim fez o Código Civil de 2002, que abandonou a nomenclatura do Código de 1916 e passou a denominar o contrato "prestação de serviço", em vez de "locação de serviços", além de, como vínhamos defendendo agrupar todos os contratos em que ocorre uma prestação de atividade pessoal (prestação de serviços, corretagem, mandato, depósito, sociedade etc.), com exceção da gestão de negócios, diante do seu caráter unilateral.

Não queremos com isto significar que organicamente se aglutinem, pois deve reconhecer-se a necessidade de que se destaquem, em razão de fatores vários. Assim é que o *mandato* e a *gestão de negócios* acusam a presença da representação, delegada no primeiro e oficiosa na segunda, distinguindo-se de toda outra espécie contratual em que uma pessoa põe a sua atividade como prestação. A *corretagem* integra-se com a *intermediação*, que a faz distinguir simultaneamente da prestação de serviços e do mandato. No *depósito* a utilização do trabalho fica esmaecida, emergindo em primeiro plano a entrega da coisa e a sua restituição. A *sociedade*, pressupondo a atividade prestada, visa mais diretamente à associação de esforços e de cabedais para a obtenção de resultado que é comum aos consortes.

Deixamos para último lugar o *contrato de trabalho*, que surgiu como grau de evolução da primitiva locação de serviços. Com o tempo, porém, foi-se dele assenhoreando a ordem pública, e determinando a imposição de normas com caráter de *ius cogens*, sob a inspiração da ideia crescente, de defesa dos interesses do trabalhador. O Código Civil de 1916 já inseria (artigos 1.216 e segs.) princípios normativos da prestação de trabalho, mas sob a influência ainda da ideia primária de locação e reconhecimento do conceito liberal da autonomia da vontade.

Mas o trabalho veio a constituir neste século a preocupação máxima do legislador. E há, mesmo, forte tendência a considerá-lo centro das relações humanas, substituindo a propriedade a que os monumentos legislativos do século XIX emprestavam a preeminência. Não foi, portanto, em virtude de mero luxo de nomenclatura que a expressão *locação de serviços* desprestigiou-se, encontrando nesta outra, *prestação de serviços,* o substitutivo preferencial, mas pelo fato de ter parecido a primeira, a muitos juristas, atentatória da dignidade humana.[1] Não foi também por mero acaso, ou simples coincidência, que a disciplina jurídica do trabalho penetrou no Direito Constitucional de quase todos os povos, sendo notável o testemunho das

---

1   Planiol *et* Ripert, *Traité Pratique*, vol. XI, nº 766; De Page, *Traité*, vol. IV, 1ª parte, nº 839; Colin *et* Capitant, *Droit Civil*, vol. II, nº 728.

Constitutional Provisions Concerning Social and Economic Policy compiladas em 1944 pela *International Labour Office of Canada,* com a reunião de dispositivos constitucionais de 450 países e unidades governamentais, referentes ao Direito do Trabalho.[2]

Pioneiros temos nós sido a respeito, com a inserção de disposições específicas na Constituição de 1934 (art. 121, § 1º), na Carta de 1937 (art. 137), na Constituição de 1946 (art. 157), e na de 1967 (art. 158) e 1969 (art. 165) bem como na de 1988 (arts. 7º, 22 e 193). Estas inovaram fundamentalmente sobre as anteriores nas linhas estruturais do Direito do Trabalho, sob a inspiração essencial da ideia de proteção do trabalhador, como barreira irreversível imposta à legislatura, que tem a liberdade de criar maiores benefícios e conceder melhores favores, mas não tem a faculdade de diminuir naquilo que o constituinte considerou a preceituação mínima da legislação do trabalho e da previdência social,[3] sob a rubrica genérica *Dos Direitos Sociais* (arts. 6º e segs.).

Da locação de serviços, abrangente outrora de toda prestação de atividade remunerada, destacou-se o contrato de trabalho que pressupõe a continuidade, a dependência econômica e a subordinação. Contudo, não aboliu a prestação civil de serviços. Ao revés, subsistem ambas as espécies contratuais, com vida autônoma. Para a prestação de serviços regulada no Código Civil, foram destinadas as hipóteses residuais, que não caracterizem o contrato de trabalho e que não estejam reguladas por leis especiais, tais como as que regem a atividade dos funcionários públicos (Código Civil, art. 593) ou ainda aquelas que se caracterizam como prestação de serviços ao consumidor, sendo a relação regida sobretudo pela Lei nº 8.078/1990 (Código de Defesa do Consumidor), tendo, de um lado, o fornecedor/prestador de serviço e, de outro, o consumidor/tomador do serviço.

O *contrato civil de prestação de serviços sobrevive*, não obstante o seu campo de ação venha a todo instante sofrendo as invasões do Direito do Trabalho, crescente e avassalador como todo ramo novo da ciência jurídica, que se desenvolve com a absorção de área ocupada antes por outra disciplina. Somente onde ainda não penetrou a concepção própria do Direito do Trabalho é que perdura o contrato civil de prestação de serviços. Fora daí se espraia o contrato de trabalho, pertinente ao Direito do Trabalho, e regido pelos preceitos da legislação específica.

Aqui somente cogitamos do contrato de prestação de serviços, enquanto civil no seu objeto e na disciplina. Deixamos à parte o contrato de trabalho, como objeto do Direito do Trabalho. Não tratamos, por isto mesmo, de debater a questão intrincada da natureza jurídica do Direito do Trabalho, cujo caráter privado alguns teimam em defender (Lascano, Enneccerus, Hedemann, Bunge), ao passo que outros se inclinam pela sua publicização (Lessona, Stolfi, La Cueva, Ottolenghi, Scuto, Deveali, Otto Mayer, Friedmann, Castán Tobeñas), enquanto outros ainda mostram as suas preferências por uma conceituação mista de direito público-privado (Greco, Per-

---

2   Cf. Eduardo Espínola, *Dos Contratos Nominados*, nº 132, nota 1.
3   Temístocles Cavalcanti, *Constituição Federal Comentada*, vol. IV, pág. 16.

golesi, Sanseverino, Fantini, Morré, Jacobi, Saavedra Lamas, Cabanelas, Eduardo Espínola, Hermes Lima, Orlando Gomes).

Constituindo ramo especial do direito, traz a disciplina específica da relação de emprego e, portanto, a ele se subordina o contrato de trabalho. Este pode ser individual ou coletivo, conforme na sua celebração intervenham as vontades do empregador e do empregado *uti singuli*, ou interfira a manifestação volitiva da categoria econômica ou da categoria profissional, organicamente considerada, mediante a votação da assembleia sindical com as formalidades legais, e extensão normativa com homologação adequada.

Sendo o contrato de trabalho objeto de uma disciplina própria, com prevalência do caráter público, de que decorre a sua inderrogabilidade pela convenção das partes (Consolidação das Leis do Trabalho, art. 9º) e com atração jurisdicional para a Justiça especializada, não poderíamos, sem invasão da seara alheia, cogitar aqui dos princípios que o ordenam, objeto aliás de bibliografia farta e rica.[4]

Também não tem cabida nestas *Instituições* o estudo da prestação de atividade do servidor público, que pode apresentar semelhança notória com a de serviços privados, mas que dela se distingue pela natureza estatutária e não contratual, e encontra seu regime jurídico no Estatuto dos Servidores Públicos Civis da União, das autarquias e das fundações públicas federais (Lei nº 8.112, de 11.12.1990) e em legislação complementar, compondo outro ramo do direito, que é o Administrativo.

250. Disciplina jurídica da prestação de serviços

Deixando de lado o contrato de trabalho, individual ou coletivo, enquanto regulado pela legislação própria e objeto do Direito do Trabalho, bem como o regime jurídico do servidor público, como assunto do Direito Administrativo, agora tratamos do contrato civil de prestação de serviços, que podemos conceituar como aquele em que uma das partes se obriga para com a outra a fornecer-lhe a prestação de sua atividade, mediante remuneração.

Seus *caracteres* jurídicos são: *a) bilateralidade*, porque gera obrigações para ambos os contratantes, a remuneração para o empregador, a prestação de atividade para o empregado; *b) onerosidade*, porque dá origem a benefícios ou vantagens para um e outro contratante: *c) consensualidade*, uma vez que se considera perfeito mediante o simples acordo de vontades, independentemente de qualquer materialidade externa.

Seus *elementos* essenciais são o objeto, a remuneração e o consentimento.

---

4   Mozart Victor Russomano, *Empregado e o Empregador no Direito Brasileiro*; Evaristo de Morais Filho, *Introdução ao Direito do Trabalho*; Cesarino Júnior, *Natureza Jurídica do Contrato do Trabalho*; Nélio Reis, *Contratos Especiais de Trabalho*; Orlando Gomes, *Introdução ao Direito do Trabalho*, e muitas mais.

A – *O objeto* da obrigação do empregado é a *prestação da atividade*, resultante da energia humana aproveitada por outrem, e tanto pode ser intelectual, como material, ou física. Não se compreende mais, como queria Planiol, que o objeto do contrato fosse a própria força de trabalho, ou a energia mesma existente na pessoa, suscetível de utilização por outra pessoa,[5] e muito menos é aceitável que nele haja o arrendamento da própria pessoa, tudo isto refletindo uma concepção hoje superada da fase de servidão humana. O que tem este contrato em vista, como objeto de relação obrigacional, é uma *atividade* do devedor,[6] o qual, por sua vez, é e tem de ser tratado como homem livre. Incompatível será, ainda, com aquela dignidade e com esta liberdade, a sujeição total do empregado ao empregador, ou a alienação das faculdades daquele, fora dos limites da prestação estrita da atividade, e dos deveres acessórios que como tais a acompanham.

B – O trabalhador tem direito a uma *remuneração* ou retribuição como pagamento da sua prestação. Sujeito ao arbítrio das partes, que o convencionam livremente, normalmente importa em prestação pecuniária. Nada impede, entretanto, seu ajuste em outras espécies. No contrato de trabalho, a lei estatui a fixação do salário mínimo, cujos índices são periodicamente revistos. Como mínimo que é, não comporta redução. Por outro lado, é proibido o ajuste integralmente em bens ou outros valores (habitação, alimentação, vestuário), sendo obrigatória uma parcela em dinheiro. No Direito Civil, a prestação de serviços ainda continua em regime livre-cambista, razão pela qual não vige preceituação análoga. Mas, se a retribuição consistir em outra prestação de serviços, o contrato desfigura-se para a atipicidade.[7] Não é a gratuidade incompatível com o contrato civil de prestação de serviços,[8] ao contrário do de trabalho, obrigatoriamente assalariado (Consolidação das Leis do Trabalho, arts. 2º e 3º). Alguns autores, porém, entendem que a gratuidade não é admissível senão no mandato, ou como conversão do contrato em promessa de doação.[9] Aceitando que possa haver contrato civil de prestação de serviços, gratuito, frisamos contudo que tal não se presume jamais, havendo mister ajuste expresso neste sentido, pois não é curial que a prestação de atividade, com que alguém se enriquece, seja desacompanhada de retribuição.[10] *Dignus est operarius mercede sua.*[11] Na falta, então, de estipulação, ou não chegando as partes a um acordo, fixar-se-á por arbitramento, segundo o costume do lugar, o tempo despendido e a sua qualidade (Código Civil, art. 596), além de outras circunstâncias peculiares à profissão do credor etc.

C – O *consentimento*, como em todo contrato, pressupõe emissão volitiva, e não exige aqui forma especial. Pode ser manifestado por escrito ou verbalmente,

---

5   Marcel Planiol, *Traité Élémentaire*, vol. II, nº 1.827.
6   Enneccerus, Kipp y Wolff, *Tratado, Derecho de Obligaciones*, § 142.
7   Cerruti Aicardi, *Contratos Civiles*, nº 257.
8   Orlando Gomes, *Contratos*, nº 218.
9   Enneccerus, Kipp y Wolff, loc. cit.
10   O Enunciado 541 das Jornadas de Direito Civil do Centro de Estudos do Conselho da Justiça Federal abraça o entendimento de que: "O contrato de prestação de serviço pode ser gratuito".
11   "O trabalhador é digno do seu salário".

como pode resultar implícito, inferido do próprio fato da prestação do serviço. No tocante à capacidade civil, admite-se que o incapaz possa celebrá-lo, pois não seria jurídico que, a pretexto da falta de requisito subjetivo, fosse alguém locupletar-se com a atividade alheia. Aos menores de 16 anos, porém, dever-se-á estender a proibição que a Constituição Federal (art. 7º, nº XXXIII) estabelece para o contrato de trabalho, por imposição de medidas de proteção à saúde. O limite de 16 anos é previsto na Convenção nº 138 da OIT, ratificada pelo Brasil.[12] O art. 60 da Lei nº 8.069, de 1990 (Estatuto da Criança e do Adolescente), limita o trabalho aos 14 anos, salvo na condição de aprendiz.

Como a norma constitucional proíbe o trabalho do menor de 16 (dezesseis), admitindo, no entanto, o lavor entre 14 e 16 anos apenas como aprendiz (art. 7º, inciso XXXIII), esta prevalece sobre o Estatuto da Criança que, por sua redação, pode dar ensejo ao trabalho do menor de 14 anos como aprendiz.

A distinção mais pura entre o contrato civil de prestação de serviços e o contrato de trabalho não reside na natureza da prestação, nem na pessoa do prestador da atividade. Pessoas de um ou de outro sexo podem celebrar contrato civil de prestação de serviço ou contrato de trabalho, tendo por objeto prestações análogas. Há mesmo certos tipos de trabalho que tanto podem ser objeto de um como de outro desses contratos. O fator decisivo é o estatutário ou legal. Consideram-se, por ausência de continuidade e dependência, fora da órbita trabalhista, os contratos de prestação de serviços *eventuais*. Exclui-se finalmente, da incidência do Direito do Trabalho, o contrato de prestação de serviços *stricto sensu* ou contrato de *serviço autônomo*, no qual aquele que se obriga a uma atividade guarda, contudo, sua independência técnica e evita a subordinação hierárquica.[13]

Não obstante o Direito do Trabalho haver absorvido massa enorme de contratos que têm por objeto a atividade humana, ainda muito resta na zona da prestação civil de serviços: além daqueles rurais, acima aludidos, são mencionadas as atividades liberais (advogados, professores, médicos, dentistas, agrônomos etc.), desde que se realizem sem caráter de continuidade e dependência e não constituam, por sua vez, relação de consumo, o que permitiria a sua atração à legislação consumerista e às suas normas restritivas e garantistas. O Estatuto da Ordem dos Advogados (Lei nº 8.906, de 4 de julho de 1994) menciona a atividade do "advogado empregado" (art. 18).

Nos contratos civis de prestação de serviços vigoram as normas de direito comum. A capacidade das partes, possibilidade material ou jurídica do objeto, forma e prova têm de ser aferidas segundo as regras estatuídas no Código Civil. Os conflitos que acaso venham a surgir não serão dirimidos pela Justiça do Trabalho, mas pela Justiça comum. O contrato é obrigatoriamente *individual*, já que o coletivo é reservado,

---

12 Ratificada pelo Brasil por meio do Decreto nº 4.134, de 15 de fevereiro de 2002, posteriormente revogado pelo Decreto nº 10.088/2019.

13 Orlando Gomes, *Contratos*, nº 216; Espínola, *Contratos Nominados*, nº 138; De Page, *Traité*, vol. IV, parte 1ª, nº 854.

em nosso direito positivo, para o contrato de trabalho, segundo o disposto na Consolidação das Leis do Trabalho, arts. 611 e segs.

Toda espécie de serviço ou trabalho lícito pode ser contratada mediante remuneração e independentemente de forma. Se for adotada a escrita, e qualquer das partes não souber ler nem escrever, o instrumento pode ser assinado a rogo, desde que o subscrevam duas testemunhas (art. 595 do Código). É uma exceção ao princípio segundo o qual a assinatura, a rogo, se dá perante serventuário público.

A retribuição, independentemente do nome (salário, soldada, honorários, vencimento), pode ser ajustada por período ou por serviço, e pode ser convencionado o pagamento antecipado, para depois de concluído o trabalho, ou em prestações.

Desde que não haja prazo determinado, ou não seja o serviço estipulado por tarefa, qualquer das partes pode rescindir o contrato, mediante prévio aviso. Nos serviços agrícolas, presume-se, na falta de prazo ajustado, que o contrato tem a duração de um ano agrário, e termina com a colheita ou safra da cultura principal. Pode ainda qualquer das partes dá-lo como resolvido, desde que haja justa causa (Código Civil, art. 602). A morte do prestador põe termo ao contrato. Mas a alienação do prédio agrícola, onde a prestação dos serviços se opera, não rompe o contrato, salvo ao prestador opção para continuá-lo com o adquirente do imóvel ou com o antigo proprietário.

Como contrato bilateral que é, gera obrigações para ambas as partes. A do trabalhador é uma obrigação de *fazer*, que se deverá executar na forma devida, em tempo conveniente, de acordo com as normas técnicas que presidem à arte ou ofício, ou segundo os costumes, e ainda tem de cumprir-se no lugar estabelecido pelo contrato ou pelas circunstâncias.[14]

Em regra, a prestação da atividade deve ser realizada pessoalmente por quem assumiu a obrigação, salvo se as partes tiverem ajustado de forma diversa, ou se aquele a quem os serviços são prestados consentir com a substituição. O mesmo se dá quanto à transferência a terceiro dos direitos aos serviços ajustados pelas partes (Código Civil, art. 605) Algumas categorias de trabalho, independentemente de sua natureza intelectual ou material, implicam a criação de deveres secundários de *fidelidade* e *sigilo*, que se convertem em outras tantas obrigações contratuais.[15] Outras vezes decorre, ainda, o dever de comunicar as descobertas, invenções ou aperfeiçoamentos (Enneccerus). A principal obrigação do empregador é efetuar o pagamento da remuneração, na espécie, no tempo e no lugar do ajuste, ou segundo os costumes. Além da retribuição propriamente dita, podem ser prestados os acessórios, como o vestuário do trabalho, o transporte, o período de repouso etc.

Devedor dela é, em primeiro plano, quem utiliza o serviço, e somente pode imputar-se a outrem a obrigação respectiva se assim for ajustado, ou as circunstâncias fortemente convencerem desta sub-rogação subjetiva.

O prestador do serviço deve estar habilitado a realizá-lo, segundo as normas que regem a atividade objeto do contrato, sob pena de não poder cobrar a remune-

---

14 Cerruti Aicardi, *Contratos Civiles*, nº 261.
15 Enneccerus, Kipp *y* Wolff, § 143.

ração normalmente correspondente ao trabalho executado, admitindo a lei que se a prestação do serviço tiver trazido benefício para a outra parte, e o prestador tiver agido de boa-fé, possa o juiz atribuir a ele uma compensação razoável. Se a proibição da prestação de serviço resultar, no entanto, de lei de ordem pública, não se admite qualquer efeito ao contrato, nem mesmo o de recebimento de compensação para o prestador do serviço (Código Civil, art. 606).

Concluído o trabalho ou rescindido o contrato, deve ser dada declaração desta ocorrência, com a menção de sua duração, de sua conclusão, ou de seu encerramento (Código Civil, art. 604).[16] É evidente que não pode o empregador ser obrigado a elogiar o prestador do serviço. Sua obrigação é limitada a atestar a cessação do trabalho, o tempo de sua duração, bem como as circunstâncias materiais que o acompanharam.

Ocorre, ademais, o dever de proteção e segurança, mesmo fora do campo de Direito do Trabalho. Se neste vigoram normas imperativas de garantia e preceitos de assistência social, no da prestação civil de serviços seria atentatória da dignidade humana a recusa de condições mínimas de proteção à pessoa física do que trabalha, as quais hão de visar ao desenvolvimento da atividade em ambiente dotado de conforto, de segurança e de higiene, necessários ao resguardo de sua vida e de sua saúde.[17]

Cessará o contrato (Código Civil, art. 607) pela morte do prestador do serviço, e pela daquele a quem é dirigida; pela conclusão da obra quando ajustado por tarefa precisa ou suscetível de determinar-se; pelo escoamento do prazo; pela manifestação unilateral de vontade de qualquer das partes, no caso de ter sido estipulado a termo incerto, e mediante aviso prévio; pela resolução, fundada em inadimplemento da outra parte. Deve-se distinguir o inadimplemento da impossibilidade inimputável: se for esta parcial, não resolve o contrato, mas reduz proporcionalmente a retribuição; se for total, cessará a relação contratual, liberando ambas as partes de qualquer obrigação (Enneccerus). Cessa ainda pela resilição bilateral.

251. Corretagem

Contrato de corretagem é aquele pelo qual uma pessoa, não ligada a outra em virtude de mandato, de prestação de serviços ou por qualquer relação de dependência, se obriga, mediante remuneração, a agenciar negócios para outra, ou fornecer-lhe informações para celebração de contrato. É intermediação que o corretor realiza, pondo o outro contratante em contato com pessoas, conhecidas ou desconhecidas, para a celebração de algum contrato, ou obtendo informes, ou conseguindo o de que aquele necessita.

É um negócio jurídico contratual que adquiriu grande significação e notável incremento, e por isso merece melhor disciplina e mais detida cogitação dos Códigos

---

16 Ruggiero e Maroi, *Istituzioni*, vol. III, § 145; Enneccerus, Kipp *y* Wolff, ob. cit., § 145.

17 Karl Larenz, *Derecho de Obligaciones*, vol. II, § 48.

modernos. Entre nós, foi positivado como contrato típico no Código Civil de 2002, tendo sido ressalvadas expressamente, no art. 729, as normas da legislação especial.

Há duas espécies de corretores: *a*) *oficiais*, que são os corretores que atuam em esferas onde o Estado prevê uma maior intervenção no exercício de sua atividade, como é o caso do corretor de Imóveis (Lei nº 6.530, de 06.05.1978), do corretor de Seguros (Lei nº 4.594, de 29.12.1964) e do corretor de Valores Mobiliários (Lei nº 2.146, de 29.12.1953). Nesses casos, os corretores têm a sua profissão legalmente disciplinada e estão sujeitos a requisitos especiais para exercê-la – de idade, de idoneidade, de cidadania, inclusive com incidência de contribuição previdenciária sobre a comissão paga ao corretor de seguros (Súmula nº 458 do STJ); *b*) *livres*, que são as pessoas, sem designação oficial, que exercem, com ou sem exclusividade, o ofício de agenciadores, em caráter contínuo ou intermitente.

O contrato de corretagem é: *a*) *bilateral*, porque gera obrigações para ambos os contratantes. Não é pacífica, porém, esta caracterização. Para uns (Riezler, Reuling), é sempre unilateral; para outros (Ennecerus), pode ser bilateral ou unilateral; e para outros ainda (Dernburg, Crome), é sempre bilateral. Segundo a regulação do nosso Código Civil, é patente a sua *bilateralidade; b*) *oneroso*, porque dele auferem vantagens ou benefícios ambos os contratantes; *c*) *consensual,* porque se forma pelo simples acordo de vontade das partes; *d*) *aleatório*, porque o corretor corre os riscos de nada receber, nem obter o reembolso das despesas da celebração.

As obrigações do corretor giram em torno da aproximação e da mediação das partes com vistas à realização de negócios, e podem ser expressamente estipuladas ou decorrer da lei, ou dos usos e costumes. Em princípio, cabe-lhe envidar esforços e dedicar sua atividade na angariação do negócio ou do contrato, a que visa o comitente, podendo investigar, anunciar etc. Na venda de bens móveis ou imóveis, o corretor deverá acompanhar os possíveis compradores, aproximá-los do vendedor, dar toda a assistência, até que o negócio se considere fechado. Salvo proibição expressa, tem a faculdade de servir-se de outra pessoa (*subcorretor*).

O corretor tem o dever de diligência e prudência no exercício da sua atividade. Ele tem deveres fiduciários perante o comitente, sendo o principal o de informá-lo de todos os aspectos que envolvem as negociações e que possam ter influência na decisão de celebração ou não do contrato planejado, sob pena de responder pelas perdas e danos que venha a causar ao seu cliente (Código Civil, art. 723).[18]

---

18 Para adequar melhor a redação deste dispositivo, o legislador tratou de dividi-lo em *caput* e parágrafo único por meio da Lei nº 12.236, de 19.05.2010. O *caput* permaneceu com os deveres de diligência e prudência. O parágrafo único previu a sua responsabilização. Neste parágrafo foi retirada a expressão de prestar ao seu cliente as informações *que estiverem ao seu alcance*. A justificativa do legislador foi retirar do dispositivo a possibilidade de subjetivismo nas informações prestadas pelo corretor ao seu cliente. A modificação parece-nos de pouca valia. Como sistema único, o Código Civil guarda como um dos seus princípios gerais o da boa-fé entre os contratantes. É por demais clarividente que o corretor só pode prestar informações que estejam ao seu alcance. Ele não pode prestar declarações a respeito do que desconhece. A retirada da expressão "que estiverem ao seu alcance" não melhora a redação do dispositivo no sentido de tornar mais objetiva a sua responsabilização.

Obrigação fundamental do comitente é pagar a comissão, na forma estipulada, ou segundo o que determina a lei ou os costumes (Código Civil, art. 724). Não depende ela do recebimento integral do preço ou da execução do contrato. É devida, desde que se considere este ajustado. Basta a assinatura de instrumento preliminar ou da tradição de arras. E, frequentemente, cobra-se uma quantia a título de sinal ou de entrada, suficiente a cobrir aquela comissão. O pagamento faz-se, normalmente, em dinheiro. Nada obsta a que seja em espécie diferente, desde que as partes o convencionem.[19] A comissão, afora o caso de vigorar quantia determinada, é fixada sob modalidade percentual (normalmente de 1% a 5%), computada sobre o valor do contrato agenciado ou sobre a vantagem ou proveito do comitente. Na corretagem livre, prevalece o ajuste ou, na sua falta, o costume; na oficial, apesar de uma maior regulamentação estatal, as leis que regulam as profissões citadas acima não dispõem sobre os percentuais máximos e mínimos a serem pagos aos corretores. Como na corretagem livre, prevalecerão os costumes ou a regulação normativa proposta pelos órgãos que fiscalizam algumas das atividades oficiais.[20] A lei especial que dispõe sobre a regulamentação do exercício da profissão de corretor de imóveis não fixa a remuneração, que é, assim, deixada ao ajuste ou aos costumes (Lei nº 6.530, de 12 de maio de 1978).

Não afeta o direito do mediador à retribuição o fato de se arrependerem as partes do negócio entabulado, ou de uma delas dar causa à resolução (Código Civil, art. 725). O corretor não garante o contrato. Sua atividade é limitada à aproximação das pessoas, e cessa a obrigação, fazendo jus ao pagamento, uma vez efetuado o acordo. Todavia, se em lugar do contrato objeto da corretagem outro for celebrado, nenhuma comissão é devida, a não ser que o mesmo resultado econômico seja obtido.[21]

Como contrato consensual que é, não exige observância do requisito formal. Basta o acordo de vontades, que se prova por qualquer meio. Mas é necessário que exista, isto é, que o corretor seja encarregado de agenciar o negócio. Se o dono deste anuncia diretamente a aceitação de oferta, não está obrigado a pagar comissão a quem quer que se lhe apresente como agenciador espontâneo, ou acompanhando candidato, ainda que com este se faça o negócio, porque a comissão é devida em razão do contrato, e este não existindo é indevida (Código Civil, art. 726). E, como qualquer outro, sua perfeição exige como pressuposto essencial o acordo de vontades, e não a atuação, unilateral e não encomendada, por parte de uma pessoa que se arrogue a qualidade de corretor ou agenciador. Se falta o mútuo consenso, não há contrato de corretagem,[22] e *ipso facto* nenhuma comissão pode ser reclamada.

---

19 Enneccerus, Kipp *y* Wolff, *Derecho de Obligaciones*, vol. II, § 154.

20 No caso do corretor de Seguros, atualmente a atividade é regulamentada pela Superintendência de Seguros Privados – SUSEP (Decreto-Lei nº 73, de 21 de novembro de 1966). O corretor de Valores Mobiliários tem a sua atividade regulamentada pelo Banco Central do Brasil (Resolução CMN nº 5.008, de 24.03.2022).

21 Enneccerus, Kipp *y* Wolff, loc. cit.

22 Cunha Gonçalves, *Dos Contratos em Especial*, nº 53.

Ajustada a *corretagem exclusiva*, a comissão é devida, ainda que o negócio seja concluído diretamente pelo comitente, salvo se o comitente comprovar a inércia ou a ociosidade do corretor (Código Civil, art. 726). E se este puser outros mediadores, que venham a agenciá-lo, a comissão será devida a todos em partes iguais, salvo se tiver havido ajuste em contrário (Código Civil, art. 728).

Para sua perfeição, exigem-se os mesmos requisitos de validade de todo contrato: capacidade do agente, objeto lícito e possível. Quanto ao requisito subjetivo, é preciso apenas acrescentar que, além das incapacidades genéricas, podem vigorar restrições especiais. Assim é que não pode ser corretor aquele que, por dever legal ou contratual, já está obrigado à prestação da atividade que pretende ter realizado como corretor. Os servidores públicos e autárquicos não podem agenciar contratos com a pessoa jurídica a que servem. Os corretores oficiais não podem naqueles casos em que viger proibição instituída na legislação própria.

A impossibilidade absoluta do objeto gera a nulidade deste contrato, como de qualquer outro.

É também nulo, se for ilícito. Mas cumpre salientar que a iliceidade resultará do ato que se pretende obter, como é o caso de ser o corretor encarregado de agenciar tráfico ilícito, e.g., a venda de entorpecentes, ou a angariação de menores ou mulheres para casas de tolerância, como também poder-se-ia originar da própria intermediação, independentemente de que o ato a que se vise seja ou não ilícito. É assim que se considera corretagem ilícita, pelas consequências antissociais que acarreta, a aliciação de trabalhadores rurais vinculados a outrem, ou ainda a agenciação de casamento, porque macula a espontaneidade da vontade dos nubentes e avilta o matrimônio.[23] Mas, se já tiver sido paga a comissão, não tem cabimento a repetição como indébito,[24] pois que o ilícito não pode originar uma ação, ainda quando o agente efetue o pagamento sem a isto ser compelido.

Cessa o contrato de corretagem: pela morte do corretor, pela do comitente, pela conclusão do negócio, pelo escoamento do prazo, pela renúncia ou revogação, se tiver sido ajustado por prazo indeterminado. Neste último caso, é devida a comissão, se o negócio for concluído com pessoa que, na vigência do contrato, tenha sido aproximada pelo agenciador ao comitente. Se o negócio for realizado após o vencimento do prazo, mas decorrente de atividade do corretor, este faz jus à remuneração (Código Civil, art. 727).

Se o negócio não for concluído, o mediador não tem direito à comissão nem pode recobrar as despesas que tenha efetuado, porque, sendo aleatório o contrato, o corretor toma a si os riscos de nada vir a receber, a não ser que consiga êxito na sua intermediação, ou, como diz Larenz, suporta o risco da produção de resultado, cuja realização definitiva depende mais de outras circunstâncias do que de sua vontade.[25] Mas, se o direito de revogação tiver sido excluído, a comissão será devida desde que

---

23 Planiol, Rippert *et* Boulanger, *Traité Élémentaire*, vol. II, nº 113.
24 Enneccerus, Kipp *y* Wolff, loc. cit.
25 Karl Larenz, *Derecho de Obligaciones*, § 50.

fique demonstrado que o mediador realizou a agenciação, e o negócio se não concluiu pela recusa arbitrária do comitente.[26]

As *corretoras* de títulos e valores mobiliários dependem de carta-patente expedida pelo Banco Central e obedecem a prescrições legais específicas.

251-A. COMISSÃO

Pelo contrato de comissão, uma pessoa (comissário) adquire ou vende bens em seu próprio nome, mas por conta de outrem (comitente).

Trata-se de um contrato que passou a ser típico após a entrada em vigor do Código Civil de 2002, que o regulamentou.

Na comissão há uma notória intermediação aliada à prestação de serviços, distinguindo-se, entretanto, de um e de outro contrato em que o comissário procede em seu próprio nome, e por isto mesmo as pessoas com quem contrata não têm ação contra a comitente, nem este contra elas, salvo se a um ou a outros houver cessão de direitos (Código Civil, art. 694). A comissão distingue-se, ainda, da corretagem em que o comissário age *nomine suo*, ao passo que o corretor passa obrigatoriamente o contrato ao principal interessado, limitando-se a aproximar as partes (v. nº 251, *supra*).

O comissário é obrigado a cobrar as obrigações no vencimento, mas presume-se autorizado a conceder dilações de prazos na conformidade dos usos do lugar, a não ser que tenha recebido instruções do comitente em contrário (Código Civil, art. 699). Se tiver agido em desconformidade com as instruções recebidas, ou diferentemente dos usos locais, é obrigado ao pagamento das quantias devidas, ou a arcar com as consequências da dilação concedida. O mesmo ocorre se não der ciência ao comitente dos prazos a maior concedidos e os seus respectivos beneficiários (Código Civil, art. 700). Mas não responde pela insolvência do terceiro, ainda não manifestada ao tempo da conclusão do negócio (art. 697), exceto se o comitente demonstrar a sua culpa ou se tiver expressamente assumido essa obrigação, mediante a cláusula denominada *del credere*, hipótese em que responde solidariamente com as pessoas com que houver tratado em nome do comitente. Trata-se de convenção ou cláusula acessória ao contrato de comissão, que constitui um processo original de garantia nascido das práticas mercantis.[27] A lei presume o direito do comissário à remuneração mais elevada neste caso, para compensar o risco assumido pelo comissário.

Traduzindo, assim, a confiança do comitente, como seu pressuposto, o contrato de comissão se celebra *intuitu personae*. É, pois, um dos que se denominam personalíssimos, e consequentemente intransferíveis (Ripert, nº 2.357).

Como todos os que cuidam de interesses alheios, o comissário deve pôr no desempenho do contrato seu zelo e dedicação, comunicar ao comitente a conclusão do negócio, efetuar o seguro da coisa adquirida ou remetida, efetuar a conservação dos

---

26 Enneccerus, Kipp *y* Wolff, loc. cit.

27 Van Ryn, *Principes de Droit Commercial*, vol. III, nº 1.812.

bens em seu poder, comunicar ao interessado as avarias que sofrerem, ou vendê-los na ocorrência de alterações que aconselhem disposição urgente, recorrendo à hasta pública para os que não são destinados normalmente à alienação.

Deve o comissário agir de conformidade com as ordens e instruções do comitente, tendo este o direito de alterá-las, mesmo no que se refere aos negócios pendentes. Na falta de instruções, deve o comissário agir de acordo com os usos do lugar. Não poderá o comitente reclamar qualquer tipo de indenização do comissário caso os seus atos, mesmo discrepantes das ordens e instruções recebidas, ou dos usos do lugar, tenham resultado em vantagem para aquele (Código Civil, art. 695).

Tem o comissário o dever de prestar ao comitente contas de sua gestão (Ripert, nº 2.363; Fran Martins, *Contratos e Obrigações*, nº 273). Ele não somente tem o dever de não causar prejuízos ao comitente, como assume a obrigação de proporcionar o lucro que razoavelmente se podia esperar do negócio, respondendo por qualquer prejuízo que possa causar, salvo motivo de força maior (Código Civil, art. 696). A mora na entrega dos fundos que pertencem ao comitente obriga o comissário ao pagamento de juros, além da indenização pelas perdas e danos que possa ter causado.

Sendo a comissão contrato essencialmente oneroso, o comissário tem direito à remuneração ajustada, e, na falta de estipulação, à que resultar dos usos da praça (Código Civil, art. 701). Cabe-lhe, também, o reembolso das despesas com os juros, se tiver efetivado adiantamentos para cumprimento das ordens do comitente, desde a data do desembolso, bem como o ressarcimento dos prejuízos derivados do desempenho da comissão. Para o reembolso das despesas por ele assumidas e recebimento das comissões tem direito de retenção sobre os bens e valores em seu poder em virtude da comissão (Código Civil, art. 708). E, se forem vários os comitentes, obrigam-se solidariamente para com o comissário (Van Ryn, nº 1.820).

Se o negócio não for concluído pelo fato de ser o comissário dispensado, mas sem culpa sua, o comitente deve a remuneração pelos trabalhos prestados, acrescida da indenização pelas perdas e danos que tiver causado (Código Civil, art. 705). Ainda que a dispensa tenha se dado por justa causa, em virtude de comportamento culposo do comissário, tem ele direito a ser remunerado pelos serviços úteis que tiver prestado em benefício do comitente, sob pena de enriquecimento sem causa, ressalvado o direito deste de reclamar daquele a indenização pelas perdas e danos que possa lhe ter causado (Código Civil, art. 703). Em caso de se não concluir por morte do comissário, aos seus herdeiros caberá remuneração proporcional aos trabalhos desenvolvidos e à importância dos atos praticados (Código Civil, art. 702).

Em caso de falência, o crédito do comissário pelas comissões e reembolsos é privilegiado (Código Civil, art. 707). Mas, se a falência for do comissário, cabe ao comitente reivindicar as mercadorias em poder daquele e por sua conta, e receber dos terceiros adquirentes os preços ainda não pagos das mercadorias vendidas pelo comissário (Van Ryn, nº 1.814).

Ao contrato de comissão aplicam-se as disposições relativas ao mandato, no que couber (Código Civil, art. 709), e, na omissão da lei ou do contrato, os seus efeitos regulam-se pelos usos.

251-B. Agência, distribuição e *FRANCHISING*

Outra figura que em nosso Código Civil de 2002 recebeu tipicidade foi o *contrato de agência e distribuição* (arts. 710 a 721), e se conceitua como o contrato pelo qual uma pessoa se obriga a realizar, mediante retribuição, com caráter de habitualidade, mas sem subordinação hierárquica, operações mercantis por conta de outrem, em zona determinada. A diferença entre a agência e a distribuição é que nesta o agente tem à sua disposição a coisa a ser negociada.

Com esses caracteres, o contrato se distingue do mandato mercantil, com que tradicionalmente se confundia a atuação do agente ou distribuidor.[28]

Contrato personalíssimo, pois que se celebra *intuitu personae* do distribuidor, é intransferível, e ainda, salvo convenção em contrário, tem o caráter de *exclusividade,* seja no sentido de que o mesmo agente ou distribuidor não pode distribuir produtos de mais de um preponente, seja ao estabelecer que o mesmo preponente não pode ter mais de um agente ou distribuidor para a alienação ou distribuição de seus produtos dentro na mesma zona (Código Civil, art. 711).

Diversamente do comissário, o agente ou distribuidor age em nome do preponente e deve dar a conhecer, às pessoas com quem tratar, esta situação, como, ainda, comprovar os seus poderes sempre que solicitado (Código Civil, art. 710, parágrafo único – Ripert, nº 2.341). Assemelha-se ao corretor, mas dele difere em razão de sua permanente vinculação ao preponente (Van Ryn, *Principes,* vol. III, nº 1.857).

O preponente pode estabelecer uma base mínima de volume de produtos a colocar, caso em que para o preposto nasce a obrigação de alcançá-la.

Quando não estipulado prazo de duração, o contrato pode cessar pela resolução unilateral, desde que tenha transcorrido prazo compatível com a natureza e o vulto do investimento do agente, mas tanto o preponente como o agente ou distribuidor estão adstritos a dar aviso prévio de 90 (noventa) dias (Código Civil, art. 720), seja da parte do agente quanto à conclusão dos negócios encetados, seja da do preponente para a cobertura da zona por outro agente.

Cabe, ainda, ao agente ou distribuidor informar à outra parte a respeito das condições de mercado dentro de sua zona, bem como transmitir-lhe outros dados úteis ao seu comércio.

Sendo essencialmente oneroso o contrato, o agente ou distribuidor tem direito a remuneração, e, na falta de estipulação, segundo os usos. Tem, mesmo, direito a pagamento integral pelos contratos e negócios deixados de realizar ou descumpridos por culpa do preponente. Se a distribuição se der com exclusividade, cabe-lhe a comissão correspondente aos negócios concluídos dentro de sua zona, ainda que sem a sua interferência (Código Civil, art. 714).

O agente ou distribuidor tem direito a ressarcimento de prejuízos causados por inadimplemento do preponente, na forma do direito comum, e em particular no caso

---

28 Georges Ripert, *Traité Élémentaire de Droit Commercial*, nº 2.339.

de, sem justa causa, cessar este os fornecimentos ou reduzi-los tanto, que se torne antieconômica a manutenção do contrato (Código Civil, art. 715).

O agente ou distribuidor tem o dever de agir com toda diligência no desempenho do que lhe foi cometido, de acordo com as instruções do preponente. Salvo convenção em contrário, é responsável por todas as despesas com a agência ou distribuição (Código Civil, art. 713).

A dispensa do agente ou distribuidor terá consequências diversas, conforme a causa que a motivou. Se ela tiver se dado por justa causa, terá ele direito apenas a ser remunerado pelos serviços úteis prestados ao preponente, sem prejuízo da indenização que tiver que pagar a este (art. 717). Se a dispensa se der sem culpa do agente ou distribuidor, tem direito ele à remuneração até então devida, acrescida da indenização pelas perdas e danos que tiver sofrido (art. 718). Se a dispensa se der por motivo de força maior, não imputável a nenhuma das partes, terá o agente ou distribuidor direito à remuneração correspondente aos serviços realizados (art. 719).

Aos contratos de agência e distribuição aplicam-se as normas relativas ao mandato e à comissão, no que couber (Código Civil, art. 721).

O contrato de *Franchising*, que teria surgido, segundo Modesto Carvalhosa, da necessidade que ocorreu nos Estados Unidos de readaptar os soldados licenciados das tropas americanas que combateram na Coreia, assemelha-se ou aproxima-se ao de agência e distribuição. Dele difere, contudo, por características próprias.

Etimologicamente, seria um contrato de "franquia", o que, pelo nome, nada esclarece. Consiste, entretanto, em uma autorização de exploração de nome e marca que uma empresa cede a outra com prestação de serviços. Este contrato foi tipificado no direito brasileiro pela Lei nº 8.955, de 15 de dezembro de 1994, revogada pela Lei nº 13.966/2019.

São dois, portanto, os elementos do *Franchising*. O primeiro é a licença de utilização de marca, de nome, e até de insígnia do franqueador. O segundo, a prestação de serviços de organização e métodos de venda, padronização de materiais, e até de uniforme de pessoal externo.

A grande distinção entre agência-distribuição e o *Franchising* é que no primeiro o concessionário conserva a sua individuação jurídica e mercadológica. Age com sua firma ou denominação social em seu próprio nome, e é identificado por ela. No segundo, o franqueado conserva a sua individualidade jurídica, tem seus empregados, seus compromissos, suas responsabilidades. Mas não mantém individuação mercadológica, a tal ponto que o grande público ignora a sua existência, pois tudo se passa como se fosse o próprio franqueador que estivesse comerciando.

O conteúdo do contrato de franquia consiste na cessão pelo franqueador ao franqueado do direito de uso de "marcas e outros objetos de propriedade intelectual, sempre associados ao direito de produção ou distribuição exclusiva ou não exclusiva de produtos ou serviços e também ao direito de uso de métodos e sistemas de implantação e administração de negócio ou sistema operacional desenvolvido ou detido pelo franqueador, mediante remuneração direta ou indireta, sem caracterizar relação de consumo ou vínculo empregatício em relação ao franqueado ou a seus empregados, ainda que durante o período de treinamento" (art. 1º da Lei nº 13.966/2019).

O contrato serve para que alguém que esteja interessado em vender determinado serviço ou produto se utilize de marca ou patente já consagrada, de titularidade do franqueador, pagando pelo conhecimento de que a marca ou o produto desfrutam e pelo *know-how* que lhe é transmitido. Justamente pelo fato de o franqueado adquirir o direito de explorar um negócio já existente, a Lei assegura a ele a obtenção prévia de informações fundamentais que deverão constar na circular de oferta de franquia, para que possa decidir sobre a realização ou não do investimento, tais como balanço e demonstrações financeiras do franqueador relativos aos dois últimos exercícios, indicação de pendências judiciais eventualmente existentes, estimativa de investimento inicial, dentre outras (Lei nº 13.966/2019, art. 2º).

Sobre *Franchising*, ver Fran Martins, *Contratos e Obrigações Comerciais*, n. 434 e segs.

Capítulo LIII
Mandato – Gestão de Negócios

Sumário

252. Generalidades acerca do mandato. **253.** Obrigações do mandatário. Substabelecimento. **254.** Obrigações do mandante. **255.** Extinção do mandato. Mandato irrevogável. **256.** Mandato judicial. **257.** Gestão de negócios.

Bibliografia

Karl Larenz, *Derecho de Obligaciones,* vol. II, §§ 52 e 53; Serpa Lopes, *Curso de Direito Civil*, vol. IV, nᵒˢ 530 e segs.; M. I. Carvalho de Mendonça, *Contratos no Direito Brasileiro*, ed. atualizada por José de Aguiar Dias, vol. I, nᵒˢ 87 e segs.; Eduardo Espínola, *Dos Contratos Nominados*, nᵒˢ 160 e segs.; Orlando Gomes, *Contratos*, nᵒˢ 255 e segs.; Cunha Gonçalves, *Tratado de Direito Civil*, 1ª ed. brasileira, vol. VII, tomo 2º, nᵒˢ 1.007 e segs.; Cunha Gonçalves, *Dos Contratos em Especial*, nᵒˢ 16 e segs.; Cerruti Aicardi, *Contratos Civiles*, nᵒˢ 3.003 e segs.; Colin *et* Capitant, *Droit Civil*, vol. II, nᵒˢ 923 e segs.; Enneccerus, Kipp *y* Wolff, *Tratado, Derecho de Obligaciones*, vol. II, §§ 157 e segs.; Planiol *et* Ripert, *Traité Pratique de Droit Civil*, vol. XI, nᵒˢ 1.427 e segs.; Popesco Ramniceano, *De la Représentation dans les Actes Juridiques en Droit Comparé, passim*, Henri De Page, *Traité*, vol. V, nᵒˢ 355 e segs.; Planiol, Ripert *et* Boulanger, *Traité Élémentaire*, vol. II, nᵒˢ 3.019 e segs.; Minervini, *Il Mandato, passim*; De Plácido e Silva, *Tratado do Mandato, passim*, Gino Andreoli, "Mandato Civile", *in Nuovo Digesto Italiano*; Josserand, *Cours de Droit Civil Positif Français*, vol. II, nº 1.395; Alberto Trabucchi, *Istituzioni di Diritto Civile*, nº 340; Ruggiero e Maroi, *Istituzioni di Diritto Privato*, vol. II, § 168; Mazeaud *et* Mazeaud, *Leçons*, vol. III, nᵒˢ 1.382 e segs.; Hector Lafaille, *Contratos*, vol. III, nᵒˢ 103 e segs.; Maurice Picard, "La Gestion d'Affaires dans la Jurisprudence Contemporaine", *in Revue Trimestrielle de Droit Civil*, 1921, pág. 419, e 1922, pág. 5; F. Atzeri, *La Gestione d'Affari nella Dottrina e nella Giurisprudenza, passim*.

252. Generalidades acerca do mandato

Mandato é o contrato pelo qual uma pessoa (*mandatário*) recebe poderes de outra (*mandante*) para, em seu nome, praticar atos jurídicos ou administrar interesses. Calcada sobre a disposição legal (Código Civil, art. 653), esta definição reclama algumas observações, pois que não se trata de conceito pacífico, tanto na doutrina quanto nas legislações.

A primeira diz respeito à *representação*, que na definição ressalta da expressão "em seu nome". Nosso direito não guarda fidelidade ao Romano nem segue a orientação germânica (BGB, Código Suíço), para a qual mandato não implica representação por motivo do formalismo imperante.[1] E o BGB construiu a ideia de que o mandato, a procuração e a representação formam noções distintas. No direito brasileiro, como no francês, no português etc., a representação é essencial e a sua falta desfigura o contrato para prestação de serviços.[2] No novo direito italiano, o mandato pode ser com ou sem representação, configurando-se este último quando as relações jurídicas se estabelecem diretamente entre o mandatário e o terceiro, e não entre o mandante e o terceiro.[3]

O Código Civil brasileiro de 2002 dedicou um capítulo especial à *representação*, na sua Parte Geral, arts. 115 a 120, pondo fim ao equívoco de alguns de aliar sempre aquela ideia à de mandato, o que não é exato, de vez que este é apenas uma das formas daquela, como já tivemos ensejo de assinalar (v. n° 106, *supra*, vol. I). Não nos deteremos no conceito e nas espécies de representação. Limitamo-nos a aqui assinalar que o mandato, como representação convencional, permite que o mandatário emita a sua declaração de vontade, dele representante, adquirindo direito e assumindo obrigações que percutem na esfera jurídica do representado.

A segunda observação é relativa à natureza jurídica do ato para o qual o mandatário é investido de poderes. Embora a definição legal não o mencione, nossos e alheios civilistas explicam que somente *negócios jurídicos (ou atos jurídicos stricto sensu)*, patrimoniais ou não, podem ser praticados.[4] Não faltam, porém, escritores que, considerando o elemento histórico, pois que no Direito Romano quaisquer atos, e não somente os negócios jurídicos, se comportavam no exercício do mandato, não

---

1   Cuq, *Manuel de Institutions, Juridiques des Romains*, pág. 403; Mazeaud *et* Mazeaud, *Leçons*, vol. III, n° 1.382.

2   De Page, *Traité*, vol. V, n°s 355 e 361; Espínola, *Dos Contratos Nominados*, n° 162; Serpa Lopes, *Curso*, vol. IV, n° 530; Clóvis Beviláqua, Comentários ao art. 1.288 do Código de 1916; De Plácido e Silva, *Mandato*, vol. I, n°s 11 e 12; Washington de Barros Monteiro, *Curso, Obrigações*, vol. II, pág. 271.

3   Trabucchi, *Istituzioni*, n° 340; Ruggiero e Maroi, *Istituzioni*, § 168.

4   Clóvis Beviláqua, Comentários ao art. 1.288 do Código Civil de 1916; Espínola, loc. cit.; Trabucchi, loc. cit.; Mazeaud *et* Mazeaud, ob. cit., n° 1.385; Ruggiero e Maroi, loc. cit.; De Page, ob. cit., n° 355; Planiol, Ripert *et* Boulanger, *Traité Élémentaire*, vol. II, n° 3.019; Aubry *et* Rau, *Droit Civil*, vol. VI, § 410.

aceitam a restrição.[5] Tal controvérsia, refletindo nas legislações, divide-as em dois grupos: o dos que abrangem no mandato toda espécie de atos, e o dos que reclamam a restrição para os negócios jurídicos. Pelo disposto no art. 653 do Código Civil brasileiro, que não alude a negócio jurídico, como expressamente faz o francês, nosso direito alinha-se ao lado do BGB, do Código suíço, do polonês das Obrigações, admitindo que também outros podem nele estar compreendidos, e não somente os negócios jurídicos.

São *caracteres jurídicos* do mandato ser:

A – *Consensual*, pois que se perfaz pelo só acordo de vontades, e comporta toda espécie de emissão volitiva: verbal ou escrita, por instrumento público ou particular.

B – *Gratuito por natureza*, embora não o seja essencialmente. No Direito Romano, vigorava a regra da gratuidade necessária, segundo excerto de Paulo: *"Mandatum nisi gratuitum nullun est"* (Mandato que não é gratuito, é nulo). Em nosso direito, considera-se gratuito quando não se estipula remuneração, salvo nos casos de ser o seu objeto daqueles que o mandatário trata por ofício ou profissão lucrativa (advogado, procurador de partes, despachante, corretor), em que vigora a presunção contrária de onerosidade. Nestas hipóteses, faltando acordo sobre o *quantum* devido, e não sendo ele fixado por lei, será ele determinado pelos usos do lugar, ou, na falta destes, caberá arbitramento pelo juiz, o qual levará em consideração a natureza do serviço, a sua complexidade e duração, o proveito obtido etc. (Código Civil, art. 658). A retribuição, que originariamente era incompatível com o mandato, modificou-se no direito moderno, restando a gratuidade apenas no Código Civil alemão (§ 662) e no projeto franco-italiano de Código de Obrigações e Contratos (artigo 2.051).

C – *Intuitu personae*, celebrando-se especialmente em consideração ao mandatário, e traduzindo, mais que qualquer outra figura jurídica, uma expressão fiduciária, já que o seu pressuposto fundamental é a confiança que o gera.

D – Ao contrário do direito alemão, em que é unilateral, e cria obrigações somente para o mandatário, no nosso é *bilateral*, com obrigações tanto para o mandatário (Código Civil, art. 667) quanto para o mandante (art. 675), cabendo, com precisão, distinguir o oneroso, que é sempre bilateral, do gratuito, que é normalmente unilateral, uma vez que os deveres de ressarcimento de danos e reembolso de despesas são eventuais e subsequentes à formação do contrato.[6]

E – *Preparatório*, em razão de não esgotar a intenção das partes, habilitando ao revés o mandatário para a prática de atos subsequentes que nele não estão compreendidos.

---

5   Dernburg, *Pandette*, vol. II, pág. 500; Windscheid, *Pandette*, vol. II, § 409; Ennecerus, Kipp *y* Wolff, *Derecho de Obligaciones*, vol. II, § 158; Karl Larenz, *Derecho de Obligaciones*, vol. II, § 52; Orlando Gomes, *Contratos*, nº 256.

6   De Page, ob. cit., nº 358.

F – *Revogável*, salvo as hipóteses previstas expressamente no Código (arts. 683 a 686, parágrafo único), por ser lícito a qualquer das partes, sem necessidade de ausência da outra, pôr termo ao contrato pela manifestação de sua vontade unilateral (*ad nutum*).

Os *requisitos* exigidos para a realização, além dos genéricos para qualquer outro negócio jurídico, podem ser especialmente fixados:

A – *Subjetivos*. Pode constituir mandatário todo aquele que tem habilitação para os atos da vida civil (Código Civil, art. 654), e cabem no mandato quase todos os atos que podem ser diretamente praticados pelo mandante. É assim que menor púbere, autorizado para casar, tem aptidão para constituir mandatário que o represente na cerimônia nupcial, ainda que haja sido especialmente autorizado pelo pai (Espínola).

Pode ser *constituído* mandatário, além dos plenamente capazes: o *menor* entre 16 e 18 anos, mas o mandante não tem ação contra ele, senão excepcionalmente naqueles casos em que vinguem as obrigações contraídas pelos menores (Código Civil, art. 666). Não falta crítica a esta franquia sob fundamento de não ser curial que possa gerir interesses alheios aquele que não tem capacidade para administrar os próprios.[7] O princípio é, entretanto, explicado pela razão de que a incapacidade é instituída em benefício do menor, e desde que seja este devidamente protegido, não há razão para interdizer-lhe a aceitação do mandato. Em jogo está a fazenda do mandante, cuja capacidade não obsta a que delegue poderes ao menor, se este é da sua confiança. Em consequência do princípio, as relações entre o mandante e o terceiro não sofrem qualquer modificação, originando os mesmos direitos e obrigações, como se o representante fosse maior; mas não responde ele por perdas e danos em consequência da má execução do mandato, ressalvado evidentemente que se acoberta de um enriquecimento ilícito (Serpa Lopes). A título de explicação, diz-se que a capacidade do mandatário é indiferente para a execução do mandato.[8]

O pródigo e o falido não são impedidos de representar, porque a restrição que os atinge se limita à disposição de bens de seu patrimônio, e não os inibe de exercer outras atividades (Espínola, Cunha Gonçalves).

O servidor público não pode ser mandatário perante qualquer repartição (art. 117, inciso XI, da Lei nº 8.112, de 11.12.1990), salvo quando se tratar de benefícios previdenciários ou assistenciais de parentes até o segundo grau e de cônjuge ou companheiro.

São comuns os mandatos *entre cônjuges*, outorgados pelo marido à mulher e vice-versa. São lícitos, e não afetam o regime de bens.[9]

B – *Objetivos*. Em linha de princípio, podem ser objeto de mandato os atos que o comitente pode praticar por si, sejam ou não de natureza patrimonial. Não faltará habilitação ao mandatário para, em nome do mandante, reconhecer filho etc. Pelo

---

7   Clóvis Beviláqua, Comentários ao art. 1.289 do Código de 1916.

8   Planiol, Ripert *et* Boulanger, ob. cit., nº 3.026; Serpa Lopes, nº 543.

9   Planiol, Ripert *et* Boulanger, ob. cit., nº 3.027; De Page, ob. cit., nº 385.

nosso direito, pode o nubente fazer-se representar por procurador (Código Civil, art. 1.535), o que não é aceito em todas as legislações. Mas não pode realizar atos personalíssimos, como o testamento, o exercício do pátrio poder, atualmente tratado pelo Código Civil sob a rubrica de poder familiar, o exercício do voto, o depoimento pessoal.[10] O Estatuto da Criança (Lei nº 8.069, de 1990) proíbe a adoção por procuração (art. 39, § 2º).

O objeto do mandato é, geralmente, do interesse exclusivo do mandante, mas não lhe prejudica a natureza e efeitos o ser comum com o próprio mandatário ou com terceiros.[11]

C – *Formais*. Como contrato consensual que é, o mandato não exige requisito formal para a sua validade, nem para a sua prova. Segundo os princípios, pode ser *tácito* ou *expresso*, e este *verbal* ou *escrito*.

De *mandato tácito* é lembrado o exemplo apenas o do patrão ao empregado para pequenas compras. *Mandato verbal* dá-se quando alguém delega a outrem sua representação por palavra falada, e prova-se por qualquer meio, inclusive testemunhas. Mas não comporta esta modalidade a prática de atos para os quais é exigido escrito, seja público, seja particular (Código Civil, art. 657).

O mais comum é o *mandato escrito*, que se materializa na *procuração*, e esta lhe serve de instrumento.[12] A procuração por *escrito público* é exigida em caráter excepcional (menores relativamente incapazes, com assistência do responsável; cegos; a rogo do mandante, que não possa ou não saiba escrever etc.). A procuração por instrumento *particular* pode ser passada por quem esteja na livre administração de seus bens, toda ela manuscrita, ou datilografada, policopiada ou impressa; e firmada pelo outorgante; devendo conter a designação do Estado, da cidade ou circunscrição civil em que for passada, a data, o nome do outorgante, a individuação do outorgado, o objetivo da outorga, a natureza, designação e extensão dos poderes conferidos. O Código faculta ao terceiro com quem o mandatário tratar exigir o reconhecimento da firma do comitente, não sendo mais esse reconhecimento essencial para a validade do negócio, como ocorria na vigência do Código de 1916 (Código Civil, art. 654, § 2º). Perante órgãos administrativos não é obrigatório o reconhecimento de firma do mandante.

Ao tempo do Código de 1916, era admitida a procuração *telegráfica*, transmitindo-se textual ou abreviadamente o reconhecimento da assinatura (Decreto nº 29.151, de 17 de janeiro de 1951, art. 176).[13] O uso do telégrafo no país é, na prática, inexistente. Com o avanço das telecomunicações e a utilização acelerada da rede mundial de computadores (Internet), atualmente documentos, autorizações, notificações e até mesmo alguns atos processuais judiciais podem ser praticados por meio eletrônico,

---

10   Planiol *et* Ripert, *Traité Pratique*, vol. XI, nº 1.456; Cerruti Aicardi, *Contratos Civiles*, nº 317.

11   Cerruti Aicardi, loc. cit.

12   Não falta, porém, imprecisão neste terreno, chegando o Código Napoleão, criticado aliás pela generalização dos civilistas (De Page, Mazeaud *et* Mazeaud, Planiol *et* Ripert), a confundir o contrato com o instrumento, e usar o art. 1.484 as palavras *mandat* e *procuration* como sinônimas.

13   Decreto revogado.

desde que os envolvidos (servidores, partes e procuradores) detenham uma certificação digital (Código de Processo Civil de 2015, arts. 188, 209, § 1º, 263, 246, V etc.).[14]

O mandato com o reconhecimento de firma, assim, também pode ser produzido por meio eletrônico, desde que o mandante tenha uma certificação digital reconhecida por uma das instituições aptas a fornecê-la, e o ato a que o mandatário compareça não impeça este tipo de utilização.

Deve-se mencionar, também, o mandato *por carta*, em que esta figura como prova do contrato, cuja aceitação resulta de execução.[15]

Enorme celeuma na vigência do Código de 1916 levantou-se a propósito da forma da procuração (pública ou particular), quando o ato a ser celebrado exige-a pública (e.g., compra e venda de imóveis cujo valor seja superior à taxa legal), entendendo alguns que havia atração de forma, outros que não (era nossa opinião).[16] O Código Civil de 2002 pôs fim à polêmica ao determinar expressamente em seu art. 657 que a outorga do mandato está sujeita à forma exigida por lei para o ato a ser praticado, optando portanto pela atração de forma.

Alguns autores se referem à procuração consular.[17] Não é, todavia, modalidade específica; trata-se da que é outorgada perante os cônsules, no exercício de sua função notarial. Aliás, cabe-lhes a autenticação da que é lavrada no estrangeiro, devendo a firma do cônsul ser reconhecida no Ministério das Relações Exteriores, ou nas Mesas de Alfândega, ou nas Delegacias Fiscais das Capitais.

Além das modalidades normais, deve-se mencionar a procuração *apud acta*, que se verifica quando os poderes são outorgados no momento da realização do ato para o qual são conferidos, por termo lavrado pelo escrivão, perante o juiz.

Aceitação. Para a aceitação do mandato, vige igualmente liberdade de forma. Há mesmo quem diga não existir, na prática, a celebração do contrato de mandato, pois que tudo se passa muito simplesmente com a outorga de procuração pelo comitente, que a envia ou entrega ao mandatário, e este, recebendo-a, dá início à sua execução.[18] Sendo, contudo, um contrato, exige aceitação, ainda que singela: *a*) a mais franca, se bem que não seja a mais comum, é a aceitação *expressa*, sob qualquer modalidade de declaração volitiva; *b)* pode, porém, ser *tácita*, quando o mandatário inequivocamente a patenteia por sua conduta ou atitude, como é, para este efeito, o começo de execução (Código Civil, art. 659).

Classifica-se o mandato em *geral* ou *especial*, tendo em vista a extensão dos poderes conferidos. Alguns escritores (De Page, Mazeaud *et* Mazeaud, Cerruti Aicardi) fazem distinção entre *mandato geral* e em *termos gerais*. Mas a controvér-

---

14 Correspondentes aos arts. 154, 169, § 2º, 202, § 3º, 221, IV, do Código de Processo Civil de 1973. Ver a Medida Provisória nº 2.200, de 24 de agosto de 2001, que instituiu a Infraestrutura de Chaves Públicas Brasileira – ICP-Brasil, e a Lei nº 11.419/2006, que dispõe sobre a informatização do processo judicial.

15 De Page, ob. cit., nº 377.

16 Barbosa Lima Sobrinho, "Das Procurações", *in Revista de Direito*, vol. 47, pág. 57.

17 Cunha Gonçalves, *Contratos*, nº 18.

18 De Page, ob. cit., nº 372.

sia é ociosa, como já o afirmara Laurent, e, especialmente em nosso direito, Serpa Lopes:[19]

a) Diz-se que é *geral*, quando abrange todos os negócios do mandante, habilitando o mandatário para qualquer *ato de administração* (Código Civil, arts. 660 e 661), o que significa a atuação destinada a gerir ou dirigir os negócios, sem atingir a sua substância, nem dispor total ou parcialmente de bens.[20] Entende-se que se incluem nos poderes gerais a disposição de bens de fácil deterioração, bem como os que se destinam à alienação.[21]

b) Chama-se *especial* aquele que se confere para um ou mais negócios determinadamente, ficando o representante habilitado para o ato específico e é necessário para alienar, hipotecar, transigir, confessar. Consideram-se abrangidos os atos *conexos* (Clóvis Beviláqua), mas o poder de transigir não induz o de firmar compromisso (Código Civil, art. 661, § 2º).

A regra é que o mandatário só pode validamente proceder no limite da outorga recebida, reputando-se inválido o que praticar *ultra vires mandati*,[22] salvo ratificação, que se equipara ao mandato regular (*ratihabitio mandato comparatur*[23]), com efeito retroativo à data do ato, seja ela feita expressamente, ou seja tácita, resultante da conduta inequívoca do mandante.

Outro critério de classificação separa o mandato *civil* do *mercantil*.[24] Não é de valor prático a distinção, atendendo especialmente a que em nosso sistema não há jurisdição comercial privativa; além de que vigora a presunção de onerosidade em função apenas da profissão ou ofício do mandatário.

253. Obrigações do mandatário. Substabelecimento

Fundamentalmente, as obrigações do mandatário podem resumir-se em dois campos: *execução do mandato* e *prestação de contas* – minuciosamente tratadas na lei (Código Civil, arts. 667 e 668) e na doutrina, a que outros de menor profundidade se agregam.

A – *Execução do mandato.* O mandatário é obrigado a aplicar toda a diligência habitual à execução do mandato. A lei não oferece o paradigma abstrato do *bonus pater familias*.[25] Exige diligência, isto é, zelo, cuidado, atenção, interesse. O comitente revela, na outorga de poderes, a sua confiança no representante, que deve corresponder-lhe praticando, como melhor possa, o ato ou os atos de que tenha sido incumbido. E se se tratar

---

19   Laurent, *Principes de Droit Civil*, vol. XXVII, nº 406; Serpa Lopes, ob. cit., nº 537.

20   De Page, nº 391.

21   Clóvis Beviláqua, Comentários ao art. 1.295 do Código de 1916.

22   "Além dos poderes do mandato".

23   "Equivale ratificação do mandato".

24   Serpa Lopes, ob. cit., nº 436; De Plácido e Silva, ob. cit., nº 48; J. X. Carvalho de Mendonça, *Tratado de Direito Comercial*, vol. VI, 2ª parte, nº 816.

25   "Bom pai de família".

de procurador que o desempenhe profissionalmente, maior ainda o seu dever de bem cumprir, pois que de um lado dita a consciência profissional, e de outro a remuneração, concorrendo para que não deixe de pôr todo o seu interesse no cumprimento.

Além de guardar fidelidade aos termos expressos do mandato, cabe ao representante seguir as *instruções* recebidas, simultâneas ou posteriores à outorga de poderes, sob pena de responder pelos danos que causar, salvo se aprovada a atuação pelo comitente.[26]

Contrato *intuitu personae*, a sua execução compete ao mandatário pessoalmente, embora lhe seja, em todos os casos, lícito convocar *auxiliares* ou *ajudantes*, na realização de atos isolados ou determinados.[27]

Indagação é levantada se se pode fazer substituir por outrem, transferindo a um terceiro as obrigações a seu cargo. Problema, então, do *substabelecimento*. Dá a lei (Código Civil, art. 667) resposta, desdobrada em três itens, correspondentes às hipóteses possíveis: 1) no *silêncio* da procuração, o mandatário que substabelece responde pelos danos sofridos pelo comitente, por culpa do substituto, como se tivesse ele mesmo praticado os atos ou incorrido na falta; 2) se o instrumento contiver cláusula *proibitiva*, o substabelecimento já é, em si, uma infração contratual, e os atos praticados pelo substabelecido não obrigam o mandante, salvo ratificação expressa, que retroagirá à data do ato; 3) se a substituição é *consentida*, far-se-á livremente, e ao procurador nenhuma responsabilidade advirá da conduta do substabelecido, salvo se tiver agido com culpa nas instruções dadas a ele, ou se houver incorrido em culpa *in eligendo* (na eleição), isto é, se ao fazer a escolha do substituto eleger mal, fazendo-a incidir em quem careça das qualidades necessárias, circunstância esta que era ou devia ser do seu conhecimento. Escusar-se-á, contudo, o mandatário, em qualquer caso, se provar que o dano teria sobrevindo, ainda que não tivesse havido o substabelecimento.[28]

A sanção que a lei impõe ao mandatário infiel é a responsabilidade pelas perdas e danos, causadas ao cliente.

Sendo do mandante o proveito auferido na execução do mandato, e correndo a cargo do mandatário os prejuízos que a falta de exação possa gerar, não são obrigações *compensáveis*, e não cabe, portanto, ao procurador oferecer o proveito obtido com o fito de eximir-se dos prejuízos causados (Código Civil, art. 669).

B – *Prestação de contas*. O mandatário é obrigado a prestar contas ao mandante, e a transferir-lhe todas as vantagens provenientes do mandato, pois que foi em seu nome e para seu proveito que recebeu a outorga.

Pelas quantias recebidas para despesas ou pelas que pertencerem ao mandante, e empregar em proveito próprio, pagará o procurador juros desde o momento em que

---

26 Enneccerus, Kipp *y* Wolff, *Derecho de Obligaciones*, vol. I, § 158.

27 Serpa Lopes, *Curso*, vol. IV, nº 554; Larenz, *Derecho de Obligaciones*, vol. II, § 52, pág. 348; Enneccerus, Kipp *y* Wolff, loc. cit.

28 Clóvis Beviláqua, Comentários ao art. 1.300 do Código de 1916; Espínola, *Comentários Nominados*, nº 164.

as utilizar, independentemente de interpelação, pois que é seu dever não as usar para si, e é de princípio que nas obrigações negativas o devedor é constituído em mora pelo fato só de fazer o que lhe era vedado (v. nº 173, *supra*, vol. II). Mesmo quando não as empregue para si, estará sujeito aos juros moratórios pelas quantias pertencentes ao mandante, se as retiver indevidamente, a partir da interpelação constitutiva em mora.[29]

C – *Outras obrigações* são ainda impostas ao mandatário, além das duas anteriores. Assim é que, não podendo proceder senão *intra vires mandati*[30], tem o dever de *exibir* o instrumento às pessoas com quem tratar, sob pena de responder pelos atos exorbitantes dos poderes recebidos. Trata-se de uma obrigação do mandatário *para com terceiros* e não para com o mandante, excluindo a dúvida se contrata *nomine suo* ou no nome de representado.[31] O cumprimento deste dever repercute nas obrigações do mandante (v. nº 254, *infra*). Conhecendo-lhe os poderes, o terceiro que fizer com o mandatário contrato exorbitante do mandato não tem ação contra o mandatário, salvo se este lhe prometer a ratificação do mandante, ou responder pessoalmente pelo negócio, porque, assim procedendo, se torna garante da prestação de um fato de outrem, ou assume as consequências da recusa deste. E não tem ação contra o comitente, que é um estranho ao compromisso assumido pelo procurador, fora dos poderes concedidos (Código Civil, art. 673).

Mas, se o mandatário obrar em seu próprio nome, como se seu fora o negócio, as obrigações resultantes são alheias ao mandante, que se não obriga nem beneficia – *res inter alios acta aliis nec nocet nec prodest*.[32] O mandatário, como interessado direto, e pessoal, será, ele próprio, o credor ou devedor. No entanto, se o mandatário, tendo fundos ou crédito do mandante, comprar, em nome próprio, algo que deveria comprar para o mandante, por ter sido expressamente designado no mandato, terá este ação para obrigá-lo à entrega da coisa comprada (Código Civil, art. 671).

Integra a série de obrigações do mandatário a determinação para que, ciente da morte, interdição ou mudança de estado do mandante, conclua o negócio já começado, se houver perigo na demora (Código Civil, art. 674). Todos esses fatos importam em cessação do mandato (v. nº 255, *infra*), mas a urgência da medida a tomar fá-lo sobreviver à causa extintiva.

Deve, finalmente, o mandatário manter o mandante informado do estado do negócio de que foi encarregado; atender às solicitações nesse sentido (Enneccerus); e enviar-lhe as somas recebidas,[33] salvo, quanto a estas, se tiver sido convencionado que somente após o encerramento haverá prestação de contas global.

Havendo *pluralidade de mandatários* nomeados no mesmo instrumento, observa-se o que rezar este: *a)* se forem especificados os atos de cada um, prevalecerá a designação; se forem declarados *conjuntos* não poderão validamente proceder

---

29 Espínola, ob. cit., nº 164, nota 51.
30 "Dentro dos poderes atribuídos pelo mandato".
31 Planiol, Ripert *et* Boulanger, *Traité Élémentaire*, vol. II, nº 3.040.
32 "Os atos dos contraentes não aproveitam, nem prejudicam terceiros".
33 Larenz, pág. 350; Serpa Lopes, nº 560.

em separado, salvo se houver ratificação posterior dos que não participaram do ato; se forem qualificados *solidários* (ou com poderes *in solidum*), qualquer deles tem a liberdade de praticar todos os atos, sem a participação dos demais; *b)* se forem declarados sucessivos, devem servir na ordem de sua nomeação, e cada um no impedimento do anteriormente referido; *c)* se nada for mencionado, serão solidários, podendo qualquer deles exercer os poderes outorgados (Código Civil, art. 672), regra do Código Civil de 2002 de orientação diversa da do Código de 1916, que determinava a sucessividade no silêncio do instrumento.

254. Obrigações do mandante

As obrigações do mandante, para serem bem deduzidas, hão de distribuir-se em dois grupos: em relação ao mandatário e em relação ao terceiro com quem tratar este.

A – *Obrigações do mandante para com o mandatário*. Deve-lhe a remuneração ajustada, e, na falta de convenção, sendo oneroso o mandato (v. nº 252, *supra*), terá de pagar segundo os usos do lugar ou na forma do que for arbitrado. Há hipóteses em que o mandatário já tem a sua retribuição fixada em lei (corretores de fundos públicos, leiloeiros, liquidantes de sociedade). Em outras, depende de estimativa ou de ajuste. Quando é líquida e certa, pode ser cobrada por ação pelo procedimento sumaríssimo, nos Juizados Especiais Cíveis, criados pelos Tribunais de Justiças nos Estados,[34] quando a dívida não ultrapassar 40 (quarenta) salários mínimos. A *oportunidade* do pagamento é uma decorrência, primordialmente, da estipulação pelas partes, e, em sua falta, dos usos e costumes.

Em qualquer caso, o mandante há de fornecer ao mandatário as importâncias necessárias à execução do mandato, seja por adiantamento, seja em reembolso imediatamente subsequente ao despendido, ou quando solicitado, vencendo juros a favor do mandatário, independentemente de notificação, a contar da data do desembolso. O procurador pode deixar de praticar o ato que dependa de qualquer gasto, se o mandante lhe não fornecer os meios necessários.

Tais encargos independem da apuração do resultado, a não ser que a frustração do efeito esperado seja devida à culpa do mandatário.

Cabe, ainda, ao mandante ressarcir ao mandatário os prejuízos sofridos no cumprimento do mandato, ainda que acidentais, ou devidos ao fortuito, desde que para o evento não haja concorrido a culpa do próprio mandatário, ou excesso de poderes. Se o mandato for gratuito, recrudesce este dever, em atenção a que, se o comissário empregar seu tempo e seu trabalho em benefício do representado, que com isto se beneficia, não deve suportar maiores sacrifícios, e justo será que a ideia de indenização seja então mais abrangente, compreendendo todas as consequências danosas que derivem do mandato.[35]

---

34 Atualmente previsto no art. 3º da Lei nº 9.099, de 26 de setembro de 1995.

35 Larenz, ob. cit., pág. 353.

Havendo mais de um mandante, presume-se a responsabilidade solidária (Código Civil, art. 680), por todos os encargos para com o mandatário, desde que concorram estes três requisitos: ser convencional a representação, e não advinda de determinação legal; serem os poderes outorgados na mesma procuração e não em instrumentos apartados; e ser constituído o representante para negócio comum a todos os mandantes.

Além da ação de cobrança reconhecida ao mandatário, como a qualquer credor, cabe-lhe ainda *direito de retenção* sobre a coisa de que tenha posse em virtude do mandato, até ser reembolsado do que despendeu no seu desempenho (Código Civil, art. 681). A doutrina tem discutido a natureza deste direito, se é um *privilégio* como aventa João Luís Alves, ou um *benefício* como quer Clóvis Beviláqua. Mas todos estão de acordo em que a retenção é *inextensível* ao recebimento da remuneração, como à percepção de ressarcimento de perdas e danos, devendo comportar-se na garantia somente o reembolso das despesas adiantadas pelo mandatário.[36] *Inextensível* é, ainda, no sentido de que não pode o mandatário reter senão a coisa específica que lhe foi entregue em razão do exercício do mandato para o qual efetuou o desembolso. Se cumpriu vários, não cabe reter o objeto de um, em garantia do despendido com outro; nem é lícito efetivá-la quanto a objetos do mandante, estranhos ao mandato, eventualmente em poder do mandatário.[37]

B – *Obrigações do mandante para com o terceiro*. O mandatário embora emita declaração de vontade, o faz em nome e no interesse do mandante, em que persiste a titularidade dos direitos e obrigações. Como resultado, obriga-se o mandante, cujo principal e mais importante dever é responder perante o terceiro, com seu patrimônio, pelos efeitos da declaração de vontade emitida pelo representante, e cumprindo as obrigações assumidas dentro nos poderes outorgados.[38] Correlatamente cabe-lhe recolher as vantagens. Como o mandatário tem a obrigação de exibir ao terceiro o instrumento do mandato, conhece eles os poderes e, portanto, o limite da liberdade de ação do procurador, residindo ali os elementos que dosam a intensidade das prestações contra o mandante.[39]

Se o comitente houver fornecido ao representante *instruções especiais*, em apartado ou reservadas, a obrigação contraída nos limites das outorgas tem plena vigência, ainda que em afronta às instruções, porque são inconfundíveis umas e outras; os poderes definem a representação e o terceiro deve conhecê-los ao tratar com o mandatário, ao passo que as instruções podem ser legitimamente ignoradas por aquele, destinando-se a regular as relações particulares entre mandatário e mandante. Tem este ação contra aqueles para se indenizar dos prejuízos

---

36 João Luís Alves, *Código Civil Anotado*, obsevação ao art. 1.315 do Código de 1916; Clóvis Beviláqua, Comentários ao mesmo artigo.

37 Espínola, ob. cit., nº 165; Cunha Gonçalves, *Tratado*, vol. VII, t. 2º, nº 1.029; Cunha Gonçalves, *Contratos*, nº 30.

38 Cerruti Aicardi, *Contratos Civiles*, nº 332.

39 Espínola, loc. cit.

que a contrariedade a elas possa causar-lhe (Código Civil, art. 679). Mas, se o mandante aprovar a atuação do mandatário *ultra vires mandati*, responde pelas obrigações assumidas, como se se tivessem contraído dentro daquelas forças.

É ainda no campo das obrigações do mandante que se deve situar a figura do *mandato aparente*, que por sua importância desperta a atenção da doutrina e chega mesmo a inspirar escritos monográficos.[40] O problema apresenta-se quando um terceiro de boa-fé trata com alguém que tem toda a *aparência* de ser representante de outrem, mas na realidade não é. Pelo princípio de proteção à boa-fé,[41] reputar-se-á válido o ato e vinculado ao terceiro o pretenso mandante. Se, pois, este, por ato que lhe pode ser imputado, ou por sua conduta, permite supor a existência de uma representação regular, o ato praticado lhe é oponível. O fundamento da eficácia reside na *aparência do mandato*, sem necessidade de apurar a causa do erro. Lembram-se, como exemplos, o ter assinado em branco o instrumento, ou havê-lo redigido obscuramente, ou ainda ter revogado o mandato sem comunicá-lo a terceiro etc.[42]

255. Extinção do mandato. Mandato irrevogável

Como toda relação jurídica, a que se origina do mandato cessa nos casos que a lei (Código Civil, art. 682) menciona, oriundos de três ordens de causas: a vontade das partes, o acontecimento natural, o fato jurídico. São eles: a revogação, a renúncia, a morte, a mudança de estado, a terminação do prazo, a conclusão do negócio. Os autores costumam ainda lembrar outras extintivas, que são de caráter geral, como a impossibilidade do objeto, a nulidade do contrato, a resolução por inadimplemento, a verificação de condição resolutiva.[43]

A – *Revogação*. O mandato não subsiste à cessação ou arrefecimento da confiança depositada no mandatário. Em qualquer tempo, pois, e sem necessidade de justificar a sua atitude, o mandante tem a faculdade de *revogar ad nutum* os poderes, e unilateralmente pôr termo ao contrato. É uma peculiaridade deste, que vai assentar na razão mesma da formação fiduciária do vínculo (Espínola), como ainda na liberdade, reconhecida ao comitente, de assumir a direção do negócio, ou confiá-lo a outro procurador, a seu puro aprazimento.[44] Embora não haja exigência formal, o comitente terá de comunicar a revogação, assim, ao representante para que este se abstenha de proceder em seu

---

40 Jacques Léauté, "Le Mandat Apparent dans ses Rapports avec la Théorie Générale de l'Apparence", *in Revue Trimestrielle de Droit Civil*, 1947, pág. 288; Sergio Solgia, *Apparenza Giuridica e Dichiarazioni dela Generalità*, pág. 109.

41 Caio Mário da Silva Pereira, "Ideia de Boa-Fé", *in Revista Forense*, vol. 72, pág. 25.

42 De Page, nº 448; Mazeaud *et* Mazeaud, nº 1.391; Léauté, loc. cit.; Colin *et* Capitant, *Droit Civil*, vol. II, nº 946; Planiol *et* Ripert, *Traité Pratique*, vol. XI, nº 1.500; Baudry-Lacantinerie *et* Wahl, *Trattato Teorico-Pratico di Diritto Civile, Del Mandato*, nº 780.

43 Espínola, *Contratos Nominados*, nº 166, nota 68; De Page, *Traité*, vol. V, nº 453; Serpa Lopes, *Curso*, nº 579.

44 De Page, ob. cit., nº 467.

nome, como aos terceiros com quem tratava, pois que na sua falta prevalece a obrigação assumida, se de boa-fé (v. *Mandato aparente,* nº 254, *supra*), ressalvada apenas a ação de ressarcimento contra o comissário que abusou (Código Civil, art. 686). Quando o mandatário não representa o mandante junto a determinada pessoa, deverá ser publicada a revogação, para que chegue ao conhecimento de todos os possíveis interessados.

Há duas modalidades de revogação: a *expressa*, quando o mandante *declara* a cassação, o que habitualmente se faz pela notificação, tanto judicial quando extrajudicial; e *tácita*, que tanto pode resultar do fato de assumir o mandante a direção pessoal do negócio para o qual constituíra o mandatário, como ainda de ter outorgado poderes a outro, para o mesmo negócio, comunicando ou não o fato ao antigo procurador.

Sendo vários os mandantes, a revogação partida de um deles é válida e o desvincula sem afetar a representação dos demais, a não ser que o objeto do contrato seja indivisível.[45]

A revogação não produz efeitos retrooperantes, mas ao revés, atinge tão somente os atos futuros (*ex nunc*), respeitando os já praticados.[46]

Sem prejuízo da faculdade de revogar *ad nutum* os poderes, o mandante que abusivamente o fizer se sujeita a ressarcir os prejuízos causados ao mandatário,[47] o que encontra apoio no art. 676 do Código Civil, a não ser que haja culpa do mandatário.

B – *Renúncia.* Simetricamente ao poder de cassação conferido ao mandante, guarda o mandatário a faculdade de abdicar da representação, comunicando a *renúncia* ao mandante, com tempo para que este proveja à sua substituição, sob pena de responder por perdas e danos (Código Civil, art. 688). A inoportunidade não tem, como consequência, a ineficácia da renúncia, mas sujeita o mandatário renunciante a indenizar.[48] Este direito à renúncia, não obstante assentar na tradição romana da gratuidade do mandato,[49] e haver autores que ainda sustentem que só por aí se explica, prevalece no direito moderno, ainda nos casos de mandato oneroso.

A renúncia é *sempre expressa.*[50]

C – *Morte.* A morte de qualquer das partes faz cessar o mandato, que é contrato *intuitu personae.* Se é a do *mandante*, são válidos a respeito dos contratantes de boa-fé os atos com estes ajustados, enquanto a ignorar o mandatário (Código Civil, art. 689). Mas se o representante estiver de má-fé, e contratar com terceiros de boa-fé, valerá o ato, porém o mandatário responde pelas perdas e danos perante os herdeiros do comitente, tal qual está previsto no art. 686 para o caso de revogação.

---

45 Enneccerus, Kipp *y* Wolff, *Obligaciones*, vol. II, § 160.
46 Orlando Gomes, *Contratos*, nº 260.
47 Mazeaud *et* Mazeaud, *Leçons*, nº 1.419.
48 Karl Larenz, *Obligaciones*, § 52, pág. 355.
49 Colin *et* Capitant, ob. cit., nº 1.369.
50 Cunha Gonçalves, *Contratos*, nº 38.

Extingue-se igualmente o mandato se falecer o *mandatário*, ainda que os herdeiros deste tenham habilitação para cumpri-lo. Mas terão de dar aviso ao comitente, e providenciarão a bem dele na conformidade do que as circunstâncias exigirem, limitando-se contudo às medidas conservatórias, uma vez que a continuação dos negócios pendentes deve restar adstrita aos que se não possam demorar sem perigo com observância dos limites de ação a que o próprio de *cuius* era sujeito (Código Civil, arts. 690 e 691).

D – *Mudança de estado*. Toda mudança de estado (inclusive a interdição de qualquer das partes, muito embora o Código tenha preferido destacar esta última e colocá-la ao lado da morte), desde que alcance a capacidade para dar ou receber procuração, importa em extinção do mandato, mas valerão, a respeito dos contraentes de boa-fé, os atos ajustados pelo mandatário, que ignorar a causa extintiva. Assim, o mandato para alienar imóvel cessa pelo casamento, em razão da necessidade de outorga do outro cônjuge, salvo o caso de regime de separação absoluta de bens, etc. A abertura da falência, que não constitui mudança no estado da pessoa, somente o atinge no tocante àqueles atos relacionados com o comércio, ou incluídos nos efeitos daquela.[51]

E – *Terminação do prazo ou conclusão do negócio*. Outorgados poderes para determinado negócio, a conclusão deste opera *ipso facto* a cessação do mandato, pela aplicação da regra segundo o qual o mandatário especial não pode representar o comitente em ato diverso. Também *pleno iure* se extingue a relação jurídica com o advento do *termo*, se tiver sido conferido por prazo determinado, o qual, estipulado expressamente, permite a ambas as partes conhecer o momento da cessação. No mesmo sentido, é de acrescentar-se, como já mencionamos no início deste parágrafo, o implemento da condição.[52]

Mandato irrevogável. Não obstante a justeza do princípio da sua revogação *ad nutum*, casos há de *irrevogabilidade* do mandato definidos na lei (Código Civil, arts. 683 a 686, parágrafo único).

1) *Cláusula de irrevogabilidade*. Tendo as partes em vista a natureza do negócio ou os seus recíprocos interesses, podem convencionar que o mandante não tem a faculdade de cassar os poderes. Em tal caso, adquire o mandatário o direito de exercer o mandato, sem ser molestado. Mas, sendo a cassação da própria essência do mandato, o Código admite a sua revogação, não obstante a cláusula de irrevogabilidade, sujeitando o mandante apenas ao pagamento das perdas e danos sofridas pelo mandatário (art. 683).

2) *Procuração em causa própria*. Originária do Direito Romano, servia de escape para a proibição de ceder o crédito. Um terceiro à relação jurídica era constituído *procurator in rem suam*, facultando-se-lhe proceder no seu próprio interesse. O direito moderno, não obstante admitir livremente a cessão de crédito (v. nº 179, *supra*, vol. II), ainda guarda a figura da *procuração em causa própria*, que dispensa o mandatário de

---

51 Serpa Lopes, *Curso*, vol. IV, nº 586.
52 Cerruti Aicardi, *Contratos Civiles*, nº 338.

prestar contas, e implica uma cessão indireta de direitos. Pela sua natureza e pelos seus efeitos, a procuração em causa própria é *irrevogável,* e sobrevive à morte do mandante ou do mandatário, porque traduz obrigação transmissível aos herdeiros. Nesta hipótese, o Código determina que a revogação do mandato estipulado no exclusivo interesse do mandatário é ineficaz (art. 684).

Tem-se entendido, e o Supremo Tribunal Federal já o decidiu com o voto preponderante de Orosimbo Nonato, que a *procuratio in rem suam*, desde que satisfaça os requisitos e formalidades exigidos para o contrato a que ela se destina, e conste do instrumento a quitação do preço ou a modalidade do seu pagamento, vale pelo próprio contrato, ao qual se equipara, podendo ser levada a registro como se fosse o ato definitivo.[53]

3) *Acessório de outro contrato.* Considera-se ainda irrevogável o mandato outorgado como condição de um contrato bilateral, ou como meio de cumprir a obrigação contratada, como nas letras à ordem o mandato de pagá-las (Código Civil, art. 684), ou, nos contratos preliminares, a outorga de poderes para que fique o promissário com liberdade de ação na execução do ajuste. Em razão de sua vinculação a outro contrato, não suscetível de resilição unilateral, não pode cessar pela revogação, ao contrário da cláusula de irrevogabilidade, acima estudada. Nestes casos, qualquer tentativa de revogação por parte do mandante também será considerada ineficaz.

256. Mandato judicial

Largo campo em que prolifera este contrato é o judicial, no patrocínio de causas e defesa de direitos e interesses. Em razão das múltiplas implicações, a dogmática do *mandato judicial* interessa simultaneamente ao Direito Civil, no que diz respeito à fixação dos poderes e instituição das obrigações; ao Direito Processual, no tocante às exigências especiais para residir em juízo; ao Direito Administrativo, naquilo em que confina com os requisitos de habilitação profissional e disciplina da conduta do procurador; ao Direito Penal, na afirmação da imunidade assegurada ao advogado quanto aos escritos produzidos em juízo (*libertas conviciandi*). O Código Civil de 2002, ao contrário do de 1916, não regula especificamente o mandato judicial, mas sim determina que se subordina às normas que lhe dizem respeito, constantes da legislação processual. O Código somente se aplica supletivamente, na ausência de regra especial.

Considera-se *mandato judicial* o contrato que tem por objeto a representação para defesa de interesses e direitos perante qualquer juízo. É preciso não confundir este contrato, em que é essencial em nosso sistema a concessão de poderes para falar

---

53   *Arquivo Judiciário*, vol. 97, pág. 282. Neste sentido: Espínola, nº 166, nota 71; Serpa Lopes, vol. IV, nº 593; De Plácido e Silva, *Mandato*, nº 324; Serpa Lopes, *Tratado de Registros Públicos*, vol. III, pág. 355.

e agir em nome do mandante, com a prestação de serviço do advogado como consultor, orientador, a qual se cumpre sem representação.

O exercício do mandato judicial constitui, como o de qualquer profissão, uma garantia constitucionalmente assegurada (Constituição de 1988, art. 5º, nº XIII), "observadas as condições de capacidade que a lei estabelecer", empregada a palavra *capacidade* na acepção especial de habilitação legal. A Constituição Federal de 5 de outubro de 1988 considera o advogado "indispensável à administração da justiça, sendo inviolável por seus atos e manifestações no exercício da profissão, nos limites da lei" (art. 133).

O mandato judicial pode ser conferido por instrumento público ou particular, sendo lícito neste caso que a procuração – manuscrita, datilografada, policopiada ou impressa – venha assinada pelo cliente, ou pelos clientes, sem necessidade do reconhecimento das firmas.

Os *requisitos subjetivos* para o mandato judicial devem ser observados ativa e passivamente. Podem outorgá-lo todas as pessoas maiores e capazes ou emancipadas, na livre administração de seus bens. Os absolutamente incapazes são representados, no ato de constituir procurador, pelo pai, mãe, tutor ou curador; os relativamente incapazes são assistidos.

Para ser constituído mandatário judicial, a lei requer habilitação legal, que é definida no Estatuto da Advocacia (Lei nº 8.906, de 04 de julho de 1994) e reconhecida aos advogados, provisionados e solicitadores inscritos nos seus quadros. Menciona, ainda, os impedimentos e as proibições para procurar em juízo, bem como os casos de suspensão do exercício profissional, e as penalidades imponíveis pelo descumprimento de normas regulamentares, conforme apurado em processo disciplinar.

Exige-se, para o exercício do mandato judicial, além da capacidade ou habilitação definida na lei, a outorga de *mandato escrito* (Código de Processo Civil de 2015, arts. 103 e parágrafo único; e 104 e § 1º), regra a que se admitem algumas exceções: *a)* em caso de assistência judiciária ou de nomeação de advogado pelo juiz, equivalendo a portaria ou despacho à outorga de poderes; *b)* em caso de urgência, mediante caução (*cautio de rato*), a quem se obrigue a concordar com o que for julgado, e a exibir procuração regular dentro do prazo que o juiz fixar, havidos por inexistentes os atos praticados *ad referendum*, se a ratificação não vier em tempo oportuno; *c)* os casos de representação *ex officio*, quando a lei a confere independentemente da outorga específica de poderes, como o procurador-geral da República para a defesa da União, o advogado-geral do Estado para a deste, os procuradores autárquicos para elas etc.

O mandato judicial pode ser *geral*, mediante a inserção da cláusula *ad judicia*, usualmente adotada, embora não referida no art. 105 do Código de Processo Civil de 2015,[54] ou equivalente, abrangendo todos os atos do processo, com exceção de receber citação inicial, confessar, desistir, receber, dar quitação, firmar compromisso, transigir (Código de Processo Civil de 2015, art. 105) e prestar compromisso

---

54 Correspondente ao art. 38 do Código de Processo Civil de 1973.

de inventariante, e pode ser *especial* para certo e determinado ato, mencionado no instrumento, valendo somente para ele e para os que lhe sejam conexos.

Quando forem constituídos dois ou mais mandatários no mesmo instrumento, consideram-se solidários (poderes *in solidum*), podendo cada um praticar qualquer ato processual, sem observância da ordem da nomeação; salvo se nomeados para atuar *conjuntamente*, sendo neste caso necessário o comparecimento de todos.

A *faculdade de substabelecer* bem como a responsabilidade do mandatário são as mencionadas para o mandato em geral (v. nº 253, *supra*), acrescentando-se que o substabelecimento se realiza *com* ou *sem* reserva. No primeiro caso, o procurador associa o substituto na causa,[55] e continua ainda investido dos mesmos poderes. No substabelecimento *sem reserva*, o mandatário afasta-se do processo, mas a sua responsabilidade não desaparece enquanto não for notificado o mandante, cuja aprovação se presume na ausência de oposição.

Simetricamente com a revogação do mandato, o mandatário pode *cassar o substabelecimento*, assumindo pessoalmente a causa ou nomeando substituto.[56] Compreende-se esta faculdade com a consideração de que o substabelecimento decorre da confiança do mandatário, e esta pode cessar; e ainda que, se se não exonera com a transferência dos poderes a outrem, jurídico não será que lhe falte o meio de defender-se contra os riscos da má substituição.

As obrigações do mandatário judicial, determinadas assim pelos termos da procuração, como principalmente pelo contrato escrito ou verbal, em que forem ajustados os serviços, são, genericamente, as mesmas do mandatário em geral, acrescentando-se as que expressamente lhe impõem o Estatuto da Advocacia, Lei nº 8.906, de 04 de julho de 1994, e o Código de Ética Profissional, este votado por seu Conselho Federal na sessão de 25 de junho de 1934, em obediência ao disposto expressamente no antigo Regulamento da OAB.

O mandato judicial, em regra é oneroso (Código Civil, art. 658), cabendo ao procurador a remuneração ajustada; e, na falta de estipulação, a que for arbitrada nos termos da lei e observância do disposto na Seção VIII do Código de Ética Profissional.

Ao contratar os honorários, o advogado tem liberdade de fazê-lo, levando em conta vários fatores, tais como a complexidade da causa, sua relevância e vulto; o trabalho e tempo despendido; o valor da causa e a condição econômica do cliente; o lugar da prestação do serviço; a competência e o renome do profissional; além de outros elementos a serem ponderados em cada caso. O Direito Romano já proibia o pacto *quota litis*, modalidade em que o defensor aufere uma cota percentual no lucro da demanda; as Ordenações do Reino reputavam-no ilícito, punido o infrator.[57] O Estatuto da Advocacia, Lei nº 8.906, de 04 de julho de 1994, disciplina o seu contrato, e o Código de Ética, interdizendo

---

55 Clóvis Beviláqua, Comentários ao art. 1.328 do Código Civil de 1916.

56 Clóvis Beviláqua, Comentários ao art. 1.317, nº I de 1916; Espínola, *Dos Contratos Nominados*, nº 167, nota 81; Cunha Gonçalves, *Dos Contratos em Especial*, nº 28.

57 Lacerda de Almeida, *Obrigações*, notas A e B, págs. 429 e segs.

ao advogado associar-se ao cliente na causa, permite que se contratem sob forma de percentagem computada sobre o valor liquidado.[58]

O mandante deve ao advogado a remuneração na forma estipulada. A matéria recebe, contudo, tratamento em preceituação específica: *a)* nas desapropriações, responde o expropriante, quando a sentença fixar indenização acima do preço de oferta, os honorários serão fixados entre 0,5% (meio por cento) e 5% (cinco por cento) sobre o valor da diferença entre o depósito inicial e a condenação em sentença, não admitido um limite máximo de pagamento pelo ente expropriante;[59] *b)* em geral, pelo princípio da sucumbência, a sentença final na causa condenará a parte vencida ao pagamento dos honorários de advogados da parte vencedora, conforme dispõe o art. 85 do Código de Processo Civil[60], que estabelece que a sentença condenará o vencido nos honorários da outra parte, ao mesmo tempo que determina os limites máximo (20%) e mínimo (10%), atendido o grau de zelo do profissional, o lugar da prestação do serviço, a natureza e importância da causa, o trabalho realizado pelo advogado e o tempo exigido para o serviço; *c)* nas causas de pequeno valor, nas de valor inestimável, naquelas em que não houver condenação ou for vencida a Fazenda Pública, e nas execuções, embargadas ou não, o juiz deverá apreciar os honorários de forma equitativa, para que o profissional não fique à mercê de uma condenação irrisória, nem chegue ao extremo de que os seus honorários representem boa parte da condenação. Os honorários incluídos na condenação por arbitramento ou sucumbência pertencem ao advogado, tendo este direito autônomo para executar a sentença nesta parte (Lei nº 8.906/94, art. 23).[61] Contudo, caso a decisão transitada em julgado não mencione os honorários sucumbenciais e, em nenhuma fase processual, o profissional interessado não recorra da ausência da condenação, os honorários sucumbenciais não serão devidos pelo vencido na demanda.[62]

58　Sebastião de Souza, *Honorários de Advogado*, § 15; Jean Gueydan, *Les Avocats, les Défenseurs et les Avoués de l'Union Française*, pág. 244.

59　O legislador tentara limitar o pagamento de honorários advocatícios nas desapropriações com alteração do art. 27, admitindo o máximo de R$ 151 mil (art. 27, § 1º, do Decreto-Lei nº 3.365, de 21 de junho de 1941, na redação que lhe deu a Medida Provisória nº 2.183/2001). No entanto, em 2001, o Supremo Tribunal Federal, julgando ação direta de inconstitucionalidade proposta pelo Conselho Federal da Ordem dos Advogados do Brasil decidiu pela inconstitucionalidade deste limite (ADIn 2.332/DF).

60　Correspondente ao art. 20 do Código de Processo Civil de 1973.

61　Em julgamento da Reclamação 24.417-SP pela Primeira Turma do STF, decidiu-se que "são cabíveis honorários de sucumbência nas reclamações ajuizadas sob novo CPC". De acordo com o relator, Ministro Roberto Barroso, "o CPC/2015 promoveu uma modificação essencial no procedimento da reclamação, ao instituir o contraditório prévio à decisão final (art. 989, III). Disso decorre o ingresso do beneficiário do ato impugnado efetivamente como parte, com a respectiva obrigatoriedade de se lhe oportunizar a defesa do seu direito. Isto é, a reclamação indiscutivelmente tornou-se uma ação, dotada de um rito próprio. Neste novo cenário, nas reclamações ajuizadas após a entrada em vigor do CPC/2015, a observância do princípio da causalidade impõe a condenação da parte sucumbente ao pagamento dos respectivos honorários".

62　Súmula nº 453 do Superior Tribunal de Justiça.

257. Gestão de negócios

Às vezes, uma pessoa realiza atos no interesse de outra, como se fosse seu representante, embora não investido dos poderes respectivos, arrogando-se, assim, a qualidade de *gestor de negócios alheios*. Diz-se, então, que a *gestão de negócios* é a administração oficiosa de interesses alheios.

Não é uma figura contratual, por faltar à sua etiologia o acordo prévio de vontades.[63] Em alguns sistemas, se intitula expressamente um *quase contrato*, categoria que doutrinariamente se lhe reconhece, mesmo quando a sistemática não cogita explicitamente de tal fonte obrigacional.[64] No Código de 1916, recebia tratamento como contrato, não somente pelo paralelismo com as situações jurídicas contratuais, como ainda porque a ratificação ulterior a equipara ao mandato: *"Rati enim habitio mandato comparatur"*.[65] No Código Civil de 2002 foi deslocada para o Título referente aos *Atos Unilaterais*, que é a sua sede mais apropriada.

Há uma ingerência na esfera jurídica alheia, que deixa de ser ilícita, porque inspirada no propósito de bem servir e de ser útil ao dono, e porque realizada segundo a vontade presumível deste (Código Civil, art. 861). Se a iniciar o gestor contra vontade *presumível* do dono do negócio, responderá pelo fortuito, a não ser se prove que o dano adviria ainda que se tivesse abstido, e, se o proveito for inferior aos prejuízos, poderá o dono exigir que o gestor restitua as coisas ao estado anterior, ou o indenize da diferença (Código Civil, art. 863). Mas, se tiver havido intervenção contra a vontade *manifesta* do dono, já não há gestão, ao contrário do que enganosamente menciona o art. 862 do Código Civil, porém ato ilícito, com aplicação dos preceitos a este atinentes. Aqui, não se há de cogitar se o gestor se conduziu com diligência, porém que houve uma gestão autorizada, e danosa.[66]

O que caracteriza a *negotiorum gestio* é a *espontaneidade* da interferência, porque se tiver havido entendimento, ou encargo, proveniente do interessado, ter-se-á mandato ou locação de serviços, conforme exista ou não representação.[67]

Para que uma atuação possa conceituar-se como gestão de negócios, é necessária a verificação de certos pressupostos de fato: 1) tratar-se de *negócio alheio*, pois que, se for próprio, é pura administração; 2) proceder o gestor no *interesse do dominus*, ou segundo a sua vontade real ou presumida; 3) trazer a intenção de agir proveitosamente para o dono; 4) *agir oficiosamente*, pois que, se tiver havido uma delegação, é mandato; 5) limitar-se a ação do gestor a atos de natureza patrimonial (negócios), uma vez que os de natureza diferente exigem sempre a outorga de poderes.[68]

---

63 Espínola, *Contratos Nominados*, nº 168.
64 Orlando Gomes, *Contratos*, nº 264.
65 *Digesto*, liv. 46, tít. III, fr. 12, § 4.
66 Karl Larenz, *Derecho de Obligaciones*, § 53, pág. 374.
67 Espínola, ob. cit., nº 168, nota 3; Larenz, pág. 361.
68 Orlando Gomes, ob. cit., nº 265; Espínola, ob. cit., nº 168; Cunha Gonçalves, *Dos Contratos em Especial*, nº 41.

O bom estudo dos seus efeitos aconselha atentar em que a *negotiorum gestio* apresenta duas fases distintas: *anterior* e *posterior* à aprovação, e gera obrigações para um e outro. No plano da doutrina pura, explicações várias são procuradas para a gestão. Na primeira delas: *a)* teoria da *proposta*, com a conversão em contrato pela confirmação; *b)* teoria de *representação* sem mandato; *c)* teoria do *ato anulável*, em que a gestão equivale a um negócio jurídico suscetível de desfazimento, que convalesce pela aprovação; *d)* teoria do *ato condicional*, em que o negócio jurídico fica na dependência do implemento da condição suspensiva que é a confirmação do *dominus negotii*; *e)* teoria do *ato incompleto*, que a ratificação aperfeiçoa, como se se tratasse de mandato; *f)* teoria da estipulação em *favor de terceiros*, em que o dono figura como o beneficiário, em cujo proveito vão repercutir os efeitos do contrato celebrado pelo gestor. Mas, como se tem assinalado, trata-se de discussão bizantina, uma vez que a lei se cinge a considerar uma situação de fato, e atribuir-lhe efeitos jurídicos, as mais das vezes dependentes da ratificação, mas nem sempre, pois casos há de gestão necessária que obrigam o dono, mesmo que recuse a sua aprovação.[69]

As obrigações dos interessados são reunidas em dois grupos.

A – *Obrigações do gestor*. Administrando interesses ou realizando negócios jurídicos, o *negotiorum* gestor fica responsável às pessoas com quem tratar, bem como ao dono do negócio, devendo comunicar a este a gestão que assumir, e aguardando a resposta, se da espera não resultar perigo (Código Civil, art. 864).

Enquanto não vierem as providências necessárias, velará o gestor pelo negócio, até levá-lo a cabo, esperando, se o dono falecer na sua pendência, as instruções dos herdeiros, sem se descuidar das medidas que o caso reclame (Código Civil, art. 865). Esta obrigação de continuar a gestão começada tem por objeto evitar que o zelo intermitente do gestor e a sua falta de perseverança causem dano ao *dominus*.[70]

Caberá ao gestor administrar como o exija o interesse do dono e segundo sua vontade real ou presumida,[71] e proceder com a diligência habitual, não se fazendo substituir por outro, nem promovendo operações arriscadas, ainda que o dono costume realizá-las, sob pena de responder pelos prejuízos. Ainda é costume adotarem os escritores a comparação tradicional com o bom pai de família. A lei, entretanto, é mais exigente, quando o responsabiliza mesmo pelo fortuito, se preterir os interesses do *dominus* em proveito dos seus (Código Civil, art. 868). Obtemperar-se-á que o rigor é demasiado, para quem procede oficiosamente. Contudo, o princípio é certo: não era obrigado a iniciar a gestão, mas, se intervém em negócio alheio, tem de agir com o máximo de diligência, para que não advenha prejuízo causado por sua intromissão.[72]

---

69   Orlando Gomes, ob. cit., n° 268.

70   Planiol, Ripert *et* Boulanger, *Traité Élémentaire*, vol. II, n° 1.221.

71   Enneccerus, Kipp *y* Wolff, *Derecho de Obligaciones*, vol. II, § 169.

72   Orlando Gomes, ob. cit., n° 266.

Se forem dois ou mais os gestores, sua responsabilidade será solidária (Código Civil, art. 867, parágrafo único).

B – *Obrigações do dono do negócio*. Desde que queira aproveitar-se da gestão, será o *dominus negotti* obrigado a indenizar ao gestor as despesas necessárias, e os prejuízos que por causa da gestão houver sofrido este (Código Civil, art. 868, parágrafo único).

Se o negócio for *utilmente* administrado (*gestão útil*), cumprirá o dono as obrigações contraídas em seu nome, reembolsando as despesas necessárias ou úteis que houver feito o gestor, com os juros legais desde o desembolso, acrescido da indenização dos prejuízos que este houver sofrido por causa da gestão, ainda quando, por erro quanto ao dono do negócio, tenham sido as contas da gestão dadas a outra pessoa (Código Civil, art. 869). O princípio que concede ação àquele que gerir *utilmente* é mais que velho e já o proclamava Ulpiano: "*Is enim negotiorum gestorum habet actionem qui utiliter negotia gessit*".[73]

Delicado é apreciar a utilidade da gestão, a qual decorrerá da apuração de fatores vários, como sejam a vontade presumível do dono, o interesse deste, bem como as circunstâncias da ocasião em que se fizeram.[74] Não pode ser adotado como critério o resultado obtido (Código Civil, art. 869, § 1º), embora este não seja despiciendo na graduação das obrigações do dono. O momento a considerar é o da realização do ato, pouco importando que a utilidade desapareça depois.[75]

Não tem, contudo, o *dominus* a faculdade de arbitrariamente condenar a gestão, uma vez que objetivamente fique demonstrada a sua utilidade.[76]

O mesmo efeito produz a gestão que se proponha acudir prejuízos iminentes (*gestão necessária*) ou redunde em proveito do dono da obra, limitada porém a indenização ao montante das vantagens obtidas com a gestão, para que se não locuplete o *dominus* à custa alheia.

Se os negócios de outrem forem conexos com os do gestor, de sorte que se não possam gerir em separado, o gestor será considerado sócio daquele na respectiva gerência; mas o beneficiado com a gestão só é obrigado na razão das vantagens que obtiver (Código Civil, art. 875).

Aprovação. A *ratificação* pura e simples do dono do negócio constitui aprovação plena da gestão, que se equipara assim ao mandato, e retroage à data do seu início: "*Omnis ratihabitio prorsus retrotrahitur*".[77] Para isto, é comunicada ao gestor e ao terceiro,[78] sem que tal ciência seja essencial à sua validade podendo inferir-se das circunstâncias.

---

73 *Digesto*, liv. III, tít. V. fr. 10.
74 Espínola, ob. cit., nº 171.
75 Planiol, Ripert *et* Boulanger, ob. cit., nº 1.216; De Page, *Traité*, vol. V, nº 1.087.
76 Clóvis Beviláqua, Comentários ao art. 1.339 do Código Civil de 1916.
77 *Código*, liv. IV, tít. 28, lei 7.
78 Cunha Gonçalves, ob. cit., nº 44.

Casos há, assemelháveis ou afins à *negotiorum gestio* (Orlando Gomes chama--os *afins*),[79] em que a obrigação vigora ainda na falta de aprovação: quando alguém, na ausência do devedor de alimentos por este os prestar, poderá recobrar a importância despendida (Código Civil, art. 871); também as despesas com o enterro, proporcionadas aos usos locais e à condição do falecido, podem ser reclamadas da pessoa que teria a obrigação de alimentar o que veio a morrer, ainda mesmo que este não tenha deixado bens (Código Civil, art. 872). Não vigora o princípio, se num ou noutro caso predominou o propósito de pura benemerência, como também o cumprimento de obrigação moral.

Com o nome de gestão *imprópria* o direito alemão (BGB, § 687) considera a administração de um negócio alheio na suposição de que é próprio, obrigando o gestor que obtém proveito à custa do dono a ressarci-lo, com aplicação dos princípios disciplinares do enriquecimento sem causa. Mas, se o dono se quiser valer do proveito obtido, ou invocar a pretensão, sujeitar-se-á a abonar ao gestor o enriquecimento por este obtido.[80]

---

79 Orlando Gomes, *Contratos*, nº 270.
80 Karl Larenz, ob. cit., § 375; Enneccerus, Kipp *y* Wolff, ob. cit., § 165.

Capítulo LIV
FIDÚCIA

Sumário

257-A. Conceito e história. Negócio fiduciário. **257-B.** Contrato de fidúcia: disciplina jurídica.

Bibliografia

Christian De Wulf, *The Trust and Corresponding Institutions in the Civil Law, passim*; Bogert, *Law of Trusts and Trustees*; P. Charignon, *Sociétés de Placements et Sociétés de Contrôle, passim*; G. Keeton, *The Law of Trusts, passim;* Otto de Souza Lima, *Negócio Fiduciário;* Arangio Ruiz, *Istituzioni di Diritto Romano*, págs. 307 e segs.; Nicoto Lipari, *Il Negozio Fiduziario, passim*; Messineo, *Dottrina Generale del Contratto*, págs. 277 e segs.; Ferrara, *Simulazione,* pág. 56; Roberto Goldschmidt e Phanor J. Eder, *El Fideicomisso (trust) en el Derecho Comparado*, parte I; B. A. Wortley, "Le Trust et ses Applications Modernes en Droit Anglais", *in Revue Internationale de Droit Comparé*, 1962, pág. 699; Walter Van Gerven, "La forme juridique d'un Investment Trust en Belgique, en France et aux Pays Bas", *in Revue Internationale de Droit Comparé*, 1960, pág. 527.

257-A. Conceito e história. Negócio fiduciário

O nosso Projeto de Código de Obrigações (arts. 672 a 683) deu tipicidade a certa modalidade contratual muito difundida nos sistemas de *Common Law*, mas não integrada em nosso direito, como em geral não regulada nos sistemas jurídicos romano-cristãos do Ocidente. Lamentavelmente o Código Civil de 2002 não tratou do negócio fiduciário de forma genérica, tendo disciplinado apenas a compra e venda fiduciária com escopo de garantia (arts. 1.361 a 1.368).

Trata-se da *fidúcia (trust) pela qual uma das partes, recebendo da outra bens móveis ou imóveis, assume o encargo de administrá-los em proveito do instituidor ou de terceiro, tendo a livre administração dos mesmos, mas sem prejuízo do beneficiário.*

Procurou-se, destarte, introduzir no direito obrigacional brasileiro a instituição do *trust*, que o direito inglês criou e que vigora com grandes préstimos assim naquele direito quanto no dos Estados Unidos. Sua utilização tornou-se muito frequente, e usual, nos casos de uma pessoa (denominada *settlor*) pretender assegurar o futuro de outra (um filho, um parente próximo, um amigo) sem lhe transferir de pronto o acervo patrimonial, ou resguardar-se dos riscos a que se expõe nos seus próprios negócios. Entrega, então, ao outro contratante (denominado *trustee*) bens de seu patrimônio (imóveis, títulos, valores móveis ou efeitos de qualquer natureza) com o encargo de, a certo prazo ou por vida, administrá-los em proveito do beneficiário (que pode ser ele próprio ou terceiro), proporcionando-lhe a renda respectiva. O beneficiário (denominado *cestui que trust*) é normalmente um terceiro (um filho, a viúva, um parente, um amigo), mas às vezes é o próprio instituidor (*settlor*).

Esta instituição presta ali melhores serviços do que entre nós o já inusitado direito real de constituição de renda, ou as figuras da doação com cláusula de usufruto a terceiro, ou ainda o fideicomisso, por não oferecerem a necessária flexibilidade para preencherem a função social que dos mesmos se poderia esperar. E, como acentua Wulf, nos países de *Common Law* é mais acentuada a tendência a ter a propriedade administrada por outrem, devido provavelmente ao regime do *trust*.[1]

Historicamente, o nosso direito não encontra no seu passado um ato negocial correspondente.

É certo que a prática dos negócios faz ressurgir de época mais remota, e com raízes no Direito Romano, a figura do *negócio fiduciário*, mas com finalidade mais restrita, nas suas duas modalidades: a primeira, denominada *fiducia cum creditore*, funciona como instrumento de garantia, transferindo o devedor ao credor bens, a título de venda, para que ele os explore como seus, e *sub conditione* do resgate do débito a certo prazo os revenda ao devedor.[2] Este tipo de negócio fiduciário se encontra expressamente regulado pelos arts. 1.361 a 1.368-A do Código Civil. A outra, *fiducia cum amico*, opera também a transferência de bens a uma pessoa, com

---

1   Christian de Wulf, *The Trust and Corresponding Institutions in the Civil Law*, pág. 28.
2   Arangio Ruiz, *Istituzioni di Diritto Romano*, pág. 307.

o objetivo de resguardá-los dos azares da fortuna adversa que ameace o proprietário, assumindo o fiduciário o compromisso de efetuar a sua remancipação.

Reunindo as duas figuras num conceito único, estrutura-se o negócio fiduciário, no ato pelo qual se realiza a transmissão de uma coisa ou direito ao fiduciário, para determinado fim (garantia ou resguardo de direitos), estabelecendo-se a obrigação de o adquirente efetuar sua devolução ao alienante, uma vez preenchida aquela finalidade.[3] Da *fiducia cum creditore* iremos tratar ao desenvolvermos a dogmática das garantias reais (nos 364-A e segs.: "Alienação Fiduciária em Garantia"). A outra – *fiducia cum amico* – esboça-se aqui, com caráter de sugestão ou de *jure condendo*. Mas nem pelo fato de ser a confiança a base do negócio se pode concluir que a remancipação fica no arbítrio do fiduciário, pois, muito ao revés, trata-se de obrigação suscetível de execução específica.[4]

Nem a noção nem a obrigatoriedade ora acentuadas refogem ao que se designa como definição clássica do negócio fiduciário, a qual não repetimos por demasiado extensa, a ela todavia nos reportando para efeito de documentação.[5]

O pressuposto básico do *pactum fiduciae* (válido como ato negocial) é, obviamente, não lesar direitos de terceiros, pois do contrário a alienação fiduciária seria anulada por fraude.[6]

Na sua etiologia, desdobra-se o negócio fiduciário em dois momentos: *a)* um *real* e *ostensivo,* que consiste na transmissão dos bens ao fiduciário em caráter de venda aparentemente pura e simples, pois do instrumento nada consta sugerindo a presença do elemento fiduciário; *b)* outro *pessoal e secreto*, que se formula na "ressalva" dada ao fiduciante, contendo a obrigação de retransferir a coisa adquirida, dentro do prazo e sob a condição estipulada.

É preciso, entretanto, salientar que o *pactum fiduciae* não se apresenta como alienação simulada. É um ato sério, e traduz venda como qualquer outra. Consiste a sua peculiaridade em conservar ínsita a obrigação de restituir a coisa recebida em razão dele.[7]

Embora sem tipicidade, o negócio fiduciário se pratica com certa familiaridade, não deixando contudo de eclodirem na justiça os desentendimentos surgidos, especialmente no tocante ao cumprimento da obrigação de remancipar. O fato de não ter ingressado entre nós na classe dos contratos nominados não havia impedido que a jurisprudência admitisse a sua validade, como no plano doutrinário tem suscitado a elaboração de alguns trabalhos de real valor, no afã de realizar em nosso direito, como nos sistemas estrangeiros, a construção dogmática do instituto, que desta sorte revive na atualidade, tal como os textos nos dão conta de sua prática no Direito Romano. Com o seu ingresso na disciplina do *mercado de capitais* (Lei nº 4.728, de

---

3   Otto de Sousa Lima, *Negócio Fiduciário*, pág. 243.
4   Cariota Ferrara, *Il Negozio Giuridico*; nº 224, nota 7.
5   Nicolò Lipari, *Il Negocio Fiduziario,* nº 19.
6   Messineo, *Dottrina Generale del Contratto,* pág. 277; Otto de Souza Lima, ob. cit., pág. 301.
7   Pontes de Miranda, *Tratado de Direito Privado*, vol. III, § 274, pág. 123; Ferrara, *Simulazione*, pág. 56.

FIDÚCIA 345

14 de julho de 1965), passou a receber a regulamentação legal (art. 66-B) a *alienação fiduciária em garantia* (*fiducia em creditore*), recebendo o credor o bem com o encargo de remancipá-lo ao devedor, ao fim de certo prazo, mas sem a faculdade de o credor ficar com o bem, porém vendê-lo e aplicar o produto na solução do débito (ver o nº 364-A, vol. IV, e Lei nº 4.728, de 14 de julho de 1965 (artigo 66-B, com redação dada pela Lei nº 10.931, de 02.08.2004); Decreto-Lei nº 911, de 1º de outubro de 1969; Decreto-Lei nº 413, de 9 de janeiro de 1969; e Lei nº 9.514, de 20 de novembro de 1997).

257-B. CONTRATO DE FIDÚCIA: DISCIPLINA JURÍDICA

Com finalidades diversas e mecanismo e efeitos diferenciados, o *contrato de fidúcia do Projeto de Código de Obrigações* oferece a grande vantagem de ser um negócio jurídico ostensivo e claro: o instituidor ou fiduciante entrega os bens ao fiduciário, mediante instrumento contratual que reúne os dois aspectos – real e pessoal – na mesma estipulação e sem que o segundo constitua uma ressalva oculta. O fiduciário adquire os bens mediante contrato sempre *escrito*, e pode ter por objeto bens presentes ou futuros. Se forem imóveis, a escritura pública é da essência do ato, e do seu registro constará a inscrição das limitações apostas ao poder de alienar ou gravar (Projeto, arts. 673 e 674).

Com esta orientação, o Projeto distanciou-se da técnica inglesa, segundo a qual os direitos do beneficiário se contêm num documento secreto, ou até poderá ocorrer ausência total de documento (De Wulf, ob. cit., pág. 62). Não tendo copiado a instituição, tal como opera no direito anglo-americano, o direito brasileiro não deixará de buscar subsídio na prática negocial norte-americana, cuja influência na elaboração dogmática do contrato de fidúcia é inegável, como, aliás, se vem notando uma sensível penetração na América Latina, em geral.[8]

O mecanismo do contrato de fidúcia pressupõe a noção de "patrimônio separado", pois que, adquirindo os bens, o fiduciário, nesta condição, deve conservá-los (v. a respeito da concepção de "patrimônio separado" o que escrevemos no nº 67, *supra*, vol. I), e com o registro da fidúcia o bem imóvel transferido ao fiduciário constitui propriedade resolúvel.

O fiduciário administra os bens em proveito do beneficiário, que pode ser o próprio instituidor ou um terceiro, pagando pontualmente os rendimentos, e sub--rogando em outros os bens que alienar no interesse da Administração.

O fiduciante deve ter, além da capacidade genérica para os atos da vida civil, a específica para dispor dos bens, e sem prejuízo dos credores.

O fiduciário poderá ser qualquer pessoa física ou jurídica, idônea e da confiança do instituidor. Em especial, as instituições financeiras (bancos, sociedades de investimento) poderão manter, mediante autorização do órgão competente do governo, serviço de administração de bens mediante contrato de fidúcia. É mesmo de

---

8   Roberto Goldschmidt e Phanor J. Eder, *El Fideicomiso (Trust) en el Derecho Comparado*, Parte I.

se prever que elas sejam mais frequentemente escolhidas, dada a sua longevidade, e em razão de reunirem condições de garantia, sempre apuradas pela fiscalização do Banco Central.

Nos países de origem do instituto criou-se o "*investiment trust*" com a finalidade de administrar investimentos alheios sob a garantia de importantes instituições de crédito.[9]

O fiduciário tem direito à remuneração segundo o estipulado e, na falta de cláusula expressa, na conformidade de arbitramento judicial.

Não mencionando o contrato quem deva substituir o beneficiário nos casos de morte, renúncia, incapacidade, destituição, ou impedimento cabe ao juiz a designação, se o fiduciante ou seu sucessor não o fizer.

As nossas sociedades de investimentos já realizam no plano de aplicação financeira a administração de cabedais alheios, proporcionando, a um só tempo, segurança e rentabilidade, e, por isto mesmo, se comportam no esquema do *investimet trust* segundo a definição de Van Gerven.[10] Facilmente poderão encarregar-se de gerir quaisquer espécies de bens, e, desta sorte, adaptar-se para a celebração e execução deste novo contrato.

Extingue-se a fidúcia:

a) pelo decurso do prazo, quando não for vitalícia;

b) pela revogação, quando prevista expressamente;

c) pela renúncia ou morte do beneficiário, sem sucessor indicado pelo instituidor;

d) pela resilição bilateral;

e) pela destituição judicial do fiduciário, que faltar aos seus deveres, ou se incompatibilizar para a fidúcia, no caso de ter ou de defender interesses opostos aos da administração ou do beneficiário.

Cessando a fidúcia, a sorte dos bens variará conforme as circunstâncias:

a) em primeiro plano, observa-se o que tiver sido determinado no ato constitutivo, a saber: reversão ao patrimônio do instituidor, transmissão ao beneficiário, ou entrega a terceiro;

b) na falta de estipulação expressa, reverterão de pleno direito ao patrimônio do instituidor;

c) não sendo vivo o fiduciante, passarão a seus sucessores.

---

9   B. A. Wortley, "Le Trust et ses Applications Modernes en Droit Anglais", *in Revue Internationale de Droit Comparé*, 1962, pág. 699.

10 Walter Van Gerven, "La Forme Juridique d'un Investiment Trust en Belgique, en France et aux Pays Bas", *in Revue Internationale de Droit Comparé,* 1960, pág. 527.

Capítulo LV
SOCIEDADE – PARCERIA

Sumário

258. Mudança da regulamentação da sociedade no Código Civil.

Bibliografia

J. X. Carvalho de Mendonça, *Tratado de Direito Comercial*, vols. III e IV; Valdemar Ferreira, *Tratado das Sociedades Mercantis, passim*; Clóvis Beviláqua, *Comentários ao Código Civil*, vol. V, aos arts. 1.363 e segs.; Orlando Gomes, *Contratos*, nos 271 e segs.; M. I. Carvalho de Mendonça, *Contratos no Direito Civil brasileiro*, ed. atualizada por José de Aguiar Dias, vol. II, nos 257 e segs.; Romano Pavoni, *Teoria delle Società, passim*; Georges Hamel, "L'Affectio Societatis", *in Revue Trimestrielle de Droit Civil*, 1925, págs. 761; Paul Pic, *Des Sociétés Commerciales, passim*; Jean Escarra, *Traité Théorique et Pratique de Droit Commercial, Des Sociétés Commerciales, passim*; Georges Ripert, *Traité Élémentaire de Droit Commercial*; Hamel *et* Lagarde, *Traité de Droit Commercial*, vol. I, nos 383 e segs.; Hector Lafaille, *Contratos*, vol. II, nos 519 e segs.; Eduardo Espínola, *Dos Contratos Nominados*, nos 157 e segs.; Trabucchi, *Istituzioni de Diritto Civile*, nos 140 e segs.; Ruggiero e Maroi, *Istituzioni di Diritto Privato*, vol. II, §§ 149 e segs.; Gorla, *Le Società secondo il nuovo Codice, passim*; Hugo L. Gatti, *Contratación entre Cónjuges*, nos 106 e segs.; Karl Larenz, *Derecho de Obligaciones*, vol. II, § 56; Enneccerus, Kipp *y* Wolff, *Tratado, Derecho de Obligaciones*, vol. II, §§ 172 e segs.; Planiol, Ripert *et* Boulanger, *Traité Élémentaire*, vol. II, nos 3.053 e segs.; Colin *et* Capitant, *Droit Civil*, vol. II, nos 755 e segs.; De Page, *Traité*, vol. V, nos 3 e segs.; Petrusca, *Les Sociétés Civiles en Droit Comparé, passim*; Fran Martins, *Sociedades por Cotas no Direito Estrangeiro e Brasileiro, passim*; Carlos Fulgêncio, *Sociedades por Cotas de Responsabilidade Limitada, passim*; Miranda Valverde, *Sociedades por Ações, passim*.

258. Mudança da regulamentação da sociedade no Código Civil

Já tratamos da pessoa jurídica, sua constituição, explicação doutrinária de sua personificação, classificação etc. (n°s 53 e segs., *supra*, vol. I). Cogitamos, depois, das sociedades, associações e fundações, começo de sua existência, registro, bem como da divisão em sociedades civis e mercantis e das sociedades irregulares (n°s 59 e segs., *supra*, vol. 1). Não retornaremos ao assunto, em repetição desnecessária. Neste capítulo, sob a égide do Código Civil de 1916 cogitamos do contrato da chamada sociedade civil estrita.

Sob este aspecto podia definir-se como o contrato por via do qual duas ou mais pessoas se obrigavam a combinar seus esforços ou recursos e conjugar suas aptidões, com a finalidade de lograr fins comuns.

O Código Civil de 2002 modificou profundamente a regulamentação da sociedade, deixando de tratá-la como contrato, mesmo na hipótese da sociedade civil despersonalizada, para discipliná-la como parte integrante do Direito de Empresa.

As modificações foram tão profundas que não cabe mais o exame do contrato de sociedade como parte integrante do volume de contratos das Instituições. Por isso está sendo editado, dentro das Instituições, um volume próprio contendo toda a matéria do direito de empresa, tal como regulada no Código Civil de 2002, incluindo ali tanto as sociedades personificadas quanto as não personificadas, para onde remeto o leitor.

Capítulo LVI
Edição – Representação Dramática

Sumário

262. Noção de edição. Obrigação do editor e do autor. **263.** Representação dramática.

Bibliografia

Planiol *et* Ripert, *Traité Pratique*, vol. XI, n°s 968 e segs.; Lafaille, *Contratos*, vol. II, n°s 484 e segs.; Serpa Lopes, *Curso*, vol. IV, n°s 487 e segs.; Eduardo Espínola, *Dos Contratos Nominados*, n°s 173 e segs.; Orlando Gomes, *Contratos*, n°s 287 e segs.; Eduardo Silz, "La Notion Juridique du Droit Moral de l'Auteur", *in Revue Trimestrielle de Droit Civil*, 1933, pág. 331; M. I. Carvalho de Mendonça, *Contratos no Direito Civil Brasileiro*, ed. atualizada por José de Aguiar Dias, vol. II, n°s 231 e segs.; Ruggiero e Maroi, *Istituzione di Diritto Privato*, vol. II, § 170; Trabucchi, *Istituzioni di Diritto Civile*, n° 188; Eduardo Piola Caselli, "Edizione", *in Nuovo Digesto Italiano*; Eduardo Piola Caselli, "Rappresentazione e Esecuzione", *in Nuovo Digesto Italiano*; Antônio Chaves, *Proteção Internacional do Direito Autoral de Radiofusão, passim*; Guglielmo Sabatini, "Rappresentazioni Teatrali", *in Nuovo Digesto Italiano*; Schneider *et* Fick, *Commentaire du Code Fédéral des Obligations*, vol. I, págs. 643 e segs.; Washington de Barros Monteiro, *Curso, Direito das Obrigações*, vol. II, págs. 318 e segs.

EDIÇÃO – REPRESENTAÇÃO DRAMÁTICA

262. NOÇÃO DE EDIÇÃO. OBRIGAÇÃO DO EDITOR E DO AUTOR

Cogita o Direito de proteger o autor e amparar os seus interesses, como forma técnica de estimular e garantir a criação intelectual. O direito autoral é objeto das atenções de várias províncias jurídicas, cada uma encarando-o sob aspecto diferente. O Direito Constitucional visa às garantias de reprodução asseguradas aos autores de obras literárias, artísticas ou científicas (Constituição de 1988, art. 5º, nos XXVII e XXVIII), na mesma linha de proteção aos inventos industriais e às marcas de fábrica. O Direito Internacional Público dele cogita no que se refere aos tratados e convenções, numerosos, à sua obrigatoriedade de aplicação, e à extensão territorial de sua vigência.[1]

O Direito Internacional privado para ele volta as suas vistas em função das qualificações ou da solução dos chamados *conflitos de lei no espaço*, tendo aqui, por objeto, os contratos de difusão internacional de obras literárias, artísticas ou científicas. O Direito Civil o focaliza sob ângulos diversos, ora como direito real (que o Código de 1916 denominava propriedade literária, artística e científica), ora como relação obrigacional que vincula o criador da obra e o que a difunde ou a encena. O Direito Judiciário Civil adota-o no momento em que cogita da sua tutela, v.g. O Direito Penal não o deixa órfão, pois que define os delitos contra a propriedade intelectual (Código Penal, art. 184). E nem se diga que são fenômenos jurídicos distintos o contrato de edição e os direitos autorais, uma vez que íntima é a relação entre um e outro, assentando-se o pressuposto de que é necessário ser autor da obra ou seu sucessor para celebrá-lo.[2] Ao definir especificamente os direitos autorais, forma um traço de união entre vários destes aspectos a legislação especial reguladora do assunto – Lei nº 9.610, de 19 de fevereiro de 1998.

A estrutura do *contrato de edição* se encontra regulada na Lei nº 9.610/98, que em seu art. 53 o define como aquele pelo qual o autor concede ao editor o direito exclusivo de, a suas expensas, reproduzir mecanicamente e divulgar a obra científica, literária ou artística, e explorá-la economicamente, no prazo pactuado pelas partes.

A lei considera, também, edição o contrato pelo qual um ou vários autores se obrigam à feitura de obra literária, científica ou artística, em cuja reprodução e divulgação se empenha o editor (Lei nº 9.610/98, art. 54).

Sob o primeiro dos aspectos acima considerados, a edição distingue-se da *distribuição*, que se limita à colocação, no mercado, de obra editada por outrem ou

---

1 Os direitos de autor foram objeto da Convenção de Berna de 1886, com as alterações subsequentes, de que vieram as principais normas reguladoras da matéria. Mas a evolução tem sido muito grande, e, dado o constante interesse que desperta, o direito autoral está sempre provocando os especialistas. Nos últimos anos, o Brasil participou de algumas convenções de que resultaram documentos de valor, como: Convenção Interamericana de Washington, ratificada pelo Decreto legislativo nº 12, de 1948, e promulgada pelo Decreto nº 26.675, de 18 de maio de 1949; Convenção de Berna, revista em Bruxelas, ratificada pelo Decreto legislativo nº 59, de 29 de novembro de 1951, e promulgada pelo Decreto nº 34.954, de 1954; Convenção Universal sobre Direitos do Autor, firmada em Genebra, em 6 de setembro de 1952, aprovada pelo Decreto legislativo nº 12, de 1959, e promulgada pelo Decreto nº 48.458, de 4 de julho de 1960.

2 Serpa Lopes, *Curso*, vol. IV, nº 487.

publicada pelo próprio autor; e difere da *impressão*, que consiste apenas na realização do trabalho gráfico. Sob o segundo, diferencia-se do contrato de prestação de serviço. A edição distingue-se, também, da sociedade, mesmo que haja participação do autor no êxito da obra.[3]

O que caracteriza o contrato de edição é, em todo sentido, a cessão do direito de reprodução da obra criada,[4] em termos globais, ou limitada a uma edição ou tiragem.

Em nosso direito, como no regime do Código Federal suíço das Obrigações (arts. 380 e segs.), do Código italiano de 1942 (arts. 2.575 e segs.), do novo Código do Peru (arts. 1.665 e segs.), do Código Civil chinês (arts. 515 e segs.), o contrato de edição, além de ser bilateral, consensual e oneroso, é ainda típico. Em outros, por falta de ingresso na legislação sistemática, é inominado ou atípico.[5] Mas, em toda parte, encontra na doutrina o mais vivo interesse, pela frequência progressiva.

As obrigações e os direitos das partes, deixando de lado as implicações de ordem administrativa, podem ser assim resumidos, tendo em vista que normalmente são muito entrelaçados e correlatos.

Tem o autor o dever de entregar a obra ao editor, sem tempo determinado, porque em princípio o trabalho intelectual ou criador não pode estar sujeito a imposições. Fica, entretanto, ressalvado ao editor fixar-lhe prazo, com a cominação de rescindir o contrato, se a espera ultrapassa o que as conveniências indicam. O original deve estar de acordo com o ajustado, não sendo o editor obrigado a recebê-lo no caso de se afastar, como, no exemplo de Serpa Lopes, se se obrigou a escrever um tratado não se reputa haver desincumbido do encargo, oferecendo um manual.[6] O editor tem o prazo decadencial de 30 (trinta) dias a contar do recebimento da obra para recusá-la, sob pena de se considerarem aceitas as modificações efetivadas pelo autor (Lei nº 9.610, art. 58).

Ao editor corre a obrigação de reproduzir e divulgar a obra, tirando as edições estipuladas, mas na falta de estipulação apenas uma. Na falta de convenção sobre o número de exemplares de cada edição, considera-se que ela se constitui de 3.000 (Lei nº 9.610/98, art. 56, parágrafo único). O editor, salvo convenção em contrário, tem o prazo de 2 anos da celebração do contrato para editar a obra (Lei nº 9.610/98, art. 62). Tem o editor o dever de lançar a obra mencionando o seu título, sob o nome do autor, ou pseudônimo por este adotado, bem como o ano de publicação. No caso de tradução, é obrigado a mencionar o título original e o nome do tradutor (Lei nº 9.610/98, art. 53, parágrafo único).

Uma vez esgotada a primeira edição, e autorizado o editor a levar a efeito outra, o autor pode intimá-lo para que o faça em certo prazo, sob pena de perder esse direito e responder por perdas e danos. O autor não pode dispor da obra, no todo ou em parte, enquanto não se esgotarem as edições concedidas, quer para reprodução idêntica, quer para resumi-la ou incluí-la nas suas obras completas.[7] Mas a ele é reservada a faculda-

---

3   De Page, *Traité*, vol. V, nº 46; Planiol *et* Ripert, *Traité Pratique*, vol. XI, nº 981.
4   Clóvis Beviláqua, Comentários ao art. 1.346 do Código de 1916.
5   De Page, ob. cit., vol. IV, nº 4, alínea *D*.
6   Serpa Lopes, nº 492.
7   Clóvis Beviláqua, Comentários ao art. 1.340 do Código de 1916.

EDIÇÃO – REPRESENTAÇÃO DRAMÁTICA

de de fazer emendas ou alterações para as tiragens subsequentes, e só ele é juiz de sua conveniência (Serpa Lopes), muito embora devam conter-se nos limites do razoável, sem a imposição de gastos extraordinários ao editor, e sem prejudicar-lhe a reputação ou aumentar a sua responsabilidade, sob pena de indenizá-lo, ou sofrer-lhe a oposição. A pretexto de uma ou outra destas últimas hipóteses, não pode o editor impedir que o autor atualize a obra e nela introduza as contribuições do progresso científico ou cultural. O autor tem o dever de manter-se a par do desenvolvimento cultural, e tem o direito de consigná-lo na sua obra, que é o reflexo de sua personalidade moral. Reversamente, se se recusar a alterar o texto, não obstante as modificações científicas de profundidade ou extensão, de acordo com a natureza da obra, o editor poderá encarregar outra pessoa de efetivar as atualizações necessárias, devendo mencionar expressamente o fato na edição (Lei nº 9.610/98, art. 67).

Contrato oneroso que é, assegura ao autor, inclusive pelas reedições, a percepção da remuneração segundo o estipulado, e, na falta de ajuste, conforme arbitramento, que levará em conta os usos e costumes, de acordo com a natureza da obra, as dificuldades de seu lançamento, o número de exemplares publicados etc. Às vezes é adotado o critério da remuneração fixa, e então o autor a recebe sem direito a apurar qual o proveito do editor. Mas outras vezes ela é calculada sob a forma percentual incidente no êxito da venda, e neste caso o editor tem o dever de dar contas ao autor, demonstrando o estado da edição e o seu escoamento, inclusive facultando a este acesso à sua escrituração na parte que lhe corresponde (Lei nº 9.610/98, art. 59). As partes podem convencionar a periodicidade da prestação de contas, sendo que na falta de ajuste prevalece a mensal (Lei nº 9.610/98, art. 61). Os usos consagram, ainda, a entrega ao autor de um certo número de exemplares para distribuição gratuita.

O direito aos honorários não se extingue se a obra perecer depois de entregue, pelo fortuito, porque a obrigação do autor foi cumprida, cabendo-lhe a devida contraprestação.[8]

Como interessado na exploração comercial, e como técnico no assunto, fixa o editor o preço da venda e o número de exemplares de cada edição. Mas não pode reduzir a tiragem a ponto de cercear a difusão da obra, nem expô-la por preço que lhe embarace a circulação (Lei nº 9.610/98, art. 60). Na falta de ajuste, entende-se que o contrato versa apenas sobre uma edição (Lei nº 9.610/98, art. 56). É então considerada contrafação a tiragem de edição não autorizada, salvo se o contrato estabelecer que todos os direitos sobre a obra passam ao editor, pois que isto abrange também o de reproduzir, conforme dispõe o art. 49 da Lei nº 9.610/98.[9] Deve, ainda, o editor ater-se à quantidade combinada, sob pena de suportar as cominações repressoras da reprodução ilícita.[10]

O contrato de edição *extingue-se*: *a*) pelo *esgotamento* da obra, quando não há autorização expressa para nova tiragem; *b*) pela *morte* ou incapacidade superve-

---

8   Schneider *et* Fick, ob. cit., ao art. 390, pág. 667.
9   Schneider *et* Fick, ob. cit., pág. 664.
10 Schneider *et* Fick, ob. cit., pág. 659.

niente do autor, antes de concluída a obra, se assim o quiser o editor, porque, sendo *intuitu personae*, não tem ele a obrigação de aceitar a continuação do trabalho por outrem, mesmo que tenha sido finalizada parte considerável da obra. Nessas hipóteses o editor tem a alternativa ainda de editar a obra, sendo autônoma, pagando proporcionalmente o preço, ou mandar que outro a termine, desde que em ambos os casos haja consentimento dos herdeiros e tal fato conste da edição, a fim de não serem prejudicados os terceiros adquirentes da obra. Em nenhum caso poderá, no entanto, editar a obra, caso o autor tenha manifestado a vontade de publicá-la somente por inteiro. Cumpre, entretanto, esclarecer que a morte e a incapacidade operam a terminação do contrato *ex nunc*, deixando subsistir o que foi executado antes do óbito, e conservando os herdeiros direito sobre o que se publicou, bem como sobre o que o de *cuius* entregara ao editor;[11] *c)* pelo não cumprimento do prazo contratual para a edição da obra, ou na ausência de estipulação expressa, no prazo de 2 anos após a celebração do contrato; *d)* pela *destruição* da obra por fortuito ou força maior, depois de entregue, salvo se o autor possuir cópia ou segunda via do original, caso em que a confiará ao editor para a nova composição; se a destruição ocorrer depois de publicada, o contrato não termina, sendo lícito ao editor fazer nova publicação a suas expensas;[12] *e)* pela apreensão da obra pelos poderes públicos, nos casos e nas formas legais; *f)* pela falência do editor, se, notificado o administrador judicial em até 90 (noventa) dias de sua nomeação para que se manifeste a respeito do cumprimento do contrato, inclinar-se pela negativa, expressa ou implicitamente (Lei de Recuperação Judicial, art. 117).

263. Representação dramática

A Lei nº 9.610/98 destaca, da edição, os contratos de representação dramática e execução pública, a que denominou genericamente *Comunicação ao Público*. Mas, em verdade, são aspectos do mesmo fenômeno, e prendem-se à mesma ideia da reprodução da obra criada. Em alguns casos, há separação muito nítida, como, *e.g.*, a publicação de um livro e a apresentação de música original por uma orquestra. No entanto, os progressos técnicos concorrem para a maior aproximação das duas figuras, podendo-se mencionar a gravação em *compact disc*, a fixação em fita magnética (por processo eletrônico), a produção cinematográfica, a confecção de *video tape* ou *DVD* para televisão – processos em que há uma apresentação visual ou auditiva da obra, com adoção de um sistema mecânico de reprodução – e a mídia digital, disponível em lojas e aplicativos da Internet em formatos de arquivos virtuais. Legislação especializada disciplina a garantia dos direitos autorais e assegura a participação dos que concorrem

---

11   De Page, ob. cit., nº 764.
12   Orlando Gomes, ob. cit., nº 290.

para a apresentação da obra, mediante a arrecadação do que é devido pela exibição da peça, utilização da composição artística, utilização dos discos etc.[13]

Uma vez entregue a peça, o seu autor perde a liberdade de introduzir-lhe alterações substanciais sem o acordo do empresário ou produtor que a faz representar (Lei nº 9.610/98, art. 71).

O autor não pode ser prejudicado pela inércia do empresário, e, assim, tem o direito de intimá-lo para que a leve à cena, sob pena de rescisão. O mesmo dir-se-á da peça radiofonizada, televisionada, ou cinematografada, a que os mesmos princípios têm aplicação.

Ao contrário da reprodução, ou publicação, que se presume autorizada para uma só edição, a própria natureza da representação dramática pressupõe a repetição ou continuidade, que pode ser limitada a uma temporada, ou a mais de uma, ou pode ser mais ampla, com a inclusão da peça no repertório do empresário, enquanto gozar do favor do público.[14]

Comumente, as obras destinadas à representação teatral são publicadas em livro, e amplamente difundidas, aplicando-se então as duas séries de regras, atinentes à edição como livro e representação como obra teatral. Mas, enquanto é conservada em manuscrito, a proteção dos direitos do autor assegura a sua circulação no meio restrito do empresário, produtor, diretor e artistas que deverão cooperar na sua encenação, vedada que é a sua comunicação a pessoas estranhas ao teatro, estação radiofônica ou telemissora, onde se deverá representar.

De regra, e na falta de estipulação expressa, deve entender-se que a licença de representar tem caráter de exclusividade local; mas, quando a companhia é organizada para percorrer determinadas regiões, ou todo o País, a exclusividade pode compreender umas ou outro.[15]

Não pode o empresário fazer alterações no texto original da peça sem licença do autor. Por outro lado, o *script* entregue pelo autor não pode sofrer modificações no ato da exibição, nem a título de improvisação do ator para agrado do público. A Constituição de 1988 assegura a liberdade de expressão da atividade intelectual, artística, científica e de comunicação, independentemente de censura ou licença (art. 5º, nº IX), ao mesmo tempo veda toda e qualquer censura de natureza política, ideológica e artística (art. 220, § 2º).

---

13 A Lei de Direitos Autorais (Lei nº 9.610/98) autoriza que os autores e titulares de direitos conexos se associem para a defesa de seus direitos. Especialmente no que se refere à arrecadação de direitos em composições musicais, lítero-musicais e fonogramas, em representações e execuções públicas, há o Escritório Central de Arrecadação e Distribuição (ECAD), que é uma sociedade civil, de natureza privada, instituída pela Lei Federal nº 5.988/73 (antiga Lei de Direitos Autorais) e mantida pela atual lei – 9.610/98, alterada pela Lei 12.853, de 14 de agosto de 2013, no que diz respeito à gestão coletiva de arrecadação de direitos autorais. O ECAD agrega diversas associações de compositores e titulares de direitos. Para um rol promenorizado dessas associações, consultar a página do Escritório na rede mundial de computadores: <www.ecad.org.br>.

14 Piola Caselli, *Nuovo Digesto Italiano*, verb. *Rappresentazione* e *Esecuzione*.

15 Piola Caselli, *Rappresentazione* e *Esecuzione*, cit.

Tendo o autor participado da escolha dos principais intérpretes, não pode o produtor substituí-los sem a sua concordância.

Distinguindo as responsabilidades, a lei ressalva a parte reservada ao autor e aos artistas participantes, no caso de os credores do empresário obterem penhora da renda do espetáculo (Lei nº 9.610/98, art. 76).

Capítulo LVII
SEGURO

Sumário

264. Conceito, elementos e generalidades. **265.** Direitos e obrigações do segurado e do segurador. **266.** Espécies de seguros.

Bibliografia

Colin *et* Capitant, *Direito Civil*, vol. II, n°s 831 e segs.; Planiol *et* Ripert, *Traité Pratique*, vol. XI, n°s 1.252 e segs.; Mazeaud *et* Mazeaud, *Leçons*, vol. III, n°s 528 e segs.; Hémard, *Traité Théorique et Pratique des Assurances Terrestres, passim*; Planiol, Ripert *et* Boulanger, *Traité Élémentaire*, vol. II, n°s 3.119 e segs.; Ruggiero e Maroi, *Istituzioni di Diritto Privato*, vol. II, § 175; Trabucchi, *Istituzioni di Diritto Civile*, n°s 349 e segs.; Espínola, *Dos Contratos Nominados*, n°s 187 e segs.; Orlando Gomes, *Contratos*, n°s 299 e segs.; Serpa Lopes, *Curso*, vol. IV, n°s 658 e segs.; Viterbo, "Il Contratto di Assicurazione", *in Rivista di Diritto Commerciale*, 1932, 1ª parte, pág. 40; Valeri, "La Classificazione dei Contratti di Assicurazione", *in Rivista di Diritto Commerciale*, 1930, 1ª parte, pág. 347; Fanelli, "Assicurazione sulla Vita", *in Nuovo Digesto Italiano*.

264. Conceito, elementos e generalidades

Seguro é o contrato por via do qual uma das partes (*segurador*) se obriga para com a outra (*segurado*), mediante o recebimento de um prêmio, a garantir interesse legítimo desta, relativo a pessoa ou a coisa, contra riscos futuros predeterminados (Código Civil, art. 757).

É um negócio jurídico que nos tempos modernos ganhou maior desenvolvimento, desbordando inteiramente da sua disciplina tradicional. Não conhecido dos romanos, foi de elaboração mais recente. Teve como ponto de partida o seguro marítimo, ainda no período medieval, quando se limitava a cobrir navios e cargas.[1] Penetrou, paulatinamente, nas práticas civis, vencendo pouco a pouco as resistências. Já no fim do século XVIII, era admitido contra incêndio e mesmo sobre a vida. O século XIX assistiu à abolição dos últimos obstáculos, e à sua utilização, embora não haja conquistado foros de tipicidade em Códigos prestigiosos, pois que o francês não o disciplinou, limitando-se a citá-lo como exemplo de contrato aleatório (art. 1.964), e o BGB não se lhe referiu. Foi no século XX que se desembaraçou de todo, e praticou-se francamente, devido um pouco ao espírito de solidariedade de nosso tempo, e em pouco à conveniência de afrontar e repartir os riscos da existência.[2]

Quando foi elaborado o Código Civil brasileiro de 1916, pretendeu-se dar-lhe ordenamento definitivo, e muito se avançou efetivamente, tendo-se em linha de conta a sua atipicidade em vários sistemas, bem como a ausência de ordenamento doutrinário e legal, com exceção do seguro marítimo já conhecido no Código Comercial de 1850. Houve, entretanto, sensível transformação de 1916 até hoje. Como fenômeno econômico, recebeu notável incremento, atingindo variedade enorme os riscos seguráveis e aplicação corrente a numerosas atividades. Como fenômeno jurídico, encontrou a constante atenção legislativa, e uma jurisprudência já farta constrói-lhe a dogmática. Sua estrutura fundamental reside hoje no Código Civil de 2002; a legislação especializada cuidou de suas minúcias e constitui hoje acervo ponderável. A Constituição Federal de 1946 (art. 149) revelou o interesse social desse contrato quando dispôs que ao legislador compete regular o regime das empresas de seguros. A Constituição Federal de 1988 seguiu este mesmo caminho, prevendo, em seu art. 22, VII, a competência privativa da União para legislar sobre o tema, considerando um direito do trabalhador o seguro contra acidentes de trabalho sem excluir a indenização a que o empregador é obrigado, quando incorrer em dolo ou culpa (art. 7º, XXVIII).

Numerosos diplomas especializados cogitavam e cogitam dos seus vários aspectos: o Decreto nº 22.456, de 10 de fevereiro de 1933, disciplinou as sociedades de capitalização;[3] o Decreto-Lei nº 2.063, de 7 de março de 1940, regulamentou sob novos moldes as operações de seguros privados; o Decreto-Lei nº 3.908, de 8 de

---

1 Ripert, *Droit Maritime*, vol. III, nº 2.347.
2 Trabucchi, *Istituzioni*, nº 349.
3 Revogado pelo Decreto-Lei nº 261, de 28 de fevereiro de 1967.

dezembro de 1941, dispõe sobre as sociedades mútuas de seguros; a Lei nº 2.168, de 11 de janeiro de 1954, estabeleceu normas para a instituição do seguro agrário; o Decreto-Lei nº 1.186, de 3 de abril de 1939, criou o Instituto de Resseguros do Brasil,[4] e o Decreto-Lei nº 9.735, de 4 de setembro de 1946, consolidou a legislação respectiva. O Decreto-Lei nº 73, de 21 de novembro de 1966, dispôs sobre o Sistema Nacional de Seguros Privados e regulou as operações de seguros e resseguros. Em 1999, por meio da promulgação da Lei nº 9.932, de 20 de dezembro de 1999, dispôs-se sobre a transferência das funções regulatória e fiscalizatória do IRB para a Superintendência de Seguros Privados – SUSEP. Esta lei de transferência de funções foi revogada pela Lei Complementar nº 126, de 15 de janeiro de 2007. Apesar da revogação da lei de transferência, permanece a regulação do setor pelo órgão regulador – Superintendência de Seguros Privados (SUSEP), e o IRB foi autorizado a continuar exercendo suas atividades de resseguro e de retrocessão, qualificando-se como ressegurador local. A par destes, que sobressaem num vasto arquipélago, outros provimentos legislativos apanham o fenômeno infortunístico e o afeiçoam na mesma escala em que imprimem novo *tonus* ao contrato de seguro. Tal é a floração legislativa que sua sistematização neste capítulo há de contentar-se com a formulação esquemática prevista no Código Civil, reportando o leitor às minúcias contidas nas leis disciplinadoras dos seus vários aspectos. Parece-nos, mesmo, de boa política legislativa inscrever nos Códigos o arcabouço deste contrato, como fez o Código de 2002, e reservar à legislação extravagante, por mais flexível, o casuísmo das minudências incidentes. Não tem cabida aqui, igualmente, o chamado *seguro social*, realizado pelo Estado diretamente ou por via de entidades autárquicas.

Não obstante a variedade de espécies (nº 266, *infra*), predomina em nosso direito positivo o conceito unitário do seguro, segundo o qual há um só contrato, que se multiplica em vários ramos ou subespécies, construídos sempre em torno da ideia de dano (patrimonial ou moral), cujo ressarcimento ou compensação o segurado vai buscar, mediante o pagamento de módicas prestações (Vivante, Gobbi, Viterbo, Ascarelli). Em sentido contraposto, o conceito dualista separa os seguros de natureza ressarcitória (seguros de danos) daquele em que está presente apenas o elemento aleatório (seguro de vida), sem a intenção indenizatória (M. I. Carvalho de Mendonça, Serpa Lopes, Trabucchi) ou visando a uma capitalização (Planiol, Ripert *et* Boulanger).

Os caracteres jurídicos do contrato de seguro são: *a) bilateral*, porque gera obrigações para o segurado e para o segurador; *b) oneroso*, porque cria benefícios e vantagens para um e outro; *c) aleatório*, porque o segurador assume os riscos, sem correspectividade entre as prestações recíprocas, e sem equivalência mesmo que se conheça o valor global das obrigações do segurado. É por isso que se costuma acentuar que o *risco* é um elemento essencial no contrato de seguro, como acontecimento incerto, independente da vontade das partes. Pode ser infeliz ou sinistro (morte, incêndio, naufrágio etc.) ou feliz (sobrevivência). Não obstante ser tão importante, que falta

---

4   Revogado pelo Decreto-Lei nº 9.735, de 04 de setembro de 1946.

objeto ao seguro se a coisa não estiver exposta a risco (Colin *et* Capitant, Serpa Lopes), é um fator *relativo* no sentido de que a sua intensidade pode oscilar ao sabor de circunstâncias várias;[5] *d) consensual, porque* a *forma escrita* não é mais exigida para a substância do contrato pelo novo Código Civil, que seguiu[6] a tendência de considerá-lo um contrato consensual (Orlando Gomes), com a sustentação de que o instrumento escrito é elemento de *prova,*[7] suscetível de suprimento por outros meios.[8] O elemento comprobatório da celebração do contrato, quando não há a emissão de apólice ou bilhete de seguro, previsto no art. 758 do Código, é o pagamento do prêmio. O Código admite a recondução tácita do contrato pelo mesmo prazo apenas por uma vez. Caso as partes queiram prorrogá-lo por mais tempo terão que manifestar expressamente a sua vontade neste sentido (art. 774). O objetivo da lei é impedir que o segurado tenha o seu contrato indefinidamente prorrogado, sem que manifeste expressamente essa vontade; *e) por adesão,* uma vez que se forma com a aceitação do segurado, às cláusulas impostas pelo segurador na apólice impressa, não ocorrendo discussão entre as partes. As modificações ou condições especiais introduzidas no padrão original constam sempre de ressalvas ou alterações que o segurador insere por carimbo ou justaposição. Devido a este caráter, incidem à hipótese os arts. 46 e 47 do Código do Consumidor (Lei nº 8.078/1990), que determinam a interpretação mais favorável do contrato ao segurado, bem como supletivamente os arts. 423 e 424 do Código Civil, que protegem o aderente no contrato de adesão. As disposições legais são imperativas,[9] e a intervenção estatal na economia contratual é cada vez mais viva.

Os *requisitos* do contrato de seguro, subjetivos, objetivos e formais têm algo de genéricos, como também de específicos.

A – *Subjetivos.* Não é livre a exploração de seguros privados. Em nosso direito, não pode um indivíduo ou pessoa física contratar como *segurador.* O parágrafo único do art. 757 do Código Civil somente admite ser parte no contrato como segurador entidade legalmente autorizada para tal fim. É uma atividade empresária, reservada às sociedades anônimas, às sociedades mútuas e às cooperativas, estas, porém, habilitadas tão somente para seguros agrícolas (Decreto-Lei nº 2.063, de 7 de março de 1940, art. 1º). Têm ainda capacidade de segurador as instituições de previdência social, relativamente aos seus associados ou à categoria laboral nelas compreendidas. A lei estabelece a exigência de capital mínimo, nacionalidade dos sócios, autorização governamental para operar no ramo, condições gerais de funcionamento, depósito inicial de garantia, fiscalização das atividades etc. (Decretos nº 2.063, de 1940, e 60.459, de 1967, arts. 48 e seguintes). Tendo em conta a percussão na economia geral, não admite a abertura de falência das empresas de seguros, cuja liquidação em

---

5   Ruggiero e Maroi, *Istituzioni,* vol. II, § 175.
6   Clóvis Beviláqua, Comentários ao art. 1.433 do Código de 1916.
7   Serpa Lopes, *Curso,* vol. IV, nº 679.
8   Mazeaud *et* Mazeaud, *Leçons,* vol. II, nº 1.537.
9   Mazeaud *et* Mazeaud, ob. cit., nº 1.534.

caso de insolvência é prevista expressamente (Decreto-Lei nº 2.063, de 1940, arts. 140 e seguintes, e Decreto 60.459, de 1967, arts. 68 a 89).

Para ser segurado, é necessário, em princípio, a capacidade civil, merecendo consideração especial algumas circunstâncias peculiares. Qualquer pessoa tem aptidão para fazer seguro de vida, e em qualquer valor, contratando-o pessoalmente ou por intermédio de representante.[10]

Com relação ao contrato de trabalho, todo empregador, sendo ele pessoa natural ou jurídica, é obrigado a contribuir para a seguridade social, que compreende as ações de saúde e previdência. Não há, atualmente, como havia ao tempo da elaboração dessas instituições, os conhecidos institutos de previdência de categorias distintas de trabalhadores. Atualmente, desde a unificação no regime militar, ratificado pela Constituição de 1988, o sistema de previdência e saúde é único, nacional e obrigatório.[11-12] Ele conta com a contribuição do empregador, do trabalhador e do Estado. Os riscos de acidentes do trabalho são atualmente previstos em legislação ordinária e tomaram a denominação auxílio-doença. Compreendem não só as doenças fortuitas, como também as doenças laborativas e os acidentes de trabalho (art. 61 da Lei nº 8.213, de 24 de julho de 1991). Desde que cumpra o prazo de carência como filiado à previdência social (12 meses – art. 25, inciso I, da Lei nº 8.213, de 24 de julho de 1991), o trabalhador fará jus a esse benefício.

B – *Objetivos*. O objeto do contrato de seguro é o risco, que pode incidir em todo bem jurídico. Sem embargo de que nos seguros privados tenham as partes a faculdade de escolher a espécie ou a combinação de espécies a seu aprazimento, exigências legais são impostas, que não podem ser derrogadas pelos *pacta privata*. Em princípio, todo contrato há de ter objeto lícito. Mas, em matéria securitária, há ilícitos especiais, como o seguro por mais do que valha a coisa segurada, ou a pluralidade de seguros sobre o mesmo bem (seguro cumulativo), com exceção do de vida (Código Civil, arts. 781, 782 e 789). Acrescente-se que a iliceidade do bem ou do negócio assegurado contamina e anula o contrato, como, e.g., o seguro de operações de contrabando.[13]

C – *Formais*. O contrato de seguro pode ser comprovado através do pagamento do prêmio pelo segurado, mas a sua natureza exige instrumento escrito, a fim de que fiquem expressamente estabelecidas as suas condições específicas (Código Civil, arts. 759 e 760), e não é lícito às empresas efetuar a sua liquidação com base em

---

10 Planiol, Ripert *et* Boulanger, *Traité Élémentaire*, vol. II, nº 3.128.

11 E tem como principais objetivos: I – universalidade da cobertura e do atendimento; II – uniformidade e equivalência dos benefícios e ser viços às populações urbanas e rurais; III – seletividade e distributividade na prestação dos benefícios e serviços; IV – irredutibilidade do valor dos benefícios; V – equidade na forma de participação no custeio; VI – diversidade da base de financiamento; VII – caráter democrático e descentralizado da administração, mediante gestão quadripartite, com participação dos trabalhadores dos empregadores, dos aposentados e do Governo nos órgãos colegiados (art. 194 da CF).

12 Há o Regime Facultativo de Previdência Social e de Saúde, que é explorado pela iniciativa privada. Este regime é optativo, e a preferência por ele não exclui a obrigatoriedade de contribuição para o regime de Previdência Social geral.

13 Planiol, Ripert *et* Boulanger, ob. cit., nº 3.129.

considerações mais ou menos fiduciárias. Ao contrário, um certo ritual tem de ser observado. Nenhum seguro pode ser adquirido senão mediante *proposta* assinada pelo interessado ou seu representante. Para a continuação do seguro já contratado, admite-se a *proposta tácita*, desde que o segurador emita nova apólice, ou declaração de prorrogação, e o segurado efetue o pagamento do prêmio.[14]

O instrumento deste contrato é a *apólice*, que, na forma da *proposta* deverá conter as suas condições gerais, inclusive as vantagens garantidas pelo segurador; consignar os riscos assumidos; o valor do objeto do seguro; o prêmio; o termo inicial e final de sua vigência; os casos de decadência, caducidade e eliminação ou redução dos direitos do segurado ou beneficiários incluídos, bem como o quadro de garantia aprovado pela Superintendência de Seguros Privados (Código Civil, art. 760; Decreto-Lei nº 2.063, de 1940, arts. 107 a 110, e Decreto 60.459, de 1967, arts. 2º a 5º). O contrato de seguro reputa-se formado com a emissão da apólice, ainda que o início de sua vigência date de momento diverso.[15]

Diz-se *simples* a apólice em que se determina com precisão o objeto do seguro, como, e. g., o contrato incidente sobre a vida de uma pessoa; chama-se *flutuante*, quando se estipulam condições gerais, admitindo-se a faculdade de efetuar substituições, como, por exemplo, o de acidentes no trabalho para os empregados de uma empresa, que admite a substituição dos que se exoneram pelos que são admitidos. A apólice pode ser ao *portador*, transferível por tradição simples, salvo no caso de seguro de pessoas; ou *nominativa*, quando menciona o nome do segurado, e neste caso poderá ou não ser transferível por endosso (cláusula à ordem).

Com a *entrega da apólice*, o contrato considera-se perfeito.

265. DIREITOS E OBRIGAÇÕES DO SEGURADO E DO SEGURADOR

O *segurado* tem o primeiro dever de pagar o *prêmio estipulado* no ato de receber a apólice, ou conforme convencionado, bem como efetuar os pagamentos subsequentes nas épocas próprias, sob pena de rescisão do contrato ou caducidade da apólice (Código Civil, art. 763). Esta geralmente os prevê por períodos ânuos adiantados, com a concessão de uma tolerância de 30 dias (*prazo de graça*), e não é raro admitir, ainda, a sua *reabilitação*, mediante o resgate do débito acrescido dos juros de mora. As partes podem ajustar o pagamento do prêmio por cotas mensais. Ao contrário de outros sistemas, em que a dívida do prêmio é *quesível* (v. nº 155, *supra*, vol. II) é necessário constituir o segurado em mora, ao menos por carta,[16] em nosso é *portável*, e a mora *ex re*, independente de interpelação ou cobrança, traduzindo prestação líquida e certa. Contudo, a Segunda Seção do STJ, há tempo, já assentou que "o mero atraso no pagamento de prestação do prêmio do seguro não importa em desfazimento automático

---

14 Planiol, Ripert *et* Boulanger, ob. cit., nº 3.132.
15 Serpa Lopes, ob. cit., nº 678.
16 Planiol, Ripert *et* Boulanger, *Traité Élémentaire*, vol. II, nº 3.141; Colin *et* Capitan, *Droit Civil*, vol. II, nº 854.

do contrato, para o que se exige, ao menos, a prévia constituição em mora do contratante pela seguradora, mediante interpelação" (STJ, 2ª Seção, Relator Ministro Aldir Passarinho Júnior, REsp 316.552/SP, j. 09.10.2002). Mais recentemente, o Superior Tribunal de Justiça firmou este entendimento, consolidando-o na Súmula 616, a qual estabelece que: "a indenização securitária é devida quando ausente a comunicação prévia do segurado acerca do atraso no pagamento do prêmio, por constituir requisito essencial para a suspensão ou resolução do contrato de seguro" (Súmula 616, 2ª Seção, j. 23.05.2018, *DJe* 28.05.2018).

A fixação de prêmio é função do risco e do valor, e constitui objeto de cláusulas atuariais com base na lei dos grandes números e das probabilidades. Não pode o segurado a ele furtar-se, salvo disposição expressa em contrário, sob alegação de que o risco se não verificou (Código Civil, art. 764), ou aliviou-se, a não ser que tal redução seja considerável, hipótese em que o segurado poderá exigir a revisão do prêmio ou a resolução do contrato (Código Civil, art. 770); nem o segurador recusá-lo sob a de que se agravou ou sofreu alteração. Se o risco, no entanto, se agravar consideravelmente durante a vigência do contrato, tem o segurado o dever de comunicar o fato ao segurador, que disporá do prazo de 15 dias para resolver o contrato, ficando por ele responsável ainda pelo prazo de 30 dias após a notificação, sendo obrigado a devolver a diferença do prêmio que eventualmente tenha sido paga a maior. Caberá, na hipótese de recusa injustificada ao recebimento do prêmio por parte do segurador, consignação em pagamento, com efeito liberatório. Mas é indevido o prêmio, se o risco não existia, ou pelo perecimento do objeto ou porque não podia este estar a ele sujeito.[17]

O segurado e o segurador são obrigados a observar, tanto na fase das tratativas, quanto na conclusão e execução do contrato, a mais estrita boa-fé e veracidade. A boa-fé objetiva é elemento essencial deste tipo de contrato, em razão de a fixação do prêmio depender de informações prestadas pelo segurado, e em razão da sua aleatoriedade, tendo em vista sempre haver a possibilidade de agravamento da álea do contrato durante a sua execução, por fato que possa ou não ser imputado ao segurado.

Cabe ao segurado, ao ensejo da celebração do contrato, portanto, prestar ao segurador informações exatas e sem reticências (Código Civil, art. 765),[18] sob pena de perder o direito à garantia, além de ficar obrigado ao prêmio que já tiver vencido. Se a inexatidão ou omissão nas declarações não resultar de má-fé do segurado, o segurador, caso não tenha ocorrido o sinistro, terá direito a resolver o contrato; caso o sinistro já tenha ocorrido, tem direito apenas à diferença do prêmio (Código Civil, parágrafo único do art. 766).[19] O segurado tem o dever também de abster-se de tudo quanto possa aumentar o risco, ou seja contrário aos seus termos, sob pena de perder o direito à garantia (art. 768).[20] Mas

---

17 Espínola, *Dos Contratos Nominados*, nº 188, nota 44.

18 Planiol, Ripert *et* Boulanger, ob. cit., nº 3.139.

19 A Súmula 609 do Superior Tribunal de Justiça sustenta que: "a recusa de cobertura securitária, sob a alegação de doença preexistente, é ilícita se não houve a exigência de exames médicos prévios à contratação ou a demonstração de má-fé do segurado".

20 Entendeu o Superior Tribunal de Justiça, por meio da Súmula 620, que "a embriaguez do segurado não exime a seguradora do pagamento da indenização prevista em contrato de seguro de

não terá consequência o gravame oriundo do fortuito, salvo se de má-fé não o comunicou ao segurador (art. 769), pois que, em princípio, é contra a ação deste que se estipula o seguro, e o segurado viveria em clima de instabilidade permanente, se o seu direito fosse suscetível de sofrer as consequências de alteração pelas circunstâncias involuntárias.[21]

Ocorrido o sinistro, o segurado o comunicará à outra parte, logo que o saiba. O Código de 1916, em seu art. 1.457, estipulava que a sua omissão exoneraria o segurador somente na hipótese de este provar que, oportunamente avisado, lhe teria sido possível evitá-lo. O Código de 2002, em seu art. 771, dispõe apenas que a omissão no dever de informar logo a ocorrência do sinistro gera a perda do direito à indenização, o que parece ser uma consequência demasiada grave para o tipo de descumprimento contratual praticado pelo segurado. A melhor interpretação continua sendo a de que o segurador precisa comprovar o efetivo prejuízo que a ausência de comunicação oportuna tenha lhe causado, sob pena de enriquecimento sem causa, tendo em vista não haver correspectividade pura e simples entre o dever de informar (descumprido) e o dever de pagar a indenização caso ocorra o sinistro. Ademais, deve-se consignar que, notificada a ocorrência do sinistro, o prazo prescricional do segurado contra a seguradora terá seu termo *a quo* a partir da decisão da seguradora.[22]

A obrigação principal do *segurador* é pagar em dinheiro o valor segurado, ou repor a coisa, caso assim as partes tenham convencionado expressamente, dentro dos termos da apólice (Código Civil, art. 776). O segurador não responde pelos danos resultantes de vício intrínseco da coisa, entendendo-se por vício intrínseco o defeito da própria coisa que se não encontra normalmente em outras da mesma espécie (art. 784), nem além dos riscos cobertos.

O não pagamento do sinistro no prazo avençado pelo segurador implicará os efeitos da sua mora, determinando o Código a incidência de correção monetária segundo os índices oficiais regularmente estabelecidos e juros moratórios, na forma estabelecida no art. 406 do Código Civil (art. 772).[23] Não se escusa o segurador ao pagamento sob a alegação de que o sinistro não foi devido ao acaso, a não ser que prove a falta

---

vida". A jurisprudência consolidou-se nesse sentido, por meio do EREsp 973.725/SP, Rel. Ministro Lázaro Guimarães (Desembargador convocado do TRF 5ª Região), Segunda Seção, julgado em 25.04.2018. Em trecho do citado acórdão, entendeu o relator que "(...) a cobertura do contrato de seguro de vida deve abranger os casos de sinistros ou acidentes decorrentes de atos praticados pelo segurado em estado de insanidade mental, de alcoolismo ou sob efeito de substâncias tóxicas, ressalvado o suicídio ocorrido dentro dos dois primeiros anos do contrato". Na orientação da Superintendência de Seguros Privados na Carta Circular SUSEP/DETEC/GAB nº 08/2007: "1) Nos Seguros de Pessoas e Seguro de Danos, é VEDADA A EXCLUSÃO DE COBERTURA na hipótese de 'sinistros ou acidentes decorrentes de atos praticados pelo segurado em estado de insanidade mental, de alcoolismo ou sob efeito de substâncias tóxicas'". Precedentes: REsp 1.665.701/RS, Terceira Turma, Rel. Min. Ricardo Villas Bôas Cueva; e AgInt no AREsp 1.081.746/SC, Quarta Turma, Rel. Min. Raul Araújo.

21 Serpa Lopes, *Curso*, vol. IV, nº 685.

22 Súmula nº 229 do Superior Tribunal de Justiça.

23 De acordo com a Súmula 632 do Superior Tribunal de Justiça, "nos contratos de seguro regidos pelo Código Civil, a correção monetária sobre a indenização securitária incide a partir da contratação até o efetivo pagamento".

intencional ou dolosa do segurado (Código Civil, art. 762).[24] Mas não terá direito a contratar o seguro e expedir a apólice, se for passado o risco; fazendo-o, entende-se ter cometido um ilícito de apuração simplesmente objetiva, *ex re ipsa*, e tem de devolver o prêmio em dobro (Código Civil, art. 773).

Segurado e segurador no seguro de dano fixarão o seguro em razão do valor da coisa. Se for esta segurada por menos do que vale, e houver perda parcial, o segurador é obrigado tão somente em proporção, porque em tal caso a lei institui a presunção *iuris et de iure* de que o segurado é cossegurador dela, e, pela parte não coberta, é como se fosse segurador de si mesmo.[25] É o que os doutrinadores denominam *regra proporcional* (Código Civil, art. 783).[26]

Reversamente, o segurador pode recusar o pagamento mediante a prova de que o valor segurado é excessivo em relação à coisa, partindo de que o seguro é informado pela ideia de indenização e esta seria superada pelo sobresseguro. Se o segurador tiver aceito o valor, e no momento do sinistro apurar o excesso, sua anuência não tem o efeito de convalidá-lo, porque o princípio ressarcitório é prevalente. A vantagem única da cláusula do *valor aceito* é inverter o *onus probandi* do excesso, transferindo-o ao segurador, que terá que demonstrar a presença ou não de má-fé do segurado na prestação de informações, na forma do art. 766 do Código (Código Civil, arts. 778 e 781).[27]

Hipótese especial é a de *acumulação de seguros* sobre o mesmo objeto, e cobertura dos mesmos riscos, por inteiro, por vários seguradores. A consequência é a sua nulidade, não sendo aceita a tese da sua validade parcial, nem da solidariedade entre seguradores.[28] Caso a coisa não esteja segurada pelo seu valor integral e o segurado pretenda complementar o seguro com outro segurador, pode fazê-lo, desde que comunique o fato ao primeiro segurador, a fim de se verificar que a garantia prometida não ultrapassa o valor do interesse segurado (Código Civil, art. 782).

Não há, todavia, confundir *seguro cumulativo* e *sobresseguro* com o caso do cosseguro, que é lícito, e, às vezes, mesmo obrigatório,[29] e consiste em assumirem dois ou mais seguradores a responsabilidade sobre um mesmo seguro direto, distribuindo-se entre si os encargos dentro do valor do risco, com a emissão de uma única apólice, cujas condições valerão integralmente para todos os cosseguradores (Código Civil, art. 761; Decreto-Lei nº 2.063, de 7 de março de 1940, art. 79). No entanto, quem responde perante o segurado é exclusivamente o segurador, não podendo aquele chamar à responsabilidade o ressegurador, a não ser nos casos de insolvência, de decretação de liquidação ou de falência do segurador.[30]

---

24 Colin *et* Capitant, *Droit Civil*, vol. II, nº 850.

25 Trabucchi, *Istituzioni*, nº 350.

26 Mazeaud *et* Mazeaud, *Leçons*, vol. III, nº 1.587; Planiol, Ripert *et* Boulanger, ob. cit., nº 3.153.

27 Planiol, Ripert *et* Boulanger, ob. cit., nº 3.151.

28 Orlando Gomes, *Contratos*, nº 302, Planiol, Ripert *et* Boulanger, nº 3.154, fazem uma distinção com base na lei francesa de 1930; o *seguro cumulativo* é apenas *redutível* se o segurado estiver de boa-fé, e nulo em caso contrário.

29 As operações de resseguro obrigatórias, atualmente, são regidas pela atuação da Superintendência de Seguros Privados – SUSEP.

30 Art. 14 da Lei Complementar nº 126, de 15 de janeiro de 2007.

Não há, porém, proibição para a acumulação de seguros de pessoa, seja sobre a vida, ou contra acidentes pessoais (Código Civil, art. 789). O Código impede também, no seguro de pessoa, qualquer tipo de transação para pagamento reduzido do capital segurado. Qualquer convenção neste sentido é considerada nula (art. 795).

Verificado o sinistro, o segurado ou o beneficiário têm de cumprir as formalidades que a lei estabelece, considerado o IRB litisconsorte necessário nas ações de seguro, sempre que tiver responsabilidade nas importâncias reclamadas (Decreto-Lei nº 9.735, de 4 de setembro de 1946, art. 36). E cabe, então, ao segurador efetuar o pagamento, admitida a hipótese de transferência do direito de receber, como acessório da propriedade ou de algum direito real sobre a coisa (Código Civil, art. 785). Opera-se a mutação do crédito por cessão para as apólices nominativas; por endosso em preto para as à ordem; ou por tradição simples para as emitidas ao portador.[31] Além desses casos, a lei prevê a *sub-rogação* de terceiro nos direitos do segurado: *a)* o direito do *usufrutuário* sub-roga-se no valor da indenização; *b)* o direito do credor com *garantia* real sub-roga-se no que for pago no caso de perecimento do objeto dado em garantia; *c)* situação jurídica dos comunheiros no edifício em regime de *propriedade horizontal* com encargo de reconstituir su-roga-se na indenização paga em caso de incêndio; *d)* o direito do credor de renda (v. nº 267, *infra*) sub-roga-se no seguro do imóvel, se a ele for vinculada.

Não há confundir esta *sub-rogação* com aquela outra, a benefício do segurador que paga, contra o causador do dano. Em alguns sistemas, há sub-rogação expressa (Código Civil italiano, art. 1.916), qualificada então de *sub-rogação legal* (Trabucchi). Entre nós, no regime do Código de 1916 faltava princípio específico, tendo-se discutido veementemente, chegando a doutrina e a jurisprudência a assentar o direito regressivo contra o terceiro, cujo fato contrário a direito originou a indenização, fundado no art. 989 do Código Civil de 1916, tanto para o seguro de coisa, quanto para o seguro de pessoa.[32] O Código Civil de 2002 regulou expressamente a matéria, tendo admitido a sub-rogação no seguro de dano, ressalvados os casos em que o dano tenha sido causado pelo cônjuge do segurado, seus descendentes ou ascendentes, consanguíneos ou afins (art. 786). Nos casos de seguro de pessoa, o Código de 2002 proibiu expressamente a sub-rogação em favor do segurador contra o causador do sinistro (art. 800).

266. ESPÉCIES DE SEGUROS

São numerosas as espécies de seguros. Alguns mais frequentes, outros menos comuns. A bem dizer é suscetível de cobertura todo risco criado a qualquer interesse legítimo do segurado, em qualquer gênero de atividade. Não obstante, podem-se classificar de maneiras diversas. A primeira é a que os separa em duas categorias:

---

31 Clóvis, Comentários ao art. 1.463 do Código de 1916; Espínola, *Contratos Nominados*, nº 189, nota 54.

32 Serpa Lopes, ob. cit., nº 694.

seguros de pessoa e de dano,[33] subdivididos conforme as especializações nas operações de seguros de vida, operações de seguros mútuos, operações de seguro agrário, operações dos ramos elementares, operações de capitalização. Para efeitos de autorização para funcionamento, depósito de garantia inicial e fiscalização, a lei (Decreto--Lei nº 2.063, de 1940, art. 40) divide as operações de seguro em dois grupos: seguros de *ramos elementares*, tendo por fim garantir perdas e danos ou responsabilidades provenientes de riscos de fogo, transportes, acidentes pessoais e outros eventos que possam ocorrer, afetando pessoas ou coisas; e *seguros de vida* com base na duração da vida humana, garantindo o pagamento de quantia certa, renda ou outro benefício.

Um outro critério, que toma como fundamento a *liberdade de contratar*, biparte-os em seguros *facultativo* e *obrigatório*. Mas é preciso não olvidar que a mesma espécie securitária pode ser facultativa ou obrigatória, apenas em razão de ser livre, ou determinada por lei ou regulamento. Não há correspondência exata entre os *seguros privados,* e a liberdade de realizá-los, e os seguros sociais, e sua obrigatoriedade. Há seguros privados em que a contratação é obrigatória por força de lei. Esta obrigatoriedade está, geralmente, associada ao tipo de atividade exercida pelo segurado. São seguros privados obrigatórios: a) danos pessoais a passageiros de aeronaves comerciais; b) responsabilidade civil do proprietário de aeronaves e do transportador aéreo; c) responsabilidade civil do construtor de imóveis em zonas urbanas por danos a pessoas ou coisas; d) bens dados em garantia de empréstimos ou financiamentos de instituições financeiras públicas; e) garantia do cumprimento das obrigações do incorporador e construtor de imóveis; f) garantia do pagamento a cargo de mutuário da construção civil, inclusive obrigação imobiliária; g) edifícios divididos em unidades autônomas; h) incêndio e transporte de bens pertencentes a pessoas jurídicas, situados no País ou nele transportados; i) crédito à exportação, quando julgado conveniente pelo Conselho Nacional de Seguros Privados (CNSP), ouvido o Conselho Nacional do Comércio Exterior (CONCEX); j) danos pessoais causados por veículos automotores de vias terrestres e por embarcações, ou por sua carga, a pessoas transportadas ou não (DPVAT, Lei nº 6.194/74); k) responsabilidade civil dos transportadores terrestres, marítimos, fluviais e lacustres, por danos à carga transportada (art. 20 do Decreto-Lei nº 73, de 21 de novembro de 1966).

Outros os dicotomizam em *seguros contra os danos*, com base na ideia de indenização, e que não pode resolver-se em causa de lucro, e *seguro de vida*, informado pelo objetivo previdenciário.[34] Sob o aspecto do número de pessoas, protegidas pela mesma apólice, os seguros dividem-se em *individuais*, se compreendem um só segurado, e *coletivos* ou em grupo, se envolvem vários. Nesta segunda hipótese, podem todos ser nominalmente referidos (apólice *simples*) ou mantidos como um grupo cujos componentes podem ser substituídos (apólice *flutuante*).

Neste capítulo, mencionamos apenas as várias espécies de seguros, sem nos determos no estudo aprofundado de nenhum deles, pois que a infortunística é hoje

---

33 Clóvis Beviláqua, Comentários ao art. 1.471 do Código de 1916.
34 Trabucchi, *Istituzioni*, nº 350.

ciência dotada de amplitude tão grande que a natureza destas *Instituições* não a pode abrigar em seus pormenores.

A – *Seguro de vida* é uma espécie que ganhou a maior utilização nos nossos dias. A princípio, não foi bem recebido. Ao tempo de elaboração do Código Napoleão, ainda Portalis reputava imoral arriscar sobre a vida ou a morte de uma pessoa, e o combatia com o argumento de que a álea permanente o aproximava do jogo e da aposta.[35] Mesmo aceita a ideia, negou-se-lhe o caráter de seguro, entendendo-se ora como empréstimo aleatório (Tholl), ora como aposta sobre a vida (Huc), ora como contrato *sui generis* (Beseler), ora como depósito irregular (Mals Rudiger), ora como seguro mesmo.[36]

Mas não cessaram as controvérsias, pois que se passou a discutir a sua natureza, negando-se o seu caráter ressarcitório, sob o fundamento de que a vida é um bem inestimável (Serpa Lopes). Entrou no tráfico jurídico como seguro mesmo, e assim é tratado em vários sistemas, como o contrato que tem por objeto garantir o pagamento de certa soma a uma ou mais pessoas, quer para o caso de morte do segurado, quer para o de sua sobrevivência além de um dado tempo (Código Civil de 1916, art. 1.471). O Código Civil de 2002, em seu art. 796, somente previu o seguro de vida para o caso de morte do segurado. Não proibiu, no entanto, expressamente, o seguro de pessoa a ser pago no caso de sobrevivência do segurado além de certo tempo, que pode ser contratado dentro do princípio da autonomia da vontade das partes contratantes.

O seguro pode compreender a vida do próprio segurado ou de outrem, desde que comprovado legítimo interesse, presumido porém este se ascendente, descendente ou cônjuge do proponente (Código Civil, art. 790). O parágrafo único do art. 790 não incluiu o companheiro nos casos de presunção de interesse, omissão injustificável que deve ser suprida pela doutrina e jurisprudência. No seguro sobre a vida alheia, em benefício próprio, há, conseguintemente, o concurso de dois requisitos: consentimento escrito do segurado e justificativa do interesse; mas é de somenos a circunstância de não ser possível a substituição do benefício pelo segurado.[37] É admitida estipulação de um prazo de carência no seguro de vida para o caso de morte, dentro do qual o segurador não responde pela ocorrência do sinistro (art. 797).

Há duas subespécies de seguros de vida: *a) seguro de vida propriamente dito*, em que o segurado paga o prêmio indefinidamente ou por tempo limitado, assumindo o segurador a obrigação de pagar aos beneficiários o valor do seguro, em função da álea específica da morte do segurado; *b) seguro de sobrevivência*, em que se ajusta a liquidação em vida do segurado, após um certo termo ou na ocorrência de um certo evento, inscrevendo-se nesta modalidade o seguro para a velhice, o seguro para custeio de estudos etc.[38] É lícita a sua combinação.

---

35 Planiol, Ripert *et* Boulanger, ob. cit., nº 3.170; Mazeaud *et* Mazeaud, ob. cit., nº 1.600.
36 Clóvis Beviláqua, Comentários ao art. 1.471 do Código de 1916.
37 Serpa Lopes, nº 708, Trabucchi, nº 351; Planiol, Ripert *et* Boulanger, nº 3.174.
38 Trabucchi, nº 351.

Não se confunde o seguro de vida ou de acidentes pessoais para o caso de morte – que é soma devida por terceiro (segurador), *sub conditione* da morte do estipulante – com a herança que pressupõe a existência do bem no patrimônio do *de cujus*, e sua transmissão ao sucessor, por causa da morte. Por isto mesmo, a soma não está sujeita às dívidas do segurado, nem suporta o imposto de transmissão *mortis causa*. Não deve, igualmente, levar-se à colação, se o beneficiado for herdeiro necessário, nem se computa na meação do cônjuge supérstite (Código Civil, art. 794).[39]

Não pode ser instituído em favor do cúmplice do cônjuge adúltero, mas a lei o admite expressamente em favor do companheiro, se ao tempo do contrato o segurado era separado judicialmente ou se já se encontrava separado de fato do cônjuge. Dúvida surge se a lei, ao se referir ao tempo do contrato está exigindo que no momento da contratação haja a separação judicial ou de fato (Código Civil, art. 793). A melhor interpretação, no entanto, é a de esses requisitos se encontrarem preenchidos no momento do sinistro para que o capital seja devido.

O seguro pode efetuar-se livremente, ou ter por causa a garantia de uma obrigação. Na primeira hipótese, o segurado, como estipulante, tem a faculdade de substituir o beneficiário, independentemente de sua anuência, por ato *inter vivos* ou *causa mortis*, salvo se tiver renunciado expressamente a esta possibilidade (v. nº 205, *supra*). Na segunda, não pode (Código Civil, art. 791). O segurado tem o ônus de informar ao segurador a eventual substituição do beneficiário, sob pena de valer o pagamento efetivado ao beneficiário substituído.

Se o segurado não mencionar o favorecido, ou este não sobreviver, ou por qualquer motivo não prevalecer a indicação que foi feita, o promitente pagará por metade ao cônjuge não separado judicialmente, e o restante aos seus herdeiros, obedecendo à ordem legal de vocação hereditária. Na falta das pessoas referidas, serão considerados beneficiários os que provarem que a morte do segurado os privou dos meios necessários à sua subsistência, o que inclui evidentemente o seu companheiro (Código Civil, art. 792). O Código omitiu aqui a possibilidade de o companheiro vir a receber o capital segurado na falta de indicação do segurado, em conjunto com descendentes, como o fez no que respeita à herança (art. 1.790).[40] Deveria tê-lo feito nas hipóteses de contratação de seguro durante a vigência da vida em comum.

---

39 Clóvis Beviláqua, Comentários ao art. 1.475 do Código de 1916.

40 Em julgamento do Recurso Extraordinário 646.721, decidiu o Plenário do STF por afastar a diferença de tratamento entre cônjuge e companheiro para fim sucessório. De acordo com o relator do recurso, Ministro Marco Aurélio, "não é legítimo desequiparar, para fins sucessórios, os cônjuges e os companheiros, isto é, a família formada pelo casamento e a formada por união estável. Tal hierarquização entre entidades familiares é incompatível com a Constituição de 1988. Assim sendo, o art. 1.790 do Código Civil, ao revogar as Leis nº 8.971/1994 e nº 9.278/1996 e discriminar a companheira (ou o companheiro), dando-lhe direitos sucessórios bem inferiores aos conferidos à esposa (ou ao marido), entra em contraste com os princípios da igualdade, da dignidade humana, da proporcionalidade como vedação à proteção deficiente e da vedação do retrocesso". No mesmo sentido, o julgamento do Recurso Extraordinário 878.694, que decidiu, por maioria, que "é inconstitucional a distinção de regimes sucessórios entre cônjuges e companheiros prevista no art. 1.790 do CC/2002, devendo ser

É permitida a combinação de tipos de seguros, e lícito, em qualquer tempo de vigência do contrato, substituírem as partes um plano por outro, feita a indenização dos prêmios, que a substituição exigir.

O Código de 1916 impedia o beneficiário de reclamar a indenização se o segurado falecesse de morte *voluntária,* e. g., o duelo ou o suicídio premeditado (Código Civil de 1916, art. 1.440), ou seja, cometido por quem estivesse no gozo de suas faculdades de discernimento.[41] A doutrina e a jurisprudência não consideravam incluídos na proibição o suicídio inconsciente, a recusa de se submeter a tratamento cirúrgico; a prática de esportes arriscados como alpinismo; as corridas automobilísticas e semelhantes; o alistamento militar, porque falta em todas essas hipóteses, como noutras análogas, o propósito deliberado do autoextermínio.

O Código de 2002 deu tratamento inusitado às hipóteses de suicídio. Em seu art. 798 determinou que o beneficiário não tem direito ao capital estipulado quando o segurado se suicida nos primeiros 2 (dois) anos de vigência inicial do contrato, ou da sua recondução depois de suspenso. Esta regra deve ser interpretada no sentido de que após 2 anos da contratação do seguro presume-se que o suicídio não foi premeditado. Se o suicídio ocorrer menos de 2 anos após a contratação do seguro caberá à seguradora demonstrar que o segurado assim fez exclusivamente para obter em favor de terceiro o pagamento da indenização. Essa prova da premeditação é imprescindível, sob pena de o segurador obter enriquecimento sem causa, diante das pesquisas da ciência no campo da medicina envolvendo a patologia da depressão. Essa tinha sido a solução sugerida por mim no Código das Obrigações, e adotada no Código de 2002. Ademais, fica assegurado o direito do beneficiário à devolução do montante da reserva técnica formada.[42]

Quanto aos casos de transporte arriscado, serviço militar, esportes perigosos ou atos de humanidade em auxílio de outrem, o Código expressamente dispõe que tais fatos não são justificativa para a exoneração do segurador (art. 799).

O beneficiário que seja autor do homicídio do segurado não tem direito ao seguro, não só por falta de causa moral para a obrigação (*nemo de improbitate sua consequitur actionem*),[43] como também porque a morte é condição do seu vencimento, e reputa-se não verificada (Código Civil, art. 129) a condição maliciosamente provocada por aquele a quem aproveita.[44]

Subespécie do seguro de vida é o de *grupo* ou *coletivo.* Nestes casos, subsiste relação jurídica entre o estipulante, que pode ser pessoa natural ou jurídica, o segura-

---

aplicado, tanto nas hipóteses de casamento quanto nas de união estável, o regime do art. 1.829 do CC/2002".

41 Planiol, Ripert *et* Boulanger, nº 3.176; Trabucchi, nº 350.

42 De acordo com a Súmula 610 do Superior Tribunal de Justiça, "o suicídio não é coberto nos dois primeiros anos de vigência do contrato de seguro de vida, ressalvado o direito do beneficiário à devolução do montante da reserva técnica formada" (Súmula 610, 2ª Seção, j. 25.04.2018, *DJe* 07.05.2018).

43 "Ninguém consegue ação fundada na própria improbidade".

44 Clóvis Beviláqua, Comentários ao art. 1.474 do Código de 1916; Serpa Lopes, nº 675.

dor e os segurados. Os segurados se relacionam diretamente com o segurador, e não são representados, para qualquer efeito, pelo estipulante, a não ser pelo fato de este ser o único responsável pelo cumprimento de todas as obrigações contratuais. Para modificação da apólice em vigor, o estipulante e o segurador dependem da anuência de segurados que representem ¾ (três quartos) do grupo (Código Civil, art. 801).

B – *Seguro contra acidentes*. Há, em verdade, dois tipos de seguros contra acidentes. O primeiro é contra *acidentes no trabalho*, obrigatório a todo empregador, e tem por finalidade cobrir os riscos de morte ou lesão provocados direta ou indiretamente pelo exercício do trabalho. A matéria é mais intimamente relacionada com o contrato de trabalho, e compreendida no âmbito do Direito do Trabalho e da seguridade social.

Seguro *contra acidentes pessoais* visa a cobrir os riscos de morte ou lesão, consequente a um acidente a que o segurado se exponha, e compreende o pagamento de soma determinada aos beneficiários se aquele não sobreviver, ou ao próprio acidentado na hipótese contrária, bem como garantir-lhe assistência médica e hospitalar, e ainda pagamento de uma diária durante o período de tratamento.

C – A definição de *Seguro de fogo* é hoje regulada pelo órgão responsável pela fiscalização das seguradoras que trabalham com este tipo de seguro (SUSEP). Consiste na condição de que o *"fogo se alastre, se desenvolva e se propague; que a capacidade de alastrar-se não esteja limitada a um recipiente ou qualquer outro local em que habitualmente haja fogo, ou seja, que ocorra em local indesejado ou não habitual; e que o fogo cause dano"*.[45] Ele é facultativo apenas para as pessoas naturais. Para as pessoas jurídicas, independente da atividade que exerçam, ele se tornou obrigatório.[46]

D – *Seguro de transporte* é o que tem em vista assegurar bens e mercadorias transportados por vias terrestre, marítima, fluvial, lacustre e aérea. Difere do de fogo por sua maior amplitude, pois que tanto abrange a destruição da coisa por esse sinistro, quanto o seu perecimento ou danificação por outras causas, como ainda alcança o seu extravio, furto ou roubo. Constitui ponto de diferenciação, também, a maior simplicidade de sua realização, imposta pela natureza com que se celebra o contrato de transporte, a que adere e completa. A sua vigência se inicia no momento em que as coisas a serem transportadas são recebidas pelo transportador e somente cessa com a sua entrega ao destinatário (Código Civil, art. 780).

---

45 Definição dada pela Superintendência de Seguros Privados – SUSEP. No questionário: O que é incêndio? (Internet: https://www.susep.gov.br/menuatendimento/seguro_incendio_conteudo.asp).

46 No histórico fornecido pela própria SUSEP: *"Surgiu com o Decreto-Lei nº 1.183, de 03.04.1939, que estabeleceu a obrigatoriedade para comerciantes e industriais. Posteriormente, através da Lei nº 4.591, de 16.12.1964, tornou obrigatório para as edificações em condomínio. E, finalmente, com o Decreto-Lei nº 73, de 21.11.1966, que criou o Sistema Nacional de Seguros Privados – SNSP, **estabeleceu que o seguro-incêndio seria obrigatório para todas as pessoas jurídicas** e que deveria ser realizado pelo valor de reposição (conforme o Decreto-Lei nº 61.867, de 07.12.67, que regulamentou os seguros obrigatórios previstos no art. 20 do Decreto-Lei nº 73/66)."*

E – *Seguro agrário* é destinado à preservação das colheitas e dos rebanhos contra a eventualidade de riscos que lhe são peculiares, e instituídos em todo o País pela Lei nº 2.168, de 11 de janeiro de 1954, com a finalidade protetora do patrimônio rural, e estimulado por vantagens, benefícios e favores. Pode ser realizado pelas empresas privadas, ou por sociedades cooperativas (Decreto-Lei nº 2.063, de 1940, art. 1º), e deverá ser objeto de uma sociedade de economia mista, sob a denominação "Companhia Nacional de Seguros Agrícolas".[47]

F – *Seguro mútuo*, regido por leis especiais (Decreto-Lei nº 2.603, de 1940; Decreto-Lei nº 3.908, de 8 de dezembro de 1941; Decreto-Lei nº 7.377, de 13 de março de 1945; Decreto-Lei nº 4.609, de 22 de agosto de 1942), é objeto de ajuste entre várias pessoas que se propõem a assumir os riscos que todas estejam correndo, e figuram ao mesmo tempo como segurados e seguradores. Cada um dos segurados se obriga às cotas necessárias às despesas de administração e indenização dos sinistros, seja com a partilha dos encargos *pro rata*, seja mediante o pagamento de quantias fixas, subsistindo, entretanto, neste último caso, a obrigação de se cotizarem pela diferença se os fundos arrecadados forem insuficientes. Ratearão, também, entre elas, anualmente, a parte do excedente da receita sobre a despesa na forma dos estatutos sociais, depois de reembolsadas as cotas do fundo inicial.

Não há limitação de espécie alguma para o segundo mútuo, que tanto pode incidir sobre a vida como abranger os danos.

Requisitos formais de organização exigem-se (Decreto-Lei nº 2.063, de 1940), de que ressai o número mínimo de 500 associados, autorização por decreto executivo, fundo inicial nunca inferior à quantia prevista para cada grupo de seguros (ramos elementares e vida).

O conjunto constitui a pessoa jurídica a que pertencem as funções de segurador. Mas as responsabilidades discriminam-se em razão dos valores representativos dos seguros, bem como dos diferentes riscos assumidos.

Não se deve confundir o seguro mútuo com práticas adotadas entre pessoas ligadas por uma relação de natureza profissional ou outra, as quais ajustam entre si cotizarem-se e oferecer à família da que falecer uma quantia formada pela soma das cotas de todos. Há uma inspiração securitária, ou uma ideia de operação mútua de seguro, mas a falta dos requisitos não se compadece com esta espécie.

G – *Seguro de responsabilidade civil* tem por objeto transferir para o segurador as consequências de danos causados a terceiros, pelos quais possa o segurado responder civilmente. Nesta mesma rubrica inscrever-se-á a cobertura de risco a que se exponha de sofrer prejuízo pelo ato ilícito de quem não tenha resistência econômica para suportar as consequências, compreendendo, ainda, o seguro contra furto ou roubo. Nesta mesma linha está o *seguro-fidelidade*, efetuado com o propósito de resguardar contra desvios voluntários ou involuntários, valores confiados a prepostos, representantes, servidores etc. como caixas, tesoureiros, cobradores etc. É de se

---

47 Cf. sobre a doutrina do seguro agrário: Picard e Besson, *Traité Général des Assurances Terrestres*, vol. II, nᵒˢ 47 e segs.

destacar, também, o seguro de *crédito à exportação*, atualmente muito difundido. O segurado nesses casos não pode reconhecer a sua responsabilidade, transigir com o terceiro prejudicado ou indenizá-lo diretamente sem a anuência expressa do segurador, devendo dar ciência da ação de responsabilidade civil contra ele proposta através do instituto da denunciação da lide (Código Civil, art. 787).[48] Nos casos de seguro obrigatório de responsabilidade civil a indenização é paga diretamente pelo segurador ao terceiro prejudicado (art. 788). Já em casos de seguro de responsabilidade civil facultativo, havia o entendimento de que poderia o terceiro prejudicado, vítima do dano, requerer o pagamento do seguro diretamente ao segurador. Ainda que não se constituísse a a relação contratual entre o terceiro e o segurador, em decorrência da função social dos contratos, poder-se-ia desprestigiar *in casu* o princípio da relatividade contratual para atingir-se diretamente a finalidade do contrato de seguro de responsabilidade civil, qual seja, o seu pagamento a quem foi vítima direta do dano. Contudo, a Súmula 529 do Superior Tribunal de Justiça, de 18.05.2015, em entendimento diverso deste, passou a considerar que: "no seguro de responsabilidade civil facultativo, não cabe o ajuizamento de ação pelo terceiro prejudicado direta e exclusivamente em face da seguradora do apontado causador do dano".

Em complementação a essa Súmula, foi consolidado entendimento, por meio da Súmula 537 do Superior Tribunal de Justiça, de que, "em ação de reparação de danos, a seguradora denunciada, se aceitar a denunciação ou contestar o pedido do autor, pode ser condenada, direta e solidariamente junto com o segurado, ao pagamento da indenização devida à vítima, nos limites contratados na apólice". Trata-se, nesse caso, de denunciação da lide, não de ação direta movida pela vítima do dano em face da seguradora, o que restaria afastado pela aplicação da Súmula 529. Daí

---

48 O STJ, todavia, tem se manifestado no seguinte sentido: "No seguro de responsabilidade civil de veículo, não perde o direito à indenização o segurado que, de boa-fé e com probidade, realize, sem anuência da seguradora, transação judicial com a vítima do acidente de trânsito (terceiro prejudicado), desde que não haja prejuízo efetivo à seguradora. De fato, o § 2º do art. 787 do CC disciplina que o segurado, no seguro de responsabilidade civil, não pode, em princípio, reconhecer sua responsabilidade, transigir ou confessar, judicial ou extrajudicialmente, sua culpa em favor do lesado, a menos que haja prévio e expresso consentimento do ente segurador, pois, caso contrário, perderá o direito à garantia securitária, ficando pessoalmente obrigado perante o terceiro, sem direito do reembolso do que despender. Entretanto, como as normas jurídicas não são estanques e sofrem influências mútuas, embora sejam defesos, o reconhecimento da responsabilidade, a confissão da ação ou a transação não retiram do segurado, que estiver de boa-fé e tiver agido com probidade, o direito à indenização e ao reembolso, sendo os atos apenas ineficazes perante a seguradora (Enunciados 373 e 546 das Jornadas de Direito Civil). A vedação do reconhecimento da responsabilidade pelo segurado perante terceiro deve ser interpretada segundo a cláusula geral da boa-fé objetiva prevista no art. 422 do CC, de modo que a proibição que lhe foi imposta seja para posturas de má-fé, ou seja, que lesionem interesse da seguradora. Assim, se não há demonstração de que a transação feita pelo segurado e pela vítima do acidente de trânsito foi abusiva, infundada ou desnecessária, mas, ao contrário, for evidente que o sinistro de fato aconteceu e o acordo realizado foi em termos favoráveis tanto ao segurado quanto à seguradora, não há razão para erigir a regra do art. 787, § 2º, do CC em direito absoluto a afastar o ressarcimento do segurado" (STJ, 3ª Turma, REsp 1.133.459/RS, Rel. Ministro Ricardo Villas Bôas Cueva, julgado em 21.08.2014).

a possibilidade de admitir-se que haja essa interferência da seguradora no processo civil.[49]

H – *Capitalização* não é propriamente um seguro, mas operações assemelhadas a este e à constituição de renda (v. nº 267, *infra*), e tem por objeto oferecer ao público a composição de um capital mínimo, a ser pago, em prazo máximo determinado, à pessoa que subscrever ou possuir um título, segundo cláusula e regras aprovadas e mencionadas no mesmo. O pagamento do capital pode ser antecipado ao que for contemplado em sorteio.[50] O título de capitalização só pode ser comercializado pelas Sociedades de Capitalização devidamente autorizadas a funcionar, segundo instruções da Superintendência de Seguros Privados – SUSEP. Legislação especial (Decreto-Lei nº 261, de 28 de fevereiro de 1967) dispõe sobre a autorização para operar no ramo e aprovação dos planos de capitalização pelo Conselho Nacional de Seguros Privados (CNSP) e pela Superintendência de Seguros Privados (SUSEP) (art. 3º do Decreto-Lei nº 261, de 28 de fevereiro de 1967) e permanente fiscalização a que se sujeitam as empresas especializadas. A contribuição do adquirente do título não é arbitrária, porém, fixada segundo cálculos de probabilidades matematicamente determinados e integrantes dos planos aprovados pela autoridade competente.

I – *Performance bond*. É modalidade de seguro com a finalidade de garantir a perfeição ou acabamento de uma obra. Habitualmente é contratado por um empreiteiro ou qualquer pessoa que se obriga pela realização de uma obra, obrigando-se o segurador pela perfeição do serviço, que deve ser realizado, na conformidade dos planos ou projetos e a sua execução.

---

49 Nesse sentido, ver julgamento do Recurso Especial 1.245.618/RS, Rel. Ministra Nancy Andrighi, Terceira Turma, julgado em 22.11.2011, em que se decidiu que "a interpretação do contrato de seguro dentro de uma perspectiva social autoriza e recomenda que a indenização prevista para reparar os danos causados pelo segurado a terceiro seja por este diretamente reclamada da seguradora. Não obstante o contrato de seguro ter sido celebrado apenas entre o segurado e a seguradora, dele não fazendo parte o recorrido, ele contém uma estipulação em favor de terceiro. E é em favor desse terceiro – na hipótese, o recorrido – que a importância segurada será paga. Daí a possibilidade de ele requerer diretamente da seguradora o referido pagamento. O fato de o segurado não integrar o polo passivo da ação não retira da seguradora a possibilidade de demonstrar a inexistência do dever de indenizar".

50 Messineo, *Manuale di Diritto Civile e Commerciale*, vol. III, § 162.

Capítulo LVIII
Constituição de Renda

Sumário

267. Generalidades acerca da constituição de renda. **268.** Efeitos da constituição de renda. Extinção.

Bibliografia

Mazeaud *et* Mazeaud, *Leçons*, vol. III, n⁰ˢ 1.619 e segs.; Planiol, Ripert *et* Boulanger, *Traité Élémentaire*, vol. II, n⁰ˢ 2.929 e segs.; Colin *et* Capitant, *Droit Civil*, vol. II, n⁰ˢ 917 e segs.; Espínola, *Dos Contratos Nominados*, n⁰ˢ 193 e segs.; Serpa Lopes, *Curso*, vol. IV, n⁰ˢ 640 e segs.; M. I. Carvalho de Mendonça, *Dos Contratos no Direito Civil Brasileiro*, ed. atualizada por José de Aguiar Dias, vol. II, n⁰ˢ 343 e segs.; De Page, *Traité*, vol. V, n⁰ˢ 322 e segs.; Ruggiero e Maroi, *Istituzioni di Diritto Privato*, vol. II, § 174; Trabucchi, *Istituzioni di Diritto Civile*, n⁰ 348; De Villa, "Rendita", *in Nuovo Digesto Italiano*; Enneccerus, Kipp *y* Wolff, *Tratado, Derecho de Obligaciones*, vol. II, § 184.

267. Generalidades acerca da constituição de renda

O Código Civil de 1916 cogitava da constituição de renda como direito real, e sob este aspecto a disciplinava (arts. 749 e segs.), quando a renda era vinculada a um imóvel. Sujeitava-a, ainda, ao direito sucessório, se criada por disposição testamentária. Mas, a par disto, cuidava da renda convencional ou contrato de constituição de renda, que consistia na entrega de um capital, em bens imóveis ou dinheiro, a uma pessoa, obrigando-se esta a pagar uma prestação periódica (Código Civil, de 1916, arts. 1.424 e segs).

O Código Civil de 2002 pôs fim à constituição de renda como direito real, manteve o instituto apenas como contrato, nos seus arts. 803 a 813, e como disposição testamentária (arts. 1.927 e 1.928).

Não se trata, na atualidade, de contrato de circulação frequente no tráfico jurídico, e praticamente a sua utilização é mesmo rara. Seu maior préstimo foi antes do surto de progresso do contrato de seguro, tendo ingresso em Códigos prestigiosos como o francês, o italiano, o suíço das Obrigações. E, não obstante haver perdido a sua importância econômica, ainda mantém tipicidade nos mais modernos, como o polonês das Obrigações, e o italiano novo. O declínio que sofre decorre do seu quase nenhum interesse econômico, especialmente em razão da depreciação da moeda, que avilta e torna cada dia menos útil a renda fixa. Na defesa contra isto, não nos parece ilegítima a indexação da renda contratada, obrigando-se o devedor não ao pagamento de cifra numericamente determinada, porém a uma renda vinculada a um padrão, e.g., se o rendeiro se compromete a pagar o salário mínimo vigorante na região, ou quantia correspondente a tantas vezes o salário mínimo, flexionando a renda na medida em que for majorada.[1] Neste caso gera uma *dívida de valor*.

Não ostenta este contrato uma caracterização jurídica muito definida, antes oscila ao sabor de aspectos diversos que assume: *a*) é um contrato oneroso, porque gera benefícios ou vantagens para ambas as partes; mas pode ser gratuito quando o devedor institui a renda por liberalidade, sem receber a tradição de um capital da parte do beneficiário, caso em que à constituição da renda *inter vivos* se aplicam as regras da doação, e *causa mortis* as do testamento; *b*) é *bilateral* quando oneroso, e unilateral, quando gratuito; *c*) pode ser *comutativo* quando o devedor da renda, ao receber o capital, fica com a obrigação de efetuar número certo de prestações, por tempo fixo; é *aleatório* se a sua execução depender da duração da vida, quer do rendeiro, quer do beneficiário, mas se é gratuita nunca é aleatória;[2] *d*) é *real*, porque o nosso direito exige a entrega ou tradição efetiva do bem compensatório da renda, acrescentando-se que, desde esse momento, seja o capital em dinheiro (*traditio* simples), seja em imóvel (tradição solene ou inserição), cai no domínio do que pela renda se obrigou

---

1 No direito francês, ao que depõem os modernos Mazeaud *et* Mazeaud, *Leçons*, nº 1.626, a indexação foi expressamente proibida.

2 Serpa Lopes, ob. cit., nº 644; Colin *et* Capitant, *Droit Civil*, vol. II, nº 917; De Page, *Traité*, vol. V, nº 325.

(Código Civil, art. 809); *e*) é sempre *temporário*, no sentido de que se não admite em nosso direito a *renda perpétua*, ao contrário de outros como o francês e o italiano; a lei (Código Civil, art. 806) determina que a renda deve constituir-se por prazo certo ou pela vida do credor ou do devedor (renda vitalícia), mas proíbe que ultrapasse a vida do credor, seja ele o contratante, seja terceiro; *f*) o Código Civil de 2002, ao contrário do anterior, exige a forma de escritura pública para o contrato de constituição de renda (art. 807).

No direito moderno, a característica mais acentuada deste contrato é o *resgate* (Ruggiero e Maroi), que especialmente será examinada no nº 268, entre os casos de extinção da renda.

A perfeição do contrato, quando oneroso, pressupõe a entrega dos bens móveis ou imóveis (dinheiro ou quaisquer outros bens móveis ou imóveis) como visto acima. Partidário da abolição dos contratos reais (v. nº 191, *supra*), preferíamos inscrevê-lo, entre os consensuais, de que se origina a obrigação, para o constituinte, de efetuar a entrega dos bens ao devedor ou rendeiro, cujos deveres vigoram *sub conditione* daquela entrega. Enquanto, porém, persistir a regra do art. 804 do Código Civil, que alude à entrega dos bens móveis ou imóveis, para o nosso direito positivo é um contrato real.

Pode a renda ser devida a seu constituinte, que acumula a situação de credor; ou pode sê-lo ao terceiro, destacando-se, então, as duas figuras: do constituinte que é o estipulante, e do credor que é o beneficiário, a quem o rendeiro, censuário ou promitente tem de pagar. Em qualquer espécie, o censo ou renda tem por objeto *dinheiro*; se for outra espécie, ou serviço, não haverá contrato de constituição de renda.[3]

A renda somente pode ser instituída em favor de *pessoa viva*, ficando sem efeito se o credor vier a falecer, dentro dos 30 dias subsequentes à sua constituição, de moléstia de que já sofresse ao tempo desta (Código Civil, art. 808). Mas a moléstia superveniente não anula o contrato, ainda que o óbito ocorra nesse período; não o anulam também a velhice e a gravidez, por se não considerarem estados patológicos, ainda que daí advenha a morte nos subsequentes 30 dias.[4] Morrendo um credor no caso de ser a renda constituída a favor de vários, o contrato não caduca em relação aos sobreviventes.[5]

268. Efeitos da constituição de renda. Extinção

A obrigação fundamental do devedor é efetuar o pagamento das prestações nas épocas convencionadas. Podem ser estipuladas por adiantamento, e assim tem de cumprir-se no começo de cada período. Mas se o não forem, adquire o credor direito

---

3 De Page, ob. cit., nº 335.
4 Clóvis Beviláqua, Comentários ao art. 1.425 do Código de 1916; De Page, nº 337; Serpa Lopes, nº 649; Planiol *et* Ripert, *Traité Pratique*, vol. XI, nº 1.232.
5 Serpa Lopes, nº 649; De Page, nº 337; Aubry *et* Rau, *Droit Civil*, vol. VI, § 388.

CONSTITUIÇÃO DE RENDA 383

à sua percepção dia por dia, muito embora se tornem exigíveis nas datas fixadas (Espínola), e em caso de morte do credor, seus herdeiros têm direito de exigir o pagamento relativo ao período iniciado, até o dia da morte, quando cessa a obrigação.[6] Se o devedor espontaneamente antecipar o pagamento de vários períodos, e o credor morrer, cabe repetição do pagamento, por indébito, salvo em relação ao último termo devido antes do óbito (De Page). Na falta de pagamento na forma convencionada, o rendeiro pode ser acionado pelo credor para haver as prestações atrasadas, como para que o garanta quanto às futuras (Código Civil, art. 810). E a sanção é a rescisão do contrato e consequente restituição do capital ao credor rendeiro (Serpa Lopes, n° 656). No Direito francês, se o devedor suspender o serviço da renda por dois anos, e deixar de fornecer as garantias prometidas, o capital torna-se exigível.[7] No Direito italiano (Código Civil, art. 1.878), o credor fará sequestrar e vender os bens ao devedor, assegurando-se uma soma suficiente para o recebimento da renda (Ruggiero e Maroi). É lícita a estipulação de cláusula penal para o caso de inadimplemento do contrato.[8]

Sendo a renda instituída a favor de duas ou mais pessoas, se não for fixada a parte de cada uma, entende-se que a perceberão por igual. Salvo estipulação expressa, não haverá direito de acrescer entre elas, isto é, não se transfere aos sobrevivos a parte do que falecer (Código Civil, art. 812). Mas no caso de serem marido e mulher, e constituir-se por liberalidade, subsistirá na totalidade para o cônjuge supérstite, por aplicação da regra vigente para a doação (Código Civil, art. 551, parágrafo único). Esta orientação do nosso direito, já preconizada por Teixeira de Freitas (*Esboço*, art. 2.261), foi adotada no Código argentino. Mas não é uniforme nas legislações e muito menos em doutrina.

A pluralidade, acima referida, refere-se visivelmente aos credores *simultâneos*. Mas não há incompatibilidade com a sua instituição *sucessiva*, que se dá quando se estatui a substituição de uns pelos outros, segundo a ordem em que vêm mencionados, quer pela morte, quer em razão de um fato previsto, como a maioridade.[9]

É lícito que o *doador da renda* (constituição de renda a título gratuito) determine a sua impenhorabilidade, que, aliás, para os montepios e pensões alimentares é de natureza legal (Código Civil, art. 813). Neste caso, além de não suportar os efeitos da execução por dívidas, é insuscetível de se tornar objeto de contrato alienatório (Clóvis Beviláqua). Não significa, porém, que o favorecido não possa dispor dela, depois de percebida, pois do contrário seria uma inutilidade. Gravada com a cláusula de incomunicabilidade, permanece sujeita à administração livre do credor, sem a interferência do outro cônjuge. Nenhum dos gravames aqui instituídos é lícito na renda onerosa, porque a ninguém é permitido, por ato próprio, subtrair bens à garantia de seus credores, ao passo que, naquela outra gratuitamente instituída, os credores nada

---

6   Serpa Lopes, n° 654; De Page, n° 342.
7   Planiol, Ripert *et* Boulanger, n° 2.933.
8   De Page, n° 346.
9   Serpa Lopes, n° 655; Clóvis Beviláqua, *Manual Lacerda*, vol. XIV, n° 314.

perdem, porque, não existindo ela no patrimônio do beneficiário, o constituinte não a teria instituído sem a cláusula restritiva.[10]

Sendo o contrato a título oneroso, pode o credor, ao contratar, exigir que o rendeiro lhe preste garantia real (Código Civil, art. 805). Neste caso, terá o credor direito de sequela relativamente aos imóveis dados em garantia, podendo executá-los nas mãos de quem quer que estejam, caso já não sejam mais de propriedade do devedor, desde que, evidentemente, o gravame tenha sido registrado no Registro de Imóveis. É lícita também a instituição de garantia fidejussória, caso em que o credor poderá exigir o pagamento da renda do fiador, quando o devedor não cumpre a sua obrigação.

O contrato de constituição de renda *extingue-se: a)* pelo vencimento do prazo, se for a termo; *b*) pelo implemento da condição, se estiver subordinada a uma resolutiva; *c*) pela *morte* do rendeiro ou do credor, se for instituída pela vida de um ou de outro, extinguindo-se sempre, no entanto, pela morte do credor; *d*) por qualquer dos casos de *anulação*, *redução* ou *revogação* da doação ou do legado, se tiver caráter de liberalidade *inter vivos* ou *causa mortis*; *e*) pela *caducidade*, em razão da morte do beneficiário anteriormente à sua constituição ou nos 30 dias subsequentes, devido a moléstia preexistente do beneficiário; *f*) pelo *resgate*, que é uma causa extintiva específica, e o traço característico que distingue o contrato moderno de constituição de renda dos censos do direito anterior. O rendeiro tem a faculdade de extinguir o encargo de pagar a renda por períodos, antecipando ao credor a solução das prestações futuras, mediante um capital que, ao juro legal, assegure igualmente a renda a termo certo ou pela vida do credor. O resgate é *facultativo* ao devedor, mas nada impede que seja *convencional*, ajustado com o credor. Como direito potestativo, pode ser exercido ao nuto do seu titular, mas não gera a obrigação correlata, e, por esta razão, não se reconhece ao credor-rendeiro o poder de exigi-lo.[11] No caso de *falência* do credor, o direito à renda opõe-se à massa, e, como esta é uma universalidade transitória, o resgate é o meio técnico de ser cumprida a obrigação. Se houver inadimplemento do devedor, caberá a restituição do capital, em dinheiro ou imóvel, e não propriamente resgate, embora exista certa semelhança.[12]

---

10 De Page, nº 348.
11 De Page, nº 344; Planiol, Ripert *et* Boulanger, nº 2.932.
12 Sobre extinção: Serpa Lopes, nº 657; Espínola, nº 196; Orlando Gomes, nº 298; Mazeaud *et* Mazeaud, nº 1.629.

CAPÍTULO LIX

JOGO E APOSTA

Sumário

269. Conceito de jogo e aposta. Generalidades. Mútuo para jogo. **270.** Espécies de jogos.

Bibliografia

M. I. Carvalho de Mendonça, *Contratos no Direito Civil Brasileiro*, ed. atualizada por José de Aguiar Dias, vol. II, nᵒˢ 359 e segs.; Espínola, *Dos Contratos Nominados*, nᵒ 186; Serpa Lopes, *Curso*, vol. IV, nᵒˢ 713 e segs.; Orlando Gomes, *Contratos*, nᵒˢ 306 e segs.; Washington de Barros Monteiro, *Curso, Obrigações*, vol. II, pág. 382; Ruggiero e Maroi, *Istituzioni de Diritto Privato*, vol. II, § 176; Giulio Venzi, *Diritto Civile*, nᵒ 525; Trabucchi, *Istituzioni di Diritto Civile*, nᵒ 347; Francesco Degni, "Gioco e Scomessa", *in Nuovo Digesto Italiano*; Tedele, "Gioco o Scomessa", *in Rivista di Diritto Commerciale*, 1948, parte I, pág. 200; Manenti, "Il Debito di Gioco in Rapporto alla Teoria delle Obbligazioni Naturali", *in Rivista di Diritto Commerciale*, 1910, p. I, pág. 81; Planiol *et* Ripert, *Traité Pratique*, vol. XI, nᵒˢ 1.200 e segs.; Mazeaud *et* Mazeaud, *Leçons*, vol. III, nᵒˢ 1.613 e segs.; Planiol, Ripert *et* Boulanger, *Traité Élémentaire*, vol. II, nᵒˢ 3.192 e segs.; Colin *et* Capitant, *Droit Civil*, vol. II, nᵒˢ 914 e segs.; Enneccerus, Kipp *y* Wolff, *Tratado Derecho de Obligaciones*, vol. II, §§ 186 e segs.; Cerruti Aicardi, *Contratos Civiles*, nᵒˢ 286 e segs.; De Page, *Traité*, vol. V, nᵒˢ 295 e segs.

JOGO E APOSTA

269. CONCEITO DE JOGO E APOSTA. GENERALIDADES. MÚTUO PARA JOGO

A dogmática do jogo e da aposta, que é com razão reputada das mais difíceis em Direito Civil, e das mais eriçadas de erros repetidos como verdades,[1] é aqui desenvolvida com as cautelas que a sua complexidade impõe, e com o cuidado de fixar princípios certos.

Os dois contratos – jogo e aposta – são tratados conjuntamente pelos códigos e pelos doutores, em atenção ao elemento comum, que é o azar ou álea essencial, fator sorte que se verifica no fato dos contratantes relegarem o pagamento de certa soma em dinheiro, ou a entrega de certo objeto determinado, ao ganhador, conforme o resultado de um evento fortuito.

Devem, contudo, *distinguir-se*, definindo-se extremadamente: *jogo* é o contrato em que duas ou mais pessoas prometem, entre si, pagar certa soma àquele que lograr um resultado favorável de um acontecimento incerto; *aposta* é o contrato em que duas ou mais pessoas prometem, entre si, pagar certa soma àquele cuja opinião prevalecer em razão de um acontecimento incerto.[2] Ambos são contratos aleatórios; ambos colocam nas mãos do acaso a decisão de sua vitória recíproca. Mas, enquanto no *jogo* há propósito de distração ou ganho, e participação dos contendores, na *aposta* há o sentido de uma afirmação a par de uma atitude de mera expectativa. No exemplo clássico de Tholl, o elemento humano no desfecho está caracterizado: quando duas pessoas disputam qual de dois caracóis chegará à borda da mesa que se acha no jardim, podem estar jogando ou apostando; se os dois caracóis já ali se encontravam, é aposta; mas se foram colocados pelos contendores para esse fim, é jogo. O mesmo fato pode, então, classificar-se como jogo ou aposta, como no exemplo dos irmãos Mazeaud: dois lutadores de boxe realizam um jogo; dois espectadores que disputam uma soma ao vencedor efetuam uma aposta.[3] Estes exemplos, que focalizam casos típicos, são úteis toda vez que se tenha necessidade de caracterizar os dois procedimentos. Mas o interesse prático é reduzido, se se atentar em que os princípios aplicáveis são os mesmos.

Com efeito, as dívidas resultantes do jogo e da aposta não são exigíveis.

Este é o princípio geral que se aplica ao contrato de jogo ou aposta, e que é salientado pelos autores que ressaltam a incongruência de quase todos os sistemas jurídicos, que os tratam como contratos, e no entanto recusam-lhes efeitos (Código Civil brasileiro, art. 814; Código francês, art. 1.964; Código italiano, art. 1.933; Código argentino, art. 2.052; Código uruguaio, art. 2.168; BGB, art. 762; Código suíço das Obrigações, art. 513). Mas não é paradoxal esta atitude legislativa, como quer

---

1   De Page, *Traité*, vol. V, nº 295.

2   Clóvis Beviláqua, Comentários ao art. 1.477 do Código Civil de 1916.

3   Enneccerus, Kipp *y* Wolff, ob. cit., § 186; Mazeaud *et* Mazeaud, *Leçons*, vol. III, nº 1.613; De Page, *Traité*, vol. V, nº 296; Planiol, Ripert *et* Boulanger, *Traité Élémentaire*, vol. II, nº 3.192; Venzi, *Diritto Civile*, nº 525; M. I. Carvalho de Mendonça, *Contrato*, vol. II, nº 359; Espínola, *Dos Contratos Nominados*, nº 186; Orlando Gomes, *Contratos*, nº 307; Washington de Barros Monteiro, *Curso*, *Obrigações*, vol. II, pág. 382; Serpa Lopes, *Curso*, vol. IV, nº 716.

Espínola, de vez que já é uma forma de disciplinar o dizer que este ajuste não produz efeitos obrigatórios, e acrescentar que existem *jogos autorizados*, cujos resultados são previstos, reconhecidos e sancionados pelo direito, como o faz o Código Civil de 2002, nos §§ 2º e 3º do art. 814.

O que predomina na classificação contratual do jogo e da aposta é a consideração etiológica de sua formação, muito embora as consequências sejam subordinadas a uma apuração ética, de que resulta o reconhecimento de efeitos em casos específicos, e a recusa nos demais.[4]

A razão essencial de que, em princípio, o jogo não cria obrigações exigíveis está na sua inutilidade social. Uns, proibidos (v. nº 270, *infra*), constituem *contravenção penal*, e, como atos ilícitos, são insuscetíveis de gerar direitos; outros, *tolerados, constam de meros passatempos* ou diversões ou chegam a converter-se em vícios economicamente desastrosos, e são inábeis a legitimar a ação em juízo. Uns e outros não originam relações jurídicas, e se há créditos que entre si os jogadores reconhecem como *dívidas de honra*, falta pretensão para a sua cobrança e o perdedor não pode ser compelido a pagar.

Se, porém, *voluntariamente* o fizer, não tem o direito de pedir restituição. Tradicionalmente se justifica o princípio na *soluti retentio* que acompanha a *obrigação natural* (Ruggiero e Maroi, Venzi, Serpa Lopes), com a determinação de que há um débito, porém desacompanhado de exigibilidade, e que é próprio da *naturalis obligatio* negar repetição ao *solvens* pelo pagamento espontaneamente realizado. Nota-se uma tendência da doutrina moderna contra esta concepção.[5] Buscando outra explicação, sustenta-se que a falta de pretensão do perdente para acionar o ganhador pela restituição estaria na reminiscência da *condictio ob turpem causam*,[6] segundo a qual se autorizava recusar sentença (*judicium non dabo*) em razão de ambos os jogadores haverem incidido na mesma falha de conduta, e *in pari causa turpitudinis, cessat repetitio*.[7]

A regra, todavia, não é absoluta. Duas exceções são previstas: *a)* a primeira, fundada no dolo do ganhador, que não obtém da sorte o resultado, porém do artifício empregado; o comportamento malicioso desequilibra as condutas, que deixam assim de ser iguais, autorizando que o direito aprecie, para punir, a má-fé do ganhador e autoriza o *solvens* a recobrar o que pagou; *b)* a segunda, se o perdente for menor ou interdito, porque se o jogo se passa à margem do direito, sente este a necessidade de afirmar a proteção ao incapaz, amparando-lhe a falta de discernimento e defendendo-lhe o patrimônio.

Quaestio est se se deve considerar abrangida na irrestituibilidade o *depósito feito* em mãos de terceiro, habitualmente usado nas apostas, com a cláusula de ser

---

4   Serpa Lopes, ob. cit., nº 743.
5   De Page, ob. cit., nº 300.
6   "Restituição por causa torpe".
7   De Page, loc. cit., Enneccerus, Kipp *y* Wolff, loc. cit.; Orlando Gomes, nº 309. Tradução: "Na igualdade da torpeza (causa torpe) cessa repetição".

entregue ao ganhador: a resposta é negativa, pois o que a lei proíbe é que o perdente postule a restituição do *que pagou* e não se pode considerar pagamento a soma entregue a terceiro, sujeita ainda ao azar que decidirá do destinatário.[8]

Não valendo, como não vale, o débito de jogo, a ineficácia estende-se a qualquer contrato que tenha por objeto encobrir ou reconhecer a obrigação insubsistente. De conseguinte são atingidos pela mesma inexigibilidade a confissão de dívida, a novação, o título de crédito, a fiança prestada por terceiro, a cláusula penal ou qualquer ônus real constituído para garantia do débito. Inválido será o aluguel contratado ou a sociedade constituída para fins de jogo, como inadmissível a invocação do crédito oriundo de jogo para compensação com débito de outra natureza.[9] Oertmann admite o mandato para jogos, desde que permitidos.

A nulidade da dívida de jogo não é, porém, oponível a *terceiro de boa-fé*, como, por exemplo, se o título emitido pelo perdente é descontado pelo ganhador, em um banco. A caracterização do terceiro, para este efeito, é rigorosa, tratado como tal o estranho ao jogo e não apenas às relações pessoais entre credor e devedor; ao parceiro ou participante, ainda que não diretamente interessado, é oponível a ineficácia da obrigação.[10]

A mesma injuridicidade que atinge a dívida de jogo ou aposta vai alcançar o *mútuo* contraído no ato de jogar ou apostar, por trazer a presunção de incentivar o desperdício, ou explorar o estado de excitação em que se encontra o jogador.[11] Mas não é dívida de jogo o empréstimo tomado fora do ambiente deste, anterior ou posteriormente ao ato de jogo, ainda que tenha o mutuário em vista obter meios para fazê-lo, ou pagar dívidas do jogo ou aposta.[12]

O Código de 2002 exclui a aplicação das regras concernentes ao jogo ao chamado *contrato diferencial* (Código Civil, art. 816), no qual fique estipulada a liquidação exclusivamente pela diferença entre o preço ajustado de mercadorias, valores ou títulos de Bolsa, e a cotação que tiverem num dado momento. A orientação é diametralmente oposta à do Código de 1916, que equiparava o contrato diferencial ao jogo, e que desafiava a generalizada prática dessa modalidade de negócios, em que avulta a especulação tendo por objeto a oscilação do mercado, que é um fenômeno econômico atual.

270. ESPÉCIES DE JOGOS

Os jogos não são nem podem ser tratados com igualdade pela ordem jurídica. Ao revés, atendendo à finalidade ética em que se inspiram, ora recebem a condenação franca, e, como contravenções penais, não somente deixam de produzir efeitos, como ainda sujeitam o infrator às sanções, ora remanescem numa zona grísea, que não é

---

8   Ruggiero e Maroi, *Istituzioni*, § 176.
9   Enneccerus, Kipp *y* Wolff, loc. cit.; De Page, loc. cit.; Espínola, loc. cit.
10   Serpa Lopes, ob. cit., nº 719.
11   Clóvis Beviláqua, Comentários ao art. 1.478 do Código de 1916.
12   Lacerda de Almeida, *Obrigações*, § 3º, nota 3.

atingida pelo rigor da punição, mas que não é alcançada pelo poder criador do negócio jurídico; ora lhes toma conhecimento a ordem jurídica, e atribui-lhes consequências favoráveis. São estas as três espécies de jogos: *proibidos, tolerados, autorizados*.

Proibidos são os jogos de azar, aqueles em que o fator sorte tem caráter absoluto ou predominante, como a roleta, o bacará, a campista, o bicho, o sete e meio, o *pif-paf*, e, além desses, a aposta sobre corrida de cavalo fora de hipódromos, a extração de loteria sem autorização etc. (Lei das Contravenções Penais, arts. 50 e segs.). Como ilícitos que são, não geram direitos, mas sujeitam o infrator a punição. Quem perde não tem o dever de pagar, e se paga não pode repetir o indébito, por se não imiscuir a ordem nas relações oriundas da contravenção aos seus preceitos.

Tolerados são os que não transpõem o limiar da iliceidade, mas nem por isto conquistam os favores da lei (Código Civil, § 2º do art. 814). São aqueles em que o resultado não depende exclusivamente ou preponderantemente da sorte, como o *bridge*, a canastra, o truco etc. Não constituindo contravenções penais, deveriam em princípio gerar direitos e obrigações, e, por via de consequência, o ganhador haveria de ter ação para exigir o crédito.[13] Mas, não passando de divertimento sem utilidade, ou constituindo vícios que merecem repressão, a ordem legal não penetra na sua órbita, e não lhes regula os efeitos.[14] A mesma carência de interesse social, que recusa exigibilidade à obrigação, nega a *repetitio* ao perdedor que paga.

Autorizados são aqueles socialmente úteis, pelo benefício que trazem a quem os pratica (competições esportivas, tiro ao pombo, corridas automobilísticas, de bicicletas ou a pé etc.), ou porque estimulam atividades econômicas de interesse geral (turfe, trote), ou pelo proveito que deles aufere o Estado, empregado no sentido de realizar obras sociais relevantes (loterias).[15] Regularmente autorizados, dão nascimento a negócios jurídicos, cujos efeitos são legalmente previstos, e, conseguintemente, quem ganha tem ação para receber o crédito, revestido que fica de todas as características de obrigação exigível (Código Civil, 2ª parte do § 2º e § 3º do art. 814).[16]

Na vigência da legislação que admitia jogo de azar nas localidades de interesse turístico, estâncias hidrominerais etc. assumiram a categoria de jogos tolerados. Mas nunca chegariam à qualidade de autorizados, hábeis a gerar obrigações civis e exigíveis, embora não se sujeitassem os apontadores às sanções penais.

As *loterias*, tomada a expressão em sentido genérico, somente no caso de serem *autorizadas* perdem o conteúdo ilícito, e dão causa à exigibilidade da prestação, que pode ser dinheiro (loteria propriamente dita) ou pode ser mercadoria ou um bem em espécie, quando se denomina *rifa*.[17] Autorizada pelo diretor das Rendas Internas do Ministério da Fazenda, têm de submeter-se às prescrições legais, dentre as quais a emissão de bilhetes ao portador, extração do sorteio em data certa e insuscetível de

---

13 Orlando Gomes, *Contratos*, nº 310.
14 Clóvis Beviláqua, Comentários ao art. 1.477 do Código de 1916.
15 A Medida Provisória nº 1.182, de 24 de julho de 2023, disciplina a exploração da loteria de apostas de quota fixa pela União, como as apostas esportivas (*bets*), estabelecendo limitações a elas.
16 Ruggiero e Maroi, *Istituzioni*, ao art. 1.477.
17 Enneccerus, Kipp *y* Wolff, loc. cit.

JOGO E APOSTA

adiamento, a não ser por deliberação daquela autoridade. Se a loteria, rifa inclusive, não é autorizada, é jogo de azar, e o adquirente do bilhete não tem ação para reclamar o prêmio, como para pedir a restituição do seu custo (Enneccerus).[18]

Os *sorteios* puramente gratuitos não são proibidos, mas dependem de autorização do Ministério da Fazenda (art. 1° da Lei n° 5.768, de 20.12.1971). Outros tipos de *sorteios* em que haja algum tipo de contraprestação ao promotor também podem ser autorizados, desde que exista prévia consulta e autorização do Ministério da Fazenda. Os sorteios que podem ser autorizados: a) as operações conhecidas como Consórcio e Fundos Mútuos;[19] b) a venda ou promessa de venda de mercadorias a varejo, mediante oferta pública e com recebimento antecipado, parcial ou total, do respectivo preço; c) a venda ou promessa de venda de direitos, inclusive cotas de propriedade de entidades civis, tais como hospital, motel, clube, hotel, centro de recreação ou alojamento e organização de serviços de qualquer natureza com ou sem rateio de despesas de manutenção, mediante oferta pública e com pagamento antecipado do preço; d) a venda ou promessa de venda de terrenos loteados a prestações mediante sorteio e e) qualquer outra modalidade de captação antecipada de poupança popular, mediante promessa de contraprestação em bens, direitos ou serviços de qualquer natureza (art. 7° da Lei n° 5.768, de 20.12.1971), especialmente a lei que dispõe sobre o Sistema de Consórcios (Lei n° 11.795, de 8 de outubro de 2008), que se destina a propiciar o acesso ao consumo de bens e serviços, constituído por administradoras de consórcio e grupos de consórcio. A característica principal que aproxima essas explorações mediante *sorteio* não é o jogo em si, daí a possibilidade de sua exploração mediante autorização prévia e, atualmente, como meio benfazejo de aquisição de bens por interessados que não têm a possibilidade de dispor de todos os valores para compra de bens com preços significativamente elevados. No caso especial do Sistema de Consórcios, a lei estabelece critérios fixos acerca da possibilidade de criação de grupos de consórcios ou administradoras desses grupos, seu modo de operação, a adesão de interessados, descumprimento contratual, inadimplência, resgate dos bens, sorteios, lances e devolução de valores no caso de desistência.

São lícitos, por se não considerarem jogos (Código Civil, art. 817), os sorteios utilizados para dirimir questões, dividir coisas, atribuir recompensa prometida entre candidatos em igualdade de condições. Estes processos qualificados como transação

---

18 O Decreto-Lei n° 6.259, de 10 de fevereiro de 1944, dispõe sobre o funcionamento das Loterias Federais e Estaduais. Apenas o Poder Público, mediante concessão, pode autorizar que agentes privados explorem a atividade lotérica. No país, a maior parte das loterias onde o brasileiro faz aposta, atualmente, é explorada por meio de Concessão a empresas públicas ou sociedades de economia mista, onde o Poder Público tem a maioria do capital, como ocorre com a Caixa Econômica Federal. O sistema de "rifas" deve ser autorizado pela Receita Federal do Brasil. Caso não haja a autorização, a sua exploração é ilegal e constitui contravenção penal (arts. 45 a 60 do Decreto-Lei n° 6.259, de 10 de fevereiro de 1944).

19 A modalidade de consórcio de bens atualmente é regrada pela Lei n° 11.795, de 8 de outubro de 2008. A lei normatiza pormenorizadamente acerca da criação de consórcios e de sua administração. O advento da lei não prejudicou a prática do sorteio que ainda continua contemplada nos termos de seu art. 22.

ou como partilha, embora deixem ao acaso a solução da pendência, não contêm a ideia de ganho de um em prejuízo de outros, porém a inspiração de uma técnica de divisão.[20]

O turfe, sob todos os seus aspectos, é jogo autorizado com a finalidade de estimular a criação nacional de cavalos de raça. A exploração do turfe atualmente é autorizada pela Lei nº 7.291, de 19.12.1984, que compreende várias normas de incentivo à equideocultura no país, inclusive as apostas (arts. 8º e 9º).

Se as atividades turfísticas praticadas na forma da lei são lícitas, e conferem ao ganhador pretensão para receber o prêmio ou o rateio, passam a contravenções puníveis quando exorbitantes daquelas normas.

As *competições esportivas* são autorizadas e até estimuladas para eugenia da raça. Os ajustes celebrados pelos esportistas têm amparo legal, e os articulados para realização de partidas, exibições de atletas etc., celebrados individualmente, ou por empresários, ou pelas entidades respectivas, guardam todas as linhas de contratos perfeitos.

Os *concursos de prognósticos* (também chamados *bolos esportivos*), quando se relacionem com jogos socialmente úteis, são civilmente lícitos,[21] mas as apostas sobre competições esportivas são contravenções penais (Leis das Contravenções, art. 50, § 3º, alínea *c*).

---

20 Clóvis Beviláqua, Comentários ao art. 1.480 do Código de 1916.
21 De Page, nº 307.

Capítulo LX
Fiança

Sumário

271. Conceito, caracteres, requisitos da fiança. **272.** Efeitos da fiança. **273.** Extinção da fiança.

Bibliografia

Hector Lafaille, *Contratos*, vol. III, págs. 164 e segs.; Cerruti Aicardi, *Contratos Civiles*, nᵒˢ 349 e segs.; Washington de Barros Monteiro, *Curso, Obrigações*, vol. II, págs. 288 e segs.; Eduardo Espínola, *Dos Contratos Nominados*, nᵒˢ 182 e segs.; Serpa Lopes, *Curso*, vol. IV, nᵒˢ 733 e segs.; M. I. Carvalho de Mendonça, *Contratos no Direito Civil Brasileiro*, ed. atualizada por José de Aguiar Dias, vol. II págs. 375 e segs.; Colin *et* Capitant, *Droit Civil*, vol. II, págs. 965 e segs.; De Page, *Traité*, vol. VI, nᵒˢ 832 e segs.; Planiol, Ripert *et* Boulanger, *Traité Élémentaire*, vol. II, nᵒˢ 1915 e segs.; Mazeaud *et* Mazeaud, *Leçons*, vol. III, nᵒˢ 7 e segs.; Ruggiero e Maroi, *Istituzioni di Diritto Privato*, vol. II, § 171; Trabucchi, *Istituzioni di Diritto Civile*, nᵒ 268; Giorgio Bo, *Fideiussione, in Nuovo Digesto Italiano*; Redenti, *Fideiussione, in Dizionario Pratico di Diritto Privato di Scialoja*; Enneccerus, Kipp *y* Wolff, *Tratado, Derecho de Obligaciones*, vol. II, §§ 188 e segs.; Karl Larenz, *Derecho de Obligaciones*, vol. II, § 58.

FIANÇA 395

271. CONCEITO, CARACTERES, REQUISITOS DA FIANÇA

No gênero *caução* ou *garantia* compreende-se todo negócio jurídico com o objetivo de oferecer ao credor uma segurança de pagamento, além daquela genérica situada no patrimônio do devedor (v. nº 67, *supra*, vol. II). Pode efetivar-se mediante a separação de um bem determinado, móvel ou imóvel, com o encargo de responder o bem gravado ou o seu rendimento pela solução da obrigação (penhor, hipoteca, anticrese), casos em que fica estabelecido um ônus sobre a própria coisa, constituindo espécie de *garantia real*, por isto mesmo pertinentes aos *direitos reais* (vol. IV, nº 346). Mas pode realizar-se, também, mediante a segurança de pagamento oferecida por um terceiro estranho à relação obrigatória, o qual se compromete a *solver pro debitore*, e desta sorte nasce a garantia *pessoal* ou *fidejussória*. Esta dualidade que vigora nitidamente no direito moderno é a confluência de duas concepções: a *romana*, de cunho real (*"Plus cautionis in re est quam in persona"*),[1] e a *canônica*, em que predominou o conteúdo moral, sobressaindo o seu caráter pessoal. Os códigos modernos disciplinam ambos os tipos de garantia. Apenas se observa a tendência ora de imprimir relevância à garantia real, ora de dar preeminência à fidejussória.[2]

Como garantia pessoal (*fideiussio, cautionnement, fideiussione*), ora resulta do acordo livremente ajustado (fiança *convencional*), ora emana do comando da lei (*fiança legal*), ora provém de imposição do juiz (*fiança judicial*)[3]. A estas últimas não nos referiremos, mas à primeira, que definiremos como o contrato por via do qual uma pessoa garante satisfazer ao credor uma obrigação assumida pelo devedor, caso este não a cumpra (Código Civil, art. 818).

Em nosso meio, é um contrato muito frequente, particularmente adjeto à locação, como a contratos bancários. Além do "aval" o mais frequente é a "fiança".

Caracteres jurídicos. É um contrato: *a*) *unilateral*, porque gera obrigações somente para o fiador. Alguns escritores (Clóvis Beviláqua, M. I. Carvalho de Mendonça) o inscrevem entre os *bilaterais imperfeitos*, sob a justificativa de que pode surgir o direito do credor contra o afiançado para haver o que pagou e mais acessórios.[4] Não há, porém, bilateralidade eventual de obrigações, senão mera consequência da sub-rogação e simples repercussão dos efeitos do pagamento, o que permite ao fiador proceder contra o devedor, sem que se afetem as relações contratuais estabelecidas entre fiador e credor;[5] *b*) *gratuito*, porque cria vantagens para uma só das partes, nenhum benefício auferindo o fiador. Mediante estipulação, poderá este haver do afiançado remuneração pela garantia oferecida, como compensação

---

1 Digesto, liv. L, tít. XVII, fr. 21. Tradução: "Há mais caução na coisa que na pessoa".
2 Mazeaud *et* Mazeaud, *Leçons*, vol. III, nº 9; Serpa Lopes, *Curso*, vol. IV, nº 733.
3 Pode-se, de forma complementar, referir-se, também, às modalidades de fiança fiscal e bancária, ambas constantes na Lei nº 6.830/80, art. 4º, II, e art. 9º, II, respectivamente.
4 Clóvis Beviláqua, Comentários ao art. 1.481 do Código de 1916.
5 Serpa Lopes, ob. cit., nº 737; Espínola, *Dos Contratos Nominados*, nº 186; Orlando Gomes, *Contratos*, nº 317. Mesmo quando remunerada, é unilateral (Enneccerus, Kipp *y* Wolff, *Obligaciones*, § 188).

pelo risco assumido.[6] A prática dos negócios, aliás, consagra o princípio, com a instituição frequente de ajustes que tais, especialmente na vida bancária; *c) intuitu personae*, porque ajustado em função da confiança de que desfruta o fiador; *d) acessório*, como todo contrato de garantia, porque pressupõe sempre a existência de obrigação principal, seja esta de natureza convencional, seja de natureza legal. Como contrato acessório, e essencialmente acessório, mesmo que ajustada a solidariedade,[7] segue a sorte do principal – *sequitur principale* – mas não há identidade entre um e outro: se a fiança não pode ser mais onerosa (*in duriorem causam*), pode ser inferior ao valor da obrigação garantida, como também é possível dar fiança condicional ou a termo a uma obrigação pura e simples.

Procurando uma caracterização especial para a fiança, há os que a tacham de promessa de empréstimo: sem razão, porque inexiste a obrigação de entregar ao mutuário uma soma, porém a de substituir o devedor na solução da obrigação.[8]

Não há confundir *fiança* e *aval*. Ambos são tipos de garantia pessoal, mas, enquanto a fiança é uma garantia fidejussória ampla, e hábil a aceder a qualquer espécie de obrigação, convencional, legal ou judicial, o *aval* é restrito aos débitos submetidos aos princípios cambiários. Em razão da velocidade dos títulos desta espécie, não está o aval sujeito às restrições de que padece a fiança, no tocante à outorga do outro cônjuge. E nos seus efeitos também difere, gerando o aval responsabilidade sempre solidária, ao contrário da fiança,[9] que pode sê-lo, ou não.

Para a sua validade, os *requisitos* exigidos poucas peculiaridades oferecem:

A – *Subjetivos*. Em linha de princípio, basta a capacidade genérica; mas quem não a tem para contratar não pode afiançar.[10] A regra, enunciada em nosso direito anterior,[11] proibindo às mulheres de prestar fiança, e que era reminiscência romana (*Senatus-consulto Veleiano*), desapareceu. O que vigora neste particular é a restrição para que, na vigência da sociedade conjugal, a mulher dê fiança sem o consentimento do marido, salvo se o regime de bens do casamento for o da separação absoluta (Código Civil, art. 1.647). Não vai aí uma incapacidade, porém norma restritiva em favor de boa convivência social. Ao marido, igualmente, não é lícito afiançar sem outorga uxória, pelo mesmo motivo. O que predomina hoje é a igualdade jurídica dos cônjuges (Constituição, art. 226, § 5º).[12]

Outras restrições vigem ainda. Umas de ordem legal, envolvendo certas pessoas em razão de ofício ou função (e. g., agentes fiscais, tesoureiros, leiloeiros, tuto-

---

6   Espínola, loc. cit.; Serpa Lopes, nº 738; Planiol, Ripert *et* Boulanger, *Traité Élémentaire*, vol. II, nº 1.918; De Page, *Traité*, vol. VI, nº 839.

7   De Page, ob. cit., nº 834-C.

8   Serpa Lopes, nº 738.

9   Magarinos Torres, *Nota Promissória*, nᵒˢ 118 e segs.; Saraiva, *Cambial*, § 13; Whitaker, *Letra de Câmbio*, nº 108; João Eunápio Borges, *Aval*, nº 14.

10   Giorgio Bo, *in Nuovo Digesto Italiano*, verb. *Fideiussione*.

11   *Ordenações*, liv. IV, tít. 61.

12   A Súmula 332 do STJ determina que "a fiança prestada sem autorização de um dos cônjuges implica a ineficácia total da garantia".

res e curadores pelos pupilos e curatelados), ou atingindo as entidades públicas – e. g., o governador não pode prestar fiança sem autorização da Assembleia Legislativa; as autarquias não podem ser fiadoras, salvo as instituições de previdência social na locação de casa ocupada pelos seus associados (Decreto-Lei nº 1.308, de 31 de maio de 1939); ou as unidades militares em favor dos oficiais e praças que as compõem. Outras, de ordem convencional, mediante ajuste expresso, como nos contratos constitutivos de sociedade, ao interdizerem aos seus gerentes e administradores assumir esta responsabilidade em negócios estranhos aos interesses sociais. No mútuo feito a menor, a fiança dada a este é inválida, e não é lícito ao credor recobrar o empréstimo do fiador (Código Civil, art. 588).

B – *Objetivos*. A fiança pode ser dada a toda espécie de obrigação, legal ou convencional, e de qualquer natureza, de dar, de fazer ou de não fazer.

Como contrato acessório, sua eficácia depende da *validade* da obrigação principal: se esta for nula, nula será a fiança; se for inexigível, como a dívida de jogo, incobrável será do fiador; se anulável não pode ser eficazmente afiançada, salvo se a anulabilidade provier de incapacidade pessoal do devedor, e ainda assim se o caso não for de contrato de mútuo feito a menor (Código Civil, art. 824), presumindo-se neste caso que foi dada com o objetivo específico de resguardar o credor do risco de não vir a receber do incapaz.[13] O Código suíço ressalva a garantia dada à dívida prescrita ou anulável por erro, desde que se prove que o fiador tinha ciência do defeito ou da causa extintiva.

Via de regra, a fiança é dada a obrigações atuais, mas nada obsta a que tenha por objeto dívidas futuras, ficando todavia a sua exigibilidade na dependência de que estas se façam certas e líquidas; sem embargo do prestígio dos que o defendem, não se trata de fiança condicional, explicando-se a subordinação de sua eficácia ao nascimento da obrigação afiançada pelo princípio da acessoriedade.[14] Os códigos suíço (art. 492) e italiano (art. 1.938) aludem à fiança dada à obrigação condicional, o que é cientificamente certo e traduz relação jurídica incensurável, ainda na falta de texto expresso.

Predomina a *regra* da acessoriedade na determinação do valor da fiança, que, desembaraçadamente, pode ser inferior à dívida principal, mas não pode ultrapassá-lo, nem ser mais oneroso do que ela (*in duriorem causam*); a sanção não será, contudo, a nulidade, mas a redução ao nível do débito afiançado (Código Civil, art. 823).

C – *Formais*. Sendo a fiança um contrato unilateral e gratuito, não deve suscitar dúvidas, quer quanto à efetividade de sua prestação, quer quanto à sua extensão. Daí ser assente que só vale expressa. A fim de fixá-lo, o Código Civil brasileiro impõe-lhe a forma escrita *ad solemnitatem*.[15] Uma pessoa pode, por algum motivo, honrar o compromisso do devedor e por ele pagar. Mas esta *solutio* espontânea nunca presumirá a fiança, se a declaração de vontade não revestir forma escrita, ainda que particular.

---

13 Planiol, Ripert *et* Boulanger, ob. cit., nº 1.924.
14 De Page, ob. cit., nº 855.
15 "Para solenidade".

A fiança conclui-se entre fiador e credor. O contrato principal, entre o credor e o afiançado, constitui outra relação jurídica. Se é frequente o devedor procurar e solicitar quem lhe garanta a solvência, e se não é raro conter-se a fiança no corpo do contrato principal, como cláusula deste, não se descaracteriza subjetivamente. Pode, mesmo, ser estipulada na incidência e até contra a vontade do devedor, sem sofrer degradação e não tem o afiançado a liberdade de recusá-la sob invocação do princípio *invito non datur beneficium*,[16] mesmo porque o beneficiário é o credor e não devedor. Não há, também, na fiança uma relação contratual tripartite, porém dois negócios jurídicos distintos, que se ligam pela ideia de acessoriedade.[17]

Como todo contrato benéfico, *interpreta-se* restritivamente, não comportando extensão objetiva (*de re ad rem*), como no caso de ser dada a uma parte da dívida, e pretender-se abranger outra parte, nem extensão subjetiva (*de persona ad personam*), como na hipótese de a dívida ser novada, e o credor postular a subsistência da fiança pelo descumprimento do novo devedor; nem extensão temporal (*de tempore ad tempus*), pois se for dada a termo certo, não é legítimo que o credor sustente a cobertura de obrigações posteriores ao vencimento dele, nem protrair o compromisso do fiador, ainda que ocorra o vencimento antecipado da obrigação afiançada, em razão da insolvência ou da falência do devedor.[18]

Sem embargo deste princípio de hermenêutica, admite-se que se a fiança não for limitada, compreenderá os acessórios da obrigação garantida, como os juros do capital mutuado, ou os acréscimos legais do aluguel mensal. Entre as despesas acessórias, prevê a lei (Código Civil, art. 822) os encargos judiciais na ação movida pelo credor, para haver do devedor o pagamento, porém condicionadas à citação do fiador, o qual, no caso contrário, tem a seu favor a defesa, segundo a qual não pode ser onerado com um acréscimo desnecessário, pois se fosse convocado à lide não deixaria marchar o processo, pagando independentemente deste.

No caso de ser o devedor obrigado a oferecer fiador, ou por ser exigência legal, ou por se ter comprometido a fazê-lo, o credor tem a liberdade de recusar, se o indigitado não for: *a*) pessoa idônea, compreendendo-se neste requisito tanto a idoneidade *financeira*, que se avalia confrontando o valor do débito com a estimativa dos bens livres, quanto a idoneidade *moral*, apurada pela honorabilidade do fiador e seu conceito no meio em que vive. Um indivíduo rixoso, demandista habitual, pode ser enjeitado,[19] não obstante a robustez de seu patrimônio, pois o que o credor procura na fiança é a perspectiva de uma fácil liquidação, e não os tormentos de um litígio; *b*) *residente* no município, o que facilita ser procurado e avisado pelo credor, no inadimplemento do devedor garantido.

---

16 "Não se faz benefício ao que não quer".
17 De Page, ob. cit., nº 834.
18 Clóvis Beviláqua, Comentários ao art. 1.483 do Código de 1916; Serpa Lopes, nos 748 e 756.
19 Clóvis Beviláqua, Comentários ao art. 1.489 do Código de 1916.

272. EFEITOS DA FIANÇA

O fiador garante o adimplemento do afiançado, e firma o *compromisso* de solver, se o não fizer o devedor. Não estabelece mera afetação patrimonial a benefício do credor, senão que se obriga verdadeiramente ao pagamento.[20] É com este objetivo que existe a garantia fidejussória, e como o contrato vincula o *fiador ao credor*, os primeiros efeitos passam-se, direta e imediatamente, neste plano. Num outro defluem consequências entre o *fiador* e o *devedor*. No desenvolvimento do tema, dividiremos a sua exposição em dois itens:

A – *Relações entre fiador e credor*. O credor tem o direito de exigir do fiador o pagamento da dívida garantida. Demandado, tem o fiador o *benefício de ordem*, em virtude do qual lhe cabe exigir, até a contestação da lide, que seja primeiramente executado o devedor, e, para que se efetive, deverá ele nomear bens a este pertencentes, sitos no mesmo município, livres e desembargados, suficientes para suportar a solução do débito (Código Civil, art. 827). Este *beneficium*, que era desconhecido no Direito Romano antigo e no período clássico, em que vigorava o princípio da solidariedade, independentemente de convenção, somente veio a integrar-se no sistema, ao tempo de Justiniano, que o introduziu no *Corpus Júris*,[21] Irradiou-se depois, sobrevivendo nos Códigos da atualidade. Mas a prática dos negócios, generalizando a estipulação da fiança solidária, acabou por obter a restauração convencional da primitiva concepção romana da fiança sem o *beneficium excussionis*.[22]

O benefício de ordem é recusado: 1) se não forem observados os requisitos de sua concessão, relativos à oportunidade da indicação, à situação dos bens e à sua liberação; 2) se a ele houver o fiador renunciado expressamente, seja no instrumento mesmo da fiança, seja em documento apartado;[23] 3) se se houver declarado *solidário* ou *principal pagador*: as duas expressões costumam figurar geminadas, porém desnecessariamente, porque a lei as equipara na acepção de traduzirem uma renúncia ao benefício; é da essência da *solidariedade* que o devedor possa ser demandado pela totalidade da dívida (*totum et totaliter*) e sem benefício de ordem (v. nº 142, *supra*, vol. II), e, se for estipulado que o fiador é *principal pagador*, assumirá a posição de devedor em primeiro plano; 4) se for aberta a *falência* do devedor ou contra ele instaurado *concurso de credores*, porque em ambos os casos fica afastada a possibilidade de ser feita indicação de bens livres e desembargados, como requisito do favor. Até a décima-segunda edição desta obra, como quinta hipótese de solidariedade entre o afiançado e o fiador, nós inserimos a fiança comercial que, por expresso

---

20 Enneccerus, Kipp *y* Wolff, ob. cit., § 188.

21 Van Wetter, *Pandectes*, vol. III, § 313; Frédéric Girard, *Droit Romain*, pág. 798.

22 Colin *et* Capitant, *Droit Civil*, vol. II, nº 977; Mazeaud *et* Mazeaud, *Leçons*, vol. III, nos 9 e 3. Tradução: "benefício de escusa".

23 Note-se que, em interpretação dada aos arts. 422 e 828 pelas Jornadas de Direito Civil, concluiu-se no Enunciado 354 do CJF que "No contrato de fiança é nula a cláusula de renúncia antecipada ao benefício de ordem quando inserida em contrato de adesão". Visa esse enunciado a proteção da cláusula geral de boa-fé objetiva.

dispositivo de lei, era sempre solidária (art. 258 do Código Comercial). Toda a parte primeira do Código Comercial (arts. 1º a 456) foi revogada pelo atual Código Civil. Assim, não mais prevalece a presunção de que toda fiança comercial é solidária. A solidariedade prevalece apenas por vontade das partes ou imperativo legal (art. 265 do Código Civil). Desta forma, para que a fiança seja solidária, é o fiador que deve prescindir do benefício de ordem (art. 828 do Código Civil).

O outro benefício instituído para o fiador demandado é o da *divisão*, que remonta ao tempo do imperador Adriano, e somente pode ocorrer na pluralidade de fiadores ou cofiança. É de princípio que os cofiadores se *presumem solidários*, admitido, porém, que se ilida a presunção pela estipulação contrária, e neste caso cada um responderá *pro rata* (Código Civil, art. 829). Poderá a convenção desde logo determinar a parte da dívida que toma cada fiador sob a sua responsabilidade, e então ao credor não é lícito exigir senão de cada qual a sua quota viril. Mas, nas relações entre os cofiadores entre si, a regra é a divisão, cabendo ao fidejussor solvente da dívida inteira demandar dos demais cofiadores *pro parte*. E se algum deles for insolvente, partilha-se entre os demais a sua cota.

B – *Relações entre fiador e devedor*. O fiador que paga sub-roga-se na qualidade creditória, e tem direito a exigir do devedor que o reembolse do que despendeu, e mais os juros pela taxa estipulada na obrigação, ou pela legal, se não tiverem sido ajustados. Responde, ainda, o devedor pelas perdas e danos que o fiador pagar, e pelos prejuízos que este sofrer, porque, se a fiança é contrato que beneficia ao credor, não importa em doação ao devedor, o qual continua obrigado até que, pela *solutio*, obtenha a extinção da obrigação.

Mas, para que lhe compita a sub-rogação, deverá pagar integralmente a dívida, pois que, sendo garante do afiançado, não pode concorrer com o credor, não totalmente satisfeito, na excussão dos bens do devedor.

Nega-se-lhe ainda o direito regressivo contra o afiançado: *a)* se, por sua omissão, o devedor, não informado da prestação feita, houver novamente pago o mesmo débito; *b)* se tiver prestado a fiança *cum animo donandi*;[24] *c)* se tiver pago o indébito total ou parcial, isto é, se a prestação não for devida ou for maior do que o valor da obrigação; *d)* se tiver pago sem ser demandado (pagamento espontâneo), omitindo a informação ao devedor principal, que teria uma causa extintiva a opor ao pagamento.[25]

O fiador tem o direito de ver clareada a sua situação, e de não permanecer indefinidamente sujeito às consequências do compromisso assumido. Com esse objetivo cabe-lhe promover o andamento da execução iniciada pelo credor contra o devedor, se ficar injustificadamente paralisada; e, ainda, no caso de vencer-se a obrigação, ou haver decorrido o prazo dentro no qual o devedor obrigou-se a desonerá-lo, faculta-se-lhe exigir que o devedor satisfaça a obrigação, ou o exonere da fiança (Código Civil, art. 834). O princípio tem sido criticado como excessivo, em razão de colocar nas mãos do fiador uma arma que o habilita a ser mais severo do que o credor, antecipando-se a este na exigência, e for-

---

24 "Com intenção de doar".
25 De Page, ob. cit., nº 933; Colin *et* Capitant, ob. cit., nº 985; Serpa Lopes, ob. cit., nº 766; Trabucchi, ob. cit., nº 268.

çando um desfecho danoso ao afiançado, em contraste com a tolerância do credor. Conciliando o interesse do fiador, que não deseja permanecer na perspectiva indefinida de ter de pagar, e do afiançado que não pretende ser compelido a fazê-lo na falta de exigência do credor cordato, será conveniente adotar um meio-termo razoável, como faz o novo Código italiano (art. 1.953), que abre ao fiador a faculdade de agir contra o devedor, para que este lhe dê a liberação, ou forneça as garantias necessárias a assegurar-lhe a satisfação no caso de proceder regressivamente. Tais garantias tanto poderiam ser *reais*, como *pessoais*, isto é, a outorga de hipoteca, penhor ou anticrese, ou a indicação de um subfiador.

Com a *morte* do *fiador*, as obrigações oriundas da fiança, até aquela data, passam aos herdeiros, que por elas podem ser demandados dentro das forças da herança, e não mais. Responsabilidades que advenham após o óbito, ainda que cobertas pela garantia fidejussória, não podem atingir os sucessores: por exemplo, os herdeiros do fiador por alugueres respondem, *intra vires hereditatis*,[26] pelos que se vencerem até a data da abertura da sucessão, mas não são obrigados pelos subsequentes.

273. EXTINÇÃO DA FIANÇA

A fiança pode cessar por três ordens de causas: fato do fiador, fato do credor, extinção da obrigação garantida.

1 – *Fato do fiador*. Dada a fiança sem limitação de tempo, o fiador tem o direito de exonerar-se quando lhe convier, já que prazo indeterminado não induz perpetuidade. É intuitivo o princípio (Clóvis Beviláqua). Mas a solução do Código Civil de 1916 não era a melhor, pois que liberava o fiador somente a partir da sentença, se o credor não anuísse em desonerá-lo. O Código de 2002, em seu art. 835, corrigiu essa regra injusta, porque beneficiava o credor que maliciosamente procrastinasse o andamento do feito, estendendo no tempo os efeitos da garantia, e tirando proveito da própria má-fé, o que é contra a moral e o direito. A regra do novo Código para o caso de fiança sem prazo determinado libera o fiador após 60 (sessenta) dias da notificação efetivada ao credor, sendo portanto desnecessária a ação judicial de exoneração.[27]

2 – *Fato do credor*. O credor tem o direito de exigir do fiador o pagamento da dívida garantida, mas carece do poder de agravar-lhe a situação, sob a cominação de cessar a garantia. Assim é que extingue a fiança e exonera-se o fiador, ainda que seja este solidário ou principal pagador: *a*) se o credor conceder *moratória* ao devedor, prorrogando-lhe o prazo além do vencimento da obrigação, sem a anuência do fiador, porque tal concessão poderá ter como consequência a piora na situação econômica do

---

26 "Dentro dos limites da herança".

27 O Enunciado 547 da VI Jornada de Direito Civil assevera, contudo, que: "na hipótese de alteração da obrigação principal sem o consentimento do fiador, a exoneração deste é automática, não se aplicando o disposto no art. 835 do Código Civil quanto à necessidade de permanecer obrigado pelo prazo de 60 (sessenta) dias após a notificação ao credor, ou de 120 (cento e vinte) dias no caso de fiança locatícia". De outro lado, foi aprovada a Súmula 656, do Superior Tribunal de Justiça, que estipula que "é válida a cláusula de prorrogação automática de fiança na renovação do contrato principal. A exoneração do fiador depende da notificação prevista no artigo 835 do Código Civil".

devedor, cujos bens já poderão ser insuficientes para suportar o direito regressivo do fiador-solvente. Mas a moratória, a que se alude, não é a simples inércia no receber o débito vencido, porém a concessão de prazo de graça, expressa e positiva mediante o qual o devedor obtém uma dilação da pretensão creditória;[28] *b)* se *impossibilitar*, inutilizando-a, a *sub-rogação* do fiador nos seus direitos creditórios, porque o credor, numa situação de *mandatarius pecuniae credendae*,[29] tem o dever de conservar as suas garantias e cedê-las ao fiador, e se procede em termos de impedir que efetive o direito de *regresso*, comete um ilícito cuja sanção é perder ele o poder de demandar do afiançado o pagamento; inscrevem-se nesta hipótese a renúncia ao penhor ou à hipoteca, como ao direito de retenção ou a privilégios, ou o consentimento para que o devedor disponha de bens substanciais de seu patrimônio;[30] *c)* se receber *dação em pagamento* do devedor, pois que a aceitação de coisa diversa da devida – *aliud pro alio* – tem o efeito extintivo da obrigação, e, por via de consequência, da fiança. Vindo o *accipiens* a perder por evicção a coisa recebida em substituição, à *res debita*, a dívida se reabilita, mas a fiança resta definitivamente perempta; *d)* feita a nomeação de bens livres e desembargados do afiançado (benefício de ordem ou de excussão), se a ação sofrer retardamento, e por este motivo o devedor cair em insolvência, desonera-se o fiador provando que os bens apontados eram, ao tempo da penhora, suficientes para a solução da obrigação garantida (Código Civil, art. 839). O credor, que, por negligência ou má-fé, contribua para que o pioramento da situação do devedor o impeça de haver o crédito, assumirá os riscos, e suportará as consequências.

3 – *Extinção da obrigação garantida*: *a)* uma vez pago o credor, e extinta a obrigação principal, cessa a fidejussória, que lhe acede; *b)* se a obrigação terminar por qualquer das causas extintivas sem pagamento (v. n°s 162 e segs., *supra*, vol. II), cessa a fiança; *c)* demandado o fiador, pode opor ao credor as exceções pessoais que contra este tenha (novação, confusão, compensação, transação, remissão), como ainda as que são próprias do afiançado, mesmo que este a elas renuncie,[31] porque, se a dívida é perempta em razão delas, o credor não as poderia mais reclamar. Mas o devedor principal não pode opor ao credor a exceção pertinente ao fiador, que lhe não aproveita. Assim é que a remissão da dívida concedida ao devedor principal extingue a fiança; mas se for dada ao fiador, libera-o, sem fazer cessar a relação obrigatória fundamental. Se ocorre, na pessoa do credor, confundir-se a situação do devedor (confusão), extingue-se a fiança; mas se, por sucessão, o fiador receber a qualidade creditória, não será obrigado à *solutio* como garante, embora tenha ação contra o mesmo devedor, na qualidade de *reus credendi* que fica sendo, sucedendo ao credor.

---

28   João Luís Alves, *Código Civil Anotado*, observação ao art. 1.502.
29   "Mandato de crédito".
30   Planiol, Ripert *et* Boulanger, ob. cit., n° 1.978; Windscheid, *Pandette*, vol. II, n° 487, nota 10; Dernburg, *Pandette*, vol. II, § 82, n° 3, notas 7 e 8; Girard, *Droit Romain*, pág. 808; Colin *et* Capitant, ob. cit., n° 992; Enneccerus, Kipp *y* Wolff, ob. cit., § 192.
31   De Page, ob. cit., n° 887.

Capítulo LX-A
Transação – Compromisso

Sumário

273-A. Transação. **273-B**. Compromisso.

Bibliografia

Alfredo Colmo, *De las Obligaciones en General*, nᵒˢ 733 e segs., Von Tuhr, *Obligaciones*, I, nᵒˢ 73 e segs.; Clóvis Beviláqua, *Obrigações*, §§ 42 e segs.; Ruggiero e Maroi, *Istituzioni di Diritto Privato*, § 136; Mazeaud *et* Mazeaud, *Leçons*, II, nᵒ 1.208; Karl Larenz, *Derecho de Obligaciones*, I, pág. 345; Hector Lafaille, *Tratado, Obligaciones*; I, nᵒ 444; Enneccerus, Kipp *y* Wolff, *Tratado, Obligaciones;* I, § 75; Alberto Trabucchi, *Istituzioni di Diritto Civile,* nᵒ 243; M. I. Carvalho de Mendonça, *Doutrina e Prática das Obrigações*, ed. atualizada por José de Aguiar Dias, I, nᵒˢ 340 e segs.; Serpa Lopes, *Curso*, II, nᵒ 206; Saleilles, *Obligations*, nᵒ 47; Lacerda de Almeida, *Obrigações*, nᵒ 85; Planiol, Rippert *et* Boulanger, *Traité Élémentaire*, II, nᵒ 1.789; De Page, *Traité Élémentaire*, III, 2ª parte, nᵒ 565; Molitor, *Obligations*, II, nᵒˢ 989 e segs.; Soriano Neto, *Compensação*; Soriano Neto, *Novação*; Salvat, *Obligaciones*, nᵒˢ 2.838 e segs.

273-A. Transação

O Código Civil de 1916 inseria a transação na Parte Geral das Obrigações, como um dos seus efeitos, e qualificada como modalidade de extinção das relações obrigacionais, sem pagamento. Ao elaborar o Projeto de Código de Obrigações de 1965 entendi alterar-lhe a colocação, tal como o fizeram o Código Civil Francês e o Código Civil Italiano de 1942. Atendendo a que na transação há uma dupla manifestação de vontade, preferi capitulá-la entre os contratos, e, como tal, desloquei-a para o campo destes. O nosso Código, acolhendo a nossa orientação, assim também procedeu. Eis por que figura aqui a transação na tipologia contratual.

Embora haja acentuada tendência para imprimir ao vocábulo *transação* variada conotação semântica, estendendo-a a qualquer negócio jurídico, em verdade, e na sua acepção técnica tem sentido específico. Designa um determinado negócio jurídico, de cunho contratual, que se realiza por via de um acordo de vontades, cujo objeto é prevenir ou terminar litígio, mediante concessões recíprocas das partes (Código Civil, art. 840).[1]

Deste conceito, extraem-se os seus requisitos:

A – Um acordo, realizado mediante declaração de vontade de ambos os interessados. Não há transação por força de lei, nem pode provir de provimento judicial *ex officio*. Quando realizado em juízo, a palavra jurisdicional é simplesmente homologatória.

B – Extinção ou prevenção de litígios, sem o que o negócio jurídico se desfigura como transação. Assim já se configurava no Direito Romano, caráter que conserva em todos os sistemas modernos. Este é o seu efeito básico, convertendo um estado jurídico incerto, em uma situação segura.[2]

C – Reciprocidade das concessões, traço característico, que a distingue de qualquer outro negócio jurídico, onde haja *datio in solutum*,[3] ou doação, ou renúncia, ou confissão, ou pagamento. A transação se tipifica pelo fato de ambos os transatores fazerem um ao outro concessões, mutuamente.[4]

D – Incerteza em torno do direito de cada um dos transatores, ou ao menos de um deles. Na linha do Direito Romano, como na sistemática do BGB, a incerteza – *res dubio* – tanto pode ser subjetiva quanto objetiva, isto é, insegurança pessoal do interessado como qualificação duvidosa do próprio direito. No direito francês, a incerteza corresponde à litigiosidade. O Direito Brasileiro acompanha a orientação romana, admitindo a transação desde que impere dúvida no espírito dos interessados.[5]

---

1 Beviláqua, Washington de Barros Monteiro, Carvalho de Mendonça, Silvio Rodrigues, Serpa Lopes, Ruggiero e Maroi, Trabucchi, Alfredo Colmo.
2 Kohler, Beviláqua.
3 "Dação em pagamento".
4 De Page, Planiol, Ripert *et* Boulanger.
5 Carnelutti, Eneccerus, Kipp *y* Wolff.

Objeto

O objeto da transação é restrito aos direitos patrimoniais de caráter privado (Código Civil, art. 841). Não podem as partes transigir quanto aos direitos não patrimoniais, como os de família puros (legitimidade de filho, validade do casamento, poder familiar, regime de bens no casamento, direito a alimentos). Não podem ser objeto de transação questões que envolvam matéria de ordem pública, nem direitos de que os transatores não possam dispor, entre os quais as coisas que estão fora de comércio.[6]

Restringindo a transação a direitos patrimoniais de caráter privado, o Código não discrimina a natureza real ou obrigacional da relação jurídica.

A restrição aqui apontada compreendeu os direitos em si mesmos, sem exclusão dos efeitos patrimoniais que possam gerar. Assim é que se o *status familiae* é insuscetível de transação, os efeitos econômicos respectivos podem ser por ela abrangidos; se o direito a alimentos é intransmissível, é válida a que compreende o montante das prestações respectivas.

Forma

Transação é negócio jurídico formal. Deve obedecer à forma prescrita, em atenção à natureza da obrigação.

O art. 842 do Código Civil considera, em termos gerais, duas modalidades de transação: a de direitos já contestados em juízo, e a dos que ainda não chegaram à órbita do Judiciário. E, para uns e outros menciona a que forma devem atender.

A atração da forma é relevante. Nas obrigações em que a lei exige a escritura pública, por instrumento público far-se-á a transação. Naquelas outras, para as quais não é exigida a forma pública, vale por instrumento particular.

Em se tratando de direitos contestados em Juízo, podem os transigentes fazê-la por escritura pública, ou por termo nos autos, neste caso assinado pelos transigentes e homologado pelo juiz.

Pelo Código Civil de 1916, era válido o instrumento particular, mesmo neste caso de se realizar no curso do processo. O novo Código, aludindo ao termo nos autos e à escritura pública, aboliu, para este caso, a escritura particular.

Se os transigentes forem representados por procurador, é mister seja ele investido de poderes expressos, não bastando os gerais, quer *ad negotia*, quer *ad judicia*.

Demais disso, para transigir é necessário que o transigente, além da capacidade genérica para os atos da vida civil, tenha a especial de disposição.[7] Os incapazes não podem transigir. Os tutores e curadores não o podem também, quanto aos bens e direitos dos pupilos e curatelados, salvo autorização judicial quando a transação for de conveniência de uns e de outros.[8] Não podem, também, os funcionários públicos quanto a assuntos referentes a seus deveres peculiares.[9]

---

6   Carvalho de Mendonça, De Page, Lafaille, Planiol, Ripert *et* Boulanger.
7   Ruggiero e Maroi, Lafaille.
8   Beviláqua.
9   M. I. Carvalho de Mendonça.

Interpretação

Na interpretação da transação vigora o princípio de que se deve entender restritivamente, não somente por envolver uma renúncia de direitos, como também em razão da sua finalidade extintiva de obrigações, não sendo jurídico que o intérprete entenda a vontade liberatória para além dos termos em que se manifestou.

O Código de 2002, mantendo praticamente a mesma redação do de 1916, estabeleceu no art. 843 que a transação não envolve a transmissão de direitos; por ela apenas se declaram ou reconhecem. O nosso Projeto de 1965 eliminou a segunda parte do artigo. É que a transação, embora na essência seja um acordo liberatório, e no Código caduco lhe fosse negada a categoria contratual, admite-se que possa indiretamente criar ou modificar relações jurídicas, e não apenas extingui-las. Sua finalidade precípua é, sem dúvida, tornar incontroversa a preexistente situação jurídica incerta e contestada.[10] Dela, indiretamente, podem nascer prestações a cargo de um transator a título de compensação.[11] Ou estar envolvido um direito sobre o objeto reconhecido.

Efeitos

Constitui invocação obrigatória a referência à parêmia *res inter alios acta aliis nec nocet nec podest*,[12] para significar que a transação não aproveita nem prejudica a quem nela não intervém. É válida *inter partes*, e somente entre as partes produz os seus efeitos (Código Civil, art. 844). Nem a indivisibilidade da coisa sobre que verse permite sua projeção na órbita jurídica de terceiras pessoas, ainda que ligadas estas às dos transatores, como é o caso dos coerdeiros.

Exceções consagradas na doutrina[13] foram positivadas no Código de 1916 e repetidas no atual.

A primeira diz respeito à relação fidejussória. Concluída transação entre o credor e o devedor, desobriga-se o fiador, uma vez que a fiança é relação jurídica acessória, e a obrigação garantida fica extinta (parágrafo 1º do art. 844). O efeito sobre a obrigação do fiador vigora ainda no caso de já estar ele obrigado a pagar, porque a extinção da obrigação principal por efeito da transação faz perimir o vínculo obrigacional, não podendo ser o fiador chamado a solver uma dívida já extinta.[14] Reversamente, a transação entre credor e devedor não desobriga o devedor, restando tão somente o débito desguarnecido da garantia.

Sendo solidária a obrigação, a transação concluída entre o credor e um dos devedores solidários desobriga os demais codevedores, porque a transação tem efeitos liberatório do pagamento, e a realização deste por um benefício a todos os codevedores solidários. Igualmente, na solidariedade ativa, concluída a transação entre o devedor e um dos credores solidários, desobriga-o em relação a estes, pela mesma equiparação entre o efeito extintivo da transação e do pagamento.

---

10 Von Thur, Larenz, Huc, Alfredo Colmo.
11 Beviláqua.
12 "O negócio que é feito entre uns, nem prejudica nem beneficia a outros".
13 M. I. Carvalho de Mendonça, Beviláqua, Aubry *et* Rau.
14 Alfredo Colmo.

Segundo Teixeira de Freitas, a transação é ato uno, embora complexo, envolvendo simultaneamente negócio jurídico da transação e o da renúncia ou transferência da coisa. Evicta a coisa, seria lógico o restabelecimento da obrigação.

A doutrina do Código, na mesma linha do seu antecessor, reza em sentido contrário: a transação gera o efeito de extinguir a obrigação (art. 845). Se, posteriormente, o transator vem a perder a coisa, que foi objeto dela, a obrigação não se restaura. Assim já era no Direito Romano, que respondia a quem indagava o que poderia ocorrer: *nihil patere potes*.

Ao transigente evicto ressalva, entretanto, o Código, o direito de reclamar perdas e danos. Se em virtude da transação ocorreu a renúncia ou transferência de uma coisa por um deles, e o outro vem a perdê-la, tem o direito de ser ressarcido do dano que lhe adveio da evicção.

O parágrafo único do art. 845 repete um truísmo que já vem do de 1916: é óbvio que não pode ser atingido pela transação pretérita um novo direito que vem a adquirir ulteriormente sobre a mesma coisa renunciada ou transferida. A aquisição posterior dá origem a uma relação jurídica nova, de que a coisa é objeto, não podendo ser envolvida nos efeitos da *obligatio* anterior.

É expresso que a transação somente pode ter por objeto direitos patrimoniais de caráter privado. Sobre os demais não é lícito transigir. Se há uma obrigação oriunda de um delito (por exemplo, o dever de o agente indenizar a vítima ou seus herdeiros), podem os interessados concluir uma transação sobre ela, e, em consequência extingui-la. O acordo que façam não extingue a ação penal pública, uma vez que as duas responsabilidades – criminal e civil – não se confundem.

O art. 846 do Código refere-se à ação penal pública. Vale dizer que nos crimes em que a ação penal depende de iniciativa do queixoso, a transação envolve, nos direitos patrimoniais, a faculdade de impulsionar o procedimento no crime.

A fim de reforçar a observância do que constitui objeto da transação, é lícito adjetivar-lhe cláusula penal, pagável por aquele que a infringir (art. 847). O princípio que vem do Código de 1916, dentro do qual a transação é apenas modalidade extintiva de obrigação, considerou-se admissível pactuar multa. No sistema do novo Código, que a considera contrato, com maior razão a cláusula penal é aceita.

O nosso Projeto de Código das Obrigações acrescentava ser admissível fazer acompanhar a transação de uma garantia, real ou fidejussória (art. 826). Posto não o haja tornado expresso, o Código de 2002 admite-o, quer se trate de obrigação de origem legal ou convencional. A razão, óbvia, é que a transação é um contrato, e nada impede que o cumprimento de suas cláusulas seja reforçado por uma garantia.

Um dos atributos da transação é a sua unidade e indivisibilidade. Ela opera como uma declaração de vontade íntegra. Ou vale na sua totalidade, ou não produz efeito nenhum (art. 848). Se por qualquer motivo for anulada, ainda que a invalidade atinja apenas alguma de suas cláusulas, não opera a transação como força extintiva da obrigação. Proclamada a nulidade, restaura-se a obrigação.

Em se tratando, porém, de transação complexa, versando diversos direitos contestados, aos quais se refira nesta qualidade, a nulidade que fulmine algum deles não prejudica os demais, prevalecendo, portanto o efeito extintivo quanto aos direitos compreendidos em cláusula não invalidada.

O art. 849 do Código de 2002 repete uma impropriedade vinda do Código de 1916, ao declarar que a transação "só" se anula por defeito do consentimento (art. 849). É inexato, pois é atacável, como todo contrato, por qualquer das causas que levam à anulação dos negócios jurídicos em geral. Sofre, ainda, de invalidade, se a situação fática tomada como seu suporte material não corresponder à realidade ou anular-se. Sendo um contrato, gerando obrigações para ambos os transigentes, pode comportar a resolução por inadimplemento.

O Código de 2002 exclui a anulação por erro de direito, como técnica adotada para evitar a eternização das questões (parágrafo único do art. 849). E é oportuna esta referência, não inserta no de 1916, porque o novo Código abriga expressamente a teoria da anulação fundada em *error iuris* (art. 139, III).

O Código de 2002 eliminou a equiparação dos efeitos da transação à coisa julgada, constante do Código de 1916. Era uma comparação ociosa, em virtude da qual cabia ao demandado arguir em favor da eficácia da transação a *exceptio rei judicatae*. Na verdade, a transação opera entre as partes por efeito da validade e eficácia da declaração de vontade, emitida validamente, não sendo mister equiparar seus efeitos aos da sentença transitada em julgado, para sustentar a sua força cogente.

É nula a transação a respeito do litígio decidido por sentença passada em julgado, se dela não tinha ciência algum dos transatores, ou quando, por título ulteriormente descoberto, se verificar que nenhum deles tinha direito sobre o objeto da transação (art. 850). Ambas as hipóteses previstas no Código dizem respeito à transação que se anula por falta de objeto.

No primeiro caso, visando a terminar um litígio, as partes transigem. Posteriormente, verificam que ele já se encerrara por sentença passada em julgado, desconhecida por algum deles ao concluir a transação. Nada mais havendo a terminar, pois que o litígio cessara, nada havia sobre que transigir. A nulidade não prevalece, se a sentença terminativa do feito era conhecida das partes, e, mesmo cientes, realizaram a transação, pois que, neste caso, algum motivo poderiam ter para isto.

O segundo caso tem em vista transação a propósito de direito contestado, e, após transigirem, verificam os transatores que a nenhum deles assiste direito ao que sustentavam. Nesta hipótese, a transação, cuja finalidade é declarar, e não transmitir direitos, opera no vazio. Não tem objeto, e nesta conformidade anula-se.

273-B. Compromisso

Ao elaborar o Projeto de Código de Obrigações, omiti a disciplina do compromisso, que a meu ver é um instituto de direito processual, não obstante abalizadas opiniões em contrário.[15] Embora inequívoca a base civilista, resultante do acordo de vontades, predominam as normas processuais, seja no procedimento, seja nos efeitos. O Código de 2002 manteve, no entanto, a regulação do compromisso, ainda que

---

15 Beviláqua, M. I. Carvalho de Mendonça, Serpa Lopes.

de maneira reduzida em apenas 3 (três) artigos. A matéria é hoje regulada de forma ampla pela Lei de Arbitragem (Lei nº 9.307/96).

Aponta-se uma semelhança entre o compromisso e a transação, por serem ambos resultantes de uma declaração convergente de vontades, e perseguirem o objetivo genérico de pôr fim a uma controvérsia. Separa-os, entretanto, diferença essencial: pela transação as partes previnem ou terminam um litígio; pelo compromisso subtraem-no a pronunciamento da Justiça Comum, submetendo-o a uma *jurisdictio* excepcional, particular, e de eleição dos próprios interessados, que é o juízo arbitral.[16]

Ganha interesse a sujeição das diferenças, quer no plano interno, quer no internacional, à decisão arbitral, mais rápida do que a Justiça comum. Existem entidades, inclusive de renome universal, especializadas, a que as questões, mormente quando de maior vulto, ocorridas na execução dos contratos, são submetidas para que as controvérsias sejam dirimidas.

O Código de 2002 colocou-se numa linha média, no ordenamento do compromisso, desprezando as minúcias em que se derramava o Código de 1916. Limita-se a estabelecer matéria que diz respeito ao Direito Civil, deixando para o Código de Processo Civil a Lei da Arbitragem e a Lei de Mediação (Lei 13.140, de 2015) toda a matéria processual.

Pelo compromisso, os interessados na solução de pendências, ajuizada ou ainda não ajuizada, escolhem árbitros que a dirimam. Na sua caracterização jurídica, controvertem os escritores. Para alguns processualistas é um contrato processual.[17] Para outros é um contrato de direito material.[18] Em nosso direito, alguns civilistas o tratam como ato jurídico,[19] enquanto outros lhe atribuem natureza contratual.[20] Nesta última qualificação tem-no o novo Código Civil. Embora lhe seja reconhecida base civilista, é notória a prevalência da disciplina formal.

Requisito para se louvarem as partes em árbitros que lhes resolvam as pendências, sejam estas judiciais sejam extrajudiciais, é a capacidade contratual. Somente os que a tem para celebrar contrato podem fazê-lo.

A finalidade específica do compromisso é a solução da pendência, sem qualquer outra natureza constitutiva ou geradora de direitos.

Se a questão a ser dirimida ainda não estiver ajuizada, celebra-se como qualquer outro contrato, com observância das exigências obrigatórias da Lei de Arbitragem.

Tal como ocorre em outras circunstâncias, como a renúncia e a transação, só quanto a direitos patrimoniais se permite compromisso. Descendo a linguagem mais rígida, o art. 852 do Código restringe-o à solução de pendências "estritamente" patrimoniais. Assim dizendo, quer deixar claro que questões de natureza diversa não podem ser confiadas a árbitros. Expressamente alude às questões de estado, não admitindo que sejam dirimidas em juízo arbitral a que diz respeito à filiação, à validade ou invalidade do casamento, à separação judicial dos cônjuges e ao divórcio.

---

16 Carnelutti, Ruggiero e Maroi.
17 Giuseppe Chiovenda, J. Goldschmidt, Mortara.
18 Carnelutti, Enrico Redenti.
19 Beviláqua, Carvalho de Mendonça.
20 Lacerda de Almeida, Serpa Lopes.

Também não podem ser objeto de compromisso as que envolvem direitos de família puros. Regra da mesma natureza pode ser encontrada no art. 1º da Lei da Arbitragem (Lei nº 9.307/96).

Há uma distinção fundamental entre o "compromisso" e a chamada "cláusula compromissória", muito frequente nos contratos. Por esta, que não passa de pré-contrato, as partes estabelecem que, na eventualidade de futura divergência, os interessados recorrerão ao juízo arbitral. Embora sua frequência maior seja nos contratos, pode vir adjecta a ato jurídico unilateral. O testador às vezes insere na cédula que se dúvida houver na interpretação de cláusula, seja dirimida por árbitro.

Capítulo LXI
Contratos Bancários

Sumário

274. Atividades bancárias. Depósito bancário. **274-A.** Contratos bancários. **275.** Conta-corrente. Abertura de crédito. Crédito documentário. **276.** Desconto. Financiamento. Redesconto. Repasse.

Bibliografia

Hamel, *Banques et Opérations de Banque, passim;* Louis François *et* Norbert Henry, *Traité des Opérations de Change-Bourse-Banque, passim*; Trabucchi, *Istituzioni*, n°s 352 e segs.; Ruggiero e Maroi, *Istituzioni*, vol. II, § 172; Messineo, *Operazioni di Borsa e di Banca, passim*; Colagrosso, "Deposito Bancario", *in Nuovo Digesto Italiano*; Ugo Caprara, "Banche", *in Nuovo Digesto Italiano*; Breglia, "Natura Giuridica del Commodato Bancario", *in Rivista di Diritto Commerciale*, 1923, parte 1ª, págs. 193 e segs.; Vivante, "I Prestiti Bancari di Titoli", *in Rivista di Diritto Commerciale*, 1923, I, pág. 89; Greco, "Conti-Correnti e Giroconti Bancari", *in Rivista di Diritto Commerciale*, 1937, parte 1ª, pág. 289; Escarra, *Principes de Droit Commercial*, vol. IV, n°s 306 e segs.; Georges Ripert, *Traité Élémentaire de Droit Commercial*, n°s 2.120 e segs.; Van Ryn, *Principes de Droit Commercial*, vol. III, n°s 1.991 e segs.; José Bernardino Alves Júnior, *Código do Comércio Bancário,* passim; René Piret, *Le Compte Courant, passim*; Paulo Lacerda, *Conta-Corrente, passim*; Paulo Lacerda, *Abertura de Crédito, passim;* Fran Martins, *Contratos e Obrigações Comerciais*, n°s 391 e segs.

274. ATIVIDADES BANCÁRIAS. DEPÓSITO BANCÁRIO

O banco penetra e domina a vida quotidiana. Não há classe social ou categoria econômica que possa dispensá-lo. Pobres e ricos a ele se dirigem, recolhendo as suas economias ou levantando capitais. Ensinando a poupança, concedendo empréstimos, financiando empreendimentos, os estabelecimentos bancários exercem função relevante na vida nacional.

Por isto, as atividades bancárias são tomadas pelo legislador como objeto de regulamentação especial, e disciplinadas como operações muitas vezes ligadas à ordem pública e ao interesse coletivo. Já desde as Leis nos 1.237, de 24 de setembro de 1864, e 3.272, de 5 de outubro de 1885, substituídas pelos Decretos nos 165-A, de 17 de janeiro de 1890,[1] e 169-A, de 19 de janeiro de 1890,[2] regulamentado este pelo Decreto nº 370, de 2 de maio de 1890,[3] que o Estado sente o dever de tratar o banco como empresa participante da vida econômica da Nação. O Decreto nº 14.728, de 16 de março de 1921,[4] ditava normas de fiscalização; o Decreto nº 21.499, de 9 de junho de 1932, criou a Caixa de Mobilização Bancária – Camob, reorganizada pelo Decreto-Lei nº 6.419, de 13 de abril de 1944, com o objetivo de promover a mobilização das importâncias aplicadas e resguardar os bancos nas crises emergenciais. O Decreto-Lei nº 7.293, de 2 de fevereiro de 1945, criou a Superintendência da Moeda e do Crédito – Sumoc, destinada a exercer o controle do mercado monetário, que a Lei nº 4.595, de 31 de dezembro de 1964, transformou no Banco Central da República dos Estados Unidos do Brasil, atualmente Banco Central do Brasil, ampliando a sua ação supervisora, aumentando o seu poder de fiscalização e imprimindo sistema à sua técnica de proceder. A Lei nº 6.024, de 13 de março de 1974, disciplina a liquidação extrajudicial de estabelecimentos bancários. Os Decretos nos 36.783, de 18 de janeiro de 1955,[5] e 43.577, de 26 de abril de 1958,[6] regulavam o pagamento dos depósitos do público em caso de cessação das atividades. A lei que disciplina a liquidação extrajudicial das instituições financeiras determina expressamente a indisponibilidade dos depósitos feitos na instituição liquidanda, e caberá à autoridade interventora, com auxílio do Banco Central do Brasil, a fixação dos limites de garantia de saques. Esta mesma lei (Lei nº 6.024, de 13 de março de 1974) dispõe sob a indisponibilidade dos bens dos dirigentes de instituições que estejam sob intervenção (arts. 36 a 39) e institui a responsabilidade solidária dos diretores das instituições bancárias (arts. 39 a 49). A Lei nº 4.728, de 14 de julho de 1965, disciplina o mercado de capitais. Esta lei sofreu importante alteração em 2004, com a promulgação da Lei nº 10.931, de 02

---

1   Revogado pelo Decreto s/nº, de 26.04.1991.
2   Revogado pelo Decreto nº 11, de 21.01.1991.
3   Revogado pelo Decreto nº 11, de 21.01.1991.
4   Revogado pelo Decreto s/nº, de 26.04.1991.
5   Revogado pelo Decreto s/nº, de 25.08.1992.
6   Revogado pelo Decreto s/nº, de 25.04.1991.

de agosto de 2004, que introduziu o sistema de Alienação Fiduciária em Garantia no âmbito do Mercado Financeiro e de Capitais.

Outros diplomas ainda tomaram o fenômeno bancário para imprimir-lhe orientação, direção, controle. A Lei nº 4.131, de 03 de setembro de 1962, disciplina a aplicação de capital estrangeiro.

O fenômeno bancário desdobra-se, portanto, em duas categorias de relações: a primeira, quanto ao Estado, que o toma em função da propulsão econômico-financeira, e, mediante disposições proibitivas ou imperativas, imprime a disciplina geral das atividades bancárias; a segunda, quanto à clientela que se utiliza do banco: relações de ordem pública e de cunho privado.[7]

Os bancos realizam, pois, variadas operações de crédito e operações financeiras que se classificam em dois grupos: *ativo* e *passivo*, respectivamente de *emprego* e de *recolhimento* de capitais, além das operações acessórias, que se cumprem pela prestação de serviços a seus clientes,[8] e, normalmente, o veículo utilizado são contratos, muitos dos quais não diferem dos típicos usuais da vida civil, como mandato, locação, compra e venda, fiança etc. Não há peculiaridade na sua etiologia pelo fato da participação na vida bancária.

A enorme variedade de operações bancárias inspirou a elaboração pretoriana para a criação de um tipo especial de responsabilidade civil enfeixada sob a epígrafe da *responsabilidade profissional* dos bancos, com caráter objetivo, refletida na Súmula 28 do Supremo Tribunal Federal.[9]

Além disso, como afirmamos acima, a atividade bancária no país tomou importância fundamental na utilização e no fomento das políticas de crédito do próprio Estado brasileiro. Esta política auxilia o governo brasileiro na condução dos negócios públicos e interfere na capacidade creditícia e produtiva do setor privado. Há, atualmente, uma relação direta entre a política monetária do Banco Central do Brasil e o bom andamento das finanças públicas e privadas.

Em decorrência deste fenômeno de interdependência, o Banco Central dispôs sobre o Código de Defesa do Consumidor bancário (Resolução nº 2.878, de 26 de julho de 2001)[10] que almeja estabelecer para as instituições financeiras e demais instituições autorizadas a funcionar pelo Banco Central do Brasil o *modus operandi* da prestação de serviços aos clientes e ao público em geral.

Existem, contudo, algumas figuras contratuais que são características da atividade bancária, e merecem tratamento próprio como *contratos bancários* propriamente ditos.

---

7 Caio Mário da Silva Pereira, *Responsabilidade Civil*, nº 146.
8 Louis François *et* Norbert Henry, *Traité des Opérations de Change-Bourse-Banque*, pág. 249.
9 Esta orientação foi concretizada com a inclusão no Código de Defesa do Consumidor da responsabilidade civil objetiva dos fornecedores de serviços – inclusive bancários – pelos danos causados a seus consumidores (art. 14).
10 Documento revogado pela Resolução CMN nº 3.694/2009, que dispõe sobre a prevenção de riscos na contratação de operações e na prestação de serviços por parte de instituições financeiras e demais instituições autorizadas a funcionar pelo Banco Central do Brasil.

274-A. Contratos bancários

De começo, a primeira figura é ocupada pelos *contratos bancários*. Não são uma novidade na vida mercantil. Ao contrário, são praticados diuturnamente, e há muitíssimos anos. Não obstante isto, o silêncio nos códigos é total. O Código Civil de 1916 não os mencionava, assim como ocorre no Código de 2002. O Projeto de Código de Obrigações, por mim elaborado, incluía a sistemática dos depósitos bancários, que oferecem peculiaridades diferenciais em relação ao contrato de depósito tradicional; a conta-corrente bancária que participa da natureza jurídica, mas se diversifica do contrato de conta-corrente; a abertura de crédito bancário como modalidade particular da abertura de crédito; o desconto bancário, que é operação ativa típica na vida das instituições financeiras; e o financiamento bancário, com ou sem caucionamento de títulos. A eles convém, entretanto, acrescentar as modalidades de repasse interno e externo, por via das quais o estabelecimento de crédito toma um empréstimo junto a outro banco, no país (ex., grupo Banco Nacional de Habitação) ou no exterior, e repassa ao cliente, que assume todos os encargos do mútuo originário, tais como juros, *spread*, comissões, correção monetária ou correção cambial e ainda se sujeita à comissão de repasse ou taxa remuneratória. O repasse de recursos externos é regulado pela Resolução do Banco Central nº 3.312[11] e pela Lei nº 4.131, de 3 de setembro de 1962.[12]

A título de proteção do consumidor, recente orientação do Conselho da Justiça Federal, no Enunciado 432, elaborado na V Jornada de Direito Civil, instituiu que, "em contratos de financiamento bancário, são abusivas cláusulas contratuais de repasse de custos administrativos (como análise do crédito, abertura de cadastro, emissão de fichas de compensação bancária, etc.), seja por estarem intrinsecamente vinculadas ao exercício da atividade econômica, seja por violarem o princípio da boa-fé objetiva".

No mesmo entendimento de combate à abusividade na prestação de serviços bancários, a Súmula 566 do STJ, promulgada em 29.02.2016, estabeleceu a possibilidade de cobrança de tarifa de cadastro no início do relacionamento entre o consumidor e a instituição financeira, apenas em contratos bancários posteriores à vigência da Resolução CMN nº 3.518/2007.[13]

A bibliografia, nacional e estrangeira, mesmo sem referência aos títulos de crédito, direito cambiário, cheque normal e *traveller's checks*, é muito vasta, bastando recordar: Lacerda de Almeida, *Conta-Corrente*; Lacerda de Almeida, *Abertura de Crédito*; Eduardo Demenes Filho, *Conta-Corrente Contratual*; Fran Martins, *Contratos e Obrigações Comerciais*; Lauro Muniz Barreto, *Questões de Direito Ban-*

---

11 Resolução nº 3.312, de 01 de setembro de 2005, que trata das operações de proteção (*hedge*) realizadas com instituições financeiras do exterior ou em bolsas estrangeiras.

12 A Lei nº 14.286/2021 revogou os seguintes artigos da Lei nº 4.131/1962: "XVIII – os seguintes dispositivos da Lei nº 4.131, de 3 de setembro de 1962: a) arts. 1º, 2º, 3º, 4º, 5º, 6º, 7º e 8º; b) §§ 1º, 2º e 3º do art. 9º; c) arts. 10 e 11; d) art. 14; e) arts. 20, 21, 22, 23, 24, 25, 26, 27, 28, 29 e 30; f) arts. 34, 35, 36, 37, 38, 39, 40 e 41; g) art. 46; e h) arts. 50, 51, 52, 53, 54, 55, 56 e 57".

13 Tal resolução foi revogada pela Resolução CMN nº 3.919/2010.

cário; Sylvio Marcondes, *Aceite Bancário*; René Piret, *Le Compte Courant*; Jean Escarra, *Les Contrats Commerciaux*; Michel Vasseur et Xavier Marin, *Les Comptes de Banque*; G. Courcelle Seneuil, *Les Opérations de Banque*; Felice Scordino, *I Contratti Bancari*; Louis François, *Traité des Opérations de Change-Bourse-Banque*; André Bertrand et René Roblot, *Le Contrôle des Changes*; Luis Alberto Delfino Cazet, *Los Contratos Bancarios*; F. Badhuin, *Crédit et Banque*; E. Colagrosso, *Diritto Bancario*; Ardant, *Introduction à l'Étude des Banques et Opérations de Banque*; De Base, *Istituzioni di Diritto Bancario*; P. M. Giraldi, *Introducción al Estudio de los Contratos Bancarios*; Francesco Messineo, *Operazioni di Borsa e Banca*; L. Muñoz, *Contratos Bancarios*; Georges Ripert, *Traité Elémentaire de Droit Commercial*; J. Ferroniere, *Les Opérations de Banque*; E. Cottely, *Derecho Bancario*; Henri Cabrillac, *Introduction au Droit Bancaire*; Terrel et Lejeune, *Traité des Opérations Commerciales de Banque*.

Dentro ainda da categoria genérica dos contratos bancários, tem lugar o chamado crédito documentário ou documental, simples ou confirmado, sobre o que escreveram entre nós o professor Honório Monteiro e Jorge Vasconcellos Muniz, e no direito estrangeiro são clássicas as obras de Georges Marais, Brunetti, J. Ferro Astray, G. Janssen, Latour Brotons, Perez Fontana, Stoufflet, A. Vidal Sola, Waldirio Bulgarelli.

Dentro ainda dos contratos bancários está a locação de cofre no interior de caixa forte, que os bancos efetuam em todos os países, com características peculiares, pois que difere de todas as operações de bancos, consistindo numa prestação de serviço aos clientes, sem qualquer conhecimento e responsabilidade pelo conteúdo, como acima esclarecido.

Ressalte-se que, a par dos inúmeros tipos contratuais que se inserem dentro do gênero de contratos bancários, a legislação a eles aplicável é o Código de Defesa do Consumidor, Lei nº 8.078/1990, por força do seu art. 3º, o que representa uma evidente proteção ao contratante de tais serviços, na condição de consumidor.[14] Mais especificamente a respeito da tutela do consumidor em contratos de concessão de crédito, a Lei 14.181/2021 (Lei do Superendividamento), que alterou o Código de Defesa do Consumidor, reconheceu que "a impossibilidade manifesta de o consumidor pessoa natural, de boa-fé, pagar a totalidade de suas dívidas de consumo, exigíveis e vincendas, sem comprometer seu mínimo existencial" constitui-se como hipótese de superendividamento (art. 54-A, § 1º, CDC).[15] A lei traz regras específicas para a prevenção e o tratamento do superendividamento, inclusive com a previsão

---

14 Sobre a aplicabilidade do Código de Defesa do Consumidor a contratos bancários, ver julgamento da Ação Direta de Inconstitucionalidade (ADIN) nº 2.591, julgada em 2006. O STF julgou improcedente o pedido formulado pela Confederação Nacional das Instituições Financeiras (Consif) que alegava a inconstitucionalidade do § 2º do art. 3º do Código de Defesa do Consumidor, que inclui no conceito de serviço abrangido pelas relações de consumo as atividades de natureza bancária, financeira, de crédito e securitária.

15 Sobre a preservação e o não comprometimento do mínimo existencial para fins de prevenção, tratamento e conciliação de situações de superendividamento em dívidas de consumo, ver o Decreto

de condutas vedadas (art. 54-C, CDC), assim como sanções aos fornecedores de serviço de crédito que descumpram o regramento legal (art. 54-D, parágrafo único), tais como redução de juros, dilação do prazo contratual e indenização por perdas e danos.[16]

Mais recentemente, a Resolução CMN nº 4.949, de 30 de setembro de 2021, que dispõe sobre princípios e procedimentos a serem adotados no relacionamento com clientes e usuários de produtos e de serviços, revogou a Resolução BACEN nº 3.694, de 26.03.2009 (Código de Defesa do Consumidor Bancário), que regulamentava os procedimentos a serem observados pelas instituições financeiras e demais instituições autorizadas a funcionar pelo BACEN na contratação de operações e na prestação de serviços aos clientes e ao público em geral.[17]

Depósito

O primeiro contrato bancário, a que fazemos alusão, é o *depósito*, considerado como a principal operação passiva dos bancos.[18]

Já estudamos o *contrato de depósito* (nº 247, *supra*) e, evidentemente, uma remissão a este é necessária, porque o *depósito bancário* é uma subespécie sua, misto de depósito irregular e de mútuo,[19] e pode ser definido como aquele pelo qual uma pessoa entrega uma quantia em dinheiro a um banco, o qual adquire a sua propriedade, obrigando-se a restituir-lhe na mesma quantidade, e na mesma espécie monetária, quando lhe for exigida.

Seus caracteres jurídicos são: *a)* contrato *real*, dentro da sistemática de nosso direito positivo, porque somente estará perfeito com a *traditio* efetiva da própria quantia, categoria que registramos com a ressalva já feita no nº 191, *supra*, contrariamente aos contratos reais; *b) oneroso*, porque proporciona ao banco a utilização do depósito, e ao depositante o abono do juro, quando legalmente admitido ou *gratuito* em caso contrário; *c) unilateral*, porque somente há obrigação para o banco, de restituir o depósito acompanhado do interesse. (Mas, dentro da técnica de nossa preferência, contrária à

---

nº 11.150/2022, que considera como mínimo existencial a renda mensal do consumidor pessoa natural equivalente a R$ 600,00 (seiscentos reais).

16 "Art. 54-D. (...) Parágrafo único. O descumprimento de qualquer dos deveres previstos no *caput* deste artigo e nos arts. 52 e 54-C deste Código poderá acarretar judicialmente a redução dos juros, dos encargos ou de qualquer acréscimo ao principal e a dilação do prazo de pagamento previsto no contrato original, conforme a gravidade da conduta do fornecedor e as possibilidades financeiras do consumidor, sem prejuízo de outras sanções e de indenização por perdas e danos, patrimoniais e morais, ao consumidor".

17 É notória a intervenção judicial nesses contratos com a finalidade de estabelecer o equilíbrio entre consumidor e instituição bancária, sobretudo quanto às cobranças de juros e a fixação dos referenciais para a correção monetária. Assim, pode-se apontar as súmulas seguintes do STJ: 541, 530, 379, 288, 287, 285.

18 Trabucchi, *Istituzioni*, nº 353.

19 Trabucchi, loc. cit.; Hamel, *Banques et Opérations de Banque*, vol. II, nº 754; De Page, *Traité*, vol. V, nº 268; Van Ryn, *Droit Commercial*, vol. III, nº 2.052.

classe dos contratos reais, seria ele bilateral, consensual, com a obrigação para o depositante de entregar a quantia, e para o banco de restituí-la.)

Seus requisitos *subjetivos* são os dos contratos em geral, com a ressalva de que aos menores que exercem profissão lucrativa é lícito movimentar a conta bancária.

Objeto do depósito bancário é o dinheiro com curso legal no País. Não é lícito efetuá-lo em moeda estrangeira. E, quando o objeto não é pecuniário, porém consiste em outros bens não fungíveis, está submetido à disciplina dogmática do depósito regular e constitui outra operação bancária, que é o contrato de *custódia* ou *guarda*.

O depósito bancário não está sujeito a *requisito formal*, quer para a sua *celebração*, quer para a sua *prova*. Os bancos, às vezes, expedem *cadernetas* cuja escrituração comprova o depósito; tem o mesmo efeito o *recibo* do recolhimento da quantia, ou o *extrato* endereçado ao depositante, aliás muito usado para as contas mais frequentemente movimentadas.

Os depósitos bancários podem ser: *a*) *à vista*, quando o depositante tem a faculdade de levantá-los total ou parcialmente, ao seu puro arbítrio ou segundo sua conveniência; *b*) de *aviso*, quando, o depositante tem a faculdade de reclamá-los, subordinada a uma prévia comunicação do saque; *c*) a *prazo fixo*, em que o depositante não pode efetuar a retirada senão a termo certo (três meses, seis meses, um ano), antes do qual o banco pode recusar-lhe o saque.

Podem classificar-se, ainda, em função do montante: *depósitos populares*, destinados a estimular a poupança, nos quais o juro abonado seria mais alto; *depósitos limitados*, sujeitos a um limite maior do que os primeiros, porém contidos sob um teto; *depósitos sem limite*, cujo nome traduz o seu caráter ilimitado. Eliminado o juro, salvo nos depósitos a prazo fixo, estas modalidades tornaram-se históricas meramente.

Os depósitos são escriturados em conta individual dos depositantes, obrigado o banco a prestar-lhes informações discriminadas a todo tempo. Não poderá, entretanto, sem autorização do cliente, dá-las a terceiros, salvo as exceções legais (imposto sobre a renda, autoridades judiciais, autoridades monetárias e fiscais).

As obrigações fundamentais do banco são a restituição do depósito e o pagamento dos juros quando devidos. O depósito deve ser devolvido na mesma espécie monetária, e na mesma quantidade (*tantundem*), e, em princípio, ao arbítrio do depositante, o que o caracteriza e diferencia do mútuo.[20] Mas o depositante será obrigado a respeitar o pré-aviso ou o termo ajustado, como restrição convencional.[21] Os juros obedecerão à taxa estipulada, e poderão ser pagos em dinheiro ou levados a crédito da respectiva conta, caso este em que equivalem a novo depósito, e acrescem ao saldo vencendo novos juros. Presentemente as contas de depósito não vencem juros.

Havendo litígio, ou sendo penhorado o depósito, o banco suspenderá a restituição, até decisão judicial.

---

20 Ripert, *Droit Commercial*, n° 2.133.
21 Van Ryn, ob. cit., n° 2.054.

Modalidade especial é a *conta conjunta*, em que o depósito é efetuado em nome de mais de um titular, com a cláusula de ser levantado por qualquer deles, total ou parcialmente, ou efetuados os saques pelos titulares da conta em conjunto, se não for estipulada a solidariedade. A conta de depósito pode já ser aberta com esta característica, ou resultar de uma autorização para que outra pessoa (esposa, sócio, preposto) da mesma se sirva. Nasce então, da conta conjunta, uma *solidariedade ativa*, em virtude da qual cada um dos titulares efetua retiradas, cujos montantes são lançados a débito da mesma conta, e, portanto, oponíveis aos cotitulares,[22] ressalvada a restrição acima. Em não havendo estipulação, a conta conjunta somente pode movimentar-se pelos titulares.

Em caso de morte do depositante, caberá aos herdeiros efetuar o levantamento, segundo o que lhes couber em partilha, salvo se o inventariante for autorizado expressamente a fazê-lo.

Cofres de aluguel

Os bancos costumam possuir pequenos *cofres* em sua caixa forte, onde os clientes, mediante uma taxa, recolhem valores, títulos etc. Não há, nesta operação, um depósito, porque os valores não são entregues ao banco. É um contrato especial, em que predomina o caráter locatício, sujeito contudo à dogmática específica. Assim é que o banco poderá rescindi-lo a qualquer tempo, por suspeita quanto à natureza ou procedência dos valores recolhidos, ou por considerar inconveniente o ingresso do cliente no recinto.[23]

Depósitos especiais

Bancário é, ainda, o *depósito regular* de títulos da dívida pública, ações etc. ligado a atividades específicas, constituindo, então: depósito em *administração*, quando o banco se obriga a uma prestação de serviço de recebimento de juros ou dividendos, resgate de títulos sorteados ou outros; ou depósito *fechado*, quando é entregue um pacote cerrado, e o banco se obriga a custodiá-lo sem devassar-lhe o conteúdo; ou o depósito em *garantia* da solução de débitos (Ruggiero e Maroi), ou ainda em "custódia simples", obrigando-se o banco a manter títulos ou papéis guardados à disposição do cliente, com ou sem prestação de serviços com ou sem remuneração.

275. Conta-corrente. Abertura de crédito. Crédito documentário

Usado no comércio, o *contrato de conta-corrente* é tomado pelos bancos, e difundido pela simplicidade que imprime aos negócios, e pela facilidade que cria na apuração de quem é credor ou devedor, quando o cliente faz frequentes movimentos de entradas e retiradas de numerário.

---

22 Escarra, *Principes*, vol. VI, n°s 413 e segs.
23 Ruggiero e Maroi, *Istituzioni*, § 172.

Genericamente considerado, o contrato de conta-corrente é aquele em que duas pessoas se obrigam a inscrever em partidas de débito e crédito valores correspondentes à remessa de numerário ou de outras mercadorias que reciprocamente se façam.[24]

Os objetos do contrato são os lançamentos e não as remessas, pois que a estas as partes não se obrigam. Uma vez feitas, o crédito resultante não é isoladamente exigível, porque tem de ser levado à conta, e balanceado com os débitos em contrapartida. Como consequência, nenhum dos contratantes guarda a faculdade de reclamar de outro qualquer crédito isoladamente, porém, o saldo que a conta apresentar, no final, ou no termo convencionado, ou quando ficar encerrada em razão de qualquer causa determinante do vencimento antecipado das obrigações. Este, aliás, é o efeito mais importante do contrato de conta-corrente, chamado *novatório*, em virtude do qual se substitui um crédito exigível por um lançamento,[25] e por via de consequência nem fundamentará uma ação judicial nem estará sujeito à prescrição.[26]

Tomado este contrato como operação bancária, simplifica-se o seu mecanismo, uma vez que as partes somente fazem remessas *pecuniárias* lançando o banco a crédito do cliente o que este lhe entregar ou por ele receber de terceiros, e a débito os saques, ordens de pagamentos, tributos e demais despesas.

Em qualquer caso, todavia, o contrato de conta-corrente, sem ser acessório por não estar na dependência de outro, é alimentado pelos débitos e créditos, originários sempre de outras operações.[27]

Quanto aos *juros*, podem ser credores ou devedores, conforme seja o saldo a favor de um ou de outro dos contratantes. A sua contagem não perde de vista a individualidade de cada partida, de tal sorte que se computam tendo em vista cada período em que o saldo parcial subsiste não coberto pelo lançamento subsequente, e, no encerramento da conta, ou no termo ajustado, levantam-se e inscrevem-se na mesma conta.

Efetuada a *compensação automática* dos débitos e dos créditos (v. nº 163, *supra*, vol. II), levanta-se o saldo que, então, é exigível, como um todo, mas a sua executoriedade depende de reconhecimento pelo devedor.

Quando a conta-corrente é contratada por mais de um titular, reserva-se a todos a faculdade de movimentá-la, ficando assim *estipulada a solidariedade* entre todos. O novo direito italiano é mais seguro ao estabelecer que todos são credores ou devedores *in solidum* pelo saldo, cabendo entretanto a cada um a faculdade de renunciar ao contrato, com pré-aviso expresso; prevalecerá na falta de menção, ou de usos e costumes vigorantes, o decurso de 15 dias.[28]

A *abertura de crédito* é o contrato pelo qual o banco se obriga a pôr à disposição do cliente uma soma dentro de um dado limite quantitativo, e por um certo

---

24 Trabucchi, *Istituzioni*, nº 358.
25 Escarra, *Principes de Droit Commercial*, vol. VI, nº 487.
26 Van Ryn, *Droit Commercial*, vol. III, nº 2.098.
27 Piret, *Le Compte-Courant*, nº 24; Van Ryn, nº 2.091.
28 Ruggiero e Maroi, *in* loc. cit., com fundamento nos arts. 1.854 e 1.855 do Código Civil de 1942.

prazo, acatando-lhe os saques ou acolhendo suas ordens. É um contrato consensual, bilateral, oneroso, de execução sucessiva, e *intuitu personae*,[29] caracteres já muito esclarecidos neste volume.

Ao contrário do depósito bancário, em que o banco recebe a quantia e admite sobre ela as retiradas, na *abertura de crédito* não há prévia entrega de dinheiro, mas um ajuste, em virtude do qual o banco, como creditador, convenciona com o creditado a *disponibilidade* do numerário, que poderá ser retirado global ou parceladamente. Difere, por outro lado, do empréstimo, em que não existe tradição de quantia no momento da celebração.[30]

Este contrato pode vir conjugado com a conta-corrente (*abertura de crédito em conta-corrente*), providência com a qual o banco abre o crédito e o cliente o utiliza, mas restaura a disponibilidade, no todo ou em parte, mediante remessas que efetua, e novamente repete os saques, movimentando assim a conta, cujo saldo, no encerramento, traduz a posição de um ou de outro.

O crédito permanece aberto pelo tempo aprazado, e pode ser revogado por qualquer razão que induza a redução das resistências financeiras do creditado, tais como protesto cambial, ação em juízo, falta de substituição ou reforço de garantia etc. Mas não é jurídica a atitude do creditador que encerra unilateralmente a conta ou *corta o crédito*, pela potestatividade pura que traduz, salvo se estipulada tal faculdade.[31]

O banco debita ao creditado todas as despesas, tributos e juros; e ainda lhe cobra ou lança na conta uma *comissão*, a título de imobilização de capital, incidente sobre o limite do crédito aberto. Não se confunde esta comissão com os juros: estes são a remuneração pelo uso do capital retirado, ao passo que aquela é devida pelo fato da disponibilidade, isto é, em razão de ter o creditador separado do seu giro uma dada importância, a qual poderá ser ou não levantada pelo cliente, mas que fica, pelo tempo do contrato, à sua disposição. É por isto que o juro somente corre sobre as quantias efetivamente utilizadas e a comissão é cobrada ainda que não faça o cliente uso de crédito aberto.[32]

Pode ser a *descoberto*, quando o creditador o concede com base no crédito pessoal do devedor, considerando suficiente, como garantia, o seu patrimônio genericamente considerado; ou pode ser *garantido*, quando o banco exige uma segurança especial, seja a cláusula adjeta de hipoteca, seja o penhor de títulos, seja a fiança do terceiro.[33] Na linha das garantias, é comum vincular-se ao contrato de abertura de crédito um título cambial, com a faculdade, ao creditador, de usar a ação própria para a cobrança do título, cuja *solutio* poderá ser reclamada do emitente ou dos avalistas.

Crédito documentado. O notável incremento do comércio internacional em seguida à I Guerra Mundial, aliado à necessidade de se acobertarem os exportadores contra os riscos advenientes da oscilação dos preços das mercadorias já expedidas,

---

29 Van Ryn, nº 2.124.
30 Ripert, *Droit Commercial*, nº 2.148.
31 Ripert, nº 2.151; Van Ryn, nº 2.133; Escarra, nº 655; De Page, *Traité*, vol. VII, nº 507.
32 Escarra, nº 638.
33 Trabucchi, nº 354; Fran Martins, *Contratos e Obrigações Comerciais*, nº 419.

sugeriu a criação de uma figura contratual nova, no campo da abertura de crédito. Trata-se do *crédito documentado*, também chamado *crédito documentário*, o qual, sem ter penetrado no direito positivo, inscreve-se nas práticas comerciais de todos os povos.

Seu mecanismo consiste em convencionar um banco, com o comprador de dada mercadoria, a abertura de um crédito em benefício do vendedor, que recebe o pagamento contra a entrega dos documentos referentes à exportação ou venda (saque, fatura comercial, fatura consular, apólice de seguro, certificado de origem, conhecimento de embarque etc.). A operação, analiticamente, decompõe-se em: *a*) uma *compra* e *venda*, que se passa entre o importador e o exportador (ou entre comprador e vendedor), à qual o banco creditador é estranho, e, por isso mesmo, não teria cabimento arguir junto a ele qualquer defeito em relação à mercadoria; *b*) uma *abertura de crédito, ajustada* entre o banco e o comprador (dador da ordem), mas abertura de crédito peculiar, porque se não cumprirá entre eles mesmos, porém em mãos de um terceiro a esta relação, que é o vendedor (ou exportador); *c)* o *pagamento ao vendedor* (creditado), mas sob a condição de lhe serem entregues, em devida ordem, os documentos referentes à exportação (ou venda).

A fim de assegurar-se o vendedor contra a revogação da ordem pelo comprador, exigirá que o banco lhe confirme o crédito, assumindo a obrigação de pagar contra a entrega dos documentos, e surge a figura que é a grande conquista do comércio internacional: *crédito confirmado em matéria documental*. Com algumas variantes (por exemplo, nos Estados Unidos há diferença entre o crédito confirmado e crédito irrevogável; na Alemanha também; na França não há), pode-se resumir a operação neste conceito: *crédito confirmado* é o contrato pelo qual o comprador ajusta com o banco, em caráter irrevogável, a abertura de um crédito a favor do vendedor, com o objetivo de aceitar e pagar, dentro do limite estipulado, o saque tirado contra ele, sob a condição de entrega de todos os documentos relativos a uma importação de mercadoria, na devida ordem.[34]

Chama-se *conta-corrente imprópria* o lançamento de operações recíprocas, realizado sob a forma da conta-corrente, mas sem caráter contratual. É uma técnica muito frequente no comércio, e usada como operação bancária comum. É também chamada *conta gráfica*.

Os depósitos bancários são escriturados em conta-corrente (imprópria), e por sua via o cliente, efetuando retiradas e novos depósitos, mantém em dia a provisão de fundos no banco, aumentando ou diminuindo as suas disponibilidades.[35]

---

34 Honório Monteiro, *Do Crédito Bancário Confirmado*, págs. 10 e segs.; Jorge Vasconcelos Muniz, *Do Crédito Documentado*, págs. 15 e segs.; Georges Marais, Du Crédit Documentaire, págs. 5 e segs.; Georges Marais, *Du Crédit Confirmé en Matière Documentaire*, págs. 39 e segs.; Stoufflet, *Le Crédit Documentaire*, nᵒˢ 3 e segs.; Hamel, *Banques et Opérations de Banque*, vol. II, nᵒˢ 1.105 e segs.; Ripert, *Droit Commercial*, nᵒˢ 2.217 e segs.; Van Ryn, *Droit Commercial*, vol. III, nᵒˢ 2.165 e segs.

35 Trabucchi, ob. cit., nᵒ 359; Piret, ob. cit., nᵒˢ 31 e segs.

Ainda no plano da conta-corrente imprópria, é a que se usa para registrar os resultados das operações acessórias efetuadas pelo banco, como a administração de imóveis do cliente, aquisição de títulos da dívida pública ou de valores comerciais, compra e venda de efeitos móveis, execução de encargos, pagamento de impostos etc. Compondo a figura da conta-corrente bancária, tais operações geram débitos e créditos, e, por via de consequência, saldos a favor ou contra o banco. Neste último caso (saldo positivo do cliente), é admissível a retirada, tal qual outra qualquer disponibilidade provisional. Na hipótese contrária (saldo negativo do cliente), necessita, para que lhe possa ser reclamado, de reconhecimento expresso, convertendo-se em dívida líquida e certa, cobrável executivamente. Mas, não sendo contratual a conta, não produz o efeito novatório automático. Para que o banco possa cobrar em juízo, e pela vida ordinária, na falta de um reconhecimento específico do saldo em dado momento, terá de demonstrar a veracidade e exatidão de cada lançamento individualmente, mediante a exibição do respectivo documento comprobatório.

276. DESCONTO. FINANCIAMENTO. REDESCONTO. REPASSE

O *desconto* constitui a massa mais volumosa das operações bancárias ativas. Por ele, o banco adquire a propriedade de títulos de crédito do cliente, e a este adianta uma importância líquida, deduzido ou descontado o que aufere pela operação. Não se trata, porém, da aquisição de título a preço reduzido, especulando com a solvência duvidosa do signatário, mas ao revés da aplicação de uma taxa limitada e determinada, e entrega do líquido ao cliente, como empréstimo, e sob garantia do título.[36] Mas cumpre extremar dois fenômenos, do ponto de vista jurídico como econômico: enquanto no empréstimo sob caução o mutuante recebe o título como garantia, e conserva-o nesta qualidade, o desconto implica a transferência da propriedade do título.[37] Quer nas relações com o descontante, quer quanto a terceiros, este princípio tem a maior importância. Como, porém, o descontante permanece vinculado ao banco até a liquidação do débito, é chamado a solver na falta de resgate do título descontado,[38] o que, aliás, é uma característica deste contrato, cujas linhas etiológicas próprias o distinguem de qualquer outro.

Pelo desconto, o banco assume a titularidade do crédito, e pode, então, proceder contra o devedor principal, ou habilitar-se em concurso creditório, ou comparecer na falência. Até a solução, o descontante permanece vinculado, e sujeito, portanto, à ação de regresso do banco, subordinada esta às cautelas tomadas em obediência à legislação própria do título. Cabe-lhe, ainda, adotar medidas defensivas, como protesto e interrupção de prescrição.

---

36   Ripert, *Droit Commercial*, nº 2.203.
37   Van Ryn, *Droit Commercial*, nº 2.075.
38   Van Ryn, *Droit Commercial*, nº 2.079.

Podem ser objeto de desconto todos os créditos cessíveis, e especialmente os de natureza cambial: letra de câmbio, notas promissórias duplicatas, *warrants*, cheques, debêntures, conhecimentos de embarque.

Como terceiro, são inoponíveis ao banco as exceções pessoais que o devedor tenha contra o credor-cedente, salvo se estiver de má-fé. Mas são cabíveis as extintivas da obrigação.

Redesconto. O Banco que desconta o título (operação ativa) poderá, por sua vez, levá-lo a desconto em outro estabelecimento (operação passiva), e a isto se dá o nome de *redesconto*.

O redesconto é, teoricamente, concedido por bancos maiores aos de menor pujança, e por este meio aqueles empregam as suas disponibilidades maciças em negócios seguros, sem a fragmentação do risco em pequenas operações junto ao grande público, e correspectivamente os bancos favorecidos imprimem maior velocidade ao dinheiro, criando moeda escritural mais volumosa e produtiva.

Visando à sua disciplina, a Lei n° 4.182, de 13 de novembro de 1920, instituiu a Carteira de Redesconto do Banco do Brasil (restabelecida pelo Decreto n° 19.525, de 24 de dezembro de 1930,[39] e revigorada pela Lei n° 449, de 14 de junho de 1937). As operações de redesconto passaram a ser privativas da Carteira (Decreto-Lei n° 6.634, de 27 de junho de 1944). Franqueadas posteriormente aos estabelecimentos privados, dentro dos limites estabelecidos por aquela Carteira (Decreto-Lei n° 8.494, de 28 de dezembro de 1945), voltaram ao regime de restrição e acham-se disciplinadas no Regulamento respectivo, aprovado pelo Decreto n° 30.190, de 21 de novembro de 1951.[40] Cessaria a Carteira suas atividades quando fosse criado o Banco Central a que se refere o Decreto-Lei n° 7.293, de 2 de fevereiro de 1945, ao qual seriam transferidas.[41] Com efeito, criado este órgão pela Lei n° 4.595, de 31 de dezembro de 1964, assumiu aquelas operações.

O desconto como o redesconto podem ser efetuados como operação autônoma, ou em associação com a conta-corrente ou abertura de crédito.

Financiamento é a operação bancária, também chamada *adiantamento*, pela qual o banco antecipa numerário sobre créditos que o cliente possa ter, com a finalidade de proporcionar-lhe meios necessários a um dado empreendimento, em base meramente fiduciária ou mediante garantias.

Pode vir articulado com outras operações. A mais habitual é a abertura de crédito, de que há mesmo quem o considere uma subespécie (Trabucchi). Outras são ainda usadas, com a conta-corrente e o desconto.

Ao financiamento não raro se prendem operações acessórias, sendo a mais comum o mandato, para que o banco represente o financiado junto a devedores deste.

---

39 Revogado pelo Decreto s/n°, de 26.04.1991.
40 Revogado pelo Decreto s/n°, de 26.04.1991.
41 Dispõem sobre operações de redesconto: Decreto-Lei n° 9.067, de 15 de março de 1946; Decreto n° 29.536, de 7 de maio de 1951; Lei n° 1.419, de 23 de agosto de 1951; Decreto n° 30.190, de 21 de novembro de 1951.

O banco-financiador cobra do financiado uma taxa a título de execução do mandato, a qual não se confunde com o juro incidente sobre as somas adiantadas, nem com a comissão pela disponibilidade na abertura de crédito. Se for contratada apenas a operação acessória, a remuneração exigida é a contraprestação do serviço prestado. Se houver a conjugação com outras operações ativas, é devida, independentemente dos juros e emolumentos.[42]

Repasse. Com amparo na Resolução nº 3.312 do Banco Central[43] e na Lei nº 4.728, de 14 de julho de 1965, os estabelecimentos bancários operam no *repasse*, a devedores internos de quantias que tomam por empréstimos em bancos estrangeiros. Os recursos externos são expressos em moeda estrangeira, mas o repasse se efetiva em moeda nacional, respondendo o banco repassante pela liquidação do empréstimo. O cliente obriga-se por todos os encargos e acessórios deste, inclusive a variação cambial, na época da solução, total ou parcial, e mais uma comissão remuneratória ao banco repassante.

Operação de repasse é, ainda, a das carteiras imobiliárias e especiais, tendo por objeto advindos do Banco Nacional da Habitação, do Banco Nacional de Desenvolvimento Econômico e da Caixa Econômica Federal, e destinada aos financiamentos para aquisição de casa própria, ou de bens de consumo durável, ou ainda para crédito educativo – todos eles a juros subsidiados.

---

42 De acordo com o Enunciado 432 das Jornadas de Direito Civil, do Conselho da Justiça Federal, "em contratos de financiamento bancário, são abusivas cláusulas contratuais de repasse de custos administrativos (como análise do crédito, abertura de cadastro, emissão de fichas de compensação bancária, etc.), seja por estarem intrinsecamente vinculadas ao exercício da atividade econômica, seja por violarem o princípio da boa-fé objetiva".

43 Resolução nº 3.312, de 01 de setembro de 2005, que trata das operações de proteção (*hedge*) realizadas com instituições financeiras do exterior ou em bolsas estrangeiras.

Capítulo LXII

Declaração Unilateral de Vontade

Sumário

277. Promessa unilateral. Promessa de recompensa. **278.** Títulos de crédito. Títulos ao portador. **279.** Títulos cambiais, letra de câmbio, promissória, duplicata, cheques.

Bibliografia

Giusepe Gualtieri *y* Ignacio Winizky, *Títulos Circulatórios, passim*; Saleilles, *Théorie Générale de l'Obligation*, nᵒˢ 141 e 267; Ruggiero e Maroi, *Istituzioni di Diritto Privato*, vol. II, §§ 178 e segs.; Trabucchi, *Istituzioni di Diritto Civile*, nᵒˢ 304 e segs.; Tullio Ascarelli, *I Titoli di Credito in Nuovo Digesto italiano*; Karl Larenz, *Derecho de Obligaciones*, vol. II, § 60; Enneccerus, Kipp *y* Wolff, *Tratado Derecho de Obligaciones*, vol. II, § 197; Fiorentino, "Distinzione fra Titoli di Credito Causali ed Astratti", *in Rivista di Diritto Commerciale*, 1946, parte 2ª, pág. 552; Gustavo Cintra Paashaus, *Dos Títulos de Crédito, passim*; Jean Larguier, *La Notion de Titre en Droit Privé, passim*; Giuseppe Ferri, *I Titoli di Credito, passim*; Agustin Vicente *y* Gella, *Los Títulos de Crédito, passim*; Isidro Conde Botas, *El Cheque y el Traveler Cheque, passim;* Whitaker, *Letra de Câmbio, passim;* Magarinos Torres, *Nota Promissória, passim*; Saraiva, *Cambial, passim*; Paulo Lacerda, *Do Cheque no Direito Brasileiro, passim*; Carlos Fulgêncio da Cunha Peixoto, *O Cheque, passim*; Fabio O. Pena, *Da Duplicata, passim*; João Eunápio Borges, *Do Aval, passim*; Giovanni Pelizzi, *Studi sui Titoli di Credito, passim*; Ignacio Winizky, *Le Chèque de Voyage*, tese relatada no VII Congresso Internacional de Direito Comparado (Uppsala, 1966); Carlos Fulgêncio da Cunha Peixoto, *Comentários à Lei de Duplicatas, passim*.

DECLARAÇÃO UNILATERAL DE VONTADE 431

277. Promessa unilateral. Promessa de recompensa

Efeito da vontade, declarada na conformidade da ordem jurídica, é vincular o agente, criando as obrigações em que predomina o fato humano.

Estudando os contratos no correr de todo este volume, já fixamos o efeito obrigatório da convergência das emissões volitivas. E não deixamos de mencionar o poder da vontade unilateral como elemento criador de obrigações. Agora retomamos o assunto, e desenvolvemos a dogmática da vontade unilateral, que se concretiza no fato humano puro, dotado de poder criador, independentemente da adesão de outra vontade.

Não tendo embora construído a doutrina da promessa unilateral, ao Direito Romano não foi estranha a ideia de vincular o policitante, quando dirigida ao Estado, a uma cidade, ou quando animada de pia causa, e feita a benefício da Igreja, ou da própria divindade.[1] Ao tempo da elaboração do BGB, ainda atuou o receio de Brinz, quanto às dificuldades de distingui-la da *oferta*, muito embora teoricamente não se lhe opusesse objeção.[2] E escritores modernos até hoje se arrimam a este *subsídio* fundamentando o título no conceito de *oferta* dirigida a qualquer portador, a qual é reputada aceita pelos portadores sucessivos.[3]

O Código Civil brasileiro de 2002 abrigou a noção, especificamente constituindo gestão de negócios, já estudada no nº 257 *supra*, e a *promessa de recompensa*, que não é mera promessa de contrato, porém uma obrigação já definida pela declaração unilateral de vontade, e pode ser exigida por quem quer que preencha a condição proposta (Ruggiero e Maroi). Quando, pois, alguém, por anúncio público, oferece recompensa a quem desempenhe certa prestação, está obrigado a pagá-la, quer o candidato haja procedido com o propósito de disputá-la, quer não tenha agido pelo interesse da recompensa (Código Civil, arts. 854 e 855).

A publicidade, requerida como pressuposto do vínculo, tanto pode ser a difusão pela imprensa quanto resultar de proclamas ou pregões de viva-voz, ou radiodifundidos, ou televisados, quanto ainda da afixação de cartazes, distribuição de folhetos etc. O agente vincula-se em razão da vontade declarada, bastando, portanto, que seja ela externada por qualquer veículo.

É uma declaração *sui generis*, porque endereçada a qualquer anônimo, determinando-se o sujeito ativo da relação obrigacional no momento em que se verifica o preenchimento dos requisitos de exigibilidade da prestação.

Obrigatória a promessa a partir de quando se torne pública, pode ser todavia ilidida por uma declaração contrária de vontade, desde que o promitente ressalve o direito de revogá-la. Caso o faça, no entanto, a lei garante ao candidato de boa-fé o direito ao ressarcimento das despesas em que tiver incorrido (Código Civil, parágrafo único do art. 856). Fixado prazo, presume-se ter o anunciante renunciado ao direito de retirá-la, até o seu escoamento.

---

1 Ruggiero e Maroi, *Istituzioni*, vol. II, § 178.
2 Saleilles, *Obligations*, nº 142.
3 Mazeaud *et* Mazeaud, *Leçons*, vol. II, nº 368.

Seu efeito é a obrigação resultante de pagar o prêmio ou a recompensa a quem comparecer e, na forma da promessa, demonstrar que preenche as condições nela previstas. Na recusa, tem ação para exigir-lhe a execução. E se mais de uma pessoa praticar o ato, caberá a recompensa ao que primeiro se apresentar; sendo simultânea a execução, partilhar-se-á o prêmio, ou conferir-se-á a um dos contemplados por sorteio, a não ser que na promessa esteja disposto diversamente (Código Civil, art. 857).

Na linha desta figura obrigacional inscrevem-se os concursos, que se abrem com a promessa de um prêmio ao vencedor, em competição de natureza artística, científica ou literária. É requisito de validade deste tipo de promessa a fixação de um prazo para a admissão dos candidatos (Código Civil, art. 859).

A escolha do beneficiado depende muitas vezes do juízo de um especialista; se já estiver este designado no anúncio, os candidatos são obrigados a acatar-lhe a decisão, sem que se possam insurgir contra o resultado, quer sob a alegação da insuficiência dos seus conhecimentos, quer sob a de seu critério; ninguém é obrigado a concorrer, mas se o faz, é no pressuposto de submeter-se às condições do promitente. A este, no silêncio a respeito, entende-se reservada a função decisória, a ser desempenhada pessoalmente, ou por intermédio de árbitros à sua escolha. No caso de empate, decide-se pela partilha do prêmio, ou por sorteio se for este indivisível.

A obra literária, científica ou artística pertence ao seu autor, que lhe é titular. Quem a leva a concurso não abre mão dos seus direitos, pelo fato de vê-la premiada. Presume-se no promovente um estímulo desinteressado ao artista, cientista, escritor,[4] a não ser conste da promessa que ficará ela pertencendo ao promitente, o qual, em tal caso, adquire direito à sua edição ou reprodução (Código Civil, art. 860).

278. Títulos de crédito. Títulos ao portador

Dentro do tipo genérico das obrigações por declaração unilateral de vontade estão os *títulos de crédito*, que consistem em fazer o agente uma emissão volitiva materializada, em um instrumento, e ser obrigado a uma prestação determinada, independentemente de qualquer ato de aceitação emanado de outro agente. O título de crédito vale por si, e produz efeito obrigatório desde o momento em que é posto em circulação.[5] Mas a sua importância econômica, que o erige no mais eficaz e perfeito instrumento de mobilização da riqueza e de circulação dos créditos, no dizer de Ferri,[6] situa-se especialmente no fato de reunir dois atributos concorrentes: ao mesmo passo que prova a obrigação, assegura a sua exação mesma, permitindo desta sorte um tráfico fiduciário rápido. Dizendo-o em outros termos, congrega a pré-constituição da prova do crédito à segurança de sua eficácia jurídica.[7]

---

4   Clóvis Beviláqua, Comentários ao art. 1.517 do Código de 1916.
5   Cariota Ferrara, *Negozio Giuridico*, pág. 164; Ruggiero e Maroi, ob. cit., § 179.
6   Giuseppe Ferri, *I Titoli di Credito*, nº 1.
7   Trabucchi, *Istituzioni*, nº 324.

O título de crédito é um documento que corporifica um direito, por isso se diz que ele é literal e autônomo. Literal porque neste documento devem estar contidos todos os elementos necessários para a constituição de uma obrigação. Autônomo porque ele vale por si mesmo, independentemente da demonstração da sua causa ou origem. Justamente em razão dessas características é que o Código determina que para produzir efeitos deve o título de crédito preencher todos os requisitos especificados em lei (art. 887).

O título de crédito corporifica uma obrigação. Ele vale por si só. Mas evidentemente ele reflete uma obrigação decorrente de um negócio jurídico preexistente, pois não serve para enriquecimento sem causa. É comum se ver as partes de um contrato constituindo títulos de crédito para corporificar as obrigações dele decorrentes, como v.g. ocorre com as promessas de compra e venda de bens imóveis, em que o comprador emite notas promissórias no valor das prestações vincendas. O fato eventual de o contrato ser desconstituído, evidentemente, atinge a validade das notas promissórias emitidas. Por outro lado, se estas não preencherem os requisitos legais, o vendedor nem por isso perde o direito de cobrar o seu crédito, já que apenas não disporá mais das facilidades de cobrança que os títulos de crédito concedem (Código Civil, art. 888).

O título de crédito deve conter a data de sua emissão, a indicação precisa dos direitos que confere e a assinatura do emitente. Se não contiver data de vencimento, considera-se à vista. Se não contiver lugar de emissão e de pagamento, considera-se o do domicílio do emitente (Código Civil, art. 889).

O Código proíbe e considera não escritas as cláusulas de juros, a proibitiva de endosso e a excludente de responsabilidade pelo pagamento ou por despesas, a que dispense a observância de termos e formalidades prescritas, e a que, além dos limites fixados em lei, exclua ou restrinja direitos e obrigações (Código Civil, art. 890).

O credor não é obrigado a receber o pagamento antes do vencimento do título. Se o devedor paga antes do vencimento, fica responsável pela validade do pagamento. O pagamento parcial em que não se opera a tradição do título deve ser acompanhado de quitação em separado e quitação no próprio título (Código Civil, art. 902).

Há três espécies de títulos de crédito: nominativos, à ordem e ao portador.

Título nominativo é aquele que contém uma declaração receptícia de vontade, dirigida a um destinatário identificado, com a característica de ser a prestação por este exigível (Código Civil, art. 921). Isto não significa intransferibilidade, pois que em princípio são cessíveis, mas quer dizer que o credor da relação obrigacional é a pessoa em cujo favor é emitida a declaração, o qual pode investir outra pessoa na sua titularidade. Essa transferência pode se dar por termo, em registro do emitente, assinado pelo proprietário e pelo adquirente, ou por endosso, no qual é expressamente identificado o endossatário. Para ter eficácia contra o emitente, deve o endosso lhe ser comunicado, cabendo ao endossatário efetivar o registro junto àquele, de quem pode exigir a comprovação da autenticidade da sua assinatura. O título nominativo, salvo proibição legal, pode ser transformado em título à ordem ou ao portador, a pedido do proprietário e à sua custa (Código Civil, art. 924).

Título à ordem é aquele em que o *reus credendi* é nomeado, mas com a faculdade de efetuar a sua transferência mediante um ato da maior simplicidade, que se pode resumir na mera oposição de sua assinatura, no verso ou no anverso do próprio título (Código Civil, art. 910). A transferência por endosso completa-se com a tradição do título e pode ser realizada antes ou depois do seu vencimento (Código Civil, art. 920). O endosso é o modo normal de transferência dos títulos à ordem. Nada impede, no entanto, que a transferência do crédito se dê por outro modo, tendo por efeito a sua cessão civil (Código Civil, art. 919). Normalmente a cláusula à ordem é expressa no contexto, o que porém não é obrigatório nas legislações que adotam os princípios assentados pela Convenção de Genebra, quanto à uniformização das normas relativas à letra de câmbio e cheque, (Decreto nº 57.663, de 24 de janeiro de 1966), por se entender que nesses títulos é ínsita a cláusula.[8]

O endosso pode ser efetivado em preto, quando é mencionado quem seja o endossatário, ou em branco, quando se transforma em título ao portador, sendo facultado a qualquer momento ao endossatário de endosso em branco mudá-lo para endosso em preto, apenas completando-o com o seu nome ou de terceiro (Código Civil, art. 913).

Quem possuir um título à ordem com uma série regular e ininterrupta de endossos, ainda que o último seja em branco, se presume legítimo titular do crédito nele corporificado. Aquele que paga o título não está sequer obrigado a verificar a autenticidade das assinaturas. Para que o pagamento seja considerado bom basta que se verifique a regularidade da série de endossos (Código Civil, art. 911).

O endosso efetiva a transferência do título somente de modo puro e simples. Qualquer tipo de condição, aposta no endosso, é considerada não escrita, enquanto o endosso parcial é nulo (Código Civil, art. 912). O endossante não responde, salvo cláusula expressa em contrário, pelo cumprimento da obrigação constante do título. Se assim se responsabilizar, porém, considera-se como devedor solidário, cabendo-lhe ação regressiva contra os coobrigados anteriores (Código Civil, art. 914). Esta regra do Código difere da do art. 21 da Lei nº 7.357/85 – Lei do Cheque, em que o endossante garante o pagamento, salvo estipulação em contrário. No caso de cheque deve prevalecer a regra especial, diante do que dispõe o art. 903 do Código: *"Salvo disposição diversa em lei especial, regem-se os títulos de crédito pelo disposto neste Código".*

O endosso pode ser realizado ainda sem que o endossante transmita os direitos inerentes ao título, mas apenas o exercício desses direitos, pelo endossatário, em nome do endossante. Nesses casos ocorre o chamado endosso-mandato. O endossatário-mandatário pode praticar todos os atos de interesse do proprietário do título, em nome deste. Somente poderá realizar novo endosso-mandato, já que não se tornou proprietário do título, razão por que deve prestar contas ao endossante.

---

8   Gualtieri *y* Winizky, *Títulos Circulatórios*, nº 63.

O devedor do título, ao ser cobrado, não pode exercer qualquer exceção que tenha contra a pessoa do endossatário-mandatário, já que o título a este não foi transferido, cabendo somente as exceções que porventura tenha contra o endossante (Código Civil, art. 917).

A par do endosso puro e simples e do endosso-mandato, cabe ainda o *endosso-caução*, quando o endossante transfere o título em garantia de um débito. A este tipo de endosso o Código Civil não se refere expressamente.

Título ao portador é aquele que traduz a obrigação de prestar, e é dirigido a um credor anônimo. Na atualidade, representa um setor ponderável da vida econômica.

Os títulos de crédito, todos eles, uma vez postos em circulação, adquirem dois atributos, devidamente encarecidos pela doutrina, em razão da importância que representam no comércio jurídico. O primeiro reside no fato de, em princípio, bastar para fundamento da situação creditória a posse legítima do instrumento, e por esta razão diz-se que o título é *suficiente*, ou o que é por si só *representativo* da obrigação; o segundo está na ausência de causalidade, a dizer que independe da relação que o gerou, e daí lhe advém o epíteto de título *abstrato*.[9] A aceitação da *obrigação abstrata* e em consequência de *título abstrato* não é tranquila, objetando-lhe uma certa corrente doutrinária com o argumento de que há um sacrifício da moralidade à segurança.[10]

Com os títulos de crédito ocorre o que já Savigny desenvolvia como a *incorporação* do direito no instrumento que o representa, constituindo o que a terminologia alemã denomina *Wertpapier* e nós chamaríamos *título-valor*.[11]

O princípio cardeal em matéria deste instrumento é que a legitimidade do direito representado pelo título de crédito assenta na conjugação da *materialidade* do instrumento e sua posse,[12] presumindo-se credor quem se apresenta como *possuidor do documento*. E seu fundamento é encontrado na teoria da *incorporação* segundo a qual o direito permanece desde a origem, e em todas as fases na sua existência circulatória, vinculado ao documento que o exprime e delimita; a aquisição do título induz a do direito, da mesma forma que a transmissão de um *produz* a do outro.[13]

O traço fundamental do *título ao portador* é a exigibilidade da prestação por qualquer pessoa que o possua (Código Civil, art. 905), salvo no caso de desapossamento injusto, em que o devedor será judicialmente intimado a que não pague o capital e os seus rendimentos. Se o devedor efetivar o pagamento antes da intimação, está exonerado da obrigação, salvo se o legítimo titular comprovar que ele tinha ciência do desapossamento ilícito ou do seu extravio (Código Civil, art. 909). Não é mero instrumento probatório, porém documento constitutivo da obrigação, como não se

---

9   Ruggiero e Maroi, loc. cit.; Agustin Vicente *y* Gella, *Los Títulos de Crédito*, nº 30.

10   Larguier, *La Notion de Titre en Droit Privé*, nº 111.

11   Ao título-valor já nos referimos, a propósito da cessão, no nº 180, vol. II. Mas ver, ainda, Pelizzi, *Titoli di Credito*, págs. 43, 84 e 120.

12   Trabucchi, nº 304.

13   Tullio Ascarelli, "Titoli di Credito", *in Nuovo Digesto Italiano*, Gualtieri *y* Winizky, *Títulos Circulatórios*, nº 18; Augustin Vicente *y* Gella, *Los Títulos de Crédito*, nº 23; Pelizzi, págs. 19 e segs.

configura como simples reconhecimento de uma dívida, mas um título obrigatório em si mesmo.[14]

Corolários deste princípio são, pois: *a)* que ele se transmite por simples *tradição manual*, sem declaração do favorecido originário, e sem qualquer comunicação ou notificação ao subscritor ou emissor; é tão imponente esta faculdade, que não falta quem a considere a característica do título (Clóvis Beviláqua); *b)* que o emitente libera-se pagando a qualquer *detentor*, ainda que não autorizado a dele dispor, e mesmo que tenha sido o título posto em circulação contra a vontade do devedor (Código Civil, parágrafo único do art. 905); *c)* que o emissor não pode opor a quem lhe reclama a *solutio* outra defesa senão a que se baseia na ineficácia do próprio título, nulidade da sua obrigação, ou em direito pessoal oponível ao portador, dispensado este de justificar o seu direito,[15] salvo se estiver de má-fé; mas, como se não presume esta, deverá ser provada, como no caso de apropriação indébita ou furto do título; *d)* o devedor não é obrigado a pagar senão contra a entrega do próprio título. É de ressaltar, contudo, que os títulos de circulação rápida (bilhetes de banco, por exemplo) não comportam a emissão de segunda via, cabendo tão somente a sua reivindicação (Ruggiero e Maroi). Questão a este propósito formulada é a da *legitimatio ad causam* para o ajuizamento do pedido: a rigor caberia ao proprietário; sendo, contudo, difícil apurar esta titularidade, basta a prova da sua posse legítima,[16] por quem a tinha quando foi perdido, subtraído ou destruído. Proferida a sentença, o título perde a eficácia e, em consequência, não cria mais direitos para quem o adquirir, mesmo de boa-fé, uma vez que somente pode exercê-los aquele em cujo favor o foi.[17]

O título ao portador padece de *ineficácia* por três ordens de motivos:

1 – *Extrinsecamente* considerado, pode ser arguida a falsidade do título ou a falsificação da assinatura do emissor.

2 – *Intrinsecamente*, por algumas das causas que invalidam o negócio jurídico em geral. Não se pode perder de vista que, como declaração de vontade destinada à produção de efeitos jurídicos, não sobrevive aos seus defeitos, seja por incapacidade do agente, seja por impossibilidade ou iliceidade do objeto. Mas a sua natureza peculiar é incompatível com a invocação de defeitos da vontade de que emane (erro, dolo, coação) ou defeitos sociais (fraude contra credores), ou simulação, porque a dívida se incorpora no instrumento, o qual adquire existência autônoma, e independente da vontade que o gerou.[18] Se fosse possível postular a sua anulação por tal fundamento, a circulação, que é a sua tônica, seria altamente prejudicada.

---

14 Gualtieri *y* Winizky, ob. cit., nº 67; Saleilles, *Obligations*, nº 267.

15 Saleilles, nº 279.

16 Karl Larenz, *Derecho de Obligationes*, vol. II, § 60, pág. 495; Gualtieri *y* Winizky, nº 73.

17 Larenz, loc. cit.

18 Clóvis Beviláqua, Comentários ao art. 1.507 do Código de 1916.

DECLARAÇÃO UNILATERAL DE VONTADE

3 – Destaca a lei um motivo de nulidade objetiva, quando fulmina de ineficácia maior o instrumento no qual o subscritor faz circular título representativo de quantia certa em dinheiro. O instrumento dotado de tais características é *moeda corrente*, e esta, em nosso sistema, é prerrogativa da União, ou de bancos de emissão por esta instituídos (Constituição de 1946, art. 5º, nº VIII, Constituição de 1969, art. 8º, nº IX; Constituição de 1988, art. 21, nº VII). Ao particular é vedada a emissão de um instrumento que contravenha ao princípio constitucional, salientando-se que qualquer delegação da União ao Estado-membro ou ao Município atenta contra a Carta Maior.[19] Instituído que seja o banco de emissão, tem plena validade o título ao portador que emita (bilhete de banco), sob o controle federal.

Por disposição expressa na Lei nº 8.021, de 12.04.1990, a emissão de títulos e a captação de depósitos ou aplicações ao portador ou nominativo – endossáveis tornaram-se proibidas.

279. TÍTULOS CAMBIAIS, LETRA DE CÂMBIO, PROMISSÓRIA, DUPLICATA, CHEQUES

Falando dos títulos de crédito (nº 278, *supra*), dissemos que podem ser nominativos, à ordem ou ao portador. Agora voltamos ao título à ordem, salientando a relevante função dos de natureza cambiária, que dominam mais de 50% dos negócios a crédito, e estão presentes em mais de 80% das operações bancárias.

O *título cambial* é um título abstrato, emitido à ordem, ainda que dele não conste expressa a cláusula, sendo nula qualquer declaração que vise a embaraçar a sua circulação (Lei Cambial – Decreto nº 2.044, de 31 de dezembro de 1908, art. 44, nº II). Reveste a forma de uma ordem de pagamento (*letra de câmbio*) ou a de uma promessa de pagamento (*nota promissória*), o que não impede possa conceituar-se numa fórmula abrangente, como obrigação de pagar ou fazer pagar no vencimento certa soma pecuniária, ao favorecido determinado ou à sua ordem.[20] Quando é promessa de pagamento, obriga desde a subscrição; quando é ordem de pagamento, deve ser apresentada ao sacado, que pela declaração unilateral do *aceito*[21] e lhe completa os atributos de liquidez e certeza da obrigação.

Seus caracteres jurídicos: *a)* título *abstrato*, porque independe de causa geradora; o devedor o é em razão do contexto, e sem dependência ou vinculação com o fenômeno jurídico-econômico que lhe deu origem; *b)* título *solene* ou *formal*, cujos requisitos são especificamente mencionados, não sendo letra de câmbio se faltar qualquer deles; presumem-se lançados ao tempo da emissão, mas é admitida a prova em contrário no caso de má-fé do portador (Lei Cambial, art. 3º); *c)* título *autônomo* no sentido de que não está normalmente vinculado a qualquer outro negócio jurídico; mas não o desfigura o fato de uma vinculação desta sorte, como é o caso do título *pro solvendo*, ou das prestações resultantes de um contrato; não obstante

---

19 Pontes de Miranda, *Comentários à Constituição de 1946*, vol. I, pág. 338.
20 Ruggiero e Maroi, *Istituzioni*, vol. II, § 180.
21 Saraiva, *A Cambial*, § 67; Teófilo de Azeredo Santos, *Do Aceite*, pág. 16.

essa dependência eventual, conserva o caráter abstrato, pelo que ao terceiro são inoponíveis as exceções pessoais relativas aos que nele intervêm.[22]

Não satisfeita a obrigação, ou não aceite o saque, o título é levado a *protesto*, que caracteriza a recusa do devedor, e prova que não foi realizada a promessa de pagar,[23] formalidade que é útil em relação a todos os obrigados, como ainda absolutamente necessária em relação a alguns.[24]

As relações cambiais criam certas classes de direitos e deveres que são desempenhados e cumpridos pelos que no título intervêm, e são identificados pela situação como pelo nome: *a) sacador*, na letra de câmbio, é quem dá origem ao título, e será seu credor principal; *b) aceitante*, aquele contra o qual é sacada a letra, e que se torna devedor pelo só fato do aceite, independentemente de qualquer indagação causal; *c)* o *emitente* da nota promissória, que é quem lhe dá origem, constituindo-se automaticamente devedor; *d)* o *beneficiário* da nota promissória que é o credor designado; *e) endossante* é o credor da relação cambial que transfere o título a um terceiro; *f) endossatário*, a pessoa a quem é ele transferido; *g) interveniente*, a pessoa que, sem antes participar da relação cambial, comparece no ato do protesto, e aceita o título ou solve a obrigação, equiparando-se no primeiro caso ao sacado, e no segundo sub-rogando-se na titularidade creditória; *h) avalista*, o que garante a solvência de qualquer dos obrigados cambiais.

Pelo *aval*, na verdade, estabelece-se uma garantia fidejussória, que é específica dos títulos de crédito e não pode ser dada parcialmente (Código Civil, art. 897). Não se confunde com a fiança (v. nº 271, *supra*), e pode ser dado a qualquer dos obrigados. Diz-se *aval* em *preto*, quando o avalista designa a quem avaliza; e *aval* em *branco*, na falta desta referência, caso em que se equipara àquele abaixo de cuja assinatura lançar a sua (Lei Cambial, art. 15). Devido à redação singela do inciso disciplinador, surgiu infindável controvérsia a respeito da qualificação dos avalistas que subscrevem o título sem indicação da pessoa garantida. De um lado, sustentavam uns, e são a maioria com reflexo jurisprudencial mais farto e mais recente, que se consideravam simultâneos, correndo a faculdade de haver dos coavalistas, *pro rata* a soma despendida (João Arruda, Castro Magalhães, Barcelos Correia, Lacerda de Almeida, Orosimbo Nonato, Romão Cortes de Lacerda, Fábio O. Pena, Paulo J. da Silva Pinto, João Eunápio Borges, Amílcar de Castro). De outro lado, argumentavam outros, fundados na interpretação literal do artigo, que, se o avalista se equiparava àquele sob cuja assinatura lançava a sua, o que opõe sua firma abaixo da de um avalista a este dava aval, e então seriam eles *sucessivos*, podendo o que pagou haver integralmente do que residia acima no título, e assim em diante, até atingir o devedor primitivamente garantido (Magarinos Torres, Whitaker, Pontes de Miranda, A. Gonçalves de Oliveira). O Código Civil disciplinou a questão e determinou no seu art. 899 que o avalista se equipara àquele cujo nome indicar. Se não houver indicação,

---

22 Agustin Vicente *y* Gella, ob. cit., nº 101; Whitaker, *Letra de Câmbio*, págs. 43 e segs.

23 Whitaker, *Letra de Câmbio*, pág. 212.

24 Magarinos Torres, *Nota Promissória*, vol. I, nᵒˢ 141 e segs.; Saraiva, *A Cambial*, §§ 153 e segs.

apenas ao emitente ou devedor final. Dessa forma, em caso de pagamento pelo avalista, terá ele direito de regresso apenas contra o seu avalizado e demais coobrigados anteriores.

Nas suas relações com o credor, o avalista é um devedor *solidário*, não lhe cabendo invocar o *beneficium excussionis* (benefício de ordem); solvendo, sub-roga-se no crédito.[25]

O credor cambial tem o direito de haver a importância devida, no vencimento da obrigação, e, na falta de *solutio* espontânea, dispõe, independentemente de protesto, da ação cambial, que tem rito executivo. Diz-se *direta* a ação do credor (tomador, avalista-solvente) para haver o débito,[26] seja do devedor principal, seja de qualquer dos avalistas, facultado que lhe é escolher o coobrigado de suas preferências, sem perder por isto a faculdade de acionar os demais. Chama-se *regressiva* quando é movida contra o sacador, endossantes e avalistas, mas, para que tenha cabida, é de mister seja tirado o protesto em tempo hábil e forma regular (Lei Cambial, art. 32), formalidade que não pode ser substituída nem suprida, quer por ato judicial, quer extrajudicial.[27] Em havendo endossos sucessivos, o endossante tem ação de regresso contra quem lhe endossou o título, e assim sucessivamente.

A ação cambial está sujeita à prescrição especial, que faz perimir o direito de ação de cobrança do título. É facultado, contudo, ao credor acionar o devedor para dele haver a importância com que se tenha beneficiado (ação de locupletamento), pois que a ordem jurídica se não conforma em que alguém se enriqueça indevidamente com a jactura alheia (v. n° 168, *supra*, vol. II). Convém esclarecer que pela prescrição não se converte a executiva cambial em ação ordinária de cobrança, nem se confundem os seus extremos: enquanto para a primeira o título é prova préconstituída, para a de locupletamento é mero começo de prova a ser completada pela demonstração do enriquecimento, isto é, do proveito auferido pelo devedor à custa do credor.[28]

Duplicata – Outro título à ordem é a *duplicata*, que é uma criação consuetudinária brasileira,[29] e consiste em instrumento emitido e entregue pelo vendedor ao comprador, nas vendas mercantis a prazo, entre pessoas domiciliadas no País, dotada da particularidade de ser de aceitação obrigatória. A duplicata é um título formal, e recebe a aplicação dos princípios da Lei Cambial, por disposição expressa e especial a respeito (Lei n° 5.474, de 18 de julho de 1968, art. 25). A duplicata pode ser emitida sob a forma escritural, mediante lançamento em sistema eletrônico de escrituração (Lei n° 13.775/2018, art. 3°). Realiza a mobilização do crédito, e sua função corresponde à da letra de câmbio,

---

25 Cf. sobre o aval: Agustin Vicente *y* Gella, ob. cit., n°s 129 e segs.; João Eunápio Borges, *Do Aval*, *passim*; Whitaker, *Letra de Câmbio*, págs. 166 e segs.; Magarinos Torres, *Nota Promissória*, vol. I, n°s 118 e segs.; Saraiva, *A Cambial*, §§ 90 e segs.

26 Whitaker, *Letra de Câmbio*, pág. 213; Saraiva, *A Cambial*, § 262.

27 Whitaker, *Letra de Câmbio*, pág. 214.

28 Agustin Vicente *y* Gella, ob. cit., n°s 165 e segs.; Whitaker, *Letra de Câmbio*, págs. 270 e segs.; Carlos Fulgêncio da Cunha Peixoto, *O Cheque*, vol. II, n°s 44 e segs.

29 René David, *Traité Élémentaire de Droit Comparé*, pág. 13.

que no Brasil quase não tinha utilidade prática.[30] Mas ao contrário da letra de câmbio que é título abstrato, a duplicata caracteriza-se pela representação real de uma operação comercial[31] e não pode ser emitida sem a existência de uma venda efetiva (Lei nº 5.474, de 1968, art. 2º). O instituto ulteriormente estendeu-se a campo maior do que a compra e venda, abrangendo as empresas de construção, e sacadas contra as pessoas naturais ou jurídicas para as quais realizam obras (Leis nº 4.068, de 9 de junho de 1962).

Cheques – A Lei nº 9.069, de 29 de junho de 1995, conhecida como Plano Real, manteve a proibição de emissão de cheque acima do valor de R$ 100,00 (cem reais), sem a identificação do beneficiário.[32]

Também o cheque atrai *ope legis* (Dec. nº 2.591, de 7 de agosto de 1912, art. 15) os princípios fundamentais do direito cambial. É uma ordem de pagamento, emitida a favor de terceiro ou do próprio subscritor, por quem tenha provisão de fundos em poder do sacado. No seu objeto, difere do título cambial padrão, pelo fato de ser este um meio de crédito destinado a circular, enquanto o cheque encerra uma finalidade extintiva, como delegação de pagamento que é.[33]

Na falta de provisão, o portador tira o *protesto*, sujeitando-se o sacador à cobrança pela via executiva, além das cominações penais a que se expõe. O protesto obedece às prescrições da lei cambial, quer no tocante à sua natureza e efeitos, quer no que diz respeito às formalidades a que está sujeito.[34]

Pode ser emitido ao *portador*, e, neste caso, é transferível por simples tradição manual; ou *nominativo*, contendo a declaração do favorecido, e, então, é suscetível de cessão por endosso.

Desta circulabilidade natural resulta que assume função criadora de crédito, e, aliada ao seu objetivo essencial de ordem liberatória de pagamento, surge-lhe a subsidiária de título creditório, que é objeto de desconto (v. nº 276, *supra*), como de negócio jurídico fiduciário.

Se for *cruzado*, isto é, atravessado por *dois traços* paralelos, não será pagável senão a um banco e se contiver entre as barras a designação de um estabelecimento bancário, somente a este é reconhecida a faculdade de receber. O cruzamento restringe tão somente o recebimento do cheque, mas não impede a sua circulação ou o seu endosso.[35]

Diz-se *visado* o cheque que, antes de ser posto em circulação, é submetido ao *visto* do sacado que o anota, e, desta sorte, assegura a existência de fundos disponíveis. Criado pelos usos mercantis, e sem amparo na lei, generalizou-se a prática de empregá-lo com o objetivo de emprestar maior segurança aos negócios, e reforçar o cheque como título-valor, associado que fica o sacado ao seu efeito liberatório, muito

---

30 Tullio Ascarelli, *Saggi Giuridici*, págs. 23 e 123.
31 Fábio O. Pena, *Da Duplicata*, nº 27; Cunha Peixoto, *Comentários à Lei de Duplicata*, nº 31.
32 A primeira limitação ao cheque ao portador veio por meio da Lei nº 8.021, de 12.04.1990, posteriormente revogada.
33 Ruggiero e Maroi, § 180.
34 Paulo Lacerda, *Do Cheque*, nºs 384 e segs.
35 Paulo Lacerda, ob. cit., nº 174.

embora não esteja por isto consagrada a sua responsabilidade pela *solutio*, salvo se houver pago outros cheques, permitindo que se esgote a provisão do sacador.[36]

Cheque *turístico* ou de *viagem* (*traveler's check*) é outra modalidade criada pelo uso, como técnica de proteção contra o roubo ou extravio por quem viaja. É um cheque assinado pelo cliente no momento em que o banco o emite, e que subordina o seu pagamento ao fato de novamente ser assinado pelo mesmo tomador, no momento em que é posto em circulação. Sem embargo de se ter admitido a sua circulação quando sacado contra um banco ou uma casa comercial, a Lei Uniforme de Genebra limita sua emissão a um banco. Dotado de ampla circulação, e sem as restrições relativas a prazo de apresentação e corresponsáveis, assemelha-se a uma carta de crédito transferível.[37]

Em tempo, o STJ se pronunciou no sentido de conferir ausência de responsabilidade do Banco do Brasil em notificar previamente o devedor acerca de sua inscrição no Cadastro de Emitentes de Cheque sem Fundo (CCF), como também sua ilegitimidade passiva para as ações de reparação de danos fundada na ausência de prévia comunicação (Súmula 572, STJ, 2ª Seção, *DJe* 16.05.2016).

Outros títulos, circuláveis também, atraem subsidiariamente os princípios cambiais, como o *warrant* emitido pelas companhias de armazéns gerais, como representativo da mercadoria depositada; o *conhecimento* de embarque marítimo ou terrestre, subscrito pelas empresas transportadoras, cientificando o recebimento de mercadorias confiadas a seus cuidados. Tais títulos foram expressamente reconhecidos como títulos de crédito por força do que dispõe o art. 894 do Código Civil.

---

36 Cunha Peixoto, *O Cheque*, vol. I, nº 207; Paulo Lacerda, *Do Cheque*, nº 56.

37 Isidro Conde Botas, *El cheque y el traveler cheque*, págs. 55 e segs.; Cunha Peixoto, *O Cheque*, vol. II, nºs 422 e 423; Ignacio Winizky, *Le Chèque de Voyage*.

Capítulo LXIII
Responsabilidade Civil

Sumário

280. Noção de responsabilidade civil. **281.** Responsabilidade civil por fato de outrem. **282.** Responsabilidade sem culpa. **283.** Liquidação das obrigações.

Bibliografia

Chironi, *La Colpa Extra-Contrattuale*; Mário Rotondi, "Della Lex Aquilia all' art. 1.151 c. civ. Ricerche Storico-Dogmatiche", *in Rivista di Diritto Commerciale*, 1917, parte 1ª, págs. 236 e segs.; Scaduto Rubino, "Illecito", *in Nuovo Digesto Italiano*; Trabucchi, *Istituzioni di Diritto Civile*, nᵒˢ 88 e segs.; Ruggiero e Maroi, *Istituzioni di Diritto Privato*, vol. II, §§ 186 e segs.; Mazeaud *et* Mazeaud, *Leçons*, vol. II, nᵒˢ 371 e segs.; Karl Larenz, *Derecho de Obligaciones*, vol. I, § 14; Aguiar Dias, *Da Responsabilidade Civil*; Paul Esmein, "Le Fondement de la Responsabilité Contractuelle Rapproché de la Responsabilité Delictuelle", *in Revue Trimestrielle de Droit Civil*, 1933, pág. 627; Serpa Lopes, *Curso*, vol. II, nᵒˢ 345 e segs.; Sourdat, *Traité Général de la Responsabilité Civile*; Robert Bouillene, *La Responsabilité Civile Extra-Contractuelle devant l'Évolution du Droit*; Pirson *et* De Villé, *Traité de la Responsabilité Civile Extra-Contractuelle*; Henri Lalou, *Traité Pratique de la Responsabilité Civile*; Mazeaud *et* Mazeaud, *Responsabilité Civile*; Van Ryn, *Responsabilité Aquilienne et Contrats*; Leonardo Colombo, *Culpa Aquiliana*; Adriano de Cupis, *Il Danno*; Hans Fischer, *A Reparação de Danos no Direito Civil*; Wilson Melo da Silva, *Responsabilidade sem Culpa*; Demogue, *Obligations*, vol. IV, nᵒˢ 383 e segs.; De Page, *Traité*, vol. III, 2ª parte, nᵒˢ 99 e segs.; Jorge Peirano Facio, *Responsabilidade Extracontratual*; Savatier, *Traité de la Responsabilité Civile*; Washington de Barros Monteiro, *Curso, Direito das Obrigações*, vol. II, págs. 423 e segs.; Alvino Lima, *Culpa e Risco, passim*; Pierre Dominique Ollier, *La Responsabilité Civile des Père et Mère, passim*.

280. Noção de responsabilidade civil

Já conceituamos o *ato ilícito*, assentamos as noções de *dolo* e de *culpa*, caracterizamos o princípio da responsabilidade civil e os seus pressupostos (v. nos 113 a 118, *supra*, vol. I). Ao tratarmos da inexecução das obrigações, já cogitamos da indenização do dano patrimonial, como do dano moral, estudamos a força maior e o caso fortuito como causas de inimputabilidade, e tratamos da cláusula de não indenizar como exoneração convencional de responsabilidade (v. nos 175 a 178, vol. II). Na *Introdução* deste volume recordamos que o fato ilícito gera obrigações para o seu agente. Desenvolvendo aqui, em complemento da teoria das fontes das obrigações, o problema do ressarcimento do dano causado, não retornaremos ao que já ficou estudado e examinado. Ao revés, reportamo-nos ao anteriormente deduzido como elemento integrante dos princípios ora formulados.

Cuidando agora da responsabilidade civil, e retomando o assunto neste passo, enunciamos desde logo o princípio que preside o dever de indenizar, lembrando que a ideia de reparação é muito mais ampla do que a de ato ilícito: se este cria o dever de ressarcir, há entretanto casos de indenização em que se não cogita da iliceidade da conduta do agente.[1] Daí termos de cuidar do assunto, tratando primeiramente da reparação originária da culpa, e depois daquela a que é estranha a sua noção.

O causador da ofensa ou violação do direito alheio, diz a lei (Código Civil, art. 942), responde com os seus bens pela reparação do dano causado. Destaca-se, portanto, em primeiro plano o agente do ato ilícito, o qual está sujeito à indenização, quer se trate de dano de natureza patrimonial, quer de dano moral. Verificados então os pressupostos já assentados da imputabilidade da falta (tomada esta no sentido genérico de violação de um dever jurídico), ao agente (nº 176, vol. II) cabe ressarcir o dano causado; e por morte do ofensor, a responsabilidade passa-lhe aos herdeiros, dentro das forças da herança (Código Civil, art. 943).[2] Tendo a ofensa mais de um autor, todos responderão solidariamente pela reparação. O fundamento desta *solidariedade legal* está em que, ontologicamente, não cabe indagar da materialidade da participação de cada um, nem comporta o resultado danoso uma análise das contribuições individuais, a fim de que se rateiem os efeitos. Por outro lado, a lei quer, ainda, aumentar as garantias do ofendido.[3]

O fundamento maior da responsabilidade civil está na *culpa*. É fato comprovado que se mostrou esta insuficiente para cobrir toda a gama dos danos ressarcíveis; mas é fato igualmente comprovado que, na sua grande maioria, os atos lesivos são causados pela conduta antijurídica do agente, por negligência ou por imprudência.[4]

---

1   Clóvis Beviláqua, *Comentários* ao art. 1.518 do Código Civil de 1916.
2   Por outro lado, a Súmula 642 do STJ reconheceu o direito dos herdeiros da vítima à indenização por danos morais, que seriam transmitidos com o falecimento do titular. Os herdeiros da vítima possuiriam legitimidade ativa para ajuizar ou prosseguir a ação indenizatória.
3   Washington de Barros Monteiro, *Obrigações*, vol. II, pág. 431.
4   René Rodière, *La Responsabilité Civile*, nº 1.405.

Aceitando, embora, que a responsabilidade civil se construiu tradicionalmente sobre o conceito de culpa, o jurista moderno convenceu-se de que esta não satisfaz. Deixado à vítima o ônus da prova de que o ofensor procedeu antijuridicamente, a deficiência de meios, a desigualdade de fortuna, a própria organização social acabam por deixar larga cópia de danos descobertos e sem indenização. A evolução da responsabilidade civil gravita em torno da necessidade de *socorrer a vítima*, o que tem levado a doutrina e a jurisprudência a marchar adiante dos códigos, cujos princípios constritores entravam o desenvolvimento e a aplicação da boa justiça.[5] Foi preciso recorrer a outros meios técnicos, e aceitar, vencendo para isto resistências quotidianas, que em muitos casos o dano é reparável sem o fundamento da culpa.

281. Responsabilidade civil por fato de outrem

Sem dúvida que o princípio da responsabilidade pelo fato próprio já é uma conquista da civilização jurídica. Mas é insuficiente. A vida social é cada vez mais complexa, e urde situações várias, em que ao anseio de justiça ideal não satisfaz proclamar apenas que o indivíduo responde pelo dano que causa. Daí assentar-se um conjunto de preceitos, em virtude dos quais se atenta para o fato da extensão da responsabilidade além da pessoa do ofensor, seja juntamente com este, seja independentemente dele. Diz-se, pois, que há *responsabilidade indireta* quando a lei chama uma pessoa a responder pelas consequências de conduta alheia.[6]

I – Os *pais* respondem pelo procedimento dos filhos menores que se acham em seu poder e companhia. Complemento do dever de dirigir-lhes a educação e velar pelos seus atos é a responsabilidade civil pelos danos que ocasionem. É óbvio que esta cessa com a maioridade. Mas, na pendência da menoridade, têm o dever de impedir que ofendam os bens jurídicos alheios, e de indenizar a vítima. Além do requisito da *menoridade*, compõe a etiologia desta obrigação a circunstância jurídica da submissão à autoridade paterna e a fática de estar em companhia do pai ou da mãe. Em corolário, se por decisão judicial tiver sido cassada ou suspensa a *patria potestas*, pela mesma razão que o pai deixa de ter a autoridade, não terá obrigação de reparar o dano causado pelo filho; se este por qualquer motivo achar-se em companhia de outrem (e.g., internado em um colégio, ou confiado à guarda do outro cônjuge), desloca-se o princípio da responsabilidade para aquele a quem incumbe o dever de vigilância.

O Código Civil de 2002, ao contrário do de 1916, que simplesmente presumia a culpa dos pais, deduzindo-a do dever de vigilância, instituiu expressamente a sua responsabilidade objetiva (art. 933). Não lhe bastaria, pois, a alegação de que tomaram as cautelas normais, e que o filho traiu a sua vigilância para que se exima do

---

5   Mazeaud *et* Mazeaud, *Leçons*, vol. II, nº 380.
6   Trabucchi, *Istituzioni*, nº 90.

dever legal. Sua obrigação é ressarcir o dano causado pela conduta do filho menor. E somente se livra forro provando a juridicidade do comportamento do filho.[7]

Enquanto absolutamente incapaz, o menor é pessoalmente irresponsável, e, de conseguinte, a reparação incumbe exclusivamente aos pais. Se estes não forem por ele responsáveis ou não tiverem meios suficientes para responder pelos prejuízos, o Código de 2002 transfere a responsabilidade ao próprio incapaz, ressalvando apenas que a indenização neste caso deve ser equitativa e não terá lugar se privar do necessário o incapaz ou as pessoas que dele dependem (art. 928, parágrafo único). Ao instituir a indenização equitativa, o Código se afasta do dogma da responsabilidade civil de que sempre que há dano deve-se dar à vítima um equivalente ao prejuízo que sofreu, em aberta exceção ao princípio da reparação integral, instituído no art. 944 do Código Civil.

Tratando-se do art. 944, o Enunciado 629, CJF, VIII Jornada de Direito Civil, estabelece que: "a indenização não inclui os prejuízos agravados, nem os que poderiam ser evitados ou reduzidos mediante esforço razoável da vítima. Os custos da mitigação devem ser considerados no cálculo da indenização". Significa dizer, no que diz respeito à mitigação do dano, que deve ser tratada como um ônus jurídico. A previsão legislativa disciplina o comportamento da vítima diante da ocorrência de um ato ilícito, de maneira que abarque as condutas de agravamento e de evitabilidade. Isto é, pautando a conduta do agente na possibilidade de diminuição das consequências lesivas, dentro de um parâmetro de razoabilidade.

Se é relativamente incapaz, suporta pessoalmente as consequências dos seus atos, e, então, a responsabilidade imposta ao pai não exclui a própria, caso em que os bens dele menor ficam sujeitos à reparação do dano.

A responsabilidade paterna é inextensível a outros parentes (avós, tios), mas abrange os pais adotantes.[8]

II – O *tutor* e o *curador* são responsáveis pelos danos causados pelos pupilos e curatelados. A razão ontológica é a mesma que a relativa aos menores: incapacidade do ofensor aliada ao dever de vigilância.

III – O *patrão, amo* ou *comitente* responde por seus empregados, serviçais e prepostos, pelos prejuízos causados no exercício do seu trabalho ou por ocasião dele. Foi este, por certo, o campo mais receptício às ideias liberais. Quando o Código Civil de 1916 foi elaborado, a timidez legislativa atuou, empecendo o desenvolvimento do princípio, com a ressalva de que era necessária a prova do concurso para o dano, com a culpa ou negligência do preponente. Partindo de que a regra se justifica pela culpa *in eligendo* ou *in vigilando,*[9] evolveu a doutrina no rumo da presunção de culpa, e a jurisprudência fixou-se no sentido de que os seus extremos consistem na demonstração do evento danoso, culpa de preposto, e relação de preposição. Daí ter sido dispensável, na orientação jurisprudencial dominante sob a égide do Código de 1916,

---

7   Ollier, *La Responsabilité Civile des Père et Mère*, págs. 133 e segs.
8   René Roudière, ob. cit., nº 1.453.
9   Clóvis Beviláqua, Comentários ao art. 1.521 do Código de 1916.

a prova da culpa concorrente do empregador.[10] O Código de 2002 corrigiu a regra equivocada e expressamente instituiu a responsabilidade objetiva do empregador na reparação do dano causado pelo empregado, bastando a ocorrência da lesão, o nexo de causalidade entre o dano e a conduta do agente e o estabelecimento da relação de preposição (art. 933).

A responsabilidade objetiva do Estado, que tinha sede legislativa apenas na Constituição Federal, em seu art. 37, § 6º, foi incorporada pelo Código Civil de 2002, em seu art. 43 (v. nº 116, *supra*, vol. I).

IV – os *donos de hotéis, hospedarias, casas* ou *estabelecimentos onde se albergue por dinheiro*, mesmo para fins de educação, respondem pelos seus hóspedes, moradores e educandos. Os pressupostos de aplicação do princípio consistem na apuração de que a instituição recolhe ou interna a pessoa com fito de lucro. Não haveria responsabilidade, *a contrario sensu*, para quem dê pousada gratuita, bem como pelo fato danoso dos que frequentem a casa eventualmente.

V – Quem participar, gratuitamente, no produto de um crime, sem ser coautor dele, responde até a quantia com que se haja beneficiado. Se houver codelinquência, vigora a regra da solidariedade, não limitada, porém ampla, pelas suas consequências integralmente.

Em qualquer caso de responsabilidade indireta, o que tiver suportado os seus efeitos tem ação de regresso contra aquele por quem tiver pago. O Código de 1916 proibia a sub-rogação contra qualquer descendente. O Código de 2002 restringiu as hipóteses a descendentes absoluta ou relativamente incapazes (art. 934). Nas outras hipóteses é certa a norma, que, sem deixar a vítima a descoberto, vai impor àquele que tiver sido o causador da ofensa a consequência efetiva de sua conduta antijurídica.

Sem pretendermos, neste passo, retornar ao ilícito penal, e aos elementos de sua distinção relativamente ao ilícito civil, aliás já feita no nº 113 (*supra*, vol. I), relembramos apenas que a responsabilidade civil independe da criminal. A lei, contudo, estabelece que, quanto ao fato e à autoria, a decisão criminal faz coisa julgada no cível (Código Civil, art. 935), e pode ser executada para efeito da reparação do dano (Código de Processo Penal, arts. 63 e segs.). Na verdade, não se justifica que a Justiça afirme a existência do delito, e a atribua a um agente, para depois permitir que sobre o mesmo assunto se vá de novo questionar. E *vice-versa* se a Justiça criminal negar o fato ou recusar a autoria, não é admissível que o indigitado tenha de defender-se, e demonstrar que aquele não houve, ou lhe não é imputável, senão com a sentença proferida, que faz *res iudicata*.[11]

Vendo, porém, o Direito Penal, no ilícito, a razão de punir, e o Direito Civil nele assentando o fundamento da recomposição patrimonial, as razões absolutórias ou

---

10 Washington de Barros Monteiro, ob. cit., pág. 434.
11 Clóvis Beviláqua, Comentários ao art. 1.525 do Código de 1916. Em contrário, João Monteiro (*Processo*, vol. III, § 248, nota 2) sustenta o efeito da coisa julgada somente quando condenatória.

RESPONSABILIDADE CIVIL

escusativas de punibilidade não impedem o dever de reparação, e, portanto, não cabe invocá-las para o efeito de pretender o ofensor eximir-se da respectiva obrigação.

Se a vítima e os seus sucessores não quiserem usar a faculdade de executar a sentença criminal, têm a liberdade de acionar o causador do dano em ação direta, que pode correr paralela com o processo penal.

282. Responsabilidade sem culpa

Campo fértil aos debates e aos litígios, a responsabilidade civil tem procurado libertar-se do conceito tradicional de culpa. Esta é, às vezes, constritora e embaraça com frequência a expansão da solidariedade humana. A vítima não consegue, muitas vezes, vencer a barreira processual, e não logra convencer a Justiça dos extremos da imputabilidade do agente. Desta sorte, continuando, embora, vítima, não logra o ressarcimento. É verdade que a tendência é o alargamento do conceito de culpa, e consequente ampliação do campo da responsabilidade civil, ou do efeito indenizatório.

Uma corrente, dita *objetivista*, procurou desvincular o dever ressarcitório de toda ideia de culpa. Saleilles, que se fez campeão desta equipe,[12] insurgiu-se contra a culpa, e assentou a indenização no conceito material do fato danoso. Josserand (*De la responsabilité du Fait des Choses Inanimées)* procurou conciliar a responsabilidade objetiva com o Código Napoleão, muito embora permanecesse este jungido à teoria subjetivista. Na sua esteira, numerosos escritores encaminham-se neste rumo, testando alterar a equação para um dever ressarcitório fundado no dano e na autoria do evento lesivo, sem cogitar do problema da imputabilidade, sem investigar se houve ou não um erro de conduta, sem apurar a antijuridicidade da ação. Uma forte corrente procurou deslocar o fundamento da responsabilidade da culpa para o risco, mas perdeu-se logo fragmentando-se em subteorias: do *risco-proveito*, que impunha a responsabilidade ao que sacasse vantagem do empreendimento gerador do dano (*ubi emolumentum, ibi onus*[13]); do *risco profissional* adstrito aos acidentes no trabalho; ou mais amplamente do *risco criado* ou do *risco excepcional*, no direito público; e do *risco social*, imaginada por Duguit, com base no princípio da solidariedade. E os defensores do risco polemizaram a responsabilidade civil, em vez de articularem uma doutrina aceitável.[14] Aos poucos foi se concentrando a doutrina, no conceito do "risco criado".

---

12 Saleilles, *Les Accidents de Travail et la Responsabilité Civile – Essai d'une Théorie Objective de la Responsabilité Delictuelle*, págs. 50 e segs.

13 "Onde há lucro, há o ônus".

14 Cf., a respeito do risco e de suas distinções: Mazeaud *et* Mazeaud, *Responsabilité Civile*, vol. I, n° 349; Van De Broeck, *Le Risque Social*, pág. 45; De Cufis, *Il Danno*, págs. 73 e segs.; Eduardo Bonasi Benucci, *La Responsabilità Civile*, n° 6, René Rodière, *La Responsabilité Civile*, nos 1.375 e segs.; Peirano Facio, *Responsabilidad Extracontractual*, nos 75 e segs.; Jean Guyénot, *La Responsabilité des Personnes Morales Publiques et Privées*, nos 44 e segs.; Wilson Mello da Silva, *Responsabilidade sem Culpa*, nos 25 e segs.; Aguiar Dias, *Da Responsabilidade Civil*, vol. I, nos 20 e segs. Caio Mário da Silva Pereira, *Responsabilidade Civil*, n° 218.

Encontrou uma boa receptividade incorporando-se na década de 20 especialmente nos anos que se seguiram à Primeira Guerra Mundial.[15]

Filosoficamente, a abolição total do conceito de culpa vai dar num resultado antissocial e amoral, dispensando a distinção entre o lícito e o ilícito, ou desatendendo à qualificação boa ou má da conduta, uma vez que o dever de reparar tanto corre para aquele que procede na conformidade da lei quanto para aquele outro que age ao seu arrepio.

Atentando na necessária evolução do pensamento, entendemos que a ordem jurídica deverá fixar dois tipos de responsabilidade civil: *a)* a primeira fundada na *culpa*, caracterizada esta como um erro de conduta ou transgressão de uma regra predeterminada, seja de natureza contratual, seja extracontratual; *b)* a segunda, com a abstração da ideia de culpa, estabelecendo *ex lege* a obrigação de reparar o dano, desde que fique positivada a autoria de um comportamento, sem necessidade de se indagar se foi ou não foi contrário à predeterminação de uma norma. Uma vez apurada a existência do fato danoso, caberá indenização por parte do ofensor ou de seu preponente; mas, como se não cuida aqui da imputabilidade da conduta, somente há de ter cabida naqueles casos *expressamente previstos* na lei,[16] pois é claro, se for deixado sem uma frenação conveniente, a consequência será o inevitável desaparecimento da primeira, com os inconvenientes acima apontados, da equiparação da conduta jurídica à antijurídica.

Daí assentarmos a nossa posição, já delineada aliás no nº 115 (*supra*, vol. I), no tocante a este problema e à sua solução: a regra geral, que deve presidir à responsabilidade civil, é a sua fundamentação na ideia de culpa; mas, sendo insuficiente esta para atender às imposições do progresso, cumpre ao legislador fixar os casos em que deverá ocorrer a obrigação de reparar, independentemente daquela noção. Não será sempre que a reparação do dano se abstrairá do conceito de culpa, porém quando o autorizar a ordem jurídica positiva. É neste sentido que os sistemas modernos se encaminham, como por exemplo o italiano, reconhecendo em casos particulares e em matéria especial a responsabilidade objetiva, mas conservando o princípio tradicional da imputabilidade do fato lesivo.[17] Insurgir-se contra a ideia tradicional da culpa é criar uma dogmática desafinada de todos os sistemas jurídicos.[18]

Ficar somente com ela é entravar o progresso. Em nosso direito são numerosas as hipóteses em que a lei define a responsabilidade sem culpa, com a doutrina do "risco criado", referidas no nosso livro *Responsabilidade Civil*.

Atualmente o nosso direito se encaminha para a inversão do fundamento da responsabilidade civil. Se antes a regra geral era a da responsabilidade com culpa, hoje já

---

15 Jean Guyénot, *La Responsabilité des Personnes Morales Publiques et Privées*, nº 52; Alvino Lima, *Culpa e Risco*, nº 25.

16 Outra foi a solução encontrada pelo Código Civil de 2002, que, em seu art. 927, parágrafo único, impôs a chamada cláusula geral de risco imputando a obrigação de indenizar aquele que desenvolve atividade potencialmente criadora de riscos, ainda que não haja expressa previsão legislativa.

17 Ruggiero e Maroi, *Istituzioni*, vol. II, § 187.

18 G. Marton, *Les Fondements de la Responsabilité Civile*, págs. 1 e segs.; Washington de Barros Monteiro, ob. cit., pág. 424.

podemos afirmar que esta convive em igualdade de hipóteses com a regra da responsabilidade sem culpa, como segue:

A – O Código de Proteção e Defesa do Consumidor abraçou de forma genérica a teoria da responsabilidade objetiva, aceitando a doutrina do risco criado (Lei nº 8.078, de 11.09.1990, art. 12).

B – O Código Civil de 2002 não ficou imune ao desenvolvimento da responsabilidade civil sem culpa, tendo em diversas hipóteses previsto este tipo de responsabilidade. A regra mais importante é a do parágrafo único do art. 927, que instituiu uma cláusula geral de responsabilidade objetiva, ao determinar que haverá obrigação de reparar o dano, independentemente de culpa, quando a atividade normalmente desenvolvida pelo autor do dano implicar, por sua natureza, risco para os direitos de outrem.

Caberá à jurisprudência, com a colaboração da doutrina, concretizar o que significa atividade que implique por sua natureza risco para os direitos de outrem, já que em princípio quase toda a atividade humana gera risco para outra pessoa. Não parece ter a lei restringido as hipóteses à atividade econômica, pois expressamente utilizou apenas o termo atividade. Isso significa, por exemplo, que como dirigir um automóvel constitui atividade sabidamente perigosa, que põe em risco os direitos de outrem, considera-se, a partir de agora, a responsabilidade por acidentes de trânsito de natureza objetiva.

Há várias outras hipóteses concretas de responsabilidade sem culpa na legislação brasileira, sendo de se destacar:

A – Na indenização por *acidentes no trabalho*, a reparação faz aplicação da teoria do risco.

B – O *dono* ou *detentor* do animal ressarcirá o dano por este causado. Provada a existência do prejuízo (fato lesivo), incumbe o dever de reparação ao dono ou detentor, independentemente de uma qualquer verificação de culpa. O Código Civil de 1916 entendia que a responsabilidade se ilidia, provando o dono ou detentor que o guardava e vigiava convenientemente, ou que o animal foi provocado por outro, ou que houve imprudência do ofendido, ou que o fato resultou de caso fortuito ou força maior. O Código de 2002 eliminou essas excludentes. Para se furtar à indenização o dono ou detentor do animal terá que comprovar a culpa da vítima ou motivo de força maior (art. 936). Não há responsabilidade pelos danos causados por animais soltos numa propriedade, em estado de natureza, em razão de inexistir sobre eles tutela ou vigilância (Clóvis Beviláqua), mas não ilide a responsabilidade a alegação de que o animal é doméstico ou selvagem: desde que esteja na posse ou na detenção de alguém, responde este pelos danos.[19]

C – O dono do *edifício* ou *construção* responde pelos danos que resultarem de sua ruína, se esta provier da falta de reparos, de necessidade manifesta (art. 937). Neste passo se revela a timidez do Código. Deveria ficar definida a responsabilidade, cabendo eximir-se apenas no caso de provar que tomou todas as providências normais para evitá-lo, o que vale dizer, na hipótese de um fortuito ou força maior. Sem se eximir do

---

19 Washington de Barros Monteiro, ob. cit., pág. 440.

encargo, o dono do edifício tem ação de regresso contra o construtor ou arquiteto, no caso de defeito de construção ou falha técnica ou contra o locatário se o contrato lhe tiver transferido as reparações.[20]

D – O *habitante de uma casa* responde pelos danos provenientes das coisas que dela caírem ou forem lançadas em lugar indevido (Código Civil, art. 938). A ideia de culpa parece residir na contrariedade ao dever positivo (velar por que nada tombe) ou negativo (não lançar coisas). Mas, na verdade, não há cogitar deste fator subjetivo. O que importa é o fato da coisa caída ou lançada causar dano, para que a pessoa que habita a casa ou parte dela seja compelida a reparar o prejuízo. Não se eximiria o dono e.g., com a arguição de ter sido um visitante eventual quem lançou o objeto causador da ofensa, porque a responsabilidade é instituída objetivamente. Se foi o estranho o ofensor, contra este tem aquele a ação de *in rem verso* (regresso), mas não deixa por isso de responder.

E – Aquele que demandar o devedor por *dívida não vencida*, fora dos casos em que a lei o permite, ficará obrigado a esperar o tempo que faltava para o vencimento, a descontar os juros correspondentes, e a pagar as custas em dobro (Código Civil, art. 939).

F – Quem demandar por *dívida já solvida*, no todo ou em parte, sem ressalvar as quantias recebidas, ou pedir mais do que for devido, ficará obrigado a pagar ao devedor, no primeiro caso, o dobro do que houver cobrado, e, no segundo, o equivalente do que dele exigir, salvo se houver prescrição (Código Civil, art. 940).

G – Responde pela reparação aquele que, procedendo em *legítima defesa* ou no *exercício regular do direito*, danificar a coisa alheia; igualmente sujeito está a reparar o dano causado o que é levado a danificar a coisa alheia em *estado de necessidade*, isto é, para remover perigo iminente. Segundo a noção mais exata, e já tantas vezes repetida, pressupõe o ato ilícito uma conduta contrária à ordem jurídica, e é claro que o procedimento daquele que se defende ou do que exercita um direito seu, como de quem pretende impedir que se consume o perigo, não se pode tachar de contraveniente à norma social de conduta. Não obstante, a obrigação de ressarcir o dano causado existe, sob fundamento de que, no conflito de dois direitos, o titular daquele socialmente mais valioso poderá sacrificar o outro, desde que se detenha no limite do razoável, mas nem por isto se exime de reparar o dano causado.[21] Não há culpa no que se defende, ou no que necessita de remover perigo iminente. Mas há reparação e, portanto, responsabilidade sem culpa, se o agente exceder os limites do indispensável para a remoção do perigo (Código Civil, art. 188 e seu parágrafo).

H – A jurisprudência dos tribunais e a doutrina ampliaram o conceito de "responsabilidade profissional", como é o caso dos bancos pelos atos de seus prepostos, que sejam lesivos a clientes ou terceiros, enunciando a Súmula do STF (verbete nº 28) que respondem pelo pagamento de cheque falso, ressalvada a hipótese de culpa exclusiva ou concorrente do correntista.

---

20   René Rodière, ob. cit., nº 1.586.
21   Clóvis Beviláqua, Comentários ao art. 1.519 do Código de 1916.

283. Liquidação das obrigações

Partindo da ideia de que o credor tem o direito de haver a prestação devida, diz-se *líquida* a obrigação que não depende de qualquer providência para que seja cumprida, por ser de existência *certa* e ter objeto *determinado*. Se não puder o credor obter que o devedor a execute especificamente, substitui-se a *res debita* pelo seu equivalente pecuniário, no lugar onde a obrigação deverá ser cumprida, fixando-se este equivalente matemático pela via adminicular, quando não houver lei ou convenção que já o estabeleça diretamente. Adotar-se-á o termo médio do preço ou da taxa entre a data do vencimento e a do pagamento, quando a prestação tenha valor oficial. Em caso contrário, dever-se-á recorrer ao arbitramento.

As obrigações consequentes à aplicação do princípio da responsabilidade civil são via de regra ilíquidas. A rigor, a reparação do dano deveria consistir na reconstituição específica do bem jurídico lesado, ou seja, na recomposição *in integrum*, para que a vítima venha a encontrar-se numa situação tal como se o fato danoso não tivesse acontecido.[22] Esta, aliás, a opinião clássica a respeito da reparação da ofensa.[23] Na maioria das vezes, contudo, não é possível obtê-lo, seja em razão da onerosidade excessiva para o devedor, seja pela insuscetibilidade da sua realização efetiva. Oferta-se, então, à vítima o seu equivalente pecuniário, acrescendo-se o lucro cessante limitado ao que ela razoavelmente deixou de ganhar, e adiciona-se o juro (Código Civil, arts. 402 a 404).

Poderia o Código estabelecer uma norma genérica, que equiparasse toda liquidação e orientasse uniformemente o juiz no arbitramento da indenização. Em vez disso, preferiu o nosso legislador de 2002 adotar um critério casuístico, que supôs facilitasse a apuração do ressarcimento, mas na verdade o embaraça e dificulta. Na falta de incidência de qualquer norma peculiar, a reparação do dano resultará do arbitramento:

1 – No caso de *homicídio*, o responsável terá de arcar com o pagamento das despesas de tratamento da vítima e seu funeral e o luto da família. Deverá, ainda, prestar alimentos às pessoas a quem o defunto os devia, levada em conta a duração provável de sua vida. São as consequências *patrimoniais* do fato delituoso, com o ressarcimento, aos seus dependentes, dos encargos com o tratamento, e com o seu funeral, este segundo os costumes e sem exagero de gastos, mas na proporção de suas condições sociais e econômicas (Código Civil, art. 948).

Além destes prejuízos deverá o agente reparar todos os danos que tiver causado, em especial sujeitar-se a reparar o dano *moral*, sem que a indenização se converta em fonte de lucro ou de enriquecimento, porém como sanção técnica, arbitrado o seu montante moderadamente (v. nº 176, *supra*, vol. II).

2 – Se a lesão consistir em *ferimento* ou qualquer *ofensa física* além do tratamento a ser custeado pelo ofensor, haverá este de indenizar a vítima do que tiver sido esta privada de ganhar (*lucrum cessans*),[24] como ainda daquilo em que a lesão lhe tiver diminuído a capacidade de trabalho ou produtividade, mediante pensão que atenda à extensão, du-

---

22 De Cupis, *Il Danno*, pág. 359; Trabucchi, *Istituzioni*, nº 91.

23 René Rodière, *Responsabilité Civile*, nº 1.656.

24 Lucro cessante.

ração e natureza da redução sofrida (Código Civil, art. 949). No arbitramento da indenização proveniente de ato ilícito, os lucros cessantes, convertidos em pensão ou renda, consistirão no pagamento de um capital que, aos juros legais, assegure as prestações devidas, aplicado em títulos da dívida pública federal. Este capital é inalienável durante a vida da vítima e reverterá após o falecimento desta ao patrimônio do obrigado (Código de Processo Civil de 2015, art. 533).[25]

Na linha das despesas, não cabe ao responsável discutir a terapêutica aplicada, nem insurgir-se contra a onerosidade do tratamento, pois este quem o escolhe é a vítima, ou são os seus parentes; mas poderá impugnar as contas abusivas.[26]

À indenização do prejuízo material acrescenta-se a reparação do dano moral.

3 – Causada a morte ou lesão por médico, cirurgião, farmacêutico, parteira ou dentista, o dano será ressarcido, se a ofensa for devido à negligência, imprudência ou imperícia no exercício de sua atividade ou profissão.

4 – O legislador de 2002 previu genericamente no art. 186 a reparação do dano moral. Há, no entanto, algumas hipóteses típicas que merecem ser analisadas:

A – A ofensa ao patrimônio moral por *injúria* ou *calúnia* deve ser reparada, em princípio, em função do prejuízo moral consequente, na conformidade das circunstâncias do caso concreto (Código Civil, art. 953).

B – Quem sofrer atentado contra a liberdade pessoal, pelo recolhimento em cárcere privado, ou for vítima de prisão ilegal, ou por queixa ou denúncia falsa ou de má-fé, tem direito a dupla reparação, por dano patrimonial e moral: a primeira consiste na apuração das perdas e danos, segundo as regras ordinárias e o direito comum; a segunda consiste na fixação da indenização segundo as circunstâncias do caso concreto (Código Civil, art. 954).

---

25 Correspondente ao artigo 475 - Q, do Código de Processo Civil de 1973.
26 Washington de Barros Monteiro, ob. cit., pág. 450.

ANEXO
A NOVA TIPOLOGIA CONTRATUAL NO DIREITO CIVIL BRASILEIRO

Sumário

283-A. Evolução histórica do contrato. **283-B.** Novas perspectivas do contrato. **283-C.** Incorporação imobiliária. **283-D.** *Joint venture.* **283-E.** Outros contratos. **283-F.** *Know-how* e *Engineering.* **283-G.** *Hedging.* **283-H.** *Factoring.*

283-A. EVOLUÇÃO HISTÓRICA DO CONTRATO

O Direito Romano criou, desenvolveu e ordenou os contratos que satisfaziam as exigências de seu tráfico jurídico. A evolução do que poderíamos denominar a tipologia contratual naquele sistema obedeceu a uma linha de conduta que não se submetia a qualquer predeterminação teórica. Os contratos nasciam das exigências quotidianas, aperfeiçoavam-se em atenção aos reclamos pragmáticos. Mas o civilista, que se detém na observação do fenômeno, pode fixar as normas da linha evolutiva, que vai até à codificação justinianeia do século VI. Em termos genéricos, não se distancia da verdade dizendo que o romano partiu do formalismo original marchando para o consensualismo.

Todos os contratualistas, seja em obra sistemática mais ampla, seja em trabalhos de cunho monográfico, conhecem, estudam e explicam de que maneira se operavam os contratos verbis, litteris aut re, e como o Romano chegou ao limiar do consensualismo puro, sem contudo absorvê-lo, pelo muito amor às tradições, que não contrariava, preferindo muitas vezes circunlóquios complexos, com que lograva o resultado desejado, "transigindo sem transigir" com as fórmulas consagradas.

A evolução jurídica prossegue no período pós-justinianeu, e avançando pela Idade Média, alcança o direito moderno. Ainda não terminou. Ao revés, a ela estamos assistindo, para alegria dos que acreditam na força eterna da criatividade jurídica, para mágoa dos que de tal modo a rejeitam, que chegam a enunciar o declínio do contrato (Gaston Morin) ou mesmo a sua publicização e desaparecimento como expressão da autonomia das vontades individuais (Savatier).

Em substancioso estudo, Zaksas pesquisa as transformações do contrato, no tempo, e delas extrai uma lei (Joseph Zaksas, Les Transformations du Contrat et leur loi).

O direito moderno cultiva a sua doutrina do contrato, consagrada nos códigos e desenvolvida pelos autores.

Em dois mil anos, porém, de civilização jurídica romano-cristã pouco se distanciou em termos de tipologia contratual.

A movimentação codificadora do século XIX conservou as linhas gerais advindas do Direito Romano. O Código Civil francês de 1804 catalogou os contratos nos moldes romanos. Na fixação das mesmas figuras, como na estruturação interna de cada um. Não porque ele se limite a refletir a dogmática de Pothier, já que na verdade o Código Napoleão é Pothier redigido em termos normativos. Mas porque a filosofia contratual da época não tinha outras exigências. Contentava-se a ambiência econômica com aquelas fórmulas dogmatizadas na codificação do 6º século. Até a onomástica é a mesma.

Do Código do Consulado irradiou-se a teoria contratual sem grandes mudanças, e penetrou nos demais sistemas ocidentais, sendo de se salientarem pela influência que exerceram no direito europeu e latino-americano, o italiano de 1865, o português de 1867, o espanhol de 1889.

Embora sob orientação diversa, o BGB de 1896, considerado sem favor como grande monumento da ciência pandectista tedesca, não destoa daquela traça. Mais novo quase um século do que o Código Napoleão, ainda nele está presente uma tipologia contratual que não difere fundamentalmente das fontes.

O século XX inaugura-se, portanto, conservando as mesmas figuras contratuais romanas, a que pouca coisa se aditou.

Quando, pois, foi elaborado o Código Civil Brasileiro de 1916, subsistiu a tipologia contratual romana, com poucas modificações. Exceção da edição, da representação dramática e do seguro, a contratualística de 1916 é a mesma da Codificação do 6º século. Ali subsiste a mesma técnica. E, se é certo que predomina a concepção consensualista, ainda subsistem resquícios romanos, como os contratos de mútuo, comodato, depósito que teimam em permanecer reais, figurando a traditio da coisa como elemento de sua formação, e não como ligada à fase da respectiva execução, em contrário à doutrina moderna que os considera contratos consensuais condicionais, em que a traditio da coisa não é elemento constitutivo da avença, porém sua fase executiva (cf. Irmãos Mazeaud, Leçons de Droit Civil, vol. II, nº 82; Barassi, Obbligazioni, vol. II, nº 134; Osti, in Nuovo Digesto Italiano, vol. VIII, Verbete Obbligazione, nº 22).

Nem se diga que um Código do século XX, aprovado dentro do período da I Grande Guerra, seria retrógrado, ou ao menos descompassado dos progressos da ciência civilista, pelo fato de guardar fidelidade à tipologia romana ou à estrutura dos contratos do 6º século.

Em testemunho de que esta predominância se revelava uma constante, Francesco Cosentini, em obra que tem o objetivo de aperfeiçoar e ampliar o "Projeto Franco-Italiano de Código das Obrigações e dos Contratos", ao se dedicar ao tema, pouco inovaria no campo da tipologia contratual (Francesco Cosentini, Code International des Obligations, Paris, 1937).

283-B. NOVAS PERSPECTIVAS DO CONTRATO

Quando fui incumbido de redigir o Anteprojeto de Código de Obrigações, em 1961, procurei avançar no campo tipológico. O Projeto, de que fui relator geral, enviado ao Congresso em 1965, e em má hora retirado sob inspiração de injunções políticas, além das figuras de contrato que poderíamos denominar tradicionais, consigna e disciplina a comissão, o transporte, a incorporação imobiliária, a corretagem, a agência, a distribuição, o contrato estimatório, a fidúcia, os diversos contratos bancários, além de incluir entre as modalidades especiais da compra e venda a reserva de domínio e a venda contra documento como desenvolvimento de crédito documentário, simples ou confirmado.

O Código Civil de 2002 preencheu a lacuna tipológica dos contratos de comissão, transporte, corretagem, agência, distribuição, venda com reserva de domínio, venda sobre documentos e estimatório.

Além disso, juntamente com os princípios clássicos do contrato, da força obrigatória, da autonomia da vontade, da intangibilidade do seu conteúdo e da relatividade dos seus efeitos, positivou os novos princípios contratuais desenvolvidos durante o século XX, da função social do contrato (art. 421), da boa-fé objetiva (art. 422) e do equilíbrio econômico do contrato (que pode ser extraído da regra da lesão prevista no art. 157 e da resolução por onerosidade excessiva, prevista nos arts. 478 a 480).

Na verdade, a teoria do contrato sofreu no século XX numerosos impactos, que os grandes mestres civilistas registram. Alguns de tão profunda percussão que se podem assinalar quatro fases distintas: a primeira, da subsistência da ideia contratualista clássica; a segunda, da decadência ou do declínio do contrato; a terceira, da retomada de prestígio; e a quarta, do surgimento de novas figuras, que se enquadrariam na epígrafe deste estudo com a fixação da "nova tipologia contratual".

A ideia-força do contrato, tal como o recebemos do passado e tal como sobreviveu no Código Civil de 1916, é o individualismo liberal.

O contrato, segundo a concepção tradicional, é o resultado de um acordo de vontades. É o *bis in idem placitum consensus*.[1] E sendo acordo de vontades, é inspirado na noção fundamental da liberdade de contratar.

Daí vem a sua força obrigatória, que o Código Napoleão enfaticamente enuncia no art. 1.134: "Les conventions légalement formées tiennent lieu de loi à ceux qui les ont faites."

---

1   "Acordo de vontades com relação a um interesse mútuo".

Daí também a convicção de que a filosofia contratualista enuncia como verdade apodíctica: sendo inspirado no acordo das vontades, e sendo expressão do querer dos contratantes, não se poderia admitir que as vontades livres pudessem estipular uma avença que atentasse contra o princípio imanente de justiça. E, então, o jurista de século XIX afirmava, e o do começo do século XX repetia: "Quem diz contratual diz justo".

Essencialmente, o contrato fundava-se no princípio da liberdade. E alicerçava--se na convicção de que estabelecia o equilíbrio dos interesses econômicos.

Do jogo destes princípios, considerava o jurista que nenhuma força exógena poderia penetrar na economia do contrato. Mesmo que a sua execução fosse causa de ruína de um dos contratantes, mesmo assim teria de ser cumprido, porque a inter-venção no contrato ofendia a liberdade de cada um.

Ao jurista do século XIX não acudia a resolução por onerosidade excessiva ou a rescisão do contrato celebrado em caso de perigo. Foi preciso todo o desenvol-vimento do direito contratual do século XX para que tais figuras passassem a ser reconhecidas e inclusive introduzidas no direito positivo no Código Civil de 2002. Não se aceitava a viabilidade de uma intromissão inspirada no princípio da justiça comutativa. O instituto da lesão enorme, filha da laesio ultra dimidium do "Codex Justinianeus", que recebeu novo alento no instituto da lesão subjetiva do BGB, mas foi expulsa do direito brasileiro e eliminada do Código Civil de 1916,[2] somente pela via travessa da repressão aos crimes contra a economia popular na figura da usura real haveria de reingressar em nosso sistema.[3] Mesmo assim, os tribunais, inclusive o STF, acolheram muito timidamente a rescisão lesionária. Somente agora com a previsão expressa do art. 157 do Código Civil de 2002 é que poderemos avançar no desenvolvimento do princípio do equilíbrio econômico do contrato

Eis que novos ventos se levantam, portadores de mensagens diferentes.

Num pequeno livro escrito no final da década de 40, Savatier assinala que o dinamismo essencial da evolução do contrato mudou a visão do mundo, e simulta-neamente cambiou a imagem do contrato. Este, no Código Napoleão, era medido "na escala do homem, do indivíduo". Em razão das transformações que se operaram especialmente a partir da debacle gerada pela I Guerra Mundial, "o contrato novo coloca-se na escala da coletividade, na escala da nação, na escala da humanidade inteira".[4]

Eu não diria que foi o ponto de partida ou que Savatier teve a originalidade do conceito. Afirmaria, porém, que representa uma corrente de pensamento, cujos pontos de proeminência aparecem com toda nitidez.

O mesmo Savatier, noutro livro que fez carreira, já assinala uma certa mutação na filosofia do contrato que passou a ser "menos considerado como uma livre cons-trução da vontade humana do que como uma contribuição das atividades humanas

---

2   Cf. Clóvis Beviláqua, Teoria Geral do Direito Civil, § 56.
3   Cf. minha Lesão nos Contratos.
4   René Savatier, *Les Metamorphoses Économiques et Sociales du Droit Civil d'Aujord'hu*i, pág. 14.

à arquitetura geral da economia de um país, arquitetura que o Estado atual entende agora dirigir diretamente".[5]

Efetivamente, houve um deslocamento de fulcro na vida contratual. Se é certo que em todo tempo os princípios de ordem pública atuaram no paralelogramo de forças de que a resultante é a manifestação da vontade individual,[6] a necessidade de restabelecer o equilíbrio econômico das partes contratantes, rompido pelo crescimento do poder empresarial, fez recrudescer a ação estatal em detrimento da liberdade e da autonomia da vontade.

De uma certa época em diante, a economia tornou-se cada vez mais dirigida, e a intervenção do Estado recrudesceu sensivelmente. A dogmática do contrato sofre, então, mudança radical. O Estado intervém nas três fases da vida contratual: na formação do contrato, impondo às partes celebrá-lo ainda contra sua vontade e contra seus interesses; estabelecendo cláusulas obrigatórias em muitas avenças que interessam de perto a economia popular; e supervisionando a execução ao dotar o Poder Judiciário de instrumental suficiente para intervir no sentido de restabelecer a justiça comutativa, sempre que uma das partes se avantaje à outra, procurando obter do jogo das convenções aquele lucro "maior da marca" a que o mestre Orosimbo Nonato se referia. E deste conglomerado avulta a intervenção estatal na economia do contrato, o dirigismo contratual como princípio informativo.[7]

Os escritores do segundo quartel do século XX impressionaram-se com o "dirigismo" contratual, e ainda ligados à concepção anteriormente dominante da liberdade de contratar, ora proclamavam o "declínio" do contrato, ora enfatizavam as transformações políticas, jurídicas e econômicas, inclusive preconizando a ideia de que os Códigos de puro direito privado se transmudariam em Códigos de direito social.[8]

Louis Josserand, conhecido pelas suas tendências inovadoras, dedica vários estudos sobre o contrato, os quais resume num artigo de grande repercussão, em que salienta que o conceito contratual procura compensar sua pretensa imobilidade milenar buscando novas tendências. Assinala as transformações jurídicas e econômicas que envolvem o contrato, especialmente enfatizando que a fenomenologia econômica operou verdadeira transfiguração que fatalmente repercute na estrutura dos contratos. Enunciando que "para contratantes diversos seriam necessários outros contratos", tem uma como que visão profética do movimento renovador, antevendo a proliferação e diversificação dos contratos, e a aparição de novas categorias. Estas seriam inspiradas em princípios novos, ainda que amputando na autonomia da vontade.[9]

---

5 René Savatier, *Du Droit Civil au Droit Public*, pág. 53.
6 Cf. minha Instituições de Direito Civil, vol. III, nº 186.
7 Cf. Louis Josserand, *Cours de Droit Civil Positif Français*, vol. II, pág. 233; Philippe Malaurie, *L'Ordre Public et le Contrat*; Milton Fernandes, Problemas e Limites do Dirigismo Contratual; Caio Mário da Silva Pereira, Instituições de Direito Civil, vol. II, pág. 186.
8 Cosentini, *La Reforme de la Législation Civile*, pág. 280.
9 Cf. Louis Josserand, "Apperçu Général des Tendances Actuelles de la Théorie des Contrats", in *Revue Trimestrielle de Droit Civil*, 1937, págs. 2 e segs.

Reportando-se aos artigos de Josserand sobre a transformação do direito dos contratos, Gaston Morin referiu-se a que Josserand salientava que todos assistem ao progresso quantitativo e qualitativo do contrato: "quantitativo porque os contratos tornaram-se mais numerosos e mais diversos que no passado; qualitativo, no duplo sentido de que o conteúdo obrigatório dos contratos enriqueceu-se e sua irradiação estendeu-se".[10]

Não tem, portanto, um conteúdo de extrema novidade o surgimento de novas figuras contratuais. Estaremos assistindo, em nossos dias, a esse progresso quantitativo e qualitativo do contrato, na reflexão de que novos contratantes requerem novas avenças.

Antes, porém, de me deter na referência que lhes devo, cabe-me salientar dois aspectos que são fundamentais à formulação deste trabalho. A tendência global a que obedece esta nova floração, e a necessidade de delimitar a exposição de cada uma das figuras novas.

Com efeito, embora sejam numerosos os novos contratos, uma razão de ordem inspirou o seu surgimento. Eles não apareceram ao acaso, nem são devidos à imaginação criativa de algum jurista inspirado. Foi a necessidade do tráfico jurídico a sua causa genética, da mesma forma que no passado (e refiro-me a um passado remoto) foram as exigências da vida social e econômica que geraram as modalidades contratuais em Roma, como o progresso das atividades foi que transformou pactos em contratos pela atribuição de ações e dispensou no formalismo sacramental para permitir o nascimento do consensualismo.

No direito moderno, uma visão de conjunto das atividades e da vida social permite a aproximação, na atualidade, do jurídico e do econômico. Esta visão teve-a Savatier não isolado, mas juntamente com outros juristas, ao assinalar que as "ciências jurídicas e as ciências econômicas mantêm estreita relação com os comportamentos humanos". Ambas têm em vista que, se os bens existem por sua utilidade econômica, somente adquirem esta utilidade graças aos direitos que o homem exerce sobre eles. Direito e economia completam-se, posto que se valham de técnicas diferentes.[11]

Admitindo que o fenômeno jurídico e o fenômeno econômico, em última análise, são fatos sociais, Virgile L. Veniamin observa que entre eles há uma diferença de graus: as instituições econômicas são menos tradicionais porque mais suscetíveis de flutuações, e são menos obrigatórias do que as jurídicas, porque seu caráter coercitivo nem sempre é reforçado por uma sanção organizada.[12]

Já Tullio Ascarelli, por mais de uma vez e em mais de uma obra, referindo-se ao que é precipuamente o objeto de suas cogitações, observa que é o comerciante e não o jurista quem cria o Direito Comercial.

---

10 Gaston Morin, "Les Tendances Actuelles de la Théorie des Contrats et les Rélations du Réel e des Concepts", in *Revue Trimestrielle de Droit Civil*, 1937, págs. 551 e segs.

11 René Savatier, *La Théorie des Obligations, Vision Juridique et Économique*, págs. 2 e segs.

12 Virgile L. Veniamin, *Essais sur les Données Economiques dans l'Obligation Civile*, pág. 29.

Esta interdependência entre o fenômeno jurídico e o fenômeno econômico, aproximando-os, eu não chegaria a ponto de considerar, como querem alguns, que "aquele direito privado que fizera do contrato o instrumento por excelência da vida econômica" teria sido tragado pelo Direito econômico e "não mais existe onde já se implantou a nova economia coordenada e dirigida pelo Estado".[13]

Visão perspectiva mais ampla e mais realista tem Washington Peluso Albino de Sousa quando nega a antítese entre Direito Civil e Direito Econômico. São dois ramos da ciência jurídica que cientificamente é uma. E, em consequência, o fenômeno contratual não pode ser tomado como exclusivo de um ou de alguns ramos da árvore jurídica. Nas suas modalidades é que o contrato é subordinado ora a normas pertinentes a um deles ora a outro, dentre os quais está o Direito Econômico, como província jurídica que vem conquistando autonomia.[14]

No mesmo sentido: Ives Gandra da Silva Martins, Jacques Blanc e François Rigaud, Droit Économique 2, A. Pedone, Paris, 1979; Isabel Vaz, Direito Econômico da Propriedade, Rio, Forense, 1993; Isabel Vaz, Direito Econômico e Concorrência, Forense, 1993; Veniamin, Données Economiques dans l'Obligations Civiles, Paris, 1931.

O outro aspecto a levar em consideração no desenvolvimento do tema da "nova tipologia contratual no direito brasileiro" é que a natureza deste estudo não comporta a exposição minuciosa de cada um dos novos contratos, que a vida econômica moderna do país vem utilizando. Cada um deles tem a sua configuração própria, tem a sua dogmática peculiar e a respeito de cada um já se estabelece rica bibliografia, que abrange estudos monográficos. Deter-me sobre cada novo tipo ou figura levaria a estender este estudo além de seus limites regulares. A fim de me conter no que seria razoável, e ao mesmo tempo atender ao que a epígrafe menciona, não devo ir além de oferecer os lineamentos gerais ou o perfil identificador de cada espécie, dando em verdade simples notícia de como se apresenta, e qual o objetivo primacial de sua existência em nosso ordenamento jurídico.

Nesta visão sinóptica, são de se referirem os novos tipos mais usuais, deixando de lado aqueles que se encontram na zona grísea, compreendida por avenças incipientes, ou de menos frequente utilização na vida negocial.

283-C. Incorporação imobiliária

A sistemática brasileira enriqueceu-se sobremaneira com a tipificação do contrato de incorporação. O grande surto imobiliário no país havia gerado, com a realização dos edifícios coletivos (residenciais, comerciais e profissionais), uma atividade econômica não prevista na lei, e que, com o tempo, atingira proporções muito avantajadas, inclinando-se para a especulação em detrimento da economia popular. A Justiça, onde desagua-

---

13 Cf. Orlando Gomes e Antunes Varela, Direito Econômico, pág. 23.
14 Cf. Washington Peluso Albino de Sousa, Direito Econômico e Economia Política.

vam os frequentes conflitos entre empresários e adquirentes de unidades, não dispunha de instrumental suficiente para dirimi-los.

Em 1964, fui incumbido pelo Governo de elaborar Projeto de Lei, disciplinando a matéria, de que resultou a Lei nº 4.591, de 16 de dezembro de 1964. Reunindo num mesmo diploma a atividade empresarial da incorporação e o regime jurídico na propriedade horizontal, essa lei, que é identificada como do Condomínio e Incorporações, imprimiu tipicidade a um novo contrato, estabelecendo a qualificação para ser incorporador (construtor licenciado, corretor de imóveis, proprietário do terreno ou promitente comprador com compromisso irretratável) e as exigências para o lançamento dos edifícios coletivos. Refere-se às modalidades para a contratação em regime de empreitada (com ou sem reajustamento de preços) e de administração ou preço de custos.

Em dois pontos situa-se a essência do contrato. O primeiro está na instituição de nova modalidade de direito real resultante da inscrição do empreendimento no Registro Imobiliário. Uma vez efetuada, e decorrido o período de carência em que é permitida no incorporador a faculdade de desistência, fica estabelecido ius in re, oponível erga omnes como todo direito real, inclusive em relação às autoridades administrativas, que não têm mais o direito de cancelar a aprovação do projeto edilício.

O segundo, na especificação das responsabilidades do incorporador, do construtor e do próprio adquirente de unidade, agilizando a efetivação do negócio. Ao mesmo tempo que estimulou a proliferação das atividades imobiliárias, estatui segurança no mercado, a tal ponto que é comum dizer que as atividades imobiliárias no Brasil dividem-se em duas fases: antes e depois da Lei nº 4.591, de 1964.

A lei brasileira do Condomínio e Incorporações serviu de modelo para a legislação argentina (Lei nº 19.724, de 1972) conhecida como lei da pré-horizontalidade.

O Código Civil de 2002 modificou a Lei nº 4.591/64 apenas na parte relativa ao condomínio horizontal, tendo mantido a vigência da parte que trata do contrato de incorporação imobiliária.

A Lei nº 10.931, de 02 de agosto de 2004, implementou mudanças positivas na Lei de Condomínio e Incorporações cuja principal medida se refere à criação do Patrimônio de Afetação.

Esse Patrimônio é juridicamente distinto do patrimônio do incorporador. A essência de sua constituição é a formação de um patrimônio independente do patrimônio do incorporador, visando dar maior proteção aos adquirentes de unidades em construção.

As obrigações do incorporador não podem recair sobre este patrimônio apartado. Somente obrigações contraídas pelo incorporador em relação à própria incorporação negociada com os adquirentes poderão atingir o Patrimônio de Afetação.

O incorporador poderá oferecer o patrimônio em garantia de mútuos bancários ou quaisquer outras operações que envolvam levantamento de pecúnia, desde que a obrigação assumida se restrinja ao desenvolvimento da incorporação contratada.

Caso o incorporador decida ceder o direito de receber as parcelas dos adquirentes e, obviamente, este ato também envolve o dever de finalizar a incorporação, ou mesmo que ele decida ceder quotas criadas a partir da expectativa do recebimento dos adquirentes, essas cessões, quando transformadas em pecúnia para o incorporador, deverão ser agregadas ao Patrimônio de Afetação da incorporação.

No entanto, pode o incorporador ter como próprios os recursos financeiros que excederem a importância necessária à conclusão da obra (art. 44), considerando-se os valores a receber até sua conclusão e, bem assim, os recursos necessários à quitação de financiamento para a construção, se houver (§ 8º do art. 31-A).

São excluídos do Patrimônio de Afetação: a) os recursos financeiros que excederem a importância necessária à conclusão da obra (art. 44), considerando-se os valores a receber até sua conclusão e, bem assim, os recursos necessários à quitação de financiamento para a construção, se houver; e b) o valor referente ao preço de alienação da fração ideal de terreno de cada unidade vendida, no caso de incorporação em que a construção seja contratada sob o regime por empreitada (art. 55) ou por administração (art. 58). Trata-se, como dissemos, de medida bastante positiva que visa resguardar o direito dos adquirentes na complexidade que tomou o tema da construção imobiliária urbana no país, sobretudo com a explosão demográfica das cidades.

Em 27 de dezembro de 2018, foi promulgada a Lei 13.786, que alterou as Leis 4.591/1964 e 6.766/1979, para disciplinar a resolução do contrato por inadimplemento do adquirente de unidade imobiliária em incorporação imobiliária e em parcelamento de solo urbano. As alterações propostas para a Lei 4.591/1964 visaram a inclusão dos arts. 35-A, 43-A e 67-A. O art. 35-A incluiu a obrigatoriedade de apresentação de quadro-resumo nos contratos de compra e venda, promessa de venda, cessão ou promessa de cessão de unidades autônomas integrantes de incorporação imobiliária, que deverá conter informações essenciais para a formação e execução do contrato. A falta de quaisquer das exigências previstas em lei gera a obrigatoriedade de aditamento do quadro-resumo em 30 dias que, se não realizado, gera o direito à rescisão contratual por parte do adquirente (§ 1º). Por sua vez, o art. 43-A estatui que não dará causa à resolução do contrato por parte do adquirente, nem ensejará o pagamento de qualquer penalidade pelo incorporador a entrega do imóvel em até 180 dias corridos da data estipulada contratualmente como data prevista para conclusão do empreendimento. Esta faculdade, contudo, só será concedida desde que expressamente pactuado no contrato, de forma clara e destacada. Por fim, o art. 67-A reconhece em seu *caput* as consequências do desfazimento do contrato celebrado exclusivamente com o incorporador, mediante distrato ou resolução por inadimplemento absoluto de obrigação do adquirente. Nesse caso, o adquirente terá direito à restituição das quantias que houver pago diretamente ao incorporador, atualizadas com base no índice contratualmente estabelecido para a correção monetária das parcelas do preço do imóvel, sendo, contudo, deduzidas, cumulativamente, a integralidade da comissão de corretagem e a pena convencional, que não poderá exceder 25% da quantia paga. Demais regras referentes ao inadimplemento absoluto do adquirente estão dispostas nos 14 parágrafos do art. 67-A.

INSTITUIÇÕES DE DIREITO CIVIL • VOL. III • CONTRATOS

O nosso intuito, na parte final deste volume sobre Contratos, é apenas a apresentação de novas figuras obrigacionais distintas daquelas já tipificadas no Código Civil; melhores esclarecimentos os leitores podem obter na leitura de obras especializadas.

283-D. *JOINT VENTURE*

O direito brasileiro encampou em sua sistemática a modalidade contratual conhecida como joint venture e aqui adotada como "contrato de risco" ou "contrato de serviços como cláusula de risco".

Não se pode falar que é modalidade contratual; generalizada em nossas usanças mercantis. Aqui não se pratica tão diuturnamente como ocorre em outros países. A França, segundo o depoimento de John Kozyris, após a Segunda Guerra Mundial, e especialmente depois da formação da Comunidade Econômica Europeia (1958) atraiu boa parcela dos investimentos americanos na Europa, sob técnicas diversificadas, variando desde o estabelecimento de subsidiárias ou de filiais, até o modelo de joint ventures com associados locais. Em geral ocorre a coparticipação fifty-fifty, criando certos problemas de administração, uma vez que o regime predominante na França é o da deliberação colegiada, e a paridade numérica de acionistas e de componentes do órgão direcional embaraça as decisões quando ocorre divergência entre o grupo local e o fornecedor de tecnologia ou recursos. Segundo o mesmo autor, as soluções são procuradas em arbitramento efetuado por uma terceira parte (árbitro único ou não). E, se as divergências são insolúveis, acaba-se pela aquisição, por um dos sócios, da parte do outro associado.[15]

No Brasil, não faltam, no campo mercantil, associações de empresas brasileiras com outras estrangeiras (notadamente norte-americanas, francesas, alemãs, suíças, italianas, japonesas).

O grande público, e mesmo a massa global dos juristas, tomou conhecimento dos contratos de risco, em razão de a Petrobrás havê-los admitido para a pesquisa, prospecção e exploração de jazidas petrolíferas off-shore e mesmo em terra firme. Segundo a publicação "Depoimentos e Informações", da Petrobrás, a necessidade de apressar a produção de petróleo em face da modificação do panorama mundial advinda na crise de 1973 levou o Governo a autorizar a realização de "contratos de serviço com cláusula de risco".

Dentro deste esquema, a contratada realiza trabalhos de exploração em área delimitada e por período determinado, comprometendo-se a um investimento mínimo obrigatório, para pesquisa e avaliação da potencialidade, e financiamento e produção. Descoberto e desenvolvido o campo, a contratante deverá reembolsar a contratada "em prestações a prazo fixo, com recursos gerados exclusivamente pela entrada em produ-

---

15 Cf. Ph. John Kozyris, "Equal Joint-Venture Corporations in France", in *American Journal of Comparative Law*, 1969, págs. 503 e segs.

ção do próprio campo". É facultado à partner adquirir certa quantidade de óleo a preço de mercado, salvo em caso de carência nacional no abastecimento interno.[16]

Embora o assunto tenha tramitado em sigilo na empresa, é provável que este modelo de joint venture haja recebido inspiração no mesmo tipo de contratação realizado pela National Iranian Oil Company – NIOC – em seguida ao movimento nacionalista desfechado no Irã em 1951. Ali o Governo fica com 75%, mediante o seguinte critério: metade do resultado líquido é paga ao Estado em taxas e encargos fiscais, e a outra metade dividida em partes iguais entre NIOC e Agip Mineraria ("half shail be paid to Iranian Government as tax and government duties, and the other half shall be divided equally between NIOC and Agib Mineraria").[17]

Em princípio, o contrato de risco, celebrado entre empresa brasileira e empresa estrangeira, rege-se pelas normas de direito comum. Normalmente contém cláusula compromissória, e é frequente eleger, desde logo, uma entidade arbitral internacional para dirimir quaisquer pendências. Está, contudo, subordinado à jurisdição brasileira, não sendo estranha cláusula de eleição de foro no país-sede da entidade contratada.

No particular da Petrobras, o contrato de serviços com cláusula de risco oferece a peculiaridade de ser ela uma sociedade de economia mista, participante da administração indireta (DL nº 200, de 25 de fevereiro de 1967, alterado pelo DL nº 900, de 29 de setembro de 1969) e, portanto, sujeita a regime específico. Não obstante o caráter internacionalizante do contrato,[18] qualquer litígio entre a Petrobrás e a contratada, quando não seja possível composição amigável ou solução arbitral, estará sujeito aos tribunais brasileiros.[19] Aliás, é uma peculiaridade do contrato administrativo o controle pela pública Administração.[20]

O Código Civil de 2002 não tratou do contrato de joint venture.

283-E. Outros contratos

Posto que objeto de cogitação dos mais modernos autores, e seu ingresso em nossas atividades mercantis, outras modalidades negociais há, sobre as quais passo superficialmente. Elas se usam na prática, mas, salvo o *franchising*, não se podem considerar como contratos típicos, senão há pouco tempo, tendo em vista que, dentro de minha concepção doutrinária, somente entendo como típico o contrato que já encontra disciplina legal.[21] Demais disso, descer às minúcias de cada um seria alongar os termos desta sinopse além dos limites do bom tom. Refiro-

---

16 Cf. Cadernos Petrobras, nº 1, págs. 63-64.
17 Cláusula 17 do contrato, apud Luiz Olavo Baptista, Contrato de Risco, pág. 10.
18 Cf. Y. Louss Ouarn, *Droit du Commerce Internationel*, pág. 589.
19 Luiz Olavo Baptista, Contrato de Risco, pág. 68.
20 Cf. Hely Lopes Meirelles, Direito Administrativo Brasileiro, pág. 190; Gaston Jéze, *Derecho Administrativo*, vol. VI, pág. 4; André Laubadère, *Contrats Administratifs*, vol. II, pág. 113.
21 Cf. minhas Instituições de Direito Civil, vol. III, nº 190.

INSTITUIÇÕES DE DIREITO CIVIL • VOL. III • CONTRATOS

-me, além do já referido *Franchising*, aos contratos de *Know-how*, *Engineering*, *Hedging* e *Factoring*.

A tecnologia norte-americana, trasladada para o Brasil, deu origem a contratos que ali são prática corrente e moente, e que a nossa tradição romano-cristã desconhecia. Mas, em breve lapso de tempo têm sido incorporados à nossa vida negocial. E nem se diga ser uma dependência brasileira, em relação ao direito norte-americano, pois que a Faculdade de Direito e das Ciências Econômicas de Montpellier em 1970 publicou, sob o título "Nouvelles Techniques Contractuelles", um livro abrangendo, além do *leasing* que já mencionei, o *Know-how*, o Franchising e o *Engineering*.

283-F. KNOW-HOW E ENGINEERING

Com os contratos de *Know-how* e de *Engineering*, entra-se num campo em que o progresso científico e técnico penetram no jurídico.

A chamada "revolução industrial" do século XIX abriu novo campo à normação jurídica, posto que partindo de noções já existentes e até de regras consignadas nas legislações vigentes.

O cientista puro, através de suas pesquisas, ou o técnico de gabinete por via de seus experimentos, descobre ou inventa.

Quando, porém, o resultado é transposto para o aproveitamento econômico da descoberta ou invenção é que se cogita de como proteger contra o abuso ou contra especulação com a atividade alheia.

O contrato de *Know-how* tem por base a criação do espírito ou do engenho humano, embora sem a característica da originalidade. Esta será causa jurídica da "patente", por via da qual o inventor aufere proveito de sua criatividade, mas ao mesmo tempo imprime-lhe divulgação, que o leva ao grande público.

O *Know-how* representa uma criação particular, pertencente a um indivíduo ou a uma empresa, conservado porém em sigilo para exploração do seu criador, ou da empresa que o adquire, e que é protegido contra a utilização alheia.[22]

O contrato de *Know-how* traduz, portanto, a cessão, a outrem, daquilo que consiste no conhecimento, ou "saber como" aplicado à atividade industrial ou tecnológica.

Dada, porém, a complexidade da vida econômica, e o desenvolvimento técnico de que ela se vale, não satisfaz ao cessionário a transmissão, apenas, do modus faciendi. A transferência de tecnologia, por si só, não completa a utilização prática do desenvolvimento ou da atividade. Daí abranger o contrato de *Know-how*, além da cessão de como fazer, isto é, transferência de conhecimento, também a assistência técnica

---

22 O fato de não se verificar a presença dos requisitos legais que tornem o *Know-how* patenteável, não permite concluir que não haja qualquer proteção jurídica. Nesse sentido, seria possível inseri-lo na dimensão dos interesses jurídicos resguardados pelo segredo industrial, e, assim, incluí-lo sob a proteção da Lei nº 9.279/96.

necessária a que o usuário possa aproveitar o "saber como" de maneira a dele extrair todo o benefício.

Sem me aprofundar no histórico do *Know-how* e da proteção da criatividade, seja no campo da legislação estrangeira, seja nos leading cases que desbravaram o terreno, limito-me aqui a mencionar que o direito positivo brasileiro, em mais de um diploma, tem voltado suas vistas para o assunto.

A Lei nº 4.131, de 3 de setembro de 1962, que disciplina o capital estrangeiro, cria órgãos de controle e técnicas de fiscalização, quanto à remessa da remuneração para o exterior, quando a tecnologia é importada, bem como estabelece o esquema tributário respectivo.

Tendo em vista que o Brasil, considerado no plano econômico mundial como país em desenvolvimento, tem necessidade de importar tecnologia que lhe permita romper a barreira da industrialização, os contratos de *Know-how* não podem ficar sujeitos apenas à lei da livre concorrência ou da plena autonomia da vontade. Ao revés, a intervenção estatal é constante e é intensa, para conciliar o interesse econômico das empresas, que se utilizam da tecnologia importada, e a defesa da economia do país. Em verdade, o *Know-how* estrangeiro é indispensável ao desenvolvimento econômico, mas se a matéria for relegada ao livre-cambismo, as empresas estrangeiras e multinacionais dele farão instrumento de sucção de nossos recursos financeiros, fazendo do *Know-how* a mesma técnica de vassalagem que a cobrança de royalty insistiu e apurou.

O contrato de *Engineering*, embora tenha sua própria tipologia, não difere muito do de *Know-how*. Tem por objeto a "assistência técnica especializada em engenharia".

Aqui o dirigismo estatal atua também, mas num outro sentido protecionista. Nós já dispomos, graças ao trabalho nas universidades, de uma engenharia das mais adiantadas do mundo. Tão desenvolvida que empresas brasileiras se expandem internacionalmente, realizando obras no exterior, em numerosos países da America Latina, da África e do Oriente Médio, além de algumas operarem em Portugal. Trabalhos de prospecção e pesquisa petrolífera realizam-se em diferentes países pela Braspetro, subsidiária da Petrobras, com reconhecido êxito. Sistemas vários em mais de um país são realizados por empresas brasileiras. A experiência no aproveitamento de energia hidrelétrica é exportada por firmas empreiteiras do Brasil.

Quando, portanto, há necessidade da efetivação de trabalhos especializados no setor, é preciso distinguir a assistência tecnológica de que o país tem necessidade da concorrência estrangeira. Neste sentido a legislação é cautelosa, proibindo à administração pública celebrar contratos de *Engineering* com empresas estrangeiras de engenharia, salvo quando não houver similar nacional ou se se realizar em consórcio com empresa brasileira (Decreto nº 64.345, de 10 de abril de 1969; Decreto nº 66.717, de 15 de julho de 1970).[23]

---

23 Ambos os decretos foram revogados pelo Decreto s/nº, de 14 de maio de 1991, que instituiu o Plano Federal de Desregulamentação. Não há nenhum texto legal que preveja disposições específicas

Por outro lado, o Decreto nº 1.418, de 1975, tem em vista a exportação de serviços (*Engineering*) para o exterior, concedendo para isto estímulos fiscais.

283-G. *Hedging*

Muito se tem falado no "contrato de *Hedging*". A denominação é imprópria. O *Hedging* não é, propriamente, um contrato com caracteres típicos próprios. É mais uma modalidade de operação de bolsa, com caráter aleatório, tendo por objeto a comercialização de mercadorias a termo.

Antes de tudo, convém desde logo salientar a transformação operacional que ocorreu em nosso país, com a consequente mutação da conceptualística legal. Segundo o disposto no art. 1.479 do Código Civil de 1916, os contratos sobre títulos de bolsa, mercadorias ou valores, em que se estipule a liquidação exclusivamente pela diferença entre o fechamento e a data de vencimento do ajuste, equiparavam-se ao jogo.

No entanto, as praxes bolsistas de tal modo se verificam por estes meios, que tais atos negociais passaram de ilícitos a lícitos e acabaram por se converterem em operações correntes. A tal ponto que o Código Civil de 2002 já os admite (art. 816).

O *Hedging* é, precisamente, modalidade negocial a termo nas bolsas de mercadorias (commodities future market), com liquidação pela diferença.

Incide na comercialização de commodities, especialmente de gêneros alimentícios duráveis (por exemplo: cereais, café, ouro). Sob controle do Banco Central o hedge pode ser estendido aos empréstimos externos, na modalidade de *Hedging* de juros tal como ocorre em outros casos de commodities future market. O produtor celebra contrato de venda futura, obrigando-se pela entrega, e o comprador pelo pagamento de quantia certa. Mas, entre a data do fechamento e a liquidação pode ocorrer, e normalmente ocorre, diferença de cotação.

A fim de se acobertar das oscilações de mercado, os interessados ajustam então operações casadas, iguais e em sentido contrário no mercado à vista e no mercado a termo de tal modo que se defendem contra a variação das cotações.

E as liquidações, na imensa maioria das vezes, operam-se pela diferença e não pela entrega da própria mercadoria.

A interdependência factual de contratos equivalentes tem por finalidade precípua reduzir os riscos do mercado bolsista.

No *Hedging*, portanto, inexiste uma figura contratual típica. Cada operação tem a sua autonomia negocial. Mas a interdependência é que constitui o *Hedging*.

---

sobre o contrato de *Engeneering*.

283-H. *Factoring*

Por último, refiro-me ao *Factoring*. Dele cuido, posto que em escorço mais que apertado, pelo fato de ser tipo contratual corrente em outros países de economia semelhante à nossa (Estados Unidos, França, Inglaterra), que tem tido maior desenvolvimento no Brasil nos últimos anos, o que faz crer que em breve tempo terá ingresso na nova tipologia contratual brasileira.

O *Factoring*, que Fran Martins denomina em vernáculo faturização, é modalidade contratual que se situa entre o desconto mercantil de título cambial, a cessão de crédito, a sub-rogação convencional de obrigação, o seguro de crédito, o mandato mercantil.

Por toda esta complexidade, os autores divergem se somente pode ser operado por instituições financeiras[24] sob o império do art. 17 da Lei nº 4.595, de 1964 (Fábio Konder Comparato); discutem se pode ser veículo operacional a duplicata submetida à Lei nº 5.474, de 1968, com a criação "do endosso sem responsabilidade" preconizado pelo art. 15 da Lei Uniforme (Fábio Konder Comparato); ou se se faz mister, a fim de que seja praticada no Brasil, a modificação da Lei nº 5.474, de 1968, para possibilitar a existência de "outro documento capaz de justificar o saque do vendedor pela importância faturada ao comprador, nas compras e vendas a prazo" (Fran Martins). Como visto, trata-se de ato negocial ainda em fase de criatividade no nosso meio, razão por que neste estudo, e em razão de sua epígrafe, devo limitar-me a um esboço ligeiro de sua operatividade.

Pelo *Factoring* ou *faturização*, uma pessoa (*factor* ou *faturizador*) recebe de outra (*faturizado*) a cessão de créditos oriundos de operação de compra e venda e outras de natureza comercial, assumindo o risco de sua liquidação. Incumbe-se de sua cobrança e recebimento, cujo líquido transfere de imediato ao cedente ou faturizado.

Pelo fato de assumir os riscos, não tem ação *de in rem verso* contra o faturizado. Por esta razão ainda, deve ter a liberdade de escolher os créditos antes de sua cessão. Pelo fato de prestar um serviço de cobrança, tem uma remuneração percentual sobre os resultados obtidos.

O faturizador não financia o faturizado, e portanto não se obriga a adiantar-lhe o valor dos créditos cedidos, e por aí fica bem claro como o *Factoring* se distingue do desconto bancário.

Sendo cessionário dos créditos, o *factor* adquire *legitimatio ad causam* para acionar os devedores *nomine suo*, e somente é obrigado para com o faturizado, a recolher o valor cobrado em face do êxito do procedimento judicial. Não se pode dizer uma "substituição processual", porque a legitimação ativa verifica-se *ante litem*.

Trata-se, assim, de um contrato oneroso, consensual e bilateral.

---

24 Ver Lei Complementar 105/2001, art. 1º, § 2º.

Subjetivamente considerado, são partes nele o *factor* ou faturizador que recebe a cessão dos créditos e o faturizado ou cedente, que a efetua. O devedor não é parte do contrato, embora sobre ele percuta a sua fase executória.

Tendo em vista a sua larga utilização nos países desenvolvidos, é de prever sua introdução em nossas práticas mercantis.

A bibliografia já é muito rica, sendo de se citarem, por amostragem: Fábio Konder Comparato, "*Factoring*", *in Revista Forense*, vol. 249, pág. 387; Fran Martins, "O Contrato de *Factoring* e sua Introdução no Direito Brasileiro", *in Revista Forense*, vol. 262, pág. 9; Orlando Gomes, *Contratos*, nº 394, da ed. de 1978; C. Gavaldá *et* J. Stoufflet, *Droit de la Banque*, pág. 629, além de outros que não tivemos ensejo de consultar.

Fonte: *Revista Forense*, vol. 281, págs. 1-12.

ÍNDICE ALFABÉTICO-REMISSIVO

(Os números se referem aos parágrafos.)

A

Abertura de crédito e mútuo – 246

Abertura de crédito em banco – 275

Abonador – aplicam-se as regras da fiança – 271

Ação renovatória do aluguel – 241

Adesão, noção deste contrato – 197

Agência, distribuição e *franchising* – 251-B;

Aleatórios, vários tipos de áleas – 191

Alienação fiduciária em garantia – 230-E

Alienação fiduciária imobiliária – 230-F

Aluguel mercantil, renovação – 241

Aluguel rural ou de prédio rústico – 240

Aluguel urbano ou de prédio urbano – 241

Aparelho automático e o consentimento – 183

Aparelho automático e o contrato de compra e venda – 217

Apartamento, o proprietário pode locar e vender – 220

Arra, conceito – 201

Arra confirmatória, conceito e efeitos – 202

Arra penitencial, conceituação e efeitos – 203

Arrendamento mercantil, *leasing* – 230-B

Ascendente, não pode vender ao descendente – 220

Atividade bancária, contratual – 274

Autocontração, validade – 187

Autonomia da vontade, princípio – 186

Aval, difere da fiança – 271

B

Bagagem de viajante e o depósito – 248

Banco, atividades bancárias – 274; 274-A

Benefício de divisão, na fiança – 272

Benefício de ordem, na fiança – 272

Bilaterais e unilaterais, classificação dos contratos – 193

Boa-fé, na interpretação do contrato – 195

Bolo esportivo, é lícito – 270

Bons costumes e contrato – 186

C

Cessação da locação – 241

Cessão da locação, difere da sublocação – 241

Cessação do contrato de empreitada – 243

Chamamento à autoria, para efetivar a evicção – 209

Cheque, noção – 279

Classificação dos contratos – 190

Cláusula *rebus* e teoria da imprevisão – 216

Cláusula CIF e outras de uso no comércio – 225

Cláusula de exclusividade, restringe o direito de vender – 223

Cláusula monetária e o mútuo – 246

Cláusula resolutiva expressa, efeitos – 214

Cláusulas resolutiva tácita, história e efeitos – 214

Cofiança ou pluralidade de fiadores – 272

Cofre em banco, é objeto de locação e não de depósito – 236, 274

Coisa, como objeto da compra e venda – 218

Coisa, na locação – 237

Coisa futura, compra e venda – 218

Coletivos, requisitos – 196

Comissão – 251-A

Commodities – 283-G

Comodato, sua disciplina – 245

Compra e venda, conceito e análise – 217

Compra e venda, efeitos – 221

Compra e venda, riscos – 222

Compra e venda com reserva de domínio – 230

Compromisso – 273-B

Comutativos e aleatórios, classificação dos contratos – 194

Concorrência Pública – 188

Concurso, formação de contrato – 188

Condição resolutiva, tácita e expressa – 214

Condômino, não pode alugar – 237

Condômino, venda a estranho – 220

Consensuais, formais, classificação dos contratos – 191

Consensualismo, evolução do princípio – 185

Consentimento, validade do contrato – 187

Consentimento na locação – 237

Consentimento para a compra e venda – 220

Constituição de renda, disciplina – 267

Constituição de renda, extinção – 268

Conta conjunta de depósito bancário – 274

Conta-corrente bancária – 275

Conta-corrente e mútuo – 246

Conta-corrente imprópria e depósito bancário – 275

Contrato, conceito – 184

Contrato, conceito romano e moderno – 184

Contrato com pessoa a declarar – 206-A

Contrato. Evolução histórica – 283-A

Contrato, função social – 185

Contrato. Novas perspectivas – 283-B

Contrato consigo mesmo – 187

Contrato de trabalho e prestação de serviços – 249

Contrato diferencial é proibido – 269

Contrato em favor de terceiro – 204

Contrato estimatório – 230-A

Contrato plurilateral – 193

Contrato por correspondência, momento de sua formação – 188

Contrato preliminar, conceito e generalidades – 198

Contrato preliminar, efeitos – 200

Contratos bancários propriamente ditos – 274-A

Contratos coletivos, noção – 196

Contratos coligados, noção – 197-A

Contratos de adesão, noção – 197

Corretagem, disciplina deste contrato – 251

Corretagem exclusiva, efeitos, transmissibilidade aos herdeiros – 276

Corretagem matrimonial, iliceidade – 251

Crédito confirmado no comércio bancário – 275

Crédito documentário, contrato de banco – 275

Custódia de bens é depósito regular – 247

D

Dano moral, consagrado na Constituição de 1988 – 283

Debênture, noção – 279

Depósito bancário, disciplina – 274

Depósito bancário como tipo de depósito irregular – 247

Depósito hoteleiro, é depósito necessário – 248

Depósito necessário, sua disciplina – 248

Desconsideração da pessoa jurídica – 253

Desconto como contrato bancário – 276

Despejo – 241-E

Direito de retenção, não cabe sobre o aluguel – 238

Direito de retenção da coisa, finda a locação – 238

Direito de retenção em favor do mandante – 254

Dirigismo e intervenção no contrato – 186; 283-B

Distribuição, distingue-se da edição – 262

Distribuição, agência e *franchising* – 251-B

Doação, classificação – 232

Doação, conceito e requisitos – 231

Doação, efeitos – 233

Doação, ineficácia – 234

Doação, revogação – 235

Doação do marido à mulher – 231

Duplicata, noção – 279

Duplicata de serviço – 279

E

Edição, noção e disciplina – 262

Efeitos da compra e venda – 221

Efeitos da doação – 233

Efeitos da fiança – 272

Elementos da locação – 237

Empreitada, efeitos – 243

Empreitada, generalidades – 242

Empreiteiro, responde perante terceiro – 243

Empréstimo, tipos especiais – 245

Endosso – natureza e espécies – 279

Engineering – 283-F

Erklärungstheorie, interpretação do contrato – 189

Espécies de doação – 232

Espécies de seguros, generalidades – 266

Estipulação em favor de terceiro – 204

Evicção, casos assemelháveis – 209

Evicção, efeitos – 209

Evicção, noções gerais – 209

Evicção parcial, suas consequências – 210

Evolução histórica do contrato – 283-A (Anexo)

Exceptio non adimpleti, seus efeitos – 215

Exclusividade, é cláusula que restringe o direito de vender – 220

ÍNDICE ALFABÉTICO-REMISSIVO

Execução compulsória do contrato preliminar – 200

Execução imediata, classificação dos contratos – 195

Execução sucessiva, classificação dos contratos – 195

Existência atual ou futura do objeto da venda – 218

Extinção do contrato, causas – 212

Extinção do mandato, hipóteses – 255

F

Factoring – 283-H

Fato de terceiro promessa – 206

Fiança, noções – 271

Fiança, sua extinção – 273

Fiança e aval, diferença – 271

Fidúcia – 257-A

Financiamento, como contrato bancário – 276

Fixação do preço, na compra e venda – 219

Forma, validade do contrato – 187

Forma da locação – 237

Formação do contrato, lugar e tempo – 188

Franchising – 251-B

Função confirmatória da arra – 202

Função penitencial da arra – 203

Função social do contrato – 185

Funcionário público, pode resilir a locação – 241

G

Garantia dada pelo vencedor suspende a ação redibitória – 208

Garantia na locação urbana – 241-F

Garantia na locação urbana ou de prédio urbano – cessão fiduciária de cotas de fundo de investimento – 241-F

Gestão de negócios, sua disciplina – 257

Guarda de bens e o depósito – 247

H

Hasta pública, não comporta requisição por vício redibitório – 207

Hedging – 283-G

Herança de pessoa viva. Nulidade do contrato – 187

I

Iliceidade, validade do contrato – 187

Impossibilidade, validade do contrato – 187

Impressão, distingue-se da edição – 262

Imprevisão, teoria – 216

Imprevisão no contrato de empreitada – 242

Inalienabilidade da coisa, na compra e venda – 216

Incêndio do prédio locado – 241

Incorporação imobiliária – 283-C

Individuais e coletivos, classificação dos contratos – 196

Ineficácia da doação – 234

Ineficácia *stricto sensu* – 187

Ingratidão do donatário – 235

Interpretação do contrato – 189

Intervenção na economia do contrato – 186

Invitatio ad offerendum – 188

J

Jogo e aposta, disciplina – 269

Joint Venture – 283-D

Juros no mútuo – 246

K

Know-how e *engineering* – 283-F

L

Lease-back – 230-C

Leasing – 230-B

Leasing imobiliário – 230-D

Lex commissoria, origem da cláusula resolutiva – 214

Licitação – contrato por – 188

Liquidação das obrigações, generalidades – 283

Locação de serviços e prestação de serviços – 249

Locação urbana ou de prédio urbano – responsabilidade do fiador – 241-F

Locação urbana ou de prédio urbano – 241

Locação urbana ou de prédio urbano – ação renovatória – 241-B

Locação urbana ou de prédio urbano – cessão fiduciária de cotas de fundo de investimento – 241-F

Locação urbana ou de prédio urbano – despejo liminar – 241-E

Locação urbana ou de prédio urbano – rito sumário – 241-A

Locação-venda, seu mecanismo – 230

Locador, suas obrigações – 238

Locatário, direito à sub-rogação na união estável – 241-C

Locatário, proporcionalidade da multa pela devolução do imóvel – 241-D

Locatário, suas obrigações – 239

Loteria, jogo autorizado – 270

Lugar da formação do contrato – 188

M

Mandante, suas obrigações – 254

Mandatário, prestação de contas – 253

Mandatário, suas obrigações – 253

Mandatários, pluralidade – 253

Mandato, generalidades – 252

Mandato aparente, noção e efeitos – 254

Mandato em causa própria – 255

Mandato especial, noção – 252

Mandato geral ou em termos gerais – 252

Mandato irrevogável, casos típicos – 255

Mandato judicial, sua disciplina – 256

Mandato tácito – 252

Melhor comprador, noção e efeitos do pacto – 228

Minuta de contrato – 188

Momento da formação do contrato – 188

Moratória e o mútuo – 246

Mudança da regulamentação da sociedade no Código Civil – 258

Mútuo, sua disciplina – 246

Mútuo para jogo – 269

N

Negociações preliminares – 188

Negócio fiduciário – 257-A

Negotium mixtum cum donatione – 232

Noção de contrato no Direito Romano – 184

Nomen juris e interpretação do contrato – 189

Nova tipologia contratual – 283-A

Nulidade do contrato – 187

O

Obrigações do dano da obra – 243

Obrigações do empreiteiro – 243

Obrigações do locador– 238

Obrigações do locatário – 239

Obrigações do mandante, quais são – 254

Obrigações do mandatário, quais são – 253

Obrigatoriedade do contrato, princípio – 185

Onerosidade excessiva, resolução – 216

Onerosos e gratuitos, classificação dos contratos – 192

Opção é promessa unilateral – 188, 200, 223

Operações de banco contratuais – 274

Ordem pública e contrato – 186

P

Pacto comissório, noção e efeitos – 229

Pacto de melhor comprador, noção e efeitos – 228

Pessoa viva. Herança. Nulidade do contrato – 187

Pluralidade de mandatários – 253

Prazo da locação – 237

Prazo de garantia suspende a ação redibitória – 208

Preço na compra e venda – 219

Preço na locação – 237

Prédio rústico, locação – 240

Prédio urbano, locação – 241

Preempção, noção e efeitos – 227

Preferência, noção e efeitos do pacto – 227

Prestação de contas do mandatário – 253

Prestação de juros, no mútuo – 246

Prestação de serviços, como contrato autônomo – 249

Princípio consensualista – 185

Princípio da obrigatoriedade do contrato – 185

Princípio intervencionista – 186

Procuração, em causa própria – 255

Procuração, requisitos – 252

Procuração consular, natureza – 252

Promessa de compra e venda, conceito e efeitos – 223

Promessa de contratar, conceito e generalidades – 198

Promessa de doação – 232

Promessa de fato de terceiro – 206

Promessa de recompensa, fonte de obrigação – 277

Promessa unilateral, fonte de obrigação – 277

Proposta de contrato – 188

Proprietário de apartamento pode dar em locação – 237

R

Reais, classificação dos contratos – 191

Reajustamento do preço na empreitada – 242

Rebus sic stantibus, cláusula r.s.s. e imprevisão – 216

Redesconto, como operação bancária – 276

Regras de interpretação do contrato – 189

Relação contratual, cessação – 212

Relações entre locador e locatário – 241

Relatividade dos contratos – 204

Renda, contrato de sua constituição – 267

Renovação do aluguel mercantil – 241

Renúncia do mandato – 255

Representação dramática, noção e disciplina – 263

Requisitos de validade do contrato – 187

Reserva de domínio, noção e efeitos – 230

Resolução dos contratos, voluntariamente – 213

Resolução por onerosidade excessiva – 216

Responsabilidade civil, liquidação – 213

Responsabilidade civil, noção – 280

Responsabilidade civil do empreiteiro perante terceiros – 243

Responsabilidade civil do fabricante – 208-A

Responsabilidade civil por fato de outrem – 280

Responsabilidade civil sem culpa – 282

Responsabilidade indireta ou por fato alheio – 281

Responsabilidade pré-contratual – 188

Restrições e incapacidades para o contrato de compra e venda – 220

Retenção da coisa, finda a locação – 238

Retenção da coisa pelo depositário – 247

Retenção do aluguel, não tem cabimento – 238

Retenção do objeto do mandato – 254

Retrocessão nas desapropriações – 227

Retrovenda, noção e efeitos – 225

Revogação da doação – 253

Revogação do mandato – 255

Rifa, jogo proibido – 270

Riscos na compra e venda – 222

Riscos no contrato de empreitada – 243

S

Seguro, direitos e obrigações – 265

Seguro, espécies – 266

Seguro, generalidades – 264

Senatus consulto macedoniano – 246

Senatus-consulto veleiano – 271

Sequestro e o depósito necessário – 246

Silêncio – Formação do contrato – 188

Sublocação, difere da cessão – 241

Substabelecimento, efeitos – 253

T

Tabela Price e a restituição do mútuo – 246

Tempo de formação do contrato – 188

Teoria da imprevisão, noção e efeitos – 246

Teoria da imprevisão na empreitada – 242

Típicos e atípicos, classificação dos contratos – 190

Tipos contratuais no Direito Romano: "relitteris", "verbis", "consensu" – 185

Títulos ao portador, disciplina – 278

Títulos cambiais, disciplina – 279

Títulos de crédito, generalidades – 278

Trabalho agrícola, regime do contrato – 250

Transação – 273-A

Transporte Rodoviário de Cargas – 244-A

Transporte Rodoviário de Cargas – excludentes da responsabilidade – 244-C

Transporte Rodoviário de Cargas – subcontratação – 244-B

Transporte, princípios – 244

Traveller's check, noção – 279

Treu und glauben – 195

Troca, conceito e efeitos – 224

Turfe é jogo lícito – 270

U

Universalidade, sua venda – 221
Usura, repressão – 246

V

Validade dos contratos, requisitos – 187
Venda a contento, noção e efeitos – 226
Venda a estranho ao condomínio – 290
Venda de apartamento em edifício – 220
Venda de ascendente e descendente – 220
Venda de coisa locada – 239
Venda de terras, *ad corpus* e *ad mensuram* – 221

Venda de terras, efeitos – 221
Venda de uma universalidade – 221
Venda sobre documentos – 229-A
Venda sujeita à prova – 226
Vício redibitório, conceito – 207
Vício redibitório, efeitos – 208
Vício redibitório, hasta pública – 207

W

Warrant, noção – 279
Willenstheorie. Teoria da vontade na interpretação do contrato – 189